2021 hat Apple Vollgas mit neuen Produkten gegeben und uns in der Redaktion mit Schwindelgefühlen zurückgelassen.

Es war ein aufregendes Jahr für iPhone- und iPad-Nutzer:innen. Bereits im Frühjahr erblickte das iPad Pro mit M1-Chip das Licht der Welt und im Herbst folgte ein rundum erneuertes iPad mini 6. Ebenfalls im Herbst-Event erreichte uns dann auch das neue iPhone 13 mit vier verschiedenen Modellen. Und selbst wenn die großen Sprünge dieses Jahr bei beiden Produktlinien ausgeblieben sind, heißt das nicht, dass die neuen Geräte zusammen mit der neuen Software, iOS und iPadOS, ohne das ein oder andere spannende Feature daherkämen.

Das gilt hauptsächlich für das iPhone, das mit einer längeren Akkulaufzeit und dem Cinematic-Modus ein paar echte Kaufgründe bereithält. Aber auch die komplette Überarbeitung des iPad mini 6 hat nicht nur uns in der Redaktion überrascht zurückgelassen.

Wir schauen also zufrieden auf das Apple-Jahr 2021 zurück, sind aber auch gespannt, was uns in 2022 erwarten wird.

Herzlichst,

Sophie Bömer

Aus dem Verlag

Wusstest du schon, dass wir neben der iPhoneBIBEL auch noch zahlreiche weitere Magazine im Angebot haben?

Mac Life ist seit über 20 Jahren unser monatliches Magazin rund um alle Apple-Themen.

Lust auf ein bisschen Bastelspaß? Dann schau doch mal in unser Raspberry-Pi-Spezial hinein.

Unsere zahlreichen Testberichte zum iPhone, iPad, Apple Watch & Co. liest du ab Seite 10.

iPhone Bibel

APPLE-HARDWARE

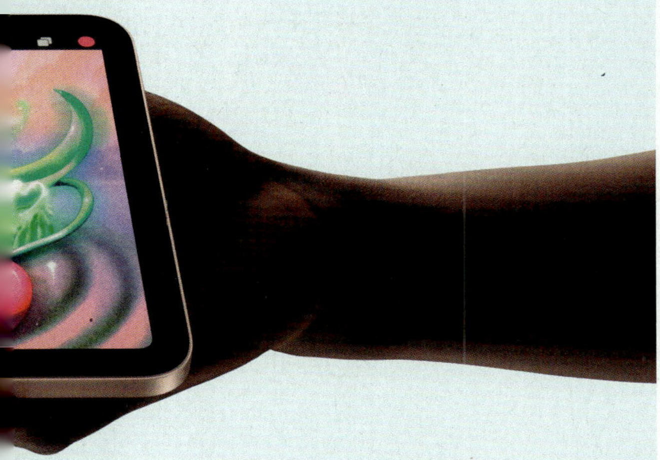

DAS NEUE SYSTEM

EINSTIEGSWISSEN

DAS iPHONE IM ALLTAG

Dienstag
Baby ist wach

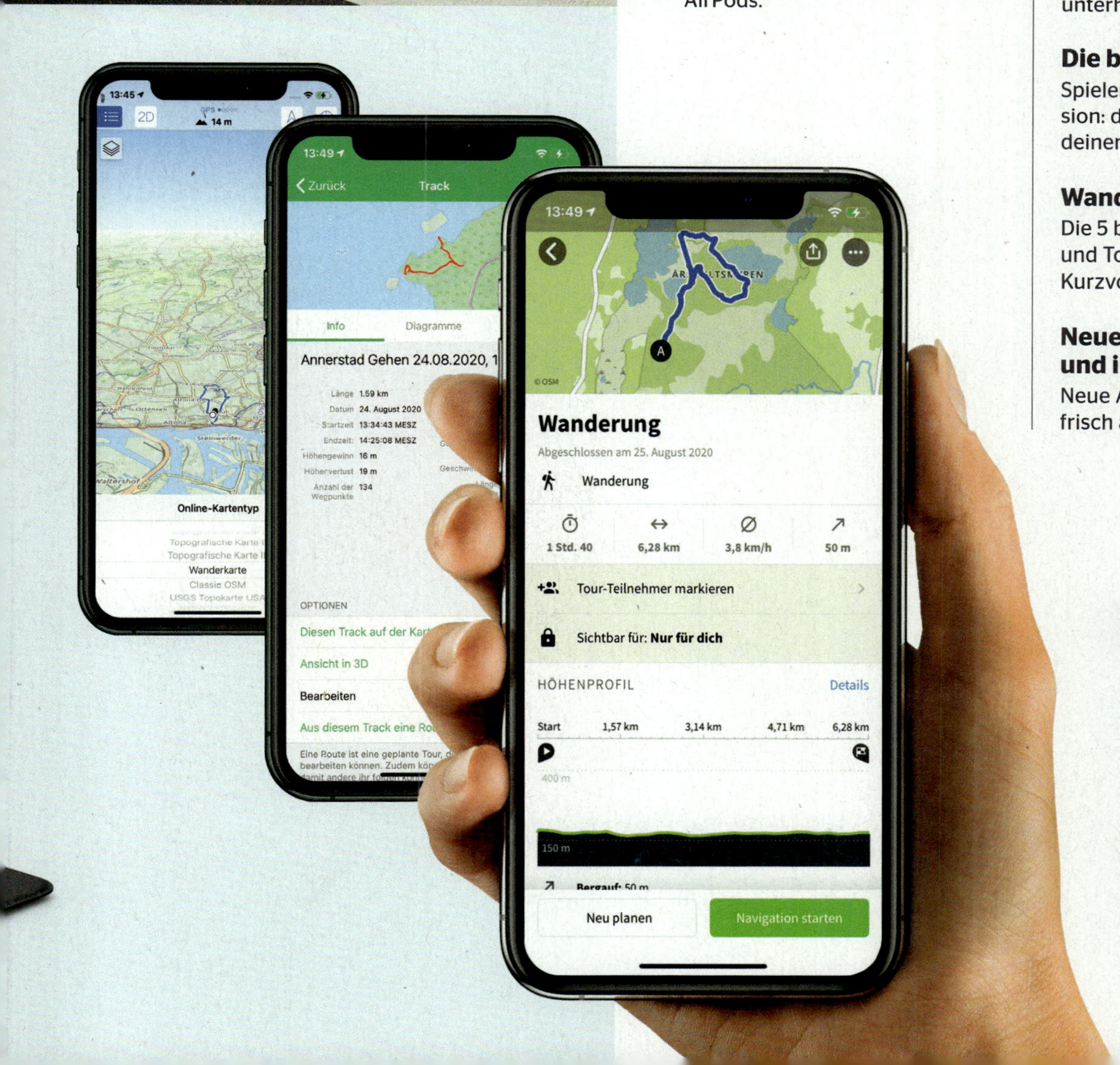

214

Die besten Wander-Apps

Kommst du mit Wander-Apps sicher ans Ziel? Wir haben fünf Kandidaten für deine nächste Urlaubsplanung getestet.

Apple-Hardware

Einmal alle, bitte!
Wir haben die neuen
iPhones für dich
getestet.

Die nicht ganz so wilde 13

Jedes Jahr das Smartphone neu zu erfinden, das gelingt selbst Apple nicht mehr. Die neuen iPhones sind trotzdem ein großer Wurf.

TEXT: **SEBASTIAN SCHACK**

Wenn du diesen Artikel liest, hast du wahrscheinlich bereits Apples Präsentations-Video zu den neuen iPhones gesehen oder eventuell sogar schon den einen oder anderen Testbericht in der englischsprachigen Presse gelesen. Vielleicht bist du danach, wie so viele, der Meinung, dass Apple mit der neuen 13er-Serie des iPhone kein allzu großer Wurf gelungen sei. Wir hingegen glauben, dass die neuen iPhones eines der wichtigsten Upgrades überhaupt darstellen, weil sie einen Wendepunkt markieren.

Sie sind die Manifestation der Erkenntnis, dass wir „peak smartphone" überschritten haben, also den Höhepunkt der Smartphone-Entwicklung, was die Frequenz anbelangt, mit der uns Neuerungen erreichen. Smartphones sind endgültig zu einem Werkzeug geworden.

Damit einher geht, dass der Reiz des ständig Neuen nachlässt. Wenn du einen ziemlich guten Akkubohrschrauber zu Hause hast, kaufst du vermutlich keinen neuen, nur, weil es einen neuen gibt. Ersetzt werden Werkzeuge in der Regel erst dann, wenn sie entweder kaputt sind oder wenn sie den (gegebenenfalls gesteigerten) Anforderungen nicht mehr entsprechen.

Im vergangenen Jahr präsentierte Apple mit der 12er-Generation einen ganzen Schwung an Neuerungen: das Design, das iPhone mini, den Wechsel zu OLED-Bildschirmen, ein 5G-Mobilfunkmodem und mit MagSafe ein neues (optionales) Ladesystem.

Mit dem iPhone 13 in all seinen Versionen optimiert Apple das iPhone 12 in den zwei Punkten, die sicherlich den meisten Nutzer:innen am wichtigsten sind: Akkulaufzeit und Kamera. Apple schaut also auf seine Kund:innen, was dieses vergleichsweise kleine Upgrade nicht weniger wichtiger als seine Vorgänger macht.

Minimale Design-Änderungen

Dementsprechend sind auch die Design-Änderungen eher marginal. Alle vier neuen Modelle sind in Länge und Breite identisch zu den jeweiligen Vorjahresgeräten. Allerdings sind alle vier ein wenig dicker und schwerer geworden. Beides merkst du allerdings nur im direkten Vergleich, schließlich sprechen wir von 0,25 Millimetern und einer Gewichtszunahme von im Mittel 6 Prozent, beim iPhone 12 Pro zum iPhone 13 Pro also von 16 Gramm. Allerdings ist Apple

#

Upgrade oder warten?

Für eingefleischte Apple-Fans kann das eigene iPhone natürlich gar nicht neu genug sein. Aber was ist mit „the rest of us"? Mit jedem Jahr lohnt es sich mehr, das Upgrade etwas zu verschieben und viel Geld zu sparen. Auch nicht schlecht!

damit beim (kleinen) Pro-Gerät bereits bei 203 Gramm, also zwei Tafeln Schokolade angekommen – das ist fast das doppelte vom ersten iPhone, das 2007 113 Gramm auf die Waage brachte. Angesichts des Zuwachses an Funktionalität über diese 14 Jahre, ist die Gewichtszunahme in jedem Fall gerechtfertigt.

Deutlich mehr von den durchaus vorhandenen Design-Änderungen ist zu sehen, wenn wir uns die Rückseite des iPhone anschauen. Das Aussehen des nackten (also nicht in einer Hülle steckenden) iPhone wird dominiert von dem Kamera-Buckel. Apple tut alles Nötige, um die Kamera von Jahr zu Jahr zu verbessern und alle anderen Designambitionen müssen hinten an stehen.

In seinem Testbericht weist Blogger und Podcaster John Gruber auf einen interessanten Wandel hin: *„Es ist schon komisch, wenn man auf die kleine Kontroverse um das iPhone 6 im Jahr 2014 zurückblickt. [...] Die Kontroverse bestand darin, dass Apple bei den Werbefotos für das iPhone 6 scheinbar alles unternahm, um diesen Kamerabuckel zu verstecken – bei einer Reihe von Apple-Profilbildern sah die Rückseite des iPhone 6 vollkommen flach aus. Apple wählte absichtlich Winkel und Perspektiven, die den Kamerabuckel nicht zeigten, [...]. Heute verwendet Apple Fotos für das iPhone 13 Pro und Pro Max, auf denen die Größe und Prominenz des Kamerasystems sogar noch hervorgehoben wird.“*

Was hat sich also verändert? Ist Apple der Kamera-Buckel heute egal, weil die Kamera wichtiger ist als der Rest des iPhone? Ist gar das Design egal – „form follows function“ also? Wir vermuten eher, dass Apple den Kamera-Buckel als notwendiges Übel akzeptiert, weil ohnehin klar ist, dass die meisten Menschen ihr iPhone mit einer Hülle benutzen. Und warum dann nicht gleich den Kamera-Buckel als Indikator für ein überlegenes Kamera-System feiern? Eben.

Eine letzte Design-technische Änderung betrifft die „Notch“, also die Aussparung am oberen Rand des Bildschirmes, in der Apple das Front-Kamerasystem und einen Lautsprecher untergebracht hat. Sie schrumpft etwas in der Breite, nimmt dafür aber in der Höhe einen Tick zu. Technisch gesehen stehen Apps auf dem iPhone so mehr Platz zur Verfügung. Ehrlicherweise wirst du diese Änderung im Alltag überhaupt nicht merken.

Spannend bleibt dagegen die Frage, wann Apple auch beim iPhone den Wechsel von Lightning auf USB-C vollziehen wird. Insbesondere, nachdem nun fast alle iPads per USB-C geladen und mit anderen Geräten verbunden werden können, hätte es uns nicht gewundert, wenn Apple dieses Feature in diesem Jahr auch für das iPhone realisiert hätte.

Stattdessen hält Apple noch mindestens ein weiteres Jahr an der 2012 mit dem iPhone 5 eingeführten Schnittstelle fest. Eine ernsthafte technische Notwendigkeit dafür können wir nicht erkennen. Muss wirklich erst die EU mit

ProMotion Display

Immer wieder gelingt es Apple, Funktionen in seine Geräte einzubauen, die du eigentlich nur durch ihre Abwesenheit bemerkst. Face ID gehört dazu und ganz bestimmt auch True Tone, bei dem das Display sich bei der automatischen Selbsteinstellung nicht nur an der einstrahlenden Lichtintensität, sondern auch an seiner Temperatur orientiert. Rufe gerne einmal kurz die Einstellungen deines iPhone auf und deaktiviere die Funktion, um zu sehen, was wir meinen.

In die Reihe dieser (und weiterer) Funktionen ganz sicher einreihen wird sich ProMotion. Regelmäßige Leser:innen von Mac Life haben schon davon gehört und Besitzer:innen eines aktuellen iPad Pro haben es bereits selbst erlebt. ProMotion ist Apples Name für eine Technologie, die die Bildwiederholfrequenz nicht nur auf bis zu 120 Hertz erhöht, sondern diese auch dynamisch steuert. Ändert sich auf dem Bildschirm gerade nichts, kann die Bildrate auf bis zu zehn Erneuerungen pro Sekunde gesenkt werden. Von der schnelleren Bildwiederholrate von 120 Hertz merkst du unter anderem etwas, wenn du beispielsweise durch Texte scrollst. Das klingt nach nicht viel – was jedoch vor allem daran liegt, dass sich der Effekt nur schwer in Worte fassen lässt. Auch wenn es abgedroschen klingt: Du musst ProMotion erlebt haben, um es wirklich zu verstehen. Um ProMotion allerdings erleben zu können, musst du tief in die Tasche greifen, da die Technologie vorerst den Pro-Modellen vorbehalten bleibt.

Prominenter geht es kaum: Apple zeigt Mut zum Kamera-Buckel.

Neue Farbvielfalt

Auch in diesem Jahr bietet Apple das neue iPhone in zahlreichen Farben an. Die uns zur Verfügung gestellten Testgeräte haben wir in den Farben „Sierrablau“, sowie „(PRODUCT)RED“ und „Blau“ erhalten. Verfügbar sind für die Pro-Modelle neben Sierrablau auch noch Gold, Silber und Graphit. Für die Nicht-Pro-iPhones stehen neben den genannten Farben noch „Rosé“, „Mitternacht“ (das Spacegrau ersetzt) und „Polarstern“ (das im englischen Original „Starlight“ heißt und Silber ersetzt).

Sierrablau ist dabei eindeutig die herausstechende Farbe. Die Farbe, die einen überlegen lässt, ob es sich nicht vielleicht doch lohnt, ein paar Euros mehr auszugeben, um ein Pro-Modell zu erwerben.

ihren Bemühungen um eine Vereinheitlichung der Smartphone-Ladeinfrastruktur Apple zu etwas zwingen, was offenkundig besser für alle iPhone-Nutzer:innen wäre?

Mehr Power und Effizienz mit dem A15-Chip

Anders als bei den iPhone-Präsentationen der vergangenen Jahre hat Apple sich diesmal zurückgehalten mit Vergleichen des neuen A15-Chips zu seinem Vorgänger A14. Stattdessen retteten sie sich in schwammige Äußerungen über die Leistung gegenüber nicht näher genannten Chips in nicht näher genannten Android-Smartphones.

Rückblickend glauben wir nicht, dass das daran lag, dass Apple sich für einen möglicherweise gering ausfallenden Performance-Sprung „schämt“. Denn ein Blick auf Benchmark-Vergleichszahlen zeigt, dass die Verbesserungen mit etwa 10 Prozent im Single-Thread- und 20 Prozent im Multi-Thread-Modus etwa im Rahmen der vergangenen Jahre liegen.

Apple hätte genug markante Zahlen finden können, um die Dominanz des A15 gegenüber dem A14 zu untermauern – in diesem Jahr passt das schlicht nicht zur Story zum neuen iPhone. In diesem Jahr scheint es Apple vor allem um die Steigerung der Effizienz zu gehen. Und wie könnte diese sich besser ausdrücken lassen als in etwas, wovon wirkliche alle profitieren: einer längeren Akku-Laufzeit.

Ein iPhone, das doppelt so lange durchhält

Klar, ein Mobilgerät muss an allererster Stelle in der Lage sein, die Wünsche und Anforderungen seiner Nutzer:innen zu erfüllen. Dann aber ist wichtig, wie lange es dies tun kann, bevor du es aufladen musst.

Apple wählt regelmäßig realitätsnahe Szenarien aus, um die Akkulaufzeit zu messen und zu dokumentieren. In der Vergleichsübersicht zeigt Apple unter anderem Werte für „Videowiedergabe“ und „Videowiedergabe (gestreamt)“. Für ersteres Kriterium weist das iPhone 13 Pro fünf Stunden und das iPhone 13 zwei Stunden mehr gegenüber dem jeweiligen Vorgängermodell auf. Beim zweiten Testkriterium sind es sogar zusätzliche neun, respektive vier Stunden. Das iPhone Mini schafft nun zwei respektive drei Stunden mehr, das iPhone 13 Pro Max acht und dreizehn Stunden und kommt somit auf eine Akkulaufzeit von 28 respektive 25 Stunden in diesen Szenarien.

Der neue A15-Chip sorgt vor allem für mehr Effizienz. So halten die neuen iPhone-Modelle länger durch, bevor sie geladen werden müssen.

Akkulaufzeit des iPhone 13 im Vergleich zum iPhone 12

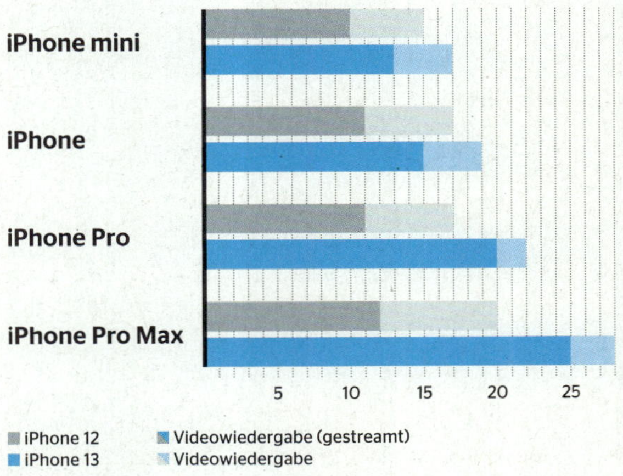

Um die Geräte in dieser Hinsicht ausführlich testen zu können, fehlte uns bislang die Zeit. In der Vergangenheit haben sich die von Apple gemachten Angaben allerdings stets als erstaunlich präzise herausgestellt. Deshalb übernehmen wir an dieser Stelle die von Apple übermittelten Werte.

Zunächst konnten wir uns keinen Reim darauf machen, weshalb die Pro-Modelle so viel mehr von dem A15-Chip in Sachen Akkulaufzeit profitieren als die Nicht-Pro-Modelle. Der entscheidende Faktor scheint das ProMotion-Display zu sein. Bisherige iPhone-Modelle liefen mit einer konstanten Bildwiederholfrequenz von 60 Hertz. Und ja, die neuen iPhone-Pro-Geräte können auch mit bis zu 120 Hertz angesteuert werden, was sicherlich einen erhöhten Energiebedarf zur Folge hat. Die Anzahl der Situationen, in denen das iPhone 13 Pro das Display aber eben weniger oft als 60 Mal pro Sekunde erneuern muss, scheint deutlich größer zu sein, sodass sich eine zusätzliche gesteigerte Energiesparsamkeit über den Effizienzschub des A15 hinaus ergibt.

Insbesondere im hier von Apple gewählten Szenario, der Wiedergabe von Video, wird die Wiederholrate auf 30 gedrosselt, ohne dass Betrachter:innen etwas davon merken würden.

Eine Kamera mit integriertem Smartphone

Zugegeben: Diese Erkenntnis ist nicht ganz neu. Schon in vorherigen Testberichten und auch hier haben wir festgestellt, dass Apple enormen Wert auf die Verbesserung der iPhone-Kamera legt. Du könntest daher eher meinen, Apple verkaufe eher smarte Kameras als Smartphones.

Ein ausführlicher Kamera-Test wird leider erst in der kommenden Woche folgen. Zwar hätten wir dank des herbstlichen Kieler Schmuddelwetters das iPhone genau in dem Bereich zeigen können, in dem es am meisten zu glänzen vermag. Das allein wäre dem Potenzial des neuen Kamera-Systems allerdings nicht gerecht geworden.

Unterschiede zwischen iPhone 13 und iPhone 13 Pro: Im weiteren Verlauf dieses Artikels werden wir uns vor allem mit der Kamera des iPhone 13 Pro beschäftigen. Denn das Kamerasystem macht praktisch 90 Prozent des „Pro" im Namen des Geräts aus – die restlichen 10 Prozent steuert das Pro-Motion-Display bei. Das Kamerasystem in den Pro-Modellen hat nicht nur ein Objektiv mehr, seine Objektive sind auch besser. Zudem unterstützen nur die Pro-Modelle Fotografien im (weitestgehend) unkomprimierten Format ProRAW. (ProRes, die Entsprechung für Videoaufnahmen wird mit einem späteren iOS-Update nachgereicht.)

Auf bei guten Lichtverhältnissen geschossenen Fotos wirst du nur mit geschultem Auge Unterschiede zwischen den Aufnahmen des iPhone 13 und iPhone 13 Pro feststellen können. Wir gehen sogar so weit, dass unter idealen Bedingungen auch die Kame-

Plastikfreie Verpackung

Im vergangenen Jahr hat Apple Zubehör gestrichen, um Müll zu vermeiden. In diesem Jahr geht's der Folie, in die neue iPhones bislang eingeschweißt waren, an den Kragen. Apple setzt fortan auf leicht abreißbare Aufkleber auf der Rückseite, die die beiden Bestandteile der Schachtel zusammenhalten.

Übersicht aller verfügbaren iPhone-Modelle

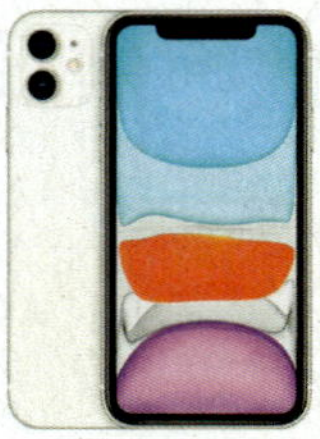

	iPhone SE	iPhone 11	iPhone 12 mini	iPhone 12
Display	4,7 Zoll Retina HD	6,1 Zoll Liquid Retina HD	5,4 Zoll Super Retina XDR	6,1 Zoll Super Retina XDR
ProMotion	✗	✗	✗	✗
Helligkeit	625 Nits	625 Nits	625 Nits (max 1.200 Nits)	625 Nits (max 1.200 Nits)
Auflösung	1334 × 750 Pixel bei 326 ppi	1792 × 828 Pixel bei 326 ppi	2340 × 1080 Pixel bei 476 ppi	2532 × 1170 Pixel bei 460 ppi
Prozessor	A13 Bionic	A13 Bionic	A14 Bionic	A14 Bionic
Farben				
Kameras	Wide	Wide und Ultra Wide	Wide und Ultra Wide	Wide und Ultra Wide
LiDAR-Scanner	✗	✗	✗	✗
MagSafe	✗	✗	✓	✓
Maße	138,4 ×67,3 × 7,3 mm	150,9 ×75,7 × 8,3 mm	131,5 ×64,2 × 7,4 mm	146,7 × 71,5 × 7,4 mm
Gewicht	148 Gramm	194 Gramm	133 Gramm	162 Gramm
Speicher	64 GB, 128 GB	64 GB, 128 GB	64 GB, 128 GB, 256 GB	64 GB, 128 GB, 256 GB
Akkulaufzeit*	bis zu 13 Stunden	bis zu 17 Stunden	bis zu 15 Stunden	bis zu 17 Stunden
Preis	ab 479 Euro	ab 579 Euro	ab 679 Euro	ab 799 Euro

ras von iPhone 12 Pro, iPhone 12 und vielleicht sogar die der 11er-Modelle noch mithalten können. Und, um vollständig fair zu sein, auch viele, vielleicht sogar die meisten, Top-Android-Geräte geben sich hier keine Blöße.

Wo die neuen Pro-Modelle punkten können, ist folgerichtig unter schlechten Bedingungen, sprich, wenn nur wenig Licht zur Verfügung steht.

Die Standardkamera im iPhone 13 Pro: Die Hauptkamera des iPhone 13 Pro hat in diesem Jahr ein mächtiges Upgrade erfahren. Wo andere Hersteller sich mit immer größeren Zahlen zu überbieten versuchen, bleibt sich Apple treu: Das neue Top-iPhone verfügt über dieselbe Auflösung wie das iPhone 6S aus dem Jahr 2015. Stattdessen setzt Apple auf größer (und besser) werdende Sensoren, mit größeren Pixeln, die mehr Licht einfangen können und so immer bessere Bilder liefern. In diesem Jahr sorgen eine f/1.5 Blende und 1.9 m große Pixel dafür, dass diese Kamera fast doppelt so viel Licht einfangen kann, wie ihr Pendant im Vorgängermodell.

Selbst für Laien dürfte auf der Hand liegen, dass das ein enormer Vorteil im Dunkeln ist. Bemerkbar machen sich diese Verbesserungen unter anderem durch tiefere Schwarztöne, einen höheren Dynamikumfang (also einen größeren Detailreichtum in den hellen Bereichen eines Bildes) und das spätere Anspringen der Nachtmodus-Automatik.

Apropos Nachtmodus: So gut er auch oft funktioniert hat, manchmal war er schlicht nervig. Vor allem dann, wenn wir einfach nur schnell ein Foto schießen und nicht mehrere Sekunden warten wollten. Mit dem iPhone 13 Pro wirst du ihn kaum noch deaktivieren müssen. Erstens bekommst du ihn ohnehin seltener zu sehen, zweitens operiert er nun so

Der neue Kinomodus

Eine weitere Kamera-Neuerung, über die wir uns erst noch ein finales Urteil bilden müssen (und dafür auf die Kompetenz des Falkemedia-Video-Teams zurückgreifen werden), ist der Kinomodus beziehungsweise der „Cinematic Mode". Dieser Modus nutzt die Tiefeninformationen der Kamera, den Beschleunigungssensor und weitere Daten, um automatisch ein künstliches Bokeh (Unschärfe) in Videos zu kreieren und die Motive im Bild zu verfolgen, um den Fokus intelligent zwischen ihnen zu verschieben. Das ist ein ziemlich cooler Effekt, der sich aber naturgemäß eher für gestellte Szenen als spontane Videos eignet. Obwohl die Kameras aller iPhone-13-Modelle (wie auch schon im Vorjahr) 4K-Video bei 60 Bildern pro Sekunde liefern können, funktioniert der Kinomodus nur bei Full HD und mit 30 Bildern pro Sekunde. Das liegt vor allem daran, dass er so rechenintensiv ist, dass selbst der mächtige A15-Chip im iPhone sonst nicht hinterherkäme. Perfekt sind die Aufnahmen trotzdem nicht: Immer wieder fällt es der Automatik schwer, das Motiv sauber vom Hintergrund abzuheben.

iPhone 13 mini NEU	iPhone 13 NEU	iPhone 13 Pro NEU	iPhone 13 Pro Max NEU
5,4 Zoll Super Retina XDR	6,1 Zoll Super Retina XDR	6,1 Zoll Super Retina XDR	6,7 Zoll Retina mit True Tone
✗	✗	✓	✓
800 Nits (max 1.200 Nits)	800 Nits (max 1.200 Nits)	1.000 Nits (max 1.200 Nits)	1.000 Nits (max 1.200 Nits)
2.340 × 1.080 Pixel bei 476 ppi	2.532 × 1.170 Pixel bei 460 ppi	2.532 × 1.170 Pixel bei 460 ppi	2.778 × 1.284 Pixel bei 458 ppi
A15 Bionic (4-Kern-GPU)	A15 Bionic (4-Kern-GPU)	A15 Bionic (5-Kern-GPU)	A15 Bionic
Wide und Ultra Wide	Wide und Ultra Wide	Wide, Ultra Wide und Tele	Wide, Ultra Wide und Tele
✗	✗	✓	✓
✓	✓	✓	✓
131,5 × 64,2 × 7,65 mm	146,7 × 71,5 × 7,65 mm	146,7 × 71,5 × 7,65 mm	160,8 × 78,1 × 7,65 mm
141 Gramm	174 Gramm	204 Gramm	240 Gramm
128 GB, 265 GB, 512 GB	128 GB, 265 GB, 512 GB	128 GB, 265 GB, 512 GB, 1 TB	128 GB, 265 GB, 512 GB, 1 TB
bis zu 17 Stunden	bis zu 19 Stunden	bis zu 22 Stunden	bis zu 28 Stunden
ab 799 Euro	ab 899 Euro	ab 1.149 Euro	ab 1.249 Euro

Mehr Speicher

Eine weitere willkommene Neuerung ist, dass Apple 64 Gigabyte als auswählbare Speicherkapazität aus dem Programm geworfen hat. Wer ein neues iPhone 13 kauft, bekommt mindestens 128 Gigabyte Speicherplatz.

iCloud-Speichererweiterung

Wir haben uns schon oft genug über Apples Cloud-Speicherpolitik beschwert. Als der Dienst 2011 – vor 10 Jahren! – vorgestellt wurde, bekamen Nutzer:innen 5 Gigabyte Speicherplatz geschenkt. Daran hat sich bis heute nichts geändert. Das ist nahezu verrückt.

Ein wenig kommt Apple nun aber seinen Kund:innen entgegen, zumindest temporär. Wenn du in den Einstellungen unter „Allgemein" nach unten scrollst, findest du den mit iOS 15 umbenannten Punkt „iPhone übertragen/zurücksetzen". Dort begrüßt dich zuoberst ein Kasten mit dem Titel „Für neues iPhone vorbereiten" und mit einem Tippen auf „Los geht's" wird ein iCloud-Back-up deiner Daten angelegt.

Allerdings – und das ist der Clou – unabhängig davon, wie viel Speicherplatz du in deiner „iCloud" zur Verfügung hast. Im Zweifelsfall erweitert Apple deinen Wolkenspeicher kostenfrei um die benötigte Menge und gibt dir dann 21 Tage lang Zeit, den Transfer der Daten auf dein neues iPhone abzuschließen. Nach Ablauf dieser Frist löscht Apple die Daten, gewährt dir aber eine Gnadenfrist von weiteren sieben Tagen, um sie wiederherzustellen.

Ein ziemlicher cleverer Schritt, finden wir. So wird der Wechsel auf neue Geräte weiter vereinfacht und gleichzeitig kräftig die Werbetrommel für bezahlte iCloud-Speicher gerührt. Schließlich werden manche Kund:innen über diese Erfahrung auf den Geschmack kommen und iCloud-Back-ups dauerhaft nutzen wollen.

Interessanterweise stellt Apple die Möglichkeit des temporären iCloud-Back-ups zwar für iPhones und iPads, nicht jedoch für Macs zur Verfügung und das, obwohl letztere inzwischen oft mit weniger internem Speicherplatz ausgestattet sind.

schnell, dass er nicht mehr nervt.

Die nächste große Verbesserung ist die optische Bildstabilisierung mit „Sensor Shift". Diese Mechanik umfasst vor allem einen „federgelagerten" Bildsensor, der Schwankungen der Kamera ausgleichen kann. Im Klartext: Wenn du deine Hand nicht komplett ruhig halten kannst und auch kein Stativ zur Verfügung hast, kommen jetzt trotzdem schärfere Bilder heraus.

Das Teleobjektiv: Wir müssen gestehen, dass wir das Teleobjektiv in früheren iPhone-Generationen eher stiefmütterlich behandelt haben. Nicht zuletzt, weil der optische Zoom einfach nicht so gigantisch groß war, dass er das in weiter Ferne äsende Reh deutlich besser eingefangen hätte als die Standardkamera das konnte.

Es gibt aber einen triftigen Grund, es sich dennoch näher anzuschauen. Bei einem häufig wiederkehrenden Szenario kommt das Teleobjektiv ständig zum Einsatz: Porträtaufnahmen. Das neue Objektiv hat dafür eine Brennweite von 77 Millimetern und einen 3x optischen Zoom. Porträtaufnahmen wirken noch natürlicher und die fotografierten Menschen werden besser vom Hintergrund gelöst – vor allem auch, wenn du ohne den Software-Porträtmodus fotografierst. Und das geht jetzt auch im Dunkeln – denn das Teleobjektiv kann seit diesem Jahr auch auf den Nachtmodus zurückgreifen.

Das Ultraweitwinkel-Objektiv: Bislang haben wir dieses Objektiv eher als Spielzeug für lustige Aufnahmen oder Pseudo-Panoramen angesehen. In diesem Jahr ergänzt Apple nicht nur die Autofokus-Funktion, sondern spendiert dem Objektiv auch eine f/1.8-Blende, die es laut Apple erlaubt, 92 Prozent mehr Licht einzufangen. Zwei Verbesserungen, die zu sofort sichtbar schärferen Ergebnissen führen.

Foto-Stile und Smart HDR 4

„Computational Photography" bezeichnet all das, was dein Smartphone „noch schnell" mit einem frisch geschossenen Foto anstellt, bevor es dir das Ergebnis präsentiert. Apple ist hier schon seit Jahren technisch vorne mit dabei, auch wenn die Resultate das nicht immer vermuten lassen. Schließlich bemüht sich Apple am Ende genau den Eindruck zu vermeiden, den andere offenbar zu erwecken versuchen.

Samsung, Huawei und Co. sind bekannt dafür, den Regler ein gutes Stück weiter nach rechts zu drehen – weißere Zähne, krassere Farben –, wo Apple eher versucht, die Fotos natürlich wirken zu lassen. Google, um ein anderes Beispiel zu nennen, scheint mit seinen Pixel-Smartphones eine Art Mittelweg zu suchen.

Um diese Natürlichkeit zu erzeugen, gehört zu Apples Werkzeugkasten neben dem weiter oben bereits angesprochenen Nachtmodus auch Smart HDR, das die neuen iPhone-13-Modelle in Version 4 unterstützen. Smart HDR 4 ist in der Lage, die Aufnahmen noch weiter zu segmentieren und beispielsweise die Personen in einem Gruppenfoto separat zu behandeln, also Belichtung, Weißabgleich und vieles mehr zielgerichteter anzuwenden. Kein Feature, dem irgendwo eine eigene Schlagzeile gewidmet werden wird – dennoch wird es die iPhone-Fotografie unbemerkt merklich verbessern.

„Fotografische Stile" hingegen erhalten deutlich mehr Aufmerksamkeit: Dabei handelt es sich um einen neuen Modus in der Kamera-App, mit dem du das Standardaussehen deiner Fotos anpassen kannst. So kannst du

etwa Farbton, Kontrast und mehr bereits vor dem Auslösen manipulieren, anstatt das Bild im Nachgang bearbeiten zu müssen. Mit der Auswahl eines solchen Stils entscheidest du selbst, ob du von Apples eher neutralen Bildbearbeitung bewusst abweichst, um deine Fotos etwas mehr nach „Samsung" oder „Huawei" aussehen zu lassen.

Dabei bist du mit den vorgegebenen Stilen nicht festgelegt – du kannst sie alle anhand von Reglern nach deinem Geschmack anpassen. Fotografische Stile unterscheiden sich dabei grundlegend von Filtern. Denn das iPhone wendet sie nicht stumpf auf das gesamte Bild an, sondern analysiert und identifiziert zunächst, was auf dem Bild zu sehen ist, um dann beispielsweise den Himmel anders zu behandeln als die darunter liegende Wiese.

Aber Achtung: Zwar können mit Stilen aufgenommene Bilder im Nachgang noch bearbeitet werden, die durch den gewählten Stil zustande gekommene fotografische Ausrichtung kannst du nicht zurücknehmen. Auch schließen sich natürlich die Verwendung von Stilen und RAW-Fotografie gegenseitig aus.

Foto: Apple

Fazit

Wir finden, dass die iPhone-13-Modelle ohne jeden Zweifel großartige Telefone mit hervorragenden Kameras sind. Apple hat sie im Vergleich zum vergangenen Jahr und der 12er-Serie in genau den Punkten verbessert, die den meisten Menschen wohl am wichtigsten sind: Akku-Laufzeit und Bildqualität.

Wer sich für ein iPhone 13 entscheidet, trifft in jedem Fall eine gute Wahl. Wer sich dagegen ein iPhone 13 Pro gönnt, kann von noch deutlicheren Verbesserungen profitieren. Anders als bei der vorangegangenen Generation gibt es in diesem Jahr abgesehen von der Display-Größe keinen Unterschied zwischen den beiden Pro-Modellen.

Für viele werden die hier diskutierten Verbesserungen jedoch nicht reichen, um auf ein 13er-Modell zu wechseln. Zu gut sind die iPhones vergangener Jahre immer noch, als dass sich eine neuerliche Investition einfach so rechtfertigen ließe.

Wenn du entscheidest, dass in diesem Jahr ein neues iPhone hermuss, empfehlen wir dir, dich zunächst einmal ausführlich mit dem Standard-13er-iPhone zu beschäftigen. Denn das ist schon Luxus. Und erst, wenn du dir wirklich sicher bist, dass du mit deinem iPhone wirklich viel fotografieren oder filmen wirst (oder, dass du partout ein ProMotion-Display haben möchtest), solltest du auf die Pro-Modelle schielen. Denn nie war ein Pro-iPhone mehr

Die neuen Kameras lassen dich automatisch bessere Bilder machen, auch wenn du selbst keine Ahnung vom Fotografieren hast.

Wertung

iPhone 13 Pro (512 GB)

Hersteller: Apple
Preis: 1.499 Euro
Web: www.apple.de

⊕ Mehr Akkulaufzeit, bessere Kamera, 120-Hz-Display

⊖ Gewicht

Design (30 %):	1,3
Funktionsumfang (45 %):	1,0
Leistung (25 %):	1,0

NOTE

1,1

Fazit: Das iPhone 13 Pro ist für die meisten das perfekte Smartphone. Wenn der Preis nicht wäre.

Sebastian Schack

»Für mich ist das Killer-Feature dieser Generation neben dem Plus an Akku-Laufzeit vor allem das neue Teleobjektiv der Pro-Modelle, mit dem du auch ohne den gleichnamigen Software-Modus hervorragende Porträtfotos schießen kannst.«

s.schack@maclife.de
@Mac_Life

Keine Uhr für James Bond

Parallel zum Verkaufsstart der neuen Apple Watch startete auch der neue 007-Film in den Kinos. Aber ob der Top-Agent mit der Apple Watch 7 glücklich würde? Jedenfalls müsste Q ihm dafür wohl mehr Neues bieten.

TEXT: **SEBASTIAN SCHACK**

Apple gehört zu den Unternehmen, die das Design der Produkte nicht nur als Selbstzweck ändern. Ist das vermeintlich perfekte Design erst einmal gefunden, scheut Apple sich nicht davor, es über viele Jahre beizubehalten und lediglich zu optimieren, wo immer es sich anbietet. Die besten Beispiele dafür sind sicherlich der iMac oder aktuelle MacBooks. Aber auch das Design des iPhone war immer wieder über längere Zeiträume recht stabil.

Die Apple Watch macht hier keine Ausnahme. Im Prinzip sieht die Apple Watch Series 7 immer noch genauso aus wie die allererste Apple Watch des Jahres 2015. Seither ist das Gehäuse mehrfach gewachsen und das Display wurde kontinuierlich vergrößert.

Und so perfekt Apple das grundlegende Design auch auf Anhieb gelungen sein mag – es droht doch langweilig zu werden. Irgendwann haben wir uns einfach daran sattgesehen und der Wow-Effekt verpufft. Dementsprechend hätten wir, wie viele andere Apple-Fans da draußen auch, uns sehr gefreut, hätte Apple der Smartwatch in diesem Jahr ein anderes Gehäuse-Design verpasst. Immerhin war die Gerüchteküche vor der Enthüllung der Apple Watch Series 7 voll von 3D-Zeichnungen und fotorealistischen Darstellungen von Uhr-Modellen mit abgeflachtem Gehäuse passend zu den aktuellen iPhone-Modellen. Dass es hier in diesem Jahr keine größeren Veränderungen gab, macht das Design der Apple Watch allerdings nicht schlecht.

Auf den ersten Blick bietet sie nicht viel Neues, die Apple Watch Series 7. Ein Upgrade kann sich dennoch lohnen.

Ladegerät

Ein Netzteil legt Apple, wie beim iPhone, auch der smarten Uhr nicht mehr bei – du benötigst also ein eigenes. Seit diesem Jahr muss es über eine USB-C-Buchse verfügen.

Neu sind somit hauptsächlich die zur Auswahl stehenden Farbpaletten, wobei „neu" eigentlich auch nur für die Modelle mit Aluminium-Gehäuse gilt. Hier stehen jetzt neben Blau, Mitternacht und Polarstern auch Grün und (PRODUCT)RED zur Verfügung. Während „Mitternacht" so dunkel ist, dass du es fast für Schwarz halten könntest und „Grün" eine schöne Reminiszenz an das „mitternachtsgrüne" iPhone 11 ist, zeigen sich viele potenzielle Käufer:innen enttäuscht über den Wegfall von Gold und Silber. Diese beiden Farben werden ersetzt durch das neue „Polarstern".

Wer sich für das teurere Modell mit Edelstahlgehäuse (ab 780 Euro) entscheidet, darf aus Silber, Gold, Graphit und Space Schwarz wählen. Wer sogar noch mehr investieren möchte (und kann) und sich für das Titangehäuse entscheidet (ab 830 Euro), darf zwischen Titan und Space Schwarz wählen.

Schnelleres Laden

Die Apple Watch kommt auch in der 7er-Serie wieder mit einer Akkulaufzeit von 18 Stunden, was Apple „all-day" nennt. Und ja, in der Tat, in der Vergangenheit haben unsere Apple-Uhren in aller Regel vom Aufstehen bis zur Nachtruhe durchgehalten. An besonders aktiven Tagen, zum Beispiel jenen mit einem ausgedehnten Sportprogramm, haben wir die Akkus der Apple Watch Series 5 und 6 aber auch mehr als nur ein Mal in die „Gangreserve" getrieben. So nennt Apple den absoluten Akku-Schonbetrieb, bei dem die Uhr nicht viel mehr tun kann, als die Zeit anzuzeigen.

Anders als bei den iPhone-Modellen dieses Jahres bekommen wir mit der Apple Watch Series 7 allerdings keine verlängerte Akku-Laufzeit, wobei wir dieses wohl sofort gegen das größere Display eingetauscht hätten. Was wir allerdings bekommen haben, ist schnelleres Aufladen. Auch nicht schlecht.

Der Apple Watch liegt der gleiche Ladepuck wie in den vergan-

genen Jahren bei, nur befindet sich am anderen Ende des Kabels nun ein USB-C- und nicht länger ein USB-A-Stecker. (Ein neues Ladegerät liegt nicht bei.)

Apple behauptet, dass die Uhr damit um ein Drittel schneller aufgeladen werden kann. Wir hatten noch nicht viel Zeit für eigene Versuchsreihen, erste Hochrechnungen scheinen das aber zu bestätigen. Praktisch ist, dass du die Uhr nun in nur acht Minuten mit ausreichend Strom versorgen kannst, sodass sie eine Nacht lang „Schlaf-Tracking“ durchhält. Verbunden allerdings weiterhin mit dem Nachteil, dass du dafür deine Uhr auch in der Nacht tragen musst, was viele, uns eingeschlossen, als zu unbequem erachten. Wer wie wir empfindet, aber dennoch den

Stabileres Glas, größeres Display

Apple bewirbt die Apple Watch Series 7 mit dem bislang bruchsichersten Glas. Dabei handelt es sich um eine neue Generation des schon aus den vergangenen Jahren bekannten Ion-X-Frontglases. Dieses ist nicht nur dicker und fester, sondern auch so geformt, dass du aus noch spitzeren Blickwinkeln etwas auf dem Display ablesen kannst. Besonders gut zu sehen ist das bei dem ebenfalls neuen Zifferblatt „Kontur“.

Der Vollständigkeit halber: Die teureren Modelle der Apple Watch Series 7 – also die, die nicht mit einem Aluminium-Gehäuse daherkommen – werden weiterhin mit einer Displayabdeckung aus Saphirglas ausgeliefert. Das ist traditionell etwas weniger bruchsicher, dafür kratzrenitenter als Apples Ion-X-Glas. In den vergangenen Jahren haben wir mit beiden Varianten gute Erfahrungen gemacht, allerdings auch schon beide Gläser zerkratzt oder zertrümmert gesehen. Selbst hier gibt es den einhundertprozentigen Schutz also nicht.

Unter dem schützenden Glas sitzt ein Display, dessen Fläche 20 Prozent größer ist als das der Apple Watch Series 6, also der direkten Vorgängerin. Tatsächlich veranschaulicht das Apples eigenes Vergleichsbild aller noch im Verkauf befindlichen Apple-Watch-Modelle (neben der 7er-Serie ist das noch die Apple Watch SE und die Apple Watch Series 3).

Fast noch auffälliger als die wachsende Anzeigefläche ist dabei die immer weiter schrumpfende Rahmenstärke, von 4,5 Millimetern bei Apple Watch Series 3 über 3 Millimeter bei der Apple Watch SE bis zu nun gerade noch 1,7 Millimetern beim neuesten Apple-Watch-Modell.

Beim Vergleich der drei Modelle drängt sich des Weiteren die Frage auf, ob es überhaupt noch das große Modell sein muss. Die Apple Watch Series 7 misst in der kleinen Variante bereits 41 Millimeter, was nur ein Millimeter weniger ist als die „große“ Apple Watch Series 3. Gleichzeitig bietet die Neue mit 352 × 430 Pixeln gegenüber 312 × 390 Pixeln deutlich mehr Displayfläche.

So sehr wie bei praktisch keinem anderen Apple-Produkt müssen wir empfehlen, es einfach einmal selbst auszuprobieren. Immerhin kannst du beim Erwerb der kleinen 7er-Watch gegenüber der großen (in der Aluminium-Variante) 30 Euro sparen.

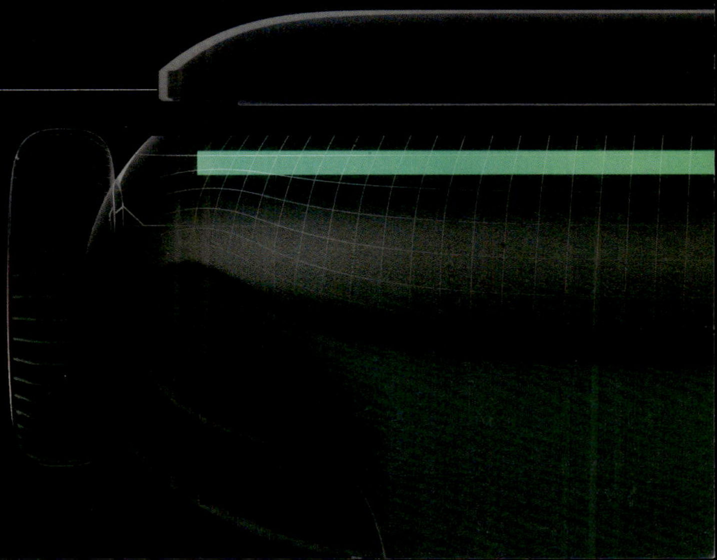

Die Aluminium-Varianten der Apple Watch Series 7 werden mit einer neuen Version des schon bekannten Ion-X-Glases ausgeliefert.

eigenen Schlaf zu überwachen wünscht, möchte sich vielleicht einmal den „Sleep Analyzer" von Withings anschauen – der wird nämlich einfach zwischen Lattenrost und Matratze positioniert.

Eine Chance in Sachen Stromversorgung hat Apple dennoch verpasst. Zwar arbeitet das Unternehmen ganz offensichtlich an der Vereinheitlichung der Steckersysteme (die neuen iPhones und das iPad der 9. Generation sind die einzigen Apple-Artikel, die kein Zubehör sind, die noch per Lightning mit Strom versorgt werden), für Qi-Charging bei der Apple Watch hat es allerdings noch nicht gereicht. Apple tut gut daran, den smarten Uhren eine eigene Ladeeinheit beizulegen, die die Uhr magnetisch festhält und sich vor allem an die unterseitige Wölbung der Apple Watch anschmiegt. Aber könnte die Ladetechnologie dahinter nicht trotzdem das weitverbreitete Qi-Charging sein?

Exklusive Funktionen

Auf die Neuerungen von watchOS in Version 8 sind wir an anderer Stelle bereits ausführlich eingegangen. Allerdings gibt es vor allem zwei Funktionen, die den neuen Uhr-Modellen vorbehalten sind.

Zum einen wären da die neuen Zifferblätter „Kontur" und „Modular Duo". Ersteres fand schon weiter oben in diesem Artikel Erwähnung, zweiteres ermöglicht es, zwei Komplikationen in voller Breite zu konfigurieren.

Der größere Bildschirm der neuen Watch-Modelle hat Apple dazu verleitet, eine neue Methode zur Texteingabe zu integrieren: ein Miniatur-Keyboard. Auf ihm kannst du per Antippen oder mit Wischgesten schreiben. Aus für uns unerfindlichen Gründen ist diese Tastatur bislang allerdings nur verfügbar, wenn du deine Uhr auf Englisch oder Chinesisch verwendest.

Deutlich mehr Platz und deutlich weniger Rand – das sind die hervorstechendsten Merkmale der neuen Smartwatch-Generation.

Praktisch ist, dass Apple das Mehr an zur Verfügung stehendem Display auch für Detailverbesserungen nutzt. So hat Apple etwa in diversen Anwendungen auf der Uhr die Buttons vergrößert, was die Bedienung deutlich einfacher und flüssiger macht.

Clever ist eine weitere Neuerung, die wir noch nicht vollends ausprobieren konnten. Die Apple Watch will nun zuverlässig erkennen, wenn du dich draußen auf dem Fahrrad fortbewegst und dies als sportliche Aktivität tracken. Dabei soll sogar automatisch zwischen gewöhnlichem Radfahren und dem Strampeln auf einem E-Bike unterschieden werden. Und zwar anhand der Herzfrequenz: Wenn du stark beschleunigst oder einen Anstieg erklimmst, ohne dass sich deine Herzfrequenz merklich nach oben bewegt, nimmt die Uhr an, dass dir wohl ein Motor dabei hilft.

Was fehlt?

Seit Jahren wird orakelt, dass Apple in Sachen Sensoren in der Apple Watch der ganz große Durchbruch gelingen könnte. Längst gibt es Patente, die auf die fotooptische Messung des Blutzuckerwertes hindeuten. Längst gibt es fertige Produkte (Aktiia), die auf eben solche Weise den Blutdruck im Tagesverlauf aufzeichnen.

Tatsächlich bietet die Apple Watch Series 7 an dieser Front überhaupt nichts Neues. Das ist kein Weltuntergang, denn schließlich ist es nicht so, dass andere Smartwatch-Hersteller hier bereits vorgeprescht wären. Aber die ständige Kontrolle von Blutzucker und Blutdruck, zwei der großen Volkskrankheiten mindestens in der westlichen Welt, wäre ein echter „game changer".

	Series 7 NEU	SE	Series 3
Gehäuse	45 mm oder 41 mm	44 mm oder 40 mm	42 oder 38 mm
Aluminium	● ● ● ● ●	● ● ●	● ●
Edelstahl | Titan	● ● ● | ● ●	-	-
Display	Always-on Retina Display	Retina Display	Retina Display
Chips	Dual-Core S7 SiP, W3 und U1	Dual-Core S5 SiP und W3	Dual-Core S3 SiP und W2
Schnelles Laden	✓	✗	✗
Herzsensor	✓ (3. Gen)	✓ (2. Gen)	✓
EKG	✓	✗	✗
Oximeter	✓	✗	✗
Kompass	✓	✓	✗
Sturzerkennung	✓	✓	✗
Lärmüberwachung	✓	✓	✗
Höhenmesser	✓ (immer aktiv)	✓ (immer aktiv)	✓
Familienkonfig.	✓	✓	✗
Editionen	Nike, Hermès	Nike	-
Preis	ab 429 Euro	ab 299 Euro	ab 219 Euro
Preis mit LTE	ab 529 Euro	ab 349 Euro	-

Fazit

Das Fazit eines solchen Testberichts soll dir als Leser:in letztlich vor allem eine Entscheidungshilfe für einen vielleicht anstehenden Kauf sein. Hier ergeben sich große Parallelen zu unserem Testbericht zum iPhone 13 und iPhone 13 Pro. Denn auch bei Apple Watch geht es zuvorderst gar nicht darum, was die neue Uhr alles kann, sondern darum, welches Modell du aktuell besitzt.

Trägst du beispielsweise bereits eine Apple Watch Series 6 am Handgelenk, gibt es keinen technischen Grund, mit dem die Anschaffung eines 7er-Modells zu begründen wäre. Allerdings mag es da ästhetische Gründe geben. Hat dich der nun vergleichsweise dicke Rahmen um das Display der 6er-Watch schon immer gestört? Hast du dich schlagartig in eine der neuen Farben der 7er-Modelle verliebt? Dann voran!

An objektiv betrachtbaren Funktionen kann die Apple Watch Series 7 gegenüber ihrer Vorgängerin allerdings nichts ins Feld führen, außer dem größeren Display und der Option des Schnellladens.

Selbst gegenüber einem Modell der 5er-Generation gewinnst du mit der Apple Watch Series 7 hauptsächlich das Always-on-Display und den Sensor zur Messung des Sauerstoffgehalts deines Blutes hinzu. Wobei sich über den Nutzen, diesen Wert zu kennen, vortrefflich streiten lässt – zumindest bei Otto-Normal-Verbraucher:innen.

Wenn du erstmals vor der Überlegung stehst, dir eine Apple Watch zu kaufen, dann sei dir auch noch einmal der Blick auf die Apple Watch SE zu empfehlen, die im Prinzip eine Apple Watch Series 6 ist. Gegenüber der deutlich teureren 7er-Modelle fehlt ihr vor allem das größere Display mit Always-on-Funktionalität, das integrierte EKG sowie die bereits erwähnte Blutsauerstoffmessung.

Abstand nehmen solltest du allerdings vor der Apple Watch Series 3, die Apple sich immer noch zu verkaufen traut. Klar, Apple möchte ein Einstiegsmodell im Portfolio haben und mit einem Preis von 219 Euro (gegenüber mindestens 429 Euro für die 7er-Modelle) ist das gelungen. Allerdings ist sie klein und langsam. Du wirst keinen Spaß mit ihr haben und niemand sollte noch ein 3er-Modell kaufen – das galt jedoch schon im vergangenen Jahr.

Wertung

Apple Watch Series 7 (45 mm, LTE-Modem)

Hersteller: Apple
Preis: 559 Euro
Web: www.apple.de

+ wegen neuer Größe leichter zu bedienen, bruchsichereres Glas, Schnellladen

− unverändert kurze Akku-Laufzeit

NOTE

1,2

Fazit: Auch in diesem Jahr ist die Apple Watch eigentlich die perfekte Smartwatch, wenn nur der Akku länger durchhielte.

Sebastian Schack

»Falls du eine halbwegs aktuelle Apple Watch besitzt, investierst du, wenn dir nach Abwechslung ist, besser in das eine oder andere nette Armband und wartest mit dem Uhren-Upgrade auf das nächste Modell. 2022 wird sich Apple deutlich mehr ins Zeug legen müssen, um die Begeisterung hochzuhalten.«

s.schack@maclife.de
@Mac_Life

Apples neues „Klein, aber oho“-Tablet

Zweieinhalb Jahre sind seit dem letzten iPad-mini-Modellwechsel vergangen, entsprechend lang ist der Wunschzettel für die Neuauflage. Erfüllt Apple mit dem iPad mini 6 die Erwartungen?

TEXT: **STEFAN MOLZ**

Vielen seiner Bestseller spendiert Apple im Jahrestakt eine Frischzellenkur – allen voran seinem Umsatzbringer Nummer eins, dem iPhone. Mit etwas Neid blicken da die im Schatten des allmächtigen Smartphone-Stars stehenden Produkte wie etwa der iPod touch und das iPad mini in die Richtung von Tim Cook samt Team. In der zweiten Reihe gibt es nämlich nur alle Jahre mal etwas Neues zu sehen.

Das neue iPad mini ist daher eine wirklich große Sache – nicht wenigen Beobachter:innen galt die Vorstellung des iPad mini der 6. Generation am Rande der diesjährigen iPhone-Enthüllung als das so viel substanziellere Update gegenüber dem doch eher routinierten iPhone-Update. Kein Wunder, sparte sich das Unternehmen doch über zweieinhalb Jahre an Updates für seine iPad-mini-Rundumerneuerung auf. Und so hat Apple von einem Tag auf den anderen ein geschrumpftes iPad Air im Angebot, welches dieses sogar bezüglich Leistung und Ausstattung zu überholen vermag.

Auch das iPad mini der 6. Generation kommt ab sofort mit einer Frontseite, die nahezu komplett aus dem Bildschirm besteht. Im Test weiß das Gerät zu begeistern – es zieht bezüglich der Ausstattung nicht nur gleich mit dem iPad Air, sondern sogar an diesem vorbei.

Besser als das Air und fast ein Pro

Schon der erste Blick zeigt, dass mit dem neuen iPad mini ein grundlegender Modellwechsel eingeläutet wurde. Während der Vorgänger noch im klassischen Home-Button-Design mit breiten Displayrändern mit vom Bildschirm abgesetzten Touch-ID-Fingerabdrucksensor daherkam, begeistert das neue Kleinste von Apple im – von iPad Pro an das iPad Air und nun an das iPad mini – vererbten All-Screen-Design. Hier allerdings mit der Besonderheit, dass die beiden Lautstärke-Tasten von der rechten hin auf die Kopfseite des Geräts wanderten. Der Grund hierfür ist ein guter: Dort, wo einst besagte Tasten platziert waren, lässt sich jetzt, auch das ist neu, der Apple Pencil 2 magnetisch befestigen und laden. Kein Ärger mehr also mit dem zu Recht ungeliebten Lightning-Ladestecker des Pencil 1.

Beim in die Hand Nehmen erscheint der Rand um das Display als Erstes recht dick. Das aber erweist sich im Alltag schnell als sinnvoll: Schließlich muss das Tablet irgendwo angefasst werden und Finger sollten tunlichst keinen Inhalt verdecken. Es ist schlicht das Verhältnis von Displaygröße zur Breite des Randes, die das Mini hier gegenüber iPad Air und iPad Pro vielleicht etwas grobschlächtiger erscheinen lassen.

Das zum Jahresende 2021 neu aufgelegte iPad mini sieht nicht nur schick aus, sondern bringt bei ansonsten weitestgehend unverändertem Maß und Gewicht ein um 0,4-Zoll in der Diagonalen gewachsenes Retina-Display mit sich. Dessen Pixeldichte ist mit 326 gegenüber 264 Pixel pro Zoll weiterhin höher als im iPad Air und sorgt für ein wirklich gestochen scharfes Bild – wer gerne und viel liest, freut sich hier über Text, der wie gedruckt aussieht. Jenseits des angenehmen Plus an Größe sind die sonstigen technischen Eckdaten des Bildschirms gegenüber dem Vorgängermodell unverändert. Es bleiben die Unterstüt-

Per Pencil zum Notizblock

Schon das iPad mini in der 5. Generation unterstützte den Apple Pencil – allerdings in Form des ersten Pencil-Modells. Das neue iPad mini hingegen unterstützt den Pencil 2. Dessen Vorteile: Er liegt ob einer Abflachung am Schaft besser in der Hand und rollt vor allem nicht mehr so schnell vom Tisch. Außerdem haftet der bereits von iPad Pro und iPad Air bekannte Stift magnetisch am Apple-Tablet – das erspart nicht nur ein ums andere Mal die Suche, sondern dient auch der Zentrierung für den kabellosen Ladevorgang direkt am iPad.

Auf einen Blick

Ein grundlegend neues iPad Air, verbesserte Chips, neue Funktionen wie etwa Centerstage: In den zweieinhalb Jahren seit dem Erscheinen des iPad mini der 5. Generation hat sich eine Menge getan. Das zeigt auch der direkte Vergleich. Das neue iPad mini bietet gegenüber dem Vorgänger:

- **8,3- statt 7,9-Zoll-Bildschirm**
- **All-Screen-Design mit Touch ID in oberer Taste statt im Home-Button**
- **A15 Bionic statt A12 Bionic**
- **12-MP-Kamera mit LED-Blitz und 4K60-Videoaufnahmen statt 8-MP-Kamera mit 1080P30**
- **12-MP-Ultraweitwinkel-Frontkamera mit Folgemodus statt 7-MP-Kamera**
- **USB-C- statt Lightning-Buchse**
- **Cellular-Modelle mit 5G- statt 4G-Modem**
- **Unterstützung für Apple Pencil 2 samt Magnethalterung statt Pencil-1-Support**
- **Unterstützung von 802.11ax (WLAN 6)**

Keine Unterschiede gibt es bei der Speicherausstattung, das iPad mini ist weiterhin wahlweise mit 64- oder 256-GB an Flashspeicher erhältlich. Wir hätten uns hier ähnlich wie im Falle der neuen iPhone-Modelle eine Verdoppelung der Speichergröße beim Einstiegsmodell gewünscht.

en P3-Farbraums, e Helligkeit von 500 zur die True-Tone-Funk- di- das alles weiterhin bei sten Bildwiederholrate von . Bezüglich der Helligkeit e Apple gerne ein mehr liefern rfen – das ist zumindest der Eindruck, den Anwender:innen haben, die vom Mini-LED-Display des großen iPad Pro verwöhnt sind. Aber hey, das ist nicht nur qualitativ, sondern ebenfalls preislich eine andere Liga! Auch so bleibt das iPad mini weiterhin selbst unter freiem Himmel gut zu lesen – nur pralle Sonne sollte gemieden werden. Und im Arbeitszimmer, dem Ohrensessel oder auch dem Vorlesungssaal strahlt das iPad mini definitiv hell genug.

Touch ID ohne Home-Button

Der im iPad mini wie schon im aktuellen iPad Air in die Seitentasten verlagerte Fingerabdrucksensor arbeitet dort mindestens ebenso schnell und verlässlich wie einst im Home-Button. So bequem Face ID auch sein mag: Das unmittelbare Entsperren per Fingerabdruck gefällt vielen Anwender:innen zurecht besser als das in entscheidenden Momenten manchmal doch etwas unpraktischere Face ID.

In vielen seiner Ausstattungsmerkmale zieht das iPad mini mit dem zuletzt vor ziemlich genau einem Jahr grunderneuerten iPad Air gleich, an einigen Punkten sogar an diesem vorbei. So etwa steckt im Mini eine 12- statt 7-MP-Frontkamera, die zudem auf eine Ultraweitwinkeloptik setzt und die aus dem iPad Pro bekannte Centerstage-Funktion mit sich bringt. Das im Deutschen „Folgemodus“ genannte Feature behält dich bei Videokonferenzen immer bestmöglich im Bild und funktioniert auch auf dem Kleinen hervorragend. Und auch wenn das iPad an sich eine sperrige Kamera sein mag: Gelegenheit macht Fotos. Daher ergibt es Sinn, dass der verbesserten rückseitigen Kamera ein Blitz anbei gestellt wurde. Der fehlte im Vorgänger ebenso wie noch immer im iPad Air.

Darüber hinaus funkt das Cellular-Modell des Mini nicht nur im 4G-, sondern jetzt auch im 5G-Netz. Das konnte bislang neben dem iPhone nur das iPad Pro. mmWave-Unterstützung gibt es hier zwar nicht, aber die spielt in Deutschland ohnehin keine Rolle.

Anschluss

Der Lightning-Anschluss wurde durch eine USB-C-Buchse ersetzt, die mit vielen Vorteilen daherkommt. Verlustmeldung: Das iPad mini der 6. Generation kommt ohne Miniklinkenbuchse, Kopfhörer müssen über einen Adapter oder aber kabellos angeschlossen werden.

Tschüss Lightning, Hallo USB-C

Nicht nur die kabellosen Schnittstellen wurden mit der Unterstützung von WiFi 6 und 5G beim diesjährigen Modellwechsel deutlich aufgewertet, auch der Austausch von Apples proprietärer Lightning-Buchse zugunsten von USB-C ist ein dickes Plus auf dem Upgrade-Konto des iPad mini der 6. Generation. Peripherie wie etwa Massenspeicher, aber auch Werkzeuge wie SD-Kartenleser finden somit direkt am iPad mini Anschluss – und über einen USB-C-Hub lässt sich der Anschluss vervielfachen.

Eine kleine Verlustmeldung

Wer in den inzwischen nahezu vollständigen Club der rundumerneuerten iPad-Modelle im All-Screen-Design aufschließt, muss an anderer Stelle ein paar Federn lassen. Am Offensichtlichsten ist beim iPad mini da das Fehlen der bislang an diesem Modell vorhandenen Miniklinkenbuchse. Kabelgebundene Kopfhörer kannst du so nicht länger ohne Adapter am kleinsten iPad anschließen, der iPod Touch und das klassische iPad bleiben diesbezüglich die letzten ihrer Art.

Die wichtigsten Neuerungen des iPad mini 6 in nur einem Bild: Touch ID ist jetzt in der Seitentaste integriert, das Gerät kommt im „All-Screen"-Design und statt des Pencil der 1. Generation wird der Pencil 2 mit Magnethalterung und kabellosem Laden unterstützt.

Foto: Stefan Molz

	iPad NEU	iPad mini NEU	iPad Air	iPad Pro
Display	10,2 Zoll Retina mit True Tone	8,3 Zoll Retina mit True Tone	10,9 Zoll Liquid Retina mit True Tone	11 Zoll/12,9 Zoll Liquid Retina mit True Tone und ProMotion
Farben				
Prozessor	A13 Bionic	A15 Bionic	A14 Bionic	M1
Speicher	64 GB oder 256 GB	64 GB oder 256 GB	64 GB oder 256 GB	128 GB, 256 GB, 512 GB, 1 TB oder 2 TB
Maße	250,6 × 174,1 × 7,5 mm	195,4 × 134,8 × 6,3 mm	247,6 × 178,5 × 6,1 mm	280,6 × 214,9 × 5,9 mm 247,6 × 178,5 × 6,1 mm
Gewicht	487/498 Gramm	293/297 Gramm	458/460 Gramm	641/643 Gramm
Rückkamera	8 MP Weitwinkel	12 MP Weitwinkel	12 MP Weitwinkel	12 MP Weitwinkel und 10 MP Ultraweitwinkel
Frontkamera	12 MP Ultraweitwinkel	12 MP Ultraweitwinkel	7 MP FaceTime HD	12 MP TrueDepth mit Unltraweitwinkel
Sicherheit	Touch ID im Homebutton	Touch ID im Powerbutton	Touch ID im Powerbutton	Face ID
Anschluss	Lightning	USB-C	USB-C	USB-C (Thunderbolt/USB 4)
LiDAR-Scanner	✗	✗	✗	✓
Apple Pencil	1. Generation	2. Generation	2. Generation	2. Generation
Tastatur	Smart Keyboard	nur Bluetooth-Tastaturen	Magic Keyboard und Smart Keyboard Folio	Magic Keyboard und Smart Keyboard Folio
Preis	ab 379 Euro	ab 549 Euro	ab 649 Euro	ab 879 Euro
Preis mit LTE	ab 519 Euro	ab 719 Euro	ab 789 Euro	ab 1.049 Euro

Kraftzwerg dank A15

Klein bedeutet nicht gleich schwach. Im iPad mini steckt tatsächlich der aktuellste der hochintegrierten Apple-Chips – und zwar in der Variante mit der fünften Grafikeinheit, so wie sie auch im neuen iPhone 13 Pro zum Einsatz kommt. Daher verwundert es auch nicht, dass das Mini seinen Vorgänger in Bezug auf die Geschwindigkeit deutlich hinter sich lässt. Bis zu 40 Prozent mehr CPU-Leistung und eine nahezu verdoppelte Grafikleistung sprechen eine deutliche Sprache, das Plus an Power gegenüber dem A12 Bionic aus dem Vorgängermodell ist immens.
Viel Licht also, aber auch ein klein wenig Schatten. Wer das iPad mini komfortabel auf hoher Bildschirmhelligkeit nutzt, holt im Alltag etwa fünf bis sechs Stunden echte Laufzeit aus dem Gerät. Das ist ein guter, aber nicht überragender Wert.

Fazit: Großartiges Mini

Das neue iPad mini ist durchweg gelungen. Das All-Screen-Design ist nicht nur schick, sondern auch angenehm in der tagtäglichen Verwendung. Etwa, weil sich das kompakte Mini zum Lesen angenehm auch in nur einer Hand halten lässt und nur wenig schwerer als ein iPhone 13 Max ist.

Auch unterwegs spielt das kleinste aller iPads seine geringe Größe und Gewicht als großen Vorteil aus, passt es doch in nahezu jede Tasche. Und das Beste: Kompromisse in Bezug auf die Leistung muss dennoch kaum jemand machen. Das teurere, größere, schwerere iPad Pro liefert in erster Linie vor allem dort einen geldwerten Vorteil an Geschwindigkeit, wo seit jeher Prozessoren ins Schwitzen kommen, etwa bei der Videobearbeitung. Doch auch die Leistungswerte des Minis sind in solchen fordernden Disziplinen beeindruckend. Dass Apples Wahl auf den brandneuen A15 Bionic fiel, sorgt dabei für genügend Leistungsreserven, um auch noch in Jahren Spaß an diesem feinen Gerät haben zu können.

Funktionen wie die Schnellnotizen unter iPadOS 15 gehen auf dem iPad mini ebenso gut von der Hand, wie auf einem aktuellen iPad Pro. Und selbst Multitasking funktioniert ohne Einschränkungen – zumindest je nachdem, wie gut deine Augen sind, denn der kleine Bildschirm stellt naturgemäß auch vieles entsprechend klein dar. In Apps mit Spaltenansicht, etwa der Notizen-Anwendung, ist auf dem Mini oft eine Spalte weniger an Inhalt zu sehen. Und sobald die Bildschirmtastatur geöffnet ist, wird von dieser mehr vom eigentlichen Inhalt verdeckt als das auf größeren iPad-Modellen der Fall wäre. Das alles aber ist kein Beinbruch, sondern liegt schlicht in der Natur eines derart kompakten Geräts. Verbessern könnte Apple das Mini, indem es das Einstiegsmodell mit 128 GB Speicher anböte – oder zumindest auf gewissermaßen halbem Weg zwischen dem 64- und 256-GB-Modell eine günstigere 128-GB-Variante zur Auswahl stellt. Du wirst mit dem Mini im Gegensatz zum iPhone zwar keine Unmengen an Fotos schießen, doch 64 GB sind auch ohne Bilder recht schnell mit Apps, Magazinen und Filmen gefüllt.

Szenarien, in denen der Griff zum iPad mini eine gute Entscheidung darstellt, gibt es auch im Privaten viele. Das iPad mini ist mitnichten nur ein Gerät für Pilot:innen, Ärzt:innen oder die Gastronomie, es funktioniert auch als digitaler Notizblock an der Uni, als HomeKit-Schaltzentrale auf dem Wohnzimmertisch, als kompakter Netflix-Client und sogar zum Lesen von E-Books. Dank hochwertiger Frontkamera mit Folgemodus gefällt das Handtaschen-kompatible Tablet zudem als mobile Videokonferenzlösung und überhaupt als „Notfall-Büro" für das kleine Gepäck. Es zeigt sich klar, dass das iPad mini 6 ein vollwertiges Mitglied der großen iPad-Produktfamilie ist – wer den Test bis hierhin gelesen hat, wird aber vermutlich ohnehin schon wissen, wieso das Mini die für ihn oder sie beste Wahl ist.

Trotz kleinerer Kritik im Detail (Akkulaufzeit, kein 128-GB-Modell): Kein anderes iPad vermittelt dir so sehr das Gefühl, ein Stück High-Tech aus Star Trek in den Händen zu halten – ein Jean-Luc Picard wäre neidisch!

Wertung

Hersteller: Apple
Preise: 549 Euro (64 GB), 719 Euro (256 GB)
Aufpreis 5G 170 Euro
Web: www.apple.com

⊕ Leistung satt dank A15, USB-C, Pencil-2-Unterstützung, All-Screen-Design

⊖ nur 64 GB im Einstiegsmodell respektive kein 128-GB-Modell, Akkulaufzeit

NOTE

1,4

Fazit: Leistung satt, All-Screen-Design, 5G und viele Verbesserungen im Detail – das neue iPad mini ist die nicht nur kompakte, sondern technisch auch bessere Alternative zum iPad Air.

Stefan Molz

»Das iPad mini ist für mich das ideale Wohnzimmer-Gerät – egal ob zum Browsen nebenbei, als XXL-Fernbedienung für das digitale Zuhause oder als Apple-Arcade-Spielspaßmaschine: Apples kleinstes iPad ist mitnichten lediglich ein Werkzeug für Pilot:innen, Ärzt:innen und andere Profis!«

s.molz@maclife.de
@Mac_Life

Das iPad mini lässt sich gut in nur einer Hand halten.

Was ewig währt, wird endlich gut?

Auch in diesem Jahr hat Apple es sich nicht nehmen lassen, dem erfolgreichsten iPad ein Update zu verpassen. Erneut bleibt es bezüglich der Neuerungen hinter den Erwartungen zurück. Doch das heißt nicht zwingend, dass das iPad der 9. Generation eine schlechte Wahl ist.

TEXT: **SOPHIE BÖMER**

Das iPad gibt es jetzt schon eine ganze Weile. Erstmals vorgestellt wurde es von Steve Jobs 2010 und gilt damit als eines der letzten Vermächtnisse des Apple-Gründers.

Seitdem haben sich viele neue Modelle daraus ergeben, doch Apple hält weiterhin an dem Basismodell fest. Aus gutem Grund, denn es ist das beliebteste iPad, wenn es um Verkaufszahlen geht. Daran ist Apple nicht ganz unschuldig, denn bei der eigenen Tablet-Reihe ist das iPad das mit Abstand günstigste Gerät.

Allein das macht es zu dem idealen Einstiegsmodell in die Produkte von Apple, denn keines der anderen Geräte bietet ein so gutes Preis-Leistungs-Verhältnis. Daher ist es auch verständlich, dass Apple seit 2017 dem iPad zwar nur kleine, aber kontinuierliche Updates verpasst. Die Neuerungen lassen sich dementsprechend auch dieses Jahr an einer Hand abzählen und lassen zum Teil den Wunsch nach mehr offen. Doch stürzen wir uns zuallererst in die neuen Detailverbesserungen.

Neuer A13 Bionic Chip bringt Leistungsschub

Neu verbaut im iPad 9 ist der A13 Bionic Chip und verschafft dem neuen Tablet damit einen nicht zu verachtenden Leistungsboost. Dieser Chip wurde bereits im iPhone 11 verbaut und ist damit mehr als fähig, alle Alltagsaufgaben mit Leichtigkeit zu bewältigen. Im Vergleich zum Vorgängermodell, in dem der A12 Bionic Chip steckt, ist es laut Apple 20 Prozent schneller.

Dies bestätigen auch die Benchmark-Tests, die wir mit dem neuen iPad durchgeführt haben. In der Vorstellung des iPad wies Apple beinahe ein wenig keck darauf hin, dass das iPad jetzt sogar bis zu dreimal schneller sei als das sich am besten verkaufende Chromebook. Damit gewährt das Unternehmen einen kleinen Blick hinter die Kulissen bei dem Kampf um Marktanteile bei der Zielgruppe ihrer Produkte. Chromebooks machen dem iPad, das sich mit dem richtigen Zubehör fast schon zu einem Convertible Laptop mausert (also ein Gerät, das Laptop und Tablet zugleich ist), mittlerweile starke Konkurrenz.

Mit diesem kleinen Seitenhieb stellt Apple also lautstark fest: Das neue iPad ist stärker. Doch auch wenn 20 Prozent mehr Leistung sich erst einmal gut auf Papier machen, müssen zwei Aspekte dabei berücksichtigt werden: Erstens macht das neue iPad im Vergleich zu anderen iPad-Modellen schlapp, wenn auch der Abstand zum iPad Air gesunken ist. Du kannst damit keine 4K-Filme schneiden, geschweige denn drehen. Es kann einfach nicht mit einem iPad Pro mithalten.

Leider nicht alles neu: Auch in diesem Jahr verzichtet Apple bei dem iPad der neunten Generation auf ein neues Design.

Das bringt uns zum zweiten Punkt: Das muss das iPad gar nicht. Wie eingangs erwähnt; das iPad ist das perfekte Einstiegsmodell für Menschen, die ein Alltagsgerät benötigen, mit dem sie flexibel arbeiten oder sich unterhalten können. Dafür braucht es nicht den leistungsfähigsten Chip. Der A13 Bionic reicht für diese Ansprüche völlig und das nicht nur heute, sondern auch noch in ein paar Jahren. Apple stellt mit diesem Update sicher, dass das iPad 9 auf lange Sicht immer weiter steigenden Leistungsanforderungen gerecht werden kann.

Die neuen iPads im Geekbench-Vergleich

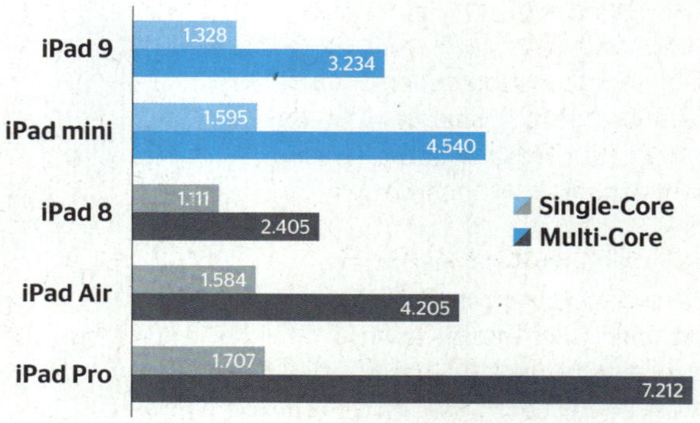

Die neue Frontkamera und Center Stage

Neben diesem zugegebenermaßen vorhersehbaren und nötigen Update, hat Apple sich aber noch

Am Design hat sich nichts getan. Touch ID befindet sich immer noch an der Front, die breiten Bildschirmränder bleiben.

zu einer weiteren Aktualisierung hinreißen lassen, die das iPad maßgeblich aufwertet. Die Rede ist von der neuen Frontkamera: Mit einer Auflösung von 12 Megapixeln und einer *f*/2.4-Blende mit Ultraweitwinkelobjektiv, ist sie der eigentliche Star unter den iPad-Neuerungen. Denn diese Kamera macht eine Funktion möglich, die es so bisher nur für das iPad Pro und den iMac gab: Center Stage. Mit diesem Feature bleibst du bei Videokonferenzen mit FaceTime, Zoom oder Webex, aber auch mit Video-Apps wie Tiktok immer im Zentrum des Bildes.

Durch das Weitwinkelobjektiv ist das aufgenommene Bild grundsätzlich größer. Ein digitaler Zoom in Verbindung mit der Neutral Engine fokussiert dein Gesicht und hält dich immer in der Mitte des Bildschirms. Das funktioniert sogar so gut, dass du dich flexibel hin und her bewegen kannst, ohne dass du in einem gewissen Bereich aus dem Bild verschwindest. Wenn jemand anderes ins Bild kommt, zoomt die Kamera sogar automatisch heraus und behält euch so beide im Blick. Das Feature ist wie gemacht für chaotische Familientreffen im digitalen Raum.

Mit Center Stage oder zu Deutsch dem Folgemodus hat das iPad 2021 zum Beispiel dem iPad Air, das leistungsstärker ist, somit doch eine wichtige Funktion voraus. Außerdem zollt Apple damit der Nutzungsweise des iPads Tribut: Videokonferenzen, egal ob für die Arbeit oder mit der Familie oder Freund:innen sind während der Corona-Pandemie zu einem wichtigen Bestandteil des Lebens geworden. Mit Center Stage funktioniert das nicht nur besser, sondern macht auch mehr Spaß.

Auf eine Aktualisierung der Rückkamera hat Apple allerdings verzichtet, diese bleibt bei acht Megapixeln und ist damit gerade mal gut genug, um Scans von Dokumenten anzufertigen. Da das iPad aber zugegebenermaßen vermutlich ohnehin nicht von Vielen zum Fotografieren genutzt wird, ist das zu verschmerzen.

Was ist gleich geblieben?

Das waren die neuen Seiten vom iPad der neunten Generation. Doch bei so wenigen Veränderungen stellt sich auch immer die

Accessoires machen das iPad flexibler

Neue Geräte sind nicht mit dem iPad kompatibel. Aber das hat Apple nicht davon abgehalten, in der Präsentation des iPad noch mal gesondert darauf hinzudeuten, dass es zahlreiche Optionen an Accessoires gibt, mit denen du das meiste aus deinem iPad herausholen kannst.

Da ist zum einen der Apple Pencil der ersten Generation. Es ist wohl das beste ergänzende Accessoire, das es für iPads gibt. Mit ihm kannst du das Apple-Tablet im Handumdrehen in einen Notizzettel oder Zeichenblock verwandeln. Auch zahlreiche Drittanbieter-Apps unterstützen das Helferlein, sodass du nicht auf Apples Apps beschränkt bist.

Mit Tastaturhüllen kannst du dein iPad leicht in einen Laptop-Ersatz umwandeln, etwas worauf Apple mit der Weiterentwicklung von iPadOS 15 auch abzielt. Logitech bietet mit der Combo Touch sogar Tastaturen inklusive Trackpad an, sodass du das iPad auch darüber bedienen kannst. Für das Arbeiten, Spielen oder auch Zeichnen im Zug, in der Schule oder im Freien unterwegs die einfachste, günstigste und flexibelste Lösung. Die Combo Touch-Tastatur von Logitech ist dabei besonders empfehlenswert: Falls du die Tastatur gerade nicht brauchst, kannst du sie dank der magnetischen Verbindung mit Leichtigkeit abziehen. Genauso leicht lässt sie sich bei Bedarf auch wieder andocken. Ohnehin solltest du dich für das iPad der 9. Generation bei Logitech umsehen, wenn du nach vollwertigen Tastaturhüllen inklusive Trackpad suchst. Diese bietet Apple zwar mit dem Magic Keyboard auch an, allerdings ist das Magic Keyboard nicht mit dem neuen iPad 9 (oder anderen Modellen aus der Reihe) kompatibel.

Ob nun bei den Hausaufgaben oder einer turbulenten Familienfeier: Mit Center Stage bleibt immer alles im Bild.

Sophie Bömer

»Im Preissegment von 400-Euro-Tablets wirst du kaum ein ähnliches Tablet finden, das so zuverlässig und über einen längeren Zeitraum hinweg läuft. Das iPad 9 ist damit das perfekte Gerät für alltägliche Arbeit, Schul- oder Uniaufgaben oder für schnelle Unterhaltung. Dafür ist keine blitzschnelle GPU und CPU oder Ähnliches nötig. Das weiß Apple und bietet mit dem iPad 9 genau das richtige Produkt für einen bezahlbaren Preis an.«

s.boemer@maclife.de
@Mac_Life

Wertung

Hersteller: Apple
Preis: ab 379 Euro
Web: www.apple.com

+ Center Stage, Audio-Klinke, Preis-Leistung

− altes Design, Display hätte auch eine Überarbeitung nötig

NOTE

1,4

Fazit: Manchmal braucht ein Gerät kein großes Update, um auch weiterhin das beste in dessen Preisklasse zu sein – wie beim iPad der 9. Generation.

Frage: Was ist denn gleich geblieben? Oder vielmehr: Was am iPad hätte auf jeden Fall eine Veränderung vertragen?
Wenn es nach unserer Meinung geht, ist es das ausgebliebene Design-Update, was unbedingt eine Auffrischung benötigt hätte. Ja: Die gleichbleibende Gerätegröße und -form, das beinahe identische Gewicht bilden eine Art Uniformität. Doch das Design, das noch aus 2012 stammt, mutet doch altmodisch an und passt irgendwie so gar nicht zum Rest von Apples iPads.

Diese haben mittlerweile alle das frische neue Design erhalten, das mit dem iPad Pro aus 2018 eingeführt wurde. Dass als einziges Gerät das iPad 9 diese Auffrischung nicht erhalten hat, lässt es ein wenig wie einen grauen Spatz zwischen bunten Tropenvögeln wirken.

Die Touch ID bleibt, wo sie ist

Die Touch ID des iPad bleibt weiterhin an der Front. Das gefällt allen, die sich daran gewöhnt haben und nicht gut mit Veränderungen zurechtkommen, doch Apple macht deshalb Einbußen. Hätten sie die Touch ID wie beim iPad mini in diesem Jahr oder beim iPad Air im letzten Jahr auf die Geräteseite wandern lassen, hätten sie dem iPad 9 einen größeren Display verpassen können.

Dies hätte einen Mehrwert für die Nutzung bedeutet. Aber so bleibt die Touch ID weiterhin auf der Front und die Displayränder des iPad breiter als bei jedem anderen Modell in Apples Tablet-Lineup. Damit bleibt die Bildschirmdiagonale bei 10,2 Zoll.

Auch an der Auflösung oder der Helligkeit des Displays hat sich mit 2.160 x 1.620 Pixeln und 500 Nits nichts geändert. Das ist allerdings weniger ärgerlich. Beides reicht völlig aus, um damit alltägliche Arbeiten zu erledigen und Unterhaltung zu genießen – egal, ob zu Hause oder im Freien. Auch hier gilt wieder: Wer höhere Ansprüche hat, kann sich jederzeit für eines der besser ausgestatteten iPads entscheiden, dann allerdings zu einem höheren Preis.

Klinke bleibt uns erhalten

Was wir wiederum sehr begrüßen, ist die Beibehaltung der Audio-Klinke. Auch wenn viele mittlerweile Bluetooth-Kopfhörer nutzen: Für den Notfall und vor allem bei Akkunotstand ist die Audio-Klinke immer gern gesehen. Dabei spielt es keine Rolle, ob dem iPad der Saft ausgeht oder den Bluetooth-Kopfhörern. Bei einem leeren iPad-Akku kannst du es dank der Klinke parallel laden und deine Musik über kabelgebundene Kopfhörer genießen. Und geht der Akku deiner Bluetooth-Kopfhörer in die Knie, sind kabelgebundene Ohrstecker immer noch die beste Alternative, wenn sich am Gerät eine Klinke befindet. Und auf einen Adapter darfst du bei dem iPad 9 ebenfalls getrost verzichten.

Fazit

Das iPad der neunten Generation war und bleibt auch nach dem Update kein High-End-Gerät. Es hält bei fast keinem der Vergleichspunkte mit besser ausgestatteten iPads von Apple mit. Doch das ist nicht wirklich ein Argument gegen das Tablet. Denn obwohl es vielleicht nicht so leistungsstark ist, nicht ganz so tolle Bilder macht oder heller strahlt, macht es dennoch gut und zuverlässig die Arbeit, die ihm auferlegt wird, solange sie nicht in Profi-Bereiche reicht. Und das zu einem Preis, der im Vergleich zu sonstigen Apple-Preisen hochgradig bezahlbar ist.

Ist der Mac der Zukunft wirklich ein iPad?

Viele Menschen nutzen neben ihrem iPhone ausschließlich ein iPad und besitzen gar keinen „echten" Computer mehr. Im neuen iPad Pro steckt nun derselbe Chip wie in vielen Macs. Das birgt das Potenzial, alles zu verändern.

TEXT: **SEBASTIAN SCHACK**

Das iPad ist ein Synonym für die ganze Geräteklasse „Tablet". So wundert es nicht, dass Apple das wohl beste Tablet herstellt – das iPad Pro. Das Profi-iPad, das sich längst nicht nur an Profis richtet. Schließlich weist es diverse Vorzüge gegenüber anderen iPad-Modellen auf, die es attraktiv für viele Anwender:innen machen. Einer davon ist das neue Herz des iPad Pro, Apples M1-Chip.

Mit der Power des M1

Wenn du dich neben dem iPhone und iPad nur ein wenig für den Mac interessierst, hast du bestimmt schon etwas von Apples M1-Chip gehört. Ähnlich wie beim iPhone und bisherigen iPad-Generationen setzt Apple nun auch bei den Macs auf Prozessoren, Grafikkarten und einiges mehr aus eigener Herstellung beziehungsweise nach eigenem Design. Bei den bislang mit einem M1-Chip ausgestatteten Computern – dem MacBook Air, MacBook Pro, Mac mini und dem kleinen iMac – waren so überraschend große Sprünge in Sachen Leistungsvermögen und Energieeffizienz möglich. Kein Wunder also, dass Apple Intel vor die Tür gesetzt hat.

Im neuen iPad Pro steckt nun der exakt gleiche Chip, sodass die von uns ermittelten Benchmark-Werte (siehe Seite 16) wenig überraschend aufzeigen, dass aktuelle Macs und das neue iPad Pro praktisch identische Werte vorweisen. Im Vergleich zum direkten Vorgänger-iPad-Pro, in dem noch ein ebenfalls von Apple designter A12Z-Chip steckt, zeigt die neue Generation dagegen um rund 50 Prozent verbesserte Leistungsdaten.

Aber was bedeuten solche Werte in der Realität? Die Antwort lautet wie so oft: Es kommt darauf an. Im klassischen Redaktionsalltag der Mac Life merken wir von der wirklich signifikant verbesserten Leistung – nichts. Technisch zu anspruchslos sind unsere Aufgaben, um den M1-Chip aus der Reserve zu locken. Das hatte sich auch schon bei unseren Testreihen zu den M1-Macs gezeigt.

Lediglich beim Konvertieren und Exportieren größerer Videodateien konnten wir echte Vorteile für das neue iPad Pro feststellen. Wer aber mit genau solchen Arbeiten tagtäglich beschäftigt ist, wird für jedes Prozent an gestiegener Leistung oder gesteigerter Effizienz dankbar sein, weil es im Idealfall bares Geld spart.

Das richtige Design

Apple hat mit dem iPad-Pro-Design viel richtig gemacht. Das bestätigt auch, dass es inzwischen sogar für das iPhone übernommen wurde.

Mac-Apps auf dem iPad

Als einen der Vorzüge des ARM-basierten M1-Chips in den neuesten Macs gibt Apple die Möglichkeit an, Apps, die eigentlich für iPhone und iPad entwickelt wurden, auch auf dem Mac nutzen zu können. Zumindest, wenn das jeweilige Entwicklungsteam die eigenen Apps dafür freigibt. Nun, da im Mac und iPad Pro nicht nur die gleiche Chip-Architektur

(ARM), sondern sogar die gleichen Chips stecken, sollte das andersherum doch möglich sein, oder?

Technisch gesehen sollte es nun tatsächlich relativ einfach möglich sein, Mac-Apps auf dem iPad laufen zu lassen. Nur: iPadOS ist darauf nicht ausgelegt. Auch in macOS musste Apples Software-Team zunächst Funktionen implementieren, die dafür sorgen, dass Apps, die auf Touch-Bedienung ausgelegt sind, auch mit einer Maus bedient werden können. In die andere Richtung scheint dieser Schritt noch nicht erfolgt zu sein.

Dafür bringt der M1-Chip allerdings eine hardwareseitige Veränderung mit sich: Die USB-C-Buchse des iPads versteht sich fortan auch mit Thunderbolt-Geräten.

Neue Display-Generation

Die andere große Neuerung neben dem M1-Chip ist das neue Mini-LED-Display, das Apple in Anlehnung an das „Pro Display XDR" für den Mac Pro auf den Namen „Liquid Retina XDR" getauft hat – und dem großen iPad Pro vorbehält. Mini-LED-Displays sind eigentlich klassische LC-Displays, die jedoch versuchen, so gut wie möglich ihre Nachteile gegenüber OLED-Displays vergessen zu machen. (Mehr zum Unterschied zwischen den beiden Technologien liest du im Extra-Kasten.)

Bei einem Mini-LED-Display können zwar nicht die einzelnen Pixel selbst leuchten, aber mit einem Trick wirkt es fast so. Denn nun wird die Pixelschicht nicht länger nur von ein paar wenigen LED-Hintergrundleuchten angestrahlt, sondern von mehr als 10.000 davon. Daraus ergeben sich in Apples Fall mehr als 2.500 sogenannter „local dimming zones", Bereiche also, die unabhängig voneinander abgedunkelt werden können.

Alle bereits von vorherigen iPad-Pro-Generationen bekannten Funktionen bleiben natürlich erhalten. Da wäre zum Beispiel „True Tone", die Technologie, mit der Apple die Inhalte auf dem Bildschirm nicht nur an die Helligkeit in der Umgebung, sondern auch an deren Farbtemperatur anpasst. Und ProMotion, Apples Begriff für eine variable Bildwiederholfrequenz von bis zu 120 Hertz, die vor allem bewegte Inhalte besonders geschmeidig wirken lässt. Außerdem unterstützt es weiterhin den erweiterten P3-Farbraum.

Neu ist allerdings, was Apple in Sachen Displayhelligkeit zu bieten hat. Diese kann das neue iPad Pro 12,9" flächendeckend auf 1.000 Nits und in besonderen Szenarien auf bis zu 1.600 Nits aufdrehen. Zum Vergleich: Die absolute Spitzenhelligkeit des Displays im aktuellen iPad Air beträgt 500 Nits. Besonders sichtbar wird dieser Helligkeitsvorteil beispielsweise

Das neue alte Magic Keyboard

Das iPad Pro kann in den allermeisten Situationen einen „echten" Computer ersetzen, eine Tastatur ist dafür jedoch mehr als nur empfehlenswert. Für die iPad-Pro-Modelle mit 11- respektive 12,9-zölligem Display hat Apple jeweils zwei verschiedene Modelle im Angebot. Da wäre zum einen das Smart Folio Keyboard, das aus einem Schutz, der magnetisch an der iPad-Pro-Rückseite haftet und eben einer Tastatur besteht. Für das kleine iPad Pro werden hier 200 Euro, für das größere Modell 220 Euro fällig. Nicht wirklich günstig, aber eine Kombination aus gutem Schutz und einer sehr angenehmen Tastatur ist zumindest für Vieltipper:innen sicherlich eine Überlegung wert.

Aber Apple wäre nicht Apple, wenn es nicht noch einen drauflegen könnte. Für 340 Euro (beziehungsweise sogar 400 Euro für das größere Modell) verkauft Apple das Magic Keyboard, eine Kombination aus Tastatur und iPad-Pro-Ständer, der dafür sorgt, dass das Gerät praktisch oberhalb der Tastatur „schwebt". Nun mögen wir eventuell alle Menschen für verrückt erklären, die Willens sind, 400 Euro für kaum mehr als eine Tastatur auszugeben.

Aber es verhält sich auch hierbei leider wie bei so vielem: Die Suche nach einer ähnlich guten Alternative gestaltet sich nicht einfach und wer einmal längere Zeit mit einem iPad Pro und Magic Keyboard gearbeitet hat, versteht schnell nicht mehr, weshalb es überhaupt noch Tablet-Tastaturen gibt, die nach einem anderen Prinzip funktionieren. Deshalb: Wenn du es dir leisten kannst, ist das Magic Keyboard eine echte Empfehlung!

Das neue iPad Pro passt gerade so in die alte Magic-Keyboard-Hülle.

beim Betrachten von Bildern oder Videos in der Fotos-App und natürlich beim Abspielen von Filmen oder Serien, die in HDR (High Dynamic Range, hohem Kontrastumfang) vorliegen.

Die Frage ist, wer von diesem technologischen Fortschritt profitieren kann – und die Antwort lautet zugleich „alle" und „nur wenige". Denn natürlich wird sich niemand über einen objektiv besseren Bildschirm beschweren. Gleichzeitig glauben wir, dass der Unterschied nur jenen auffallen wird, die Wert auf das bestmögliche Display legen. Zwar sehen HDR-Inhalte wirklich spektakulär aus auf dem neuen Liquid Retina XDR Display. Aber die Personen, die sich daraus nicht viel machen und das iPad Pro eher als Arbeitstier benötigen, denen gegenüber verliert Apple hier direkt einen von überhaupt nur zwei Upgrade-Gründen.

Doch auch das Display ist nicht perfekt. Nicht einmal Apple kann zaubern und die technischen Nachteile von LC-Displays einfach so aus der Welt schaffen. Mit geübtem Auge erkennen wir hier und da Ungenauigkeiten in der Ausleuchtung. Allerdings nur, wenn wir uns Mühe geben und partout Schwachstellen finden möchten.

Schade ist natürlich, dass Apple die neue Display-Technologie nicht im kleinen 11-Zoll-iPad-Pro zum Einsatz bringt. Es mag sein, dass sie dort bei kleiner Bildschirmfläche weniger sinnvoll ist. Aber wer das beste verfügbare Display haben möchte, kann nun nicht länger zwischen zwei Gerätegrößen wählen.

Kamera

Die Kamera sitzt weiterhin an der falschen Seite. Während wir beim Standard-iPad, dem iPad mini und dem iPad Air noch darüber streiten konnten, wo die richtige Seite ist, scheint es uns beim iPad Pro ganz eindeutig zu sein. Wir kennen praktisch niemanden, der es überwiegend im Porträtmodus nutzt und selbst in Apples Werbebildern wird das iPad Pro fast immer im Querformat gezeigt. Interessanterweise wählt Apple den Porträtmodus unter anderem ausgerechnet dort, wo die Funktionen von FaceTime, Apples Videokonferenz-Lösung, gezeigt werden. Nur: Wer nimmt denn ausgerechnet dafür das iPad Pro aus der Tastaturhülle? Genau, vermutlich niemand. Wer während einer Videokonferenz auf den Bildschirm schaut, richtet den Blick ohne böse Absicht an den anderen Gesprächsteilnehmer:innen vorbei. Und so fordern wir auch in diesem Jahr für die nächste Generation die Verlagerung der Kameraeinheit des iPad Pro von der kurzen auf die lange Geräteseite.

Mit einer Neuerung in Sachen Kamera ist es Apple dann aber doch gelungen, uns ein gutes Stück weit zu verzücken: Center Stage. So nennt Apple die Technologie, die dafür sorgt, dass die Kamera dir folgt, wenn du dich während einer Videokonferenz bewegst, sodass du immer zentriert im Bild bleibst. Das funktioniert erstaunlich gut. Die künstliche Intelligenz im iPad Pro erkennt sogar, wenn weitere Menschen hinzukommen und erweitert dann den Bildbereich.

Speziell, wenn wir an Videokonferenzen denken, ist die Kamera natürlich nur die halbe Miete. Um einem Gespräch gut folgen und sich selbst einbringen zu können, muss auch der Sound stimmen – in beide Richtungen. Wie auch schon das Vorgängergerät gibt sich das neue iPad Pro hier keine Blöße. Die Lautsprecher sind gut genug, dass sogar Actionfilme auf dem iPad wirklich Spaß machen. Während die Mikrofone,

Der Touchscreen und damit auch verbunden der Apple Pencil sorgen dafür, dass das iPad Pro mehr ist als nur ein Computer.

Brillant!

Das Display im neuen iPad Pro ist einer der besten Bildschirme, vor dem wir je gesessen haben. Mini-LED ist ein überaus gelungener Kompromiss mit Zukunft!

anders als Apple es dann und wann suggeriert, nicht ausreichen, um professionelle Aufnahmen anzufertigen, wird sich jedoch niemand über eine schlechte Sprachqualität beschweren, wenn du mit deinem iPad Pro an einer Konferenz teilnimmst. Etwas, das viele Laptops nicht von sich behaupten können.

iPadOS

Es gibt da draußen eine ganze Menge Menschen, die auf das iPad als ihren einzigen Computer schwören. Und auch Apple selbst vermarktet das iPad zusehends mehr als genau das: einen Ersatz für den klassischen Computer. Für viele Tätigkeiten und Arbeitsweisen mag das stimmen und funktionieren. Für andere aber eben auch nicht. Und das liegt oftmals weniger daran, dass es sich bei dem iPad um ein Tablet und nicht um einen Laptop oder Desktop-Comptuer handelt, sondern an der Software, an iPadOS.

Das iPad-Betriebssystem entstand aus iOS, Apples iPhone-Betriebssystem, das seinerseits wiederum im Kern auf macOS basiert. Nun muss es mehr und mehr typische Desktop-Aufgaben übernehmen, was nicht für alle gleichermaßen gut funktioniert.

Multitasking, also das parallele Verwenden mehrerer Programme respektive Apps, fühlt sich weiterhin wie eine Beta-Version an. Nichts daran ist intuitiv und nicht alle Multitasking-Funktionen lassen sich auch mit jeder App realisieren.

Das Datei-Management ist seit der Einführung der „Dateien“-App deutlich aufgeräumter, aber immer noch weit von dem Komfort und dem Umfang entfernt, den ein Finder auf dem Mac bietet. Und während sich – USB-C sei Dank! – immer mehr Geräte physisch mit dem iPad Pro verbinden lassen, weiß iPadOS längst nicht mit allen etwas anzufangen. In unserem Test etwa tauchten gleich mehrere Speichermedien nicht in „Dateien“ auf und auch bis wir einen geeigneten Adapter gefunden hatten, um SD-Karten auslesen zu können, vergingen einige Versuche.

Am enttäuschtesten sind wir allerdings davon, dass das iPadOS auf dem iPadPro auch mit integriertem M1-Chip nicht in der Lage ist, externe Displays als zusätzliche Bildschirme zu behandeln. Es ist weiterhin lediglich möglich, den Inhalt des integrierten Displays auf einen größeren Bildschirm zu spiegeln.

Wobei das nicht ganz richtig ist: App-Entwickler:innen können schon heute entscheiden, wie ein eventuell angeschlossener externer Bildschirm genutzt werden soll. So gibt es etwa Video-Schnittprogramme, die die Arbeitsfläche auf dem iPad abbilden und das Ergebnis auf dem großen Bildschirm anzeigen. iPadOS selbst stellt zwar alles Nötige dafür bereit, bietet eine solche Funktion selbst allerdings nicht an. So ist es beispielsweise nicht möglich, eine App auf dem internen Bildschirm und eine andere auf dem externen Display laufen zu lassen.

Zumindest im redaktionellen Einsatz bleibt das iPad Pro somit weiterhin das Gerät, das aus dem Rucksack gezogen wird, wenn volle Konzentration auf

Mit Maus und Trackpad zum Laptop-Ersatz?

Tastaturen am iPad zu benutzen ist inzwischen ein alter Hut. Neben denen von Apple gibt es schon längst auch welche von anderen namhaften Firmen. Empfehlen können wir zum Beispiel die Combo-Touch-Modelle von Logitech. Was vielen für die tägliche und ausschließliche Arbeit mit dem iPad und iPad Pro noch gefehlt hat, ist die Möglichkeit, es auch mit Mauszeiger zu bedienen. Die Wahl der richtigen Maus ist allerdings nicht ganz einfach, da nicht alle Modelle mit allen Funktionen vollständig unterstützt werden. Einfacher ist es da unter Umständen, sich für eine Tastatur-Trackpad-Kombination zu entscheiden. Hier kann sowohl das Magic Keyboard von Apple als auch Logitechs Combo Touch punkten.

Das Display: LCD oder OLED?

Mini-LED soll die Vorzüge beider Technologien vereinen.

Aktuell findest du in Displays meist eine von zwei Technologien vor: LCD (Liquid Crystal Display, Flüssigkristallbildschirm) und OLED (Organic Light Emitting Diode, organische Leuchtdiode). Beide vereint, dass sie über rote, grüne und blaue (Sub-)Pixel verfügen, um am Ende beinahe jegliche Farbe darzustellen. Damit du aber überhaupt etwas auf dem Display erkennen kannst, muss es beleuchtet werden. Während OLEDs aus sich heraus leuchten können, werden bei LC-Displays ganze Pixel-Flächen von dahinterliegenden LEDs angestrahlt.

LCDs mit LED-Hintergrundbeleuchtung haben heutzutage vor allem einen großen Vorteil: Sie sind verhältnismäßig günstig in der Herstellung. Außerdem sind sie hell und weisen eine lange Lebensdauer auf. OLED-Bildschirme hingegen haben den Vorteil, dass schwarze Bereiche des Bilds einfach komplett abgeschaltet werden können. Dafür sind sie meist nicht so hell wie LC-Bildschirme und verhältnismäßig teuer. Mini-LEDs sollen das beste aus beiden Welten vereinen.

eine Aufgabe die oberste Priorität hat. Außerdem: Sowie Dienstreisen wieder zum Alltag gehören, wird sich das neue iPad Pro dabei sicherlich genauso bewähren wie das nun alte Modell.

iPad Pro oder doch Mac?

Schon seit Jahren möchte Apple mit immer neuen iPad-Generationen die Frage stellen, was genau eigentlich einen Computer ausmacht. Ist es die Display-Größe? Ist es das Vorhandensein von Tastatur und Maus beziehungsweise Trackpad? Ist es die Leistungsfähigkeit? Denn all das liefert das neue iPad Pro. Und für die meisten Menschen erfüllt diese Anforderungen sogar schon das iPad Air.

Eine der wichtigsten Fragen ist sicherlich die, ob das iPad Pro den Preis, den Apple dafür verlangt, rechtfertigen kann. Schließlich kostet es mit 512 Gigabyte Speicherplatz und dem 12,9-Zoll-Display bereits 1.530 Euro. Für eine (Apple-)Tastatur legst du dann noch einmal mindestens 220 Euro, für das Magic Keyboard sogar 400 Euro drauf und landest bei 1.930 Euro. Ein vergleichbares MacBook Air ist für vergleichsweise günstige 1.400 Euro zu haben. Natürlich ohne das überragende Display des neuen iPad Pro – und ohne dessen Touchscreen-Fähigkeiten.

So „cool" und sinnvoll der Touchscreen auch ist, in Sachen Funktionsumfang und Alltagstauglichkeit dürfte für viele weiterhin ein Mac, ein „echter Computer", die Nase vorn haben. Und in Zeiten von M1-Chips in allen möglichen Apple-Geräten kann das iPad Pro nicht einmal mehr mit einer deutlich besseren Akku-Laufzeit punkten. In unseren ersten Tests sind MacBook Air und iPad Pro fast gleichauf, wenn es um die tägliche Arbeit am Gerät geht. Beide Geräte überstehen unseren acht- bis zehnstündigen Arbeitstag problemlos auch ohne Stromanschluss. Zumindest, solange kein externes Display angeschlossen ist – das verringert die Akku-Laufzeit enorm.

Gerade jetzt, in den hoffentlich letzten Monaten der Corona-Pandemie, ist die Akku-Laufzeit vielleicht kein ganz so wichtiges Merkmal, weil wir uns praktisch ständig in der Nähe einer Stromversorgung befinden. Aber es werden auch wieder andere Zeiten kommen.

Zwar ist das iPad Pro ganz klar als Arbeitsgerät konzipiert, trotzdem wird es auch im privaten Umfeld eingesetzt. Warum auch nicht? Um hier aber einen Computer vollumfänglich zu ersetzen, fehlt eine weitere entscheidende Software-Komponente: Multi-User-Support. Könnte eine ganz Familie mit Accounts versorgt werden, wäre gerade das iPad Pro vielleicht der perfekte Familien-Computer. Mehr noch, als es MacBook oder iMac sind.

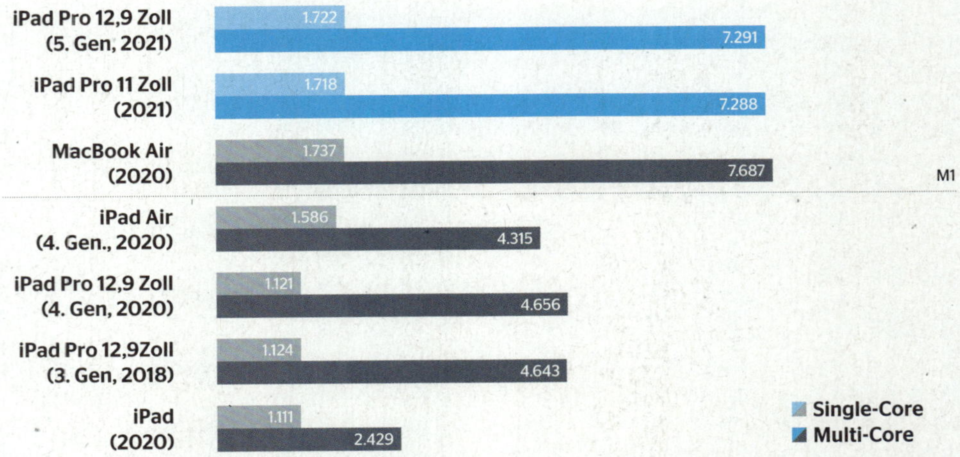

Geekbench-Vergleich

Die Ergebnisse des Leistungsvergleichs verwundern nicht. Oder besser: nicht mehr. Hätte Apple vor einem Dreivierteljahr ein iPad Pro mit diesen Werten vorgestellt, wäre die Tech-Presse vermutlich in kollektive Schnappatmung verfallen. Nun aber, da wir alle um die Leistungsfähigkeit der neuesten Macs mit M1-Chip wissen, war nichts anderes zu erwarten. Denn schließlich steckt eben jener M1-Chip, den wir aus dem MacBook Air, dem 13-zölligen MacBook Pro, dem Mac mini und inzwischen auch dem 24-Zoll-iMac kennen, nun auch in beiden neuen iPad-Pro-Modellen. Schon in den vergangenen Jahren konnten sich iPads in einzelnen Wertungen immer mit Macs messen, haben diese teilweise sogar überholt. Nun aber macht vor allem der Vergleich mit den iPads vergangener Generationen klar, wie groß der technologische Sprung ist, den Apple mit dem M1-Chip getan hat.

Dass mehrere Benutzer:innen ohne Weiteres auf einem iOS-basierten Gerät möglich sind, zeigt Apple übrigens mit dem Apple TV. Dort können sich mehrere Personen mit ihrer Apple ID anmelden.

Wer also sollte sich dieses neue iPad Pro, das längst nicht mehr „nur" ein iPad, aber eben auch noch kein vollwertiger Computer im klassischen Sinn ist, kaufen? Sicherlich gibt es eine kleine Gruppe von Menschen, für die das iPad Pro eine arbeitstechnische Offenbarung ist. Wer von den beeindruckenden AR-Möglichkeiten und nicht zuletzt auch von der Bedienung des Geräts mit einem Apple Pencil profitiert, für den gibt es sicherlich keinen Grund zu zögern – so das Portemonnaie mitspielt.

Der deutlich überwiegende Teil der Zielgruppe sind indes wohl all jene Menschen, die mit einem iPad Pro arbeiten wollen, obwohl es noch nicht perfekt ist und weil es eine ganz andere Computer-Erfahrung ist. Eine, in der du nichts oder nur wenig falsch machen kannst. Eine, in der du dich sofort zurechtfindest, wenn du in der Lage bist, ein iPhone zu bedienen.

Es macht einfach Spaß, mit einem iPad Pro zu arbeiten. Ganz besonders dann, wenn du dir auch noch das Magic Keyboard oder eine alternative Tastatur-Trackpad-Kombi-Hülle leistest. Zumindest, solange, bis du an die Limitierungen von iPadOS stößt. Die Personen, die aus der Welt der klassischen Computer kommen und denen es schwerfällt, sich von ihr zu lösen, denen passiert das ständig. Oftmals allerdings gar nicht, weil Dinge nicht funktionieren, sondern lediglich, weil sie anders funktionieren, als du es erwartest. iPadOS ist eben keine Kopie von macOS und Apple hat sich an verschiedenen Stellen dazu entschieden, das gleiche Problem auf unterschiedliche Weise zu lösen. Das dem iPad Pro anzukreiden, ist vielleicht nicht ganz fair, aber doch Teil der Erfahrungen, die du unweigerlich während der Benutzung machst.

Fazit

Wenn du zu denen gehörst, die das nötige Kleingeld haben und die sich darauf einlassen können, dass ein iPad Pro eben kein Mac ist und das vielleicht sogar als Vorteil ansehen, dann ist dieses iPad Pro vermutlich der beste Computer, den du aktuell kaufen kannst und mit dem du den meisten Spaß haben wirst.

Apple vermarktet die iPads zunehmend als Alternative zu klassischen Computern – auch Macs. Hardwaretechnisch ist Apple längst da angekommen. Allerdings fehlt oft die Software.

Wertung

Hersteller: Apple
Preis: 1.699 Euro
Web: www.apple.de

+ Portabilität, Displayqualität, Akkulaufzeit

– iPadOS als limitierender Faktor

Design (20 %):	**1,3**
Leistung (40 %):	**1,0**
Funktionsumfang (40 %):	**1,5**

NOTE

1,3

Fazit: Technisch das beste iPad überhaupt. Mit der Zeit wachsen allerdings auch die Anforderungen an die Software. Hier muss Apple nachlegen.

Sebastian Schack

»Für viele Aufgaben meines privaten und beruflichen Alltags ist das iPad Pro die erste Wahl. Allerdings nur, weil ich beide Geräte, das iPad Pro und einen Mac, zur Verfügung habe. Müsste ich mich für eins der beiden Geräte entscheiden, wäre es mit großer Sicherheit weiterhin der Mac. Zu wenig profitiere ich persönlich von den Aspekten, in denen das iPad Pro dem Mac überlegen ist. Für andere mag das anders aussehen.«

s.schack@maclife.de
@Mac_Life

Verloren, gesucht, gefunden

Egal ob verlegte Schlüssel, vermisstes Gepäck, Fernbedienung oder Lieblingsteddy: Mit den AirTags will Apple das Suchen und Finden revolutionieren. Ganz im Sinne unserer Kaufberatung haben wir für dich verloren, gesucht – und gefunden.

TEXT: **STEFAN MOLZ**

Fast zwei Jahre lang waren die AirTags feste Zutat in der Apple-Gerüchteküche. Nun endlich sind die Apple-Objekttracker zu haben. Wo Fakten fehlten und Gerüchte sprießten, ergänzte Fantasie die Lücken und zumindest gefühlt sagten Apple-Begeisterte den AirTags vor ihrer Enthüllung magisch anmutende Eigenschaften nach. Jetzt endlich darf der Abgleich der Erwartungshaltung mit der Realität erfolgen. Was leisten die AirTags im Alltag und solltest auch du dir welche kaufen?

AirTags ausgepackt

Die münzgroßen AirTags sind wahlweise einzeln zu 35 Euro oder im 4er-Pack für 119 Euro zu haben. Wer lediglich mit dem Schlüsselbund und zum Ausprobieren in die Welt der AirTags einsteigen will, macht mit dem Kauf eines Solo-AirTag nichts verkehrt – reine Bluetooth-Tracker sind nur 10 Euro günstiger. Wenn aber bereits absehbar ist, dass der Schlüssel von Lebenspartner:innen und mehr „geairtaggt" werden soll, greif lieber zum Mehrpack. Immerhin 21 Euro „Mengenrabatt" gewährt dir Apple gegenüber dem Einzelkauf. Das ist auf der Suche nach dem besten Deal auch deshalb relevant, weil zumindest aktuell kein anderer Handel Apples Preis jenseits lediglich Preissuchmaschinen-relevanter Cent-Beträge unterbietet.

Ultrabreitband

Die iPhone-11- und 12-Modelle enthalten ebenso wie die AirTags einen Ultrabreitbandchip. Im Tandem lässt sich ein Gegenstand zentimetergenau aufspüren.

Per Gravur personalisierbar

Die AirTags sind nicht nur bei Apple, sondern auch bei Apple-Händlern und ausgesuchten Mobilfunkpartnern erhältlich. Tim Cook sähe es dennoch gern, wenn du deine Order direkt bei Apple aufgibst und lockt bei Bestellung über die Apple-Website und Apple-Store-App mit einer kostenlosen Gravur deiner künftigen AirTags. Diese ergibt vor allem mit steigender Zahl an genutzten Trackern Sinn, denn aus der Schachtel gepurzelt gleichen sie sich wie ein Ei dem anderen.

Insgesamt vier Zeichen passen auf die leicht gewölbte weiße Front eines AirTag, beschriftet werden darf mit einer Auswahl an rund 30 verschiedenen Emojis und Text in Großbuchstaben, Zahlen sowie Sonderzeichen. Das Gröbste an wortgewordenem Schweinkram filtert Apple heraus – wer zu einem Massagestab einen AirTag mit Auberginen-Emoji-Spielereien mit in die Nachttischschublade legen wollte, wird enttäuscht sein, alle anderen bekommen ihre AirTags aber definitiv sinnvoll personalisiert. Im Zweifel mit den Initialen.

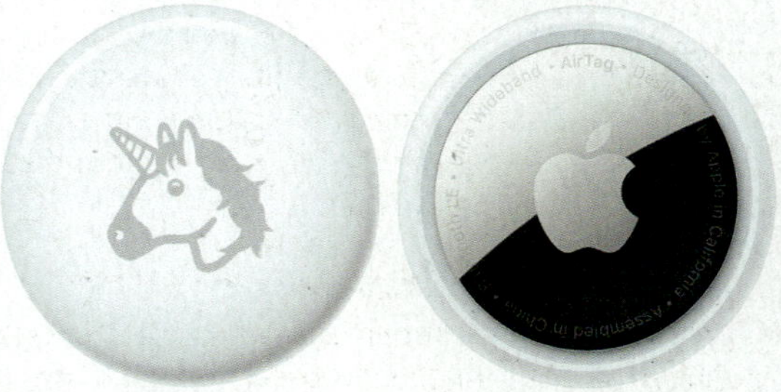

Wenn du deine AirTags direkt bei Apple bestellst, kannst du sie zur Personalisierung gratis gravieren lassen.

Apples Geschenk an sich selbst

Die AirTags sind schlicht und nehmen sich im Design so weit zurück wie nur möglich. Was von der einen Seite aussieht wie ein großes Pfefferminzbonbon, ist gegenüberliegend mit einem

An den AirTags selbst gibt es keine Befestigungsmöglichkeit, doch es gibt bereits reichlich Zubehör – nicht nur von Apple, sondern auch zahlreichen Drittherstellern.

AirTags und Android

Für Android-Nutzer:innen sind die AirTags aus der Anwendungsperspektive heraus betrachtet nutzlos, zu tief ist die Integration in Apples Ökosystem.

Was aber funktioniert: NFC-fähige Android-Geräte können die Apple-Plaketten ebenfalls auslesen. Der im AirTag gespeicherte Link führt auf eine Website, auf der sich Informationen wie etwa die Seriennummer finden. Ist der gefundene AirTag in den „Verloren"-Modus versetzt, stehen hier gegebenenfalls hinterlegte Details zur Kontaktaufnahme. Heißt: Auch Android-Nutzer:innen können einen Fund kommunizieren. Wird dir als Android-Nutzer:in ein AirTag als Peilsender untergeschoben, erhältst du zwar im Gegensatz zu iPhone- und iPad-Nutzer:innen keinen Warnhinweis auf dein Gerät, aber der AirTag macht sich nach einiger Zeit mit einem Ton bemerkbar. Entferne dann im Zweifelsfall einfach dessen Batterie.

Wer ein Galaxy-Gerät besitzt, findet in den ähnlich arbeitenden Galaxy SmartTags eine Alternative zu den AirTags – oder greift zu einem der reinen Bluetooth-Objekttracker etwa von Tile oder Musegear.

glänzenden Metalldeckel samt Apple-Logo versehen, unter dem sich die Batterie versteckt.

Die schlichte Eleganz schmeichelt dem Auge, stellt sich aber direkt nach dem Auspacken als unpraktisch heraus: Eine Möglichkeit zum Befestigen des AirTag an Gegenständen suchst du vergebens. Bereits eine schlichte Lochung oder Öse hätte ausgereicht, um den Tracker an Schlüsseln und mehr befestigen zu können – doch ohne Zubehör geht nichts. Manche Apple-Anwender:innen fühlen sich da an das MacBook Pro erinnert, für das die Nutzer:innen sich frisch aus dem Karton gepellt diverse Dongle kaufen mussten – doch gab es hier zu Apples Verteidigung zumindest eine technische Notwendigkeit.

Bei den AirTags hingegen muss sich Apple den Vorwurf gefallen lassen, sich selbst das Geschenk zu machen, ein breites Angebot an Befestigungsschlaufen und Schlüsselanhängern anzubieten – allesamt zu Preisen gleich oder jenseits eines „nackten" AirTag. Auch Dritthersteller danken Apple ob des zu erwartenden Geschäfts: Es scheinen über Nacht ganze Fabriken nichts anderes mehr zu produzieren als AirTag-Anhänger. So musst du zumindest keine 35 Euro oder mehr ausgeben, um einen AirTag an den Schlüsselbund zu bekommen.

AirTags sind Dauerläufer

Im Inneren unserer Test-AirTags stecken Knopfzellen vom Typ CR2032 der Marke Panasonic. Langzeiterfahrungen zur Laufzeit stehen aus, daher ist Apples Worten Glauben zu schenken: Ein Batteriewechsel soll selbst bei täglicher Nutzung erst nach einem Jahr nötig sein. Eine CR2032-Batterie namhafter Anbieter kostet pro Stück um die 1 Euro. Wer günstig kauft, zahlt nicht mehr als 25 Cent. Kostenseitig ist hier alles im grünen Bereich. Der Austausch selbst? Schnell erledigt: Metalldeckel des AirTag gegen den Uhrzeigersinn drehen, alte Knopfzelle raus, neue Knopfzelle rein, Deckel wieder darauf – fertig.

Der Aspekt der Nachhaltigkeit lässt sich für uns nicht bewerten. Batterien haben zwar generell eine schlechte Energiebilanz, andererseits stünde auch ein integrierter Akku bei einem so energieeffizient arbeitenden Produkt nicht in Relation zu dessen Komplexität und der aufzuwendenden Ressourcen – Akkus wachsen schließlich ebenfalls nicht auf Bäumen. Mit Blick auf Apples Bestrebungen in grüner IT und Klimaneutralität sind wir uns sicher, dass Apple eine informierte Entscheidung „Pro Knopfzelle" traf.

Verloren und gefunden

Jetzt, endlich, die Inbetriebnahme – ein viel zu kompliziertes Wort für einen im Fall der AirTags so einfachen Vorgang, der in weniger als 30 Sekunden abgeschlossen ist. Sobald du die Schutzfolie entfernst, erhält die Batterie Kontakt und die Stromversorgung steht. Ist die kleine Plakette daraufhin in der Nähe eines kompatiblen iPhone (ab iPhone 6s/iPhone SE) oder iPad (ab 5. Generation respektive iPad Pro, iPad Air 2 oder iPad mini 4) mit iOS oder iPadOS

Aktuelle iPhone-Modelle lotsen die Suchenden mit einer Navi-artigen Ansicht punktgenau zum verlegten oder gar verlorenen Gegenstand.

Stefan Molz

»Durch die gezielte Freigabe eines AirTags an weitere Personen, beispielsweise um einen Autoschlüssel in der Familie zu teilen, könnte Apple die AirTags verbessern. Außerdem: Wie wäre es mit proaktiven Hinweisen auf verlorene Gegenstände an alle Nutzer:innen?«

s.molz@maclife.de
@Mac_Life

Wertung

AirTag

Hersteller: Apple
Preis: 35 Euro (1er-Pack), 119 Euro (4er-Pack)
Web: www.apple.de

- (+) leicht in Betrieb zu nehmen, Einbindung in das „Wo ist?"-Netzwerk, Präzisionssuche, via NFC auslesbar, Privacy-Funktionen, lange Batterielaufzeit
- (−) keine Befestigungsmöglichkeit, „Stalker-Alarm" an Nutzer:innen ohne iPhone erst nach Tagen

NOTE

1,2

Fazit: Apple veröffentlicht aus dem Stand den besten Objekttracker. Global mit der cloudbasierten Suche von hohem potenziellen Nutzen, überzeugen die AirTags lokal mit der zielgenauen Ortung via Ultrabreitband-Funk – zumindest so man ein aktuelles iPhone besitzt.

in Version 14.5 oder neuer, poppt auf dem jeweiligen Gerät ein kleines Hinweisfenster auf.

Genauso einfach, wie du es bereits von den AirPods kennst, wirst du durch die weitere Einrichtung geführt. Du drückst auf „Verbinden", benennst deinen AirTag aus einer Liste an Vorschlägen oder mit eigenem Namen, bestätigst die Registrierung mit deiner Apple ID und Mobilfunknummer und bist auch schon fertig. Fortan findest du den neu eingerichteten AirTag unter dem ihm zugewiesenen Namen unter dem Reiter „Objekte" in der „Wo ist?"-App.

Verstecken spielen

Das Suchen und Finden im Alltag haben wir mit zwei Klassikern durchgespielt: Dem Schlüsselbund und einem Portemonnaie – auch wenn Letzteres bei Apple-Anwender:innen durch Apple Pay und MagSafe-Wallet zu einer aussterbenden Spezies gehören dürfte.

Zuerst stellten wir die reguläre Suche auf die Probe: Eine zweite Person versteckte die vorgenannten Objekte innerhalb der Wohnung, um darauffolgend einen Unwissenden mit einem iPhone 12 Pro Max suchen zu lassen. In der „Wo ist?"-App wählst du zum Start der Suche das gewünschte Objekt aus und tippst auf die „Suchen"-Schaltfläche, woraufhin sich eine Navi-App ähnliche Ansicht öffnet, so du dich nah genug am entsprechenden Objekt befindest. Die Ultrabreitband-Funk-Chips in AirTag und iPhone in Kombination mit der Sensorik des Smartphones führen dann über Richtungs-, Farb- sowie Entfernungsangaben zum Objekt, unterlegt vom Summen der Taptic Engine, das sich abhängig von der Nähe zum Objekt intensiviert.

Das alles passiert im dreidimensionalen Raum mit einem „oben" und „unten": Es macht tatsächlich einen Unterschied, ob der Schlüssel unter, auf oder in einem Schrank liegt und dort wiederum auf welchem Regalboden. Die Suche lässt sich auch über Siri starten – über ein „Hey Siri, wo ist mein Schlüssel" gibt der entsprechend benannte AirTag den Signalton zum Besten. Mit diesem musst du dich zufriedengeben, wenn ein iPhone älter als das iPhone 11 beim Suchen zum Einsatz kommt. Hier fehlt es Smartphone-seitig am für die Präzisionssuche benötigten U1-Chip für den Ultrabreitband-Funk.

Nach einer Runde „Verstecken" simulierten wir statt des Verlegens den Verlust eines Objekts, das wir dazu in der „Wo ist?"-App in den „Verloren"-Modus versetzt haben. Der Test-Schlüsselbund fuhr eine Extrarunde mit dem Auto – mit an Bord: ein weiteres iPhone. Das funkte verlässlich die Position des verlustig gemeldeten Objekts und das derart genau, dass wir auf mehrere Meter an das Objekt herankamen. Nah genug, um sich der Präzisionssuche bedienen zu können oder schlicht den Signalton wiederzugeben, um das verlorene Objekt mit gespitzten Ohren zu orten.

Doch was, wenn es jemand anderes schneller findet als du selbst? In „der freien Wildbahn" bist du auf die Ehrlichkeit der Menschen angewiesen. Niemand hindert die Finder:innen, die Batterie des AirTags zu entfernen oder sich des gesamten Trackers zu entledigen und der Fundsache zu bemächtigen. Dein getracktes Objekt verschwindet dann vom Radar. Vorsichtig wären wir im echten Leben auch mit den Daten, die wir im „Verloren"-Modus hinterlegen. Über die Nummer zur Kontaktaufnahme sind eventuell Rückschlüsse auf deine Adresse möglich, die unlautere Finder:innen beispielsweise mitsamt dem verlorenen Schlüssel bis an und durch deine Haustür lotsen könnte.

Der bislang beste Objekttracker

Schön, fürs Versteckspielen bezahlt zu werden. Dabei konnten wir den Ernstfall aus Verlieren und Finden nur bedingt simulieren, aber unsere ersten Tests bestätigen, dass das „Wo ist?"-Netzwerk grundsolide arbeitet. Als „Verloren" markierte AirTags wurden von anderen iOS-Geräten verlässlich als solche erkannt, die hinterlegte Nachricht war stets abrufbar und damit die Kontaktaufnahme durch die Finder:innen möglich. Auch die Position wurde überraschend genau übermittelt - die kommenden Wochen werden zeigen, wie dicht Apples „Wo ist?"-Schleppnetz wirklich ist.

Die Suche nach einem AirTag vor Ort klappt ebenfalls prima. Auf einem iPhone XR, also ohne „Genaue Suche", funktioniert die Ortung vergleichbar zu anderen Bluetooth-Trackern. Der abgespielte Signalton ist dabei laut genug, um auch aus den Untiefen einer Sofaritze drei Räume weiter noch wahrgenommen zu werden. Glänzen kann ein AirTag aber vor allem mit der iPhone-11- und iPhone-12-exklusiven Präzisionssuche. Diese funktionierte bei unseren Versteckspielen ganz wie von Apple beworben und überraschte uns dabei mit der Reichweite, die im Freien um die 30 Meter betrug.

In der Summe bieten die AirTags bei moderatem Aufpreis deutlich mehr an Nutzwert als die Konkurrenz aus dem Lager der reinen Bluetooth-Tracker. Am ehesten lässt sich ein Vergleich zu den Produkten von Tile ziehen. Tile wirft ebenfalls ein Schleppnetz zur Suche nach verlorenen Objekten aus, das allerdings auf Nutzer:innen der eigenen App beschränkt ist und somit dermaßen grobmaschig, dass es bei Suchen außerhalb der Bluetooth-Reichweite irrelevant ist. Eine Präzisionssuche auf Basis von Ultrabreitband-Funk fehlt.

Kurzum: Die AirTags sind so schlicht wie genial und die Angst der Konkurrenzunternehmen berechtigt - das hier ist das bessere Produkt. Die Inbetriebnahme ist eine Sache von Sekunden, die Bedienung kinderleicht und der Nutzwert hat ob der Crowdsourcing-Suche großes Potenzial. Auf mehrere hundert Millionen potenzielle Sucher:innen mit Apple-Hardware, die den ungefähren Standort eines als „Verloren" markierten Objekts markieren können sollen, addieren sich Millionen Besitzer:innen von Android-Geräten, die unmittelbar gefundene AirTags ebenso wie iPhone-Nutzende via NFC auslesen können, um Kontakt aufzunehmen. Seitens der Technik muss nichts mehr verloren gehen! So genial die AirTags auch sein mögen: Apple hat sich trotz allem eine Rüge verdient. Das schamlose Weglassen einer Befestigungsmöglichkeit zielt zu offensichtlich auf das damit künstlich geschaffene Bedürfnis nach Zubehör ab. Chipolo wirbt für den „Wo ist?"-kompatiblen One-Spot-Tracker bereits mit einem „Lässt sich direkt an deinem Schlüsselring befestigen - ohne Zubehör".

Was du sonst mit deinen AirTags anstellen kannst

- **Durch Wände blicken:** Das Ultrabreitband-Signal der AirTags ist stark genug, um (dünne) Wände zu durchdringen. So kannst du praktisch durch diese hindurchblicken, beispielsweise, um „Pi mal Daumen" ein Bohrloch in etwa gleicher Stelle zum AirTag zu setzen.
- **Entfernungen messen:** Bei der Suche nach einem Gegenstand peilst du dessen AirTag an. Die „Wo ist?"-App zeigt dir dabei die Richtung und die Entfernung bis auf wenige Zentimeter genau an - so kannst du Längen grob messen, für die dein Zollstock zu kurz ist, beispielsweise um in Erfahrung zu bringen, wie viele Meter Strippe auf deine neue Garten-Kabeltrommel gehören.
- **Magier:in werden:** OK, die Wahrscheinlichkeit ist hoch, dass dieser Trick schnell durchschaut wird. Trotzdem: Probiere, andere Menschen damit zu überraschen, die Präsenz eines (heimlich „geairtaggten") Gegenstands zu spüren. Das funktioniert, da die „Wo ist?"-App dein iPhone in der Nähe eines gesuchten AirTag auch stummgeschaltet in deiner Hosentasche vibrieren lässt.
- **Als High-Tech-Geocache bei der Schnitzeljagd:** Die hinterlassene Rufnummer führt via NFC ausgelesen zum „Telefonjoker", der einen Tipp auf das nächste Versteck bereithält.

AirTags: Keine Chance für Stalker:innen

Apples Objekttracker weckten bereits vor ihrer offiziellen Ankündigung Begehrlichkeiten - und auf der anderen Seite Ängste. Gleich vorab: Als Peilsender taugen die AirTags nur bedingt, denn Apples Ingenieur:innen haben sich zu dem Thema ein paar Gedanken gemacht. Alles andere wäre auch eine Enttäuschung gewesen, denn Apple spricht von Datenschutz und Privatsphäre als Menschenrecht.

Was also passiert, wenn dir ein AirTag untergeschoben wird? Wenn du ein iPhone besitzt, erhältst du bereits nach kurzer Zeit eine Nachricht von der „Wo ist?"-App, die darauf hinweist, dass sich ein AirTag anderer Nutzer:innen mit dir bewegt - ein Fingerzeig führt zu weiteren Informationen, etwa zum Abspielen eines Tons, um die Plakette zu lokalisieren. Außerdem findet sich hier ein Link auf eine Anleitung zum Deaktivieren des gefundenen AirTag und zum Auslesen der Seriennummer, beispielsweise um diese der Polizei zur übermitteln.

Wer kein iPhone besitzt, wird ebenfalls gewarnt. Begleitet dich ein unerwünschter AirTag für mehrere Tage, beginnt dieser laut Apple einen Signalton abzuspielen, um auf sich aufmerksam zu machen. Da er sich auch von Android-Geräten mit NFC auslesen lässt, wirst du auch hier zur enttarnenden Seriennummer samt Anleitung zur Deaktivierung geführt.

Kein Stalking, aber ebenso wenig praktikabel: das Nachverfolgen des Standorts der eigenen Kinder. Für eine Aktualisierung derer Position muss sich zwingend ein kompatibles Apple-Gerät in der Nähe befinden - der Griff zu einem Cellular-Modell der Apple Watch ist zielführender, aber auch deutlich kostenintensiver.

Die Besten ihrer Art?

Dank Magneten lassen sich die Ohrpolster zur Reinigung oder zwecks Austauschs leicht entfernen.

Zum dritten Mal innerhalb weniger Jahre schickt sich Apple an, die arrivierten Kopfhörerhersteller dieser Welt vor den Kopf zu stoßen. Gelingt das?

TEXT: **SEBASTIAN SCHACK**

Apples Erfolgsrezept ist eigentlich ein ganz einfaches. Erstens: beobachten, was grundsätzlich auf dem Markt funktioniert. Zweitens: analysieren, welche Schwachstellen aktueller Produkte die Kunden am meisten frustrieren. Drittens: eine Lösung dafür anbieten.

Natürlich ist uns klar, dass es da noch den einen oder anderen Zwischenschritt geben muss. Denn wäre es so einfach, wäre schließlich jedes Unternehmen so erfolgreich wie Apple. Dennoch stimmt diese simple Formel. Selten ist es Apple selbst, die etwas vollkommen Neues auf den Markt bringen. Es gab MP3-Player vor dem iPod. Es gab Touchscreen-Telefone vor dem iPhone. Und es gab auch Kopfhörer vor den EarPods, die Apple vor rund 20 Jahren gemeinsam mit dem ersten iPod veröffentlichte.

Mit dem iPod brachte Apple auch seine ersten Kopfhörer auf den Markt, die Earbuds. Darauf folgte ein von der Käuferschaft weitgehend ignorierter Ausflug in die Welt der In-Ears, bis dann 2012 mit den EarPods eine Reinkarnation der Earbuds folgte. Für Furore sorgte Apple erstmals 2016 mit den AirPods und drei Jahre später erneut mit den AirPods Pro, den ersten komplett kabelfreien Apple-In-Ears mit aktiver Geräuschunterdrückung. Mit den AirPods Max bläst Apple nun zum Angriff auf die Königsklasse der Kopfhörer und will die altbekannten Hersteller das Fürchten lehren.

Design in Apple-Reinform

Das erste, was auffällt, wenn man die neuen Apple-Kopfhörer in die Hand nimmt, ist ihr Gewicht. Denn das haben sie durchaus: Stolze 385 Gramm bringen die AirPods Maxs auf die Waage. Das sind rund 80 Gramm mehr als zum Beispiel die „Sennheiser Momentum Wireless 3" und etwa 150 Gramm mehr als die „Bose Quiet Comfort 35 II". Nun ist ein „hohes" Gewicht für sich genommen kein Qualitätsmerkmal (oder -abzug) für einen Kopfhörer.

Der Grund dafür indes ist es schon: Apples erster eigener Over-Ear-Kopfhörer fühlt sich ab der ersten Sekunde wertiger an als die vorgenannten Konkurrenzprodukte. Die Kopfhörermuscheln sind aus Aluminium gefertigt, der Bügel besteht aus Edelstahl. Alle anderen (Plastik-)Kopfhörer fühlen sich dagegen sofort „billig" an. Ganz so, wie es sich auch bei Laptops verhält: Als Leserin oder Leser von Mac Life steht die Chance gut, dass du über ein Unibody-MacBook, also eines mit einem Gehäuse aus Aluminium, verfügst. Und wie fühlen sich im Vergleich dazu die allermeisten Plastik-Laptops für dich an? Genau.

Mit dem Kopfbügel ist Apple ein kleines Kunststück gelungen. Dieser schafft es, die AirPods Max auf dem Kopf weniger schwer wirken zu lassen als in den Händen, indem er sein Gewicht gleichmäßig verteilt. Und zwar so gut, dass man hin und wieder vergisst, dass man die AirPods Max überhaupt trägt.

Den ersten eigenen Over-Ear-Kopfhörer schickt Apple direkt in der Schwergewichtsklasse in den Ring. Dort müssen sich die AirPods Max nicht verstecken.

Das gilt zumindest so lange, bis man sich bewegt. Die Kopfhörer sind schwer genug, dass sie sich besonders bei ruckartigen Bewegungen des Kopfes schnell durch leichtes Rutschen bemerkbar machen. Das ist lediglich ein Malus gegenüber der Idealvorstellung eines Kopfhörers, die letztlich wegen so enervierenden Dingen wie der Physik nicht erreichbar ist. Auch die deutlich leichteren Kopfhörer von Sennheiser, Bose und Co. sitzen nicht zwangsläufig fester oder sicherer.

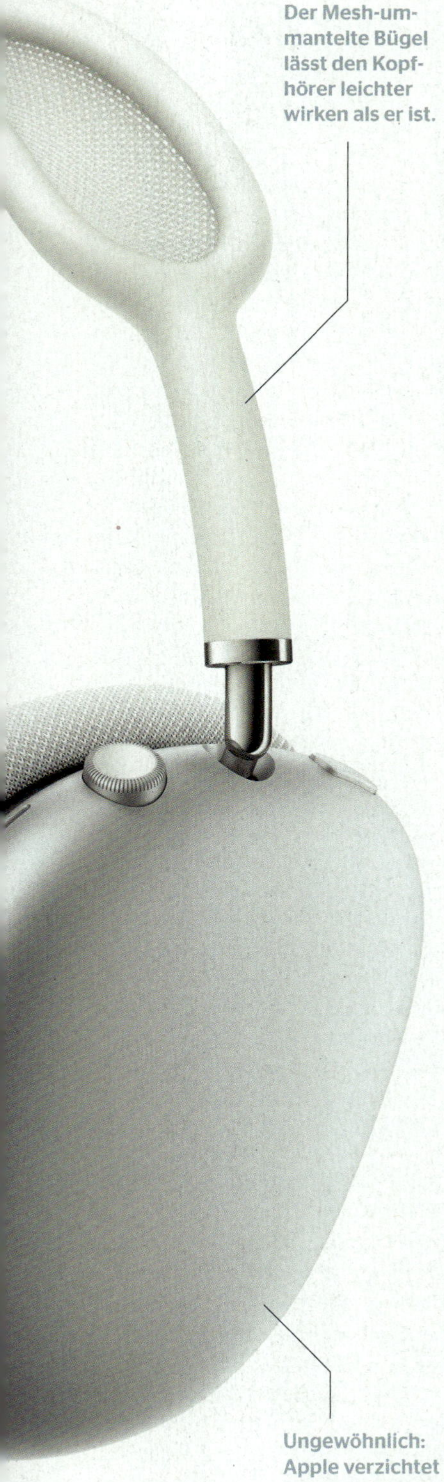

Der Mesh-ummantelte Bügel lässt den Kopfhörer leichter wirken als er ist.

Ungewöhnlich: Apple verzichtet auf das Firmenlogo auf den Kopfhörern.

Obwohl wir bei Spaziergängen keinerlei Probleme mit den AirPods Max hatten, ist trotzdem klar, dass man sie am besten an einem festen Ort verwendet. Wir können uns etwa sehr gut vorstellen, dass so einer der Sitz im Zug oder Flugzeug ist – was wir, Pandemie sei „Dank", bislang nicht ausprobieren konnten oder wollten.

Dafür spricht aber auch, dass Apple den AirPods Max keinerlei Wasserfestigkeit attestiert. Dies bedeutet nicht, dass man sie sich unterwegs bei den kleinsten Regentropfen sofort panisch vom Kopf zu reißen hat. Während eines prasselnden Landregens empfehlen wir dennoch, sie abzunehmen und an einem trockenen Ort zu verwahren.

Bedienkomfort

Anders als die AirPods und AirPods Pro kannst du die AirPods Max auch steuern, ohne das iPhone aus der Tasche zu holen oder Siri zu bemühen. Denn oberhalb der rechten Kopfhörermuschel gibt es gleich zwei Steuerelemente, wie du sie vielleicht von der Apple Watch kennst: eine Taste, mit der du durch die verschiedenen Noise-Cancelling-Modi (dazu später mehr) wechseln kannst sowie eine digitale Krone, mit der du durch Drehen die Lautstärke veränderst, durch Drücken Start und Pause der Wiedergabe aktivierst sowie durch mehrfaches Drücken durch die Titel der aktuellen Playliste springen kannst. Mit dem Drücken und Halten der Krone aktivierst du hingegen Apples Sprachassistenten Siri, was aber natürlich auch per Sprachbefehl „Hey, Siri!" funktioniert.

Audiogramme

Es gibt inzwischen diverse Kopfhörer, auf denen man EQ-Einstellungen direkt hinterlegen kann. Mit einigen wenigen Geräten kann man sogar noch einen Schritt weiter gehen und sie an das eigene Hörvermögen anpassen. Richtet man etwa den „Beyerdynamic Amiron Wireless" ein, nimmt man einen auf der Technologie von „Mimi Music" aufsetzenden Hörtest vor. Die Kopfhörer passen sich daraufhin an das tatsächliche Hörvermögen an.

Das Audiogramm kannst du in die Health-App auf dem iPhone importieren und in den Systemeinstellungen unter „Bedienungshilfen > Audio/Visuell > Kopfhörer-Anpassung" systemweit aktivieren. Allerdings funktioniert das nur „für unterstützte Apple- und Beats-Kopfhörer."

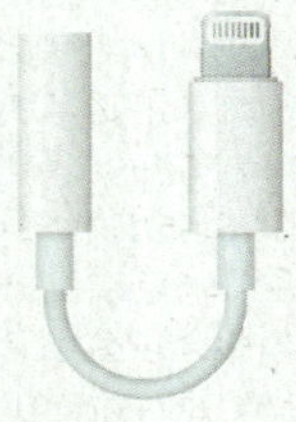

Adapter-Wahnsinn

Für rund 40 Euro verkauft Apple ein Adapterkabel vom Lightning-Anschluss der AirPods Max auf Klinke. Für den Anschluss ans iPhone braucht man zusätzlich die umgekehrte Variante. Zum Kabel-Headset werden die AirPods Max damit trotzdem nicht.

Nicht vergessen wollen wir lobende Worte für die Einfachheit der Einrichtung. Obwohl wir diese schon von den anderen AirPods-Modellen und zumindest den neueren Beats-Kopfhörern kennen. Das ganze Set-up besteht daraus, die Kopfhörer auszupacken und das iPhone einzuschalten. Die beiden Geräte erkennen sich automatisch: Nach dem Antippen des Buttons „Verbinden", der auf dem iPhone-Bildschirm erscheint, bist du auch schon fertig.

Damit sind deine neuen AirPods Max allerdings nicht nur mit deinem iPhone gekoppelt, sondern Sekunden später auch jedem anderen Gerät, auf dem deine Apple-ID aktiviert ist, bekannt. Damit kannst du sie sofort und ohne weitere Einrichtungsschritte auch mit deinem Mac oder iPad, deiner Apple Watch oder sogar Apple TV benutzen.

Die überraschend lange Geschichte von Apples Kopfhörern

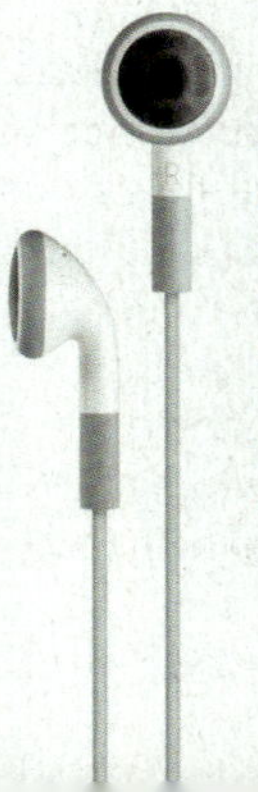

2001
Apple Earbuds: Schon dem ersten iPod und später auch mehreren iPhone-Generationen lagen sie bei.

2008
Apple In-Ear Headphone: Kennst du jemanden, der sich damals diese In-Ears gekauft hat? Wir auch nicht.

2012
Apple EarPods: neues Design, neuer Name, immer noch eine Gratisdreingabe zu jedem iPhone und iPod.

2016
Apple AirPods: Apples erster ernst gemeinter Versuch begründet eine neue Produktkategorie wesentlich mit.

2019
Apple AirPods Pro: Mit Noise-Cancelling zu einem konkurrenzfähigen Preis zeigen sie, wohin Apple will.

Der Computer macht die Musik

Damit kommen wir zu dem Teil dieses Testberichts, der eines Vorworts bedarf. Man kann den Klang von Kopfhörern auf zwei Arten beurteilen. Die erste besteht darin, Frequenzgänge zu messen, um am Ende zu einem wissenschaftlichen Urteil über die Klangreproduktionsfähigkeiten zu gelangen. Die andere ist ein deutlich subjektiverer Ansatz, bei dem man sich bekannte Musikstücke mit verschiedenen Kopfhörern anhört und darauf achtet, was „richtig" klingt und was die so in Ohr und Herz vordringende Musik mit ihrem Hörer macht. Wir haben uns für Letzteres entschieden.

Ich selbst bin gewissermaßen Kopfhörer-Patriot: Auf dem heimischen Sofa sind mir meine „Beyerdynamic Amiron Wireless" (die übrigens praktisch gleich viel auf die Waage bringen wie die AirPods Max, sich auf dem Kopf aber deutlich schwerer anfühlen) die liebsten Kopfhörer. Unterwegs haben mich über viele Jahre die „Sennheiser PCX 550" begleitet, die erst im vergangenen Jahr durch die „Sennheiser Momentum Wireless 3" abgelöst wurden - zumindest dann, wenn ich ohnehin Gepäck dabei habe. Wann immer ich das Haus ohne Rucksack verlasse oder gar mit dem Fahrrad unterwegs bin, geht nichts über die AirPods Pro - vor allem, weil sie so kompakt sind und in die Hosentasche passen.

Apples AirPods Max sind in Sachen Klangreproduktion vermutlich die „smartesten" Kopfhörer, die man derzeit kaufen kann. Mit dem H1-Chip, von dem in jeder Muschel einer zu finden ist, und seinen zehn auf Audiowiedergabe spezialisierten Rechenkernen, gelangt Apple nämlich zu einem Feature, das man auf den Namen „Computational Audio" taufte und das viele Klangpuristen vermutlich direkt davonjagen wird.

Denn im Prinzip sitzt somit in jeder Kopfhörermuschel ein kleiner Computer, der das Klanggemisch, das das Ohr erreicht, analysiert und dabei bis zu neun Milliarden Rechenoperationen durchführt - pro Sekunde. Apple nennt dies „Adaptive EQ" (zu Deutsch in etwa: sich anpassender Equalizer). Dabei sammelt der H1-Chip diverse Informationen darüber, wie gut die Kopfhörer sitzen und über den Ohren abschließen. So können die AirPods Max einen etwa aufgrund von Brillen, Piercings oder extravagantere Frisuren nicht gänzlich optimalen Sitz ein gutes Stück weit kompensieren.

Wer den „perfekten Sound" mit „absolut neutralem Klang" gleichsetzt, wird an dieser Stelle schon abgewunken haben. Zu sehr nehmen die AirPods Max diesen Menschen die Kontrolle über das, was sie hören und wie sie es hören. Wer sich allerdings mit sehr gutem Sound zufriedengibt und vor allem Spaß an toller Musik haben möchte, wird Apple vermutlich dankbar sein, einmal mehr den „It just works"-Ansatz zu verfolgen.

Aufseiten der Technik hat Apple außerdem eigene mit Dual-Neodym-Ring-Magneten ausgestatteten 40-Millimeter-Treiber aufgefahren. Eine Konstruktionsweise, die ursprünglich dem Bau von Standlautsprechern entstammt, aber schon seit einigen Jahren auch in hochwertigen Kopfhörern zur Anwendung kommt. Laut Apple lassen die AirPods Max über das gesamte hörbare Klangspektrum - auch bei maximaler Lautstärke - eine Verzerrung von nur einem Prozent zu. Ein Wert, der, wie uns Ingenieure anderer namhafter Kopfhörerhersteller (die aber offiziell nicht über Apples AirPods sprechen möchten) wissen ließen, außerordentlich gut sei - aber auch kein Novum.

Beats

Einst als „Bassmaschinen für Hip-Hop" belächelt, haben sich die Beats-Kopfhörer nicht nur wegen ihres Coolness-Faktors zu einer echten Konkurrenz für etablierte Kopfhörerhersteller entwickelt.

Wie klingen die AirPods Max denn nun?

Und vor allem: Wie klingen sie im Vergleich zu anderen Premium-Kopfhörern? Die AirPods Max liefern zweifelsohne einen großartigen Sound und haben keine echten Schwachstellen. Herausfordernde Stimmen wie die von Wallis Bird in „Encore" klingen genauso druckvoll und kratzig wie im Livekonzert. Der Mädchenchor Scala klingt bei seinem „I Touch Myself" beeindruckend klar und hell, bevor nur ein paar Stücke später Marilyn Manson („This is the new shit") und Fury in the Slaughterhouse mit „Are you real" aufzeigen, dass die AirPods Max auch ganz anders können.

Zur Königsdisziplin der Popsongs gehören in unserer Wiedergabeliste „Pi" von Kate Bush, „Big Picture" von London Grammar und nicht zuletzt die unvermeidbare „Bohemian Rhapsody" von Queen. Nur im direkten Vergleich merkt man, dass dem Amiron

Alle aktuellen Kopfhörer von Apple in der Übersicht

	AirPods Max	AirPods Pro	AirPods
Farben	● ● ● ● ●	○	○
Gewicht	384,8 g	je 5,4 g	je 4 g
3D Audio	✓	✓	×
ANC	✓	✓	×
H1 Chip	✓	✓	×
Siri	immer aktiviert	immer aktiviert	immer aktiviert
Schweißresistent	×	×	✓ (IPX4)
Akkulaufzeit	20 Stunden	4,5 Stunden	5 Stunden
Case Akkulaufzeit	Smart Case	Ladecase 24 Stunden	Ladecase 24 Stunden
Preis	612,70 Euro	279 Euro	ab 179 Euro

Foto: Unsplash/Ravi Palwe

Wireless von Beyerdynamic dabei eine größere Luftigkeit gelingt, die den Songs guttut. Es ist aber keinesfalls so, dass man sich bekannt und lieb gewonnene Stücke mit den Apple-Kopfhörern anhört und sofort denkt, dass man sie mit einem anderen Gerät schon deutlich besser gehört hätte.

Gegenüber den „Sennheiser Momentum Wireless 3" wirken die AirPods Max gelegentlich etwas basslastiger, urbaner. Auch hier gilt: nicht in einem störenden Ausmaß, sondern in einem Umfang, dass es nur im direkten Vergleich wirklich auffällt.

Bei Orchesteraufführungen bestechen die AirPods Max erneut vor allem durch ihren präzisen Klang. Lediglich wenn es um die Vermittlung von Räumlichkeit geht, liegt der Amiron Wireless etwas vorn. Apple holt allerdings noch mal ein gutes Stück auf, wenn man Geräuschunterdrückung und Transparenzmodus deaktiviert; dazu später mehr.

Apple gelingt mit den AirPods Max ein spannender klanglicher Mix, der sich aus einer wohligen Natürlichkeit gepaart mit einer technischen Präzision ergibt. Das Ergebnis ist ein Sound, wie wir ihn nur selten gehört haben.

Geräuschlos glücklich

Für die Bewertung der Noise-Cancelling-Fähigkeiten selbst müssen wir an dieser Stelle zu bedenken geben, dass unser Urteil als vorläufig zu betrachten ist. Denn den praktischsten Nutzen hat die aktive Geräuschunterdrückung bislang in den folgenden vier Situationen: im Großraumbüro, im Getümmel der Stadt, im Bus oder Zug und im Flugzeug. Alles Umgebungen, die wir aktuell pandemiebedingt meiden.

Aber etwa beim Einkaufen oder als Beifahrer in einem Auto wähnen wir die AirPods Max in Sachen Noise Cancelling etwas vor den „Momentum Wireless 3" von Sennheiser und den „Quiet Comfort 35 II" von Bose. Der bei der Frage nach dem perfekten Klang gelobte „Beyerdynamic Amiron Wireless" verfügt leider über keinerlei ANC-Funktionalität und scheidet bei diesem Vergleich somit aus.

Einsame Spitzenklasse ist der Transparenzmodus der AirPods Max. Dabei kann die Musik weiterlaufen, während man den Kopfhörer praktisch auf „Durchzug" schaltet, um mitzubekommen, was im Raum geschieht. Man kann sogar Gespräche führen, ohne die AirPods Max abzunehmen. Wir haben keinen Kopfhörer in unserem Fundus, der einen solchen Modus in besserer Qualität anbietet.

Filme und Serien mit Raumklang

Dass die AirPods Max sich auf Musik verstehen, haben wir bereits hinreichend erörtert. Apples erste Over-Ear-Kopfhörer haben aber noch ein weiteres Ass im Ärmel: Spatial Audio, manchmal auch 3-D-Sound oder schlicht „räumlicher Klang" genannt. Spatial Audio wird automatisch aktiviert, wenn du einen Film (genauer gesagt: irgendein Video) mit Sound in 5.1- oder 7.1-Abmischung respektive mit Dolby Atmos abspielst. Diesen Trick beherrschen auch schon die AirPods Pro – mit den AirPods Max ist das Erlebnis allerdings noch einmal deutlich intensiver.

Die Magie dabei: Obwohl du Kopfhörer trägst, kommen Musik und Dialoge von einem fixen Ort im tatsächlichen Raum. Und damit meinen wir nicht nur die grobe Richtung, sondern einen exakten Punkt inklusive räumlicher Tiefe. So wird es möglich, dass sich die virtuelle Schallquelle um den eigenen Kopf herum bewegt. Eine verrückte Erfahrung!

Das sogenannte „Smart Case" dient im Grunde einzig als Ausschalter für die AirPods Max. Echten Schutz bietet die Hülle aus Silikon nicht.

Detaillierte Informationen zu Spatial Audio liest du auf Seite 106.

Der Nachteil: Spatial Audio funktioniert bisher nur, wenn man das Video auf einem iPhone oder iPad abspielt. Dies allerdings macht das Kinoerlebnis direkt wieder kaputt – ein kleiner Bildschirm ist eben ein kleiner Bildschirm.

Akkuleistung und Zubehör

Apple gibt an, dass die AirPods Max mit einer Akkuladung 20 Stunden durchhalten. In der kurzen Zeit, in der wir die AirPods Max bislang testen konnten, kam das ungefähr hin – selbst mit fast dauerhaft eingeschalteter aktiver Geräuschunterdrückung. Mit 20 Stunden befindet sich Apple allerdings eher im Mittelfeld. Andere in den Funktionen vergleichbare, im Preis aber sogar deutlich günstigere Kopfhörer wie das Sony-Modell mit dem sympathischen und eingängigen Namen „WH-1000XM4" schaffen an die 30 Stunden.

Dafür hat Apple an eine Schnellladefunktion gedacht. Fünf Minuten am Strom sorgen für ungefähr 90 Minuten zusätzliches Hörvergnügen – vorausgesetzt, man findet ein Netzteil. Das liegt den AirPods Max nämlich ebenso wenig bei wie ein Kabel, das es erlauben würde, die Kopfhörer auch ohne Akku zu verwenden.

Was hat Apple sich bei der Hülle gedacht?

Ob etwas gefällt, liegt bekanntlich im Auge des Betrachters. Und

Nicht nur zum Musikhören, auch als Headset für Videokonferenzen eignen sich die AirPods Max dank des sehr guten Mikrofons übrigens ausgezeichnet.

Sebastian Schack

»Für den Einsatz zu Hause können die AirPods Max meine Amiron Wireless nicht ersetzen. Und ganz ehrlich: Kämen sie nicht von Apple, hätte ich als Besitzer hervorragender Kopfhörer auch keinen Bedarf an ihnen. Wer aber aktuell auf der Suche nach sehr guten Kopfhörern mit diversen Zusatzfunktionen ist, denen kann ich die AirPods Max wärmstens empfehlen – trotz des verunglückten Smart Case.«

s.schack@maclife.de
@Mac_Life

Wertung

AirPods Max

Hersteller: Apple
Preis: 613 Euro
Web: apple.de

+ großartiger Klang, elegantes Design, bestes Noise-Cancelling

− kein Zubehör, unzureichende Schutzhülle

Klang (55 %):	**1,2**
Design (20 %):	**1,0**
Funktionen (25 %):	**1,1**

NOTE

1,1

Fazit: Für 600 Euro sind uns keine Kopfhörer bekannt, die ein besseres Gesamtpaket liefern.

so wollen wir uns über das bloße Aussehen des „Smart Case" gar nicht weiter amüsieren. Wohl aber um seine Funktion – und da schneidet es leider gleich mehrfach nicht sonderlich gut ab.

Zunächst wäre da die mangelhafte Schutzfunktion. Nicht nur, dass der wohl verletzlichste Teil der AirPods Max, der Bügel mit seinem dünnen Mesh-Gewebe, überhaupt nicht von der Hülle umfasst wird. Auch die Kopfhörermuscheln schauen oben und unten ein Stück weit heraus. Eine designtechnische Katastrophe ist zudem, dass die Aussparung in der Hülle für den Lightning-Anschluss nicht mittig über der Buchse sitzt. Das Case verfügt zudem über keinen Aufbewahrungsort für das Ladekabel. Da machen fast alle anderen Hersteller von Premiumkopfhörern einen deutlich besseren Job.

Aber was macht diese Hülle eigentlich smart? Wie immer bei Apple: Magnete. Die AirPods Max bemerken, wenn sie sich in der Tasche befinden und schalten sodann in einen „Ultra-Low-Power"-Modus, in dem sie praktisch keine Energie mehr verbrauchen. Über einen Ein-/Ausschalter verfügen die AirPods Max übrigens nicht, sodass man sie, um sie schlafen zu legen, in die Hülle stecken muss. Oder man wartet sehr lange, bis sie sich offen herumliegend, aber ohne benutzt zu werden, „aus Langeweile" von selbst in diesen Modus versetzen. Softwareseitig lässt sich der Stromsparmodus nicht aktivieren. Nach fünf Minuten ohne Nutzung schalten sich die AirPods Max aber immerhin schon einmal in eine Vorstufe desselben.

Fazit

Was die Wiedergabe von Musik anbelangt, gibt es nichts an den AirPods Max auszusetzen. Auch bei komplexen Stücken können sie in Sachen Präzision, Räumlichkeit und Abstimmung der Höhen, vor allem aber auch der Bässe, mit hochwertigen Kopfhörern „klassischer" Größen der Branche mithalten und diese sogar gelegentlich übertrumpfen.

Wenn es um die aktive Geräuschunterdrückung geht, hat Apple die Messlatte für die gesamte Industrie höher gelegt. So mancher Kopfhörerspezialist wird sich in den kommenden Jahren gehörig strecken müssen, um sie zu nehmen – vor allem, wenn man den erstklassigen Transparenzmodus berücksichtigt.

Wie von Apple nicht anders zu erwarten, sind AirPods Max auch in der optischen und funktionellen Gestaltung gelungen. Ja, es gibt gewaltige Abzüge in der B-Note für das Smart Case, der Kopfhörer selbst aber lässt keine Wünsche offen und ist noch vor dem iPhone das Apple-Produkt mit der klarsten Designsprache.

Als Reisebegleiter können wir die AirPods Max nur empfehlen, wenn man bereit ist, in die Schutzhülle eines anderen Herstellers zu investieren. Mit Apples „Smart Case" ist der teure Kopfhörer garantiert schnell verschrammt.

Sind die AirPods Max ihre rund 600 Euro wert? Man bekommt Kopfhörer in dieser Preisklasse mit etwas besserem Klang, dafür aber ohne Noise-Cancelling. Es gibt günstigere Premiumkopfhörer, die deutlich reisetauglicher sind, aber nicht in allen Details so gut klingen. Und so kann man diverse Kriterien durchgehen und wird am Ende wahrscheinlich zu dem Schluss kommen, dass Apple mit den „großen AirPods" das beste Gesamtpaket anbietet.

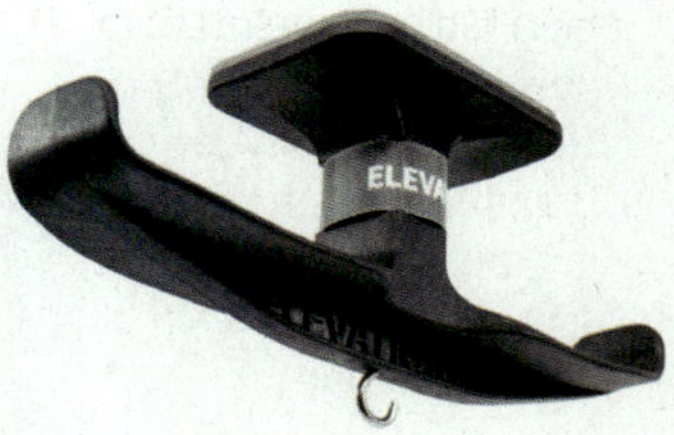

Anchor Pro

Kopfhörerhalter: Die AirPods Max gehören auf den Kopf – doch wohin mit den edlen Over-Ears in Hörpausen? Die einfachste und platzsparendste Lösung: Man hängt sie an einen Haken. Der Anchor Pro wird mit einem doppelseitigen Klebepad (oder Schrauben) unter dem Schreibtisch befestigt. Die samtene Auflagefläche schützt den Kopfbügel und eine integrierte Kabelführung mit Klettband für die Ladestrippe verhindert Kabelsalat. An einem kleinen Haken findet darüber hinaus der Schlüsselbund seinen Platz. **SM**

Wertung

Hersteller: Elevation Lab
Preis: 15 US-Dollar zzgl. Versand und Gebühren
Web: elevationlab.com

+ einfach anzubringen, spart Platz, Klettband für Ladekabel

– kein deutscher Distributor

NOTE

1,2

Fazit: Mit dem Anchor Pro verstaut man die AirPods Max platzsparend unter dem Schreibtisch.

Lightning auf 3,5-Millimeter-Audiokabel

Kopfhörerkabel: Die AirPods Max sind kabellos. Doch es gibt Situationen, in denen man die schicken Schallwandler „an die Leine" legen möchte: etwa im Flieger für das On-Board-Entertainment. Die Strippe dafür muss man nachkaufen. Mit 40 Euro ist diese teuer, im Inneren steckt aber ein Signalwandler, was den hohen Preis zumindest im Ansatz rechtfertigt – zumal sich, quasi auf umgekehrtem Weg, ein iPhone etwa an ein Autoradio anschließen lässt. **SM**

Wertung

Hersteller: Apple
Preis: 40 Euro
Web: apple.de

+ bidirektionales Adapterkabel, angemessene Länge, zwei Farbvarianten

– keine Übertragung des Mikrofonsignals (AirPods Max werden nicht zum kabelgebundenen Headset)

NOTE

1,5

Fazit: Wer ein Kabel für die AirPods Max benötigt, greift bisher zum Original von Apple.

AirPods Max Shield Case

Case: Die AirPods Max kommen von Haus aus mit einer Transporthülle. Doch das Smart Case bietet nur wenig Schutz – das freut Dritte.

Das erste maßgeschneiderte AirPods-Max-Case kostet stolze 89 US-Dollar – und das vor Versand und Gebühren. Bestellen musst du die in den USA gefertigte Hülle direkt in Übersee. Geliefert wird die von Waterfield Designs in Handarbeit genähte bewährte Qualität. Das in Nylon und Leder gearbeitete Case verfügt über ein extra weich gefüttertes Fach, das die AirPods Max sicher verwahrt. Eine kleine Lippe an der Innenseite des Reißverschlusses verhindert, dass dieser den Ohrmuscheln zu nah kommt.

Clever ist der „Magnetic Leather Butterfly", eine Lasche mit zwei Flügeln, in die Magnete eingearbeitet sind. Klappt man die Lasche hoch, schickt man die AirPods in den Ruhezustand. Zugleich verhindert das Stück Leder, dass sich die Ohrmuscheln berühren und Schaden nehmen.

Wer dennoch das Smart Case nutzen möchte, findet auch dafür genügend Platz – nötig ist das nicht, denn der Magnetmechanismus arbeitet verlässlich und die Kopfhörer sind gut geschützt. Im Inneren befindet sich ein Fach, in das ein Ladegerät passt, auf der Front eine gefütterte Reißverschlusstasche und auf dem Rücken ein Netz-Beutelchen. Wer kein Leder mag, greift zur Variante komplett aus Nylongewebe. **SM**

Wertung

Hersteller: Waterfield Designs
Preis: ab 90 US-Dollar zzgl. Versand und Gebühren
Web: sfbags.com

+ Design, passgenau, gut gefüttert, startet Ruhezustand

– kein deutscher Distributor

NOTE

1,2

Fazit: teure, aber auch edle Tasche für die AirPods Max, die sogar den Ruhemodus zu aktivieren vermag.

Das kleinste Update

Apple-Hardware wird nicht selten im Jahrestakt aktualisiert. Eine der wenigen Ausnahmen des „Höher, schneller, weiter“ ist die Set-Top-Box Apple TV. Was hat sich beim Apple TV 4K seit 2017 getan?

TEXT: **STEFAN MOLZ**

Nicht viel – und dennoch eine Menge. Auf den ersten Blick sieht das neue Apple TV 4K zunächst einmal genau so aus wie der Vorgänger und der wiederum wie dessen Vorgänger aka Apple TV HD. Das Design ist im Wesentlichen seit mehr als zehn Jahren unverändert, die unscheinbare kleine schwarze Dose nahm beim Wechsel auf iOS-Hard- und Software bei Einführung des Apple TV HD anno 2015 lediglich etwas zu. Das schlichte Äußere ist und bleibt auch in der 2. Generation des Apple TV 4K unspektakulär, lässt das Gerät aber im Wohnzimmer weiterhin praktisch unsichtbar werden. Jenseits der offensichtlich neuen Fernbedienung – dazu gleich mehr – offenbart nur ein Blick ins Kleingedruckte die neuen Fähigkeiten des aktualisierten Apple TV 4K.

Die inneren Werte

Beim Studieren der technischen Eckdaten wirst du bezüglich neuer Leistungswerte schnell fündig. Im Apple TV 4K der 2. Generation kommt mit dem A12 Bionic jetzt der gleiche Chip zum Einsatz wie 2018 im iPhone XS – im Vorgänger werkelte noch der A10X Fusion aus Tagen der iPad-Pro-Modelle von 2017.

Beim Aneinanderlegen der Ergebnisse der jeweiligen Chips aus dem Benchmark „Geekbench“ drückt sich das in einem Leistungszuwachs von um die 13 Prozent bei CPU-lastigen Prozessen aus. Im Bereich der für Spiele relevanten Grafikleistung unter Metal aber fällt die Leistung gegenüber dem 2017er-Modell um fast 25 Prozent ab. Das klingt drastisch, aber fernab des Papiers und in der Praxis zeigt sich einmal mehr, dass Benchmarks nur von bedingter Aussagekraft sind: Selbst anspruchsvolle Apps starten auf dem neuen Apple TV zügig und laufen ohne „Schluckauf“, auch leistungshungrige Spiele kommen selten ins Straucheln. Insbesondere im direkten Vergleich mit einem älteren Apple TV HD ist der Leistungszuwachs auch jenseits nackter Zahlen tatsächlich spürbar – dennoch: Gerne hätten wir einen nochmals leistungsfähigeren Chip im neuen Modell gesehen, der insbesondere bei Spielen die Bildwiederholrate und die Detaildichte hätte steigern können. Apples Politik, Spiele plattformübergreifend auf einem technisch kleinsten gemeinsamen Nenner zu bringen, hält die Weiterentwicklung des Apple TV in Richtung Spielekonsole auf.

Der moderate Leistungszuwachs ermöglicht die Wiedergabe von Videos in „4K HFR HDR“. Entwirrt steht dieses Fachchinesisch für „hochauflösende Bildinhalte in hoher Bildwiederholrate mit Hochkontrastbild“. Die Suche nach im deutschsprachigen Raum erhältlichen HFR-HDR-Inhalten ist schnell erledigt, zumindest aktuell scheint einzig „RedBull TV“ ausgewählte Sport-Inhalte in diesem Format bereitzustellen. Das passt insofern, als dass die Vorteile der flüssigen Wiedergabe bei schnellem Sport besonders ins Auge fallen. Bei Filmen konnte sich HFR nicht durchsetzen. Mit „Gemini Man“ und der Hobbit-Trilogie hat sich das Angebot für Cineast:innen auch fast schon erschöpft, entsprechend blank zieht auch der iTunes Store diesbezüglich. Immerhin unterstützt das neue Apple TV 4K erstmals Video in 4K60 in der Youtube-App.

Ein vor allem für die Zukunft relevantes Upgrade hat die neue Apple-TV-Hardware zudem in ihrer Funktion als HomeKit-Schaltzentrale erfahren. Diese unterstützt nun auch das neue Thread-Netzwerkprotokoll – einer der großen Vorteile: Jedes Smarthome-Gerät kann die Reichweite des ohne einen Hub auskommenden Netzwerks weiter vergrößern. Ebenfalls neu hinzugekommen ist die Unterstützung von WiFi 6 aka 802.11ax.

Neues Leben für alte HomePods

Ebenfalls neu ist die Unterstützung von eARC. Das kryptische Kürzel verrät, dass das neue Apple TV 4K ein nie gehörtes Kunststück beherrscht: Es kann den Sound anderer an den (eARC-fähigen) Fernseher angeschlossener Geräte durchschleifen. Das sind in erster Linie für

Die aktualisierte Version des Apple TV 4K kann HDMI 2.1 und unterstützt damit einhergehend auch eARC.

Wertung

Hersteller: Apple
Preis: 200 Euro (32 GB), 220 Euro (64 GB)
Web: www.apple.com

+ exzellente Bild- und Tonqualität, reichhaltige Auswahl hochwertiger Apps, Bedienung, deutlich bessere Fernbedienung, Thread-Unterstützung

− Prozessor könnte leistungsstärker sein, schlechtere Metal-Performance

NOTE

1,3

Fazit: Bezüglich Audio und Video auf zeitgemäße Spezifikationen aktualisierte Version von Apples Set-Top-Box mit grundlegend verbesserter Fernbedienung.

all diejenigen gute Nachrichten, die einen oder besser noch zwei HomePods besitzen. Bereits am Apple TV 4K boten sich Apples Smartspeaker als Soundbar-Alternative an – und das sogar mit Unterstützung von Dolby Atmos. Der Haken war allerdings, dass ausschließlich der Sound des Apple TV ausgespielt werden konnte. Dank des über HDMI 2.1 mit der höheren Datenrate möglichen Rückkanals aber können jetzt auch andere an den jeweiligen TV angeschlossene Geräte – wie etwa eine Spielekonsole – ihren Sound über die HomePods wiedergeben. Das funktioniert bei einem ersten Ausprobieren sogar ohne störende Verzögerungen. Schade, dass nicht auch die HomePod minis unterstützt werden, denn selbst die Kleinen klingen oft besser als die in vielen TVs integrierten Lautsprecher.

Auch softwareseitig bringt der Verkaufsstart des aktualisierten Apple TV 4K ein paar Neuerungen mit sich. Im Tandem mit der Frontkamera eines iPhone mit Face ID lässt sich das am TV ausgegebene Bild des Apple TV optimieren – als reine Software-Funktion ist die „Weißabgleich"-Funktion so auch auf dem Vorgängergerät und sogar dem Apple TV HD verfügbar.

Die neue Fernbedienung

Beim Auspacken des neuen Apple TV 4K fällt dir mit der neugestalteten Siri Remote auch gleich die offensichtlichste Neuerung der neuen Hardware-Generation in die Hände. Die neue Fernbedienung sieht wie ein Best-of der beiden vorangegangenen Remote-Generationen aus und kombiniert ihren Satz an Tasten mit einem schicken und vor allem gut in der Hand liegenden Aluminiumgehäuse. Das klickbare Touchpad des Vorgängers wurde durch ein touchbasiertes Clickpad ersetzt – das funktioniert ähnlich wie im vorangegangenen Modell, lässt sich aber durch die neue Unterteilung zielgenauer einsetzen. Die Bedienung erinnert stellenweise an das gute alte Clickwheel der iPods: Wer beim Pausieren der Video-Wiedergabe kreisförmig über den äußeren Ring streicht, kann so in Videos vor- sowie zurückspulen.

Die Siri-Taste ist von der Front an die rechte Seite gewandert, ein dedizierter Ein-/Aus-Button schaltet auf Wunsch dank HDMI-CEC auch den Fernseher mit – überhaupt schlägt sich die neue Apple Remote gut als primär genutzte Fernbedienung. Zumindest dann, wenn auch der TV-Empfang über eine App wie Magenta TV, Giga TV, Zattoo oder Waipu läuft. Einen dicken Pluspunkt in der täglichen Nutzung gibt es zudem für die neue Stummschalten-Taste.

Obwohl die neue Fernbedienung größer als die vorangegangene Siri Remote ist, fehlen ihr einige Funktionen. Insbesondere Spieler:innen vermissen Gyroskop und Beschleunigungsmesser, die ersatzlos gestrichen wurden. Apples neue Strategie: Wer zocken möchte, kaufe sich bitte ein Gamepad – wohl auch deshalb hat Apple inzwischen Sonys und Microsofts aktuelle Controller im Sortiment. Diese lassen sich in Sekundenschnelle mit dem Apple TV verbinden. Geblieben ist der fest in der Remote integrierte Akku, zum Laden liegt ein Lightning-auf-USB-A-Kabel bei. Erwartet haben wir darüber hinaus die Integration in Apples „Wo ist?"-Netzwerk – der einzige Gegenstand, den der Autor in den vergangenen Jahren mehrmals suchen musste, war die Apple-TV-Fernbedienung. Eine Ultrabreitband-gestützte Präzisionssuche steht aber leider unerfüllt auf unserem Wunschzettel.

Sebastian Schack

»Niemand spricht über das neue Apple TV, alle reden über die neue Fernbedienung. Mit Recht. Sie bietet einen echten Mehrwert gegenüber ihrer Vorgängerin. Das Upgrade vom Apple TV 4K lohnt sich für die wenigsten.«

s.schack@maclife.de
@Mac_Life

Lohnt sich das?

Das neue Apple TV 4K ist der Beweis dafür, dass sich eine Set-Top-Box auch 2021 neben all den Smart-TVs lohnen kann. Vor allem dann, wenn du mit gekauften Filmen und Serien tief in Apples Ökosystem investiert hast, Apps nutzen möchtest oder sogar ein Apple-Arcade-Abo hast, beweist sich das kleine Schwarze von Apple als sinnvoll im Wohnzimmer.

Wer die auf Smart-TVs oder günstigeren Streaming-Sticks verfügbaren Apps mit ihren tvOS-Gegenstücken vergleicht, weiß das Mehr an Leistung bei Apple samt des meist größeren Funktionsumfangs der Anwendungen und die oft bessere Bedienbarkeit zu schätzen. Auch mit penetranten Werbeeinblendungen wie etwa bei einigen Samsung-Fernsehern musst du dich mit einem Apple TV als Media-Schaltzentrale nicht länger herumärgern. Gestört hat lediglich eine einzige Inkonsistenz: Die „Zurück"-Taste auf der Fernbedienung verhält sich von App zu App anders. Hier wäre es schön, wenn sich Entwickler:innen auf eine einheitliche Funktion verständigen, was aber nicht ohne strenge Vorgaben seitens Apple funktionieren wird.

Das Upgrade von einem Apple TV HD hin auf das neue Apple TV 4K bringt einen deutlichen Schub an Leistung mit sich. Im Vergleich zum direkten Vorgänger aber hätte es noch etwas mehr an Hardware-Power sein dürfen – gerade im Hinblick auf Spiele. Wer ein Apple TV 4K der 1. Generation besitzt, hat so nur wenig Grund für einen Wechsel auf das neue Modell. Wer die klassischen HomePods via eARC an der eigenen Spielekonsole nutzen möchte, könnte aber über einen Kauf nachdenken. Die Unterstützung von HFR-HDR-Inhalten hingegen ist, Stand Mai 2021, lediglich unter „nice to have" zu verbuchen – das Angebot an Filmen lässt sich an einer Hand abzählen und selbst beim Sport gibt es neben „RedBull TV" noch nicht viel zu sehen. Bleibt die neue Fernbedienung, die wirklich deutlich besser als ihre Vorgängerin ist – für 65 Euro lässt sie sich auch separat erwerben und funktioniert sogar am Apple TV HD aus 2015.

Die neue Siri Remote bringt neue Tasten und liegt besser in der Hand.

Apples kluge Klangkugel

Vor mehr als zwei Jahren erschien Apples erster Smartspeaker. Während der HomePod vor allem durch seinen hohen Preis und einen „nicht ganz intelligenten" Sprachassistenten eher negativ auffiel, will man beim mini-Modell alles besser machen. Ist dies gelungen?

TEXT: **BENJAMIN OTTERSTEIN**

Zweieinhalb Jahre hat es gedauert, bis sich Apple vom HomePod „erholt" hat. Diesen schickte das Unternehmen ins Rennen, um einen Platz im Smarthome zu ergattern, aber Google und vor allem Amazons Echo-Geräte hatten es sich dort bereits gemütlich gemacht. Dies lag gewiss nicht nur am deutlich geringeren Preis, sondern auch am Sprachassistenten, der bei der Konkurrenz einfach mehr kann.

Apple richtet sich neu aus

Die Zukunft des Apple-Smartspeakers hing lange am seidenen Faden. Beim HomePod mini merkt man daher, dass Apple umgedacht hat. Apples neuer Lautsprecher ist kleiner, einfacher und weniger teuer als das Original. Und anders als das große Gegenstück soll der mini zum Kauf mehrerer Geräte einladen, die sich perfekt in Küche, Bad oder gar Schlafzimmer einfügen, während der normale HomePod weiterhin eine gute Figur im Wohnzimmer macht.

Optisch bediente sich Apple beim Original. Allerdings enden die Gemeinsamkeiten bereits beim gewebten Textil, das die Außenhaut ziert. Statt eines Zylinders findest du nämlich nun eine Kugel vor, die an eine Duftkerze erinnert.

Apple überlässt den eigenen Kund:innen äußerlich nicht nur die Wahl zwischen Weiß und Space-Grau, mittlerweile sind sogar noch weitere Farben hinzugekommen. Während wir begrüßen, dass Apple weiterhin ein Netzteil liefert, sind wir über die fehlende Liebe zum Detail erstaunt: Das Unternehmen legt nämlich auch dem grauen Modell ein weißes 20-Watt-Netzteil bei. Wem das nicht gefällt, kann zum Glück zu einer Drittanbieter-Alternative greifen, da der mini einen USB-C-Stecker verwendet.

Siri kratzt an der Oberfläche

Ein Detail, das schon den HomePod ausmachte, ist auch in der kompakten Variante vorhanden: der kleine Touchscreen. Dieser leuchtet immer dann bunt, wenn du Siri einen Befehl erteilst. Er ist grün bei Anrufen und leuchtet weiß bei der Audiowiedergabe. Darüber hinaus hat Apple in die Oberfläche eine Plus- und Minus-Taste eingelassen, um die Lautstärke zu regulieren.

An Siri hat Apple stark gearbeitet; der Assistent kann daher mehr als noch 2018. Siri hat plattformübergreifend mitgelernt, sodass in Bezug auf den Sprachassistenten und dessen Umfang beide HomePod-Modelle auf Augenhöhe sind. Du kannst nicht nur deine HomeKit-Geräte steuern oder Musik abspielen, Siri darf auch mehrere Timer stellen und diese benennen. Seit dem jüngsten Software-Update kannst du sogar in deiner Familie einen Rundruf starten, der auf allen HomePods, der Apple Watch, dem iPad und dem iPhone wiedergegeben wird.

Trotz aller Mühen kann Siri aber noch immer nicht mit Alexa oder dem Google Assistant mithalten, die nicht nur mehr können (und wissen), sondern in vielen Situationen natürlicher reagieren.

Eine besondere Funktion fehlt hierzulande ebenfalls: die Stimmerkennung. In den USA und einigen anderen Ländern kann Siri Personen auseinanderhalten und so persönliche Anfragen zum Kalender oder zu Nachrichten individuell beantworten. Dies gilt auch für die Musikwiedergabe, sodass Siri weiß, was dir gefällt und was etwa dein Partner lieber hört.

Musikwiedergabe mal anders

Der HomePod mini unterstützt mit der Softwareversion 14.2 auch Drittanbieter für die Audiowiedergabe, sodass du nicht mehr auf Apple Music oder Apple Podcasts vertrauen musst. Zu den

Das kompakte Design und der kleine Preis täuschen: Trotz der geringen Größe ist der Klang des HomePod mini erstaunlich gut, auch wenn er nicht an das Original heranreicht.

Wertung

HomePod mini

Hersteller: Apple
Preis: 99 Euro
Web: apple.de

+ kompaktes Design, toller Klang

− Siri nicht so intelligent wie die Konkurrenz, Bass geht schnell verloren

NOTE

2,0

Fazit: Mit dem HomePod mini liefert Apple eine solide Amazon-Echo-Konkurrenz – aber beim Sprachassistenten besteht noch immer Nachholbedarf.

ersten Unterstützern gehören Amazon Music oder auch Tunein. Ob Spotify oder Youtube Music verfügbar sein werden, ist aktuell noch unklar. Auch über andere Dienste wie etwa Audible verlor Apple bislang kein Wort. Dies ist besonders schade, da du für die Hörbücher des Amazon-Dienstes auf AirPlay zurückgreifen musst, anstatt einen einfachen Sprachbefehl zu nutzen.

Daneben kannst du die Wiedergabe unkompliziert vom iPhone an den HomePod mini übergeben. Es reicht, wenn du das Apple-Smartphone in direkte Nähe des Smartspeakers bringst: Innerhalb weniger Sekunden stoppt die Wiedergabe auf dem iPhone, um auf dem kleinen HomePod zu beginnen. Umgekehrt klappt dies auch. Doch du solltest aufpassen, wenn der mini auf dem Nachttisch neben dem Ladegerät steht: Solltest du nämlich zum Einschlafen Musik oder einen Podcast hören, kann es passieren, dass die Wiedergabe plötzlich auf dem iPhone erfolgt, wenn du es zum Laden daneben ablegst.

Im HomePod mini kommen zwei passive Tieftöner für einen kräftigen Bass zum Einsatz, der in dieser „Gewichtsklasse“ durchaus Eindruck schindet.

Apple hat gelernt

Beim ersten HomePod priorisierte Apple noch den Klang: Der Tieftöner sorgte für ein beeindruckendes Fundament, während die sieben Hochtöner mit einer klaren Wiedergabe überzeugten. Neben der 360-Grad-Wiedergabe erkannte das Original sogar die Umgebung und konnte den Sound entsprechend anpassen. Für den kompakteren HomePod mini musste Apple jedoch viele der Technologien über Bord schmeißen und ließ nur den 360-Grad-Sound zurück.

Doch wie klingt er denn nun? Wenn du den „HomePod XL“ gehört hast, wirst du enttäuscht sein. Wenn du aber Amazons Echo-Dot-Geräte zum Vergleich heranziehst, solltest du dich auf eine Überraschung gefasst machen. Ob der kleinen Größe klingt der kleine HomePod erstaunlich gut, auch wenn ihm der wuchtige Bass fehlt, den das Original ausmachte. Der mini hat nämlich nur zwei passive Tieftöner, die du zwar hören, aber nicht wirklich spüren kannst. In den Mitten klingt er sehr gut, sodass Gesang und Sprache deutlich herausstechen. Bei Podcasts oder Hörbüchern fallen die Unterschiede daher geringer aus.

Der HomePod mini lässt sich mit einem weiteren Modell zu einem Stereopaar verbinden. Allerdings klappt dies nicht modellübergreifend, sodass du einen mini nur mit einem anderen mini koppeln kannst, nicht mit dem „großen Bruder“. Du solltest aber auch dann nicht voll aufdrehen: Siri hört dich zwar weiterhin bei hohen Lautstärken, aber spätestens jetzt gehen die Tiefen gänzlich verloren, wobei der Sound dennoch nicht verzerrt. Apple zufolge berechnet der S5-Chip, der auch in der Apple Watch Series 5 zum Einsatz kommt, in Echtzeit die Audioausgabe mit sogenanntem Computational-Audio.

Trotz aller Finesse lässt sich der HomePod mini nicht als Stereopaar am Mac verwenden. Am Apple TV funktioniert dies schon, aber im Gegensatz zum großen Modell unterstützt das kleine kein Dolby Atmos.

Gute Chancen für die Zukunft

Wurde Apples erster Smartspeaker eher mäßig aufgenommen, aber für den großartigen Klang gelobt, ging das Unternehmen beim HomePod mini einen anderen Weg: Apple reduzierte Größe, Preis – und unweigerlich damit verbunden den Sound. Dies ist jedoch gar nicht schlimm, da der mini noch immer sehr gut klingt, wenn du keine Wunder von ihm erwartest.

Apple hat nun die Chance, neue Räume und Käufergruppen zu erobern. Aber dazu muss Siri sowie die Unterstützung von Drittanbietern unbedingt besser werden. Dass Apple auf die Nutzer:innen hört, hat das Unternehmen mit dem HomePod mini immerhin bewiesen.

Kleine Größe

Der HomePod mini ist nur halb so groß wie das Original, aber er ist genauso intelligent (oder auch nicht): Apple brachte beide Modelle mit einem Software-Update auf Augenhöhe.

	HomePod mini	**HomePod**
Audiotechnologie	Treiber mit voller Bandbreite und zwei passive Tieftöner	High-Excursion Tieftöner und Ring aus sieben Hochtönern
Maße	97,9 x 84,3 mm (345 g)	142 x 172 mm (2.500 g)
Drahtlose Technologien	802.11n WLAN, Bluetooth 5.0, Thread, U1-Chip	802.11ac WLAN, Bluetooth 5.0
Räumlichkeit	✗	✓
Multiroom	✓	✓
Stereo-Option	✓	✓
Heimkino	✗	✓
Siri	✓	✓
Intercom	✓	✓
Smart Home Hub	✓	✓
Preis	99 Euro	nicht mehr verfügbar

17:56
Zurück
Kontrollzen
ENTHALTENE STEUERELEMENT
Taschenlampe
Timer
Rechner
Kamera
WEITERE STEUERELEMENTE
Apple TV Remo
Bedienungshilfe
Bildschirmaufn
Codescanner
Dunkelmodus
Geführter Zugr
Geräuscherken
Home
Hören
Lupe
Musikerkennun
Notizen
Fertig
Health
Wallet
MONTAG
20
Essen mit Holger
20:00–22:00 Uhr
MO
20
Kalender
Mail
Kalender
Einstellungen
FaceTime
Kamera
Erinnerungen
Notizen
Fotos
Podcasts
App Store
Hamburg
14°
Meist sonnig
H:15° T:8°
Uhr
tv
TV
Wetter
Karten

Das neue System

Teamwork zählt

Apples Motto für iOS 15 ist „In Verbindung bleiben“. Das steht für die Kommunikation mit anderen Menschen, aber auch für den internen Austausch zwischen deinen Apps und Geräten. Hinzu kommen viele neue Funktionen in den mitgelieferten Programmen. Wir starten unser Special zu iOS 15 mit einer Übersicht der Highlights. TEXT: **MATTHIAS ZEHDEN**

Es ist ein alljährliches Ritual: Auf die Ankündigung der neuen Systeme im Sommer auf der WWDC folgt im Herbst die Auslieferung. Auch iOS und iPadOS 15 finden so pünktlich den Weg auf iPhones und iPads. In diesem Special gehen wir ausführlich auf die neuen Funktionen der Systeme und der mitgelieferten Apps ein und erklären - nicht nur für Einsteiger:innen - noch einmal die Grundzüge der Konfiguration. Dabei sind iOS und iPadOS zum großen Teil funktionsgleich, bringen nur wie gewohnt gewisse Anpassungen für die jeweilige Geräteform mit.

Wir starten mit einer Übersicht der wichtigsten Neuerungen. Auch wenn wir uns dabei vor allem auf das iPhone konzentrieren, gelten die meisten Änderungen für beide Plattformen. Auf die Besonderheiten von iPadOS 15 gehen wir im Anschluss an diese Einführung noch gesondert ein.

Eine gute Nachricht, bevor wir loslegen: Die Hardware-Voraussetzungen für die neuen Systeme haben sich dieses Jahr nicht geändert. Ist dein iPhone oder iPad kompatibel zu iOS/iPadOS 14, lässt sich auch das neue System darauf installieren.

In Verbindung bleiben

Das Thema Zusammenarbeit zieht sich wie ein roter Faden durch alle Bereiche der diesjährigen Updates. Das gilt sowohl für einzelne Funktionen von System und Apps als auch für die plattformübergreifende Entwicklung. Apple ist schon seit Jahren dabei, die Apps für iPhone und iPad auf der einen Seite und den Mac auf der anderen parallel zu entwickeln und sie mit den gleichen Funktionen auszustatten, wo immer das möglich und sinnvoll ist. Apps wie Home, Aktien oder Sprachmemos haben es längst von den mobilen Geräten auf den Mac geschafft. Andere wie Safari, Nachrichten oder Karten werden sich auf allen Plattformen immer ähnlicher. Aus iPhone- oder Mac-Anwender:innen werden einfach Apple-Anwender:innen, die sich auf allen Geräten aus Cupertino zu Hause fühlen. Mittlerweile nutzen iPad Pro und Mac sogar eine gemeinsame Prozessorplattform. Es ist nur eine Frage der Zeit, wann die anderen Geräte folgen.

Der Fokus auf die Plattform fiel schon bei der Vorstellung der neuen Systeme auf der WWDC im Juni auf. Apple stellte die neuen Funktionen verteilt über die Geräte vor, um dann bei den

Unterstützte Geräte

Die neuen Systeme erfordern mindestens eines der folgenden Geräte:

- **iPhone SE, 6s**
- **iPod touch 7**
- **iPad 5**
- **iPad Air 2**
- **iPad Pro**
- **iPad mini 4**

jeweils anderen nur noch kurz zu erwähnen, dass sie dort natürlich auch vorhanden sind. Das stärkt die Apple-Welt und damit die Kund:innenbindung. Doch auch die Nutzer:innen profitieren, wenn sie sich darauf einlassen. Sie müssen sich nicht ständig umstellen, wenn sie unterwegs etwas auf dem iPhone machen, wofür sie sonst iPad oder Mac nehmen.

FaceTime lernt dazu

Das wichtigste App-Update hat sicherlich FaceTime erhalten. Die Videochat-App mausert sich langsam zum echten Konferenztool und versucht, zu aktuell stark gefragten Diensten wie Zoom & Co. aufzuschließen. Verbindungen mit mehreren Teilnehmenden konnte FaceTime schon vorher herstellen, doch nun bietet es mit der neuen Rasteransicht eine bessere Übersicht. Und 3D Audio sorgt dafür, dass Stimmen auch aus der richtigen Richtung kommen, was zusammen mit neueren AirPods spannend ist.

Außerdem lassen sich Konferenzen mithilfe der App Kalender endlich auch auf Termine legen und andere dazu einladen. Zusätzlich behebt Apple die wohl älteste und ärgerlichste Einschränkung: Du kannst jetzt einen Web-Link zur Konferenz verschicken, der sich im Browser öffnen lässt. Dadurch entfällt endlich die Beschränkung auf Teilnehmende mit Apple-Geräten, da sich der Link auch auf Smartphones mit Android oder auf Windows-PCs öffnen lässt. Damit bei der Übertragung aus dem Homeoffice das unordentliche Bücherregal nicht mehr stört, unterstützt FaceTime einen Porträtmodus mit Weichzeichner für den Hintergrund.

Der zweite Schwerpunkt von FaceTime ist SharePlay. Es erlaubt das synchrone Abspielen von Musik und Filmen, sodass du diese mit anderen gemeinsam genießen kannst, ohne zusammen auf dem Sofa zu sitzen. Außerdem lernt FaceTime, den Bildschirminhalt beziehungsweise Fenster einzelner Apps zu teilen. Da Apple für SharePlay eine Schnittstelle für Entwickler:innen zur Verfügung stellt, können diese es auch in ihre Apps integrieren. Wer das spannende Feature nutzen möchte, muss leider noch etwas Geduld haben. Apple will SharePlay mit einem Update im Herbst nachliefern.

Neu in Nachrichten

Viele Anwender:innen nutzen Nachrichten für den schnellen Austausch von Bildern und anderen Medien. In der App verbessert

Die Rasteransicht von FaceTime macht Konferenzen übersichtlicher. Wer spricht, wird markiert (links).

SharePlay erlaubt dir gemeinsame, synchrone Film- und Musikstreams mit Freundinnen und Freunden (rechts).

Mehrere Fotos in einer Nachricht zeigt die App als Stapel, der sich öffnen oder durchblättern lässt.

Wetter

Für das Wetter interessiert sich wohl fast jede:r. Die zuständige App des iPhone erhält in iOS 15 eine überarbeitete Oberfläche. Sie bietet grafisch aufbereitete Wetterdaten, neue animierte Hintergründe (brauchen mindestens einen A12-Prozessor) und Karten für Temperatur und Luftqualität.

Die Highlights von iOS 15

Die wichtigsten neuen Funktionen auf einen Blick:

- **FaceTime: neue Ansicht und Einladungslink für Konferenzen, SharePlay**
- **Nachrichten: Fotostapel, Anhänge in „Mit dir geteilt“**
- **Safari: Tabgruppen und Erweiterungen**
- **Mehr Optionen für Memojis**
- **Karten: 3D-Gebäude, mehr Details auf Karten, bessere ÖPNV-Unterstützung**
- **Interaktive Rückblicke in Fotos, Live Text in Bildern**
- **Änderungsverfolgung und Tags in Notizen**
- **Health: Trends, geteilte Daten, Sturzrisiko**
- **Wetter: neue Oberfläche, mehr Daten, neue Karten**
- **Fokus: Kontrolle von Mitteilungen und Anrufen**
- **Verbesserte Mitteilungen**
- **App-abhängige Optionen in Bedienungshilfen**
- **Erweiterte Schlüsselfunktionen in Wallet**
- **E-Mail-Datenschutz und App-Datenschutzbericht**
- **Neue Widgets für App Store, Game Center, Kontakte, Mail, Schlaf und Wo ist?**

Die neuen Tabgruppen synchronisiert Safari über iCloud. So sind sie auf allen Geräten verfügbar.

Apple den Umgang mit geteilten Inhalten. Diese sammelt iOS nun im Bereich „Mit dir geteilt", den du in allen möglichen Apps findest. Er verbindet also Nachrichten mit den anderen Apps. Teilen deine Kontakte Medien aus Fotos, Safari, Musik, TV und anderen Apps über Nachrichten mit dir, erscheinen diese auch in den entsprechenden Apps auf deinem iPhone, gesammelt unter dem Eintrag „Mit dir geteilt". So musst du nicht mehr diverse Chats durchsuchen, um einen Anhang zu finden, sondern kannst gleich die dazugehörige App öffnen.

Mehrere zusammen verschickte Bilder zeigt Nachrichten jetzt als Stapel an, den du schnell durchblättern kannst. Das macht vor allem Konversationen mit vielen Bildern übersichtlicher. Optional kannst du alle Bilder als Übersicht sehen oder in deine Fotosammlung übernehmen.

Außerdem hat Apple sich einer anderen beliebten Funktion angenommen: Nachrichten bietet jetzt mehr Optionen für Memojis und Sticker wie Kleidung, neue Brillen oder farbige Kopfbedeckungen.

Komfort für Tabs

In Safari verbessert Apple die Arbeit mit Tabs. Dazu gehört eine Tableiste, die im Hochformat über der unteren Navigationsleiste erscheint, wodurch der Zugriff auf Tabs deutlich schneller wird. Außerdem kann Safari jetzt Tabs zu Gruppen zusammenfassen. Im Gegensatz zu einem Ordner mit Favoriten ist jede Tabgruppe quasi eine Arbeitsumgebung, die sich dynamisch verändert, wenn du Tabs in der Gruppe öffnest und schließt. Die Tabgruppen synchronisieren sich wie offene Fenster über iCloud und stehen dadurch auf all deinen Geräten zur Verfügung.

Als weitere praktische neue Funktion unterstützt Safari nun auch auf den mobilen Geräten Erweiterungen, die du über den App Store installieren kannst.

Bessere Karten

Die Karten-App gehört als Ersatz für Stadtplan und Navi für viele Anwender:innen längst zum Alltag. Auch dieses Jahr zeigt Apple wieder neues, verbessertes Kartenmaterial, das zum Beispiel neue 3D-Ansichten von Gebäuden und Sehenswürdigkeiten enthält. Außerdem zeigt die App jetzt mehr Details, wie Fahrbahnmarkierungen, Abbiegespuren oder Fußgänger:innenüberwege. Die Integration des ÖPNV hat Apple verbessert. Die App zeigt Haltestellen und Abfahrtszeiten an. Bei einer laufenden Navigation gibt es einen Hinweis, wenn du dich deiner Zielhaltestelle näherst. Viele der neuen Funktionen stehen allerdings erst mal nur in einigen Ländern beziehungsweise wenigen Städten zur Verfügung. Eine Übersicht, wo welche Funktionen verfügbar sind, findest du auf der Website www.apple.com/de/ios/feature-availability.

Damit du beim Umstieg auf ein neues iPhone deine Daten in iCloud sichern und aus dem Back-up übertragen kannst, stellt Apple dir kostenfrei ausreichend Platz für bis zu drei Wochen zur Verfügung.

Fotos mit Extras

Die App Fotos bietet neue interaktive Rückblicke. Die spannendste Fotofunktion ist allerdings gar nicht an die App gebunden, sondern betrifft Bilder in verschiedenen Apps. Das iPhone kann mit „Live Text" Schrift in Bildern erkennen. So kannst du Telefonnummern anrufen, E-Mails beginnen oder Websites aufrufen, indem du einfach auf den markierten Text in einem Foto tippst. Du kannst den Text auch einfach kopieren oder eine Übersetzung starten. Da „Live Text" zum Beispiel auch in der Kamera-App funktioniert, kommst du so schnell an Informationen zu Schildern und Aushängen. Außerdem erkennt das iPhone diverse Gegenstände, Sehenswürdigkeiten oder Tiere in Bildern und kann Informationen dazu laden.

Weitere Apps

Zu den weiteren App-Highlights gehört Notizen. Sie erlaubt jetzt

Karten bietet sehr viel mehr Details. Wann die schicken 3D-Modelle zu uns kommen, steht aber noch in den Sternen (links).

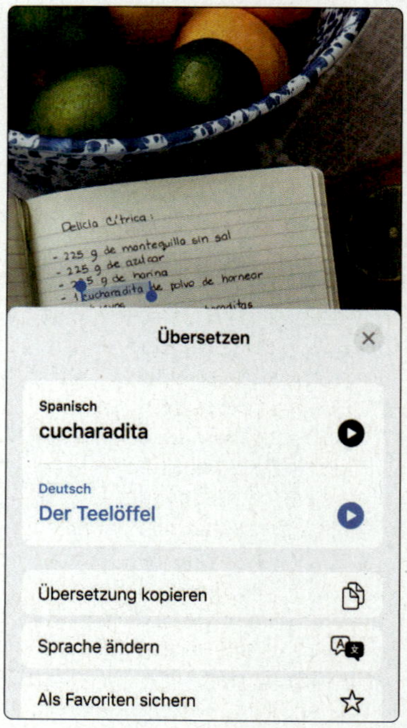

Live Text erkennt Schrift in Bildern und kann sie übersetzen, Nummern wählen oder Begriffe nachschlagen (rechts).

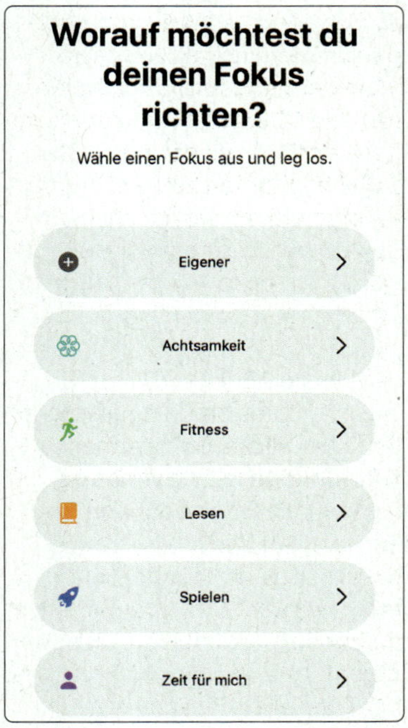

Mit Fokus bietet Apple eine sehr flexibel anpassbare Funktion, um die Ablenkung durch Mitteilungen zu minimieren (links).

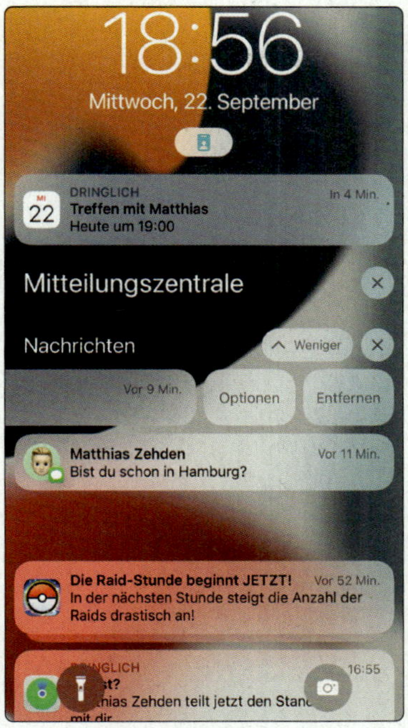

Die Mitteilungszentrale zeigt jetzt Kontakt-Icons und weist auch extra auf dringliche Mitteilungen hin (rechts).

Tags, wodurch sich die angelegten Einträge besser organisieren lassen, und bietet die Verfolgung von Änderungen in geteilten Notizen. Außerdem kannst du die mit deinem Mac oder iPad angelegten Schnellnotizen bearbeiten, die Apple in macOS Monterey und iPad OS 15 eingeführt hat.

Die App Erinnerungen lernt jetzt ebenfalls den Umgang mit Tags und bietet eine bessere Unterstützung von Siri.

Die Health-App kann Gesundheitsdaten mit anderen teilen, Mitteilungen verschicken und die „Gehstabilität" ermitteln, um das Sturzrisiko zu bestimmen. Außerdem unterstützt Health jetzt Trends für Gesundheitswerte.

Effektiver Arbeiten

Natürlich hat Apple nicht nur an den mitgelieferten Apps gearbeitet, sondern auch an vielen Systemfunktionen. Ganz oben auf der Liste steht „Fokus". Dabei handelt es sich im Prinzip um eine konfigurierbare Erweiterung von „Nicht stören". Fokus kann Mitteilungen filtern und dir helfen, dich auf deine aktuelle Tätigkeit zu konzentrieren. Um das zu erreichen, kannst du Einstellungssets für unterschiedliche Zwecke wie Arbeit, Essen oder Freizeit anlegen. Für jede Konfiguration legst du eigene Ausnahmen fest, also welche Personen und Apps weiterhin zu dir durchkommen dürfen. Das Besondere an Fokus ist, dass sich die Konfigurationen nicht nur manuell, sondern auch nach Uhrzeit, aktuellem Ort oder benutzter App automatisch aktivieren lassen.

Sehr praktisch ist, dass deine Geräte nicht nur die angelegten Fokusse über iCloud synchronisieren, sondern auch den gerade aktiven Fokus übernehmen können. Hinzu kommt, dass du deinen aktuellen Fokus mit anderen teilen kannst, wenn sie dir eine Nachricht schreiben.

Nichts verpassen

Mitteilungen über Nachrichten oder Anrufe von Kontakten tragen nun deren Profilbild, damit du sie schneller erkennen kannst. Außerdem kennt iOS 15 „Dringliche" Mitteilungen. Entsprechend markierte Apps lassen sich bei der Erstellung eines Fokus als Gruppe in die Ausnahmen aufnehmen. Außerdem kann iOS 15 dir empfehlen, Konversationen in Nachrichten stummzuschalten, wenn du nicht beteiligst bist.

Und noch mehr ...

Damit ist natürlich lange noch nicht Schluss. Es gibt noch viele weitere neue Funktionen zu entdecken. Dazu gehören Besonderheiten im iPadOS, neue Funktionen für Spotlight, Wallet und noch einiges mehr. Die wichtigs-

Datenschutz in iOS 15

Datenschutz und Privatsphäre bleiben für Apple wichtige Punkte. Die Option „E-Mail-Datenschutz" sorgt dafür, dass Absender:innen nicht mehr sehen, wann und wie oft du eine E-Mail gelesen hast. Die IP-Adresse wird versteckt, um eine Verfolgung zu verhindern. Mit einem späteren Update soll noch ein Datenschutzbericht verfügbar werden, der zeigt, welche Daten eine App wann und wie oft abgefragt hat. Zum Datenschutz trägt auch bei, dass Funktionen wie die Spracherkennung, Übersetzungen oder die Bildanalyse von Live Text lokal auf dem Gerät erfolgen.

Bedienungshilfen

Der Einstellungsbereich Bedienungshilfen erlaubt in iOS 15 App-abhängige Vorgaben für die Darstellung. Dadurch lassen sich unter anderem Textgröße, fetter Text, reduzierte Transparenz, Farbumkehr und vieles mehr gezielt für bestimmte Apps anpassen.

Aus iCloud wird iCloud+

Die kostenpflichtigen iCloud-Konten vermarktet Apple in Zukunft unter dem Namen iCloud+. Sie enthalten nicht nur Speicherplatz, sondern auch die neuen Funktionen „iCloud Private Relay" zum Surfen über verschlüsselte Verbindungen und „E-Mail-Adresse verbergen" für zufällige Alias-Adressen. Letztere sorgen dafür, dass du deine echte Adresse nicht preisgeben musst. Du kannst auch eine eigene Domain mit deinem iCloud-Konto verbinden. Außerdem erlaubt HomeKit Secure Video in Verbindung mit iCloud+ nun bereits im kleinsten kostenpflichtigen Tarif die Aufzeichnung einer Kamera, bei 200 GB sind fünf Kameras erlaubt und im größten Tarif beliebig viele. Deren Speicherplatz wird nicht auf dein Konto angerechnet.

Das iPad kann einfach mehr

Seit Apple dem iPad ein eigenständiges System gönnt, werden die Unterschiede zum iPhone immer größer. Mit iPadOS 15 erleichtert Apple es zudem, mehrere Apps zeitgleich zu nutzen.

TEXT: **HOLGER SPARR**

Es wirkt ein wenig so, als traute sich Apple immer mehr, dem iPad die Eigenständigkeit zu gönnen. Die Geräte, die sich zu einem großen Teil mit Tastaturen und Stiften bedienen lassen, bieten mit ihren großen Bildschirmen einfach mehr Möglichkeiten und ermöglichen ganz andere Apps als die iPhones, mit denen sie das Betriebssystem natürlich in den Grundzügen noch immer teilen.

Mehr Multitasking

Eine der Möglichkeiten durch den großen Bildschirm ist das Multitasking, bei dem du wie von macOS oder Windows gewohnt mehrere Apps parallel aktiv hältst. Natürlich konnten auch bisher schon zwei und mehr Apps parallel laufen, doch die Bedienung, die über das Dock erfolgte und einige Gesten erforderte, war nicht gerade. Mit iPadOS 15 hat Apple einen simplen, aber genialen Knopf eingeführt. In jeder App finden sich an der Oberseite mittig drei Punkte, hinter denen sich ein neues Multitasking-Menü verbirgt. Mit ihnen lassen sich Apps auf eine Bildschirmhälfte, als schwebendes Fenster oder wieder vollflächig betreiben.

Vielleicht nicht ganz so intuitiv, aber ebenfalls extrem praktisch ist die Möglichkeit, im App-Umschalter eine App auf die andere zu ziehen und so zu einem Multitasking-Duo zu verheiraten. Auf die gleiche Weise, nämlich durch Ziehen im App-Umschalter, lässt sich die Verbindung allerdings auch schnell wieder beenden.

Man sieht dem iPadOS die Neuerungen nicht auf den ersten Blick an. Doch erweiterte Möglichkeiten mit Widgets lassen sich auf dem Tablet besser nutzen.

Nicht direkt mit Multitasking an sich hängt das neue „Board“ zusammen, das bei den Apps, die dazu in der Lage sind, wie beispielsweise dem Safari-Browser alle geöffneten Fenster in der Übersicht zeigt. Dafür reicht es, die App zu öffnen oder im Dock lange auf deren Icon zu drücken und „Alle Fenster öffnen“ auszuwählen. Schon bisher konnten Apps mehrere Fenster öffnen, doch es konnte durchaus passieren, dass man dies nicht mitbekommt.

Ebenfalls nur bedingt mit dem Thema Multitasking hängt die Möglichkeit zusammen, in bestimmten Apps wie Safari, Notizen, Mail und anderen durch langes Drücken eine schnelle Vorschau zu erzeugen, die dann wiederum als Fenster ins Board gezogen werden kann. Gerade mit Fenstern und Boards musst du ein wenig experimentieren, um sie schätzen zu lernen, denn sie erweisen sich als extrem praktisch.

App-Mediathek

Wer parallel ein iPhone besitzt, wird womöglich gar nicht bemerkt haben, dass iPadOS 15 die App-Mediathek enthält. Apple hat dieses recht praktische Tool im vergangenen Jahr mit iOS 14 fürs iPhone eingeführt, aus eigentlich unerfindlichen Gründen aber nicht auf das iPad gebracht. Offenbar war das gar nicht so schwer, denn jetzt gibt es die Mediathek auch fürs iPad.

Die App-Mediathek ist deswegen praktisch, weil sie alle auf dem iPad installierten Apps enthält und es gleichzeitig nicht mehr nötig ist, ihnen auch noch einen Platz auf einem der Schirme oder in einem Ordner zuzuweisen. Für etwas unwichtigere Apps, die man nur selten startet, aber deswegen nicht gleich vom iPad werfen möchte, ist die Mediathek der richtige Ort.

Alle Apps landen automatisch in der Mediathek, wobei du in den Einstellungen unter „Home-Bildschirm & Dock“ einstellen kannst, ob Apps zunächst nur dort oder auch auf dem Home-Bildschirm erscheinen sollen. Dort findet sich auch die Möglichkeit, den letzten Platz im Dock für die App-Mediathek zu reservieren.

Alternativ findet sich die App-Mediathek wie auf dem iPhone stets auf dem letzten Schirm, zu dem du blättern kannst. Apps sortiert das System dort automatisch in Ordnern, alternativ tippst du ins Suchfeld, woraufhin eine alphabetische Liste aller auf dem iPad installierten Apps erscheint.

Tastatur

Alle aktuellen iPads und auch viele ältere Modelle lassen sich mit Tastaturhüllen kombinieren. Das neue iPadOS unterstützt die offiziellen Tastaturen insofern besser als zuvor, als dass die Globustaste unten links, mit der du normalerweise zwischen den Sprachen und Emojis umschaltet, zur Sondertaste wird. Drückst du sie länger, erscheint eine Übersicht mit Tastaturkürzeln, mit denen sich beispielsweise der Umgang mit Multitasking oder der Aufruf von Dock, Siri und anderen Standards deutlich vereinfachen lassen. Auf diese Weise lässt sich das iPad viel weiter als bisher mit der Tastatur bedienen, was beim Arbeiten überaus nützlich sein kann.

Übersetzen und mehr

Wie schon bei der App-Mediathek gilt auch für die Übersetzen-App, dass sie erst jetzt vom iPhone auf das iPad portiert wurde. Warum Apple die nützliche App dem iPad zuvor vorenthalten wollte, konnten wir nicht verstehen. Uns fallen da noch einige andere Apps wie Wetter oder der Rechner ein, die Apple unverständlicherweise nur dem iOS, nicht aber dem iPadOS beilegt, obwohl sie auch auf dem Tablet gut zu gebrauchen wäre.

Verbessert hat Apple die Möglichkeit, das iPad als Zweitdisplay für den Macs zu verwenden. Bisher gab es dafür das Sidecar-Feature, das sich aber nur auf die Nutzung des iPad als zusätzlicher Monitor am Mac, nicht aber auf das Teilen der Tastatur bezog. Das Ganze wurde zur „nahtlosen Steuerung“ aufgeblasen, für die es außerdem nichts zu konfigurieren gibt. Mac und iPad müssen halbwegs aktuell und auf die gleiche Apple ID angemeldet sein sowie mit aktiviertem Bluetooth, WLAN und Handoff beieinanderstehen. Maus und Tastatur lassen sich nahtlos mit bis zu drei Geräten nutzen, und Dateien kannst du per Drag-and-drop tauschen.

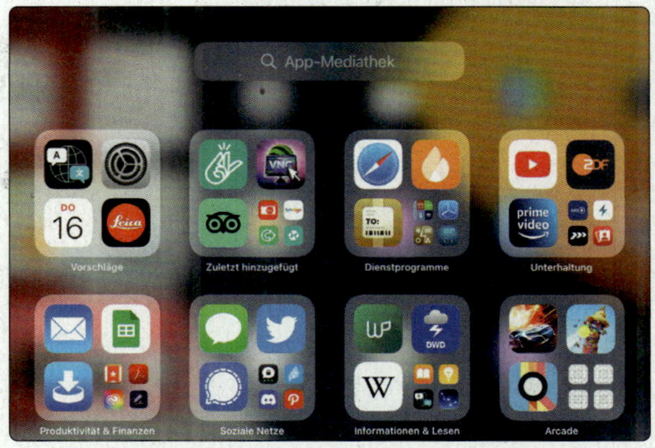

Die App-Mediathek bietet einen einfachen Zugriff auf alle Apps auf dem iPad. Ein Tipp ins Suchfeld öffnet eine alphabetische Liste, in der sich jede App findet.

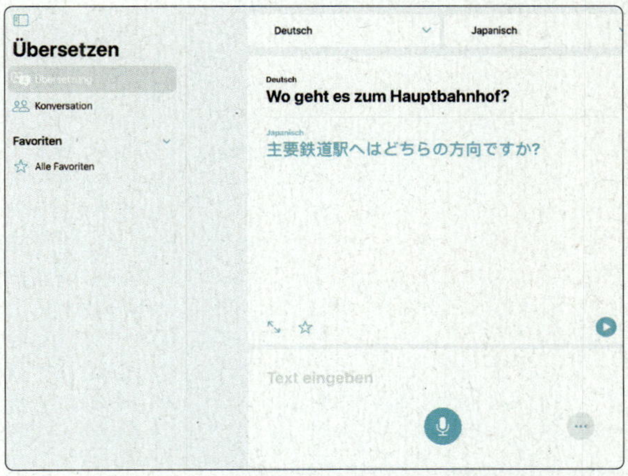

Warum Apple die praktische Übersetzen-App, die eine Vielzahl an Sprachen unterstützt, nicht längst aufs iPad portiert hat, bleibt unverständlich.

Workshop: Multitasking, Split View und schwebende Fenster nutzen

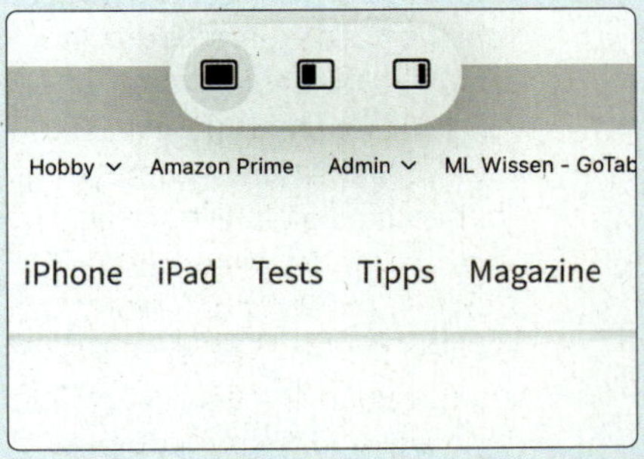

1 Jede App zeigt an der Oberseite einen Knopf mit drei Punkten, die ein Menü fürs Multitasking öffnen. Die Knöpfe stehen für den ganzen Schirm, die geteilte Darstellung oder das schwebende Fenster.

2 Aktivierst du Multitasking, wird die erste App zur Seite geschwenkt, und du darfst die zweite App öffnen. Wer will, kann auch im App-Umschalter eine App auf die andere ziehen.

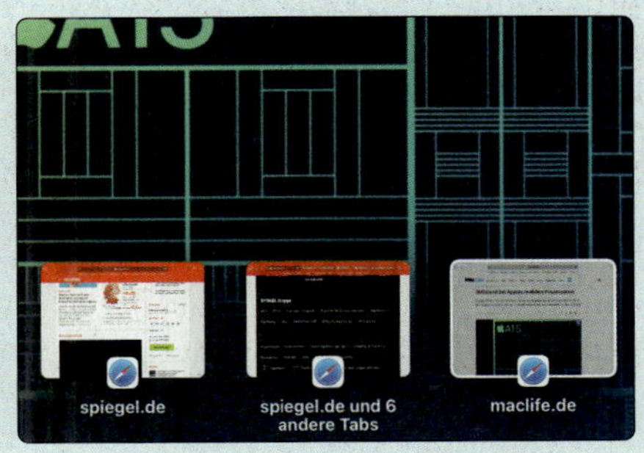

3 Einige Apps wie hier Safari unterstützen mehrere Fenster, was zuvor kaum genutzt wurde. Startest du die App, zeigt sie die Fenster nun an, sodass du eines auswählen oder schließen kannst.

Letzter Aufruf?

Es gab nochmals einen Aufschub: Alle Geräte, auf denen iOS oder iPadOS 14 lief, können auch die aktuelle Version nutzen. Doch manche Features funktionieren nicht auf älteren Geräten.

TEXT: **HOLGER SPARR**

Schon das günstige und erst letztes Jahr präsentierte iPhone SE ist gut gegen Wasser geschützt und mit dem A13-Prozessor recht flott.

Da haben wir ja noch mal Glück gehabt: Nachdem bereits iOS 14 auf den gleichen Geräten funktionierte, die zuvor schon iOS 13 unterstützten, wurde der Aufschub nun auch auf iOS 15 ausgedehnt – für iPads gilt sinngemäß das Gleiche. Das heißt, das iOS 15 auch auf einem iPhone 6s von 2015 und iPadOS 15 auch auf einem iPad Air 2 von 2014 läuft. Bis 2022 und damit bis zu acht Jahre werden diese Geräte also mit einem aktuellen System versorgt, was sicher nicht alle erwartet hätten.

Features von heute

Ein aktuelles System bedeutet natürlich, dass man all die kleinen und großen Neuerungen ausprobieren und nutzen kann, man darf immer noch mitspielen. Doch all die Jahre sind natürlich an der Entwicklung der iPhones nicht spurlos vorbeigegangen. Zwar sind iPhones nicht ganz so viel schneller geworden, wie Apple gern bei der Vorstellung neuer Modelle behauptet, aber natürlich ist älteren Geräten eine gewisse Trägheit anzumerken. Ein iPhone 6s oder 7 mag zwar mit iOS 15 laufen, aber aufwendigere Apps oder gar aktuelle Spiele machen auf solchen Geräten keinen echten Spaß mehr. Denn speziell Games reizen Rechenkapazität und Grafikfähigkeiten der iPhones sehr stark aus. Wer sich dagegen auf simple Kommunikation mit Messengern und dergleichen beschränkt, kann selbst mit einem älteren iPhone noch glücklich werden.

Andererseits wächst aber auch die Liste der nicht mehr unterstützten Features: Ältere iPhones unterstützen Apples ARKit nicht und Features wie 3-D-Audio, und viele Feinheiten der Spracherkennung funktionieren nur auf neueren Geräten mit zumindest einem A12-Prozessor, den Apple erst ab dem iPhone XS einsetzt. Auf älteren Geräten läuft iOS 15 dann nicht mit allen Features.

Mit aktuellen Modellen kann das fünf Jahre alte iPhone 7 Plus nicht mithalten, was nicht stören muss.

Alterungserscheinungen

Geschwindigkeit ist aber nicht alles, denn Smartphones, die viele Jahre benutzt wurden, haben nicht nur längst die ersten Kratzer, sondern nicht zuletzt auch nachlassende Akkus, die im Alltag sehr stören können. Vor allem ist der Akkuwechsel seit dem iPhone 6, bei dem Apple erstmals das Gehäuse verklebte, nicht mehr so einfach wie noch zu Zeiten des iPhone 5, das einfach nur verschraubt war. Dafür sind neuere iPhones allerdings wasserdicht. Auch die Displays wurden immer schärfer, heller und vor allem größer, was moderne Apps ebenfalls ausnutzen. Und besonderes Augenmerk legt Apple eigentlich jedes Mal auf die Verbesserung der Kameras, die seit etwa dem iPhone X auch höhere Ansprüche befriedigen können.

Safety First

Selbst dann, wenn die bis hierher genannten Nachteile älterer Geräte nicht abschreckend genug sind, sollte zumindest die Sicherheit ein wichtiges Argument gegen alte iPhones und iPads, auf

Beschränkte Features

Sieht man sich die Feature-Listen von iOS 15 und iPadOS 15 an, finden sich viele Merkmale, die mit Fußnoten versehen sind und oft nur auf neueren Geräten laufen. Das klingt aber schlimmer, als es in der Praxis ist, denn ohne schnellen Prozessor und gute Grafik machen Features wie Augmented Reality sowieso weder Sinn noch Spaß.

denen nur veraltete Systeme laufen, sein. Denn die Schwachstellen älterer Systeme sind irgendwann bekannt und werden bei den sehr verbreiteten iPhones oft ausgenutzt. Solchen Systemen solltest du keine vertraulichen Daten mehr anvertrauen.

Und die iPads?

Sinngemäß gilt für iPads das Gleiche wie für iPhones, nur ist die Lage unübersichtlicher, weil es mit dem iPad, dem iPad mini, dem iPad Air und den iPad Pros gleich vier Linien mit eher unscharfer Trennung gibt und die Geräte anders als iPhones nicht turnusmäßig jedes Jahr ausgetauscht werden. Auch hier sind ältere Geräte lahm, haben schlechtere Displays und alternde Akkus. Und manche Features von iPadOS 15 laufen nur auf neueren Geräten. Auch hier gilt, dass ältere Geräte eher für die Kommunikation als aktuelle Spiele taugen. Geräte, die konstruktiv älter als vier Jahre sind, machen bei Spielen und leistungshungrigen Apps keinen Spaß mehr, sind aber andererseits zum Surfen, Kommunizieren und für die Büroarbeit sicher noch gut genug.

Wechseln oder behalten?

Es gibt einen einfachen Grund, gelassen zu bleiben: Alles, wofür du das Gerät bislang genutzt hast, geht in Zukunft noch genauso gut. Wenn also weder die neuen Features locken noch das alte Gerät nicht mehr sicher ist, muss es nicht getauscht werden.

Andererseits liegt die Einstiegshürde keineswegs hoch. Das neue iPad gibt es ab 380, ein iPhone SE ab 480 Euro, und beide übertreffen selbst ältere Profigeräte deutlich. Ein Neugerät hat Garantie, einen frischen Akku, und es bietet Zukunftssicherheit, weil es noch auf Jahre hinaus mit Updates versorgt wird. Das alte Schätzchen dürfte auf dem Gebrauchtmarkt noch einiges einbringen, was die Gesamtinvestition im Rahmen hält. Denn selbst, wenn das alte Gerät noch das aktuelle System unterstützt, wird das nicht immer so bleiben. Und wenn sich auf einem iPhone oder iPad das aktuelle System nicht mehr installieren lässt, sinkt dessen Gebrauchtwert meist schnell.

Das Gute an iOS und iPadOS 15 ist, dass das System im Vergleich zu iOS 14 kaum mehr Geschwindigkeit oder Speicher benötigt. Wer mit iOS 14 auf dem eigenen Gerät zufrieden war, kann also ruhig das Update machen.

Ahnengalerie der iPhones und iPads

	iPhone	iPad	iPad mini	iPad Pro
2007	iPhone			
bis System	iOS 3.1.3			
2008	iPhone 3G			
bis System	iOS 4.2.1			
2009	iPhone 3GS			
bis System	iOS 6.1.6			
2010	iPhone 4	iPad		
bis System	iOS 7.1.2	iOS 5.1.1		
2011	iPhone 4s	iPad 2		
bis System	iOS 9.3.5	iOS 9.3.5		
2012	iPhone 5	iPad 3, iPad 4	iPad mini	
bis System	iOS 10.3	iOS 9.3.5, iOS 10.3	iOS 9.3.5	
2013	iPhone 5c, 5s	iPad Air	iPad mini 2	
bis System	iOS 10.3, iOS 12	iOS 12	iOS 12	
2014	iPhone 6, 6 Plus	iPad Air 2	iPad mini 3	
bis System	iOS 12	iPadOS 15	iOS 12	
2015	iPhone 6s, 6s Plus		iPad mini 4	iPad Pro 12,9 Zoll
bis System	iOS 15		iPadOS 15	iPadOS 15
2016	iPhone SE, 7, 7 Plus			iPad Pro 9,7 Zoll
bis System	iOS 15			iPadOS 15
2017	iPhone X, 8, 8 Plus	iPad 5		iPad Pro 12,9 II, 10,5 Zoll
bis System	iOS 15	iPadOS 15		iPadOS 15
2018	iPhone XR, XS, XS Max	iPad 6		iPad Pro 12,9 III, 11 Zoll
bis System	iOS 15	iPadOS 15		iPadOS 15
2019	iPhone 11 (alle)	iPad 7, iPad Air 3	iPad mini 5	
bis System	iOS 15	iPadOS 15	iPadOS 15	
2020	iPhone SE (2020), iPhone 12 (alle)	iPad 8, iPad Air 4		iPad Pro 12,9 IV, iPad Pro 11 II
bis System	iOS 15	iPadOS 15		iPadOS 15
2021	iPhone 13 (alle)	iPad 9	iPad mini 6	iPad Pro M1
bis System	iOS 15	iPadOS 15	iPadOS 15	iPadOS 15

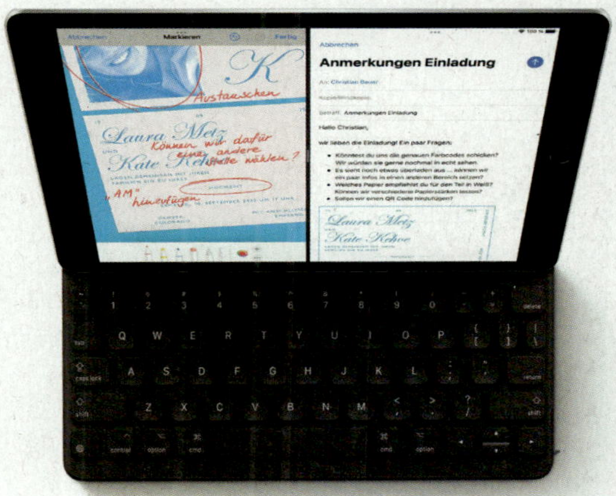

Für unter 400 Euro bekommst du das aktuelle iPad 9, was preislich wenig Raum für Gebrauchtgeräte lässt.

Zum Einstieg

Der erste Weg nach der Installation von iOS 15 führt in die Einstellungen. Hier konfigurierst du System und Apps und bestimmst, wie sich dein iPhone im täglichen Einsatz verhalten soll. Wir geben einen Überblick.

TEXT: **MATTHIAS ZEHDEN**

Ob Computer, Smartphone oder Tablet, nimmst du ein neues Gerät in Betrieb, ist es immer eine gute Idee, für einen ersten Überblick einmal durch die Einstellungen zu blättern. Das gilt ebenfalls beim Umstieg auf ein neues System wie iOS 15. Hierbei lohnt sich die Tour auch für erfahrene Anwender:innen, um zu sehen, was neu ist. Die Einstellungen sind bei allen Fragen zur Konfiguration von System und Apps immer die erste Anlaufstelle.

Zum Einstieg geben wir einen Überblick zur Gliederung der Einstellungen, bevor wir in den nachfolgenden Artikeln und Workshops dann weiter ins Detail gehen.

Private Daten

Die Einstellungen sind in neun Bereiche unterteilt. Ganz oben in der Liste findest du dein Profilbild und deinen Namen. Dahinter verbergen sich die persönlichen Daten. Dazu gehören Einstellungen, die mit deiner Apple-ID zusammenhängen, wie Kontaktdaten und Zahlungsmittel, Übersicht deiner Abonnements, die Konfiguration von iCloud, das Teilen des Standorts mit Freund:innen und Familie sowie die Einrichtung der Familienfreigabe. Weiter unten folgen noch die Verwaltung aller mit deiner Apple-ID verknüpften Geräte und die Abmeldung von der ID.

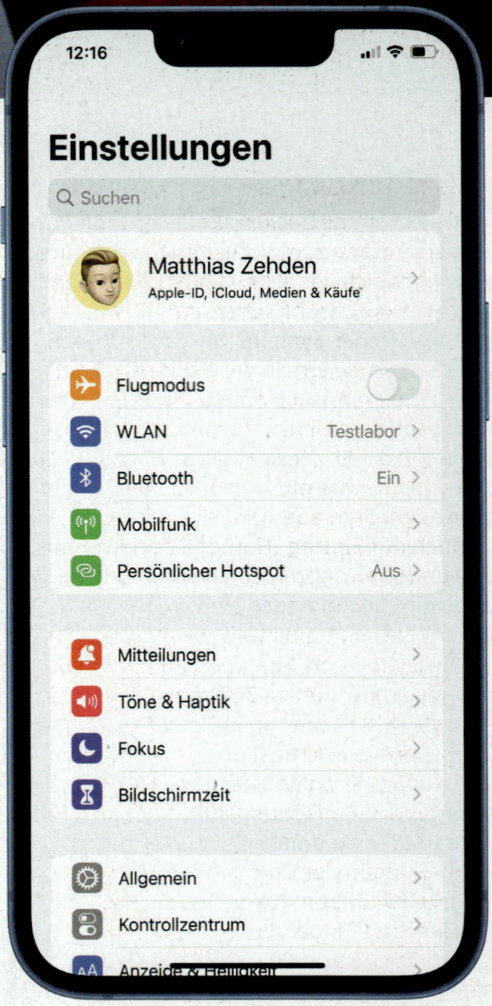

Die App Einstellungen ist nach jeder Installation eine der ersten wichtigen Anlaufstellen. Mit den richtigen Vorgaben passt du das iPhone (oder iPad) an deine individuellen Bedürfnisse an.

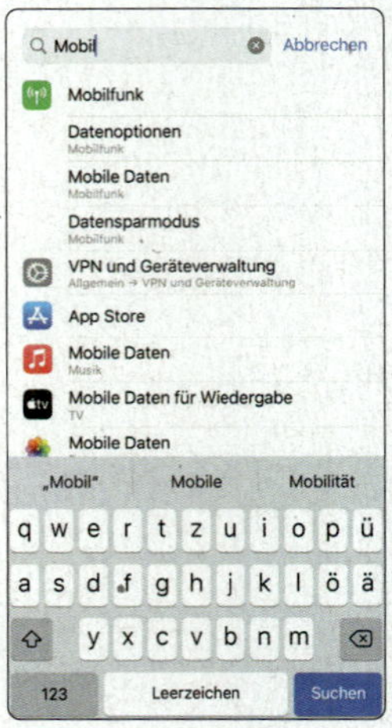

Schiebe in den Einstellungen die Liste der Einträge etwas nach unten, damit das Suchfeld erscheint. Gibst du hier etwas ein, zeigt iOS sofort dazu passende Einstellungen.

Wir stellen den Aufbau der Einstellungen am Beispiel von iOS 15 auf dem iPhone vor. Die meisten findest du in identischer Form auch im neuen iPadOS.

Verbindung gesucht

In der zweiten Gruppe steuerst du die Verbindungen zur Außenwelt. Den Anfang macht der Flugmodus, der alle Arten von Funk mit einem Schalter deaktiviert. Es folgen die Einstellungen für WLAN, Bluetooth und Mobiles Netz. Dazu gehört auch der Datensparmodus für WLAN und mobiles Surfen oder die Verwaltung für eine zweite SIM-Karte in neueren iPhones. Den Abschluss bildet gewöhnlich der „Persönliche Hotspot", über den das Gerät seine mobile Internetverbindung via WLAN zur Verfügung stellen kann. Falls eingerichtet, erscheint darunter noch ein Eintrag für VPN-Verbindungen.

Nichts verpassen

Im dritten Bereich steht der Austausch zwischen dir und iOS im Mittelpunkt. Hier konfigurierst du Mitteilungen von System und Apps, die dich über aktuelle Ereignisse informieren. Neu ist der Eintrag für die Funktion „Fokus", die „Nicht stören" um Konfigurationen für unterschiedliche Situationen erweitert, um Mitteilungen nach Bedarf zu unterdrücken. In „Töne & Haptik" findest du die Auswahl der Klingel- und Signaltöne einschließlich Vibrationsalarme. Es folgt noch die Funktion „Bildschirmzeit". Sie erlaubt die Analyse und Beschränkung von Nutzung deiner Geräte und Apps oder der von Familienmitgliedern.

Die Basiseinstellungen

Es folgt ein Sammelbecken für die grundlegenden Einstellungen zum Verhalten des Systems. Hier lohnt es sich vor allem, unter „Allgemein" einmal alles durchzublättern, um sich mit den Möglichkeiten des Systems vertraut zu machen und dessen Verhalten an die eigenen Bedürfnisse anzupassen. Auch die Konfiguration des Kontrollzentrums ist hier zu finden.

Es folgen die Einstellungen für die Darstellung der Oberfläche, wie das dunkle Erscheinungsbild, Anzeigezoom oder Hintergrundbilder. Dazu passt auch der Eintrag „Home-Bildschirm" mit Einstellungen zur App-Mediathek.

Ebenfalls hier zu finden sind die Bedienungshilfen, die übrigens eine wahre Fundgrube für nützliche Extras sind, Siri- und Spotlight-Einstellungen sowie „Notruf SOS", um über die Einschalttaste des iPhone einen Notruf zu starten.

Unter „Batterie" kannst du den Stromverbrauch kontrollieren und den Stromsparmodus einschalten. In „Begegnungsmitteilungen" kontrollierst du die automatische Kontaktkontrolle und Mitteilungen der Corona-Warn-App.

In „Face ID & Code" (oder „Touch ID & Code" auf Geräten mit Fingerabdrucksensor) und „Datenschutz" sind viele sicherheitsrelevante Einstellungen, die du unbedingt ansehen solltest.

Einkaufen und bezahlen

In „App Store" findest du Einstellungen zum automatischen Laden und Aktualisieren von Apps sowie die Vorgaben, wann iOS dafür das Mobilfunknetz nutzen darf. Letztere sind auch in den Einstellungen der Medien-Apps. In „Wallet & Apple Pay" verwaltest du die Zahlungsmittel für Apple Pay und kontaktloses Bezahlen.

iOS-Apps konfigurieren

An sechster Stelle folgt die größte Gruppe für die zu iOS gehörenden Apps wie Nachrichten, Safari, Telefon oder FaceTime. Auf viele der verfügbaren Optionen gehen wir bei der Vorstellung der Apps später noch ein. In iOS 15 ist hier ein Eintrag für Wetter hinzugekommen.

Über den Eintrag „Passwörter" sind die gespeicherten App- und Website-Passwörter zu finden. Hier konfigurierst du auch das automatische Ausfüllen oder findest kompromittierte Passwörter. Die Account-Verwaltung für Mail, Kalender und andere ist bei den Apps zu finden.

Medien aller Art

Im nächsten Block dreht sich alles um die auf dem Gerät gespeicherten Medien und die zugehörigen Apps. Hier kannst du Vorgaben zur Nutzung von Musik, Videos, Fotos oder Büchern vornehmen. Auch die Einstellungen für Kamera, Podcasts, Game Center und die Bildungsangebote von iTunes U sind hier zu finden.

Es schließt sich mit „TV-Anbieter" noch ein neuer separater Bereich für Internet-TV an.

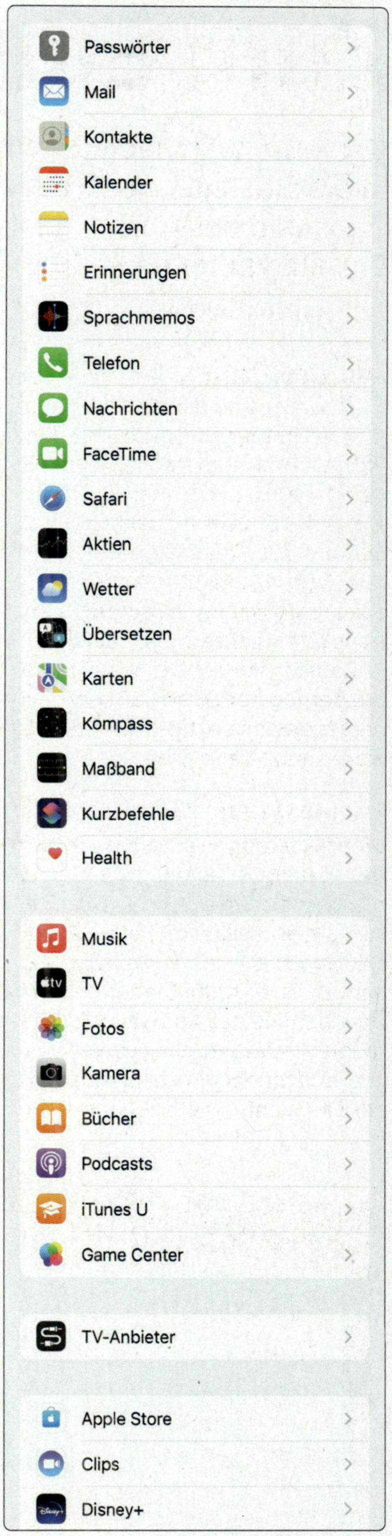

Unsere kleine Montage zeigt alle Einstellungen auf einen Blick: von Apple-ID und Flugmodus (oben links) bis zu den Apps aus dem Store am Ende der Liste (unten rechts).

Weitere Apps

Das Ende der Liste bilden die Einstellungen für aus dem App Store geladene Apps. Dieser Bereich wächst bei den meisten Nutzer:innen im Laufe der Zeit zur größten Gruppe an. Da die Fremd-Apps ihre Einstellungen auch selbst verwalten können, lohnt es sich immer, in der App, aber auch hier in den Einstellungen zu suchen, wenn du eine bestimmte Option nicht auf Anhieb findest.

Beschränkung aufs Wichtige

System und Apps halten dich mit ihren Mitteilungen auf dem Laufenden, doch zu viele davon nerven nur. Bestimme selbst, welche du sehen möchtest.

TEXT: **MATTHIAS ZEHDEN**

Mitteilungen sind sozusagen die interne Post des iPhone für aktuelle Ereignisse. Mit ihnen erinnern dich System und Apps zum Beispiel an Termine, weisen dich auf neue Nachrichten oder Anrufe hin, kündigen Updates an und vieles mehr. Die kleinen Mitteilungen sind eigentlich eine tolle Sache, aber sie können auch ganz schön nerven, wenn es zu viele werden oder sie zur Unzeit bei dir ankommen. Es gibt auch sehr mitteilsame Apps, deren Beiträge eigentlich nur ablenken.

Damit du dich auf das konzentrieren kannst, was wichtig ist, solltest du die Funktion unbedingt konfigurieren. Dabei hilft jetzt auch die neue Fokus-Funktion von iOS 15. Sie erweitert das bisherige Konzept zur Unterdrückung von Mitteilungen durch „Nicht stören" um eigene Konfigurationen, die sich dann, abhängig von der aktuellen Situation, manuell oder automatisch aktivieren lassen. In Verbindung mit den Einstellungen für Mitteilungen, in denen du genau festlegen kannst, welche App dir welche Art von Mitteilungen schicken darf, kannst du den Strom der kleinen Nachrichten sehr gut in die richtigen Bahnen lenken.

Ablenkung reduzieren

Fokus erlaubt dir konzentriertes Arbeiten, indem es unerwünschte Ablenkungen vermeidet. Statt Mitteilungen pauschal zu unterdrücken, erlaubt Fokus das Anlegen von Einstellungssets für verschiedene Situationen, zum Beispiel Essen, Arbeiten oder Spielen. Natürlich kannst du auch eigene Fokusse definieren. Dazu kannst du Mitteilungen nicht einfach nur unterdrücken, sondern verschiedene Ausnahmen festlegen. Das können Personen sein, die dich trotzdem erreichen sollen, oder Apps, die weiterhin Mitteilungen senden dürfen. In der Hinsicht ist iOS 15 mit Fokus deutlich flexibler geworden.

Mitteilungen von Kontakten tragen in der Mitteilungszentrale nun deren Profilbild. Das kleine Icon oben zeigt einen aktiven Fokus an.

Workshop: So aktivierst du einen Fokus mithilfe des Kontrollzentrums

1 Der schnellste Weg, einen Fokus an- oder auszuschalten, führt über das Kontrollzentrum. Hier tippst du aufs gleichnamige Feld. Ist bereits ein Fokus aktiv, ist das Feld weiß und trägt den Namen des Fokus.

2 Als nächstes zeigt das Kontrollzentrum deine Fokusse. Tippe auf einen Eintrag, um ihn an- oder auszuschalten. Tippe unterhalb der Liste auf die Plustaste, um einen neuen Fokus anzulegen.

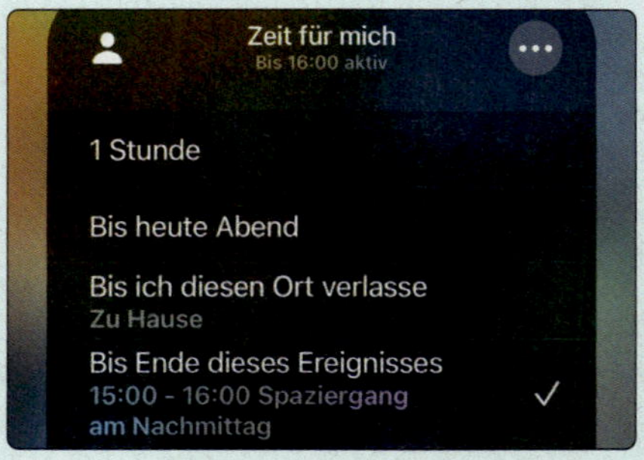

3 Wenn du auf die drei Punkte auf der rechten Seite tippst, lässt sich der Fokus zeitlich befristet aktivieren oder bis zum Ende eines laufenden Termins oder dem Verlassen des aktuellen Ortes.

Als Zweites kannst du Fokusse nicht nur manuell aktivieren, sondern auch automatisch. Dafür stehen drei Arten von Kriterien zur Verfügung. Du kannst das iPhone einen Fokus in Abhängigkeit von der Uhrzeit, deinem Ort oder der gerade benutzten App aktivieren lassen. Optional lässt sich der aktuelle Fokusstatus auch anderen mitteilen, wenn sie dir eine Nachricht schicken.

Die alten Funktionen „Nicht stören“ oder die zugehörigen Einstellungen zum Schlafen oder Autofahren sind jetzt als Konfigurationen in Fokus integriert.

Mitteilungen anpassen

Kommen wir nun zu den Mitteilungen selbst. Öffne in den Einstellungen den Bereich Mitteilungen, um das allgemeine Verhalten der Funktion festzulegen und gleichzeitig für jede App einzeln die Art der ihr erlaubten Mitteilungen zu wählen.

Zu den allgemeinen Optionen gehört die neue „Geplante Übersicht“, die aufgelaufene Mitteilungen zu einem wählbaren Zeitpunkt gesammelt zustellt. Außerdem kannst du festlegen, ob die Mitteilungen eine Vorschau des Inhalts zeigen sollen. Das ist wichtig für den Fall, dass du Mitteilungen auf dem Sperrbildschirm erlaubst, weil dadurch eventuell jemand auf dem Sperrbildschirm etwas sieht, was er nicht soll. Um dich davor zu schützen, kannst du die Vorschau ganz abschalten oder nur bei entsperrtem Gerät zulassen. Unter „Siri-Vorschläge“ bestimmst du schließlich, welche Apps auf dem Sperrbildschirm Kurzbefehle anbieten dürfen.

> Mit Fokus legst du detailliert fest, welche Mitteilungen dich erreichen – flexibel an diverse Situationen angepasst und auf Wunsch sogar automatisiert.

Es folgt eine Liste deiner Apps. Zu jeder gibt es oben in ihren Einstellungen einen Hauptschalter für Mitteilungen. Damit solltest du für weniger wichtige Apps, bei denen du selbst ab und zu nach Neuigkeiten schaust, die Mitteilungen auszuschalten. Das erhöht die Aufmerksamkeit für die wirklich wichtigen Mitteilungen. Außerdem kannst du in iOS 15 die Mitteilungen der App für „dringlich“ erklären. Dringliche Apps lassen sich in den Fokuseinstellungen als Gruppe erlauben.

Workshop: So legst du einen Fokus an und nutzt die automatische Aktivierung

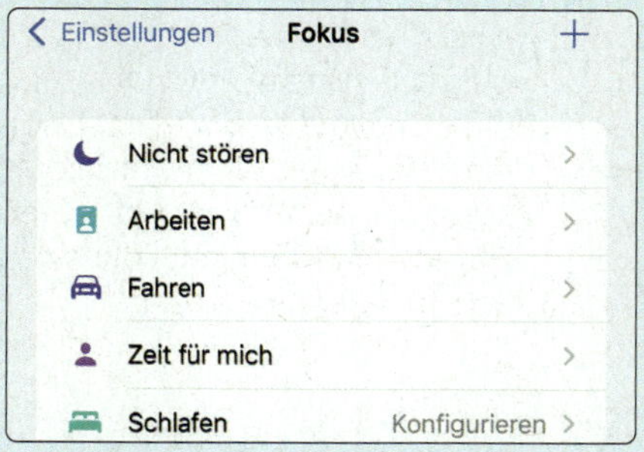

1 Zur Konfiguration eines Fokus öffnest du den gleichnamigen Bereich in den Einstellungen. Wähle einen Fokus oder tippe oben auf „+“ für einen neuen.

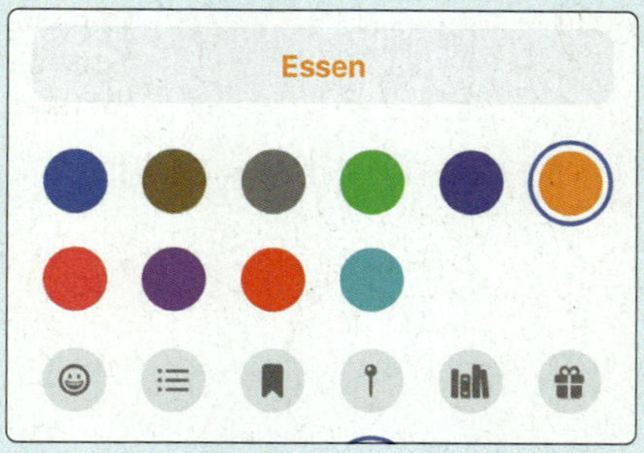

2 Wähle einen der Vorschläge von Apple oder „Eigene“. Ein Assistent fragt die weiteren Einstellungen ab. Bei „Eigene“ beginnt er mit Name, Farbe und Symbol.

3 In den nächsten Schritten legst du Personen, die dich erreichen dürfen, und Apps, die Mitteilungen schicken dürfen, fest. Du kannst auch „dringliche“ Apps erlauben.

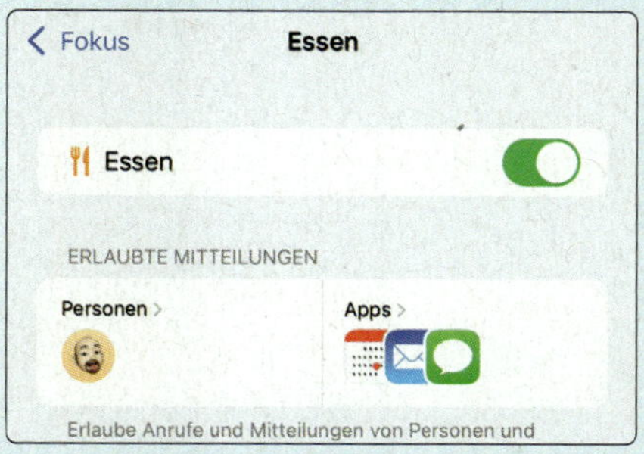

4 Bist du fertig, siehst du die Übersicht, die auch erscheint, wenn du in den Einstellungen auf einen Fokus tippst. Du siehst alle Vorgaben und kannst sie ändern. Oben lässt sich der Fokus (de)aktivieren.

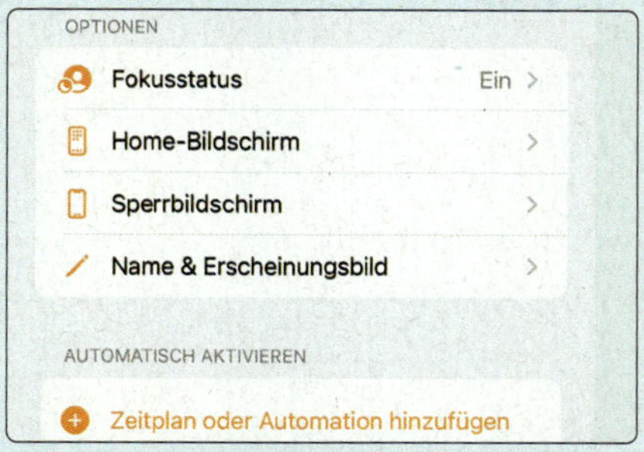

5 Tippe in der Übersicht auf „Home-Bildschirm“, um einzelne Seiten des Springboards auswählen, die bei aktivem Fokus zu sehen sein sollen. Du kannst auch den Sperrbildschirm dunkel stellen.

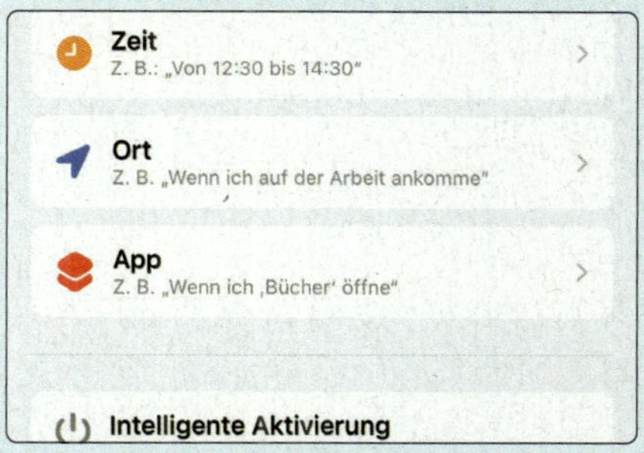

6 Wähle in der Übersicht „Zeitplan oder Automation hinzufügen“, um den Fokus später automatisch zu aktivieren. Dabei kannst du einen Zeitraum, Orte und aktive Apps als Auslöser wählen.

Es folgen die verfügbaren Mitteilungsarten, die sich je nach App etwas unterscheiden. Während Hinweistöne schnell lästig werden, hat sich das Kennzeichen am App-Symbol – das sind die runden Marker mit der Zahl der Mitteilungen – als dezente Information sehr bewährt.

Die informativeren „Hinweise“ können die bereits erwähnte Vorschau des Inhalts enthalten. Du bestimmst hier, ob sie auf dem Sperrbildschirm, im Mitteilungsverlauf oder als Banner in der gerade aktiven App erscheinen. Letztere bieten die Auswahl zwischen „Temporär“ und „Dauerhaft“. Die ersten verschwinden nach kurzer Zeit wieder, die zweiten warten auf eine Bestätigung. Wegen der so erzwungenen Interaktivität solltest du sie sehr sparsam verwenden.

Einige Apps, wie Kalender oder Fotos, kennen spezielle Ereignisse, über die sie dich informieren können. Nachrichten kann die Mitteilung wiederholen, falls du sie nicht bestätigst oder die App öffnest. Außerdem kannst du noch für jede App wählen, ob die Anzeige der Vorschau erlaubt ist. Diese Wahl überstimmt die allgemeine Einstellung.

Gesammelte Mitteilungen

Wischst du auf dem Sperrbildschirm von der Mitte nach oben oder bei entsperrtem iPhone vom oberen Rand nach unten, erscheint die Mitteilungszentrale.

> iOS und Apps informieren dich mit Mitteilungen über Neuigkeiten. Damit das wirklich hilft, statt zu stören, solltest du unwichtige Mitteilungen abschalten.

Tippe auf eine Mitteilung, um die Information in der zugehörigen App zu öffnen. Wischst du nach links über die Mitteilung, kannst du den Eintrag entfernen oder mit „Optionen“ Einstellungen zu Mitteilungen an der App vornehmen. So kannst du schnell Mitteilungen deaktivieren, wenn es gerade nicht passt, oder die App „Dringlich“ machen. Tippst du auf eine Mitteilung und hältst den Finger auf dem Display, öffnet das iPhone eine Vorschau. Hast du es in den Sicherheitseinstellungen erlaubt, kannst du auch direkt auf die Mitteilung reagieren.

Außerdem lassen sich die Hinweise gruppieren. Das macht die Liste der Mitteilungszentrale deutlich übersichtlicher.

Workshop: So konfigurierst du die Mitteilungen individuell für alle Apps

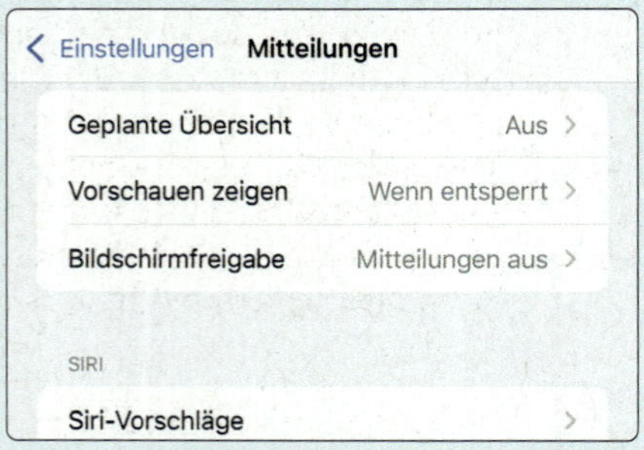

1 In den Mitteilungseinstellungen wählst du oben in „Vorschauen zeigen“, wann Mitteilungen gleich den Inhalt oder nur den Namen der App enthalten sollen.

2 Blättere weiter nach unten. Es folgt eine Liste deiner Apps. Unter dem Namen jeder App steht hier, welche Mitteilungsarten für sie momentan aktiv sind.

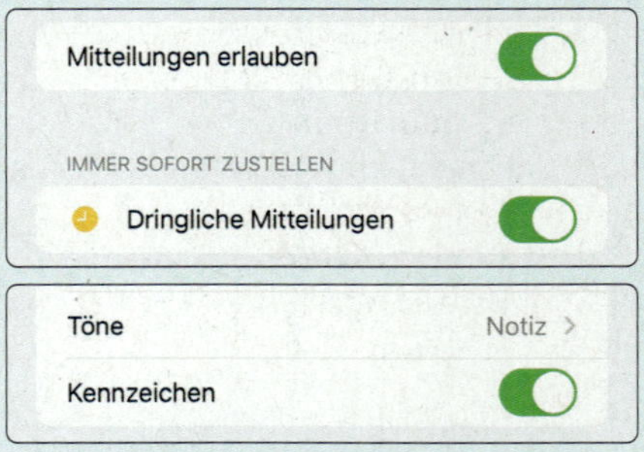

3 Tippe auf eine App, um deren Mitteilungen an- und auszuschalten. Du kannst Kennzeichen und den Signalton, bei einigen Apps sogar unterschiedliche, aktivieren.

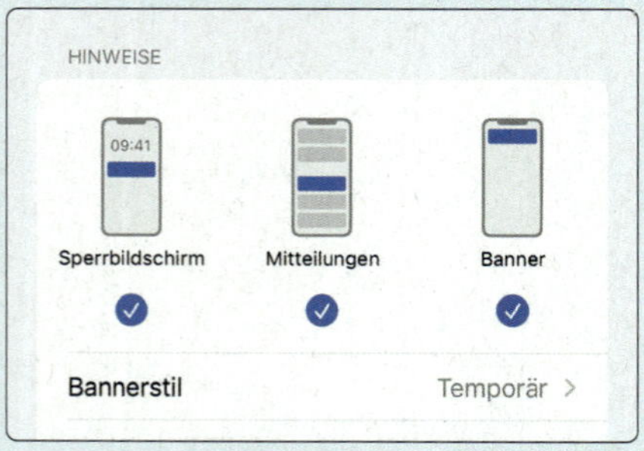

4 Hinweise können auf dem Sperrbildschirm und in der Mitteilungszentrale erscheinen. Für den Bannerstil kannst du zwischen „Temporär“ und „Dauerhaft“ (wartet auf Bestätigung) wählen.

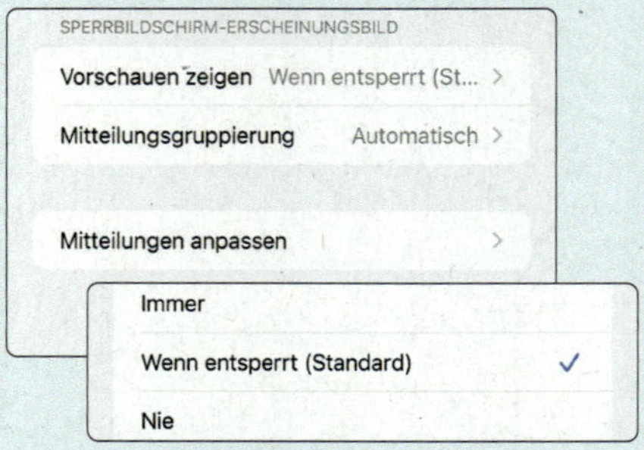

5 Ganz unten lassen sich für jede App die Anzeige der Vorschau in Hinweisen anpassen (überschreibt Standardeinstellung in Schritt 1) und die Gruppierung in der Mitteilungszentrale aktivieren.

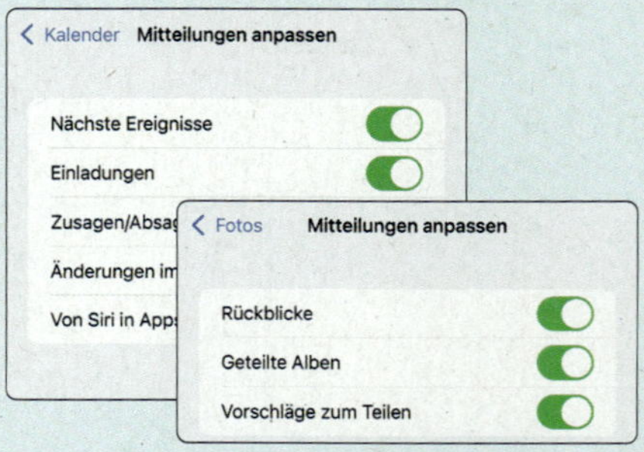

6 Einige Apps, im Bild Kalender und Fotos, erlauben Mitteilungen zu speziellen Ereignissen, die sich unter „Mitteilungen anpassen“ jeweils konfigurieren oder an- und ausschalten lassen.

Schneller Zugriff

Im Kontrollzentrum sind viele häufig gebrauchte Einstellungen und Funktionen griffbereit. Wir zeigen, was es kann und wie du es deinen Zwecken anpasst.

TEXT: **MATTHIAS ZEHDEN**

Musst du mal schnell einen Fokus aktivieren oder das WLAN wechseln, ist das Kontrollzentrum der schnellste Weg. Es bietet viele oft benötigte Systemeinstellungen und -funktionen an einem zentralen Ort, wodurch du dir den Weg in die verschiedenen Einstellungsbereiche oder Apps sparst. Den Inhalt des Kontrollzentrums kannst du sogar in gewissen Grenzen anpassen.

Das Kontrollzentrum ist schnell zur Hand. Bei älteren iPhones mit Home-Button rufst du es durch Wischen vom unteren Rand nach oben auf. Bei iPhones mit Face ID und iPads öffnest du es durch Wischen von der oberen rechten Ecke nach unten. Das funktioniert nicht nur auf dem Home-Screen, sondern auch in jeder App. Da das in einigen Apps leicht aus Versehen passiert, kannst du den Zugriff in Apps abschalten.

Der obere Bereich des Kontrollzentrums enthält fest vorgegebene Funktionen. Hier findest du die Netzwerkeinstellungen, den Mediaplayer, die Ausrichtungssperre, Bildschirm synchronisieren, die Fokus-Funktion, Helligkeit und Lautstärke. Zum Teil befördern tippen und halten weitere Optionen zutage. So erscheinen zum Beispiel im Netzwerkfeld „AirDrop“ und „Persönlicher Hotspot“. Drückst du auf das WLAN-Symbol, kannst du gleich vom Kontrollzentrum aus ein anderes Netz wählen oder die WLAN-Einstellungen öffnen. Bei „Helligkeit“ vergrößert iOS auf Druck den Schieberegler und blendet Knöpfe für „Dunkelmodus“, „Night Shift“ und „True Tone“ ein.

Den unteren Teil des Fensters kannst du über die Einstellungen konfigurieren. Standardmäßig bietet iOS hier den Zugriff auf Taschenlampe, Timer, Rechner, Kamera und, falls aktiv, HomeKit an. Auch bei diesen macht langes Drücken Optionen zugänglich, zum Beispiel die Helligkeit der Taschenlampe, den Aufnahmemodus der Kamera oder die Favoriten von HomeKit. iOS bietet insgesamt 22 Steuerelemente an – unter anderem Bildschirmaufnahme, Lupe, QR-Code-Scanner, Stromsparmodus und Textgröße.

Das Kontrollzentrum bietet Zugriff auf viele wichtige Funktionen. Die im unteren Teil kannst du selbst zusammenstellen.

Neu in iOS 15

Mit 22 statt 24 Steuerelementen bietet iOS 15 scheinbar weniger Auswahl. Tatsächlich sind die fehlenden Knöpfe für Fahren und Schlafen aber Teil von Fokus geworden.

Workshop: So passt du die Auswahl der Funktionen im Kontrollzentrum an

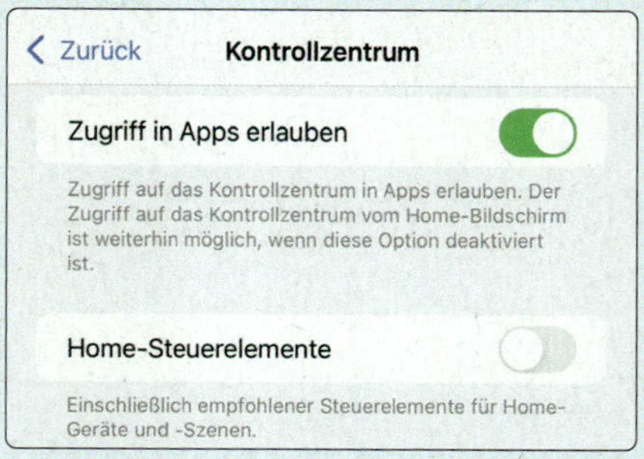

1 Welche Funktionen iOS im unteren Teil des Kontrollzentrums anbietet, kannst du selbst im Einstellungsbereich „Kontrollzentrum“ wählen. Hier kannst du auch den Zugriff von anderen Apps aus blockieren.

2 Weiter unten siehst du die 22 Steuerelemente: Zum Ausblenden einer aktiven Option tippst du auf das rote Minuszeichen. Tippe weiter unten auf ein grünes Plus, um ein Element zu aktivieren.

3 Am Listensymbol am rechten Rand der Zeile kannst du die aktiven Steuerelemente in der Liste verschieben. Auf diese Weise änderst du ihre Reihenfolge im Kontrollzentrum.

Mach es so, wie's dir gefällt

Die Oberfläche von iOS 15 bietet viele Möglichkeiten für individuelle Anpassungen. Das betrifft einerseits die Optik, doch auch die Lesbarkeit lässt sich verbessern.

TEXT: **MATTHIAS ZEHDEN**

Aktiver Anzeigezoom und eine fette, etwas größere Schrift für bessere Lesbarkeit, dazu ein eigenes Foto als Hintergrund – fertig ist die individuelle Oberfläche für dein iPhone.

Es gibt viele Möglichkeiten, das Aussehen von iOS 15 an die eigenen Anforderungen anzupassen. Dazu gehören einerseits kosmetische Änderungen, wie der Wechsel des Hintergrundbildes, aber auch praktische Anpassungen, die die Lesbarkeit verbessern. Mit dem Dunkelmodus bietet iOS eine Option, die sich vor allem für Umgebungen mit wenig Licht eignet, aber auch nicht allen gefällt.

Hintergründe auswechseln

Öffne den Einstellungsbereich „Hintergrundbild", um ein neues Bild für Home- und Sperrbildschirm auszuwählen – auf Wunsch auch unterschiedliche Bilder, schließlich eignet sich nicht jedes Motiv gleich gut für beide Zwecke. Apple liefert bereits Bilder, einfarbige und animierte Hintergründe sowie bei einigen Modellen auch noch Live Photos mit, die zum Leben erwachen, wenn du lange auf den Sperrbildschirm tippst. Natürlich kannst du auch Bilder aus deiner eigenen Fotomediathek als Hintergrund nutzen.

Der dunkle iOS-Modus sieht cool aus und ist beim automatischen Wechsel mit der Tageszeit sehr angenehm für die Augen.

Darstellung optimieren

Die wichtigsten Einstellungen zur Anpassung der Optik sind unter „Anzeige & Helligkeit" zusammengefasst. Hier findest du als Erstes die Wahl zwischen hellem und dunklem Modus. Zu Letzterem empfehlen wir die Option für den automa-

Workshop: Hintergrundbild ändern und dunkles Erscheinungsbild aktivieren

1 Öffne in den Einstellungen „Hintergrundbild > Neuen Hintergrund wählen". iOS kennt die Modi „Dynamisch" (animiert), „Einzelbild" und „Live". Darunter folgt deine Fotosammlung zur Auswahl.

2 Ein eigenes Foto lässt sich zoomen und verschieben. Hintergründe, die den Modus-Wechsel unterstützen, erkennst du am Icon unten rechts. Sichere das neue Bild für Home- und/oder Sperrbildschirm.

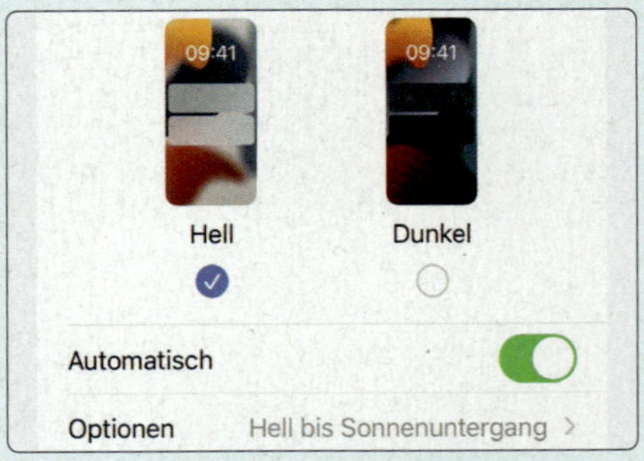

3 Willst du den dunklen Modus nutzen, schalte ihn in „Anzeige & Helligkeit" ein. Dazu wählst du am besten die automatische Änderung mit der Tageszeit und einen der kompatiblen Hintergründe.

tischen Wechsel. So ist der Bildschirm tagsüber hell und wird abends dunkel. Viele Standardhintergründe von iOS 15 passen sich entsprechend an. Unter dem Moduswechsel findest du einen Regler für die Helligkeit. iOS misst standardmäßig die Umgebungshelligkeit und passt die Displaybeleuchtung an. Auf neueren Geräten kannst du mit „Night Shift" abends automatisch den Blauanteil reduzieren, was unter anderem Einschlafstörungen verhindern soll. Ab iPhone 8/X und iPad Pro/Air 3 solltest du außerdem über „True Tone" das Farbspektrum des Bildschirms an das Umgebungslicht anpassen. Das kostet zwar etwas Strom, bewirkt aber eine natürlichere Farbdarstellung, ähnlich wie auf Papier.

Lesbarkeit verbessern

iOS und viele Apps verwenden ziemlich kleine Schriften, was nerven kann, wenn du nicht mit perfekter Sehkraft gesegnet bist. Mit der eingebauten Schriftskalierung lassen sich Texte vergrößern. Das funktioniert nur an Stellen, an denen die Entwickler:innen eine dynamische Anpassung der Größe zulassen, was inzwischen jedoch sehr oft der Fall ist. Bei großen Schriften zerstört es aus Platzgründen trotzdem das Layout. Oft erzielst du mit den ersten Vergrößerungsstufen eine deutliche Verbesserung.

Eine gute Alternative ist der Einsatz fetter Schrift, da sie besser lesbar ist, ohne viel mehr Platz zu brauchen. Die Methode wirkt praktisch überall, da iOS hierfür den Systemfont wechselt. Es profitieren daher auch Texte, die nicht dynamisch skalierbar sind.

Statt den Text zu vergrößern, kannst du mit der Funktion „Anzeigezoom" auch den kompletten Bildschirminhalt skalieren. Das iPhone zeigt durch eine virtuelle Reduzierung der Auflösung in etwa den Bildschirminhalt des nächstkleineren Modells an. Ein iPhone 8/SE 2 zeigt näherungsweise das Bild eines iPhone SE der ersten Generation, ein Max-Modell den Inhalt des normalen iPhone. Die dadurch erreichte Vergrößerung liegt bei ungefähr 20 Prozent.

Mehr Optionen

Weitere Anpassungen der Darstellung gibt es im Einstellungsbereich der Bedienungshilfen. Hier findest du neben Textvergrößerung und Zoom auch verschiedene Farbfilter zur Unterstützung bei Sehschwächen. Außerdem kannst du Transparenzen und Animationseffekte reduzieren. Die meisten Anpassungen sind neuerdings auch App-abhängig möglich.

Workshop: Lesbarkeit von Texten verbessern und Darstellung vergrößern

1 Die wichtigsten Darstellungsoptionen findest du unter „Anzeige & Helligkeit". Den Anfang machen „Helligkeit", „Night Shift" und auf neueren Geräten „True Tone".

2 Es folgen Schriftgröße und -fettung, um Texte von System und Apps besser lesbar zu machen. Der Schalter „Fetter Text" aktiviert einen fetten Systemfont.

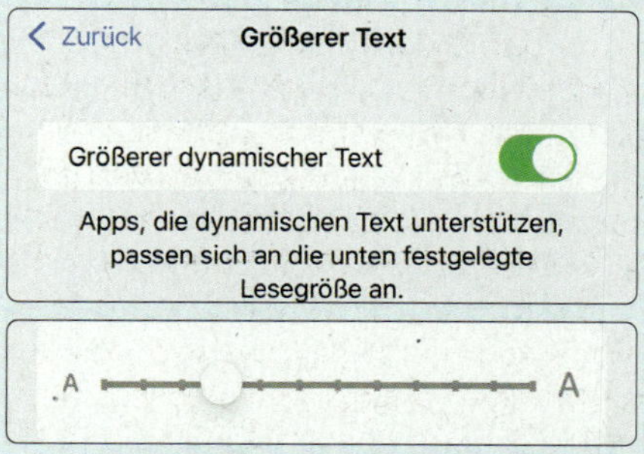

3 Die Funktion „Textgröße" bietet je drei Stufen größer und kleiner. In „Bedienungshilfen > Anzeige & Textgröße > Größerer Text" kannst du die Größe noch mal verdoppeln.

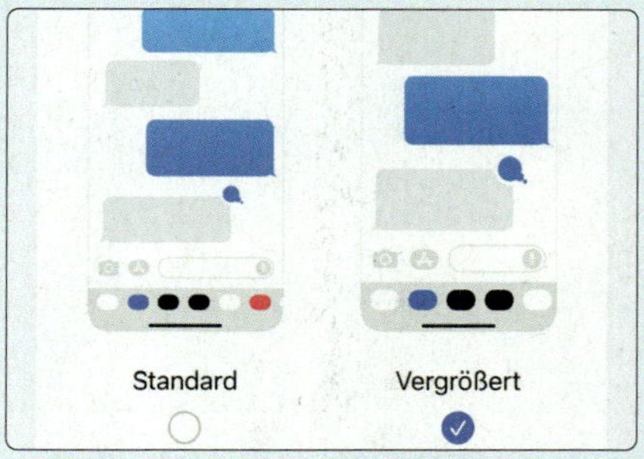

4 Den Anzeigezoom, der eine geringere Auflösung simuliert, findest du in „Anzeige & Helligkeit". Wechsle auf „Vergrößert" und aktiviere den Zoom mit „Einstellen".

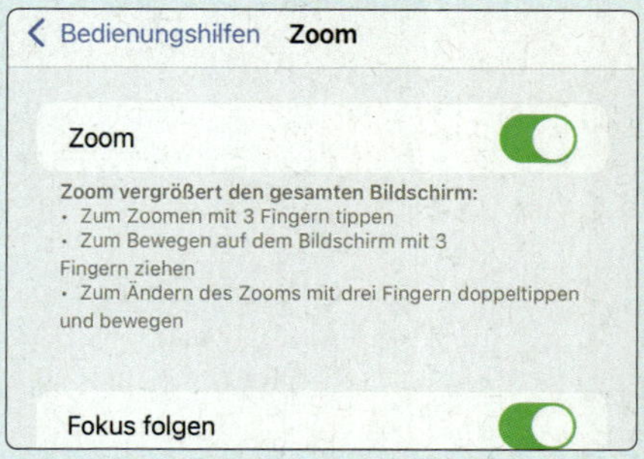

5 Eine stärkere Zoomfunktion bis Faktor 15 findest du in „Bedienungshilfen > Zoom". Unter „Zoombereich" wählst du hier zwischen Zoom im Vollbild oder Fenster.

6 Der Zoom im Fenster funktioniert wie eine Lupe. Wenn du mit drei Fingern doppelt tippst und hältst, kannst du durch Ziehen den Zoomfaktor ändern.

Mehr Widgets zur Auswahl

iOS 15 bringt einige neue Widgets mit. Wir zeigen, wie du die praktischen kleinen Helfer in der Heute-Ansicht und auf dem Home-Bildschirm verwendest.

TEXT: **MATTHIAS ZEHDEN**

In iOS können Apps und Widgets zusammen auf dem Home-Screen liegen. Dabei kannst du Widgets auch auf einem der hinteren Bildschirme platzieren.

Die verbesserten Widgets und die Möglichkeit, sie direkt auf dem Springboard zwischen die Apps ziehen zu können, gehörte zu den Highlights von iOS 14. Jetzt legt Apple noch einmal nach. Es gibt mehr Auswahl durch neue Widgets für Mail, Wo ist? und andere Apps. Außerdem platziert Apple nun standardmäßig bereits auf dem Startbildschirm intelligente Stapel mit Widgets deiner meistbenutzten Apps. Mit Widgets hast du viele nützliche Information jederzeit schnell verfügbar.

Kurzer Überblick

Die Widgets stammen ursprünglich aus der Heute-Ansicht, die du durch Wischen vom linken Rand zur Mitte einblendest. Das funktioniert direkt auf dem Sperrbildschirm oder auf dem Home-Screen, also dem ersten Bildschirm des Springboards. Es gibt sie in drei festen Größen: von einem kleinen Quadrat, von dem zwei nebeneinander in die Heute-Ansicht passen, über eine mittlere Größe mit voller Breite bis hin zu einer großen Ausführung, die zusätzlich die doppelte Höhe hat, um noch mehr Informationen unterzubringen. Vom News-Widget gibt es sogar eine Version in üppiger dreifacher Höhe.

iOS 15 bringt viele nützliche neue Widgets mit und erzeugt außerdem Stapel mit Widgets der meistbenutzten Apps auf dem Startscreen.

Die Kacheln der einzelnen Widgets lassen sich in der Übersicht verschieben, wodurch deren Layout sehr flexibel ist. Du kannst viele Widgets

Workshop: So platzierst du wichtige Widgets auf dem Home-Screen

1 Öffne die Heute-Ansicht. Drücke und halte ein Widget, und ziehe es an den rechten Bildschirmrand, damit iOS zum Home-Screen wechselt. Lässt du los, liegt das Widget auf dem Home-Bildschirm.

2 Du kannst das Widget später wie eine App verschieben, auch auf nachfolgende Bildschirme. Du kannst es auch wieder zurück in die Heute-Ansicht ziehen oder es durch Tippen auf das „-" löschen.

3 Ziehe Widgets aufeinander, um einen Stapel zu erzeugen. Tippe auf einen Stapel, um die Reihenfolge der Widgets zu ändern oder die intelligente Auswahl zu aktivieren.

auch mehrfach und in unterschiedlichen Größen platzieren, zum Beispiel für das aktuelle Wetter an mehreren Orten.

Neu in iOS 15 sind Widgets für App Store, Game Center, Kontakte, Mail, Schlaf und Wo ist.

Widgets statt App

Der eigentliche Clou ist aber die Möglichkeit, die Widgets auch direkt auf der Oberfläche des iPhone platzieren zu können, also zwischen den Icons der Apps. So kannst du die aktuellen Informationen im Widget jederzeit im Blick behalten, ohne dafür erst die Heute-Ansicht oder die jeweiligen Apps öffnen zu müssen. Du solltest allerdings gut überlegen, für welche Widgets du den begrenzten Platz opfern möchtest. Die zugehörige App kann problemlos in einem Ordner verschwinden, da sie sich auch durch Antippen des Widgets öffnen lässt. Mit iPadOS 15 funktioniert die freie Platzierung auf dem Bildschirm nun endlich auch auf dem iPad. So lässt sich dessen Bildschirmgröße effektiver für mehr ständig verfügbare Informationen nutzen.

Offen für andere

iOS und iPadOS bringen nicht nur viele eigene Widgets mit, sondern erlauben auch Fremdanbietern den Zugang zur Heute-Ansicht. So können App-Entwickler:innen ebenfalls Widgets mitliefern, was die Heute-Ansicht noch vielseitiger macht.

Gestapelte Widgets

Mit dem Smart-Stapel gibt es außerdem noch eine Art intelligenten Ordner für Widgets. Er enthält mehrere Widgets in einer Kachel und lernt aus deinem Verhalten, welche Widgets beziehungsweise zugrunde liegende Apps du häufig und zu welcher Tageszeit aufrufst. Darauf basierend zeigt iOS dann das gerade am besten passende Widget des Stapels an. Bei Bedarf kannst du den Stapel auch manuell sortieren und die Widgets durch Wischen durchblättern. Die Stapel sparen viel Platz auf dem Springboard.

Nach dem Update auf iOS 15 findest du zwei Smart-Stapel auf dem Springboard. Außerdem kann iOS, basierend auf deinen Gewohnheiten, Vorschläge zum Hinzufügen von Apps machen.

Workshop: So passt du die Heute-Ansicht von iOS 15 individuell an

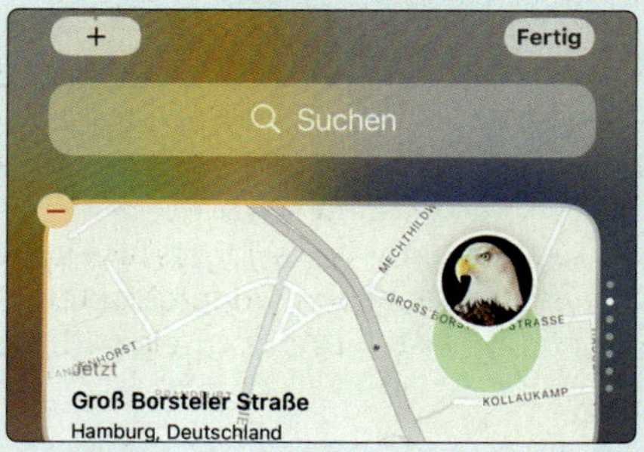

1 Zum Anpassen öffnest du die Heute-Ansicht. Tippe lange auf den Hintergrund, um die Bearbeitung zu aktivieren. Alternativ kannst du auch nach ganz unten blättern und auf „Bearbeiten" tippen.

2 Tippe oben links auf die Plustaste, um ein neues Widget auszuwählen. Jetzt schlägt iOS dir Widgets zu oft benutzten Apps vor. Darunter folgt eine Liste aller installierten Apps, die Widgets besitzen.

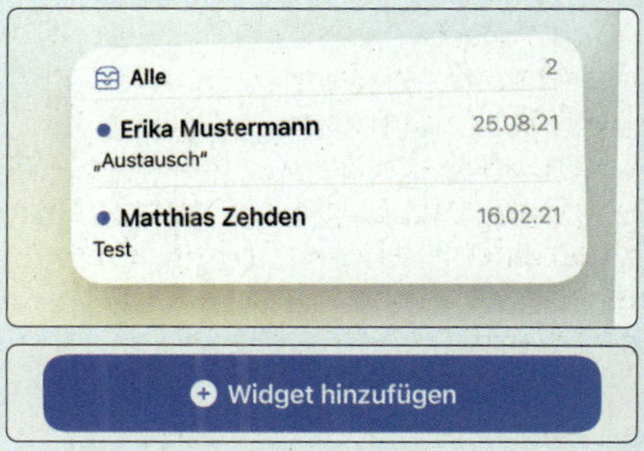

3 Hast du ein Widget ausgewählt, zeigt iOS dir die verfügbaren Größen. Wische seitlich, um diese zu wechseln. Tippe anschließend unten auf „Widget hinzufügen", um es zu aktivieren.

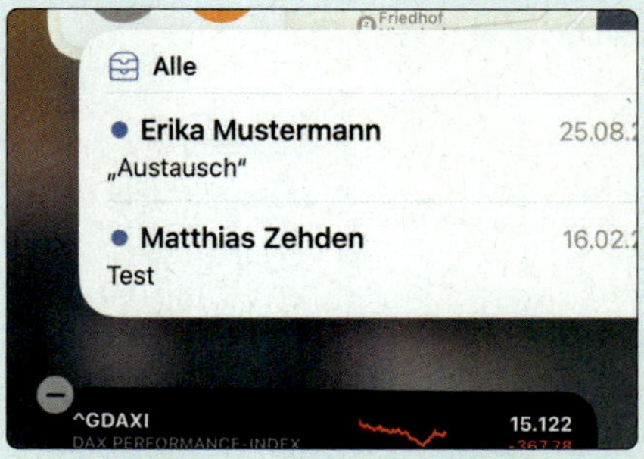

4 Neue Widgets landen auf dem ersten freien Platz oder am Ende der Übersicht. Solange die Bearbeitung aktiv ist, tippe und halte ein Widget, um es auf dem Bildschirm zu verschieben.

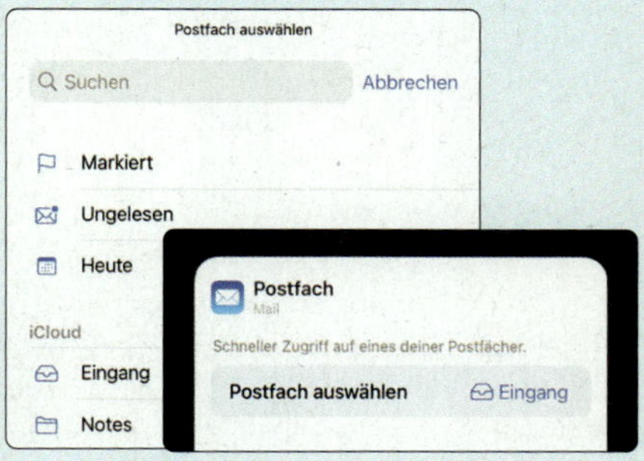

5 Einige Widgets lassen sich konfigurieren. Du kannst zum Beispiel ein Mail-Postfach oder einen Ort für das Wetter auswählen. Halte das Widget gedrückt, und wähle im Menü „Widget bearbeiten".

6 Das Kontextmenü eines Widgets bietet auch einen Befehl zum Entfernen an. Alternativ kannst du im Bearbeitungsmodus auf die Minustaste am Widget tippen, um es aus der Übersicht zu löschen.

Keine Chance für Datendiebe

Das iPhone bietet viele Funktionen zum Sichern der Privatsphäre. So optimierst du die Einstellungen von iOS 15, um einen effektiven Schutz zu erreichen.

TEXT: **MATTHIAS ZEHDEN**

Auf die Themen Sicherheit und Schutz der Privatsphäre legt Apple traditionell viel Wert. Da auch die besten Schutzmechanismen links liegen bleiben, wenn sie umständlich anzuwenden sind, investiert Apple in Technologien, die sie bequem nutzbar machen. Face ID und Touch ID, Apple Pay, Ende-zu-Ende-Verschlüsselung von Nachrichten oder in HomeKit sind perfekt ins System integriert und automatisch aktiv oder so einfach bedienbar, dass Anwender:innen sie wirklich verwenden. Denn nur dann können sie die Geräte und deren Daten tatsächlich schützen.

Gute Passwörter schützen

Alles steht und fällt mit den Passwörtern. Damit du dir keine langen Zeichenketten mit Groß- und Kleinschreibung, Zahlen und Sonderzeichen merken musst – und natürlich für jede Website eine eigene –, hat Apple den iCloud-Schlüsselbund erdacht. Hier speichert iOS alle Passwörter, kann sie jederzeit wieder abrufen und über iCloud zwischen deinen Geräten abgleichen. Für den Zugriff reicht das iCloud-Passwort, dem dadurch allerdings eine besondere Bedeutung zukommt.

Eine praktische Hilfe, im Alltag die Eingabe von Codes und Passwörtern zu vermeiden, sind der Gesichtscanner Face ID und Touch ID für Fin-

Zugriffsschutz

Face ID und Touch ID erleichtern die Anmeldung, trotzdem sollte zur Sicherheit mindestens ein sechsstelliger Code verwendet werden und die Zeitdauer zur Aktivierung sehr kurz sein. Mit dem Zugangsschutz aktiviert das iPhone auch die Verschlüsselung des internen Speichers.

Workshop: Datenschutzeinstellungen von iOS überprüfen und optimieren

1 Für den Datenschutz bietet iOS in den Einstellungen einen eigenen Bereich. Es gibt Einträge für Hardware, wie Ortung, Mikrofon, Kamera, aber auch für private Daten wie Fotos, Health, HomeKit.

2 Zu jedem Datenbereich siehst du, welchen Apps du beim ersten Start den Zugriff erlaubt hast. Du kannst sie auch stets erneut um Erlaubnis fragen lassen. Sieh die Liste durch, und korrigiere die Vorgaben.

3 In „Analyse" lehnst du das Senden von Daten ab. Safari bietet zusätzlich Einstellungen gegen Cross-Site-Tracking und Betrugswarnungen. Dazu kannst du in Safari einen Sicherheitsbericht aufrufen.

gerabdrücke. Das iPhone speichert die biometrischen Daten in einem geschützten Bereich der Hardware. Erkennt es Gesicht oder Fingerabdruck, gibt es den Zugriff frei. Das kannst du zum Entsperren nutzen, aber auch für Einkäufe oder zum Einfügen von Website-Passwörtern. Entwickler:innen können den Service in eigene Apps integrieren.

Zum Schutz der Privatsphäre verfügt das iPhone über umfangreiche Datenschutzeinstellungen. Darin legst du genau fest, welche App auf welche Daten oder sensible Hardware wie Kamera und Mikrofon zugreifen darf. Auch der Dienst „Anmelden mit Apple" schützt dich, da du keine Mailadresse für Registrierungen mehr an Dritte weitergeben musst. Als weitere Ergänzung bietet iCloud+ die verschlüsselte Datenübertragung beim Surfen und Alias-Mail-Adressen.

Mitdenken ist gefragt

Vernünftiges Verhalten trägt viel zur Sicherheit der Daten bei. Schließt Apple eine Schwachstelle mit einem Update, solltest du es auch zügig installieren. Ist die Lücke erst bekannt, steigt die Wahrscheinlichkeit, dass Schadsoftware sie ausnutzt, rapide an. iOS meldet dir neue Updates. Deren Installation kannst du in den Einstellungen für „Softwareupdate" automatisieren, wenn du dich nicht selbst darum kümmern willst.

Ein anderer Punkt ist ein vorsichtiger Umgang mit E-Mails und Nachrichten. Wenn jemand versucht, Zugangsdaten zu erfragen oder dich auf eine Website zu locken, solltest du immer misstrauisch sein. Ein guter Schutz ist es, nicht leichtfertig an Umfragen und Preisausschreiben teilzunehmen. Wenn du das doch mal machst, gib eine E-Mail-Adresse an, die du exklusiv für solche Zwecke nutzt. Erhältst du an diese später angeblich Post von der Bank oder einem Shop, weißt du sofort, dass etwas nicht stimmt. Schalte außerdem Verbindungen wie AirDrop, WLAN oder Bluetooth aus, wenn du sie nicht brauchst.

Gerät löschen

Ein wirklich schweres Geschütz, das nicht gerade ungefährlich ist, bietet iOS mit der Option „Daten löschen" unten in den Code-Einstellungen. Aktivierst du den Schalter, wird nach zehn Fehleingaben bei der Anmeldung das Gerät unwiderruflich gelöscht. Vorsicht, das ist ernst gemeint!

Workshop: Zugriff auf das Gerät und wichtige iOS-Funktionen steuern

1 Die meisten Sicherheitseinstellungen findest du in „Face/Touch ID & Code". Aktivierst du Face ID oder Touch ID, entfällt die Versuchung, andere Einstellungen zu lockern.

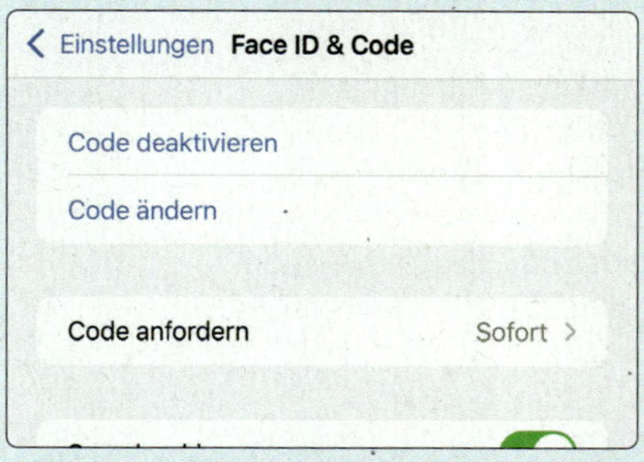

2 Wer noch einen PIN-Code mit vier Stellen nutzt, wählt „Code ändern". iOS fragt automatisch nach sechs Zahlen. „Optionen" erlaubt längere oder alphanumerische Codes.

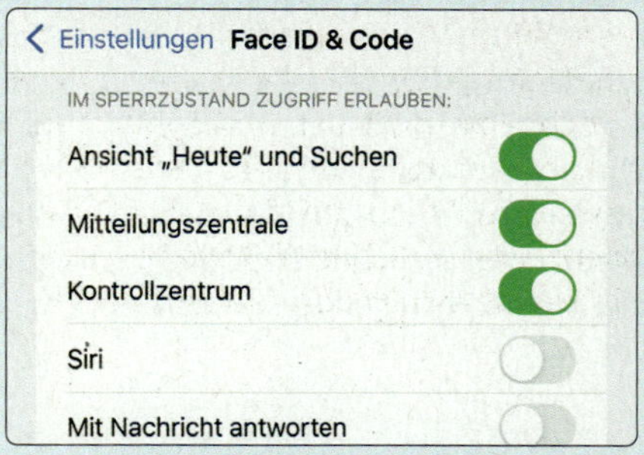

3 Ist Face ID oder Touch ID aktiv, stellt iOS die Code-Anforderung auf „sofort". Für mehr Privatsphäre lassen sich sensible Funktionen auf dem Sperrbildschirm abschalten.

4 Besonders wichtig ist „Mein iPhone suchen" in „Einstellungen > Apple-ID > Wo ist?". Die Funktion erlaubt nicht nur die Ortung des Geräts bei Verlust, sondern verhindert eine Aktivierung nach dem Löschen.

5 In „Bildschirmzeit > Beschränkungen" lassen sich diverse Aktionen unterbinden, zum Beispiel das Laden und Löschen von Apps, In-App-Käufe oder die Änderung wichtiger Einstellungen.

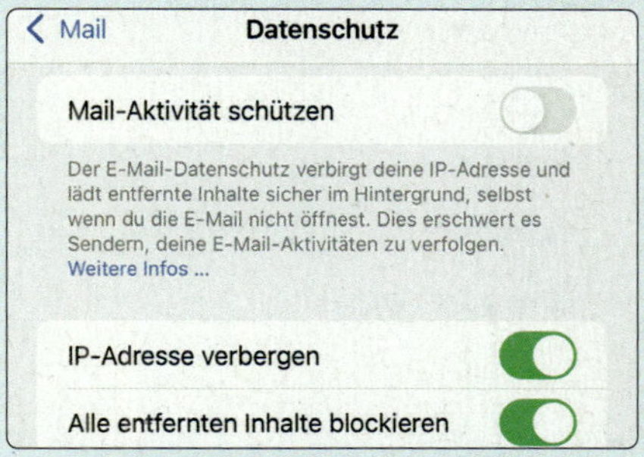

6 Mail kann externe Inhalte anonym laden oder ganz blockieren. Das zweite erschwert es Absender:innen, die Gültigkeit deiner Adresse zu prüfen, und verhindert das Laden von gefährlichen Inhalten.

Verbindung zum Internet

Über WLAN und Mobilfunk kommt das iPhone so ziemlich überall ins Internet. Wir zeigen, wie du die Netzwerkverbindungen richtig konfigurierst.

TEXT: **MATTHIAS ZEHDEN**

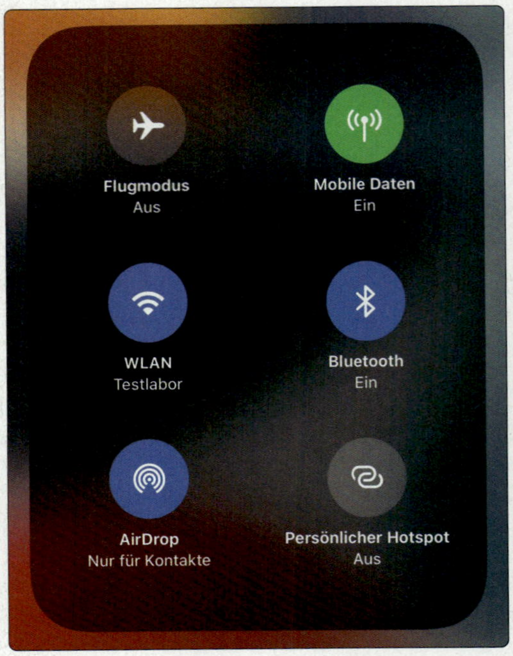

Im Kontrollzentrum kannst du mit dem Flugmodus alle Funkverbindungen abschalten oder die Funktionen einzeln steuern. Die Änderungen gelten bis zum Ende des Tages.

Die Onlineverbindung gehört zum iPhone wie der Touchscreen. Gewöhnliches Telefonieren und SMS-Versand sind zur Nebensache geworden. Surfen mit Safari, FaceTime, Messenger sowie soziale Netze gehören für viele zum Alltag. Hinzu kommen Cloud-Dienste, Fotoabgleich, Shops aller Art oder das Streaming von Musik und Filmen. Die Konfiguration der Netzwerkverbindungen gehört daher zu den wichtigsten Aufgaben bei der Einrichtung von iOS-Geräten.

Mobiler Datenverkehr

Unterwegs läuft der Datentransfer über das Mobilfunknetz. Gewöhnlich brauchst du nur die SIM einzulegen, dich anmelden, und die Einstellungen des Netzbetreibers werden automatisch zur Verfügung gestellt. Sollte eine manuelle Anpassung nötig sein, findest du die Einstellungen in „Mobilfunk > Mobiles Datennetzwerk". Dein Provider sollte dich entsprechend informieren. Auf neueren iPhones kannst du in „Mobilfunk" eine eSIM als zusätzliche Mobilfunkverbindung hinzufügen. Dann siehst du dort einen Primär- und Sekundärtarif.

Die Aufgabe von Benutzenden ist eher, darauf zu achten, das im Mobilfunkvertrag gebuchte Datenvolumen nicht zu überschreiten. Das gilt besonders für Reisen ins Nicht-EU-Ausland, wo eventuell noch hohe Roaming-Gebühren anfallen. Die notwendigen Infos und Funktionen findest du ebenfalls unter „Mobilfunk". Dort lässt sich der Zugriff auf Daten über das Mobilfunknetz ausschalten, separat das Datenroaming im Ausland. In der Regel ist es aber wichtiger, dass du hier den Zugriff auf mobile Daten für einzelne Apps deaktivieren kannst oder prüfst, welche in letzter Zeit wie viel Daten übertragen hat.

WLAN einrichten

Zu Hause oder im Büro ist es nach wie vor eine gute Idee, ein ver-

Workshop: Mobilfunknutzung steuern und Datenverbrauch prüfen

1 In „Einstellungen > Mobilfunk" kannst du den Internetzugang mit dem Schalter „Mobile Daten" deaktivieren. In „Datenoptionen" steuerst du Roaming im Ausland und den Datensparmodus.

2 Weiter unten siehst du, wie viel Daten über Mobilfunk übertragen wurden. Der Roaming-Anteil ist ebenfalls angegeben. Schalte hier mobile Daten für alle Apps aus, die du unterwegs nicht benötigst.

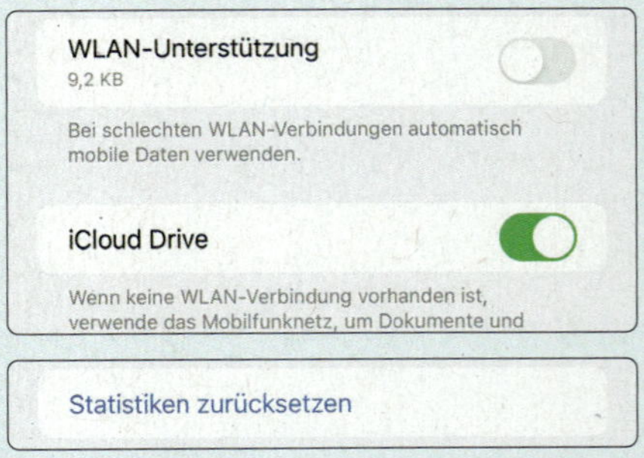

3 Unterhalb der Liste kannst du die WLAN-Unterstützung durch Mobilfunk oder die Nutzung von iCloud Drive per Mobilfunk ausschalten und die Verbrauchszählung der mobilen Daten zurücksetzen.

fügbares WLAN zu verwenden, um das Datenvolumen des Mobilfunkvertrags zu schonen. Auch auf vielen öffentlichen Plätzen, Flughäfen, in der Bahn oder in Hotels und Ferienwohnungen findest du immer öfter WLAN, wenn auch in sehr unterschiedlicher Qualität. iOS unterstützt WPA3-Verschlüsselung und ab iPhone 11/SE 2 auch Wi-Fi 6.

Stehen WLAN und mobile Daten zur Verfügung, erlaubt die „WLAN-Unterstützung" den automatischen Wechsel auf Mobilfunk, wenn die Verbindung darüber schneller ist. Das kann ein gebuchtes mobiles Datenvolumen schnell versehentlich aufbrauchen. Wer nicht immer die schnellste Verbindung braucht, sollte die Funktion nur bei Bedarf in „Mobilfunk" aktivieren.

Sozusagen das Gegenstück dazu heißt „WLAN-Anrufe". Ist die Funktion in den Telefoneinstellungen aktiv, kann das iPhone bei schlechtem Mobilfunkempfang Gespräche über das WLAN leiten. So kannst du trotz schlechten Handyempfangs erreichbar sein und per WLAN telefonieren. Der Provider muss solche „WLAN Calls" unterstützen und die Verbindungen vom Internet ins Telefonnetz und umgekehrt routen.

Für Sparsamkeit sorgen

Bereits mit iOS 13 hat Apple den Datensparmodus eingeführt. Er lässt sich in „Mobilfunk" oder für einzelne WLANs aktivieren und setzt für die jeweilige Verbindung einige Funktionen, wie das Laden von Updates oder den Abgleich von Fotos mit iCloud, außer Kraft.

Internetzugang teilen

Eine weitere wichtige Netzwerkfunktion ist der persönliche Hotspot. Ist er aktiv, spielt das iPhone WLAN-Router und stellt anderen die eigene Internetverbindung zur Verfügung. So kannst du andere iPhones und iPads per WLAN online bringen, Rechner auch per Bluetooth oder USB-Kabel. Eventuell kannst du dir dadurch den Aufpreis für ein „Cellular"-iPad sparen. Aber Vorsicht: Die Geräte am Hotspot verhalten sich wie im Heimnetz. Aktiviere auf ihnen den Datensparmodus.

Hotspot mit Komfort

Für Geräte mit der gleichen iCloud-ID ist die Nutzung des Hotspots bequem: Sie können sich automatisch anmelden und im Ruhezustand angemeldet bleiben, Geräte in der Familienfreigabe optional auch.

Workshop: WLAN-Verbindung auf dem iPhone konfigurieren

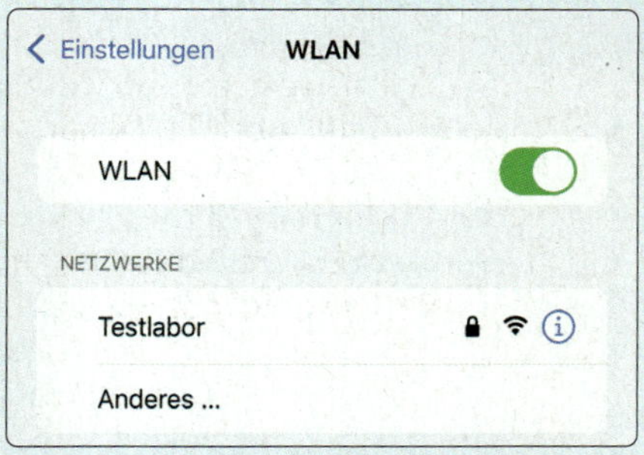

1 Öffne die WLAN-Einstellungen. Unter „Netzwerke" kannst du sichtbare WLANs auswählen. Für ein WLAN mit unsichtbarer Netz-ID tippe auf „Anderes".

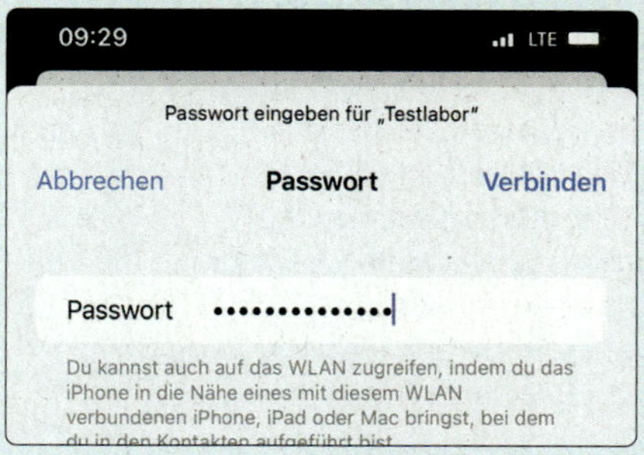

2 Bei einem sichtbaren WLAN gibst du einfach das Passwort ein. Bei unsichtbaren WLANs musst du zusätzlich den Namen und die Verschlüsselungsart angeben.

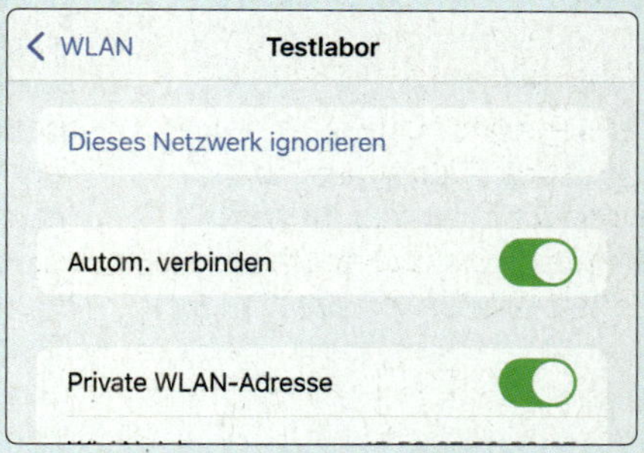

3 Tippe auf das „i" neben einem WLAN-Namen, um die Zugangsdaten zu löschen, die automatische Nutzung abzuschalten oder den Datensparmodus zu aktivieren.

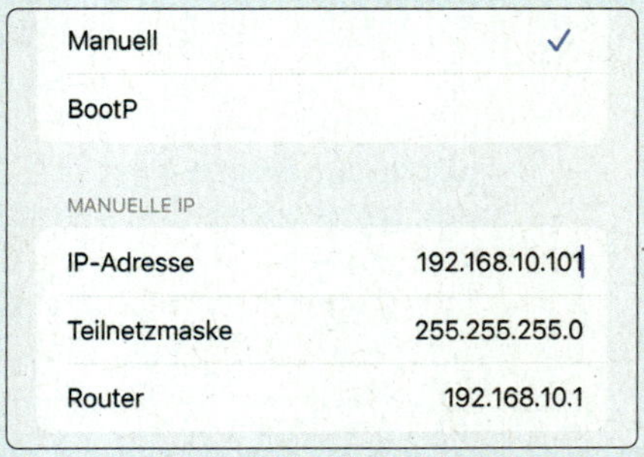

4 Tippe weiter unten im Info-Screen auf „IP konfigurieren", um von der automatischen TCP/IP-Konfiguration per DHCP zur manuellen Eingabe von IP-Adresse, Teilnetzmaske und mehr zu wechseln.

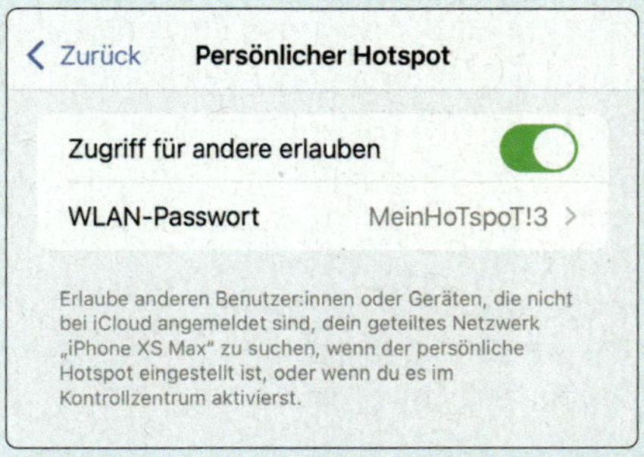

5 Schaltest du den Zugriff in „Einstellungen > Persönlicher Hotspot" ein, erzeugt das iPhone ein WLAN mit WPA3-Verschlüsselung, um die mobile Verbindung zu teilen. Das WLAN heißt so wie das Gerät.

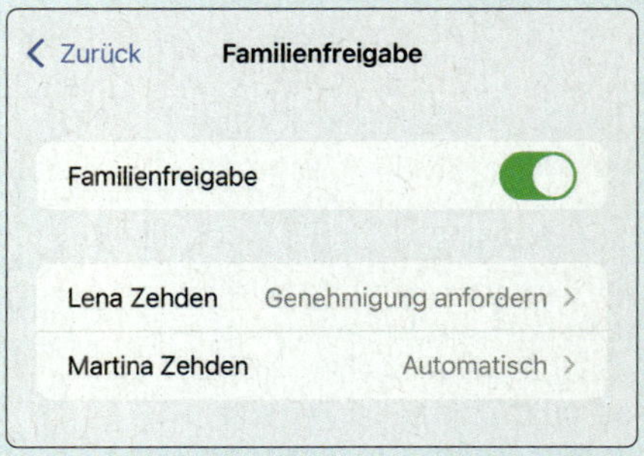

6 Über den Punkt „Familienfreigabe" kannst du den Hotspot für Familienmitglieder erreichbar machen. Für jedes kannst du festlegen, ob es sich automatisch oder nur nach Genehmigung verbinden darf.

Der Dienst, der alles verbindet

iCloud hält die Apple-Welt zusammen. Es gleicht die Daten deiner Geräte ab, speichert Fotos, dient als Back-up, verwaltet Einkäufe und vieles mehr.

TEXT: **MATTHIAS ZEHDEN**

Zu den großen Stärken von Apple gehört die perfekte Abstimmung der eigenen Geräte, Systeme und Mediatheken. Eine Schlüsselrolle kommt dabei iCloud zu. Bereits bei der Inbetriebnahme eines iPhone oder iPad bietet es einen großen Vorteil. Du installierst das System und meldest dich noch im Startassistenten bei deinem iCloud-Konto an. Schon lädt das Gerät Kontakte, Kalender, Safari-Lesezeichen und viele andere wichtige Daten vom iCloud-Server. Du bist sofort arbeitsfähig.

Willst du nur einen Teil der Daten nutzen, kannst du in den iCloud-Einstellungen detailliert festlegen, welche Daten ein Gerät synchronisieren soll. Dein iCloud-Konto dient als zentraler Datenspeicher, mit dem sich all deine Geräte abgleichen.

Neue Funktionen in iCloud+

Die kostenpflichtigen iCloud-Konten vermarktet Apple in Zukunft unter dem Namen iCloud+. Sie enthalten nicht nur Speicherplatz, sondern auch die neuen Funktionen „iCloud Private Relay“ zum verschlüsselten Surfen und „E-Mail-Adresse verbergen“ für Alias-Konten. Außerdem erlaubt „HomeKit Secure Video“ nun bereits im kleinsten Tarif die Aufzeichnung einer Kamera und im größten sogar beliebig vieler.

Zu den wichtigen Basisdiensten gehört iCloud Drive als zentraler Onlinespeicher für Dateien. Apps können Daten speichern und untereinander austauschen. Mit der App Dateien verwaltest du die Dokumente und kannst auch Ordner mit anderen über das Internet teilen.

Mit iCloud-Fotos verlagerst du die komplette Sammlung der App Fotos auf dein iCloud-Konto. Du erhältst so einen zentralen Fotospeicher, der auf allen Geräten zur Verfügung steht. Dafür steigt jedoch der Platzbedarf auf iCloud deutlich, weshalb ein kostenloses Konto bei aktiven iCloud-Fotos meist nicht mehr ausreicht. Auf den Geräten lassen sich die Bilder automatisch in reduzierter Auflösung speichern, um lokal Platz zu sparen. Bei Bedarf lädst du die Originale vom iCloud-Server.

Den Austausch über Fotostream, der bisher zumindest Bestandskunden noch zur Verfügung stand, bietet Apple in iOS 15 nicht mehr an.

Back-ups und mehr

Aktivierst du die Back-up-Funktion, sichert das Gerät täglich alle neuen Dokumente und Einstellungen auf dem iCloud-Konto. Damit die Sicherung automatisch startet, muss das Gerät mit Strom und WLAN verbunden und im Ruhezustand sein. Um Speicherplatz zu sparen, merkt sich iCloud beim Back-up lediglich, welche Apps und iTunes-Medien vorhanden sind. Beim Restore lädt das Gerät diese dann erneut aus dem jeweiligen Store.

Als weiteres Sicherheitsfeature kannst du den iCloud-Schlüsselbund aktivieren. Darin speichern iOS-Geräte und Macs Server, benutzte WLANs und Zugangsdaten. Safari kann bei der Anmeldung auf einer Website auf den Schlüsselbund zugreifen, um die Zugangsdaten zu übernehmen.

„Mein iPhone suchen“ macht den Standort deiner Geräte über iCloud verfügbar. Die Daten nutzen zum Beispiel die Standortfreigabe für Freunde und Familienmitglieder oder die App Wo ist?, mit der du Geräte suchen kannst. Ein verlorenes oder gestohlenes iPhone lässt sich damit per Internet sperren oder sogar löschen.

Das kostenlose iCloud-Konto bietet 5 GB Speicherplatz. Das reicht für die Basisfunktionen, doch die Fotosammlung, Back-ups mehrerer iOS-Geräte oder der Abgleich vieler Dokumente brauchen mehr. 50/200/2.000 GB Platz kosten monatlich 0,99/2,99/9,99 Euro. Neuerdings lässt sich der Speicher schon ab 50 GB über die Familienfreigabe teilen.

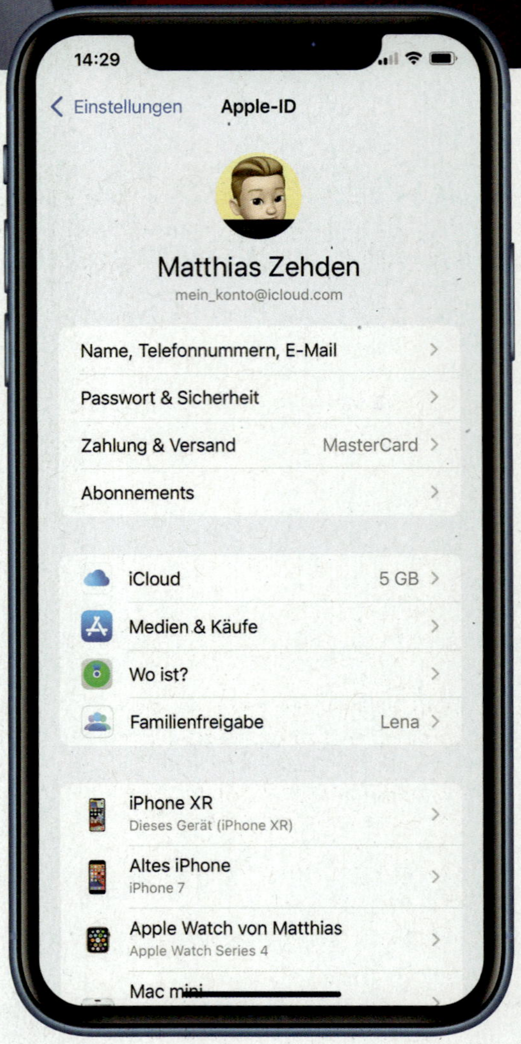

In den Einstellungen zur Apple-ID hast du Zugriff auf die Konfiguration der über iCloud synchronisierten Daten, iCloud-Back-ups, die mit deiner ID verknüpften Geräte, die Familienfreigabe und vieles mehr.

Workshop: So konfigurierst du die wichtigsten iCloud-Funktionen

1 Öffne die Einstellungen und tippe oben auf den ID-Bereich, um dich anzumelden. Wähle dann „iCloud", um den Dienst zu konfigurieren. Unter der Speicherbelegung kannst du die Datentypen für den Abgleich einzeln auswählen.

2 Einige Datenarten werden einfach angeschaltet, andere müssen konfiguriert werden. Für Fotos stehen zum Beispiel die iCloud-Mediathek, das Optimieren des Speichers und die Nutzung von Albumfreigaben zur Auswahl.

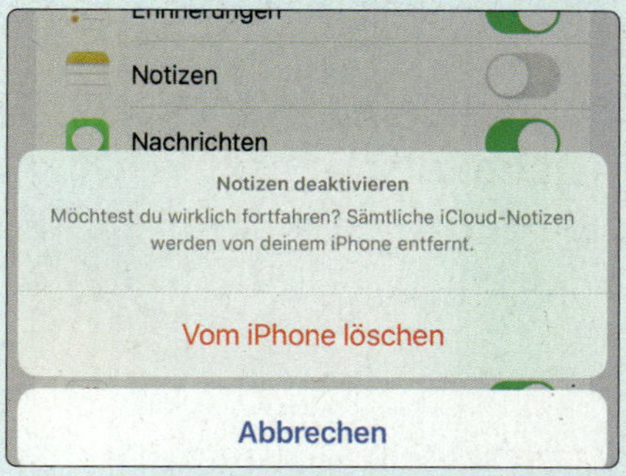

3 Schaltest du später eine Datenart wieder aus, zum Beispiel Notizen (im Bild), fragt iOS in vielen Fällen, ob du die von iCloud synchronisierten Daten behalten oder vom Gerät löschen willst. Du kannst den Vorgang auch noch abbrechen.

4 Blätterst du noch weiter nach unten, findest du unterhalb der Datenarten die Aktivierung von iCloud Drive und eine Liste der kompatiblen Apps. Du kannst dort für jede App einzeln die Nutzung an- und ausschalten.

5 Tippe oben in den iCloud-Einstellungen auf „Speicher verwalten", um zu sehen, welche App wie viel Platz auf dem iCloud-Konto belegt. Tippe auf eine App für weitere Infos und um Speicherplatz wieder freizugeben.

6 Unter „Backups" siehst du, welche Geräte auf deinem iCloud-Konto gesichert wurden und wie viel Platz das kostet. Findest du alte Geräte, die du nicht mehr nutzt, kannst du sie auswählen und ihr iCloud-Back-up löschen.

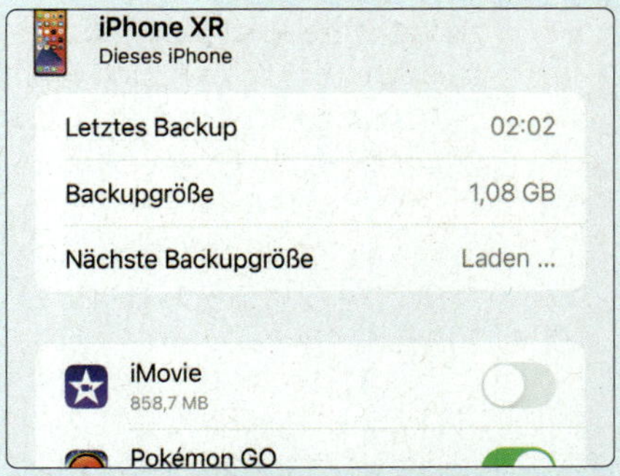

7 Tippe auf das gerade benutzte Gerät, um zu sehen, wann das letzte Back-up erfolgt ist und wie viel Platz die nächste Sicherung benötigt. Außerdem kannst du dort über Schalter einzelne Apps vom Back-up ausnehmen.

8 5 GB iCloud-Speicher sind kostenlos. Wähle im Bildschirm der Speicherverwaltung „Speicherplan ändern", um iCloud+ mit mehr Speicherplatz zu buchen oder ein bereits vorhandenes Kontingent wieder zu verkleinern.

9 Du kannst den zusätzlichen Speicher mit Familienmitgliedern teilen. Öffne „Familienfreigabe" in den Apple-ID-Einstellungen. Hier findest du auch noch weitere Dienste zum Teilen wie Einkäufe, Standort oder Apples Medienabos.

Konferenzen für Profis

In der Pandemie hatten Videokonferenzen plötzlich Hochkonjunktur. Und dabei zeigte FaceTime einige Schwächen, die mit iOS 15 beseitigt werden.

TEXT: **HOLGER SPARR**

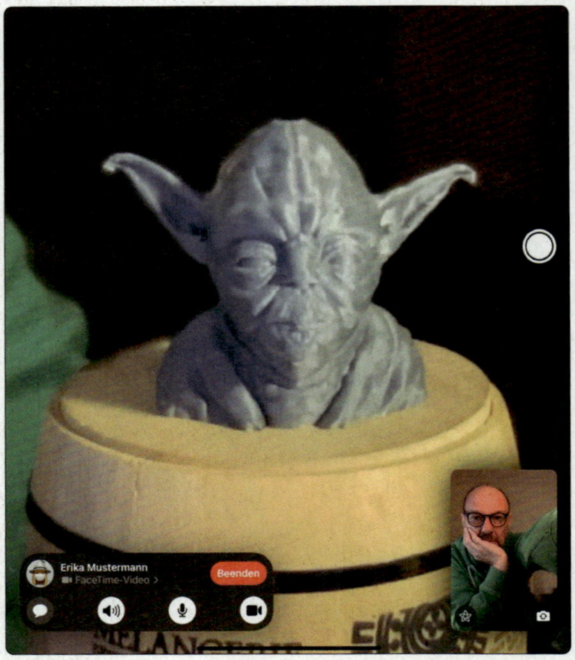

Ohne Videokonferenzen wäre die Pandemie wirtschaftlich sicher anders verlaufen. An die Stelle des Meetings im Büro und des Geschäftsbesuchs traten Videokonferenzen, für die niemand den heimischen Schreibtisch verlassen musste. Dafür kam zwar oft Apples FaceTime zum Einsatz, aber noch öfter hörte man die Namen alternativer Systeme wie Zoom oder Teams. Professionelle Videokonferenzsysteme ermöglichen geplante Konferenzen zu festen Terminen, sodass der Aufwand beim Planen und nicht bei der eigentlichen Konferenz entsteht. Außerdem benötigt die Konkurrenz keine speziellen Apps, sondern es reichen Webcam und ein gewöhnlicher Browser für die Teilnahme.

Apple hat sich mit einer ganzen Reihe von Verbesserungen der FaceTime-Versionen für iOS 15, iPadOS 15 und macOS Monterey bemüht, diese und andere Nachteile abzustellen.

Einladung per Link

Ab sofort dürfen auch Menschen per Browser an Gesprächen und Konferenzen teilnehmen. Dazu findet sich in der FaceTime-App gleich nach dem Start der neue Knopf „Link erstellen", der dann per Nachricht, Mail oder auf anderen Wegen geteilt werden kann. Dieser Link lässt sich im Browser öffnen, was natürlich insbesondere dann interessant ist, wenn dein Gegenüber kein Apple-Gerät benutzt, sondern ein Android-Telefon oder einen Windows-Computer. Nur das Gerät, von dem aus die Konferenz initiiert wird, muss weiterhin ein iPhone, iPad oder Mac sein, alle anderen dürfen nutzen, was sie möchten und sich auch selbst einen Namen für die Konferenz geben.

FaceTime ist ein ideales Werkzeug für Video- und Audiogespräche auf iPhones, iPads, Macs und jetzt auch auf anderen Geräten.

Konferenzen auf Termin

Ein echtes Argument gegen die Nutzung von FaceTime war bislang auch die fehlende Planungsmöglichkeit. Doch ab sofort lassen sich Konferenzen in der

Workshop: Gespräche und Konferenzen mit anderen über den Browser führen

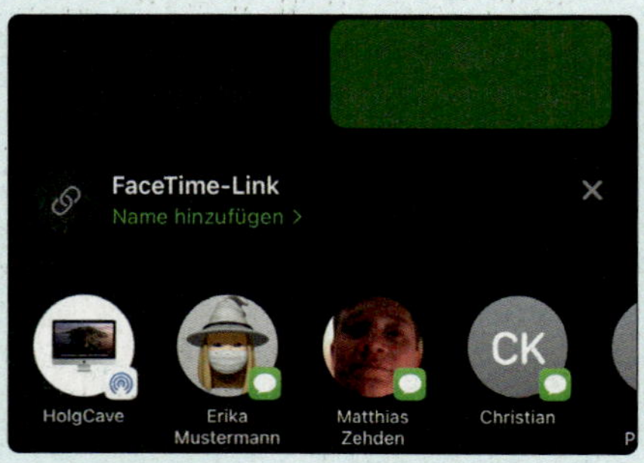

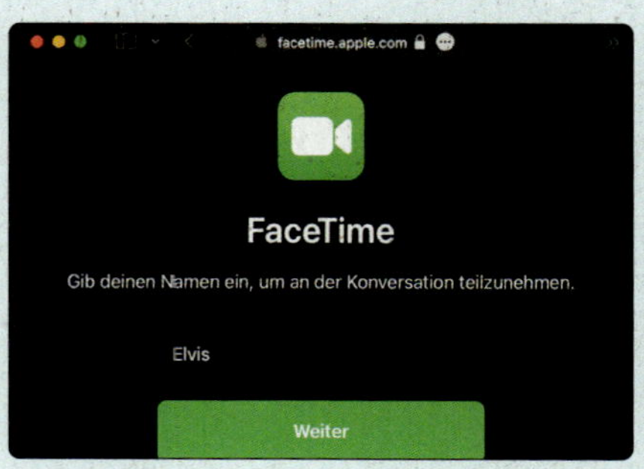

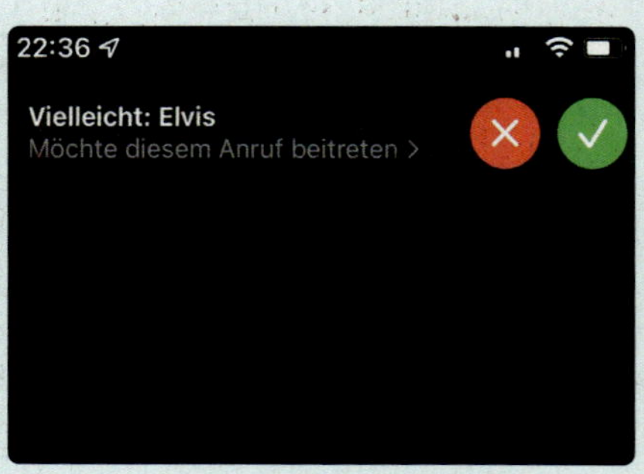

1 In der FaceTime-App lassen sich auf Knopfdruck Links erstellen, die du per Mail oder Nachricht verschicken oder kopieren kannst. Diese URLs können mit einem Browser geöffnet werden.

2 Der Link öffnet sich im Browser, dem du natürlich erlauben musst, auf Kamera und Mikrofon zuzugreifen. Der Name, der normalerweise die Apple-ID ist, darf hier frei gewählt werden.

3 Wenn jemand den Link nutzt, um einem Gespräch beizutreten, lässt sich der Anruf einzeln annehmen oder ablehnen. Dabei hilft natürlich ein Name, unter dem der Anrufer zu identifizieren ist.

Kalender-App planen. Lädst du andere dazu ein, verschickt die Kalender-App automatisch Einladungen und verweist auf die anstehende Konferenz.

Künstliche Unschärfe

Bei einer Funktion, die sich in letzter Zeit wie ein Lauffeuer verbreitet hat, musste Apple nachziehen: Der Porträtmodus lässt nur den Kopf scharf erscheinen und taucht den Hintergrund in eine künstliche Unschärfe. So bleiben die Buchrücken im unvermeidlichen Regal hinter dem Schreibtisch ebenso verborgen wie die Unordnung in der Wohnung. Allerdings braucht der Porträtmodus einiges an Rechenleistung und setzt ein recht neues iPhone oder iPad mit A12-Prozessor oder höher voraus, was viele noch gebräuchliche Geräte leider ausschließt.

Besserer Sound

Die gleichen Systemvoraussetzungen gelten für die Möglichkeit, auch den Sound mit einer Filterung zu versehen. Zur Wahl stehen die Modi „Stimmisolation“ und „Breites Spektrum“. Der erste Modus unterdrückt recht gut alle Hintergrundgeräusche und löst die Stimme sehr plastisch aus dem Hintergrund. Das breite Spektrum hingegen soll genau das Gegenteil bewirken und fängt alles ein, was sich im Hintergrund tut, was allerdings die Verständigung nicht verbessert und somit nur für den gelegentlichen Gebrauch geeignet ist. Umso unverständlicher, dass sich der Audiomodus nur über das Kontrollzentrum ändern lässt und anders als der Porträtmodus fürs Bild keinen eigenen Knopf bekommen hat.

SharePlay kam später

Recht viel Wind hatte Apple bei der Ankündigung der neuen Systeme um das SharePlay-Feature gemacht. Dahinter steckt die Möglichkeit, gemeinsam Filme zu sehen oder Musik zu hören, während man miteinander kommuniziert. Da sich auch der Bildschirminhalt auf diese Weise teilen lässt, geht es bei SharePlay keineswegs nur ums Privatvergnügen, sondern durchaus auch um Features, die für seriöse Anwendungen wie beispielsweise technische Hilfe aus der Ferne zu gebrauchen sind.

Allerdings hat Apple SharePlay erst mit iOS 15.1, iPadOS 15.1 und macOS Monterey nachgeliefert, sodass wir die finale Version bis Redaktionsschluss noch nicht testen konnten.

Konferenzen kannst du jederzeit um Teilnehmende erweitern, die direkt über die FaceTime-App oder per Link dem Geschehen beitreten können. Links lassen sich auch bei bereits laufender Konferenz verschicken.

In der Kalender-App kannst du nun FaceTime-Konferenzen planen. Dazu dürfen auch Einladungen an andere Personen versendet werden.

Workshop: Mit den richtigen Video- und Audio-Einstellungen Gespräche verbessern

1 Auf neueren iPhones und iPads lässt sich die Bilddarstellung durch den Porträtmodus verbessern. Der Verlauf in die Unschärfe wirkt überzeugender als bei vielen anderen Konferenzsystemen.

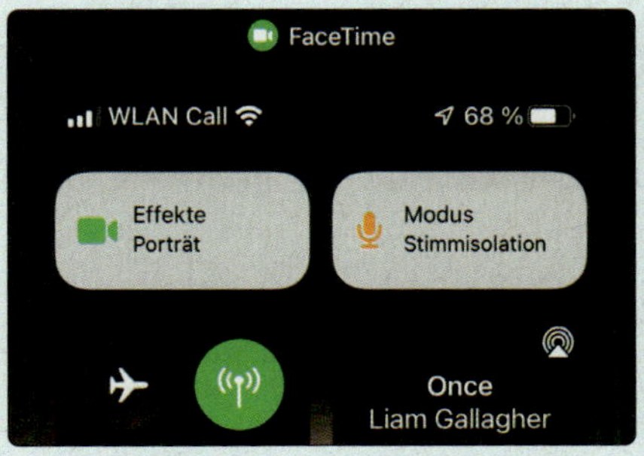

2 Porträtmodus und Audio-Einstellung lassen sich über das Kontrollzentrum ändern. Dazu muss nur die FaceTime-App aktiv sein. Ein Klick auf die entsprechende Einstellung führt zu einem Menü.

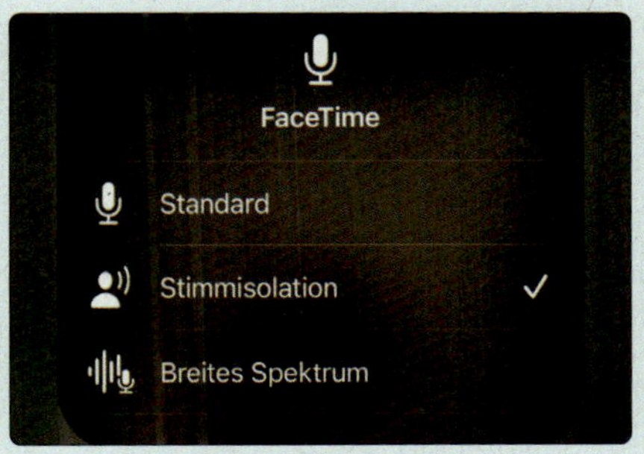

3 Die Audio-Einstellungen sind nur über das Kontrollzentrum zugänglich, aber leider nur auf neueren iPhones und iPads verfügbar. Die Stimmisolation funktioniert erstaunlich zuverlässig.

Fokussiert aufs Surfen

Mit iOS 15 traut Apple sich größere Designänderungen am Webbrowser Safari. So bleibt endlich mehr Platz für die eigentliche Webseite.

TEXT: **HOLGER SPARR**

Den Datenschutz und die Sicherheit hatte Apple bereits letztes Jahr im Visier, wenngleich einige Verbesserungen wie der optimierte Trackingschutz erst mit Verspätung wirksam und dieses Jahr nochmals verbessert wurden. Vor allem hat sich Apple aber auf die praktischere Bedienung konzentriert.

Neue Anordnung

Am deutlichsten treten die Veränderungen auf dem iPhone zutage, wo die Tableiste nun unten und damit besser für die Finger erreichbar angeordnet ist. So lässt sich auch sehr einfach mit dem Daumen durch geöffnete Tabs blättern. Für die Suche kannst du endlich auch die Spracheingabe über Siri verwenden und zum Aktualisieren des Seiteninhalts reicht es nun, den Inhalt wie von vielen anderen Apps gewohnt nach unten zu ziehen.

Über den bekannten Tabknopf lassen sich jetzt sogenannte Tabgruppen anlegen, die zwischen mehreren Geräten synchronisiert werden.

Auf dem iPad sind diese Gruppen auch über die Seitenleiste erreichbar. Und hier fällt die Tableiste auf Wunsch nochmals schlanker aus, was viel mehr Platz für den eigentlichen Inhalt lässt. Über die Einstellungen kannst du zwar auf beiden Geräten viele Neuerungen konfigurieren und abschalten, doch dafür kehrst du natürlich wieder zur sperrigeren Oberfläche zurück.

Auf dem iPad spart die kompakte Tableiste viel Platz ein, obwohl hier zusätzlich zu den bekannten Steuerelementen noch ein Untermenü für die neuen Tabgruppen eingeblendet wird.

Workshop: Kompaktere Tableisten und Tabgruppen in Safari nutzen

1 Auf dem iPhone findet sich die Tableiste nun unten und ist somit für den Daumen zum Blättern erreichbar. Name und Adress- beziehungsweise Suchfeld sind nicht mehr voneinander getrennt.

2 In den Safari-Einstellungen kannst du die meisten Neuerungen wieder abstellen. Unser Rat ist allerdings, die neuen Möglichkeiten zumindest auszuprobieren, denn sie erweisen sich als praktisch.

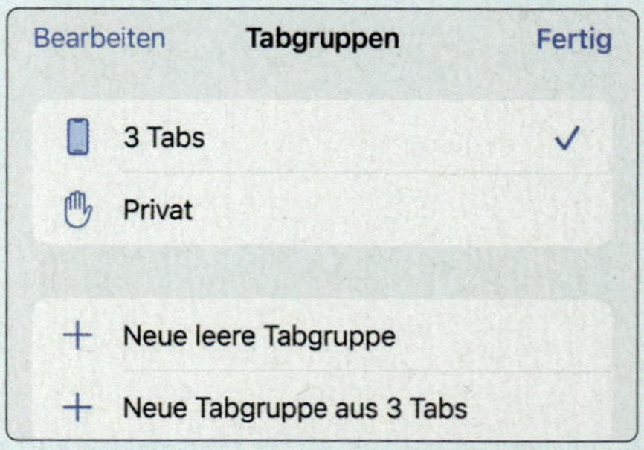

3 Tabgruppen werden gemeinsam geöffnet und lassen sich über das Tabmenü sehr einfach anlegen und später wieder aufrufen. Wer immer die gleichen Seiten öffnet, kann damit viel Zeit sparen.

Nachrichten mit mehr Komfort

Apples Nachrichten-System bildet einen Gegenpol zu anderen Messengern. In diesem Jahr wurde der Dienst tiefer im System verankert und dadurch komfortabler.

TEXT: **HOLGER SPARR**

Das Nachrichten-System von Apple hat den großen Vorteil, dass es nicht nur aufs iPhone beschränkt ist, sondern auch von iPads und Macs unterstützt wird, was ein großer Vorteil gegenüber anderen Messengern wie etwa Whatsapp ist.

Komfort durch Integration

Die größte Neuerung ist nicht einmal in der App selbst zu sehen, sondern beispielsweise in Fotos oder Musik. Denn hier erscheinen automatisch Bereiche namens „Mit dir geteilt", in denen Bilder, Songs, Links und andere Medien erscheinen, die du als Nachricht oder E-Mail bekommen hast. Klickst du darauf, landest du automatisch in der zugehörigen Konversation.

Wer Bilder und andere Medien so nicht findet, mag stattdessen innerhalb der Nachrichten-App die Suche nach Medien über den Namen des Kontaktes probieren, die ebenfalls sehr praktisch ist.

Sehr viel übersichtlicher geworden ist auch der Empfang von Bildern. Bekommst du mehrere davon in einem Rutsch geschickt, werden diese als Stapel angezeigt, in dem du mit den Fingern blättern kannst. Alternativ lassen sich die Bilder auch als Miniaturen anzeigen und über den neuen Downloadknopf, den es auch für andere Medien gibt, sofort auf dem Gerät sichern.

Und ab sofort kannst du wichtige Nachrichten auch „anpinnen", wodurch sie in der Suche weiter oben erscheinen.

#

Sicherheit

Von Anfang an waren iMessage-Nachrichten so verschlüsselt, dass nur Absender:in und Empfänger:in sie sehen können.

Die Detailinformation zu einem Kontakt zeigt nun auch Übersichten zu allen Fotos, Links und Dateien, die dem Kontakt zugeordnet werden konnten.

Workshop: 3-D-Ansicht als Alternative sowie Favoriten und Sammlungen

1 Viele Apps, wie hier Fotos, zeigen nun einen Bereich mit Medien, die du per Nachrichten bekommen hast. Wer diese recht praktische Möglichkeit unterbinden möchte, kann dies in den Einstellungen tun.

2 Mehrere Fotos werden als Stapel gezeigt und lassen sich bequem mit einem Finger durchblättern. Alternativ kannst du mit dem Knopf darüber auch eine Übersicht einblenden.

3 Empfangene Medien lassen sich über das Kontextmenü jetzt anpinnen, wodurch sie beispielsweise in der Suche und in Übersichten weiter oben erscheinen und ein spezielles Symbol bekommen.

Die Fotos-App blickt zurück

Apple hat die Rückblicke der Fotos-App deutlich aufgebohrt, deren Inhalt sich nun besser steuern lässt. Dazu kommen weitere Verbesserungen.

TEXT: **HOLGER SPARR**

Aus der einst oft ungeliebten Foto-Mediathek ist mittlerweile ein mächtiges und wichtiges Werkzeug geworden. In iOS und iPadOS 15 hat Apple sich vor allem der künstlichen Intelligenz angenommen und nutzt diese, um ansprechendere Rückblicke zu erstellen, mit denen du echte Schätzchen in der Mediathek entdecken kannst.

Bessere Rückblicke

Bislang waren die Bearbeitungsmöglichkeiten für Rückblicke im Wesentlichen darauf beschränkt, deren Titel und Geschwindigkeit zu ändern. In der neuen Version der Fotos-App geht Apple weiter und wählt Musik und Look der Bilder passend zu Thema und Stimmung des Rückblicks aus. Musik und Look lassen sich gemeinsam durchblättern oder einzeln wählen. Bei der Musik greift Apple auf erheblich mehr Songs und bei Apple-Music-Abonnent:innen sogar auf den ganzen Store zurück. Die Looks sind Filter, mit denen alle Bilder ein einheitliches Aussehen bei der Wiedergabe bekommen und die dann live angewendet werden.

Verbessert hat Apple auch die Erkennung von Personen und Gegenständen in Bildern, die du dir zukünftig sogar anzeigen lassen kannst. Im Infobereich zu Fotos bekommst du außerdem die wichtigsten Aufnahmedaten wie etwa den Kameratyp oder das Aufnahmedatum mitgeliefert, das nun auch geändert werden kann.

Die automatisch erzeugten Rückblicke waren bislang oft nutzlos oder sogar lästig, doch iOS und iPadOS 15 erzeugen sie deutlich intelligenter und bieten mehr Bearbeitungsmöglichkeiten.

Workshop: Rückblicke selbst verschönern und erweiterte Informationen anzeigen

1 Pausierst du einen bestehenden Rückblick, kannst du ihn mit dem Knopf unten links ändern. Um Stimmung und Musik gleichzeitig zu ändern, wischst du einfach nach links und rechts.

2 Über die Knöpfe rechts lassen sich Looks und Musik unabhängig einstellen. Die Looks sind Filter, die auf alle Bilder bei der Wiedergabe angewendet werden und zu einer einheitlichen Stimmung führen.

3 Die Informationen zu Bildern fallen deutlich detaillierter aus und enthalten auch die wichtigsten Metadaten für das Bild. Das Datum der Aufnahme kannst du sogar selbst anpassen.

Die Karten werden genauer

Der Kartendienst von Apple wird immer besser und das Material detaillierter. Doch bei der weltweiten Verbreitung dieser Möglichkeiten hapert es leider nach wie vor.

TEXT: **HOLGER SPARR**

Mit Apples Karten-App ist es eigentlich jedes Jahr das gleiche Spiel: Für die neuen Systeme werden deutliche Verbesserungen angekündigt, die aber erst mal nur in „ausgewählten Städten“ genutzt werden können. Diese Städte liegen dann meist bei Apple vor der Haustür, und der Rest der Welt wartet Monate, Jahre oder bis zum Sankt-Nimmerleins-Tag, bis die neuen Möglichkeiten auch genutzt werden können. So ähnlich ist es auch dieses Jahr, denn das genauere Kartenmaterial im neuen Design gibt es bei uns noch nicht.

Neue Kartenansicht

Die Standardansicht für Karten wurde zweigeteilt: „Erkunden“ zeigt keinen Verkehr, aber dafür mehr Namen von Stadtvierteln oder andere Details, „Fahren“ zeigt dafür mehr Verkehrsinfos. Mit den von Apple versprochenen detailreicheren Ansichten, die Fahrspuren und Stoppschilder enthalten, hat das leider nichts zu tun, diese will das Unternehmen erst im Laufe der Zeit weltweit ausliefern. Das gilt erst recht für die Foto-Ansichten von der Straße aus, die sogar Navigation per Kamera mit Augmented Reality bieten sollen.

Auch wir haben aber etwas davon, dass die Gestaltung der Infofenster zu Geschäften oder Haltestellen verbessert wurde. Abfahrtszeiten für den nächsten Bus präsentieren sich klarer gegliedert als vorher.

#

CarPlay

Die Karten-App lässt sich auch auf manchen Infotainment-Systemen im Auto sehr gut nutzen.

Der Look-Around-Modus steht nach wie vor in deutschen Städten nicht zur Verfügung, genauso wenig wie die detailreicheren Karten. Nicht einmal die Navigation mit dem Fahrrad funktioniert schon.

Workshop: Neue Kartenansichten nutzen und mehr Details zu Orten anzeigen

1 Die Standardansicht für Karten wurde nun zweigeteilt in „Erkunden“ ohne und „Fahren“ mit Verkehrsinfos. Dadurch wird tatsächlich das Erkunden fremden Terrains deutlich leichter.

2 Wer wie hier in San Francisco sucht, kann einen Blick auf enorm detailreiches Kartenmaterial inklusive Fahrspuren und 3-D-Modellen werfen. Wir können nicht sagen, wann es hierzulande so weit ist.

3 Sehr viel klarer wirken die neuen Detailinformationen zu Orten wie hier die Abfahrtszeiten eines Bahnhofs. Aber auch alle anderen Ortsinfos für Geschäfte und andere Orte werden klarer angezeigt.

Suchen mit mehr System

Die Spotlight-Suche des iOS und iPadOS kann weit mehr leisten, als Dateien und Apps zu suchen, Sie durchsucht auch das Web und Bilder.

TEXT: **HOLGER SPARR**

Wohl viele haben schon mal die Suchfunktion des iPhone oder iPad genutzt, um beispielsweise nach einer App zu suchen, was auch sehr gut funktioniert. Doch hinter der so simpel erscheinenden Funktion steckt mit Spotlight ein immer leistungsfähigeres System, dass auf einer Datenbank und einer Menge künstlicher Intelligenz basiert.

Fast jede Suche geht

Die Suchfunktion macht vor kaum etwas Halt: Apps, Dateinamen, aber auch Kontakte, Inhalte von Mails und passende Fundstellen aus dem Web gehören schon lange zum Repertoire der Suchfunktion. All diese Suchbegriffe lassen sich einfach eintippen und zeigen dann sofort Resultate, die bereits passend vorsortiert sind. Verbessert hat Apple die Suche nach Promis im Netz, denn es werden relevantere Fundstellen als zuvor angezeigt.

Doch Apple verbessert das System kontinuierlich und nutzt nicht zuletzt die Rechenpower der modernen Prozessoren für den Einsatz künstlicher Intelligenz. Damit findet Spotlight wesentlich mehr Objekte, Personen und Aufnahmesituationen in Fotos. Auch nach dem Inhalt von Schildern oder sogar Handschriften in Fotos lohnt sich die Suche neuerdings.

Die Suchfunktion steht auch im Sperrbildschirm zur Verfügung. Private Daten lassen sich aber sehr gut schützen.

Die Spotlight-Suche kann nicht nur nach Informationen auf dem iPhone oder iPad suchen, sondern bezieht auch das Web immer besser ein.

#

Live Text

Die Suchmöglichkeit nach Texten in Bildern basiert auf Live Text, dass mindestens einen A12-Bionic-Prozessor voraussetzt.

Workshop: Die Suchfunktion von iPhone und iPad mit all ihren Möglichkeiten

1 Von Personen, die im Adressbuch stehen, werden alle relevanten Informationen, Fotos, Mails, Nachrichten und Links in der Suche angezeigt. Da lohnt es kaum, die passende App aufzurufen.

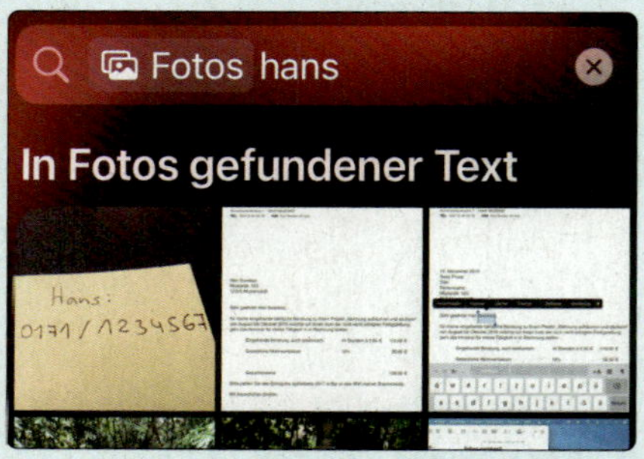

2 Bei der Suche nach Fotos sucht Spotlight auch innerhalb der Fotos nach Texten, die abfotografiert oder sogar handschriftlich erstellt wurden. So wird die Suchfunktion universeller nutzbar.

3 In den Einstellungen ist es unter „Siri & Suchen" für jede App einzeln möglich, sie und ihre Ergebnisse von der Spotlight-Suche auszunehmen, falls dies gewünscht ist.

Notizen werden praktischer

Apples Notizsystem profitiert davon, dass es sich per iCloud mit anderen Menschen teilen lässt.

TEXT: **HOLGER SPARR**

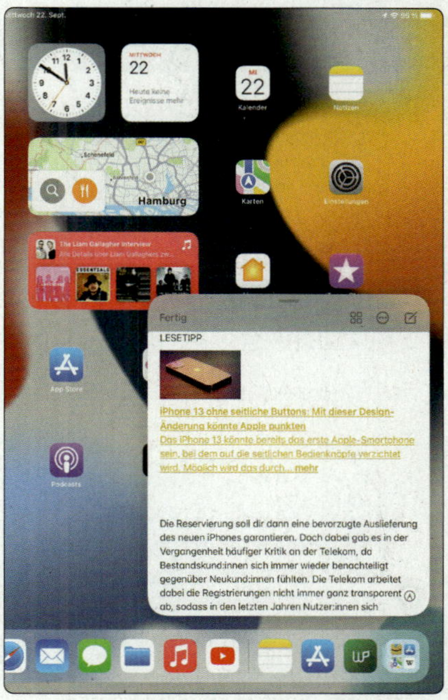

Den guten alten Notizblock zückt heutzutage vermutlich kaum jemand mehr, dafür ist es viel zu leicht, auf iPhones, iPads und Macs nicht nur Texte, sondern auch Sprachnotizen, Bilder oder URLs zu notieren. Noch dazu lassen sich Notizen über iCloud mit anderen gemeinsam bearbeiten.

Tags zum Wiederfinden

Wer das Notizsystem oft benutzt, kennt vermutlich das Problem, darin schnell etwas wiederzufinden – oft genug muss die Suchfunktion dafür herhalten. In den aktuellen Versionen von Notizen für iOS 15, iPadOS 15 und macOS Monterey hat Apple Tags eingeführt, wie sie aus sozialen Medien bekannt sind. Die Tags werden klassisch mit einem Doppelkreuz eingeleitet, und die Notizen-App erstellt automatisch eine Tag-Liste auf der Startseite, mit der sich getaggte Notizen schnell wiederfinden lassen.

Verbessert wurde aber auch die Zusammenarbeit mit anderen. Auch hier bedient sich die Notizen-App bei der Schreibweise der sozialen Medien, mit einem @-Zeichen und dem Namen lassen sich andere Personen in Notizen direkt ansprechen. Diese werden darüber per Mitteilung informiert und können direkt reagieren. Eine Aktivitätsliste zeigt bei geteilten Notizen zudem, wer was geändert hat.

Lediglich auf dem iPad gibt es Schnellnotizen, die sich ohne Aufruf der App anlegen lassen.

Schnellnotizen lassen sich auf dem iPad und Mac ganz simpel durch einen Tipp unten rechts erzeugen.

#

Getaggt

Vorsicht: Notizen mit Tags verschwinden leider komplett aus der Liste, wenn du nicht wenigstens iOS 14.5, iPadOS 14.5 oder macOS 11.3 nutzt.

Workshop: Notizen mit Tags versehen und mit anderen gemeinsam bearbeiten

1 Tags lassen sich an beliebiger Stelle innerhalb einer Notiz unterbringen. Dem Begriff wird dabei ein Doppelkreuz vorangestellt, das auf iPhones und iPads leider nicht so bequem erreichbar ist.

2 Auf der Startseite der Notizen-App bekommen Tags eine eigene Gruppe. Ein Tipp auf einen der Tags zeigt alle Notizen, die den Tag beinhalten. Tags ermöglichen ein alternatives Verwaltungssystem.

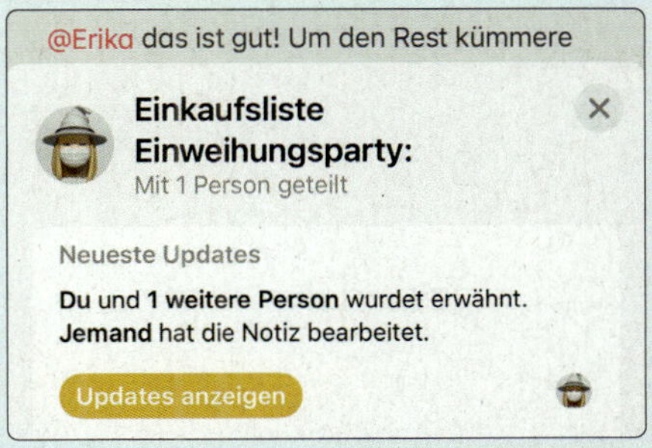

3 Bei geteilten Notizen ist es möglich, andere direkt anzusprechen, indem das @-Zeichen vorangestellt wird. Eine Aktivitätsliste zeigt, wer wen erwähnt hat und was geändert wurde.

Digitale Brieftasche

Die Wallet-App auf dem iPhone ist die Grundlage für den Bezahldienst Apple Pay, aber auch für digital hinterlegte Tickets, Schlüssel und Kund:innenkarten.

TEXT: **HOLGER SPARR**

Geht es nach Apple, soll das iPhone Brieftasche und Schlüsselbund ersetzen. An die Stelle von Bargeld tritt Apple Pay, die Wallet-App hält digitale Tickets, Bordkarten, Gutscheine und vieles mehr bereit, sodass das echte Portemonnaie daheim bleiben kann. Viele werden sich mit Recht fragen, ob es beispielsweise so viel einfacher ist, das iPhone vor das Lesegerät im Supermarkt zu halten als die EC-Karte, die ja ebenfalls meist drahtlos funktioniert. Zumindest kann beim Einkauf mit dem iPhone das Portemonnaie in der Tasche bleiben. Aber wirklich praktisch werden Wallet und Apple Pay vor allem dann, wenn eine Apple Watch vorhanden ist, denn mit dieser ist das Vorzeigen von Tickets oder Bezahlen an der Kasse ein echtes Kinderspiel und läuft komplett berührungslos.

Schlüsselersatz

Viel Wind macht Apple um die Ankündigung, ab iOS 15 auch Hotel-, Haus- und Autoschlüssel in der Wallet-App zu hinterlegen. Doch es dürfte noch geraume Zeit dauern, bis sich diese Möglichkeit auch hierzulande häufig nutzen lässt, denn dieses Feature setzt eine Technik-Affinität voraus, die in Deutschland eher wenig verbreitet ist.

An die Stelle verlorener Schlüsselbunde und geklauter Karten treten dann also verbummelte iPhones und leere Akkus. Doch für viele Aufgaben ist die Wallet-App sehr praktisch.

Nicht nur in der Pandemie ist es praktisch, im Supermarkt per Apple Pay berührungslos zahlen zu können. Noch einfacher wird es nur mit der Apple Watch.

#

Apple Pay

Nach einem sehr zögerlichen Anfang unterstützen mittlerweile sehr viele Banken und Sparkassen Apples Bezahldienst.

Workshop: Apple Pay einrichten und Inhalte zur Wallet-App hinzufügen

1 Wenn die eigene Bank Apple Pay unterstützt, ist der Bezahldienst blitzschnell eingerichtet. Die eigentlichen Kartendaten erfasst die Wallet-App mit der Kamera und überprüft sie bei der Bank.

2 Viele Apps und Dienste bieten an, Inhalte sicher und schnell verfügbar in der Wallet-App zu hinterlegen. Das können beispielsweise Tickets, Bordkarten, Kund:innenkarten oder wie hier Gutscheine sein.

3 Die Wallet-App zeigt alle hinterlegten Inhalte in der Übersicht an. Enthält beispielsweise eine Kund:innenkarte einen QR-Code, wird dieser bei voller Bildschirmhelligkeit angezeigt.

Das iPhone macht gesund

Die Health-App verwaltet eine Datenbank mit Gesundheitsdaten. Neuerdings kann die App auch Angehörige warnen, wenn etwas nicht okay ist.

TEXT: **HOLGER SPARR**

Nicht alle teilen Apples großes Interesse an Gesundheits- und Fitnessthemen. Das automatische Erfassen von Daten wie beispielsweise der Wegstrecke empfinden nicht wenige als ungewollte Überwachung. Nun lässt sich zum einen natürlich die Erfassung von Daten komplett verbieten, zum anderen betrachtet Apple gerade Gesundheitsdaten als Privatsache. Wer die eigene Gesundheit und Fitness aber dennoch überwachen möchte, sollte sich eine Apple Watch anschaffen, die deutlich mehr Daten erfassen kann als das iPhone selbst.

Trends setzen

Bei Gesundheitsdaten ist oft weniger der absolute Wert als vielmehr die Tendenz entscheidend, mit der sich Werte ändern. Die Health-App zeigt in der Übersicht nun Trends für wichtige Grunddaten wie die Herzfrequenz oder die zurückgelegte Wegstrecke an, die aufzeigen, ob sich etwas womöglich zum Schlechteren wendet.

Wer um die eigene Gesundheit besorgt ist und Angehörige hat, die über Probleme informiert werden sollen, kann die entsprechenden Daten neuerdings mit anderen teilen. Dabei lassen sich die zu teilenden Gesundheitsdaten sehr fein bestimmen. Dass eine andere Person sehen kann, ob du noch aktiv bist, kann vor allem für chronisch Kranke beruhigend sein. Die Health-App kann sich dann als Segen erweisen.

Welche Werte die Health-App erfasst, lässt sich steuern. Eine mit dem iPhone verbundene Apple Watch liefert der App viele wichtige Daten.

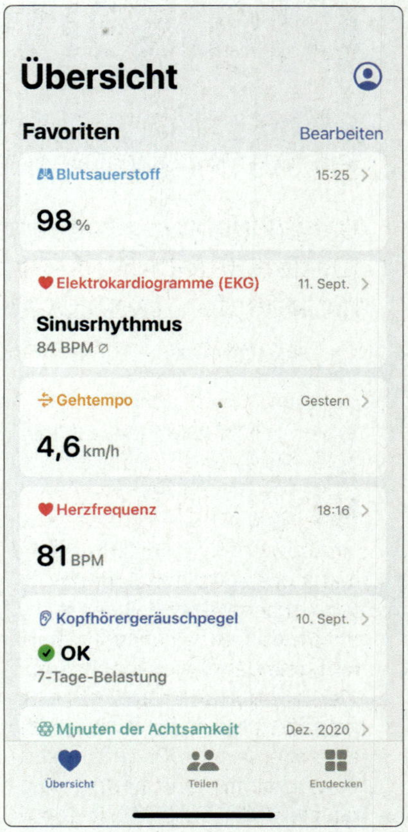

#

Sicherheit

Die Gesundheitsdaten bleiben auf dem iPhone und sind dort verschlüsselt hinterlegt. Sie werden nicht in iCloud geladen.

Workshop: Trends erkennen und Gesundheitsdaten mit anderen teilen

1 Im Übersichtsbereich zeigt die Health-App nun Trends für wichtige Grundwerte wie die tägliche Anzahl der Schritte. Verändert sich die Tendenz, wirst du darauf hingewiesen.

2 Im neuen Bereich „Teilen" lassen sich Personen auswählen, die deine Gesundheitsdaten in ihrer Health-App einsehen können. Dazu benötigen sie ebenfalls ein iPhone mit iOS 15.

3 Welche Werte mit anderen geteilt werden, lässt sich sehr fein steuern und wird entweder vollständig abgefragt oder im Rahmen eines Frage-Antwort-Spielchens anhand von Vorschlägen bestimmt.

Apps installieren und verwalten

Endlich steht die praktische App-Mediathek nicht nur fürs iPhone, sondern auch fürs iPad zur Verfügung. Und Apple will Spionage erschweren.

TEXT: **HOLGER SPARR**

Mit dem Datenschutz meint Apple es durchaus ernst. An vielen Stellen wie beispielsweise im Safari-Browser baut Apple Features immer weiter aus, die vor Tracking und anderen Ausforschungsversuchen schützen. Auf den mobilen Geräten kommen aber sehr oft spezifische Apps statt allgemein zugängliche Webseiten zum Einsatz, die sich damit den Schutzmechanismen im Browser entziehen können.

App-Datenschutz

Bereits im vergangenen Jahr wollte Apple mit iOS und iPadOS 14 eine Auskunftspflicht der App-Anbieter bezüglich der Daten einführen, die eine App abfragt und verschickt. Allerdings dauerte es eine Weile, bis die Entwickler:innen dieser Regel nachkamen, und so ging der Datenschutzbericht im App Store bei vielen einfach unter.

Im App Store findet sich mittlerweile zu jeder App der Punkt App-Datenschutz. Hier ist minutiös aufgelistet, welche Daten zum Tracking verwendet werden, welche mit Personen verknüpft und welche es nicht sind. Es ist teilweise wirklich erschreckend, welche Menge an Daten von den Apps potenziell abgegriffen wird. Im Vergleich machen sich vor allem werbefinanzierte Apps oft negativ bemerkbar, während gekaufte Apps sich teils deutlich zurückhalten.

Der App-Datenschutzbericht listet natürlich das Maximum an Spionagemöglichkeiten auf, die Apps und die von ihnen verwendeten Bibliotheken verursachen, in der Realität passiert oft nur ein Bruchteil davon. Aber du tust gut daran, vor dem Download neuer Apps den Bericht zu überprüfen und – wenn es eine Wahl gibt – eine App mit etwas weniger Spionagepotenzial zu wählen. Und wer es noch nicht getan hat, sollte auch im App Store die Einträge der bereits installierten Apps überprüfen.

Die App-Mediathek bietet nun auch auf dem iPad einen schnellen Zugriff zu allen Apps. Da sie automatisch organisiert wird, verursacht sie keine Mühe.

Workshop: Den App-Datenschutzbericht lesen und richtig interpretieren

1 Unter dem Punkt „App-Datenschutz" findet sich zu mittlerweile jeder App im Store eine Beschreibung der Daten, die von der App erfasst und genutzt werden. Oft sieht das schlimmer aus, als es ist.

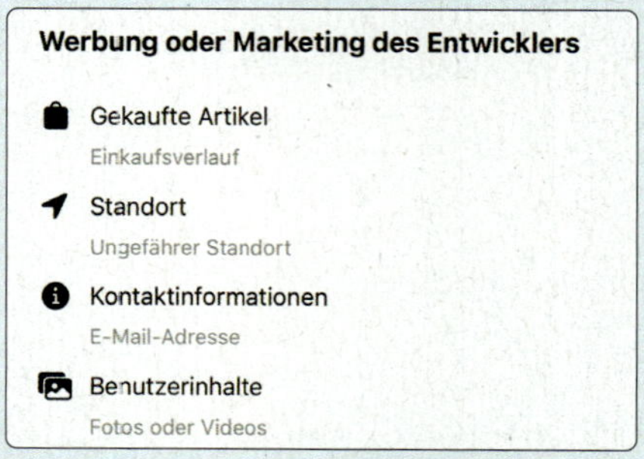

2 Tippst du auf den Bericht, kommen mehr Details zum Vorschein. Die pauschalen Aussagen werden hier konkretisiert. Zudem wird der Verwendungszweck genannt, der teils durchaus legitim ist.

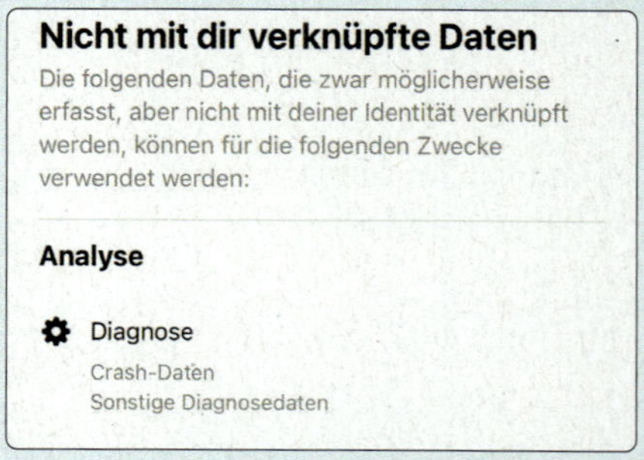

3 Es gibt auch einige Daten, die nicht mit Personen verknüpft werden wie beispielsweise zu Programmabstürzen. Dahinter steckt kein Ausspionieren, sondern das Interesse zur Verbesserung der App.

App-Mediathek für alle

Die App-Mediathek findet sich im Anschluss an die normalen Seiten des Springboards und beim iPad auf Wunsch auch im Dock. Alle Apps, die installiert sind, befinden sich in der Mediathek. In der Mediathek sind die Apps in Kategorien organisiert, die grob denen im App Store entsprechen. Jede Kategorie hat eine Art Ordnersymbol, das vier Segmente zeigt: Die ersten drei zeigen Icons für Apps, die du in dieser Kategorie besonders oft benutzt hast, und mit einem Tipp darauf startest du die App direkt. Das vierte Symbol steht für den kompletten Rest und bringt eine Liste mit allen Apps in der Kategorie hervor.

Die ersten zwei Kategorien sind fest vergeben: Die „Vorschläge“ enthalten die Apps, die du zuletzt am häufigsten benutzt hast, und „zuletzt hinzugefügt“ gibt einen Überblick über die neuesten Apps.

Ist die gesuchte App nicht schon unter den ersten drei einer Kategorie, findest du sie in einer Übersicht aller Apps, die alphabetisch sortiert ist. Über das Suchfeld in der App-Mediathek werden sämtliche installierten Apps aufgelistet.

Löschen oder parken?

Bisher ließen sich Apps durch einen längeren Druck auf deren Icon schnell löschen. Nun erscheint zunächst die Frage, ob die App in die Mediathek verschoben werden soll. Dort lassen sich weniger wichtige und selten benutzte Apps parken, was gleichzeitig mehr Platz für wichtige Apps und Widgets lässt.

Letztlich kannst du dir aber selbst aussuchen, ob und wie sehr du dich auf die App-Mediathek verlassen möchtest. Das Spektrum reicht vom völligen Ignorieren über das Auslagern einiger selten genutzter Apps bis hin zum großen Aufräumen, bei dem nur noch die wichtigsten Apps auf dem Home-Screen übrig bleiben.

Warum Apple die im Alltag sehr praktische App-Mediathek den iPad-Besitzer:innen bislang vorenthalten hat, ist schwerlich

#

Auslagern

In den App Store-Einstellungen lässt sich die sehr empfehlenswerte automatische Auslagerung von Apps aktivieren.

Workshop: Die App-Mediathek auf iPhone und iPad mit all ihren Möglichkeiten

1 Die App-Mediathek findet sich ganz rechts neben allen anderen App-Bildschirmen. Jede Kategorie zeigt drei wichtige Apps, die sich direkt starten lassen.

2 Die vier kleinen Icons führen zu einer Übersicht der kompletten Kategorie. Alle Apps sind hier auf einem Screen zu finden, der, falls nötig, scrollbar ist.

3 Ein Wischer nach unten führt zur alphabetischen Liste aller Apps. Über das Suchfeld kann jede App in Windeseile aufgespürt werden.

4 Apps werden nicht mehr direkt gelöscht, sondern verbleiben auf Wunsch in der App-Mediathek. So müssen etwas weniger wichtige Apps nicht vom iPhone oder iPad gelöscht werden.

5 In den Einstellungen lässt sich festlegen, dass neue Apps direkt in der Mediathek landen. Wer sie auf dem Home-Screen haben will, kann danach deren Icon an die gewünschte Stelle ziehen.

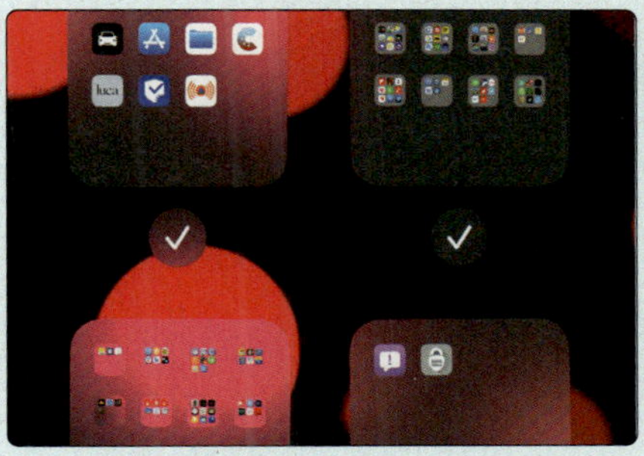

6 Beim Bearbeiten des Home-Screens führt ein Tipp auf die Punktsymbole zu den ganzen Seiten. Über die Ankreuzfelder lassen sich diese komplett ausblenden, statt jede App einzeln zu bewegen.

Alle weiteren Apps von iOS 15

Die Apps, bei denen sich mit dem neuen System viel geändert hat, haben wir dir bereits vorgestellt. Um alle anderen geht es auf den nachfolgenden Seiten.

TEXT: **HOLGER SPARR**

Podcasts

In Zeiten der Corona-Pandemie haben Podcasts eine neue und ungeahnte Blüte erlebt, obwohl sie eigentlich ein Relikt aus der Vergangenheit sind. Podcasts sollten ursprünglich Reisenden und Sporttreibenden ermöglichen, auf ihren mittlerweile längst ausrangierten iPods mehr als nur Musik zu hören. Die nicht an feste Zeitvorgaben gebundene, liberale Art, Informationen zu verbreiten, nutzen heute Privatleute ebenso wie Wissenschaftler:innen sowie große Medienunternehmen und die Unterhaltungsindustrie. In der Krise kam nicht zuletzt Podcasts die wichtige Aufgabe zu, Grundlagen und Konsequenzen der Pandemie in Ruhe zu erklären, wodurch eine Reihe von neuen Formaten aus dem Boden schoss. Neu an der Podcasts-App ist letztlich nur, dass im Bereich „Jetzt hören" nun die auch aus anderen Apps bekannte „Mit Dir geteilt"-Liste zu finden ist, die Podcasts auflistet, die dir andere Menschen via Nachrichten-App geschickt haben.

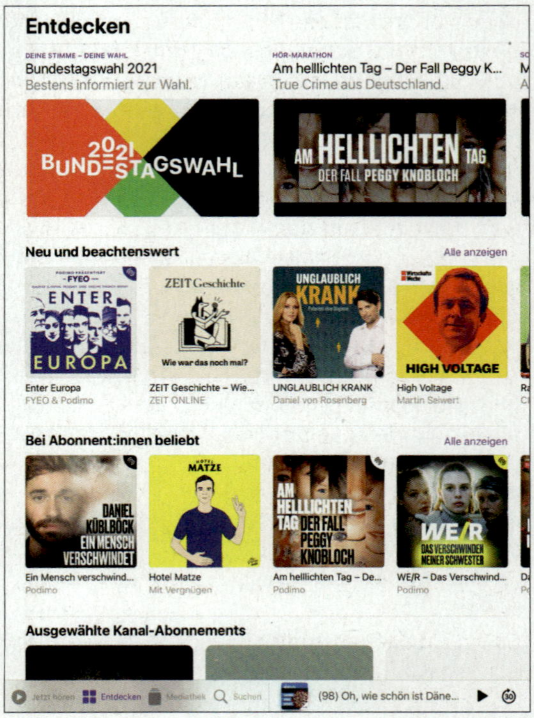

Wer hätte gedacht, dass die eigentlich für iPods gedachte Podcasts-App wegen ihrer reizvollen und lehrreichen Inhalte auch heute noch ungebrochen beliebt ist?

#

Apps löschen

Viele der zum System gehörigen Apps lassen sich löschen. Bei Bedarf kannst du sie kostenlos aus dem App Store neu installieren.

Musik

Die Musik-App ist für viele die meistgenutzte App auf dem iPhone, denn sie betrachten das Smartphone oft als MP3-Player, das nebenher auch telefonieren kann. Apple gibt sich mit der Musik-App schon deshalb Mühe, weil diese auch ein Schaufenster in das hauseigene Apple-Music-Abonnement ist. Die App wurde in den vergangenen Jahren immer weiter verbessert und hat zwei Gesichter: eines für Leute, die ein Abonnement für Apple Music abgeschlossen haben, und ein anderes für diejenigen, die nur die eigene Musik hören können. Erstere bekommen viele Empfehlungen sowie sehr gut ausgewählte Radiosender, durch die immer wieder neue Musik in den Fokus rückt. Wer kein Abo hat, wird hingegen nur wenig Innovation spüren. Die große Neuigkeit hätte das Shareplay-Feature sein sollen, durch das Menschen per FaceTime automatisch die gleiche Musik hören sollen. Doch in den ersten Versionen von iOS 15 und iPadOS 15 fehlte dieses Feature, Apple verschob es auf eine der kommenden Versionen.

Telefon

Es ist gar nicht so schwer, die Telefon-App einfach zu vergessen, doch erst sie macht ein iPhone auch zum Telefon, während sie auf dem iPad naturgemäß fehlt. Die App wurde zwar mit iOS 15 nicht verbessert, aber das war auch gar nicht nötig, denn sie präsentierte sich schon seit Jahren sehr klar strukturiert. Der Ziffernblock erinnert noch an klassische Telefone, doch die meisten bauen ihre Gespräche über die Kontaktliste auf. Die App bietet etwas mehr Möglichkeiten, als viele wirklich nutzen, denn zum

Die Musik-App zeigt viele Empfehlungen und damit einen Blick über den Tellerrand der eigenen Musik-Mediathek hinaus.

einen vereinfacht das Prinzip der Favoriten den Gesprächsaufbau mit häufig genutzten Kontakten, zum anderen lassen sich Nummern aus der Anrufliste und dem Ziffernblock leicht in die Kontakte übernehmen.

Kurzbefehle

Die Kurzbefehle-App gehört zwar fest zum System, führt aber auf den meisten iPhones und iPads leider ein Schattendasein. Mit dieser App lassen sich auf sehr einfache Weise Tätigkeiten automatisieren und auch Apps wie Safari einspannen. Apple hat die Möglichkeiten der App kontinuierlich verbessert und beispielsweise neue Auslöser für Aktionen hinzugefügt. Doch die größte Neuigkeit ist wohl, dass die App nun auch den Sprung auf den Mac schafft, wo sie nicht nur im Wesentlichen die gleichen Möglichkeiten bietet, sondern auch alle Befehle per iCloud mit den anderen Geräten austauscht.

Mail

Es mag Mail-Clients mit mehr Möglichkeiten als der von Apple geben, doch gerade die Reduktion auf wesentliche Features hilft sehr gut dabei, die App auch auf dem iPhone problemlos zu beherrschen. Genau wie beim Safari-Browser kümmert sich Apple bei der Mail-App seit einiger Zeit verstärkt um den Datenschutz. In den Mail-Einstellungen findet sich unter dem Punkt „Datenschutz“ nun der Schalter „Mail-Aktivität schützen“, den du unbedingt aktivieren solltest. Dahinter steckt eine recht geschickte Taktik, mit der das Ausspionieren durch manipulierte HTML-Inhalte weitgehend verhindert wird. Die eigene IP-Adresse wird verborgen, und Bilder werden so geladen, dass keine Rückschlüsse darüber möglich sind, ob die Mail gelesen wurde oder nicht.

Ein Kurzbefehl ist schnell und einfach definiert, sodass sich auch iPhone und iPad automatisieren lassen. Seit Neuestem gibt es die Kurzbefehle auch für den Mac.

Übersetzen

Es hat etwas gedauert, bis Apple endlich eine eigene Übersetzungs-App zum System hinzugefügt hat, was andere Anbieter wie Google oder Microsoft genutzt haben, um diesen Platz kompetent zu besetzen. Schließlich hat Apple eine recht gute, eigene App eingeführt, die kontinuierlich weiterentwickelt wird – das hat sie auch weiterhin nötig, denn beispielsweise ist die Sprachauswahl noch etwas eingeschränkter als bei der Konkurrenz. Doch Apple hat natürlich den Vorteil, die App tiefer ins System integrieren zu können, was nun auch passiert ist. So gibt es nun eine systemweite Übersetzung, die unter anderem ermöglicht, dass sich jeder Text markieren und über das Kontextmenü übersetzen lässt. Aber auch „Live Text“, der innerhalb von Fotos erkannt wird, lässt sich übersetzen. Ein anderer Punkt betrifft die verbesserten Konversationen, mit denen iPhone oder iPad als Simultandolmetscher genutzt werden können. Hier lässt sich die Darstellung mittlerweile auf ein Gegenüber festlegen, sodass du das iPhone zwischen dich und dein Gegenüber legen kannst, ohne dass jemand den Text über Kopf lesen müsste. Eine große Erleichterung ist auch das automatische Zuhören, bei der das iPhone auf Sprache reagiert, ohne dass jemand auf die Mikrofontaste drücken muss. Auf diese Weise sind echte Unterhaltungen in verschiedenen Sprachen möglich, die nur ein wenig Disziplin erfordern.

Wo ist?

Der Name dieser App war ursprünglich mal „Freunde finden“, doch mittlerweile darf auch nach Geräten und Objekten gesucht werden. Mit Letzteren sind natürlich die AirTags gemeint, die du in Portemonnaies, Taschen oder sonstwo verstecken kannst. Die App kann den letzten Ort von abgeschalteten Geräten ebenso anzeigen, wie sie auf Wunsch Hinweise gibt, wenn sich ein Gerät entfernt.

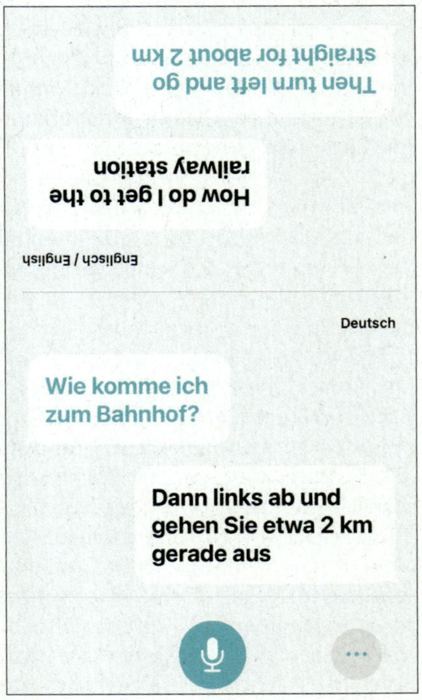

Wer die Übersetzen-App als Simultandolmetscher einsetzt, kann nun eine neue Darstellung für den Gegenübermodus verwenden.

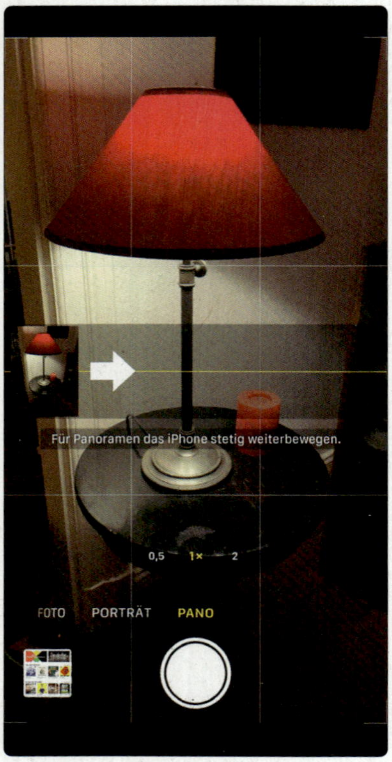

Die Kamera-App wurde auch für ältere Geräte verbessert und erzeugt beispielsweise hochwertigere Panoramen. Das vor einiger Zeit eingeführte ProRAW-Format für Fotos sorgt für mehr Bearbeitungsreserven und höhere Bildqualität.

Kamera

Die Kamera-App wird schon dadurch mit jeder einzelnen Version von iOS und iPadOS verbessert, dass neue Features der Kameras in aktuelle iPhones und iPads integriert werden. Doch Apple optimiert die App auch unabhängig von neuen iPhones und iPads kontinuierlich. So wurde die ganze App etwas schneller, was für schnellere Aufnahmebereitschaft sorgt und beim Erstellen von Bildserien hilft. Auf neueren iPhones kam der QuickTake-Modus hinzu, der Videoaufnahmen auch dann ermöglicht, wenn dein iPhone gerade im Fotomodus ist. Neu ist hier, dass du durch simple Wischgesten den Kamerazoom innerhalb der Videoaufnahme betätigen kannst. Ab dem iPhone 12 hat Apple außerdem die Qualität des Panoramamodus verbessert, weil die Verzerrung besser korrigiert wird, sich bewegende Objekte präziser erfasst werden und die App außerdem das Bildrauschen effizienter korrigiert.

Viele Apps legt Apple nur iOS, nicht aber iPadOS bei, was teilweise unverständlich ist. Zu praktisch allen System-Apps gibt es im App Store aber brauchbare Alternativen.

Home

Die Home-App ist Apples zentrale Anlaufstelle für Smart-Home-Geräte. Mittlerweile haben solche Geräte in fast allen Haushalte Einzug gehalten, und längst geht es nicht mehr nur um bunte Lampen, sondern auch um Heizungsthermostate, Kameras, Türkontakte oder Jalousien. Apples HomeKit-System und als deren Software die Home-App haben vor allem die Aufgabe, die Steuerung und Bedienung des smarten Zuhauses sowie die diversen Apps der Anbieter, die in den seltensten Fällen miteinander kommunizieren können, zu vereinheitlichen. Die Home-App sorgt auch für Verknüpfungen, sodass beispielsweise ein Bewegungsmelder von einem Hersteller die Leuchten eines anderen einschaltet. Dieses Jahr hat Apple sich vor allem um die Kameras gekümmert. So soll eine mit dem HomeKit verbundene Kamera Pakete erkennen können. Und das iCloud+-Abo ermöglicht nun auch dann Aufnahmen von bis zu fünf Überwachungskameras, wenn du nicht den größten und teuersten Account gebucht hast.

Die Home-App soll nun sogar Pakete erkennen können, die im Sichtbereich verbundener Kameras abgelegt werden. Durch geänderte iCloud-Bedingungen dürfen mehr Kameras aufzeichnen.

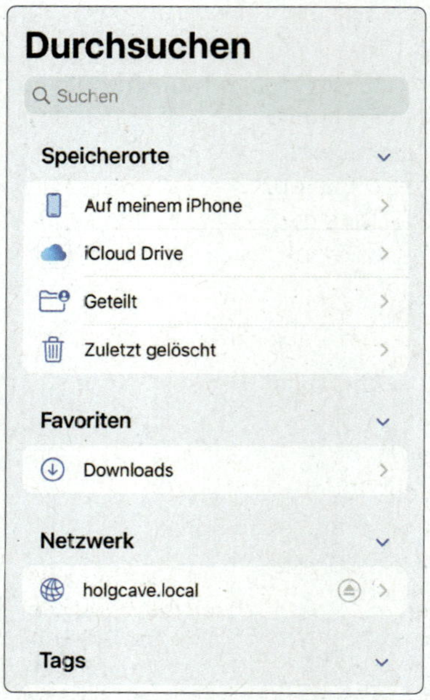

Die Dateien-App ermöglicht den Austausch von Dokumenten mit Wechselmedien, Servern im Netzwerk und Cloud-Diensten. Den Zugriff auf gesicherte Bereiche ermöglicht sie nicht.

Dateien

Die Dateien-App verheißt eine Offenheit des iOS und iPadOS, die zunächst trügerisch ist. Denn nach wie vor bleiben die inneren Bereiche des Systems für Anwender:innen tabu. Doch die Dateien-App zentralisiert den Umgang mit Dateien enorm und bietet beispielsweise einen zentralen Zugriff auf iCloud und auch andere Cloud-Dienstleister. Die Ordner, in denen Apps intern auf dem iPhone ihre Dateien speichern, sowie Server im Netz und LAN sind ebenfalls sichtbar, und zwischen all diesen Orten kann die App Dateien transferieren. Auch externe und passwortgeschützte Speichermedien lassen sich direkt nutzen.

Alle weiteren Apps von iOS und iPadOS

Die TV-App ist zum einen die Heimat für alle Filme und Fernsehsendungen, die du auf deinem iPhone oder iPad hast. Zum anderen zeigt die App aber auch, was es bei Apple TV+ und anderen Streaming-Anbietern wie Amazon Prime oder Netflix gerade Neues zu sehen gibt.

Der Name klingt im Fall der App Uhr viel zu harmlos, denn sie bietet eine Weltzeituhr, einen Wecker, Timer, Stoppuhr und erinnert auch noch ans rechtzeitige Zubettgehen.

Der iTunes Store ist als zentrale Einkaufsmöglichkeit für Filme, TV-Sendungen und Musik gedacht und konzentriert damit alle Käufe bei Apple in einer App, die nicht Apps betreffen.

Die Kontakte werden innerhalb des Apple-Universums automatisch per iCloud ausgetauscht. Die Kontakte-App verwaltet auch Adressen und Verwandtschaftsbeziehungen.

Die Rechner-App gibt es noch immer nur fürs iPhone. Sie bietet einen auf Wunsch sehr potenten Rechner, der im Querformat mehr Funktionen zeigt.

Die nur auf dem iPhone verfügbare Watch-App verwaltet eine oder mehrere Apple Watches. Die App kümmert sich um Datensicherungen, Updates, Einstellungen, Zifferblätter und das Übertragen von Apps vom iPhone auf die Uhr.

Die Tipps-App steuert eine Menge schlaue Hinweise und Tricks zur Nutzung des iOS beziehungsweise iPadOS bei, die nicht alle bereits kennen.

Die Aktien-App scheint für Menschen, die nicht viel investieren können, weitgehend überflüssig zu sein. Doch sie zeigt auch Wirtschaftsnachrichten und Wechselkurse.

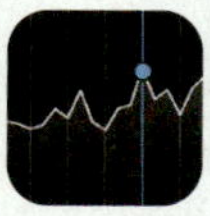

Die Aktien-App gab es schon auf den ersten iPhones. Sie zeigt aber nicht nur Aktienkurse, sondern auch dazugehörige Nachrichten aus der Wirtschaft. Und die auch fürs iPad verfügbare App zeigt auf Wunsch die Kurse für Währungen und Edelmetalle an.

Der Kalender wurde zwar nicht verändert, gehört aber zu den wichtigsten Diensten, zumal sein Inhalt per iCloud zwischen iPhones, iPads und Macs synchronisiert wird.

Die Bücher-App verwaltet neben gekauften Büchern auch PDFs, sodass sie sich auch für Bedienungsanleitungen und vieles mehr eignet. Apples eigener Buchladen ist in die App gleich integriert.

Zugegeben: Der Bedarf für einen Kompass mag im Zeitalter der Navi-Apps gesunken sein, doch iPhone-Anwender:innen haben stets ein recht luxuriöses Exemplar in der Tasche.

Nach wie vor gibt es nur eine einzige App, die dem iPad vorbehalten bleibt, und das ist Photo Booth. Die App versieht Selfies mit einigen Effekten, die es in der ansonsten weit überlegenen Kamera-App nicht gibt.

Die Maßband-App nutzt die Sensoren und Kameras des iPhone oder iPad, um erstaunlich genau Distanzen zu messen. Auch eine Wasserwaage ist in der App enthalten.

Apples Erinnerungssystem kann sehr praktisch sein, denn es lässt sich mit Zeiten, Orten und Tätigkeiten verbinden. Damit ist die App eine große Hilfe für die kleinen Dinge.

Seit es die Sprachmemos nicht nur auf dem iPhone, sondern auch auf dem iPad und Mac gibt, ist das System deutlich praktischer geworden.

Die Wetter-App wurde mit Karten für Regen und Temperaturen sowie einem neuen Design praktischer und informativer als zuvor.

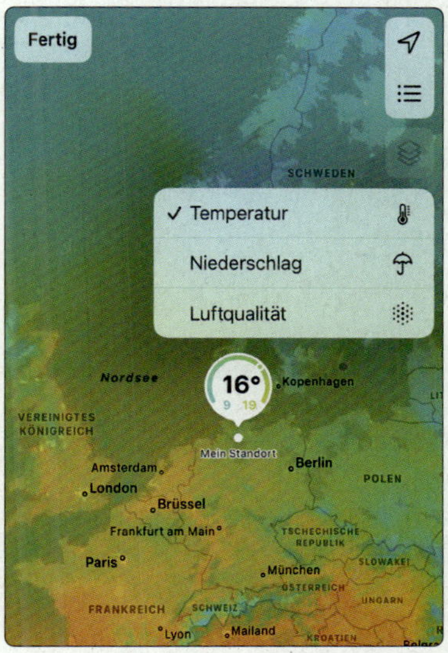

Die Wetter-App wird von Apple weiter ausgebaut und bietet nun auch Karten für Temperatur, Niederschlag und Luftqualität. Für alternative Apps wird die Luft dünn.

10:00
Bildschirmzeit
Alle Gerä
Wöchentlich
BILDSCHIRMZEIT
Durchschnitt der letzten Wo
9h 11min
6
M
D
M
D
F
Unterhaltung
36h 11min
Soziale N
11h 2min
Gesamte Bildschirmzeit
Aktualisiert: heute, 09:59
LIMITS
Instagram
Twitter
AM HÄUFIGSTEN
Unterhaltung
Soziale Netze
11h 2min
Sonstiges
10h 19min
Produktivität & Finanz
6h 29min
09:41
Wallet
N26
HypoVereinsbank
Deutsche Bank
•••• 1234
mastercard
FLIXBUS
DATUM
13.12.21
Lufthansa
GATE
SITZ
....
6L
FRANKFURT
SAN FRANCISCO
FRA
SFO

Einstiegs-wissen

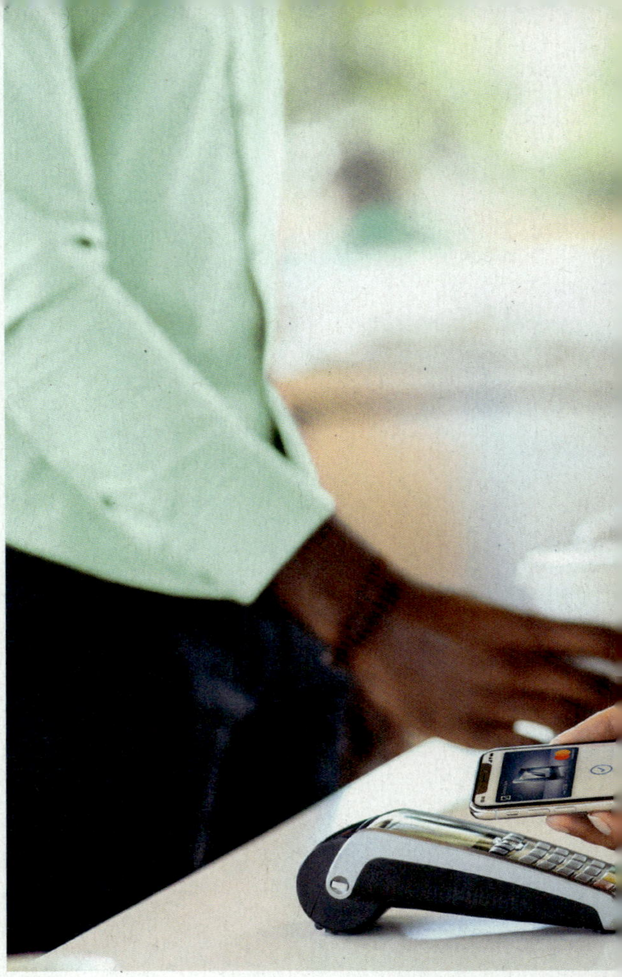

So funktioniert der Bezahldienst

Mit Apple Pay hat Apple die eigene Produktpalette zukunftsweisend erweitert. Und das mit Erfolg: Schon heute laufen weltweit 5 Prozent aller Transaktionen mit Apples Bezahldienst. Und nahezu alle etablierten deutschen Banken unterstützen mittlerweile das Angebot. Bist auch du daran interessiert, Apple Pay zu nutzen? Dann erfährst du in unserem großen Spezial alles, was du dazu wissen musst.

TEXT: **TOBIAS FISCHER**

Apple hat im Laufe der fast fünfzigjährigen Geschichte einige bahnbrechende Transformationen durchlebt. Mit Apple Play steht möglicherweise der nächste Umbruch ins Haus. Nachdem Gewinne und Marktanteile im Smartphone- und Laptop-Bereich in den vergangenen Jahren tendenziell rückläufig waren, sehen Expert:innen die Entwicklung von Finanzdienstleistungen als einen wichtigen Schritt für die Technologiebranche an. Klares Indiz dafür ist, dass auch Google mit leichter Verspätung 2015 einen eigenen digitalen Bezahldienst ins Rennen geschickt hat. Als Apple-Nutzer:in profitierst du von dieser Entwicklung.

Denn Apple Pay ist zumindest für iPhone-Nutzer:innen das Bezahlsystem erster Wahl; es macht das Verwalten deiner Finanzen transparent und einfach. Nach einem etwas trägen Start hat Apple Pay nun auch in Deutschland Fuß gefasst und wird von nahezu allen großen Banken und Finanzinstituten unterstützt. Und auch wenn einige erhoffte Funktionen noch fehlen, gibt es somit kaum eine bessere Zeit, bei Apple Pay einzusteigen, als genau jetzt.

Apple meint es ernst

Genau wie jeder der „Big Four“ hat Apple immer wieder Ideen ausprobiert und regelmäßig nach einer kurzen Testphase verworfen. Wer zu früh einsteigt, muss sich entsprechend nach einem Ersatz umsehen und eventuell sogar zeitintensiv Daten migrieren.

Aber bei Apple Pay musst du nicht befürchten, dass du auf das falsche Pferd setzt. Auch wenn eine digitale Geldbörse sicherlich nicht so unwiderstehlich ist wie seinerzeit das erste iPhone, der erste iPod oder der iMac: In Cupertino plant Apple mit diesem Angebot langfristig. Vor allem aber plant das Unternehmen global.

Als er Apple Pay im Herbst 2014 ankündigte, richtete sich Tim Cook noch vornehmlich an den US-amerikanischen Markt. Doch schon damals stand fest, dass Apple Pay weltweit nutzbar sein sollte.

Nachdem sich viele deutsche Banken zunächst gegen den Dienst wehrten und einen eigenen Bezahldienst aufbauen wollten, konnte Apple das Kräftemessen schlussendlich für sich entscheiden.

Heute erreicht Apple Pay im Kernbereich einen fast 50-prozentigen Marktanteil in den USA und liegt international bei 5 Prozent. Laut Cook liegen die Wachstumsraten viermal so hoch wie die von Paypal. Expert:innen der angesehenen europäischen Unternehmensberatung Bernstein gehen davon aus, dass sich der letztere Wert innerhalb der nächsten vier Jahre noch einmal verdoppeln könnte.

In Europa verfügen mittlerweile die meisten Bezahlterminals über eine NFC-Schnittstelle und sollten daher auch Apple Pay akzeptieren.

Was ist Apple Pay eigentlich?

Das ist durchaus nicht so eine simple Frage, wie manche vielleicht meinen mögen. Denn unter einer einfachen Oberfläche handelt es sich um ein erstaunlich vielseitiges Konzept.

Ganz einfach gesagt ist Apple Pay ein System, das es dir erlaubt, mit deinem iPhone oder der Apple Watch Zahlungen vorzunehmen. Es ist der „Dreh- und Angelpunkt“ von Apples digitaler Finanzstrategie.

Darüber hinaus aber bildet Apple Pay auch die Grundlage für weitere Angebote. Wer kein Apple Pay auf dem iPhone installiert, kann somit auch nicht Dienstleistungen wie Apple Cash oder die Apple Card nutzen. Schließlich bauen diese grundlegend darauf auf.

Dass wir hierzulande von den beiden letzteren Optionen noch nicht viel gesehen haben, hat einen einfachen Grund: Sie werden in Deutschland schlicht nicht angeboten.

Zumindest im Fall von Apple Cash ist das schade. Denn dabei handelt es sich um Apples Angebot für schnelle Finanztransaktionen. Mit Cash Pay lassen sich zum Beispiel Rechnungen im Restaurant aufteilen: Einer zahlt den

kompletten Betrag, die anderen überweisen ihren Anteil mit der App.

Zwar stehen einige Alternativen zur Verfügung, doch wäre es natürlich schön, wenn man für diese praktische Funktionalität nicht erst eine separate Anwendung aufrufen müsste. Apple wird hier sicherlich bald nachrüsten.

Virtuell und physisch: die Apple Card gibt es bisher nur in den USA

Was die Apple Card angeht, erscheint es eher wahrscheinlich, dass diese bald entweder komplett verschwindet oder sich zu einem neuen Produkt transformiert.

In den USA ist die Idee hinter der Karte, die es sowohl in einer rein virtuellen als auch einer physischen Form gibt, überall dort zahlen zu können, wo es kein NFC-fähiges Terminal gibt. Dies ist in den USA ein akutes Problem, in Deutschland aber eher selten.

Dennoch birgt die Apple Card einige nützliche Aspekte. Es wäre deswegen mehr als erfreulich, sollte sich Apple dazu entschließen, sie in veränderter Form auch in Europa einzuführen – und sei es nur, um europäischen Kund:innen das eigene Cash-Back-Programm zugänglich zu machen.

Was ist mit Onlinezahlung?

Eine weitere nützliche Funktion von Apple Pay lässt sich aber bereits heute sehr wohl auch in Deutschland nutzen: Onlinebezahlungen. Dies ist überall dort möglich, wo Händler Apple Pay als Bezahlmöglichkeit vorgesehen haben. In dieser Hinsicht tritt Apple Pay als Konkurrent von Paypal auf den Plan. Noch hat Paypal dabei klar die Nase vorn. Laut der Technologiefirma Similartech bieten derzeit 285.000 Webseiten Apple Pay an. Dem gegenüber stehen weit über eineinviertel Millionen Seiten, die Technologie von Paypal nutzen.

Auch hier gilt es aber als gegeben, dass Apple weiter Boden gutmachen wird. Denn wenn die Corona-Krise Apple Pay beim kontaktlosen Bezahlen Rückenwind verleiht, wird der Anreiz für Entwickler:innen, das System auch für Online-Überweisungen anzubieten, größer.

Kontaktloses Bezahlen

Aber den eigentlichen Kern von Apple Pay bildet dessen Funktionalität für kontaktloses Bezahlen. Denn sobald du die App auf dem iPhone eingerichtet hast, kannst du sie unmittelbar in Restaurants und Läden einsetzen.

Dazu nutzt das System die NFC-Technologie – zu Deutsch: Nahfeldkommunikation. Dabei tauschen Smartphone und Terminal im Abstand weniger Zentimeter die für eine Bezahlabwicklung benötigten Daten drahtlos aus. Für die Verschlüsselung nutzt die App das Prinzip der Tokenisation. Mehr dazu im Kasten rechts.

Mangelnde Unterstützung zu Hause

Ironischerweise hat es genau diese Funktionalität für Apple in den heimischen USA schwierig gemacht, einen schnellen Durchbruch zu erzielen. Dort nämlich nutzt der weitaus größte Teil der Händler ausschließlich veraltete Kartenlesegeräte; diese unterstützen kontaktloses Bezahlen nicht.

Als die beiden Journalistinnen Lexy Savvides und Vanessa Hand Orellana die führenden mobilen Bezahlsysteme miteinander verglichen, ging deshalb ausgerechnet Samsung Pay als Sieger aus dem Test hervor. Der Dienst unterstützt nämlich im Gegensatz zur Konkurrenz von Apple und Google auch

Bargeldlos

Deutsche Kund:innen sind konservativ: Nur 9 Prozent nutzen laut Umfragen gelegentlich das Smartphone zum Bezahlen. Trotz Pandemie bezahlen immer noch 56 Prozent am liebsten mit Bargeld.

Die Sicherheitstechnik von Apple Pay

Genau wie die Konkurrenz von Google und Samsung verlässt sich Apple Pay auf die sogenannte Tokenisation. Das funktioniert folgendermaßen: Wenn du auf deinem iPhone eine Kreditkarte einträgst, speichert das Gerät nicht etwa dessen Kartennummer. Stattdessen generiert es eine „Ersatznummer" und hinterlegt diese in einem geschützten Bereich deines Smartphones. Diese Nummer basiert zum Teil auf den Kartendaten, zum anderen wird sie direkt auf dem Gerät erzeugt. Dieselbe Karte hat auf unterschiedlichen Apple-Geräten also variierende Ersatznummern.

Wenn du bezahlst, wird dem Kreditkarteninstitut nur diese Ersatznummer mitgeteilt. Anhand von internen Algorithmen kann das Institut sie umwandeln und dann deine Daten auslesen. Wenn alles passt, gibt die Bank ihr Okay und die Transaktion findet statt.

Weil die Nummer für sich genommen wertlos ist, können potenzielle Betrüger mit ihr allein wenig anfangen. Um sie für sich zu nutzen, müssten sie auch noch das Verschlüsselungssystem der Bank knacken – ein mehr als ambitioniertes Unterfangen.

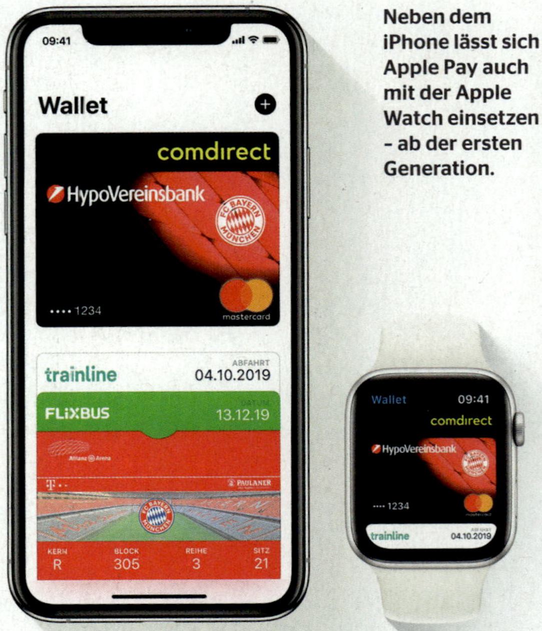

Neben dem iPhone lässt sich Apple Pay auch mit der Apple Watch einsetzen – ab der ersten Generation.

alte Terminals und lässt sich somit nahezu weltweit verwenden.

Als Apple-Nutzer:in hilft diese Information freilich rein gar nichts. Und so darfst du dir durchaus die folgende Frage stellen:

Brauche ich das überhaupt?

Wir meinen: ja, tendenziell schon. Denn für Apple Pay sprechen gleich mehrere Vorzüge, die wir im Folgenden vorstellen.

Ein wichtiger Punkt dabei: Im Gegensatz zu den meisten anderen Konkurrenzprodukten hat es bei Apple Pay bisher nahezu keine besorgniserregende Kritik gegeben. Die Markteinführung verlief bemerkenswert problemlos, und seitdem hat Apple den Service Schritt für Schritt verbessert und die Verfügbarkeit und Akzeptanz schnell und effektiv vorangetrieben.

Dennoch gibt es auch Einschränkungen. Hier eine Übersicht der wichtigsten Vor- und Nachteile.

Kompatibilität: Wie bereits erwähnt, musste Apple beim Start von Apple Pay in Deutschland einige Hürden überwinden. Denn viele Banken wollten ihr eigenes kontaktloses Bezahlsystem durchsetzen. Andere fürchteten, der Einzug der Tech-Giganten könnte eines ihrer lukrativsten Geschäftsfelder abgraben. Denn bislang hatten die Banken und Kreditkarteninstitute beim Kartenverkehr praktisch keine Konkurrenz. So waren teilweise traumhafte Margen möglich, die Handel und Verbraucher belasteten.

Inzwischen ist all das aber Schnee von gestern: Die Liste der teilnehmenden Banken ist lang. Wer Apple Pay nutzen möchte, muss somit nicht mehr den Anbieter wechseln oder eine spezielle Karte beantragen. In der Regel kannst du einfach bei deiner Hausbank bleiben.

Sicherheit: Für viele von uns fühlt sich kontaktloses Bezahlen noch immer ungewohnt und ein wenig unsicher an. In Wahrheit aber stellt dieser Schritt eine eindeutige Verbesserung gegenüber Bargeld und Chipkarten dar.

Denn bei einer Karte lassen sich mit recht einfachen Manipulationen an den Eingabegeräten sensible Daten einlesen. Skandale, bei denen Details hunderttausender Karten im Netz landeten, sind nur die Spitze des Eisbergs.

Beim kontaktlosen Bezahlen hingegen findet eine andere Form der Identifizierung statt, die diesen alten Techniken weit überlegen ist. Zwar kann man immer noch durch die Eingabe einer Kartennummer die Zahlung autorisieren. Doch werden Gesichts-ID oder Fingerabdruck bevorzugt. Diese lassen sich deutlich schwerer ablesen oder entwenden.

Auch existiert beim kontaktlosen Bezahlen streng genommen gar keine Kartennummer mehr. Das, was vom Smartphone an das Terminal übermittelt wird, ist vielmehr eine Art Ersatzcode, der sich nicht direkt den Nutzungsdaten zuordnen lässt. Sollte es also jemandem gelingen, an dieses sogenannte Token zu gelangen, so kann der Dieb damit noch nicht an die Bankdaten kommen.

Hygiene: Auch wenn Pay in der Presse ob der Funktionen gelobt wurde: Einen Blitzstart hat Apple damit nicht hingelegt. Ausgerechnet die Corona-Pandemie könnte hier nun Schützenhilfe leisten.

Denn nicht nur Onlinebestellungen haben seit Einführung von Lockdown, Quarantäne und freiwilliger Selbstisolation drastisch zugenommen.

Das Thema Hygiene wird weit über Covid-19 hinaus relevant bleiben. Wer einmal gesehen hat, wie viele Bakterienkulturen sich auf einem einzigen Geldschein oder auch einer Plastikkarte tummeln, wird nicht zu diesen physischen Bezahlmethoden zurückkehren mögen.

Alle Zahlungen in einer App: Wenn man sich die Berichterstattung über Apple Pay ansieht, ist es ein wenig seltsam, dass eine der vielleicht größten Vorzüge nahezu keine Beachtung erfährt: Dass du in Apple Pay komfortabel und sicher alle (Kredit-)Karten abspeichern kannst, die du besitzt.

Wenn du die App für sämtliche Überweisungen nutzt, bietet dies eine transparente Übersicht über die eigenen Finanzen. Denn alle Zahlungen und Einnahmen werden nun in einer einzigen App erfasst und lassen sich entsprechend darstellen. Mit einfachen Farbcodes entsteht so eine genaue Übersicht darüber, wohin das eigene Geld geflossen ist. Das ist vor allem dann hilfreich, wenn du deine Ausgaben einschränken möchtest – oder musst.

So richtig praktisch wäre es, wenn du auch noch ÖPNV-Karten, Kund:innen-, Prämien-, Bord- und Kinokarten sowie Gutscheine in Apples Wallet-App speichern könntest. In ausgewählten Ländern und Regionen steht diese Funktionalität bereits zur Verfügung.

Einfache Handhabung: Im Zeitalter digitaler Brieftaschen stehen dir im Grunde genommen zwei Möglichkeiten zur Verfügung.

Möglichkeit eins: ein Portemonnaie voller Plastikkarten und für jede Karte eine eigene Geheimzahl, die du dir merken musst. Jede dieser Karten musst du sofort sperren lassen, sollten sie einmal verloren gehen oder gestohlen werden.

Möglichkeit zwei: ein einziges digitales Konto, in dem alle Karten sicher abgespeichert sind. Bezahlungen erledigst du mit deinem iPhone, welches du wahrscheinlich ohnehin stets bei dir trägst.

Einkaufen

Die Pandemie verändert das Einkaufsverhalten: 40 Prozent der Deutschen kaufen seit Corona häufiger in Onlineshops ein, bei jedem Fünften ist das Vertrauen in den Onlinehandel gestiegen.

Es steht jedem frei, sich für Möglichkeit eins zu entscheiden. Wenn du es jedoch einfach magst, wirst du sicherlich die zweite Option bevorzugen. Genau dafür steht Apple Pay.

Für alle Apple-Geräte: Genau wie Google ermöglicht es Apple, den eigenen Bezahldienst auf allen Endgeräten zu verwenden. Dies bedeutet, dass digitales Bezahlen nicht nur auf dem iPhone verfügbar ist, sondern auch auf Apple Watch, iPad (insofern es Touch ID oder Face ID unterstützt) und Mac (insofern dieser Touch ID unterstützt; bei älteren Macs kannst

Einfacher und sicherer geht es derzeit nicht: Terminal und iPhone kommunizieren mittels eines anonymen, einmalig erzeugten Tokens.

du Apple-Pay-Zahlungen mit dem iPhone oder derApple Watch autorisieren). Damit fällt die Notwendigkeit weg, für jedes Endgerät eine andere Bezahllösung zu suchen.

Keine Kosten: Bei Apple Pay fallen keinerlei Kosten für dich an. Alle Gebühren übernimmt stets der Händler. Zwar kann dieser die finanzielle Belastung natürlich wiederum auf dich abwälzen. Aber gegenüber den teilweise recht hohen Preisen der meisten regulären Banken dürfte sich diese Zusatzbelastung verhältnismäßig moderat ausnehmen.

Kann ich mit Apple Pay auch Geld abheben?

Ja, das ist möglich – zumindest in der Theorie. In der Praxis bestehen hingegen aktuell noch einige Hindernisse.

Apple Pay funktioniert an allen NFC-fähigen Bargeldautomaten. Auch hier gilt: Das kontaktlose Abheben ist sicherer und hygienischer als der konventionelle Prozess des Einführens einer Karte und die Eingabe einer Geheimzahl.

Leider wehren sich viele Banken noch gegen einen Austausch ihrer oft veralteten Automaten – zum einen, weil damit hohe Kosten verbunden wären, zum anderen, weil man es lieber sieht, wenn Kunden zum Abheben die eigene Banking-App verwenden. Daher bleibt das Abheben per Apple Pay wohl auf absehbare Zeit eine Nischenanwendung.

Spricht etwas dagegen?

Wie jedes Produkt ist auch Apple Pay nicht perfekt. Und wie immer werden unterschiedliche Anwender:innen verschiedene Präferenzen und Bedürfnisse haben. Daran kann auch Apple nichts ändern.

Zugleich hat es aber bis heute erstaunlich wenig Kritik gegeben. Die wenigen Punkte, die angebracht wurden, galten gar nicht so sehr der Anwendung selbst. Vielmehr galten sie den möglichen Konsequenzen für Wettbewerb und Markt, sollten die großen US-amerikanischen IT-Giganten nun mit geballter Macht auf den europäischen Finanzsektor drängen.

Das, was an Nachteilen auf Apple Pay Anwendung findet, sind im Wesentlichen eher allgemeine Probleme digitaler Finanztechnologien. Dennoch solltest du über sie Bescheid wissen.

Begrenzte Nutzung: Nicht alle iPhone-Modelle können Apple Pay nutzen. Es braucht dafür ein iPhone SE (der ersten Generation) oder neuer. Auch bieten in Deutschland noch nicht alle Geschäfte ein Kartenlesegerät mit entsprechender Technologie an.

Diese Problematik sollte sich allerdings schon recht bald in Luft auflösen. NFC hat sich in Europa zumindest bei den großen Ladenketten längst durchgesetzt. Kleinere Geschäfte werden hier zweifelsohne sehr bald folgen.

Es versteht sich außerdem von selbst, dass zukünftige Apple-Geräte ganz selbstverständlich Apple Pay unterstützen werden.

Geräteabhängigkeit: Es wird gelegentlich moniert, dass Apple Pay zu einer einseitigen Abhängigkeit vom Smartphone führe. Auch bei Apple Pay kann es beispielsweise nach einem Software-Update zu Problemen kommen; dann hakt es vielleicht zeitweise beim Zahlen. Im schlimmsten Fall kann die Transaktion gar nicht mehr durchgeführt werden.

Aber: All das wirkt harmlos gegenüber den Nachteilen von Debit- und Kreditkarten:

- Schäden am Chip oder Magnetstreifen, die dazu führen, dass dieser nicht mehr lesbar ist,
- Probleme am Lesegerät,

- Probleme bei der Verbindung, die bewirken, dass sich keinerlei Zahlungen durchführen lassen,
- potenzieller Verlust oder Vergessen von Karten
- Vergessen der Sicherheitsnummern.

Es mag schon stimmen, dass du aufgeschmissen bist, sollte der Akku des iPhone leer sein. Im direkten Vergleich mit dem alten System wird sich die Fehlerwahrscheinlichkeit aber dennoch insgesamt deutlich reduzieren.

Nur in Safari nutzbar: Es mag ein wenig überraschen, aber derzeit lässt sich Apple Pay online tatsächlich ausschließlich mit dem hauseigenen Webbrowser Safari verwenden. Dies wird nicht jede:n freuen. Dennoch hält sich der Schaden in Grenzen. Denn zum Surfen kannst du noch immer nutzen, was du möchtest – auch wenn das Wechseln lästig ist. Aber unter Apple-Nutzer:innen ist Safari schlicht der mit Abstand am meisten verwendete Browser.

Auch das Auftreten von browserbedingten Fehlern lässt sich so deutlich auf ein Produkt eingrenzen. So ergibt die Entscheidung, sich ganz auf Safari zu konzentrieren, zumindest aus Apples Sicht durchaus Sinn.

Nur mit Kreditkarten nutzbar: Schwerer wiegt hingegen, dass Apple Pay aktuell noch immer nicht mit EC- respektive Girokarten verknüpfbar ist – mit Ausnahme der Girocard der Sparkassen. Kund:innen anderer Institute müssen zumindest über eine funktionsfähige Kreditkarte verfügen.

Einen Umweg über eine Prepaid-Kreditkarte gibt es zwar; dabei handelt es sich aber eher um eine Art Zwischenlösung: Du zahlst auf ein eigenständiges Konto einen Mindestbetrag ein und erhältst anschließend eine Karte, die mit Kreditfunktionen ausgestattet ist. Doch zwingt diese Alternative dazu, regelmäßig Geld „nachzuladen". Die vielen Vorteile in Sachen Bequemlichkeit, die eine digitale Wallet bietet, entfallen somit.

Inzwischen aber steht eine Lösung kurz bevor. Laut ersten Ankündigungen ist es durchaus wahrscheinlich, dass Apple bereits in diesem Jahr die Möglichkeit einräumen wird, auch Girokarten ohne Umwege in der App abzuspeichern.

Apple Pay setzt sich auch in Webshops weltweit immer weiter als Bezahlmethode neben Paypal und Google Pay durch.

Wie nutze ich Apple Pay?

Um Apple Pay nutzen zu können, musst du eine Kreditkarte bei einer Bank haben, welche das System unterstützt. In Deutschland nehmen inzwischen die meisten großen Banken teil. Das ist verständlich, denn kontaktloses Bezahlen hat sich längst auf breiter Basis durchgesetzt – und Apple Pay ist einer wohl komfortabelsten und sichersten Optionen, diese Technologie zu nutzen.

Was, wenn meine Bank Apple Pay nicht unterstützt?

Das ist inzwischen zum Glück selten der Fall – siehe die Liste der unterstützenden Banken auf der gegenüberliegenden Seite. Sollte du trotzdem betroffen sein, musst du deswegen aber nicht zwingend den Anbieter wechseln.

Du kannst dir über dein aktuelles Konto hinaus auch noch ein weiteres holen, das Apple Pay unterstützt. Bei einem Anbieter wie Boon müssen dabei keine besonders hohen Kosten anfallen. Manche Konten sind sogar kostenfrei – bieten aber auch nur eine eingeschränkte Funktionalität.

Wie richte ich Apple Pay ein?

Wenn diese Grundvoraussetzungen gegeben sind, kann es im Grunde genommen schon losgehen. Apple Pay ist Teil deiner Wallet. Du kannst also mit der App alle mit Apple Pay verbundenen Funktionen einrichten und verwalten.

Der Prozess für iPhone und iPad ist dabei nahezu identisch. In beiden Fällen öffnest du deine Wallet und fügst nacheinander deine aktuellen Kreditkarten hinzu. Sollte in Zukunft die Apple Card auch in Deutschland verfügbar sein, kannst du selbstver-

Gibt es beim Bezahlen mit Apple Pay Begrenzungen?

Bei der Nutzung von Apple Pay gilt es, verschiedene Dinge zu beachten:

Im Gegensatz zu nahezu allen anderen Systemen musst du dich mit Apple Pay immer authentifizieren. Das heißt, die Untergrenze von 25 Euro entfällt. Dies macht auch kleinere Einkäufe sicherer.

Bei den neusten Geräten kannst du bis zu zwölf Kreditkarten anlegen, bei älteren acht. Für die meisten von uns wird dies sicherlich reichen.

Ansonsten gelten in Bezug auf ein Kreditlimit dieselben Obergrenzen wie bei den jeweiligen Karten, die du in deiner Wallet abgespeichert hast. Das heißt: Durch Apple Pay kannst du weder mehr, noch weniger bezahlen als mit deinen regulären Kreditkarten.

ständlich auch diese dort ablegen.

Nach Eingabe der Daten wird bei jeder Karte geprüft, ob deine Bank sie im Rahmen von Apple Pay freigibt. In der Regel läuft hier alles glatt und du kannst die Karte sofort in Läden verwenden.

Wie funktioniert Apple Pay?

In der Praxis ist Apple Pay sehr komfortabel in der Handhabung. Im Grunde genommen funktioniert das System wie eine kontaktlose Bezahlkarte. Du identifizierst dich und hältst dein iPhone, deine Apple Watch oder dein iPad an das Kartenlesegerät. In nur wenigen Sekunden werden die Daten übermittelt und geprüft und der Kauf anschließend freigegeben.

Die Identifizierung hat aber einige Besonderheiten. Wenn du möchtest, kannst du noch ganz altmodisch deine Telefon-PIN eingeben. Doch weitaus praktischer ist es, stattdessen auf zwei alternative Technologien zurückzugreifen: Face ID und Touch ID. Bei Face ID hältst du dazu einfach das iPhone kurz vor dein Gesicht. Bei Touch-ID nutzt du das Fingerabdruck-Erkennungssystem deines Smartphones.

Beide Technologien sind sowohl schneller als auch komfortabler als das altmodische Eintippen einer PIN. Sicherer sind sie darüber hinaus auch noch.

Welche Karte soll es sein?

Eine weitere Besonderheit ist, dass du beim kontaktlosen Zahlen vor der Abwicklung darüber entscheiden kannst, welches Bezahlmittel du nutzen möchtest. Genau dies ist einer der Hauptvorteile von Apple Pay: ohne langes Herumkramen im Geldbeutel unkompliziert die passende Karte auswählen zu können. Bestimme dabei einfach in deiner Wallet die Karte, die du verwenden möchtest und autorisiere danach den Kauf.

Dies ist natürlich wunderbar einfach. Zusätzlich aber erlaubt dir die App, später alle Zahlungen nach den verwendeten Karten auszusplitten. So kannst du auf einen Blick erkennen, welcher Anbieter dein Hauptausgaben trägt und, falls gewünscht, Zahlungen umverteilen, um etwa Zinsvorteile zu genießen.

Diese Banken machen mit

- Advanzia Bank
- American Express
- Augsburger Aktienbank
- Barclaycard
- Bank of America
- BBBank
- Bunq
- C24
- Comdirect
- Commerzbank
- Consors Bank
- Consors Finanz
- Crosscard
- Curve
- Deutsche Bank
- Deutsche Kreditbank
- DKB
- Fidor Bank
- Fleetmoney
- Hanseatic Bank
- HypoVereinsbank/UniCredit Bank
- iCard
- ING
- Klarna
- LBBW
- MLP Banking
- Monese
- N26
- Netbank
- Norisbank
- o2 Banking
- OLB
- Openbank
- Pleo
- PSD Banken
- Revolut
- Solaris Bank
- Sparda-Bank Berlin
- Sparda-Bank Südwest
- Sparkasse
- Stocard
- Ticket Restaurant Edenred
- Tomorrow
- TransferWise
- Triodos Bank
- Viabuy
- Vimpay
- Viva Wallet
- Volksbanken Raiffeisenbanken
- Volkswagen Bank
- Zen.com

Apple Pay für junge Kund:innen

Dass Apple Pay dabei ist, sich auf breiter Basis durchzusetzen, ist einer der Gründe, dass besonders junge Kund:innen mit dieser Form der Bezahlung bereits vertraut sind. Eltern wiederum erlaubt eine digitale Wallet, über die Ausgaben und Einnahmen der Familie eine einfache Übersicht zu behalten – und eventuelle Einschränkungen vorzunehmen oder zusätzlich Geld auf das Konto zu laden.

So wird der Umgang mit digitalen Geldbörsen in gewisser Weise zu einer Basiskompetenz. Wer in Deutschland für die eigenen Kinder Apple Pay einrichten möchte, dem stehen dafür jedoch leider bisher nur wenige Möglichkeiten zur Verfügung.

Der Online-Banking-Anbieter Bunq ist eine davon. Dieser bietet eine Apple-Pay-Teilnahme bereits ab dem 16. Geburtstag an. Alternativen sind alle Banken, die Kund:innen unter 18 Jahren Prepaid-Kreditkarten anbieten. Aber es gibt ein Licht am Ende des Tunnels: Sobald Apple Pay auch Girokarten unterstützt, verspricht die Nutzung für Jugendliche weitaus einfacher zu werden.

Fazit

Apple Pay mag keine Revolution eingeläutet haben. Wohl aber hat es eine der banalsten und alltäglichsten Tätigkeiten, das Bezahlen, deutlich angenehmer gemacht. Das allein ist bereits eine Menge wert.

Thomas Raukamp

»Apple behält gern die Oberhoheit darüber, was auf seinen Produkten passiert und wer wie auf welche Daten zugreift – etwa auf die NFC-Schnittstelle des iPhone. Deshalb beißen andere Zahlungsdienste wie Google Pay bis auf Weiteres auf dem Apple-Smartphone auf Granit. Das ist eigentlich schade, denn die Google-Alternative setzt ebenso auf ein anonymes Token-Verfahren und erlaubt zudem die Einbindung von Paypal als Standard-Bezahlmittel. Damit ist der Dienst auch für Menschen ohne Kreditkarte nutzbar. Bisher lässt sich mit der Google-Pay-App auf dem iPhone nur Geld versenden – und auch das nur in den USA.«

t.raukamp@maclife.de
@Mac_Life

Hierzulande wohl nie erhältlich: die Apple Card.

iPhone und iPad für Kids

Kinder kommen heute schon früh mit Bildschirmen und Mobilgeräten in Kontakt. Eltern sind hier gefragt, gemeinsam mit den Kids ein gesundes Nutzungsverhalten festzulegen. Wir erklären, wie iPad und iPhone Erziehungsberechtigte dabei unterstützen, stellen Software für den Kinderschutz vor und geben App-Tipps.

TEXT: **HEIKO BICHEL**

Die Systeme iOS und iPadOS bieten mittlerweile einige für Eltern und Erziehungsberechtigte hilfreiche Möglichkeiten, die Nutzung von Mobilgeräten durch Kinder und Jugendliche zu regulieren. Zentrales Konzept ist dabei die „Bildschirmzeit". Aber auch der „geführte Zugriff" oder externe Software unterstützen Eltern dabei, den Medienkonsum der Kids im Blick zu behalten.

Bildschirmzeit: Beschränkungen einrichten

Verfügen Kinder oder Jugendliche über ein eigenes beziehungsweise ein von einem Elternteil administriertes Gerät, kannst du über die Funktion „Bildschirmzeit" Beschränkungen für die Nutzung des Gerätes einrichten. Leider sind die zur Verfügung stehenden Optionen und die Festlegung bestimmter Beschränkungen nicht unbedingt selbsterklärend, wie auch der Blick in einige Apple-Foren zeigt. Deshalb schauen wir uns die Einrichtung im Detail an.

Die Funktion „Bildschirmzeit" findest du beim iPhone und iPad in den Einstellungen. Aktivierst du „Bildschirmzeit", wirst du im Rahmen der Einrichtung zunächst gefragt, ob es sich um dein eigenes Gerät oder das Gerät deines Kindes handelt. Du kannst auf einem bereits für dich eingerichteten iPhone oder iPad, das du deinem Kind überlassen willst, angemeldet bleiben und dennoch Beschränkungen für dein Kind einrichten. Hierfür wählst du bei der Einrichtung „iPad meines Kindes" aus und legst im weiteren Aktivierungsprozess einen Bildschirmzeit-Code fest. Dieser soll verhindern, dass dein Kind später die Bildschirmzeiteinstellungen ändert.

Im Anschluss wird es etwas verwirrend: Du wirst aufgefordert, die eigene Apple-ID einzugeben, um den Bildschirmzeit-Code zurücksetzen zu können, solltest du ihn vergessen. Gibst du allerdings die eigene Apple-ID ein, erscheint ein Hinweis, dass die angegebene Apple-ID nicht die Apple-ID des Kindes sein dürfe. Erst wenn du die Apple-ID eines Kinderaccounts eingibst, lässt sich Bildschirmzeit für ein Kind tatsächlich sinnvoll einrichten. Überspringst du nämlich die Eingabe der Apple-ID, kannst du im Folgenden zwar Zeitlimits für die Nutzung von Apps festlegen – es wird im Anschluss jedoch immer die Option „Limit ignorieren" eingeblendet. Hier greifen die Bildschirmzeiteinstellungen für Erwachsene, die stets die Möglichkeit haben, Limits selbstständig aufzuheben.

Deshalb musst du zunächst über die Familienfreigabe einen Kinderaccount (in Deutschland für Kinder bis 16 Jahre) einrichten – mit entsprechender Apple-ID. Hast du das Kind hinzugefügt, kannst du – wie oben beschrieben – die Bildschirmzeit auf einem von dir verwalteten Gerät für ein Kind aktivieren. Aber: Um einen Kinderaccount mit Apple-ID einzurichten, benötigst du zwingend eine Kreditkarte.

Ist der Kinderaccount eingerichtet, gibt es die Möglichkeit, im Rahmen der Bildschirmzeit eine prinzipielle „Auszeit" für das Gerät zu definieren – also einen Zeitraum, in dem keine Apps verwendet werden können. Möchtest du sicherstellen, dass Apps in diesem Zeitraum wirklich nicht eigenmächtig genutzt werden, ist es wichtig, unter „Bildschirmzeit" > „Name des Kindes/Familienmitgliedes" > „Auszeit" > „Zur Auszeit blockieren" zu aktivieren. Ist die Funktion ausgeschaltet, können Kinder selbstständig während einer Auszeit die Option „Limit

Apple-ID für Kinder

Eltern können Kindern unter 16 Jahren bereits eine Apple-ID anlegen, die dann von erziehungsberechtigten Familienmitgliedern verwaltet wird.

Foto: maximkabb/iStock/Getty Images Plus

ignorieren“ antippen, wenn sie eine App weiter nutzen möchten.

Neben einer grundsätzlichen Auszeit kannst du im Rahmen der Bildschirmzeit außerdem Zeitlimits für bestimmte Apps festlegen sowie Apps, die immer erlaubt sind. Die Telefon-App kannst dabei nicht ausschalten, sie bleibt grundsätzlich immer nutzbar – natürlich auch, damit du Notrufnummern jederzeit wählen kannst. Dafür kannst du wiederum einstellen, mit welchen iCloud-Kontakten der Nachwuchs während der Bildschirmzeit oder der Auszeit kommunizieren darf.

Unter „Beschränkungen“ lassen sich schließlich weitere wichtige Einstellungen für die Nutzung eines Gerätes durch Kinder und Jugendliche festlegen. Wichtig für Eltern sind hier unter anderem die Möglichkeiten, Apps grundsätzlich ausblenden oder entfernen zu können und Inhaltsbeschränkungen für Webinhalte vorzunehmen. Damit bestimmte Apps auf einem Gerät gar nicht mehr angezeigt werden, deaktivierst du diese unter „Beschränkungen“ > „Erlaubte Apps“. Möchtest du wiederum aufrufbare Webinhalte in Safari begrenzen, kannst du unter „Inhaltsbeschränkungen“ > „Webinhalt“ ausgewählte Websites zusammenstellen, die

So geht's: Auszeit für Geräte von Kindern festlegen

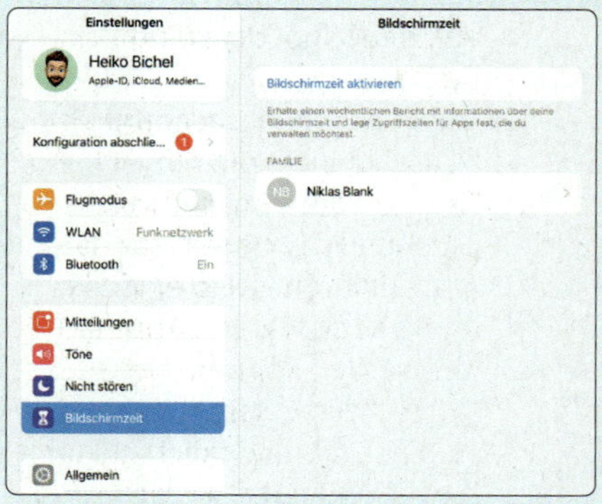

1 Tippe unter „Bildschirmzeit“ auf den Namen des Familienmitgliedes oder Kindes, für das du Bildschirmzeit einrichten möchtest und anschließend auf „Bildschirmzeit aktivieren“.

2 Du wirst durch erste Konfigurationsschritte geführt und hast während der Aktivierung die Möglichkeit, einen Zeitraum für eine Auszeit festzulegen. Du kannst dies auch später nachholen.

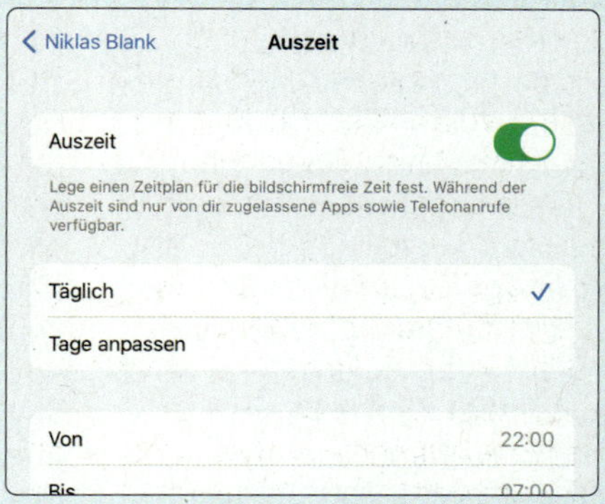

3 Wenn du einen Zeitraum für eine Auszeit festgelegt hast, aktiviere die Funktion „Zur Auszeit blockieren“. Nur dann können Kinder Limits nicht selbstständig ignorieren.

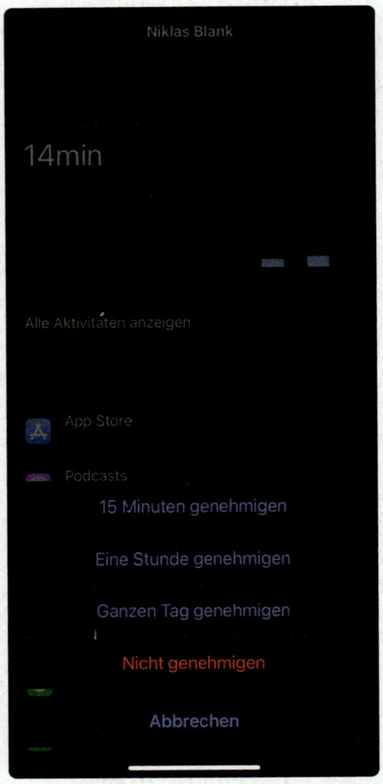

„Darf ich noch ein bisschen?": Eltern können mehr Zeit für Apps genehmigen.

in Safari aufgerufen werden dürfen. Eine Alternative zur Beschränkung von Webinhalten via Safari findest du im Infokasten zum Kinderschutzbrowser Jusprog in diesem Artikel.

Prinzipiell gilt, dass die Einrichtung von Bildschirmzeit für minderjährige Familienmitglieder auf einem Gerät, auf dem du selbst als Elternteil mit einer Apple-ID angemeldet bist, nicht immer problemfrei funktioniert. So ist es mitunter nicht eindeutig, ob für bestimmte Funktionen auch die Bildschirmzeit für den Elternteil aktiv sein muss, respektive wie sich diese Einstellungen mit den Bildschirmzeiteinstellungen für den Kinderaccount gegenseitig bedingen.

Durchdachter sind die Möglichkeiten zur Einstellung von Bildschirmzeiten von minderjährigen Familienmitgliedern, wenn diese über ein eigenes Gerät verfügen. Ist ein Kind mit einem Kinderaccount auf einem eigenen Gerät angemeldet, beziehungsweise hast du die entsprechende Apple-ID zur Einrichtung des Gerätes verwendet, kannst du die Bildschirmzeit für dieses Gerät über dein eigenes iPhone oder iPad einrichten. Hierfür tippst du auf deinem Gerät unter „Bildschirmzeit" auf den Namen des betreffenden Familienmitglieds und anschließend auf „Bildschirmzeit aktivieren". Im Anschluss lässt sich bereits ein Zeitraum für eine Auszeit festlegen. Dies kann auch später nachgeholt werden. Nach einigen weiteren Hinweisen zu den Funktionen der Bildschirmzeit legst du einen Bildschirmzeit-Code fest. Jetzt erscheint auf dem Gerät des Kindes ein Hinweis, dass die Bildschirmzeit aktiviert ist und Elternteile oder Erziehungsberechtigte nur bestimmte Limits oder Einschränkungen festlegen können.

Legst du nun fest, dass ein Gerät eine Auszeit von 18:00 bis 13:00 Uhr haben soll und dass während dieser Zeit das Gerät blockiert ist, hat das minderjährige Familienmitglied in diesem Zeitraum keinen Zugriff auf Apps - von definierten Ausnahmen abgesehen. Tippt das Kind während der Auszeit auf eine App, erscheint der Hinweis, dass das Limit für die entsprechende App erreicht ist. Es besteht allerdings die Möglichkeit, die Option „Mehr Zeit anfordern" zu nutzen. Tippt das Kind auf diesen Menüeintrag, erscheinen die Möglichkeiten „Noch eine Minute", „Anfrage senden" und „Bildschirmzeit-Code eingeben". Sendet es eine Anfrage, erscheint auf den bei iCloud angemeldeten Macs oder iOS-Geräten der über die Familienfreigabe festgelegten Erziehungsberechtigten der Hinweis, dass ein Familienmitglied mehr Zeit für eine App anfordert. Du hast nun die Möglichkeit, 15 Minuten, eine Stunde oder einen ganzen Tag weitere Nutzungszeit für die App zu genehmigen. Natürlich kannst du die Anfrage auch ablehnen.

Familienfreigabe: Kaufanfragen verwalten, Standorte teilen und mehr

Eltern können nicht nur ein Auge darauf haben, zu welchen Zeiten und wie lange Apps genutzt werden, sie haben auch die Möglichkeit, die Installation von Apps zu reglementieren. So kannst du über die Familienfreigabe für andere Familienmitglieder die Option „Kaufanfrage" für den „App Store" aktivieren. Ist die Funktion eingeschaltet, erhältst du stets eine Nachricht, wenn der Nachwuchs eine App über den App Store installieren möchte mit

Kinderschutzbrowser für iPhone und iPad

Alternativ zur Beschränkung von aufrufbaren Webinhalten via Safari ist es auch möglich, auf iOS-Geräten einen Kinderschutzbrowser zu installieren, der eigene Filter mitbringt. Bei dem kostenfreien Kinderschutzbrowser Jusprog etwa lässt sich das Schutzniveau dem Alter des Kindes entsprechend anpassen (mögliche Voreinstellungen gibt es ab 0, ab 6, ab 12 oder ab 16 Jahren). Nach eigenen Angaben kommen als Filter dabei die staatliche BPjM-Liste, die Positiv-Liste der Kinder-Suchmaschine Fragfinn sowie die Jusprog-Filterliste und Selbstklassifizierungen der Website-Betreiber zum Einsatz. Stiftung Warentest hat Jusprog 2020 mit „gut" bewertet, wobei lediglich zwei Kinderschutz-Apps diese Note erhalten haben – Jusprog ist als einzige kostenfrei. Zudem besteht für das Programm (für iOS, Android und Windows) eine gesetzliche Anerkennung nach Paragraf 11 des Jugendmedienschutz-Staatsvertrags. In unseren Tests funktionierte das Programm zuverlässig. Wichtig: Ein Kinderschutzbrowser lässt sich nur sinnvoll einsetzen, wenn andere Browser via Bildschirmzeit deaktiviert sind!

der Möglichkeit, dies zu genehmigen oder abzulehnen. Dies gilt auch für kostenfreie Apps. Möchtest du, dass ein Familienmitglied grundsätzlich keine Apps installiert, kannst du unter „Bildschirmzeit" > „Name des Familienmitglieds" > „Beschränkungen" > „Käufe im iTunes & App Store" die Option „Apps installieren" auf „Nicht erlauben" setzen. Im Anschluss wird der App Store auf dem Gerät des Kindes ausgeblendet. Weiterhin kannst du hier einstellen, dass Apps nicht gelöscht werden dürfen und die Möglichkeit für In-App-Käufe lässt sich ausschalten oder aktivieren.

Doch die Familienfreigabe bedeutet nicht nur Regeln und Beschränkungen für den Nachwuchs. Stattdessen kommt das Kind über die Familienfreigabe auch in den Genuss vorhandener Apple-Abonnements wie Apple Music – sofern ein Familienaccount gebucht wurde – und Apple TV+. Zudem kannst du Käufe für Familienmitglieder – also etwa Musik, Filme und TV-Sendungen aus dem iTunes Store – mit anderen Familienmitgliedern teilen. Bis zu welcher Altersfreigabe Filme anderen Familienmitgliedern freigegeben werden, stellst du wiederum in den Bildschirmzeiteinstellungen für das entsprechende Familienmitglied unter „Beschränkungen" > „Inhaltsbeschränkungen" ein. Diese und andere Beschränkungen kann ein Kind theoretisch selbst auf dem eigenen Gerät ändern, dazu benötigt es allerdings den vergebenen Bildschirmzeit-Code.

Auch deine eigene Standortfreigabe für die Familie verwaltest du über die Familienfreigabe. Wenn du unter „Familienfreigabe" im Abschnitt „Mit deiner Familie geteilt" die Funktion „Standort teilen" aktivierst, bist du beziehungsweise dein Standort für Familie und Freunde prinzipiell in den Apps „Nachrichten" und „Wo ist?" sichtbar. Für einzelne Familienmitglieder kannst du das Teilen deines Standortes wieder deaktivieren, indem du auf den entsprechenden Namen und „Standort nicht mehr teilen" tippst. Die gleiche Möglichkeit haben Kinder und Jugendliche auf ihren Geräten ebenfalls, sodass auch Erziehungsberechtigte diese Geräte nicht ohne Zustimmung der Benutzer:innen über die Familienfreigabe orten können. Dass der „Überwachung" hier Grenzen gesetzt sind, ist natürlich begrüßenswert. Auch die neuen AirTags sind nach Aussagen Apples übrigens nicht zur Ortung von Kindern (oder Haustieren) gedacht. Stattdessen empfiehlt Apple hier eine Apple Watch mit entsprechenden Softwareeinstellungen. Wichtig ist, dass ihr in der Familie transparent über diese Funktionen und den Einsatz redet und keine „geheime Überwachung" stattfindet.

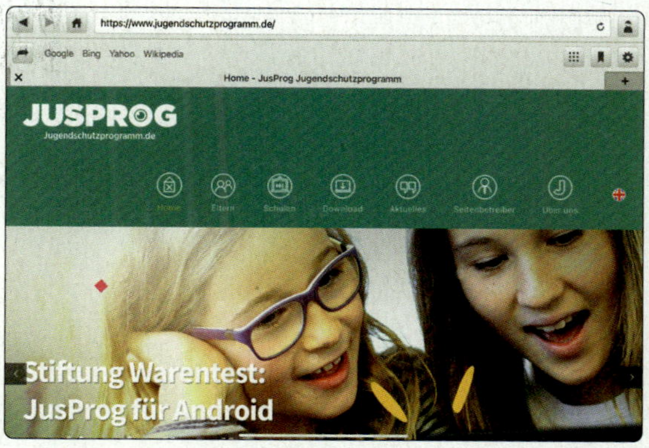

Jusprog steht für Jugendschutzprogramm. Der eigenständige Browser für iPhone und iPad schützt Kinder im Internet.

Geführten Zugriff einsetzen

Gibst du das eigene iPad oder iPhone nur kurzzeitig aus der Hand – zum Beispiel damit ein Kind die Folge einer Zeichentrickserie schauen kann – lässt sich die Funktion „Geführter Zugriff" nutzen. Damit stellst du sicher, dass der Nachwuchs wirklich nur auf die ausgewählte App oder Funktionen zugreifen kann. Geeignet ist die Funktion vor allen Dingen für den Einsatz im Bildungsbereich (zum Beispiel in Museen), sie lässt sich jedoch auch optimal im familiären Umfeld nutzen.

So geht's: Geführten Zugriff für Kids aktivieren

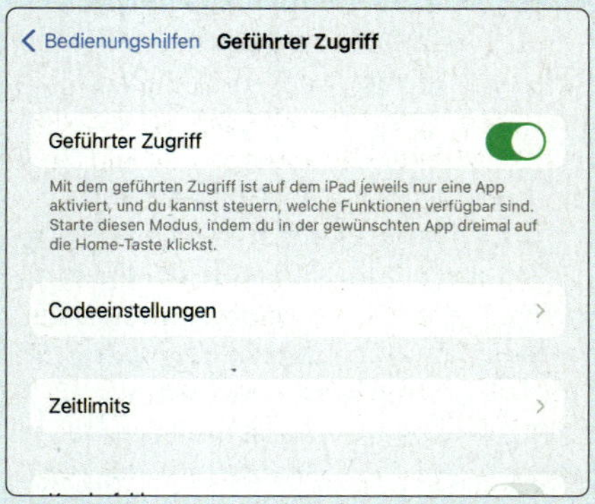

1 Aktiviere in den Einstellungen unter „Bedienungshilfen" die Funktion „Geführter Zugriff". Du aktivierst diesen später in einer App durch dreimaliges Drücken auf die Home-Taste.

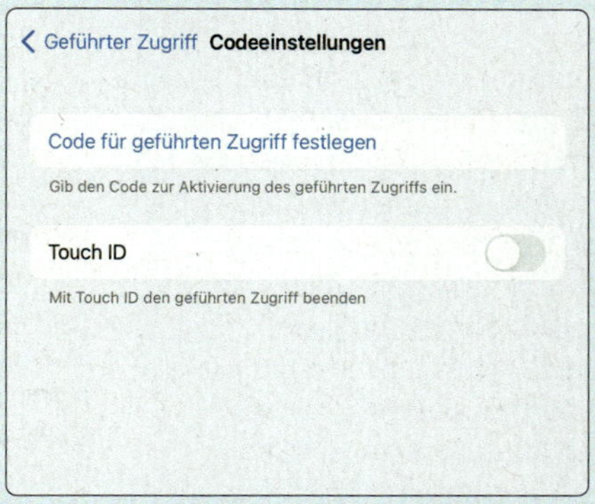

2 Lege einen Code für den geführten Zugriff fest und / oder aktiviere die Funktion Touch ID oder Face ID für den geführten Zugriff. Aktiviere außerdem die Funktion „Kurzbefehl".

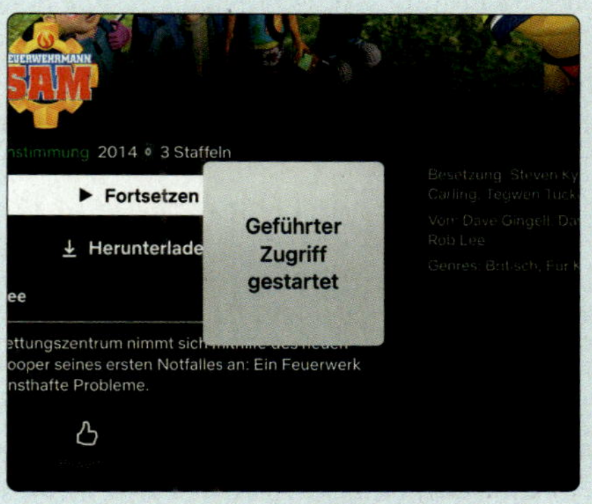

3 Durch dreimaliges Drücken auf die Home-Taste in einer App startest du den geführten Zugriff oder rufst die Kurzbefehle zur Konfiguration des geführten Zugriffs auf.

Aktivieren kannst du den geführten Zugriff in den Einstellungen unter „Bedienungshilfen“ > „Geführter Zugriff“. Einmal aktiviert, rufst du die Optionen für den geführten Zugriff in einer App durch dreimaliges Drücken auf den Home-Button auf. Hier kannst du unter anderem die Hardwaretasten des Gerätes deaktivieren. Außerdem legst du hier fest, dass das Display nicht mehr auf Berührungen reagieren soll. Alternativ lassen sich auch nur bestimmte Bereiche des Bildschirms deaktivieren. Hierfür kreist du den zu deaktivierenden Bereich mit dem Finger ein, die markierte Fläche lässt sich im Anschluss noch verschieben und größer oder kleiner ziehen.

Wenn es um die Kids geht, ist der geführte Zugriff allerdings besonders praktisch, da du über diesen ein Zeitlimit für die Nutzung einer App festlegen kannst. Darüber hinaus ist es nicht möglich, die aktive App zu verlassen, wenn der geführte Zugriff eingeschaltet ist. Aktivierst du also, während die Netflix-App im Vordergrund ist, auf einem iPad den geführten Zugriff und stellst das Zeitlimit auf 15 Minuten, kann der Nachwuchs in dieser Zeit auch wirklich nur Netflix schauen und nicht zufällig in deine Arbeits-E-Mails gelangen oder im Netz surfen.

Du beendest den geführten Zugriff, indem du dreimal den Home-Button oder die Seitentaste drückst und den Code eingibst, den du für den geführten Zugriff in den Systemeinstellungen festgelegt hast. Bei Geräten, auf denen Touch ID oder Face ID für den geführten Zugriff eingerichtet sind, drückst du zweimal den Home-Button oder die Seitentaste.

Kinder und Jugendliche: Welche Bildschirmzeiten sind angemessen?

Kinder werden heute durch ihre Eltern meist sehr früh mit digitalen Endgeräten und Displays konfrontiert. Es lässt sich kaum vermeiden, dass Kinder bereits im frühen Kindergartenalter Interesse an Bildschirmen entwickeln. Denn sie bemerken in der Regel, dass entsprechende Geräte eine Bedeutung für Erwachsene haben – und natürlich möchten Kinder ihren Eltern nacheifern. Somit ist es zunächst wichtig, die eigene Bildschirmzeit in Gegenwart von Kindern auf ein Minimum zu reduzieren. Schließlich fordern die Kleinen meist sowieso die volle Aufmerksamkeit.

Auf der anderen Seite sind iPhone, iPad & Co. ein integraler Bestandteil der heutigen Gesellschaft. Daher sollten Eltern Kindern in angemessenen Schritten einen verantwortungsvollen Umgang mit digitalen Endgeräten vermitteln. Aber wie viel Bildschirmzeit ist für welche Altersstufe angemessen? Hier variieren die Meinungen im Rahmen eines gewissen Spektrums. Die Website klicksafe.de – ein Bestandteil der Initiative klicksafe der EU – gibt die Empfehlung aus, dass Kinder bis drei Jahre erste Erfahrungen, etwa durch das Anschauen von digitalen Fotos oder Bildergeschichten, machen können. Eine Nutzungsdauer von maximal fünf Minuten ist dabei aber ausreichend. Für Kinder von vier bis sechs Jahren empfiehlt klicksafe 20 Minuten, allerdings nicht unbedingt täglich. Für Kinder im Grundschulalter von sieben bis zehn Jahren geben sie eine Nutzungsdauer von täglich 30 bis 45 Minuten an – mit der Empfehlung, ein wöchentliches Zeitkonto einzurichten.

Die WHO empfiehlt in den Richtlinien von 2019, dass Kleinkinder zwischen zwei und vier Jahren keinesfalls mehr als eine Stunde „sedentary screen time“ also „sitzende Bildschirmzeit“ in 24 Stunden haben sollten, weniger sei eindeutig besser. Dennoch: Eine Stunde am Tag bei einem vierjährigen Kind – etwa mit angemessenen Spielen oder Videos auf dem iPad – ist für viele Eltern vermutlich ein realistischer zu erreichendes Ziel als die von klicksafe.de empfohlenen 20 Minuten.

Auf dem Portal klicksafe.de stellt die Medienanstalt Rheinland-Pfalz viele Informationen und Materialien zum Thema Sicherheit im Internet bereit.

Generell ist es in jedem Fall wichtig, dass Kinder die konsumierten Inhalte bereits verstehen können. Zudem ist es hilfreich, sich mit Kindern auf bestimmte Tageszeiten für die Mediennutzung zu einigen. Auf der Internetseite mediennutzungsvertrag.de kannst du zum Beispiel mit deinen Kindern ab einem Alter von sechs Jahren einen Mediennutzungsvertrag abschließen, in dem du mit dem Nachwuchs festlegst, was in Sachen Mediennutzung erlaubt ist und was nicht.

Hilfreiche Materialien

Auf der Internetseite klicksafe.de finden sich nicht nur Angaben dazu, wie viel Zeit Kinder in welchem Alter maximal vor dem Bildschirm verbringen sollten, es stehen zum Beispiel auch zahlreiche hilfreiche Materialien für Eltern zur Verfügung. So kannst du hier einen Leitfaden zur sicheren Nutzung von Netflix, Disney+ und anderen Streamingdiensten oder ein ausdruckbares Plakat zu Warnsignalen im Chat als kostenfreies PDF herunterladen. Weitere Materialien wie etwa Broschüren zu „Spielregeln im Internet“ oder Webcam-Sticker sind – häufig ebenfalls kostenfrei – bestellbar.

Fünf Apps für Kids von 2 bis 8

Genauso wichtig wie die Festlegung der Bildschirmzeit ist die Auswahl der Inhalte für Kids. Wir haben fünf Apps zusammengestellt, die sich für Kinder vom Kindergarten- bis zum Grundschulalter eignen.

Kikaninchen

Die Kikaninchen-App ist im hübschen Scherenschnitt-Stil gestaltet und funktioniert ähnlich wie Die Maus. Mit dem Finger auf dem Display können die Kleinen das Kikaninchen bewegen, umherlaufen und kleine Spiele oder Überraschungen entdecken. Videos des Kinderkanals von ARD und ZDF lassen sich in der App ebenfalls anschauen. Leider gab es in der Vergangenheit bei uns mitunter Tonprobleme in der App. Kikaninchen ist kostenfrei.

Preis: kostenfrei **Web:** www.kika.de

Schlaf gut Waldtiere

Es ist eine sehr niedlich designte App, in der sieben interaktive Waldtiere ins Bett gebracht werden müssen. Die App eignet sich gut für ein abendliches Ritual, um die Kleinen aufs Schlafen einzustellen. Weiterhin sind vom Hersteller Fox & Sheep auch die Apps „Schlaf gut" und „Schlaf gut Zirkus" erhältlich. „Schlaf gut" wurde bereits als App des Jahres von Apple auszeichnet. Die „Schlaf gut"-Apps kosten jeweils 4,50 Euro und eignen sich für Kinder ab zwei Jahren.

Preis: 4,50 Euro **Web:** foxandsheep.de

Fiete Math

Seemann Fiete muss ankommende Schiffe mit einer passenden Anzahl von Containern beladen. Im Vordergrund steht dabei weniger das Hantieren mit Zahlen, sondern das Erkennen und Verstehen von Mengen. So können Kinder grundlegende Rechenstrategien entwickeln und lernen den Zusammenhang zwischen Zahlen und Mengen. Die App ist für Kinder ab vier Jahren geeignet, du solltest allerdings darauf achten, dass keine Frustration entsteht, denn der Schwierigkeitsgrad steigert sich kontinuierlich.

Preis: kostenfrei*
Web: ahoiii.com

Die Maus

Die App zur Sendung mit der Maus begrüßt kleine Anwender:innen zunächst mit der berühmten Titelmelodie der Kindersendung. Im Anschluss können Kids die Maus mit dem Finger durch ihre Welt lenken und dabei versteckte Spiele entdecken. Außerdem gibt es zahlreiche Lach- und Sachgeschichten zum Hören und Anschauen. Die App ist liebevoll aufbereitet und wird ständig erweitert. In der Regel ist Die Maus ab vier Jahren empfohlen.

Preis: kostenfrei **Web:** wdrmaus.de

Toggolino

Toggolino ist eine kostenfreie App, die nach eigenen Angaben über 2.000 Videos, Spiele und Hörspiele bietet. Die App ist übersichtlich in diese drei Bereiche gegliedert und kleine Comicfiguren geben hilfreiche Kommentare zu den einzelnen Kategorien und bieten Kindern Orientierung. Jedes Video, Hörspiel oder Game ist zudem mit einer deutlich sichtbaren Altersangabe versehen (beginnend ab zwei Jahren). Wir empfehlen die kostenpflichtige Variante für 8 Euro – ohne Werbung.

Preis: 8 Euro **Web:** toggoeltern.de

3D-Audio mit den AirPods

Mit den neusten AirPods, den AirPods Pro und den AirPods Max, der Over-Ear-Variante, kannst du vollends in die dreidimensionale Klangwelt eintauchen.

TEXT: **SEBASTIAN SCHACK**

Apples 3D-Audio funktioniert bislang nur mit iPhone, iPad oder M1-Mac in Verbindung mit AirPods 3 AirPods Pro oder AirPods Max.

Wenn du Apples AirPods der dritten Generation, die AirPods Pro oder die AirPods Max besitzt und ein iPhone oder iPad dein Eigen nennst, auf denen iOS oder iPadOS in Version 14 läuft, oder einen Mac mit Apples M1-Chip besitzt, dann kannst du „Spatial Audio" ausprobieren. „Spatial" als Adjektiv leitet sich dabei vom englischen Wort „Space" (zu Deutsch „Raum") ab und beschreibt somit einen räumlichen Klang. Anders als 3D-Videos am Fernseher kann 3D-Audio dabei weit mehr als eine Spielerei sein.

Was ist Spatial Audio?

Wenn wir etwas direkt mit unseren Ohren hören, also ohne Kopfhörer, verändert sich der Klang, wenn wir uns bewegen. Drehst du deinen Kopf von einer Schallquelle weg, nimmst du diese für gewöhnlich als leiser wahr. Wenn in einem modernen Kino der Schall auf einmal von oben kommt und du hochschaust, hörst du mehr davon, weil deine Ohren besser auf die Quelle ausgerichtet sind.

Mit Kopfhörern passiert all das nicht. Wenn du einen Film schaust und deinen Kopf von einer Dialogszene wegdrehst, klingen die Stimmen in deinem rechten Ohr nicht plötzlich lauter als in deinem linken Ohr. Apple simuliert mit seiner Spatial-Audio-Technologie allerdings genau diesen Effekt, sodass du dich im Idealfall in einer „Klangkugel" befindest. Dabei bleibt es unerheblich, wie du deinen Kopf drehst: Jede (virtuelle) Schallquelle im dreidimensionalen Raum verbleibt an ihrem Platz.

Apple hat diese Technologie nicht allein erfunden. Einen ziemlich ähnlichen Ansatz verfolgt Dolby Atmos für Kopfhörer. Auch die 3D-Audiotechnologie von Sonys Playstation 5 macht im Prinzip nichts anderes. Spatial Audio ist gewissermaßen Apples „Geschmacksrichtung" eines häufig genutzten grundlegenden Rezepts.

Warum ist Spatial Audio wichtig?

Pandemie-bedingt ist dein letzter Kinobesuch vermutlich schon einige Zeit her. Aber bestimmt kannst du dich noch daran erinnern. Und vielleicht warst du sogar in einem Kino mit modernem Surround-Sound-System. Besonders bei Actionfilmen hast du schnell das Gefühl, mittendrin zu sein im Geschehen: Während vorn links jemand spricht und über dir ein Helikopter kreist, explodiert rechts hinter dir etwas.

Dies ist ein Erlebnis, das du daheim nur schwierig nachstellen kannst. Ja, es gibt 7.1-Soundsysteme oder Soundbars, die einen solchen Klang vorzugaukeln versprechen, und inzwischen sogar Dolby-Atmos-Systeme fürs Wohnzimmer – alles Dinge, die sich längst nicht jeder leisten kann oder will.

Für guten Klang zu Hause sind Kopfhörer nach wie vor eine Alternative. Nur sind diese in ihrer klassischen Form maximal nur stereofähig. Pseudo-Surround-Kopfhörer schaffen es mit einigen

Was genau ist Spatial Audio?

Spatial Audio ermöglicht Surround-Sound-Effekte in Abhängigkeit von der Position deines Kopfs in Relation zum Bildschirm. Wenn du den Kopf vor dem Display bewegst, wird der Ton entsprechend nachgesteuert – ganz so, als würde sich das Geschehen tatsächlich in deinem Zimmer abspielen.

Dazu wird auf Basis der Eingabe mehrerer Sensoren kontinuierlich analysiert, wie sich Bildschirm und Kopfhörer zueinander verhalten und das Klangfeld in Echtzeit neu errechnet. So gelingt es, den Eindruck zu erwecken, dass die virtuellen Schallquellen fest im realen Raum verankert sind – eine Akustik, die sich viel besser erleben als beschreiben lässt.

Spatial Audio eignet sich ausgezeichnet für Spiele. Unser Tipp zum Ausprobieren: „Sayonara Hearts".

Tricks, ein wenig von der dreidimensionalen Klangmagie in die binaurale Welt hinüberzuretten, kommen aber nie ans Original heran. Mit Spatial Audio bekommst du ein viel realistischeres Klangerlebnis geboten – eines, das zumindest in Sachen Sound noch immersiver ist als im Kino.

Alles Kopfsache!

Der Schlüssel zu dem beeindruckenden Erlebnis sind die Bewegungssensoren und der Beschleunigungssensor in den AirPods Pro oder Max sowie das Gyroskop im iPhone oder iPad. Zusammen können die Sensoren die Bewegungen deines Kopfs verfolgen und deine relative Position zum abspielenden Gerät bestimmen. Wenn du dich vom Bildschirm entfernst, wird der Sound leiser. Wenn du den Kopf nach links drehst, wird er auf der rechten Seite deines Kopfs lauter.

Technisch gesehen geschieht dafür im Hintergrund nicht viel mehr als die Anpassung der Stereo-Balance und die Nachsteuerung einzelner Frequenzen. Das allerdings zigmal pro Sekunde. So wird aus technologischen Taschenspielertricks eine Klangmagie, wie man sie von Kopfhörern bisher nicht kannte.

Spatial Audio und Apple TV

Spatial Audio funktioniert zumindest vorerst nur in Apples Ökosystem. Allerdings unterstützt selbst Apples eigene Set-Top-Box Apple TV diese Technologie erst nach einem Update. Ohne tvOS in Version 15 bleibt dir das Feature versagt.

Spatial Audio und Musik

Theoretisch möglich, in der Praxis sind wir aber keine Fans davon. Für gewöhnlich wird Musik nach wie vor in Stereo abgemischt. Für Spatial Audio würde man also nicht wie beim Film eine Multikanal-Audiospur nehmen und sie in räumlichen Klang verwandeln, sondern versuchen, den Zweikanalton der Aufnahme künstlich „aufzubohren". Wenn du schon einmal mit den Fake-Surround-Sound-Optionen von TV-Geräten oder Soundbars experimentiert hast, weißt du, dass dies häufig nach hinten losgeht. Außerdem stört der nicht im Raum mitwandernder Klang schnell bei der Konzentration auf die Musik.

Welche Apps sind kompatibel?

Grundsätzlich sind alle Anwendungen geeignet, die 5.1- beziehungsweise 7.1-Surround-Sound oder die Wiedergabe von Dolby Atmos unterstützen. Aktuell gehören neben Apple TV+ auch die Videostreaming-Dienste Amazon Prime Video und Disney+ dazu. Netflix zierte sich zu Redaktionsschluss noch,

Atmosphärischer Raumklang

Die Geschichte des Surround-Sounds reicht zurück bis zum Disney-Trickfilm „Fantasia" (1940). Aktuelle Systeme orientieren sich an dem, was die Dolby Laboratories in den 1970er-Jahren auf den Markt brachten. Aus heutiger Sicht handelt es sich dabei um 3.2-Systeme: drei Lautsprecher- und zwei Basskanäle. Das erste 5.1-System kam vermutlich 1987 im Pariser Varieté „Moulin Rouge" zum Einsatz. Bis heute gehören 5.1- und 7.1-Systeme zum guten Ton in Heimkinos.

Was diesen Systemen im Vergleich zu Dolby Atmos fehlt, ist der Klang von oben. Dolby Atmos bietet 360-Grad-Sound. Dabei stellt das neue System eine Abkehr vom Denken in Kanälen dar und verlagert das Audiogeschehen auf Orte im dreidimensionalen Raum. Somit gibt es keine dedizierten Lautsprecher für vorn, hinten, der Mitte, links oder rechts. Der Sound kommt in der Regel aus mehreren Lautsprechern, abhängig von ihrer Position. Mit Spatial Audio versucht Apple ebendies auf Kopfhörer zu übertragen.

Mit Spatial Audio findet in deinem Kopfhörer statt, was sonst nur im Kino oder mit sehr teuren Heimanlagen möglich ist.

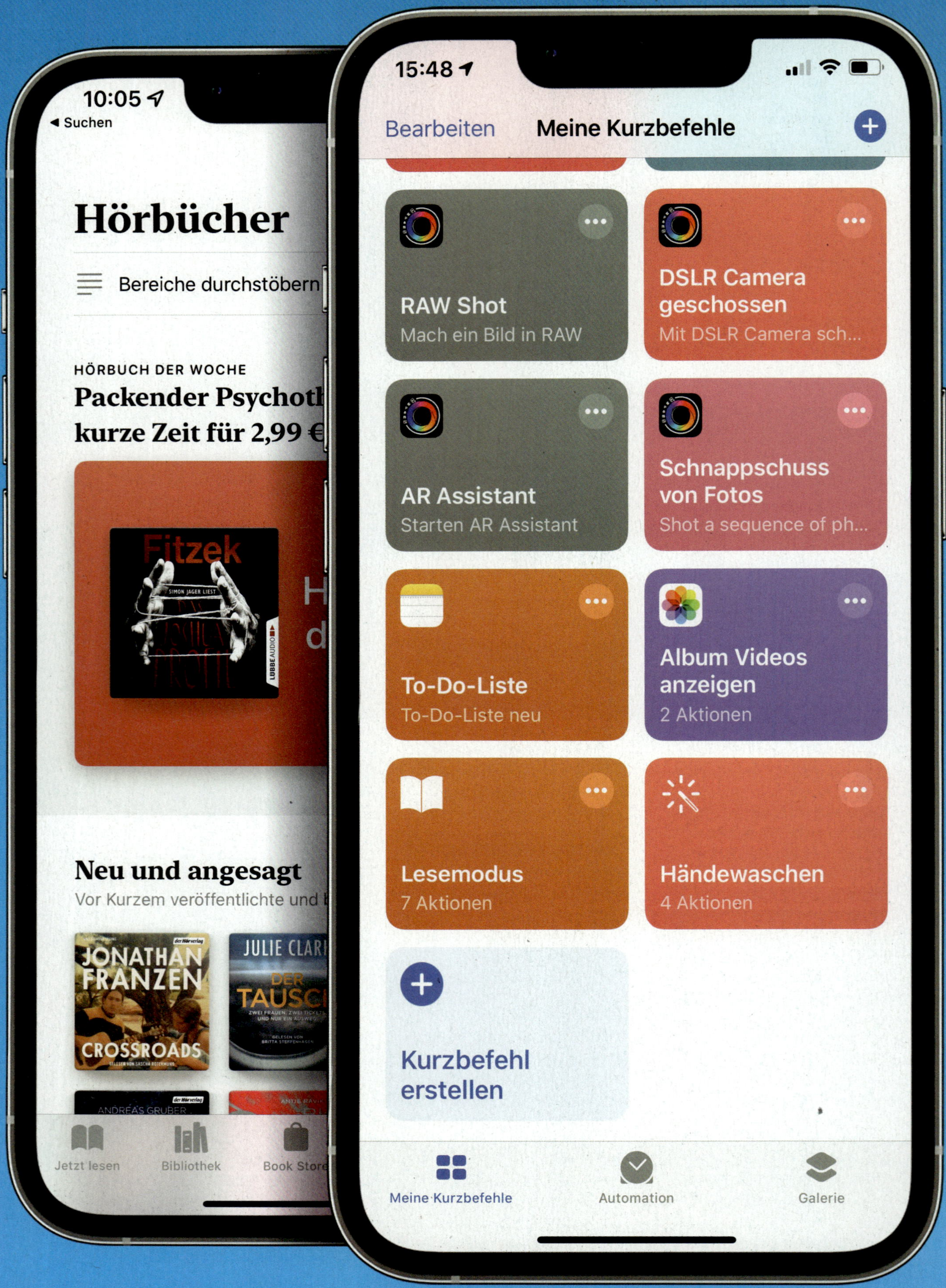
10:05
Suchen
Hörbücher
Bereiche durchstöbern
HÖRBUCH DER WOCHE
Packender Psychot
kurze Zeit für 2,99 €
Fitzek
Neu und angesagt
Vor Kurzem veröffentlichte und
JONATHAN FRANZEN
CROSSROADS
JULIE CLAR
Jetzt lesen
Bibliothek
Book Store
15:48
Bearbeiten
Meine Kurzbefehle
RAW Shot
Mach ein Bild in RAW
DSLR Camera geschossen
Mit DSLR Camera sch...
AR Assistant
Starten AR Assistant
Schnappschuss von Fotos
Shot a sequence of ph...
To-Do-Liste
To-Do-Liste neu
Album Videos anzeigen
2 Aktionen
Lesemodus
7 Aktionen
Händewaschen
4 Aktionen
Kurzbefehl erstellen
Meine Kurzbefehle
Automation
Galerie

Das iPhone im Alltag

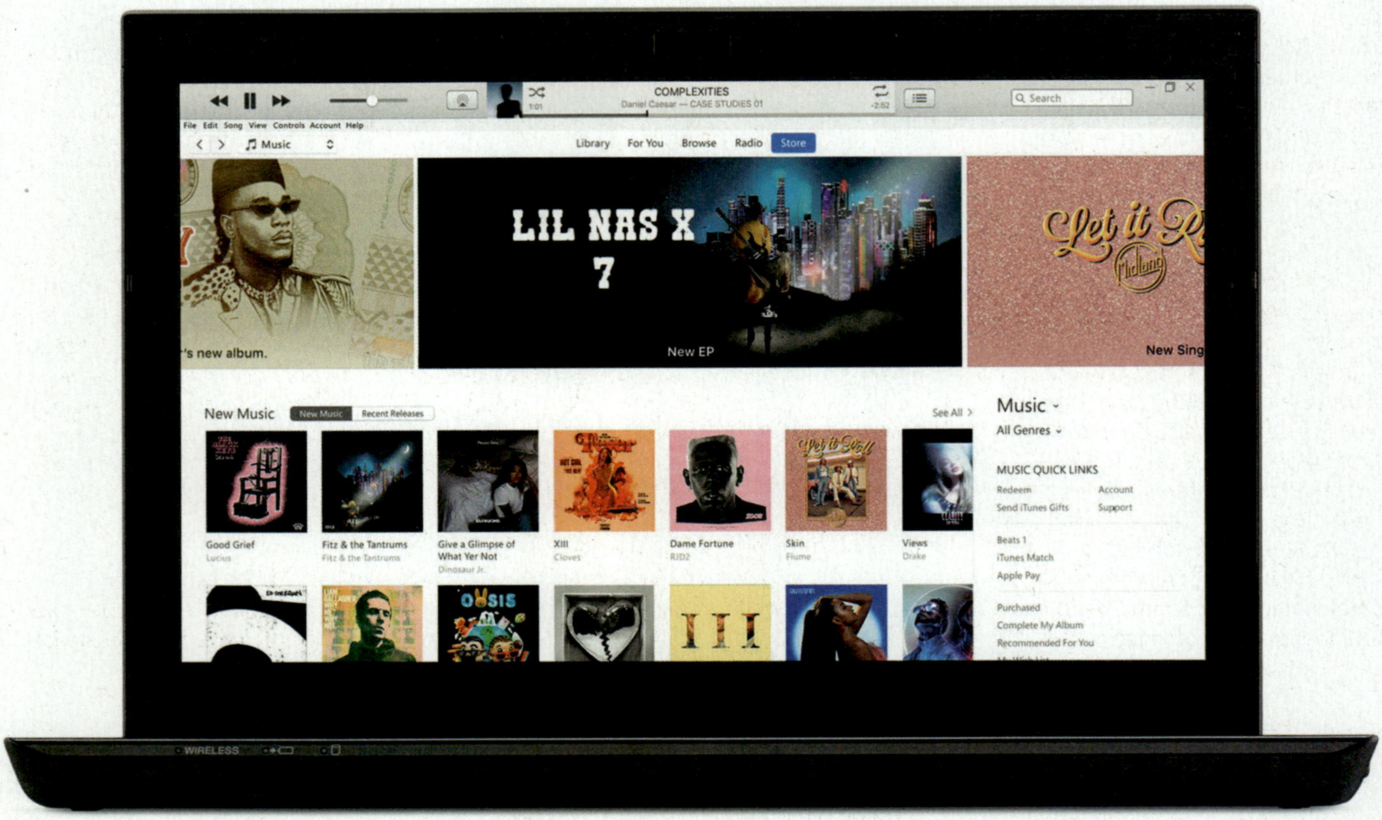

iPhone mit Windows 10 synchronisieren

Für Windows gibt es iTunes, um iPhones mit dem PC zu sichern, zu synchronisieren und Daten auszutauschen. Wir zeigen dir, wie das geht.

TEXT: **THOMAS JOOS**

Während Apple in macOS iTunes längst durch einzelne Apps ersetzt hat, ist die Software für die Synchronisierung mit Windows 10 immer noch der Standardweg, um Daten zwischen Windows und iOS auszutauschen, iPhones zu sichern und Musik oder andere Dateien zu synchronisieren. Allerdings arbeitet Apple auch an einzelnen Apps für Windows (und testet diese aktuell bereits intern), die iTunes in Windows in Zukunft nach und nach ersetzen sollen.

Bis diese Apps erscheinen, dauert es allerdings noch etwas. Und auch nach dem Erscheinen ist iTunes noch einige Zeit eine feste Größe, wenn es um die Zusammenarbeit von iOS und Windows geht. Expert:innen erwarten, dass erste Versionen der verschiedenen Apps im Herbst 2021 im Microsoft-Store erscheinen sollen. Ob diese iTunes komplett ersetzen werden, bleibt abzuwarten. Im Falle der Verwaltung von Musik steht der Wechsel allerdings praktisch fest.

Auf Windows-PCs ist derzeit iTunes noch der beste Weg für die Datensicherung von iPhones, wenn die Sicherung nicht in der Cloud erfolgen soll. Derzeit ist nicht klar, ob die neuen Apps das auch können werden. Natürlich ist es auch für Windows-Nutzer:innen möglich, die Sicherung direkt in iCloud vorzunehmen. Unter Umständen erfordert das aber zusätzlich erworbenen Cloud-Speicher.

Apple will darüber hinaus die lokale Synchronisierung für Kontakte und Kalender aus iTunes entfernen. Auch hier empfiehlt sich als Alternative die iCloud.

Kurzinfo

Mit iTunes synchronisierst und sicherst du dein iPhone mit Windows. Auch der Zugriff auf Apple Music ist dadurch in Windows möglich, inklusive Streaming auf anderen Geräten.

iTunes installieren

Die eigentliche Installation von iTunes ist in Windows 10 kein Problem. Der Download erfolgt entweder über den App-Store in Windows oder durch den Download bei Apple (apple.com/de/itunes). Mit wenigen Klicks ist die Software in Windows installiert. Nach der Installation und dem ersten Start ist zunächst die Anmeldung mit der Apple-ID notwendig. Du kannst die Anmeldung auch nachträglich über den Menüpunkt „Account" vornehmen. Die Anmeldung ist zum Beispiel notwendig, wenn du Apple Music mit iTunes in Windows nutzen willst. Durch die Anmeldung steht in iTunes beispielsweise dein Apple Music-Abo mit allen Inhalten deiner Mediathek unter Windows zur Verfügung.

Die Steuerung der einzelnen Funktionen für Multimediadateien findet vor allem über die fünf Menüpunkte „Mediathek",

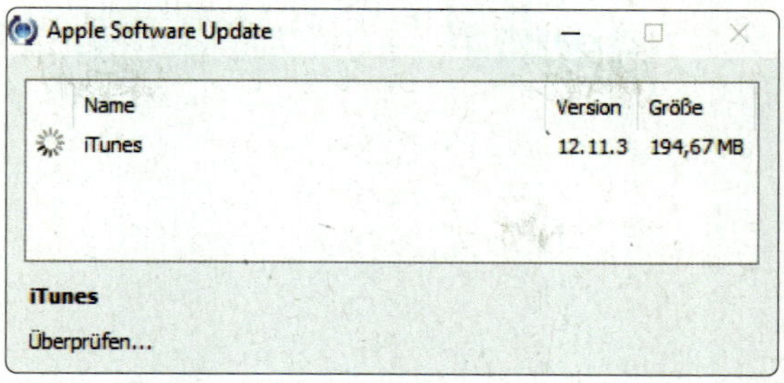

Du solltest möglichst immer die neueste Version von iTunes in Windows einsetzen.

„Für dich", „Entdecken", „Radio" und „Store" in der Mitte des Programmfensters statt. Oben links sind die Windows-Menüs zu finden, mit denen du die Systemeinstellungen von iTunes steuerst. Wichtig sind hier die Menüpunkte „Datei" und „Bearbeiten". Mit „Bearbeiten > Einstellungen" kannst du iTunes besser an deine Anforderungen anpassen. In den meisten Fällen sind hier keine Einstellungen zu ändern, es ist aber sinnvoll, die Optionen zumindest einmal durchzugehen.

Um Mediadaten wiederzugeben, hat Apple oben links die Wiedergabesteuerung integriert. Über die Schaltfläche mit den Kreisen oben links ist es auch möglich, von Windows aus Dateien auf Apple TV oder auf anderen Geräten abzuspielen. Durch einen Klick kannst du das jeweilige Gerät auswählen. Auf der rechten Seite kannst du deine iTunes-Mediathek und den Store durchsuchen. Diese Funktionen sind auch verfügbar, wenn dein iPhone nicht mit Windows verbunden ist.

Sicherheit

Wenn du iTunes in Windows installierst, musst du einiges beach-

So geht's: iTunes-Mediathek auf einen anderen Windows-PC verschieben

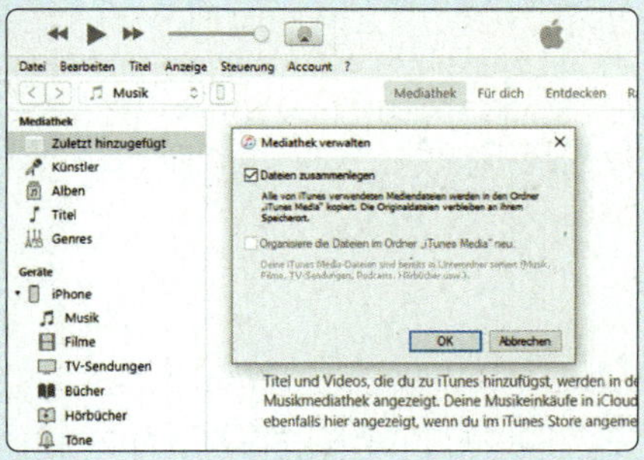

1 Öffne auf dem PC iTunes und klicke auf „Datei > Mediathek". Wähle „Mediathek organisieren" und danach „Dateien zusammenlegen". Bestätige die Einstellung mit „OK".

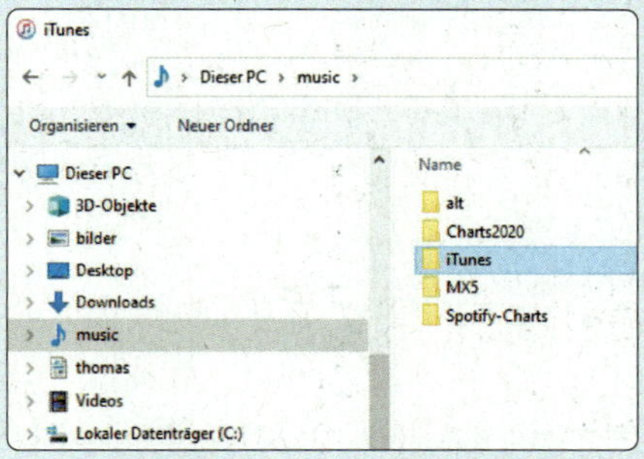

2 Navigiere im Windows-Explorer zum Ordner deiner Mediathek. Normalerweise ist dieser unter C:\Benutzer\<Benutzername>\Music\iTunes zu finden.

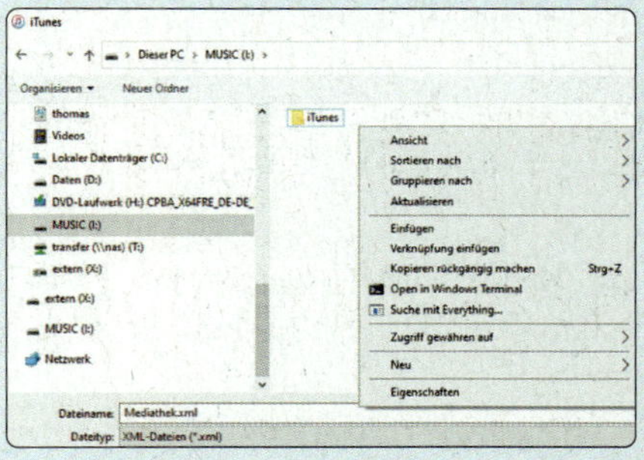

3 Kopiere am besten den ganzen iTunes-Ordner auf einen USB-Stick oder eine externe Festplatte. Auch das Kopieren über das Netzwerk ist möglich.

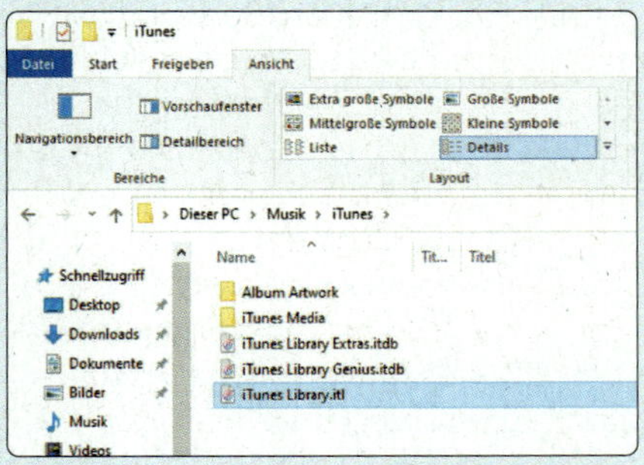

4 Danach kopierst du den Ordner auf dem neuen PC an genau die Stelle, wo später die Mediathek von iTunes verfügbar sein soll. Das muss nicht im Benutzungsprofil sein.

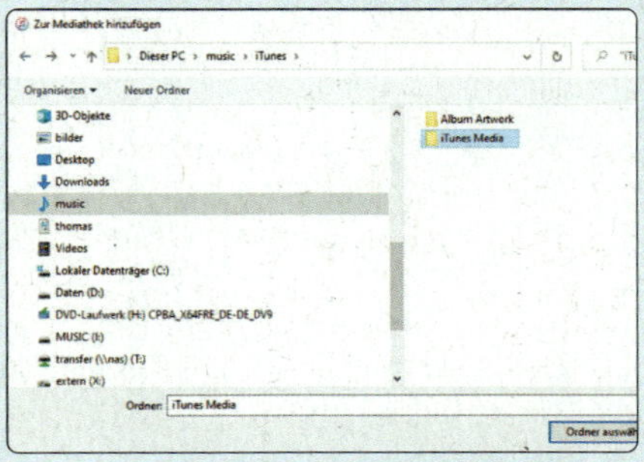

5 Installiere erst jetzt iTunes und wähle bei der Installation als Verzeichnis für die Mediathek den kopierten Ordner aus und die Datei „iTunes Library.itl".

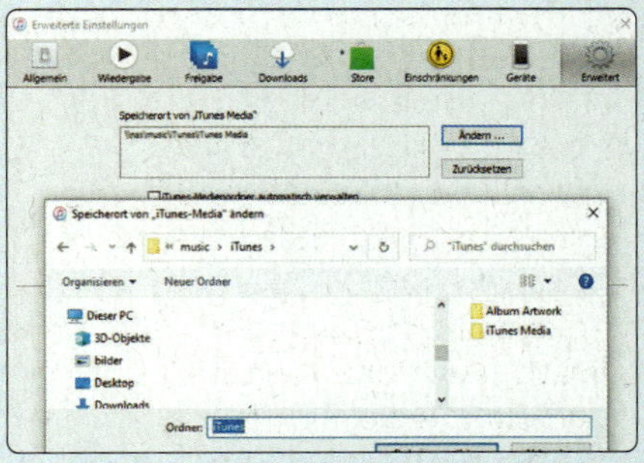

6 iTunes integriert diese Datei und die kopierte Mediathek. Du kannst das über „Bearbeiten > Einstellungen" über „Erweitert" überprüfen und anpassen.

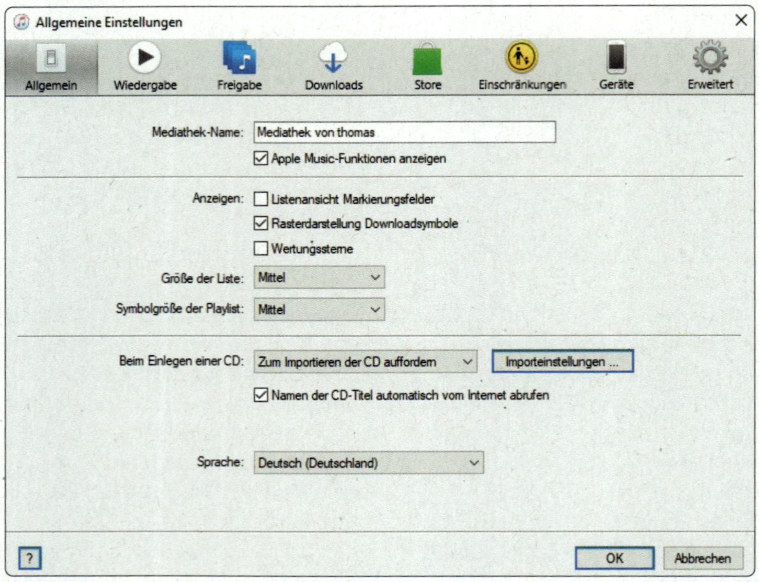

In den Einstellungen von iTunes kannst du die Software optimal an deine Anforderungen anpassen.

ten. Zunächst solltest du immer die neueste Version von iTunes installieren und diese auch aktuell halten. Mit der Version 12.11.3 hat Apple zum Beispiel vier kritische Sicherheitslücken geschlossen. Du solltest daher mindestens diese Version einsetzen, besser eine aktuellere. Du siehst die installierte Version durch Auswahl von „?“ und „Info“.

Damit du immer auf der sicheren Seite bist, kannst du mit „Bearbeiten > Einstellungen“ die Optionen von iTunes aufrufen. Über den Menüpunkt „Erweitert“ findest du „Automatisch nach neuen Softwareupdates suchen“. Diese Option solltest du aktivieren, damit du eine Information erhältst, wenn ein Update für iTunes vorliegt. Hier kannst du iTunes dann auch gleich aktualisieren. Wie das geht, zeigen wir in einem Workshop in diesem Beitrag.

Internetverbindung richtig konfigurieren

Wenn du dein iPhone über ein Kabel mit dem PC verbindest, erstellt Windows automatisch ein Netzwerk. Abhängig von der Konfiguration deines PCs kann es passieren, dass dadurch Windows nicht mehr deine standardmäßige Internetverbindung nutzt, sondern die Mobilfunkverbindung des iPhone. Das passiert vor allem dann, wenn du auf dem iPhone den persönlichen Hotspot aktiviert hast. Es ist daher sinnvoll, diesen bei der Verbindung mit Windows zu deaktivieren.

Du siehst diese Netzwerkverbindung, wenn du in Windows die Konfiguration der Netzwerkverbindungen durch Eingabe von „ncpa.cpl“ im Suchfeld der Taskleiste startest. Die Netzwerkverbindung des iPhone ist hier mit „Apple Mobile Device Ethernet“ zu sehen. Deaktivierst du auf dem iPhone den persönlichen Hotspot, deaktiviert Windows diese Netzwerkverbindung und nutzt die Standardverbindung im Netzwerk.

iTunes ist in Windows eine ideale Ergänzung zu den Möglichkeiten von iCloud und kann dabei helfen, dein iPhone zu sichern und wiederherzustellen.

iPhone mit iTunes synchronisieren

Nachdem du das iPhone mit dem Windows-PC verbunden und die Anbindung an iTunes auf dem iPhone und in iTunes autorisiert hast, kannst du auch lokale Daten und deine Mediathek mit deinem iPhone synchronisieren. Klickst du auf das Icon für das Anzeigen der iTunes-Steuerung für das iPhone (rechts neben dem Menüpunkt „Musik“ oben links), kannst du dich an die Anpassung der Synchronisierung machen.

So geht's: iTunes und andere Apple-Programme in Windows aktualisieren

1 Öffne in iTunes „Bearbeiten > Einstellungen“ und wechsle zu „Erweitert“. Aktiviere die Option „Automatisch nach neuen Softwareupdates suchen“.

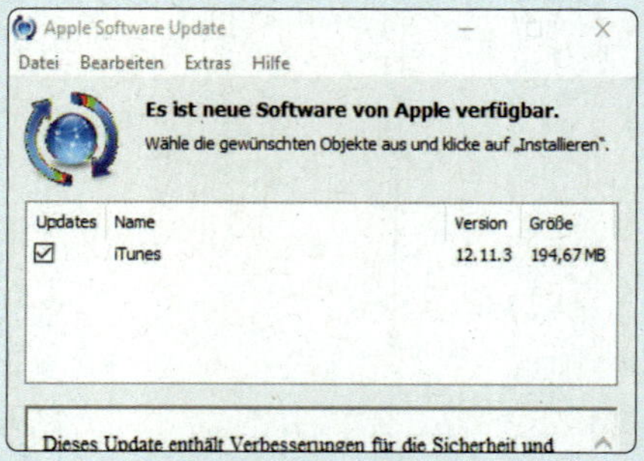

2 Suche im Suchfeld der Taskleiste nach „Apple Software Update“ und starte das Programm. Beim Start sucht das Tool nach neuen Versionen und zeigt diese an.

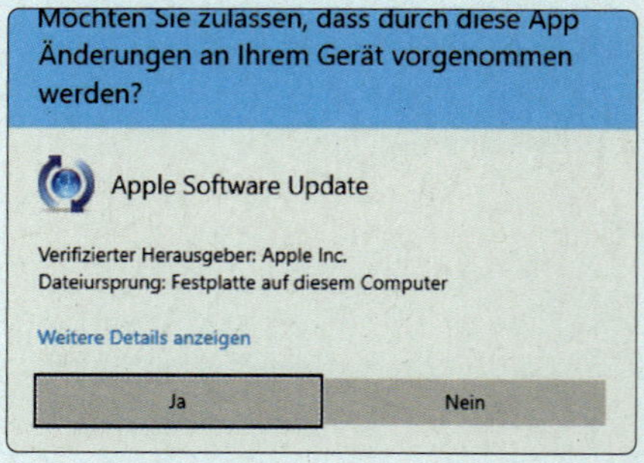

3 Mit „Objekt installieren“ aktualisierst du iTunes und andere Apple-Programme in Windows. Dazu musst du die Benutzerkontensteuerung bestätigen.

Klicke im Menü links bei „Einstellungen“ auf „Musik“. Hier kannst du mit „Musik synchronisieren“ aktivieren, dass das iPhone über iTunes die lokale Mediathek auf das iPhone synchronisiert. Standardmäßig synchronisiert iTunes bei der Verbindung des iPhone die ganze Mediathek. Du kannst aber auch die Option „Ausgewählte Playlists, Künstler, Alben und Genres“ aktivieren. Danach kannst du ausführlicher auswählen, was du synchronisieren willst.

Über den Menüpunkt „Filme“ synchronisierst du deine gekauften Filme. Das gilt auch für den Menüpunkt „TV-Sendungen“. Wenn du deine Fotos auf dem iPhone nicht mit iCloud synchronisieren willst, kannst du mit „Fotos“ eine Synchronisierung zwischen iPhone und dem lokalen Rechner über iTunes durchführen. Mit „Infos“ synchronisierst du Kontakte und Termine. Apple will diese Funktion aber in zukünftigen Versionen von iTunes entfernen. Aktivierst du diese Funktion, erscheint eine entsprechende Warnung.

Über den Menüpunkt „Dateifreigabe“ kannst du Dateien zwischen deinem iPhone und Windows austauschen. Dadurch kannst du Dokumente vom iPhone auf deinen Windows-PC übertragen. Über „Datei hinzufügen“ im unteren Bereich kannst du Dateien auch von Windows auf das iPhone übertragen.

Wenn du deine Einstellungen gesetzt hast, kannst du mit der Schaltfläche „Synchronisieren“ die Vorgänge starten. In Zukunft synchronisiert das iPhone die Daten automatisch, wenn du es mit dem Lightning-Kabel schließt. Wenn das iPhone gerade Daten zwischen Windows und iOS austauscht oder das iPhone sichert, siehst du das am drehenden Kreis oben links bei deinem iPhone.

iPhone sichern, aktualisieren und wiederherstellen

Über den Menüpunkt „Übersicht“ bei „Einstellungen“ kannst du auch nach Updates für dein iPhone suchen. Dazu steht die Schaltfläche „Nach Update suchen“ zur Verfügung. Funktioniert dein iPhone nicht mehr richtig, kannst du mit der Schaltfläche „iPhone wiederherstellen“ eine lokale Wiederherstellung starten.

Back-ups in iTunes erstellst du nach der Auswahl von „Backup jetzt erstellen“. Du hast hier auch die Möglichkeit, die Datensicherung mit „Backups verschlüsseln“ zu verschlüsseln. In diesem Fall kann iTunes auch vertrauliche Daten und gespeicherte Kennwörter sichern. Wenn du dein iPhone wiederherstellen musst, ist das mit einem verschlüsselten Back-up einfacher, da hier fast alle Daten enthalten sind.

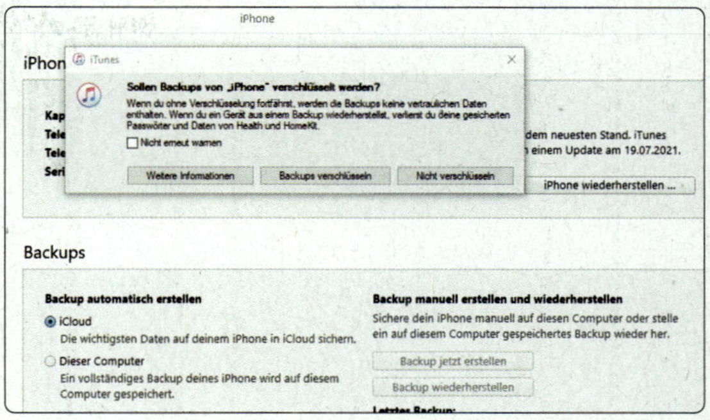

In iTunes sicherst du auf Wunsch auch dein iPhone lokal.

Ohne eine Verschlüsselung musst du viele Daten nach der Wiederherstellung manuell eingeben. Für die Verschlüsselung musst du ein Kennwort definieren, das du unbedingt gut aufbewahren musst. Ohne dieses kannst du Daten aus dem Back-up nicht wiederherstellen.

Neben der vollständigen Wiederherstellung eines iPhone kannst du mit „Backup wiederherstellen“ ein iPhone zu einem bestimmten Zeitpunkt wiederherstellen. Willst du dein iPhone nicht in iCloud sichern, sondern lokal in Windows, musst du bei „Backup automatisch erstellen“ die Option „Dieser Computer auswählen“. Auch hier solltest du die Option „Lokales Backup verschlüsseln“ festlegen. Das Kennwort dazu kannst du bei „Passwort ändern“ verwalten.

So geht’s: iPhone mit iTunes aktualisieren, sichern und synchronisieren

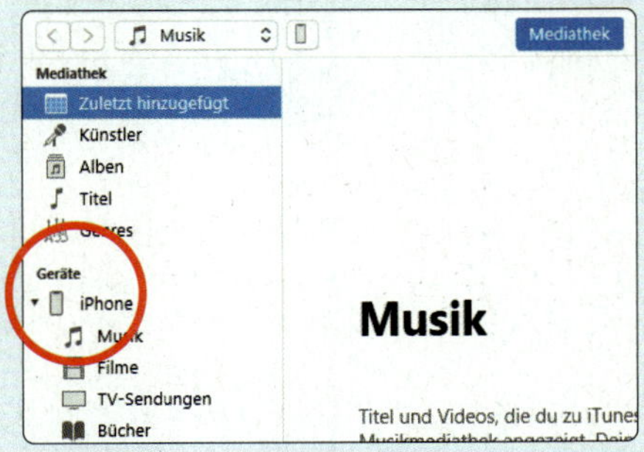

1 Verbinde dein iPhone mit dem Apple Lightning-Kabel mit deinem PC und bestätige alle Meldungen in Windows und auf dem iPhone für die erfolgreiche Verbindung.

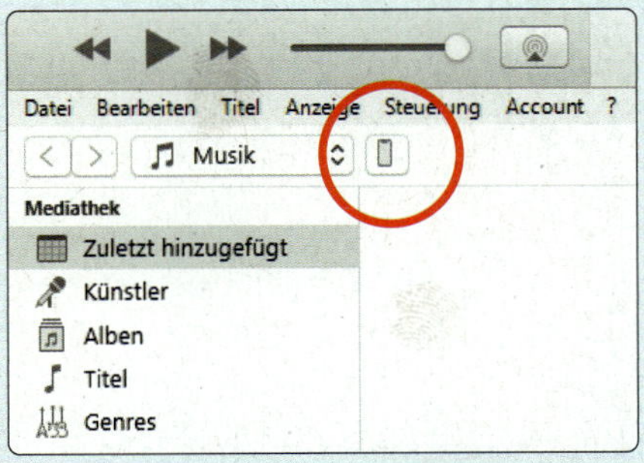

2 Links oben siehst du neben dem Menü „Musik“ eine Schaltfläche. Klickst du auf diese, öffnet sich die Übersicht für dein iPhone in iTunes.

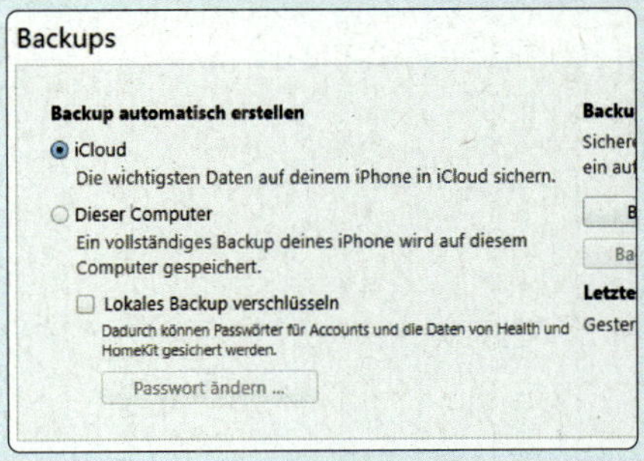

3 Bei „Backups“ kannst du einstellen, wo du das iPhone sichern willst und kannst auch gleich ein Backup erstellen. Auch wichtige Daten des iPhone siehst du hier.

Foto: RossHelen/iStock/Getty Images Plus

Lauschen statt lesen

Ein gutes Buch ist wie ein kleiner Urlaub. Im stressigen Alltag fehlt es aber oft an Zeit und Ruhe. Hörbücher sind daher eine gute Alternative. Mit diesen Apps und Diensten wirst du (wieder) zur Leseratte.

TEXT: **CHRISTIAN STEINER**

Im modernen Alltag fehlt es meist an Zeit. Ganz besonders fehlt die Gelegenheit für lange, intensive und ausführliche Texte. Wer sich also bisher vergeblich vornahm, mehr zu lesen, könnte mit Hörbüchern das Zeitproblem lösen. Anstatt also abends übermüdet mit einem Buch einzuschlafen oder hastig im öffentlichen Nahverkehr einen Halbsatz zu verschlingen, kannst du dir deine Lieblingsbücher als Hörbuch vorlesen lassen. Damit bist du unabhängiger, mobiler und kannst dich besser auf die Werke konzentrieren.

Der digitale Hörbuchmarkt ist groß und umkämpft. Im App Store gibt es eine Vielzahl von Diensten, die dir auf unterschiedliche Weisen Hörbücher präsentieren. Manche arbeiten mit einer Flatrate, andere schenken dir jeden Monat ein Hörbuch. Wiederum andere funktionieren besonders gut für Familien und dann ist da noch die Frage nach den exklusiven Inhalten pro Plattform. Wir zeigen dir, welche Hörbuch-App am besten zu dir passt.

Audible: exklusiv und Einzelkauf

Die wohl bekannteste Hörbuchplattform ist das Amazon-Tochterunternehmen Audible. Hier bekommst du neben Hörbüchern auch Hörspiele, Podcasts und einen großen Katalog an exklusiven Inhalten und aufwendigen Eigenproduktionen. Für Amazon-Prime-Kund:innen gibt es ein erweitertes Testprogramm zum Ausprobieren. Nach der Testphase startet das kostenpflichtige Monats-Abo bei Audible. Für rund 10 Euro bekommst du dann einen sogenannten Credit auf dein Konto gutgeschrieben. Diese Gutschrift kannst du sammeln und später einlösen. Mit den Credits kaufst du einzelne Hörbücher. Das heißt im Umkehrschluss, dass du für jedes Hörbuch rund 10 Euro bezahlst. Manchmal gibt es zwei Hörbücher zum Preis von einem Credit. Eifrige Leseratten können weitere Credits dazukaufen. Das Abo kannst du monatlich kündigen und deine bisherigen Hörbücher dann behalten. Wer gar keine Lust auf ein Abo hat, kann Hörbücher direkt bei Audible kaufen. Die Preise variieren, aber besonders umfangreiche Hörbücher können bis zu 36 Euro das Stück kosten. Das Abo-Modell hat deshalb das beste Preis-Leistungs-Verhältnis.

Darüber hinaus bietet Audible mittlerweile exklusive Podcast-Produktionen an. Diese erstehst

Book Store

Neben den hier vorgestellten Apps gibt es natürlich noch die Bücher-App von Apple, in der du auch Hörbücher kaufen kannst.

du nicht mit einem Credit. Stattdessen kannst du mit einem aktiven Audible-Abo das gesamte Podcast-Programm kostenfrei nutzen. Bei Kündigung deines Abos verlierst du aber den Zugriff auf diese Audioformate. Die Audible-Integration mit dem Amazon-Kindle-Kosmos ist besonders praktisch. Einige E-Books und Hörbücher unterstützen die Whispersync-Funktion, mit der du dein Audible-Hörbuch und dein Kindle-E-Book auf dem gleichen Lesestand behältst. Falls du also zwischen den Medien wechseln willst, kannst du an der Stelle weitermachen, wo du zuvor aufgehört hast. Vorausgesetzt, du hast neben dem Audible-Hörbuch auch das Kindle-E-Book gekauft und der Titel unterstützt diese Funktion.

Die Audible-App für das iPhone kommt schlicht daher. Hier kannst du auf deine Bibliothek zugreifen und deine erworbenen Hörbücher und Podcasts anhören oder im Audible-Katalog stöbern. Leider kannst du in der Anwendung nicht direkt neue Hörbücher kaufen oder freischalten. Dazu musst du auf den Safari-Browser ausweichen. Der Hörbuchplayer hat einige praktische Funktionen eingebaut. Du kannst die App etwa in den Schlafmodus schicken, sodass die Wiedergabe automatisch stoppt. Lesezeichen setzt du als Audioclips, falls du später beispielsweise Wissenswertes in einem Sachbuch nachschlagen möchtest. Eine reduzierte Player-Ansicht für den Einsatz bei

Links: Der Audible-Katalog ist zwar groß, du musst deine Hörbücher aber im Browser statt in der App kaufen.

Rechts: Das Bookbeat-Angebot ist umfangreich, die Konkurrenz von Audible besitzt aber interessantere Exklusivtitel.

Autofahrten hat die App ebenfalls. Leider ist die Anwendung für die Apple Watch altbacken. Beim Abspielen eines Hörbuchs auf dem iPhone kannst du mit der Watch-App zunächst keine Steuerungen vornehmen. Du musst erst auswählen, dass sich das Hörbuch auf dem iPhone und nicht auf der Watch befindet. Eigentlich sollte dies die App selbst erkennen und wissen. Das ist im Alltag umständlich und ärgerlich.

Trotzdem ist Audible eine klare Empfehlung für Hörbuch-Fans auf dem iPhone. Die App ist solide und zweckmäßig, die Preisstruktur fair und das Angebot – besonders an exklusiven Inhalten – umfangreich und hochwertig.

Bookbeat: Flatrate statt Einzelkauf

Bookbeat setzt hingegen auf das Flatrate-Prinzip. Hier zahlst du einen festen monatlichen Betrag und kannst so viele verschiedene Bücher anhören, wie du möchtest. Vorausgesetzt, du bleibst innerhalb deines Hörstunden-Kontingents. Für rund 10 Euro pro Monat kannst du bis zu 25 Stunden monatlich hören. Im Standard-Tarif zahlst du 15 Euro für 100 Stunden. Wer hingegen komplett unbegrenzt hören möchte, muss 20 Euro pro Monat zahlen. Einen Familientarif für weitere 5 Euro pro Familienmitglied gibt es ebenfalls. In allen Tarifen kannst du den Dienst zwei Wochen kostenfrei testen. Wie bei anderen Flatrate-Diensten üblich, verlierst du nach der Kündigung aber den Zugriff auf deine gehörten Titel. Für Sammler:innen und Wiederholungshörer:innen ist das ein Nachteil.

Bookbeat verspricht einen Katalog mit mehr als 100.000 Titeln. Die Abo-Struktur ist nach Hörstunden und nicht nach der Titel-Anzahl wie bei Audible strukturiert. Dadurch kannst du hier besser mehrere Hörbücher parallel hören. Viele Bücher dauern nicht länger als zehn Stunden, sodass du zumindest theoretisch mehr für dein Geld bekommen kannst als bei der Konkurrenz.

Die iPhone-Anwendung ist besonders schön gestaltet. Auch die Menüführung ist klar und strukturiert. Besonders praktisch: Du kannst deine Hörbücher direkt in der Bookbeat-App herunterladen und musst nicht auf den Browser ausweichen. Neue Titel findest du nach Kategorien, Sprachfiltern oder mit Empfehlungen. Falls das Buch zu einer Reihe gehört, dann zeigt die App einen Schnellzugriff auf die weiteren Titel an. Die Kinderrubrik ist prominent platziert und erfreut Familien.

Der Audio-Player gefällt ebenfalls. Du kannst hier die Abspielgeschwindigkeit verändern, Lesezeichen setzen und einen Einschlaf-Timer einstellen. Einige

Hörbücher für Kinder

Alle drei getesteten Hörbuchdienste bieten auch Titel für Kinder an. Bei Audible findest du zum Beispiel Hörspiele zu Kinderfilmen und Disney-Klassikern. Serien wie Spongebob und Benjamin Blümchen gibt es ebenfalls im Katalog. Bei Bookbeat findest du Kinderbücher für verschiedene Altersstufen und Jugendliteratur. Für deine Kinder kannst du mit weiteren 5 Euro im Monat ein eigenes Profil buchen. Das Familien-Abo bei Nextory können auch deine Kinder nutzen. Dann kostet es aber mindestens 23 Euro pro Monat. Die Navigation nach Alter und Themen in der Kinderbücher-Kategorie ist besonders gut gelungen.

Hörbuchtitel kommen mit unnötig vielen und nichtssagenden Kapiteln daher. Wenn ein Hörbuch mit rund neun Stunden Laufzeit ganze 403 Kapitel hat, dann ist diese Funktion eigentlich überflüssig. Der Bookbeat-Player zeigt zwar den Gesamtfortschritt bei jedem Hörbuch an, aber leider keinen Kapitelfortschritt. Wer also noch schnell das aktuelle Kapitel zu Ende hören möchte, tappt im Dunkeln. Leider ist die Watch-Anwendung rudimentär und besitzt keinen eigenen Audio-Player. Stattdessen nutzt die Anwendung den Standard-Player von watchOS, dem einige praktische Hörbuchfunktionen fehlen. Die Anmeldung in der Watch-App ist unnötig kompliziert.

Bookbeat überzeugt als Flatrate-Angebot mit einer fairen Preisstruktur. Audible besitzt zwar mehr exklusive Titel im Angebot, doch wer gerne viel und viele Bücher parallel hört, findet hier eine gute Alternative. Für Familien ist der Dienst ebenfalls einen Blick wert.

Nextory: Hörbücher und E-Books

Eine weitere Hörbuch-Alternative ist Nextory. Der Dienst verspricht mehr als 300.000 Titel im Katalog. Dort findest du aber nicht nur Hörbücher, sondern auch E-Books. Das ist Fluch und Segen gleichermaßen. Zum einen ist das E-Book-Angebot eine nette Ergänzung für Leseratten. Zum anderen kann es die Freude trüben, wenn du beim Stöbern auf ein tolles Hörbuch stößt, aber auf den zweiten Blick feststellst, dass es doch nur ein E-Book ist. Im Workshop zeigen wir dir, wie du die digitalen Bücher komplett ausblenden kannst.

Für Familien bietet Nextory eigene Kinder-Profile und eine entsprechende Preisstruktur an. Im Silber-Abo zahlst du rund 10 Euro pro Monat und kannst bis zu 25 Stunden hören. Das Gold-Abo kostet 19 Euro und ist unbegrenzt in der Hördauer. Das Familienkonto startet bei 23 Euro für zwei Nutzer:innen. In diesem Paket können bis zu vier Familienmitglieder hören, der Preis steigt dann auf bis zu 30 Euro pro Monat.

Die iPhone-App unterstützt einige wichtige Funktionen. Du kannst einen Sleep-Timer einstellen, die Vorlesegeschwindigkeit ändern und Lesezeichen setzen. Leider gibt es bei Nextory keine Kapitelmarken, was die Navigation im Hörbuch erschwert. Du kannst damit keine Pausen nach Kapitelende setzen, was den Hörgenuss stört. Wer viele Bücher hört, freut

Links: Das Angebot bei Nextory ist zwar groß, aber schwer zu durchdringen.

Rechts: Wer keine Zeit für umfangreiche Hörbücher hat, findet bei Blinkist kurzweilige Zusammenfassungen von Bestsellern.

So geht's: E-Books bei Nextory deaktivieren

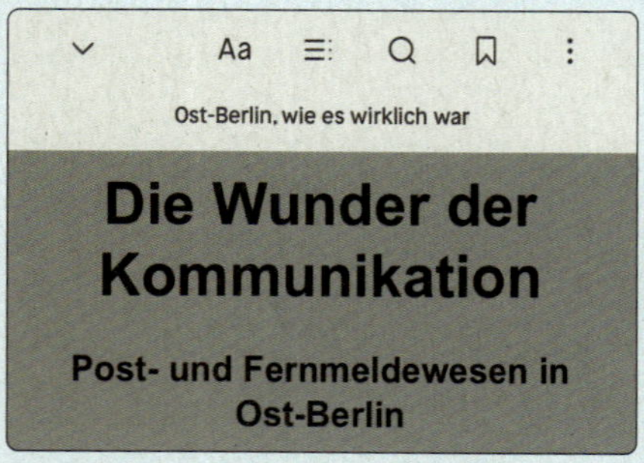

1 Mit Nextory kannst du nicht nur Hörbücher anhören, sondern auch E-Books lesen. Im Katalog markiert die App die digitalen Schmöker mit einem Buchsymbol und vorgelesene Werke mit einem Kopfhörer.

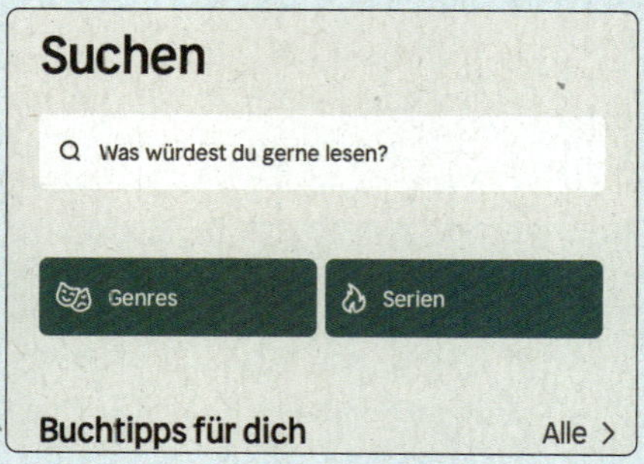

2 Das kann frustrieren, wenn du das gewünschte Hörbuch zwar als E-Book findest, aber nicht hören kannst. Du kannst den Katalog in den Einstellungen anpassen und einzelne Formate ausblenden.

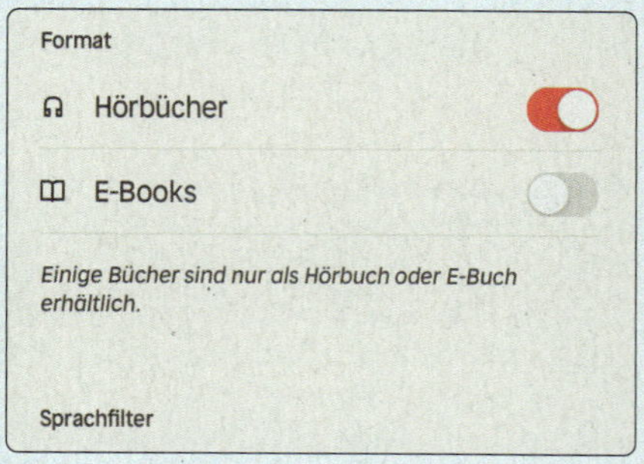

3 Navigiere in die Einstellungen der App. Hier findest du gleich zu Beginn zwei Schalter für die unterschiedlichen Formate. Du kannst eines der beiden Formate komplett deaktivieren oder beide nutzen.

sich über die Tagebuchfunktion. Hier kannst du deinen Lesekonsum eintragen und mit Statistiken nachschlagen, wann du wie viel gelesen hast. Eine eigenständige Anwendung für die Apple Watch gibt es bei Nextory leider nicht.

Blinkist: Kondensierte Häppchen

Manchmal ist weniger mehr. Blinkist versucht, nach diesem Motto aus Büchern kurze Zusammenfassungen zu machen. Rund 15 Minuten Lese- beziehungsweise Hörzeit sind das Ziel der sogenannten Blinks. Das Angebot ist wissensorientiert. Du findest also vor allem Sachbücher, Biografien und Ratgeber im Katalog mit rund 4.500 Titeln. Romane gibt es nicht. Stattdessen bietet der Dienst Kurzfassungen von Podcasts an. Diese Shortcasts sollen ebenfalls das Essenzielle einfangen und dir Zeit sparen. Bisher sind jedoch nur sechs deutschsprachige Formate als Shortcasts verfügbar. Komplette Hörbücher bietet Blinkist zwar ebenfalls an, das Angebot ist aber kaum der Rede wert. Wer die neusten Bestseller hören möchte, findet bei der Konkurrenz das passende Angebot. Für Blinkist sind Hörbücher eher eine Ergänzung zum eigens produzierten Häppchenangebot.

Die App ist aufgeräumt, aber das Angebot überschaubar. Blinkist sammelt zu einigen Oberthemen verschiedene Blinks. Das können Themen wie Finanzen, Fitness oder Elternschaft sein. Leider gibt es keine Bestenlisten oder Bewertungen der Blinkist-Nutzer:innen. Es ist also gar nicht leicht, die interessanten Inhalte zu finden. Darüber hinaus ist das Angebot nicht so umfangreich wie bei der Hörbuch-Konkurrenz von Audible oder Bookbeat. Mega-Bestseller findest du zwar bei Blinkist, doch gerade die spannenden Nischenthemen schaffen es selten zu dem Dienst.

Mit der App kannst du die Audioinhalte anhören oder mitlesen. Zu jedem Blink gibt es zusätzlich eine Textfassung. Diese kannst du nicht nur lesen, sondern auch markieren. Mit der Evernote-Synchronisation kannst du diese Markierungen in den Notizen-Dienst exportieren. Das unterstreicht den Wissensanspruch von Blinkist. Leider gibt es keine Texte oder Skripte für die Shortcasts. Der Audio-Player unterstützt die wichtigsten Funktionen. Du kannst die Vorlesegeschwindigkeit anpassen oder dir einen Sleep-Timer einstellen. Eine Watch-App gibt es leider nicht. Der Dienst kostet rund 80 Euro pro Jahr oder 13 Euro pro Monat. Beim Jahresabo gibt es eine kostenfreie Testphase für eine Woche.

Im Vergleich ist Blinkist eine kostspielige Ergänzung für Wissensjunkies. Ein vollständiges Hörbuch-Abo ersetzt du damit nicht. Wer in die ausufernden Tiefen eines guten Buches eintauchen möchte, wird bei der Konkurrenz glücklich.

	Audible	**Bookbeat**	**Nextory**
Katalog	200.000 Hörbücher und Podcasts	100.000 Hörbücher	300.000 Hörbücher und E-Books
E-Books	✗	✗	✓
Exklusive Hörbücher	✓	✓	✗
Exklusive Podcasts	✓	✗	✗
Familienkonto	✗	✓	✓
Einzelkauf möglich	✓	✗	✗
Flatrate	✗	✓	✓
Testphase	30 Tage*	14 Tage	14 Tage
Preis	10 Euro pro Monat	ab 10 Euro pro Monat	ab 10 Euro pro Monat

So geht's: Englische Blinks und Shortcasts nutzen

1 Das Angebot von Blinkist steht dir zunächst in deutscher Sprache zur Verfügung. Du findest aber auch englischsprachige Blinks und Shortcasts. Dazu navigierst du in die Einstellungen der Anwendung.

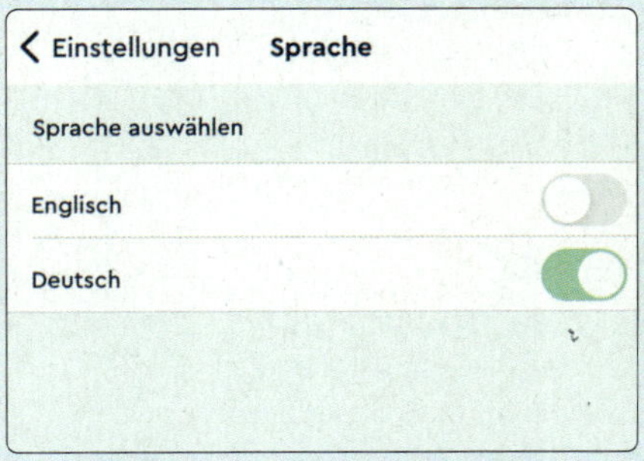

2 Hier findest du unter „Inhalt" einen Eintrag zur Spracheinstellung. Zunächst gibt es dort nur deutsche Titel. Aktiviere den Schalter für „Englisch" und du schaltest das englische Angebot frei.

3 Anschließend verändert sich die Startseite der Blinkist-App. Die Anwendung zeigt dir nun auch englische Titel an und empfiehlt dir englische Sammlungen. Die Suche liefert weitere Ergebnisse.

*60 Tage mit Amazon Prime

Sport in den eigenen vier Wänden

Wem die Eigenmotivation zum Sport schwerfällt, braucht Apps, Geräte, Spiele oder auch Gadgets, um sich ins Training im Eigenheim zu stürzen. Wir stellen dir eine Sammlung vor, die dir das Sporttreiben zu Hause erleichtern kann.

TEXT: **SOPHIE BÖMER**

Sporthallen und -plätze sind geschlossen, Vereine haben den Betrieb eingeschränkt, Fitnessstudios sind zu oder nur mit Termin zugänglich: Wegen der Corona-Pandemie ist Sportmachen nicht mehr so leicht, wie es mal war, wenn es überhaupt jemals leicht war. Es bleibt also nicht mehr viel übrig außer das traute Eigenheim, um sich körperlich nach Lust und Laune zu verausgaben und fit zu halten.

Die Motivation

Auch schon vor der weltweiten Pandemie war Sport nichts, was allen sehr leicht fiel. Sei es ein stressiger Arbeitsalltag, der Sport nicht zulässt, zu viele Verpflichtungen oder Hobbys oder die fehlende Lust, die dir einen Strich durch die Zeitrechnung machen: Manchmal fehlt die Zeit oder eben auch einfach die Motivation, um Sport zu treiben.

Dabei ist es für den Alltag durchaus hilfreich, ab und an mal angestaute Energie mit einer ordentlichen Einheit Sport loszuwerden, um entspannter, ausgelasteter und konzentrierter anderen Beschäftigungen (sowohl bei der Arbeit als auch in der Freizeit) nachzugehen.

Denn Bewegung hilft oft dabei, den Kopf frei zu kriegen. Auch die Anspannungen und Frustrationen des Alltags lösen sich durch körperliche Anstrengung oft leichter in Wohlgefallen auf. Und wer Probleme mit dem Einschlafen hat, sollte sich ebenfalls überlegen, am Abend noch eine kleine Trainingseinheit einzulegen, bevor die Zeit zum Schlafengehen gekommen ist.

Auch gegen körperliche Beschwerden – oft ausgelöst durch langes Sitzen am Schreibtisch dank neuer Homeoffice-Routinen – ist Bewegung oft die beste Medizin. Und wer nicht nur schmerzfrei, sondern auch fit durch den eigenen Alltag kommen möchte, weiß schon längst, was für eine wichtige Rolle Sport spielt. Denn das langfristige Anhalten von körperlicher Fitness und dem Wohlbefinden im eigenen Körper ohne Beschwerden von beispielsweise zu langem Sitzen funktioniert auch nur mit der zugehörigen Portion Sport oder Bewegung.

Wie anfangen?

Doch die Frage nach dem Was und dem Wie lässt viele oft schon vor dem bloßen Versuch, mit dem Sporttreiben anzufangen, aufgeben. Die Gründe dafür können zahlreich sein: Vielleicht hast du es schon einmal versucht und warst so unzufrieden mit dem Angebot, dass du einfach wieder aufgehört hast. Oder du weißt gar nicht, was für eine Art von Sport dir gefällt und bist dir nicht sicher, wo du mit der Suche nach einem geeigneten Angebot anfangen sollst.

Sophie Bömer

»Mich zum Sporttreiben zu motivieren, fällt mir schwer. Mir helfen Zeitpläne, ein leichter Einstieg und Spaß an der Sache, um meine Ziele zu erreichen.«

Auch das Angebot kann schier so überwältigend vielfältig sein, dass du dich womöglich nicht entscheiden kannst. Das gleiche gilt für Sportgeräte, die du dir für eine interessante Sportart anschaffen musst: Sind sie für die eigenen Ansprüche geeignet? Wie funktionieren sie richtig und lohnt es sich überhaupt, sie anzuschaffen?

Wem das Sporttreiben von vorneherein nicht leicht fällt, gibt spätestens hier schon auf – zu groß ist der innere Sport-Muffel. Auch wir von Mac Life haben zum Teil mit diesen Problemen zu kämpfen und haben deshalb den großen Kraftakt gewagt und einen Blick hinein in das riesige Heimsportangebot dieser Welt geworfen, damit du es nicht tun musst oder zumindest einen guten Startpunkt hast.

Foto: Freeletics

Drei kostenfreie Fitness-Angebote

Popsugar Fitness auf Youtube

Der englische Youtube-Kanal von Popsugar Fitness bietet dir eine ganze Reihe an kostenfreien Workouts an, die nicht nur vollkommen ohne Geräte auskommen, sondern auch mehrere Schwierigkeitsgrade von Übungen in einem Video abbilden. Die Workouts dauern zehn Minuten bis zu einer Stunde und sind perfekt für Einsteiger:innen.

Mady Morrison auf Youtube

Yoga-Angebote gibt es wie Sand am Meer, auch auf Youtube. Zu empfehlen ist der deutsche Kanal von Mady Morrison: Die zertifizierte Yoga-Lehrerin stellt auf ihrem Kanal eine Vielzahl an Yoga-Workouts bereit, die für alle Yoga-Interessierten gedacht sind. Möchtest du achtsam deinen Körper fit halten, kommst du hier auf deine Kosten.

Sascha Huber auf Youtube

Mit 1,3 Millionen Abonnements ist Sascha Huber nicht nur körperlich ein Schwergewicht: Auf seinem Fitness-Kanal dreht sich alles rund um Fitness und Muskelaufbau. Entsprechend der Pandemie sind seine aktuellen Videos auch auf das Training von zu Hause ausgerichtet und so auch leicht zugängig für Einsteiger:innen.

Die große, weite Welt des Heimtrainings

Alle Möglichkeiten, die dir dein Zuhause zum Sporttreiben anbieten kann, in einer Produktvorstellung abzudecken, ist sicherlich nicht realistisch. Vielmehr haben wir stichprobenartig getestet, was zum Beispiel die Weiten des Internets zu bieten haben: Wem schon Youtube als Quelle für Trainingsmaterial reicht, stellen wir drei Kanäle vor, die dir eine Vielzahl an Übungen, Tipps und Trainingseinheiten kostenfrei anbieten.

Der App Store von Apple hat auch einen beinahe unerschöpflichen Vorrat an Sport-Apps im Angebot, die sowohl Workouts anbieten als auch Apps, die zum Gehen, Spazieren und Laufen motivieren – also nicht nur für zu Hause. Wir haben dir die besten Apps herausgesucht.

Außerdem haben wir eine Auswahl an mehr oder weniger smarten Gadgets für dich gesammelt, die dir das Training erleichtern oder dich dazu motivieren können.

Der große Star der Vorstellung ist das Peloton Bike, das nicht nur das Fahrradfahren zu Hause ermöglicht, sondern auch umfangreiche Workout-Programme bietet, die nicht nur an das Rad gekoppelt sind.

Für all diejenigen, die sich beim Sport auch gerne spielerisch unterhalten lassen wollen, stellen wir auch derzeitige Konsolen- und VR-Spiele vor, die dich nicht nur in die richtige Stimmung fürs Sporttreiben verführen, sondern dich außerdem ordentlich ins Schwitzen bringen können. Wenn dir diese Angebote à la Wii Fit zu wenig herausfordernd wirken, dann sei gewarnt: Einige Sportspiele sind nicht zu unterschätzen und wenn du wirklich eine Herausforderung daraus machen willst, kannst du das spielerische Training auch mit Gewichten auf die nächste Stufe heben.

Fitness im Wohnzimmer

Gymondo

Gymondo bietet mehr als nur die übliche Workout-Sammlung: Neben umfangreichen Trainingsplänen über mehrere Wochen bekommst du auch eine große Rezeptsammlung für eine ausgeglichene und fitnessorientierte Ernährung. Diese sind nach verschiedenen Kategorien geordnet, sodass du zu jedem Anlass ein passendes Rezept finden kannst. Ein besonderes Plus der App sind die Videos zu den Workouts. Zwar sind diese in erster Linie auf Englisch, allerdings sind immer drei Trainer:innen zu sehen, die die Übungen in unterschiedlichen Schwierigkeitsgraden vorführen. So kannst du flexibel während des Workouts entscheiden, welche Übung du in einer zugänglicheren oder herausfordernderen Form machen möchtest.

Preis: 84 Euro/Jahr
Web: www.gymondo.com

Seven

Im Wissen, dass Arbeitende oft wenig Zeit für Sport in ihrem Alltag haben, bietet Seven kompakte Trainings an, die nur sieben Minuten dauern. So bietet sich die App perfekt an, um morgens vor dem Frühstück oder abends vor dem Schlafengehen eine kurze, effektive Trainingseinheit einzulegen und die Muskeln ein wenig zu fordern. Durch die detaillierte Kategorisierung der einzelnen Trainings sind sie nach verschiedenen Körperbereichen oder Zielen geordnet, sodass du je nach Wunsch besonderen Fokus auf Oberkörper, Kardio-Training oder auf das Abnehmen legen kannst. Außerdem funktioniert die App wie ein kleines soziales Netzwerk, in dem du dich mit deinen Freund:innen vergleichen und vernetzen kannst.

Preis: 60 Euro/Jahr
Web: www.seven.app

Freeletics

Freeletics lockt all diejenigen, die bereits eine gewisse Sportroutine haben oder zumindest in der Vergangenheit schon Erfahrungen und entsprechende Geräte zum Trainieren zur Verfügung hatten. Denn neben dem Angebot von 300 Übungen und Trainingsplänen, mit denen du fit werden kannst, trackt die App beispielsweise auch deine Laufaktivitäten. Darüber hinaus bietet sie eine Abo-Erweiterung an, die dich bei deiner Ernährung unterstützt, indem sie dir Rezepte und Artikel rund ums Thema bereitstellt. Was die App im Gegensatz zu anderen getesteten Angeboten ebenfalls bietet: Du kannst Übungen aus deinem Trainingsplan ausblenden, solltest du sie aus körperlichen oder ausstattungstechnischen Gründen nicht ausführen können.

Preis: 80 oder 120 Euro/Jahr
Web: www.freeletics.com

Asana Rebel

Asana Rebel versteht sich nicht nur als bloße Fitness-App, die dich mit Workouts versorgt, sondern legt auch starken Fokus auf eine achtsame Lebensführung. Dementsprechend kannst du dir in der App einen Tagesplan erstellen, der Workouts, Rezepte, Erinnerungen als Trinken und Konzentrations- und Ruhephasen umfasst. Letztere leitet die App vor allem mit der Einbindung von Musik für dich ein und stellt eigene Playlists zur Verfügung. Die angebotenen Workouts sind zwischen fünf und 30 Minuten lang und sind unter anderem auch als kurze Pausen und Stretchings am Schreibtisch angelegt. Mit den angebotenen Challenges bringst du eine Workout-Routine in deinen Tagesplan, den du je nach Bedarf mit weiteren Einheiten ergänzen kannst.

Preis: 36 Euro/Jahr
Web: www.asanarebel.com

Fitnessraum

Etwas anders aufgebaut im Layout als übliche Fitness-Apps ist Fitnessraum zunächst etwas verwirrend. Nimmst du dir aber die Zeit, dir alle Funktionen der App anzuschauen, wirst du einige spannende Funktionen entdecken: Teil davon sind die obligatorischen Trainingsstatistiken und -pläne (eine bis acht Wochen). Daneben beeindruckt aber auch die Kursauswahl, die neben Standard-Fitnessübungen auch Kurse zu Pilates, Yoga und Tanz umfasst. Das besondere, aber versteckte Highlight ist der Ernährungsplan (sechs bis neun Wochen), den dir die App zusammenstellen kann. Aktivierst du ihn, kannst du in der Kalenderübersicht deinen Essensplan vollständig einsehen. So kannst du deine Wocheneinkäufe im Voraus planen.

Preis: 97 Euro/Jahr
Web: www.fitnessraum.de

Adidas Training

Adidas Training liefert dir die Standard-Fitness-App-Erfahrung: rundenbasierte Workouts, Trainingsstatistiken und Trainingspläne mit der Länge von drei bis zwölf Wochen, mithilfe derer du eine Routine entwickeln kannst. Darüber hinaus bietet dir Adidas Training mit Artikeln auch Hilfestellung bei deiner Ernährung an. Die angebotenen Workouts sind in unterschiedliche Übungen aufgeteilt, die in der App mit Videos visualisiert sind. Die Perspektiv-Wechsel in den kurzen Videoclips helfen dir dabei, die Übung richtig auszuführen und so langfristige Schäden durch falsche Ausführung zu vermeiden. Die immer gleichbleibende Musik in den Clips ist ein großes Manko, denn sie blockiert andere Musik-Apps wie zum Beispiel Spotify.

Preis: 50 Euro/Jahr
Web: www.runtastic.com

Laufen unter freiem Himmel

Strava

Strava ermöglicht es dir, jede im Freien ausgeübte Aktivität zu tracken: Dazu gehören nicht nur die üblichen Verdächtigen wie Spazieren, Laufen, Radfahren, sondern auch Sportarten wie Inline-Skaten, Skifahren oder Rudern. Mit aktiviertem GPS-Signal und in der App aktiviertem Tracking kannst du deine zurückgelegten Strecken speichern. Andersherum kannst du auch von den gespeicherten Strecken anderer Nutzer:innen profitieren, sodass für dich die Routenplanung in Zukunft kein Problem mehr sein sollte. Es ist eine App für all diejenigen, die ihre Aktivität im Freien besser dokumentieren oder optimieren wollen. Für die Extra-Herausforderung kannst du auch Aktivitätsgruppen beitreten und dich dort mit anderen messen.

Preis: 60 Euro/Jahr
Web: www.strava.com

Walkr

Gedacht als spielerische App, die zum Spazierengehen anregen soll, fällt Walkr leider hinter den Erwartungen zurück: Das Management-Spiel, in dem du die Galaxie erkundest und neue Planeten findest, verwendet deine zurückgelegten Schritte als Treibstoff für deine Rakete. Allerdings ist die Menge an Treibstoff, die du mit dem Gehen sammeln kannst, begrenzt, sodass du deinen Spaziergang immer wieder unterbrechen musst, um deine Rakete zum nächsten Planeten zu schicken und neuen Treibstoff ansammeln zu können. Auch die in heutigen Apps üblichen Zusatzwährungen, die du nur durch Geld- oder Zeitinvestition erwerben kannst, lassen Walkr in keinem guten Licht erscheinen. Motivation zur Bewegung sieht anders aus.

Preis: kostenfrei*
Web: walkrgame.com

Zombies, Run!

Wünschst du dir ein bisschen Abwechslung zu der immer gleichen Playlist, die du beim Joggen oder Spazieren hörst? Dann lade dir Zombies, Run! aus dem App Store herunter und lass dich in die Rettung der fiktiven Stadt Ableton verstricken. Aufgemacht wie eine Funkübertragung teilen dir Überlebende und Radio-Hosts episodenweise im Hörspielformat ihre Bedürfnisse und Dramen rund um Ableton mit, während du auf fiktiver Materialiensuche für die Stadt bist. Hast du die Jagd-Funktion während dieser Episoden aktiviert, kannst du dich dabei sogar immer wieder von Zombies jagen lassen. Das gibt dem Ausflug nach draußen den gehörigen Pepp! Die App und auch die Audio-Angebote sind allerdings nur auf Englisch verfügbar.

Preis: kostenfrei oder 38 Euro/Jahr
Web: www.zombiesrungame.com

Stepsapp

Mit Apple Health sind bloße Schrittzähler-Apps für iPhone-Nutzer:innen irrelevant geworden, aber Stepsapp ist weit mehr als das. Verknüpfst du die App mit Apple Health, zeigt dir Stepsapp nicht nur deine getätigten Schritte an, sondern im Abo-Modell auch verbrannte Kalorien, die Herzfrequenz (bei entsprechender Ausstattung), die zurückgelegte Entfernung, benötigte Zeit, Rekorde und Durchschnittswerte. Die detaillierten Statistiken helfen dabei, die eigenen Fortschritte über Wochen, Monate oder Jahre besser nachvollziehen zu können und bieten daher einen echten Mehrwert. Im Pro-Modell hast du außerdem Zugriff auf die zur App zugehörigen Widgets und kannst die Farben innerhalb der App nach deinen Wünschen anpassen.

Preis: kostenfrei oder 3 Euro/Monat
Web: www.stepsapp.app

Outdooractive

Möchtest du eine längere Fahrrad- oder Wandertour planen? Oder würdest du gerne einen Überblick über deine üblichen Spazierwege bekommen, um ein wenig Abwechslung hinein zu bringen? Outdooractive ermöglicht es dir mit Karten, die nicht nur Straßen, Gewässer und Grünflächen anzeigen, sondern auch detaillierten Überblick über Gehwege geben. Sie speichert bei aktiviertem Tracking außerdem deine zurückgelegten Wege. Aber die App bietet noch mehr: Urlaubsplanung in beliebte Staaten zum Wandern, Radfahren oder Trekking ermöglicht sie auch. Auf den Karten sind Sehenswürdigkeiten, Wanderstrecken und Aktivitäten markiert, zwischen denen du deine eigene Route einzeichnen und speichern kannst.

Preis: kostenfrei oder 30 Euro/Jahr
Web: www.outdooractive.com

Charity Miles

Mit den eigenen Schritten etwas Gutes tun und das nicht nur für sich, sondern auch für wohltätige Stiftungen? Die US-amerikanische App Charity Miles macht's möglich. Denn sie ist nicht nur ein Schrittzähler, sondern auch eine Plattform, um Geld mit den eigenen Spaziergängen, Lauftrainings oder Radausflügen für insgesamt 64 US-amerikanische Stiftungen zu sammeln. Wie das geht? Du musst nur einen Spendenmarathon starten, eine Stiftung aussuchen, die du unterstützen möchtest und deine Freund:innen und Familie dazu einladen, pro zurückgelegter Meile fünf Cent zu spenden. Die App übernimmt die technischen Details und erstellt dir eine Webseite, auf der Spender:innen teilnehmen und deinen Fortschritt nachverfolgen können.

Preis: kostenfrei
Web: charitymiles.org

8 Gadgets für dein Workout

Sport ohne Geräte geht zwar, macht aber nicht unbedingt genauso viel Spaß oder funktioniert so effektiv. Wir stellen dir deshalb ein paar smarte Geräte vor, die dir während oder nach dem Training helfen können.

1 Vhoop

Der Reifen diente schon in der Antike zur Ertüchtigung. Ende der 1950er-Jahre machte der Spielwarenhersteller Wham-O mit viel Marketing aus dem schnöden Reifen den angesagten Hula Hoop. Wie alle Kultobjekte erfährt auch der Hula Hoop seit Kurzem ein Comeback. Kein Wunder, lässt sich mit ihm doch bequem im Wohnzimmer trainieren. Und natürlich gibt es auch Modelle mit App-Anbindung wie den Vhoop. Dieser misst mit einem Gyrosensor Umdrehungen und Drehrichtung und protokolliert deinen Trainings-Fortschritt auf dem iPhone – so er sich denn verbinden lässt. In unserem Test stürzte die App auf allen Apple-Geräten ab und wir mussten auf Android ausweichen. Bis der Hersteller die App aktualisiert hat, kannst du die 120 Euro lieber in einen klassischen Reifen investieren.

2 Activ5

Möchtest du überall kleine Trainingseinheiten einlegen können oder brauchst du ein wenig Abwechslung am Schreibtisch? Für 140 Euro bietet das Activ5 dir eine Lösung dafür an: Das kleine Sportgerät passt beinahe in jede Hosentasche und entfaltet mithilfe der dazugehörigen App dessen Wirkung. Diese gibt dir Übungen vor, bei denen das Activ5 im buchstäblichen Mittelpunkt steht. Mithilfe eines Drucksensors misst das Activ5 den ausgeübten Druck und visualisiert in der App deine Muskelkontrolle während der Übungen.

3 Vaha

Mit dem Vaha (2.300 Euro) holst du dir nicht nur einen großen Spiegel ins Haus, sondern auch einen darin integrierten Fernseher mit Touch-Oberfläche und integrierter Kamera, der dir – zusammen mit einem Abo (40 Euro/Monat) – eine große Sammlung an Trainings bietet: von Pilates und Yoga zu Kardio- und Krafttraining hin zu Workouts für Kinder. Im Abo inbegriffen ist ein echter Personal Trainer, der dich einmal im Monat auf deinem Spiegel anruft und mit dir einen Trainingsplan nach deinen Wünschen und Zielen zusammenstellt. Darüber hinaus kannst du den Vaha auch mit Spotify verknüpfen, per Bluetooth mit deinem Soundsystem verbinden und über den integrierten Browser sogar im Internet surfen und Netflix benutzen.

4 Vyper 2.0

Faszienrollen quälen, aber sind effektiv für die Muskelregeneration nach Workouts und um Verspannungen loszuwerden. Mit der Vyper 2.0 (200 Euro) hebt der Hersteller Hyperice die sonst lediglich harte Schaumstoffrolle auf ein neues Level, indem das Unternehmen ihr noch eine Vibrationsfunktion hinzufügt. Diese lockert Muskeln mit drei Vibrationsstufen beim Ausrollen zusätzlich auf und hält bis zu zwei Stunden aus, ehe der Akku erneut geladen werden muss. Wer auf diese zusätzliche Massage nach dem Training nicht verzichten will, sollte allerdings darauf achten, dies auf einer Unterlage zu tun, die die Vibration weitestgehend schluckt, um mögliche Nachbar:innen nicht zu stören.

6 Hidrate

Falls du dazu neigst, das Trinken innerhalb des Alltags oder während des Trainings zu vergessen, solltest du dir eine Hidrate Spark (80 Euro) zulegen. Die Trinkflasche misst mithilfe der dazugehörigen App deinen Wasserverbrauch und erinnert dich mithilfe der farbenfroh aufleuchtenden LEDs im Boden, wenn nötig, daran etwas zu trinken. Das Ganze geht ohne das manuelle und mühsame Eintragen der getrunkenen Milliliter, denn die schlaue Flasche kommuniziert der App sehr verlässlich per Bluetooth, wie viel du gerade getrunken hast. Das Farbspektakel kannst du per App an deine Wünsche anpassen.

7 Body Cardio

Withings gehört zu den Pionieren hochwertiger Gesundheits-Gadgets und konnte uns schon mit vielen Produkten überzeugen. Meist dadurch, dass die Withings-Geräte das gewisse Etwas mehr bieten. So auch bei der Personenwaage Body Cardio. Körperfettanteil, Muskel- und Knochenmasse messen? Kein Problem! Darüber hinaus liefert die smarte Waage einen Herz-Kreislauf-Check inklusive Bestimmung des Arterien-Alters. Die Body Cardio erkennt und unterscheidet dabei bis zu acht verschiedene Benutzer:innen und überträgt auf Wunsch sämtliche Daten in Apples Health-App.

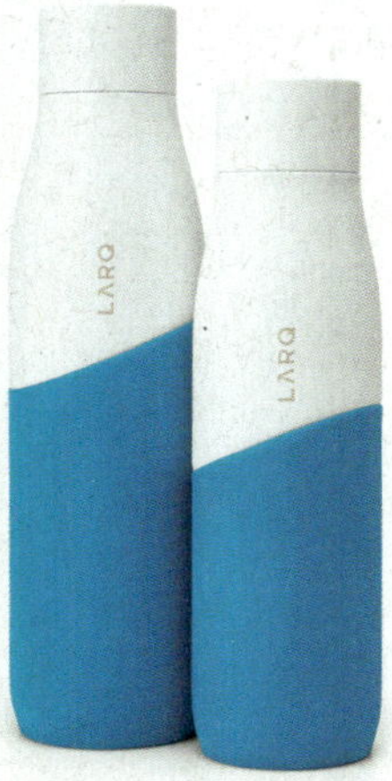

5 Larq

Wasser aus der Leitung ist manchmal mehr, manchmal weniger vertrauenswürdig. Möchtest du dir darum keine Gedanken mehr machen, kannst du dir mit der Larq Purevis (109 Euro) eine selbstreinigende Flasche ganz ohne Filter zulegen. Wie das funktioniert? Im Deckel der Thermosflasche befindet sich ein UV-C-LED-Lichtmodul, das Keime bei Aktivierung nach nur kurzer Zeit abtötet. Die Technik wird derzeit auch in Smartphone-Reinigern oder in Operationssälen verwendet und ist somit bewährt. Ein Selbst-Test bestätigt: Vor allem bei abgestandenem Wasser ist ein Geschmacksunterschied deutlich erkennbar.

8 Smartrope

Seilspringen ist ein klassischer Weg, um effektiv etwas für die eigene Kraft und Ausdauer zu tun. Die südkoreanische Firma Tangram Factory weiß das und hat mit dem Smartrope Pure (70 Euro) ein schickes, smartes Springseil entwickelt, das wenige Wünsche übrig lässt. Hast du es erst mal (leider dauerhaft) auf deine Länge gekürzt, die nicht zwingend notwendige, aber empfehlenswerte Smartrope-App heruntergeladen und das Seil per Bluetooth damit verbunden, kann es auch schon losgehen. Die App zählt deine gemachten Sprünge, sie beginnt bei Pausen aber auch von Neuem, sodass du sehen kannst, wie viele Sprünge du pro Versuch geschafft hast. Kalorienverbrauch und die benötigte Zeit dokumentiert sie ebenfalls.

Peloton Bike+

Nicht nur ein smartes Spinning-Bike, sondern ein kleines Fitnessstudio für zu Hause.

Mit den stolzen 2.700 Euro, die das Peloton Bike+ in dessen Grundausstattung kostet, bleibt kein Zweifel daran, dass es ein absoluter Luxusartikel unter den Heimtrainern ist. Hast du es allerdings einmal ausprobiert, wird dir kein Zweifel daran bleiben, dass es jeden Cent wert ist.

Das Peloton Bike+ überzeugt allein schon durch das schlichte, minimalistische Design. So ist es kein Schandfleck in deinem Zuhause, sondern vielmehr eine ästhetische Ergänzung. Das wirkliche Verkaufsargument ist allerdings zum einen die dank des Riemenantriebs beinahe geräuschlose Nutzung des Spinners. So kannst du zu jeder Tageszeit, die dir am liebsten ist, trainieren. Zum anderen ist es die enge Verknüpfung zwischen dem, was auf dem Bildschirm des Bikes und dem Bike selbst passiert. Startest du ein Spinning-Workout über die verpflichtende Peloton-App (40 Euro/Monat), kannst du durch einen Fingertipp auf den Bildschirm den Tretwiderstand deines Bikes an den der Trainer:innen anpassen. So verstellt sich der Tretwiderstand während der circa 30- bis 60-minütigen Trainings wie von Geisterhand und alles, was du tun musst, ist trampeln.

Doch die Peloton-App bietet noch weitaus mehr als nur Spinning-Workouts. Sie stellt außerdem eine umfangreiche Sammlung von Workouts rund um Kraft- und Ausdauertraining, Yoga, Stretching und Meditation zur Verfügung. Bei dem Peloton Bike+ kannst du diese sogar direkt über den Bildschirm machen: Dieser ist nach Belieben verstellbar, sodass du ihn so einstellen kannst, dass du selbst bei Bodenübungen leicht einen Blick darauf werfen kannst.

Preis: 2.700 Euro + Abo **Web:** onepeloton.de

Zwift

Die Lösung für Rennrad-Verrückte, die auch bei Wind und Wetter in die Pedale treten möchten.

Wenn dir ein High-Tech-Trainer wie das Peloton Bike zu viel des Guten ist und du ohnehin einen soliden Rennesel im Stall hast, kannst du dank Zwift auch gut geschützt in den eigenen vier Wänden trainieren. Die Software mit Abomodell simuliert Fahrradstrecken und blendet zudem alle relevanten Leistungsdaten auf iPhone, iPad, Mac oder Apple TV ein. Du kannst aus zahllosen strukturierten Workouts wählen, individuelle Trainingspläne erstellen und dich mit einer aktiven Community messen.

Voraussetzung für einen Ausflug nach Watopia – so der Name der virtuellen Pazifikinsel, auf der ein Großteil der Strecken gefahren wird – ist ein sogenannter Bike-Trainer. Für den günstigen Einstieg reicht eine einfache Rolle für um die 100 Euro, in die du dein Fahrrad einspannst. Zusätzlich brauchst du einen Geschwindigkeitssensor mit ANT+ oder Bluetooth. Hier beginnen die Preise bei 20 Euro.

So richtig Spaß macht es aber erst mit einem smarten Trainer. Dieser interagiert direkt mit Zwift und macht es so möglich, Steigungen und sogar Windschatten zu simulieren, denn du bist natürlich nicht alleine unterwegs und triffst unterwegs andere Zwift-Begeisterte. Das Einstiegs-Modell „Kickr Snap" von Wahoo schlägt mit 500 Euro zu Buche. Etwas teurer ist der „Direto XR" von Elite mit 850 Euro. Das Top-Modell „Kickr Smart Power Trainer" kostet stolze 1.200 Euro. Wem dabei der Realismus noch nicht reicht, dem ermöglicht der „Kickr Climb" (Foto unten) für 550 Euro tatsächliche Steigungsänderungen und der „Kickr Headwind" für 230 Euro echten Fahrtwind abhängig von Geschwindigkeit oder Herzfrequenz.

Preis: 15 Euro/Monat **Web:** www.zwift.com

Ringfit Adventure

Rollenspiel-Workout an der heimischen Nintendo Switch: Mit Ringfit Adventure hast du Spaß am Schwitzen.

Manchmal reicht der Ausblick auf reine Fitness-Übungen nicht aus und mehr motivierende Aspekte müssen her: Ringfit Adventure von Nintendo vereint individuell anpassbare Workout-Einheiten mit Rollenspiel-Elementen und schafft so den Spagat zwischen Spiel- und Trainingsspaß.

Wer die aktuelle Konsole von Nintendo (330 Euro) bereits Zuhause hat, muss sich nur noch Ringfit Adventure selbst besorgen (80 Euro). Dafür bekommst du nicht nur das Spiel selbst, sondern auch gleich zwei weitere Peripheriegeräte: den Ring-Con und einen Beingurt. An diese werden die Controller der Switch angedockt und schon kann der Spaß losgehen.

Die Übungen umfassen grundsätzlich die üblichen Fitness-Trainings, die du auch bei anderen Angeboten finden kannst. Diese kannst du für ein kurzes, schnelles Training jederzeit über das Start-Menü abrufen. Aber der wahre Star von Ringfit Adventure ist der Abenteuer-Modus: Du beziehungsweise deine eigene Spielfigur musst zusammen mit Ringo (oder Ringa, solltest du als Frau spielen), dem personifizierten Ring-Con, die Fantasy-Welt von Ringfit Adventure gegen einen trainingssüchtigen Drachen und dessen Schergen verteidigen. Und das nur mit der Kraft des eigenen Körpers! Klingt abgedreht, macht aber Spaß.

In Zusammenarbeit registrieren der Ring-Con und der Controller im Beingurt deine Bewegungen und messen so nicht nur, wie du die Übungen ausführst, sondern können dir so sogar Korrekturvorschläge geben. Es ist ein geistiger Nachfolger von Wii Fit, aber weitaus besser und involvierender umgesetzt. Zum einen durch die zusätzlichen Möglichkeiten, deine Bewegungen und Kraftaufwand zu messen und zum anderen durch motivierende Missionen mit abwechslungsreichen Monstertypen und höchst individuell auswählbaren Übungen.

Auch der Schwierigkeitsgrad ist individuell einstellbar. Du kannst ihn jederzeit über das Menü anpassen. Das heißt, sollten dir die Übungen zu leicht werden, weil du Trainingsfortschritte machst, kannst du die Wiederholungsraten von Übungen erhöhen. Solltest du andersherum eine längere Trainingspause gemacht haben, kannst du den Schwierigkeitsgrad wieder heruntersetzen, damit die Herausforderung des Spiels dich nicht überfordert.

Spielst du den Abenteuermodus von Ringfit Adventure jeden Tag für 30 Minuten, brauchst du in etwa drei Monate, um ihn abzuschließen. Du hast also lange etwas davon und kannst auch nach Abschluss der Kampagne immer noch nach Lust und Laune weitertrainieren.

Spielerisch fit dank virtueller Realität

Beat Saber

Beat Saber ist das Kaufargument für ein VR-Headset schlechthin. Das Rhythmus-Spiel versetzt dich einen virtuellen Raum, in dem du passend zur abgespielten, energetischen Musik auf dich zufliegende Würfel mit deinen Laser-Schwertern zerschneiden musst, die du mithilfe der Controller steuerst. Erhältlich ist es auf Steam, im Oculus Store und im Playstation Store für 30 Euro.

Box VR

Dieser VR-Titel liefert dir vom Boxen inspirierte Workouts, die dich ins Schwitzen bringen. Weiche Barrieren aus und boxe im richtigen Timing auf dich zufliegende Sphären. Für 30 Euro bekommst du eine ganze Reihe an spielerischen Box-Workouts mit rhythmischer Musik auf Steam, im Oculus Store oder Playstation Store. Du kannst das Spiel sogar online mit bis zu sechs Leuten zusammen genießen.

Racket NX

Übe deine Zielsicherheit mit dem Tennisschläger in Racket NX: In einer geschlossenen Glaskuppel versuchst du in dem Tennissimulator die markierten Panele so schnell und so genau wie möglich zu treffen. Hier wird nicht nur deine räumliche Wahrnehmung herausgefordert, das Spiel bringt dich auch verlässlich ins Schwitzen. Erhältlich ist es im Oculus Store oder bei Steam für 20 Euro.

Sprint Vector

Wer immer schon den Nervenkitzel von Parkour erleben wollte, ohne sich dabei der Verletzungsgefahr auszusetzen, sollte Sprint Vector ausprobieren. In dem energetischen Multiplayer-Jump'n'Run steuerst du deine Spielfigur mit hohem Tempo durch vielseitige Areale, um so schnell wie möglich ans Ziel zu gelangen. Erhältlich im Playstation und Oculus Store sowie auf Steam kostet der Spaß zwischen 25 und 28 Euro.

Dance Central

Vermisst du es, im Club zu sein? Dance Central ermöglicht dir die Erfahrung ganz ohne jeglichen Körperkontakt zu anderen Menschen. Auf dem virtuellen Dance Floor tanzt du zu Beats aus den 70ern und aktuellen Hits und lernst so nebenbei auch noch den ein oder anderen Tanzschritt, den du nach der Pandemie im richtigen Club vorführen kannst. Kaufen kannst du Dance Central exklusiv im Oculus Store für 30 Euro.

Foto: iStock/Getty Images Plus/FreshSplash

Schreiben mit dem iPad

Das iPad ist viel mehr als ein simples Tablet. Mit den richtigen Apps und dem passenden Zubehör kann es sogar das MacBook ersetzen. Wir zeigen dir, wie du aus deinem iPad eine Schreibmaschine machen kannst.

TEXT: **CHRISTIAN STEINER**

Steve Jobs hat das erste iPad im Frühjahr 2010 nicht als einen Ersatz für das MacBook und iPhone, sondern als deren Ergänzung präsentiert. Der neue Tabletcomputer sollte beiden Geräte in einigen wenigen Funktionen überlegen sein. Die Rede war zum Beispiel von Spielen, E-Mail oder auch dem Surfen im Internet.

Das Schreiben von längeren Texten war hingegen nicht als Kernfunktion der neuen Geräteklasse vorgesehen, obwohl es zum Start der Plattform bereits Apples iWork-App-Suite inklusive Pages gab. Ein eigenes iPad-Dock mit eingebauter Tastatur stellte Jobs ebenfalls schon zum Start seiner Innovation vor. Dennoch spielte das Thema Schreiben auf dem iPad lange Zeit nur eine Nebenrolle. Das iPad-Dock war bereits in der zweiten iPad-Generation vom Markt verschwunden. Viele Jahre passierte in dem Bereich kaum bis wenig bei Apple.

Jedoch: Aus einem einzigen iPad-Modell wurde eine umfangreiche iPad-Reihe. Die Chips, Displays und Speicheroptionen stellten irgendwann sogar die vergleichbaren MacBooks in den Schatten. Die Hardware entwickelte sich also schnell zu einer tatsächlichen Laptop-Alternative, nur die Software brauchte länger. Erst mit dem Update auf iPadOS 13.4 im März 2020 unterstützten Apples Tablets endlich auch externe Mäuse und Trackpads, wenn auch nur als Bedienungshilfen. Damit war die Lücke zum Laptop trotzdem teilweise geschlossen.

App-Tipp

Professionelle Autor:innen schwärmen nicht selten von der Schreibumgebung Ulysses, die es für iPad, iPhone und Mac gibt.

Für iPad-Pro-Modelle stellte Apple dann im April mit dem Magic Keyboard sogar eine eigene Tastatur mit Trackpad für das Tablet vor. Das Zubehör macht aus dem professionellen Tablet-PC optisch einen echten 2-in-1-Computer und zeigt deutlich, dass Apple es ernst meint mit dem Schreiben auf dem Tablet. Doch ist es damit getan und das iPad endlich eine echte Alternative zum Laptop?

Textverarbeitung im Vergleich

Die erste Anlaufstelle für die Suche nach einer klassischen Textverarbeitung ist Apples eigene Pages-App. Diese birgt den Vorteil, die beste Rundum-Unterstützung für die verschiedenen Eingabemöglichkeiten des Tablets zu besitzen. In Pages kannst du problemlos mit einer externen Tastatur schreiben, das Trackpad nutzen sowie mit dem Apple Pencil Textstellen markieren und handschriftliche Blöcke einsetzen. Vom Mac gewohnte Tastaturkürzel unterstützt Pages ebenso wie die Möglichkeit, Text mit dem Trackpad zu markieren und somit zu formatieren. Die gängigen Textformatierungen findest du bei Pages mit wenigen Klicks.

Pages ist vor allem auf Apple-Systemen verbreitet. Die Anbindung an die iCloud gewährt den drahtlosen Austausch von Texten zwischen Apple-Geräten. Gemeinsames Arbeiten an Texten funktioniert ebenfalls mit Apples Cloudlösung. Für Windows- oder Linuxcomputer sowie Chromebooks gibt es auf icloud.com sogar eine Webversion – das wissen nur Wenige.

Wer Texte im Alleingang schreiben will, primär mit Apple-Geräten arbeitet eher gelegentlich mit Texten arbeitet, sollte sich Pages unbedingt genauer anschauen – die Software liegt zu Unrecht auf vielen iPads und Macs brach. Für Teams oder größere Projekte gibt es mit Google Docs und Microsoft Word jedoch bessere Alternativen.

Google Docs ist ebenfalls kostenfrei und punktet vor allem mit seiner wohl unübertroffenen Cloudanbindung. Anders als bei Apple handelt es sich bei den Textdokumenten bei Google um keine lokalen Dateien, die du nachträglich mithilfe der Cloud an eventuelle Mitarbeiter verteilst. Stattdessen liegen die Texte primär bei Google direkt in der Cloud, lassen sich für die Offlinenutzung aber auch herunterladen.

Während es bei Apple in der Vergangenheit immer mal wieder zu Problemen mit der iCloud kam, ist Google bekannt für seine robuste Cloud-Infrastruktur der Google-Anwendungen. Auf dem Mac kannst du diese mit einem Browser nutzen, auf dem iPad gibt es eine eigenständige App.

Leider hat die Google-Docs-App aber so manche Probleme mit einer externen Tastatur sowie mit Trackpads. Das Markieren von Texten bei gehaltener Maustaste zum Beispiel unterstützt die App bisher nicht. Wer also schnell einen Textteil rauskopieren oder anders formatieren möchte, muss auf die Pfeiltasten der Tastatur ausweichen. Viele von Google Docs im Browser bekannte Tastaturkürzel wie zum Beispiel das Zählen von Zeichen in einem Dokument oder in einer markierten Textstelle funktionieren mit der App ebenfalls nicht.

Die Unterscheidung zwischen einer Lese- und einer Schreibansicht verwirrt zumindest anfangs ebenfalls und erweist sich im Alltag als unhandlich. So kannst nicht die App öffnen, dein Textdokument auswählen und sofort deine Gedanken in die Tastatur tippen. Stattdessen musst du erst auf den Knopf mit dem Stift-Piktogramm rechts unten in der Ansicht klicken.

Im Test gab es zudem Probleme beim Multitasking mit Split View. Auf der einen Bildschirmhälfte lag ein geöffnetes Pages-Dokument, auf der anderen Seite die Google-Docs-Anwendung. Nach dem Wechsel in die Pages-App war es ausschließlich mithilfe des Touchscreens möglich, zurück in die Google-App zu wechseln; das Trackpad erkannte das Programm nicht mehr. Ob das Problem bei Google Docs oder bei iPadOS 14 liegt, bleibt dabei unklar.

Das alles mag zwar nach Kleinigkeiten klingen, ist im Alltag aber spürbar und nervig. Die störenden Details summieren sich. Das macht aus einer ansonsten großartigen Textverarbeitung eine auf dem iPad anstrengende Angelegenheit – zumindest in der App-Version.

Hoffentlich bessert Google in naher Zukunft nach. So lange ist Google Docs in Safari im Zweifel die bessere Alternative. Apple bewarb iPadOS bei seiner Präsentation sogar explizit mit der Nutzung von Google Docs in seinem überarbeiteten Standard-Webbrowser – scheinbar nicht ohne Grund.

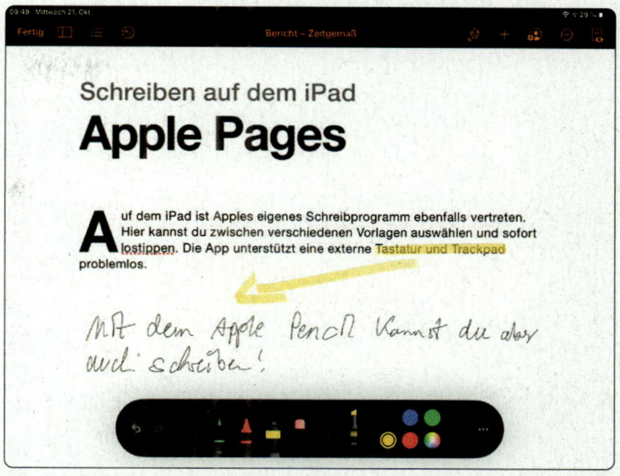

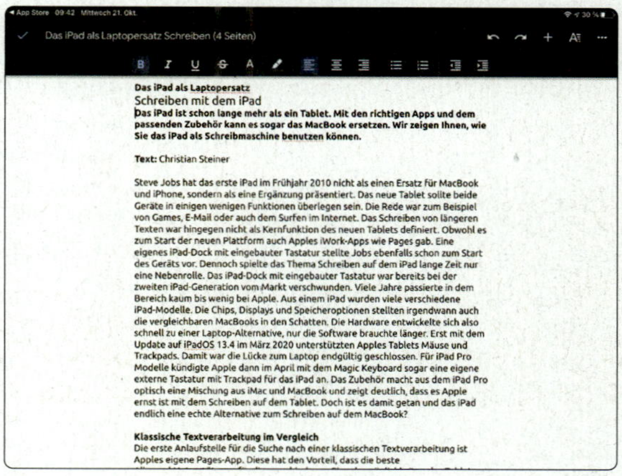

Oben: Apples Pages-Anwendung schafft den Spagat zwischen der Arbeit mit Tastatur, Trackpad und Apple Pencil.

Unten: Google Docs ist eine besonders für Teams optimale Schreibumgebung, die als iPad-App aber nur abgespeckt ausfällt. Der runderneuerte Safari-Browser bietet ihr aber ein neues Heim.

Microsoft Office auf dem iPad

Auch Microsoft ist mit seinen Office-Anwendungen auf dem iPad vertreten. Damit du deine Word-Dateien bearbeiten und nicht nur anschauen kannst, brauchst du jedoch das kostenpflichtige Office-365-Abo. Damit erhältst du aber auch Zugriff auf eine Vielzahl weiterer etablierter Apps und Dienste wie Excel, Powerpoint und Onedrive. Mit der Notizen-Anwendung Onenote hältst du handschriftliche Gedanken fest. Eine Unterstützung für Trackpads und Mäuse ist für die Office-Anwendungen Word, Excel und Powerpoint in Arbeit.

Microsoft Office stehen mit Pages und Google Docs besonders auf dem iPad gute Alternativen entgegen. Wer aber auf den Standard aus Redmond setzen will (oder aus beruflichen Gründen soll), muss dank der Microsoft-Apps nicht auf das iPad als mobilen Computer verzichten.

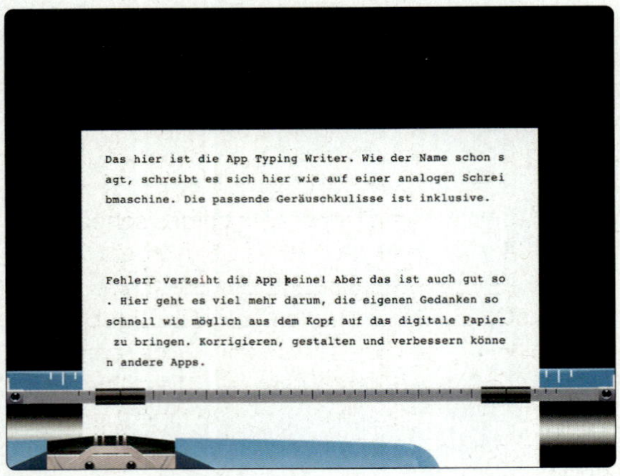

Für einen schnellen Gedankenfluss eignet sich die „analoge" Schreibmaschine Typing Writer.

Kreatives Schreiben

Auch auf dem iPad ist Schreiben ein kreativer Prozess. Aber nicht jeder Schreibprozess ist gleich. Deshalb gibt es für manch speziellen Einsatzzweck das passende Programm im App Store.

Zum Beispiel die Anwendung Typing Writer, die auf den ersten Blick skurril erscheint, aber durchaus durchdacht ist. Die Anwendung simuliert das Schreiben auf einer klassischen Schreibmaschine mit allen Problemen und Einschränkungen. Die Geräuschkulisse von Tastenanschlägen und Zeilenumbrüchen inklusive Klingelsignal erinnert Purist:innen an das analoge Schreibgerät.

Korrekturen hinterlassen bleibende Rückstände: Entweder du überschreibst eine falsche Stelle oder du retuschierst mittels Finger beziehungsweise Trackpad deinen Text. Egal wie du vorgehst, erkennbare Rückstände bleiben im Textdokument erhalten. Das Markieren, Kopieren und Einfügen funktioniert erst gar nicht mit der App.

Dennoch hat diese altbackene Technik ihren Platz im kreativen Schreibprozess. Wer sich einzig auf das Vorankommen im Text konzentrieren möchte, wer also dem Gedankenfluss freien Lauf lassen möchte, ist bei Typing Writer gut aufgehoben.

Der Apple Pencil

Das iPad hat mit seinem Touchscreen einen entscheidenden Vorteil gegenüber dem klassischen Laptop: Mittlerweile unterstützen alle Tablet-Modelle von Apple auch den Apple Pencil.

Damit kannst du auch handschriftlich auf dem iPad und in den passenden Apps schreiben. Penultimate von Evernote setzt beispielsweise auf deine Handschrift. Dank des minimalistischen Designs und mit der Integration in

Wichtige Tastaturkürzel

[cmd]+[Tab]	**wechselt zwischen den aktiven Apps**
[cmd]+[h]	**bringt dich zurück zum Home-Bildschirm**
[cmd]+[alt]+[d]	**zeigt das Dock an**
[cmd]+[Leerzeichen]	**startet die Suchfunktion**
[cmd] gedrückt halten	**zeigt alle Tastaturkürzel zur aktiven App an**

Das iPad als MacBook-Ersatz im Selbsttest

Kann das iPad einen Laptop ersetzen? Um diese Frage zu beantworten, habe ich den Selbsttest gemacht. Dieser Artikel ist vollständig auf einem iPad der siebten Generation in Kombination mit dem Logitech Combo Touch entstanden.

Der Test hat vor allem eines deutlich gemacht: An der Hardware scheitert es nicht. Lediglich die fehlende Escape-Taste kostet Gewöhnung. Die Softwareversorgung ist aber alles andere als perfekt. Besonders die fehlende Trackpad-Unterstützung in Apps wie Google Docs fällt negativ auf.

Zudem: Das Arbeiten mit Dateien ist im Alltag immer noch umständlich. Vor allem das Verschieben und Umbenennen dauert auf dem iPad deutlich länger als auf dem Mac.

Zukünftige Artikel werde ich daher bis auf Weiteres am iMac schreiben. Mein altes MacBook Air habe ich mit der iPad-Combo-Touch-Kombination unterwegs allerdings bereits abgelöst.

So geht's: Scribble auf dem iPad nutzen

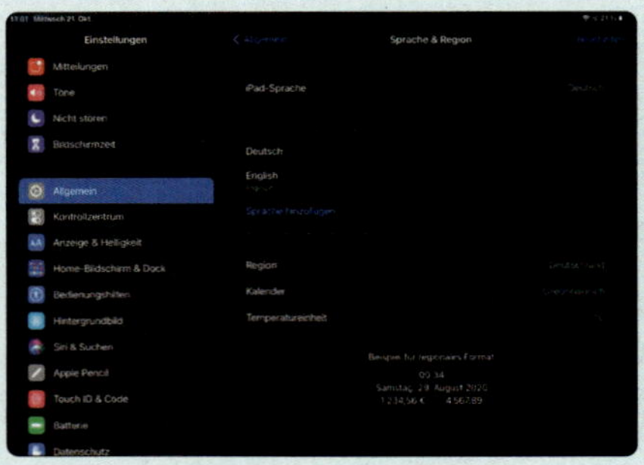

1 Um die Kritzeln-Funktion zu nutzen, musst du dein iPad auf die englische Sprache umstellen. Dies geht in den Einstellungen unter „Allgemein". Hier findest du einen Eintrag zu „Sprache & Region".

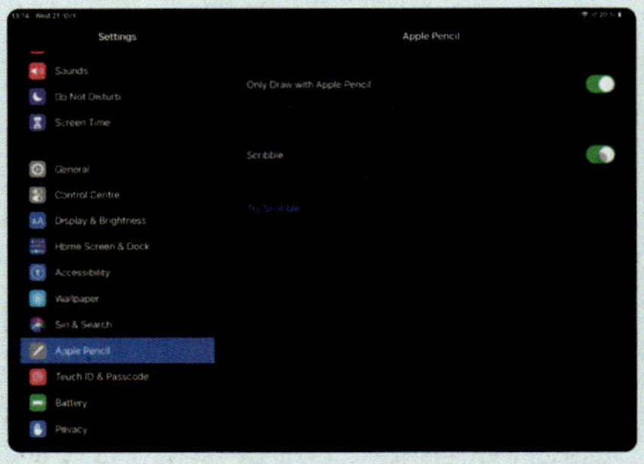

2 Anschließend startet das iPad neu. Jetzt darfst du in den Apple-Pencil-Einstellungen die Scribble-Funktion aktivieren und ausprobieren. Damit kannst du den Stift auch in Suchfeldern nutzen.

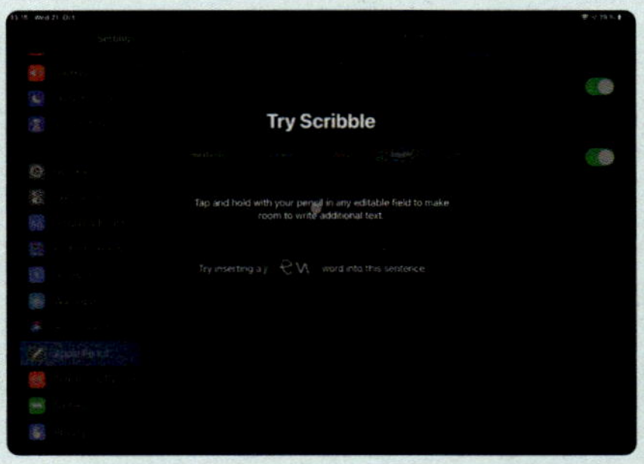

3 Das iPad ersetzt deine Handschrift automatisch zu Text in Suchfeldern. Zum Löschen von Text kritzelst du einfach drüber. Mit einem horizontalen Strich teilst du Wörter oder fügst sie zusammen.

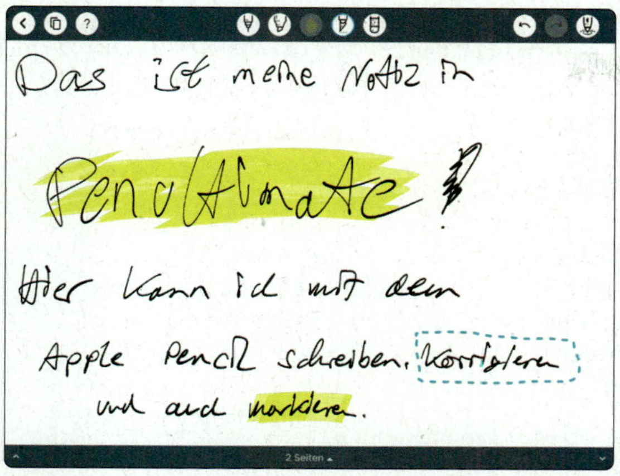

Mit Evernotes Penultimate schreibst du Notizen mit dem Apple Pencil und synchronisierst sie mit dem gleichnamigen Onlinedienst.

das „Online-Elefantenhirn“ Evernote macht das Kritzeln auf dem iPad besonders großen Spaß. Du kannst mit verschiedenen Stiften und Farben schreiben, Textmarker einsetzen und auch einen Radierer benutzen. Das Skalpell kann ausgewählten Text ausschneiden und im Dokument bewegen. Wer also ohne Tastatur und völlig frei auf dem digitalen Papier arbeiten möchte, ist hier gut aufgehoben. Das kann bei Meetings oder auch in Vorlesungen mit aufwendigen Tafelbildern der Fall sein.

Die Dokumente kannst du mit deinem Evernote-Konto verknüpfen. Der Onlinedienst kümmert sich nicht nur um den drahtlosen Datenaustausch, sondern kann auch in deinen handgeschriebenen Texten suchen. Wenn du also Skizzen anfertigen oder frei schreiben möchtest, dann ist Penultimate in Kombination mit Evernote und dem Apple Pencil eine klare Empfehlung.

Wie das Zusammenspiel zwischen Tastatur und Handschrift aussehen kann, zeigt Apple mit seiner hauseigenen Notizen-App. Hier kannst du beide Arten der Texteingaben kombinieren. Die App erkennt deine externe Tastatur und bietet vom Mac gewohnte Formatierungsmöglichkeiten. Du kannst aber auch überall mit dem Apple Pencil handschriftliche Elemente wie Zeichnungen oder Text einbauen. Die so entstehenden Dokumente kannst du darüber hinaus nachträglich umstrukturieren.

Ein weiterer Einsatzzweck für Apples Eingabestift findest du im Korrigieren von Texten. Mit der Dateien-App des iPad kannst du dir eben solche im PDF-Format anschauen. Der Apple Pencil kann in diesem Format jede Menge Anmerkungen vornehmen. So kannst du Schreibfehler markieren, den Satzbau unterstreichen oder Notizen an den Rand schreiben. Das ist etwa für Lehrkräfte eine sinnvolle Sache.

Du kannst damit aber auch deine eigenen Texte korrigieren und somit deinen Schreibstil verbessern. Besonders beim Finden von Fehlern kann es hilfreich sein, die Korrektur nicht ausschließlich in dem Programm vorzunehmen, in dem du auch deine Texte schreibst. Das Wechseln in eine andere App und die Interaktion mit dem Stift helfen dir, Texte noch einmal aus „größerer Distanz“ zu betrachten und wahrzunehmen. Auf der gemütlichen Couch und mit einem Kaffee dazu fühlt sich dies kaum wie Arbeit an. Das ist ein ganz großer Vorteil des iPad gegenüber jedem MacBook.

Mit dem Update auf iPadOS 14 hat Apple dem Tablet eine weitere Funktion für die Stiftbenutzung spendiert: Mit Scribble (englisch für kritzeln) kannst du jetzt den Stift als Eingabe für Suchfelder benutzen. Das geht generell in allen Apps, allerdings bisher nur in englischer und chinesischer Sprache. Du müsstest also dein iPad auf die englische Sprache umstellen, um die Funktion zu nutzen. Dies aber ist keine gute Idee für die Autokorrektur, die deine (wiederum deutschen) Eingaben nicht erkennt und sie ständig in ähnliche englische Wörter wandeln will.

Die Handschriftenerkennung funktioniert jedoch solide. Je sauberer du schreibst, umso besser kann sie deine Eingaben erkennen. Hoffentlich reicht Apple diese Funktion auch bald für deutschsprachige iPads als Update nach.

Fazit

Das iPad fühlt sich in Kombination mit einer externen Tastatur fast wie ein MacBook an. Zusammen mit dem Apple Pencil ist das Tablet dem Laptop sogar hier und da überlegen – vorausgesetzt, die Software spielt mit. Apple bemüht sich um eine breite Unterstützung von Trackpad und Pencil im System und in den eigenen Apps. Drittanbieter wie Google oder Microsoft müssen ihre Anwendungen aber erst anpassen. Das kann dauern und trübt bisher den positiven Eindruck.

Das iPad ist dadurch leider noch kein kompletter Ersatz für ein MacBook. Im Einsatz als mobile Schreibmaschine ist das Tablet aber mittlerweile ganz nah dran am Apple-Laptop.

Tastaturen für das iPad

Erst mit einer externen Tastatur macht das Schreiben auf dem iPad richtig Spaß. Apple bietet dazu kombinierte Hüllen an. Das Smart Keyboard Folio erweitert das iPad Air oder iPad Pro um eine Tastatur. Für ältere Generationen und das klassische iPad gibt es das Smart Keyboard. Das Magic Keyboard liefert auch ein Trackpad mit.

Wer es günstiger mag, schaut sich das Combo Touch von Logitech an. Diese Hüllen- und Tastaturkombination passt besonders gut zum klassischen iPad. Die robuste Hülle fügt dem ansonsten leichten Tablet zwar einiges an Gewicht hinzu. Dafür ist die hintergrundbeleuchtete Tastatur mit Trackpad eine ideale Ergänzung, um das iPad als Laptopersatz zu nutzen. Die Hülle bietet sogar Platz für den Apple Pencil der ersten Generation.

Foto: iStock/Getty Images Plus/PrathanChorruangsak

Tabellen auf dem iPad

Das iPad ist eine echte Alternative zum MacBook. In Kombination mit einer externen Tastatur und Trackpad kann es sogar ein Ersatz sein. Doch wie arbeitet das Tablet mit Tabellen? Wie produktiv kannst du mit dem iPad sein?

TEXT: **CHRISTIAN STEINER**

Für Apple ist das iPad mittlerweile nicht nur eine Ergänzung zum Laptop, sondern in vielen Fällen sogar ein Ersatz. Mit dem Update auf iPadOS 13.4 im Frühjahr 2020 spendierte Apple dem Tablet endlich auch eine Unterstützung von Trackpads und Mäusen. In Kombination mit einer externen Tastatur hast du somit ein echtes Laptoperlebnis. Das Magic Keyboard für das iPad Pro und das neue iPad Air unterstreicht Apples Absicht, die Tablets zu echten Laptopalternativen aufzurüsten.

Doch wie sieht es mit der Software aus? Die iPad-Hardware war schon immer hervorragend und eine echte Alternative zu Laptops. Doch können die Programme mithalten? Arbeitest du auf einem iPad genauso leicht, effektiv und produktiv wie auf einem MacBook?

Tabellen auf dem iPad

Die erste Anlaufstelle für Tabellenapps ist Apples Numbers-Anwendung. Die App gibt es kostenlos im App Store. Auf dem iPad kannst du neue Tabellen erstellen oder aus einer Vielzahl von Vorlagen auswählen. Am besten funktioniert Numbers in Kombination mit einer externen Tastatur und einem Trackpad. Leider gibt es bei den Tastaturen-Hüllen-Kombinationen keine Nummernblöcke. Falls du also am iPad viel mit Tabellen und Zahlen arbeiten musst, empfiehlt sich eine externe Bluetooth-Tastatur ohne eingebaute Tablet-Hülle. Mit Numbers auf dem iPad füllst und formatierst du deine Tabellen. Die einzelnen Zellen kannst du auch mit einem Sekundärklick auf dem Trackpad oder mit einem Rechtsklick auf der Maus formatieren. Die vollständigen Formatierungsoptionen versteckt Apple leider hinter umständlichen Menüs.

Neue Dokumente erstellst du problemlos mit dem iPad, aber wie kommst du an deine bereits existierenden Dateien auf dem Tablet heran? Apple setzt dabei hauptsächlich auf den drahtlosen Datenaustausch. Mit der iCloud-Integration von Numbers kannst du deine Dokumente zwischen iPhone, iPad und Mac austauschen. Das geht am besten mit dem iCloud Drive. Darüber hinaus kannst du aber auch andere Dienste wie Google Drive oder Dropbox benutzen. Auch hier kannst du deine Numbers-Dateien ablegen. Nachdem du die Apps der Clouddienste installiert hast, tauchen diese als zusätzliche Speicherorte in der Numbers-Anwendung auf. Alternativ kannst du die App direkt mit einem eige-

Schreiben mit dem iPad

Mit welchen Apps und Tastaturen du aus dem Apple-Tablet eine Schreibmaschine machst, liest du ab Seite 126.

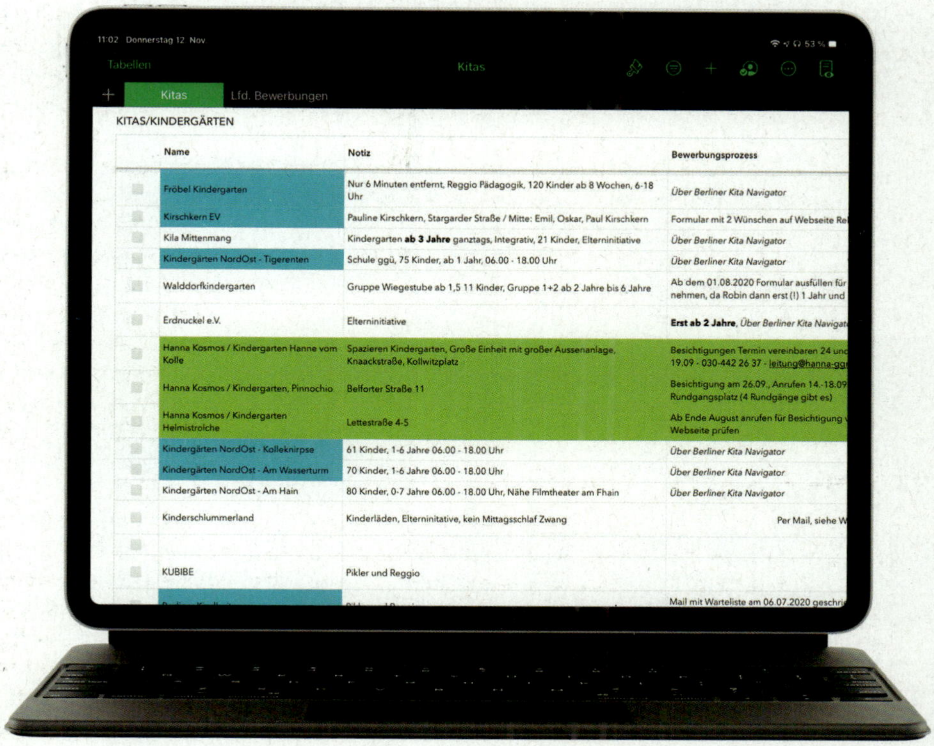

nen Server verbinden, falls deine Daten zu sensibel für diese externen Clouddienste sind. Numbers eignet sich am besten für kleinere Tabellen-Projekte und private Zwecke. Die Trackpad-Unterstützung erleichtert zwar die Arbeit, aber für den plattformunabhängigen Einsatz im Team gibt es bessere Alternativen.

Google Tabellen ist solch eine bessere Alternative für Gruppen. Der Online-Dienst überzeugt auf dem Mac durch seine einfache Benutzung im Browser und die robusten Team-Funktionen. Die kostenlose iPad-App kommt aber etwas abgespeckt daher. Eine Unterstützung für das Trackpad oder eine Maus gibt es leider nicht. Damit entfällt zum Beispiel die Formatierung durch einen Sekundärklick. Beim Ausfüllen von Zellen mit einer externen Tastatur springt die App zwischen zwei Ansichten hin und her. Die Formatierungsfelder oben verschwinden und unten schieben sich neue Knöpfe zur Formelbearbeitung herein. Durch die externe Tastatur ist das alles aber unnötig und störend. Darüber hinaus versteckt Google in der App einige Formatierungsmöglichkeiten, die sonst direkt in der Webansicht verfügbar sind. Insgesamt fällt die App deutlich schlechter aus als der Dienst dahinter. Auf dem iPad ist die Webansicht mit dem Safari-Browser eine Alternative zur App. Auf sheets.google.com kannst du deine Dokumente finden und bearbeiten.

Microsoft ist mit den eigenen Office-Anwendungen auch auf dem iPad vertreten. Die Tabellenapp Excel gibt es zunächst kostenlos im App Store. Diese eingeschränkte Version lässt dich deine Excel-Tabellen aber nur betrachten. Um diese auch zu bearbeiten, brauchst du das kostenpflichtige Microsoft-365-Abo. Damit kannst du nicht nur Excel, sondern ein ganzes Bündel aus Apps wie zum Beispiel Word, Powerpoint und Onenote uneingeschränkt nutzen. Das Abo für eine einzelne Person kostet 7 Euro pro Monat oder knapp 70 Euro pro Jahr. Mehrfachlizenzen für Familien und Unternehmen gibt es ebenfalls. Für den Oktober 2020 kündigte Microsoft ein Update an, dass endlich auch Trackpads und Mäuse unterstützen soll. Leider verzögerte sich das

Apples Numbers-App unterstützt externe Tastaturen und Trackpads auf dem iPad.

So geht's: Multitasking auf dem iPad

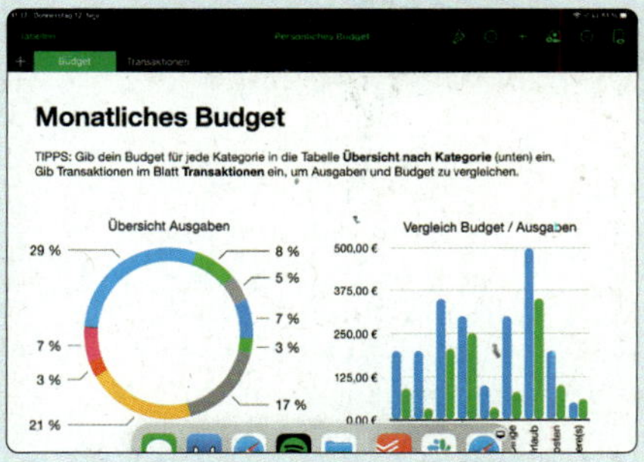

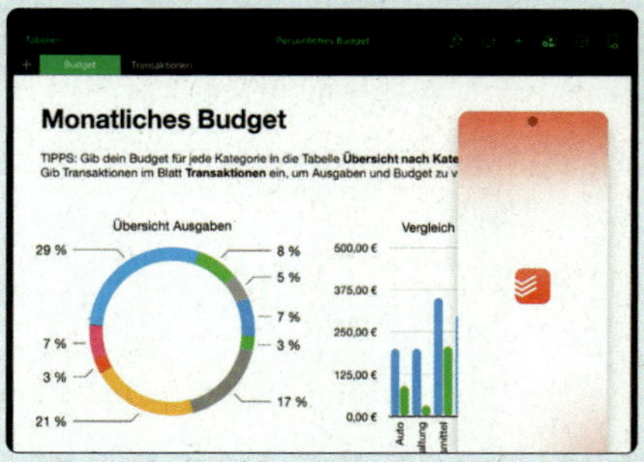

1 Um zwei Apps gleichzeitig benutzen zu können, musst du zunächst das Dock einblenden. Auf der linken Seite findest du deine Favoriten. Die zuletzt benutzten Apps sind auf der rechten Seite.

2 Halte das gewünschte App-Symbol gedrückt und schiebe es aus dem Dock nach oben. Slide Over öffnet die iPhone-Ansicht der App auf deiner bereits geöffneten Anwendung. Nun kannst du loslassen.

3 Möchtest du beide Apps nebeneinander benutzen, ziehst du die neue App neben deine aktuell geöffnete. Mit dem Schieberegler zwischen den Anwendungen kannst du die Bildschirmaufteilung ändern.

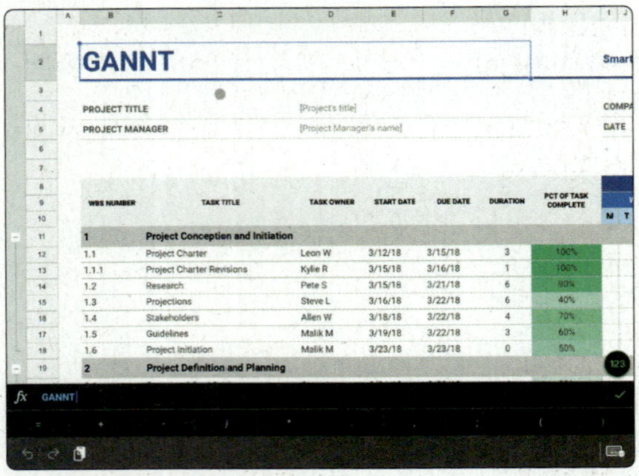

Googles Tabellenapp bietet zwar auch auf dem iPad praktische Vorlagen, unterstützt aber externe Tastaturen nur eingeschränkt.

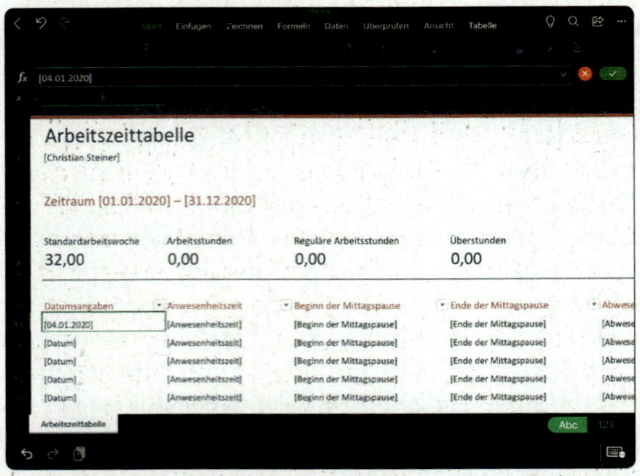

Für die vollständige Nutzung von Excel auf dem iPad brauchst du das kostenpflichtige Microsoft-365-Abo.

Update und machte einen Test der Neuerungen somit unmöglich.

Multitasking mit dem iPad

Als echten Ersatz für einen Laptop muss das iPad auch Multitasking beherrschen. Egal für welche Tabellenkalkulation du dich entscheidest, erst im Zusammenspiel mit anderen Apps kannst du richtig produktiv sein. Deshalb unterstützt das iPad mittlerweile auch Multitasking.

Dabei spielt das Dock eine zentrale Rolle. Mit einer kleinen Wischgeste am unteren Bildschirmrand kannst du es in jeder App einblenden. Auf der linken Seite siehst du die Anwendungen, die dauerhaft im Dock bleiben. Auf der rechten Seite siehst du deine zuletzt verwendeten Apps. Im Workshop erklären wir dir, wie du deine Apps nebeneinander nutzen kannst. Mit Slide Over legst du die App auf deine bereits geöffnete Anwendung. Die neue App schwebt quasi über der alten. Mit dieser Ansicht nutzt die App ihre iPhone-Darstellung. Du kannst im Slide-Over-Fenster auch mehrere Apps nacheinander nutzen und mit einer Wischgeste zwischen den Apps durchwechseln. Slide Over ist besonders praktisch, um schnelle Informationen aus einer anderen App einzusehen. Zum Beispiel kannst du hier einen Team-Chat einblenden, während du auf dem großen iPad-Bildschirm in deiner Tabelle arbeitest. Mit einer Wischgeste über den Bildschirmrand blendest du die Slide-Over-Ansicht aus beziehungsweise wieder ein.

Echtes Multitasking ist aber erst mit Split View möglich. Auch hier öffnest du die wieder eine zweite App mithilfe des Docks. Jetzt legst du die App aber nicht „auf" deine bereits geöffnete Anwendung, sondern „daneben". Beide Apps teilen sich nun den Bildschirm. Dabei kannst du mit einem Regler in der Mitte die Bildschirmaufteilung festlegen. Mit Split View kannst du zwei Apps gleichzeitig nebeneinander nutzen. Zum Beispiel kannst du so deine Daten aus einem Dokument in deine Tabelle kopieren. Split View unterstützt auch das vom Mac bekannte Drag & Drop („ziehen und fallen lassen"). Du kannst damit Text und Zahlen direkt aus einer App in deine Tabelle kopieren. Das geht sogar innerhalb derselben App mit zwei verschiedenen Dokumenten. Die Arbeit an zwei Tabellen gleichzeitig ist somit also auch möglich.

Was kann der Pencil?

Mittlerweile unterstützen alle aktuellen iPads den einen oder anderen Apple Pencil. Das iPad und das iPad Mini arbeiten mit der ersten Generation, während das iPad Air und das iPad Pro auf die zweite Generation von Apples digitalem Stift setzen. Ganz egal welches iPad und welchen Stift du besitzt, kein MacBook kommt mit einer vergleichbaren Eingabemöglichkeit daher. Wenn das iPad also nicht nur ein Ersatz für einen Laptop sein will, sondern sogar eine bessere Alternative, dann im Zusammenspiel mit dem Pencil.

Apples Numbers-App setzt die Standards im Umgang von Tablet, Tabellen und Stift. Der Stift kann auf mehrere Arten mit deinen Tabellen interagieren. Du kannst zum Beispiel mit der Kritzeln-Funktion handschriftliche Eingaben in Text umwandeln. Damit trägst du Text direkt mit dem Apple Pencil in Zellen ein. Das geht erstaunlich gut, ist aber gleichzeitig eine große Enttäuschung. Während die Erkennung der Handschrift solide ausfällt, ist die Autokorrektur ein großes Problem. Die Funktion ist bisher leider nur für die englische und chinesische Sprache verfügbar. Das heißt, dass dein iPad deine handschriftlichen Eingaben stets mit englischen Begriffen ersetzen will. Falls du hauptsächlich mit englischsprachigen Dokumenten arbeitest, ist das natürlich kein Problem. Für alle anderen Fälle musst du aber noch auf eine deutsche Anpassung warten.

Automatisierung mit Zapier

Zapier ist ein praktischer Automatisierungsdienst, der auch mit Google Tabellen und Microsoft Excel funktioniert. Mit Zapier kannst du die Dienste und Apps aus einem Katalog von mehr 2.000 Einträgen miteinander kombinieren und regeln zur Automation festlegen. Zum Beispiel kannst du Slack verbinden und deine Tabellen mithilfe eines Slack-Kanals mit Daten füttern. Oder du verbindest deinen Google Kalender mit deiner Tabelle und fügst automatisch deine Termine als Spalten hinzu. Du kannst auch Google Tabellen mit Excel verknüpfen und somit automatische Kopien erstellen. Zapier ist in der Basis-Version kostenlos und erlaubt dir bis zu fünf eigene Automatisierungen. Das Abonnement startet bei rund 17 Euro pro Monat und schaltet weitere Automatisierungen, komplexere Ketten und eigene Filter frei.

Darüber hinaus kannst du mit dem Stift unterschiedliche Anmerkungen an deinen Tabellen vornehmen. Dir stehen verschiedene Stifte zur Verfügung, deren handschriftliche Eingaben erhalten bleiben und nicht durch digitalen Text ersetzt werden. Das ist ideal, um Korrekturen, Fragen und Anmerkungen an Tabellen zu notieren. Du kannst auch Flächen markieren und automatisch farblich ausfüllen. Eine Radier-Funktion gibt es ebenfalls. Falls du deine Anmerkungen nicht gleich löschen, sondern nur verschieben willst, dann geht das auch. Mit einem eigenen Marker umrandest du deine Anmerkungen, wählst sie so aus und verschiebst den markierten Text anschließend im Dokument. Checklisten kannst du auch mit dem Stift abhaken.

Leider fällt die Unterstützung in Googles Tabellenapp dürftig aus. Anders als bei Numbers gibt es keine eigenen Werkzeuge für den Stift. Du kannst lediglich Texteingaben mit der Kritzeln-Funktion vornehmen. Dabei stehen dir aber die bereits erwähnten Einschränkungen im Wege. Falls du ausschließlich Zahlen eingeben musst, dann könnte das auch mit dem Pencil funktionieren. Hoffentlich bessert Google hier langfristig noch einmal nach.

Microsofts Excel besitzt hingegen eine eigene Stiftunterstützung. Der „Zeichnen“-Reiter öffnet eine Vielzahl an Stifteingaben. Hier findest du zwei Werkzeuge zum Auswählen von Inhalten. Damit markierst du Eingaben mittels Stift und bearbeitest diese anschließend. Du kannst das Markierte beispielsweise bewegen oder auch ganz löschen. Darüber hinaus gibt es verschiedene Zeichengeräte in einer Kurzwahl. Textmarker, Radierer oder auch Stift und Bleistift zum Beispiel findest du hier. Die Stifte kannst du mit einzelnen Farben und Einstellungen versehen und weitere in der Auswahl hinzufügen. Mit Excel und dem Apple Pencil kannst du schnell und effektiv deine Dokumente markieren oder Notizen setzen.

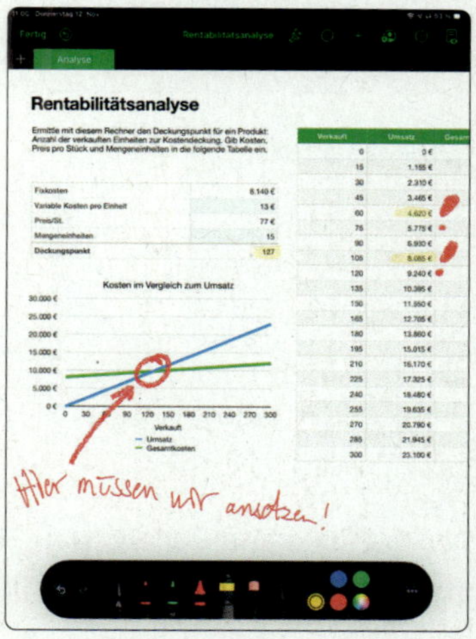

Numbers unterstützt den Apple Pencil mit umfangreichen Funktionen für Anmerkungen.

Fazit

Das iPad ist in vielen Punkten dem MacBook mittlerweile ebenbürtig. Wer viel mit Tabellen arbeiten muss, sollte aber auf eine externe Tastatur und ein Trackpad setzen. Vorausgesetzt, dass die verwendeten Apps diese auch unterstützen. Apple legt mit Numbers vor, Microsoft verspricht einen Nachzug und Googles iPad-Umsetzung lässt zu wünschen übrig. Der Pencil erweist sich als großer Pluspunkt im Vergleich zum klassischen MacBook. Sowohl bei Apple als auch bei Microsoft funktioniert das handschriftliche Arbeiten in Tabellen-Dokumenten gut. Auch hier muss Google aber noch nachlegen.

Dateien auf dem iPad

Eigentlich sollte das iPad eine Plattform ohne Dateien sein. Als Steve Jobs das Tablet erstmals präsentierte, übernahm Apple die vom iPhone gewohnte App-Metapher. Anstatt wie beim Mac Dateien mit Anwendungen zu öffnen, sollte auf dem iPad die App im Vordergrund stehen und Dateien nur im Verborgenen benutzen. Das hat lange Zeit gut funktioniert, doch je mehr das iPad eine Alternative zum MacBook wurde, desto wichtiger wurden wieder Dateien. Mit iOS 11 im Sommer 2017 präsentierte Apple mit der Dateien-App eine Lösung für das Problem. Die App sammelt Dokumente aus Cloud-Diensten, von externen Speichern wie USB-Sticks oder auch lokale Daten in einer gemeinsamen Übersicht. Einen vollständigen Finder wie auf dem Mac ersetzt die App aber immer noch nicht.

So geht’s: Microsoft Excel mit dem Pencil nutzen

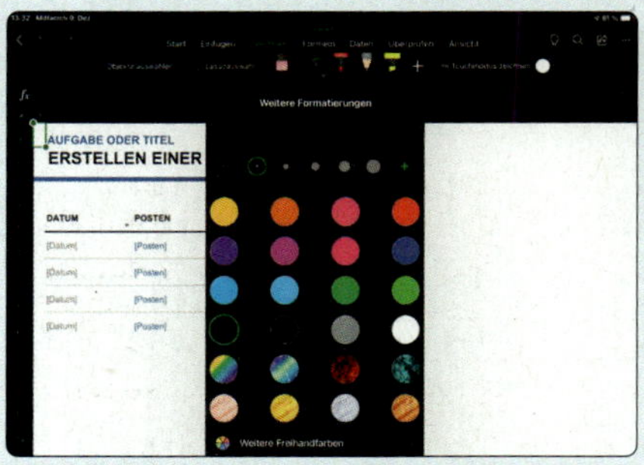

1 Der Reiter „Zeichnen“ öffnet in einer Excel-Tabelle die Pencil-Optionen. Hier findest du Stifte und Auswahlwerkzeuge. Mit einem Tap auf einen Stift kannst du weitere Einstellungen vornehmen.

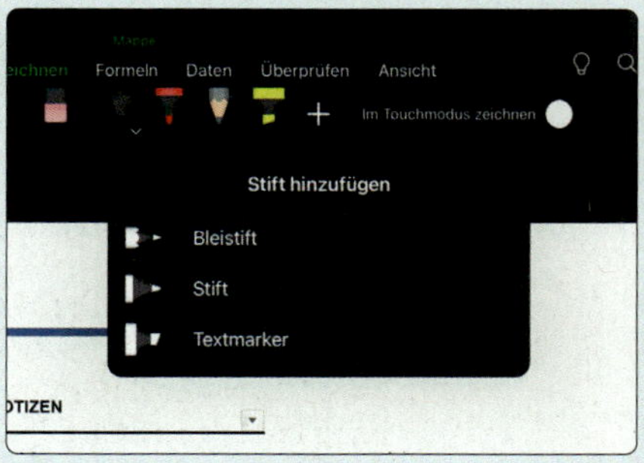

2 In der Schnellauswahl kannst du weitere Stifte hinzufügen. Tippe dazu auf das Plus-Symbol. Du hast die Wahl zwischen Bleistift, Stift und Textmarker. Dann kannst du Formatierungen festlegen.

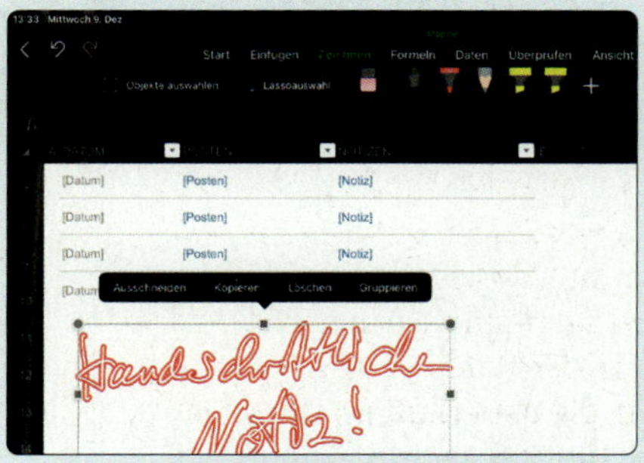

3 Deine handschriftlichen Notizen kannst du auswählen und weiter bearbeiten. Du kannst die Auswahl verschieben, vergrößern und verkleinern und ausschneiden, kopieren, gruppieren oder löschen.

Foto: Getty Images/E+/Cecilie_Arcurs

Präsentieren mit dem iPad

Mit dem richtigen Zubehör kann dein iPad deinen Laptop ersetzen. Aber gilt das auch für den Einsatz bei Präsentationen? Kann das Tablet Referate und Vorträge erstellen und präsentieren? Mit diesen Apps funktioniert's.

TEXT: **CHRISTIAN STEINER**

Apple positioniert das iPad mittlerweile nicht mehr nur als Ergänzung zum Laptop, sondern sogar als dessen Alternative. Mit Zubehör wie dem Magic Keyboard kannst du Tastatur und Trackpad auch am Tablet nutzen. Der Apple Pencil übertrumpft jedes MacBook.

Doch wie sieht es bei der Software aus? Mit welchen Apps kannst du diese ganzen Funktionen sinnvoll im Alltag einsetzen? Und wie bringst du deine Präsentation vom iPad auf die große Präsentationsleinwand?

Präsentationen erstellen

Die erste Anlaufstelle für Präsentationen ist für iPad-Nutzer:innen naturgemäß die vorinstallierte, kostenfreie Keynote-Anwendung. Diese App benutzt auch das Apple-Personal seit Jahren bei der namensgebenden Vorstellung neuer Produkte. Das tut der Anwendung gut, denn das Ergebnis überzeugt: Mit Keynote kannst du nicht nur schnelle, sondern auch schöne Präsentationen erstellen.

Auf dem iPad geht das ähnlich umfangreich wie auf dem Mac. In Kombination mit einer externen Tastatur, einem ebensolchen Trackpad und dem Apple Pencil ist die iPad-App dem Mac sogar in einigen Punkten überlegen.

Die Keynote-Vorlagen helfen dir bei der Erstellung deiner Präsentation. Du kannst neue Folien per Mausklick erstellen, Bilder aus anderen Apps kopieren und direkt in Keynote einsetzen sowie formschöne Übergänge zwischen Folien oder Elementen hinzufügen.

Die Animationen kennst du vielleicht sogar aus Apples eigenen Keynotes – etwa zur WWDC. Sie lassen sich gut zur optischen Strukturierung deines Vortrags einsetzen. Neben Bildern kannst du auch Videos und Audioclips in deine Präsentation einbauen.

Die Ergebnisse kannst du mit der iCloud zwischen deinen Apple-Geräten drahtlos austauschen. Die App unterstützt aber auch andere Cloud-Dienste wie zum Beispiel Dropbox oder Google Drive als Ablageort für deine Dateien.

Keynote ermöglicht zudem die gemeinsame Arbeit an einer Präsentation. Mithilfe ihrer Apple-ID lädst du Teammitglieder zur Mitarbeit ein. Alternativ könnt ihr auch im Webbrowser unter Nutzung der Adresse icloud.com die Dateien bearbeiten, falls nicht alle im Team Apple-Hardware nutzen.

Keynote-Alternativen

Googles Präsentations-App hat es ebenfalls auf das iPad geschafft. Doch die kostenfreie Anwendung musste im Vergleich zur Webversion einige Funktionen einbüßen.

Das Ergebnis: Die App ist zu abgespeckt und eingeschränkt, um sie wirklich produktiv nutzen zu können. Eine Unterstützung für Trackpads und Mäuse gibt es zum Beispiel nicht, was das Erstellen neuer Präsentationen mühsam macht. Du kannst zwar Bilder kopieren und einfügen, aber nicht mittels Tastaturkürzel oder „Drag-and-Drop“, sondern nur mit einem eigenen Button innerhalb der App.

Folienübergänge kannst du mit der iPad-Anwendung auch nicht hinzufügen. Eine Unterstützung für den Apple Pencil gibt es ebenfalls nicht. Das Ergebnis ist also enttäuschend und dient maximal der reinen Wiedergabe oder Betrachtung, nicht aber der Erstellung von Präsentationen.

Stattdessen solltest du auf die Web-App im Safari-Browser oder in Chrome ausweichen. Du findest auf slides.google.com einen Überblick über den vollen Umfang des kostenfreien Dienstes.

Hier kannst du deine Präsentationen ohne Einschränkungen erstellen, aber auch vortragen. Die Webanwendung punktet vor allem durch die Teamfunktionen, die bei gemeinsam erstellten Präsentationen nützlich sind. Anstatt umständlich Dateien auszutauschen, greifen alle Beteiligten auf die gleiche Anwendung zu. Auf dem iPad funktioniert in Verbindung mit der Webversion auch das Trackpad.

Microsoft ist mit dem eigenen Platzhirschen Powerpoint ebenfalls auf dem iPad vertreten. In der kostenfreien Version kannst du deine Präsentationen allerdings nur anzeigen.

Zum Bearbeiten deiner Vorträge benötigst du das kostenpflichtige Microsoft-365-Abo (zuvor Office 365). Der Preis beginnt bei 7 Euro pro Monat oder knapp 70 Euro im Jahr für eine Einzellizenz. Für Familien und Unternehmen gibt es eigene Angebote.

Powerpoint erinnert auf dem iPad an die Mac- und PC-Versionen. Auf dem Tablet kannst du Vorträge erstellen und dabei aus vielen Vorlagen auswählen. Du kannst Folien hinzufügen, Übergänge einbauen und Bilder direkt in die Folie kopieren. Die App erkennt automatisch, wenn du Grafiken hinzufügst und gibt dir passende Vorschläge zur Folienformatierung.

Deine Ergebnisse kannst du in Onedrive abspeichern und drahtlos zwischen verschiedenen Rechnern austauschen. Ebenfalls mit Microsofts Cloud-Dienst lädst du andere Teammitglieder zu deinen Dokumenten ein.

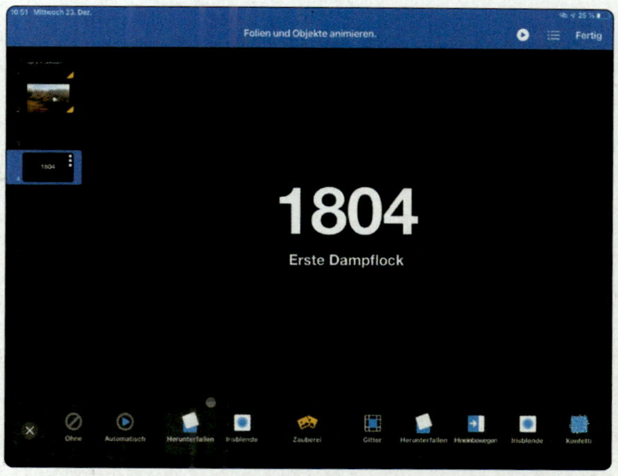

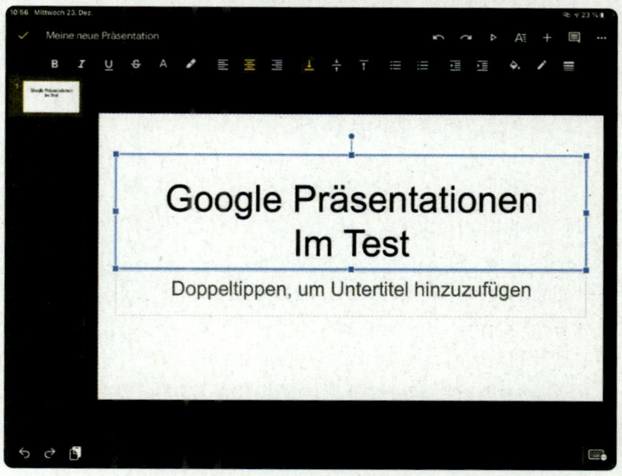

Oben: Apples Keynote-App kommt auch auf dem iPad mit allen wichtigen Funktionen daher.

Unten: Googles Präsentationen-App unterstützt auf dem iPad weder externe Trackpads oder Mäuse noch den Apple Pencil.

Für alle Fälle gerüstet

Trotz moderner Technik gerät das Präsentieren oft zum Drahtseilakt – ganz oft sogar wegen dieser Technik, denn irgendetwas kann immer schief gehen: Du hast den nötigen Adapter vergessen, dein iPad geht der Strom aus oder die Präsentationsdatei bereitet plötzlich Probleme.

Es lohnt sich also, für solche Fälle ausgerüstet zu sein. Neben den passenden Adaptern für dein iPad solltest du auch an Strom- und Verlängerungskabel denken. Darüber hinaus kannst du deine Präsentation als PDF-Datei exportieren und in mehreren Cloud-Diensten sowie auf einem USB-Stick ablegen.

Das PDF-Format ist als Alternative weit verbreitet und plattformunabhängig. Damit gehen dir zwar die aufwendigen Animationen verloren, aber du kannst im Falle eines Falles zumindest eine abgespeckte Version deines Vortrags präsentieren.

Vorträge präsentieren

Nachdem du deine Vorträge erstellt hast, geht es an die Präsentation deiner Ergebnisse. Anders als beim MacBook fehlen dem iPad die offensichtlichen Anschlüsse für die Verbindung mit einem Beamer oder Fernseher. Daher sind so manche kleine und große Umwege nötig.

Die offensichtlichste Ausgabe erfolgt mit AirPlay. Mit dem Apple-exklusiven Dienst stellst du eine kabellose Verbindung zwischen Tablet und Beamer respektive Fernseher her – vorausgesetzt, der Ziel-Bildschirm unterstützt AirPlay.

Alles sollte problemlos klappen, wenn dein Mac oder Apple TV bereits mit diesem Display oder Beamer verbunden sind. Einige neue TV-Modelle von LG, Sony und Samsung unterstützen AirPlay mittlerweile sogar ohne weitere Hardware.

Die stabilste und gleichzeitig komplizierte Verbindung stellst du aber nach wie vor mit einem Kabel her. Dazu benötigt dein iPad einen Adapter. Apple bietet für nahezu jedes iPad und jedes Verbindungs-

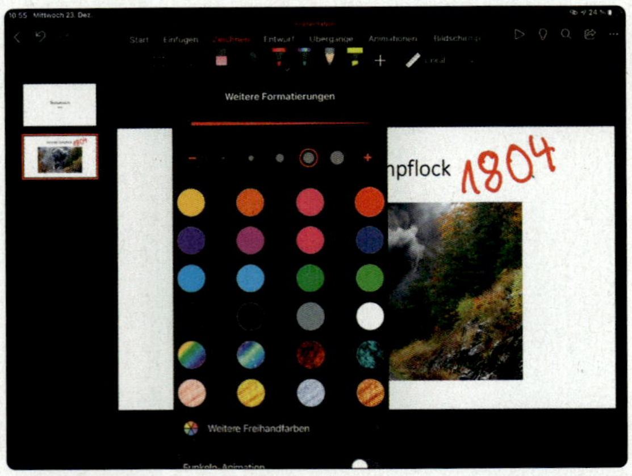

kabel eigene Varianten an. Auf iPad-Seite kann dies ein USB-C- oder Lightning-Kabel sein. Für den Videoanschluss solltest du auf HDMI oder (notfalls) VGA setzen.

Dies alles ist aber abhängig von deinem iPad-Modell und den Gerätschaften am Ort deines Vortrags. Es bietet sich also an, für alle Eventualitäten den passenden Adapter stets dabei zu haben und dich vorab bei den IT-Mitarbeiter:innen zu erkundigen, welche Voraussetzungen vorliegen.

Nachdem du die Geräte verbunden hast, kommen aber wieder die Präsentations-Apps zum Einsatz.

Ein Highlight von Keynote ist die Präsentation deines Vortrags. Du kannst sie direkt mit deinem iPad starten. Mittels Wischgesten steuerst du durch die verschiedenen Folien.

Bei Powerpoint von Microsoft überzeugen vor allem die Funktionen zum Zeichnen in Kombination mit einem Apple Pencil.

Mit dem Pencil oder Finger kannst du auch einen Zeichnen-Modus starten und auf deinen Folien Markierungen vornehmen. Das kann sehr nützlich bei der Präsentation komplexer Zusammenhänge oder wichtiger Details sein.

Alternativ kannst du auch dein iPhone als Fernbedienung nutzen, falls der Präsentationsraum keine direkte Steuerung am iPad ermöglicht. Dann siehst du deine Folien gespiegelt auf dem Smartphone-Display. Auf diesem kannst du mit dem Finger abermals in der Präsentation zeichnen.

Darüber hinaus gibt es mit Keynote Live eine weitere Möglichkeit des Vortrags. Anstatt ein zentrales Display anzusteuern, teilst du deine Präsentation auf die Geräte deines Publikums. Online können bis zu 500 Leute zuschauen, vor Ort bis zu 35. Dein Publikum nutzt dazu entweder die Keynote-App auf iPhone, iPad oder Mac oder schaut dir im Webbrowser zu. Eine eigene Apple-ID ist dazu nicht nötig.

Besonders der Online-Modus von Keynote Live ist ideal für ein verstreutes Publikum oder auch Schüler:innen, die aktuell nicht lokal in einem Klassenzimmer oder Konferenzraum zusammenkommen können.

Googles Präsentations-App fällt auch beim Vortragen auf dem iPad dürftig aus. Der umfangreiche Präsentationsmodus steht dir ebenfalls nur im Browser zur Verfügung. Hier kannst du aber auf nützliche Werkzeuge wie einen Laserpointer statt des Standard-Mauszeigers zugreifen. Damit kannst du ohne große Umstände auf Foliendetails zeigen. In dieser Ansicht zeigt dir Google auch deine Präsentationsnotizen an.

Google hat sich für den Präsentationsmodus einige clevere Ideen einfallen lassen. Zum Beispiel kannst du während deiner Präsentation den passenden Link freigeben und Fragen aus dem Publikum in schriftlicher Form entgegennehmen; niemand muss sich melden oder dich während des Vortrags unterbrechen. Stattdessen kannst du die Fragen im Anschluss für alle einblenden und beantworten.

Ebenfalls sehr praktisch ist das Präsentieren während eines Videoanrufs. Dies geht in Verbindung mit dem Videokonferenzdienst Google Meet und funktioniert sogar mit der App auf dem iPad. Sollte der Veranstaltungsort eine Google-Chromecast-Hard-

So geht's: Fragen aus dem Publikum in deine Präsentation einbinden

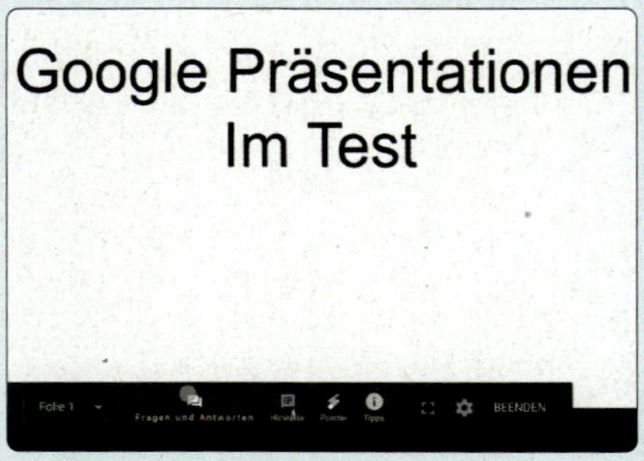

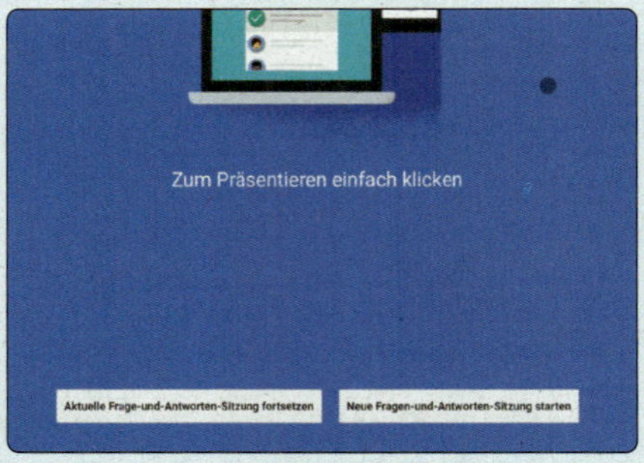

1 In der Webansicht von Google Präsentationen kannst du die Frage-und-Antwort-Funktion während deines Vortrags starten. Dazu klickst du auf „Fragen und Antworten" in der Navigationsleiste.

2 Im Browser-Tab mit der Ansicht für den Vortragenden startest du nun eine Fragen-und-Antworten-Sitzung. Der angezeigte Link öffnet für deine Zuhörenden ein eigenes Fenster zum Einsenden der Fragen.

3 Dein Publikum kann dich mit bis zu 300 Zeichen befragen. Anschließend erscheinen die Fragen in der Vortragenden-Ansicht. Mit „Präsentieren" bringst du sie für alle sichtbar in die Präsentation ein.

ware besitzen, kann Google Präsentationen direkt mithilfe dieses Geräts deine Vorträge senden.

Der Präsentationsmodus von Powerpoint auf dem iPad gefällt ebenfalls. Du bekommst in dieser Ansicht deine Präsentation, die Folienübersicht sowie deine Notizen angezeigt. Mit dem Stiftsymbol kannst du Markierungen in deiner Präsentation vornehmen – entweder, um deinen Vortrag zu unterstreichen oder um Feedback festzuhalten. Nach dem Beenden der Präsentation fragt dich die App, ob du die Markierungen behalten möchtest. So kannst du später Korrekturen anfertigen. Diese Markierungen lassen sich auch mit dem Apple Pencil vornehmen.

Was kann der Apple Pencil?

Apples Keynote-App unterstützt den Apple Pencil. Du kannst freihändigen Text auf deine Folien bringen oder Zeichnungen und Formen einbauen. Während der Präsentation kannst du außerdem Markierungen auf deinen Folien anfertigen.

Leider unterstützt Google Präsentationen den digitalen Stift nicht. Du kannst also weder beim Bearbeiten noch beim Präsentieren Markierungen einbauen.

Anders sieht es bei Microsoft aus. Powerpoint kommt mit einem eigenen Zeichnen-Werkzeug daher. Du kannst wie bei Keynote freihändige Notizen und Zeichnungen einbauen.

Microsoft liefert darüber hinaus einige clevere Ideen. Zum Beispiel kannst du deine Markierungen mit dem Stift auswählen und anschließend Handschrift und Zeichnungen automatisch in Text und Formen umwandeln. Somit gehen Skizzen flott von der Hand, die im zweiten Schritt aus Entwürfen vorzeigbare Ergebnisse machen.

Ebenfalls sehr praktisch ist das digitale Lineal. Mit diesem kannst du deine freihändigen Zeichnungen mit sauberen Linien ausstatten. Der Apple Pencil ist somit ein großer Vorteil des iPad gegenüber einem MacBook, das diesen nach wie vor nicht unterstützt.

Fazit

Das iPad ist dem MacBook bei Vorträgen nicht nur ebenbürtig, sondern oftmals sogar überlegen – vorausgesetzt, du nutzt die richtigen Apps.

Mit Apples Keynote greifst du zur besten Präsentationsanwendung, die zumindest auf dem iPad alle anderen Lösungen übertrumpft. Googles iPad-App enttäuscht durch fehlende Trackpad- und Pencil-Unterstützung. Hier empfiehlt sich der Einsatz im Browser, um alle angebotenen Funktionen nutzen zu können.

Microsoft liefert für alle Office-Fans einen gelungenen Tablet-Ableger, sodass auch auf dem iPad das Bearbeiten und Präsentieren von Vorträgen problemlos funktioniert. In Kombination mit einem Apple Pencil sind Keynote und Powerpoint ihren Mac-Ablegern sogar überlegen.

Prezi auf dem iPad

Eine weitere Alternative für beeindruckende Präsentationen ist Prezi. Mit der Webanwendung kannst du Präsentationen erstellen, in Videokonferenzen einbinden oder Grafiken und Statistiken erstellen. Das geht auch auf dem iPad mithilfe des Safari-Browsers.

Die kostenfreie iPad-Anwendung kann lediglich Vorträge präsentieren. Das Erstellen und Bearbeiten funktioniert dort also nicht.

Prezi gibt es in einer kostenfreien Basisversion, mit der du fünf eigene Präsentationen erstellen kannst. Für rund 20 Euro im Jahr erhältst du weitere Funktionen und weniger Einschränkungen. Darüber hinaus gibt es eigene Tarife für Einzelpersonen, Unternehmen und Bildungseinrichtungen.

Prezi ist besonders im schulischen und universitären Einsatz eine Empfehlung.

So geht's: Das iPhone als Fernbedienung für deine Keynote-Präsentation nutzen

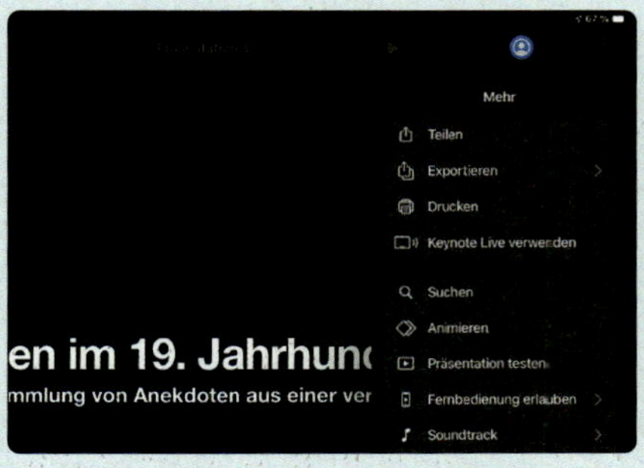

1 Öffne Keynote und aktiviere in den „Mehr"-Einstellungen die Nutzung von Fernbedienungen. Auf dem iPhone findest du die Aktivierung in der rechten oberen Ecke der Keynote-App.

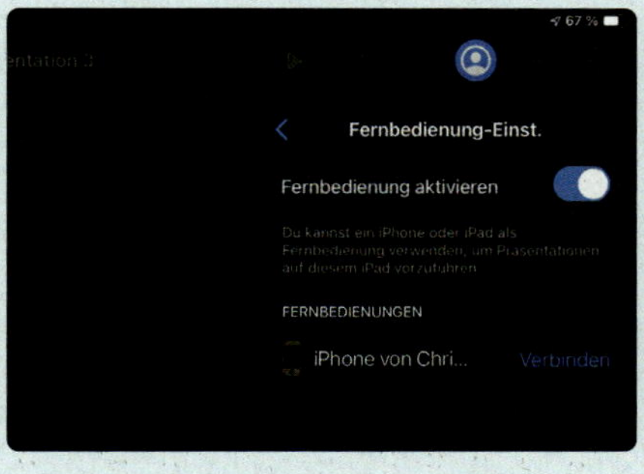

2 Nun erscheint dein iPhone als Fernbedienung in der iPad-App. Mit „Verbinden" startest du die Kopplung der Geräte. iPad und iPhone zeigen nun denselben Code an. Diesen musst du bestätigen.

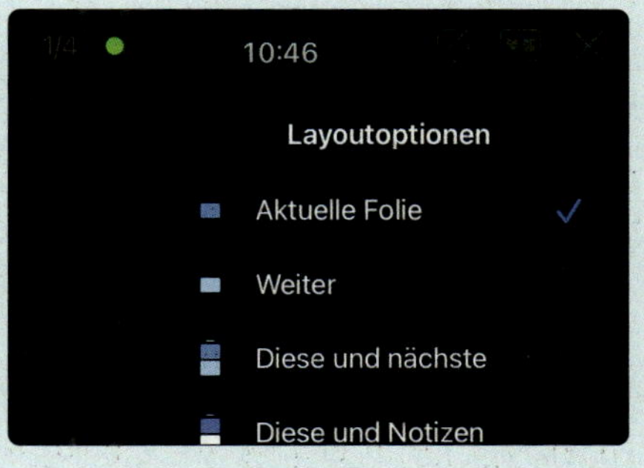

3 Jetzt kannst du deine Präsentation auf dem iPhone starten. Hier siehst du auch deine aktuellen Folien. Diese Anzeige kannst du in den Einstellungen anpassen. Mit einer Wischgeste springst du weiter.

Bildbearbeitung mit dem iPad

Für Apple ist das iPad eine echte Alternative zum MacBook. Das Magic Keyboard und der Apple Pencil sind ideal, um auf dem Tablet Bildbearbeitungen zu machen. Doch funktioniert das in der Praxis? Wir haben es probiert.

TEXT: **CHRISTIAN STEINER**

Auf der ersten iPad-Präsentation hat Steve Jobs im Frühjahr 2010 Fotos auf dem neuen Tablet bestaunt. An echte Bildbearbeitung war noch gar nicht zu denken. Heute ist aus dem Medien-Tablet ein echter Computerersatz geworden. Besonders Modelle wie das iPad Pro oder das iPad Air liefern mittlerweile genug Rechenleistung, um mobil produktiv zu arbeiten. Zubehör wie das Magic Keyboard und der Apple Pencil erweitern das iPad über die Möglichkeiten eines Laptops hinaus. Da stellt sich also schnell die Frage, ob das iPad nicht ein kompletter Ersatz für die mobilen Macs sein könnte. Wir fragen uns in dieser Ausgabe konkret: Kann das iPad echte Bildbearbeitungen übernehmen?

Simple Änderungen mit der Fotos-App

Die erste Anlaufstelle für simple Bildbearbeitungen ist Apples vorinstallierte Fotos-App. Mit dieser Anwendung kannst du schnelle Änderungen an deinen Fotos vornehmen. Beispielsweise kannst du dein Bild zuschneiden, begradigen, spiegeln oder drehen. Für detaillierte Bearbeitungen kannst du einzelne Komponenten wie zum Beispiel die Schärfe, den Kontrast oder die Helligkeit verändern. Du hast außerdem die Auswahl zwischen vorgefertigten Filtern, falls es schnell gehen soll. Der Kreis mit den drei Punkten in der rechten oberen Ecke öffnet die Optionen. Hier kannst du Markierungen vornehmen. Dazu öffnest du ein Markierungswerkzeug wie zum Beispiel den Textmarker, verschiedene Stifte und Farben.

Falls du einen Apple Pencil nutzt, kannst du direkt auf dem Display arbeiten und musst nicht erst die Optionen öffnen. Aber auch diese Bearbeitungsmöglichkeiten bleiben simpel. Apples Fotos-App eignet sich daher für schnelle Änderungen, damit deine Bilder in den sozialen Netzwerken etwas origineller daherkommen. Für richtige Bildbearbeitungen brauchst du andere Apps.

Lightroom für Foto-Profis

Eine Alternative zu Apples simpler Fotos-Anwendung ist Lightroom von Adobe. Als Teil der Adobe Creative Cloud ist die App auf dem Mac schon lange eine wichtige Anlaufstelle für Foto-Profis. Auf dem iPad kannst du mittlerweile auch deine Schnappschüsse bearbeiten. Die App kümmert sich um eine professionelle Bearbeitung deiner Bilder. Damit kannst du die Bildqualität nachträglich verbessern. Zum Beispiel, indem du einzelne Farbwerte veränderst, die Lichtverhältnisse anpasst oder Details wie Schärfen und Rauschen bearbeitest. Du kannst außerdem Wasserzeichen hinzufügen.

Apples Fotos-Anwendung nutzt einige simple Bearbeitungswerkzeuge.

Mit der kostenlosen Version kannst du die wichtigsten Funktionen nutzen. Für fortgeschrittene Werkzeuge, wie etwa der nachträglichen Perspektivänderung deines Bildmotivs, benötigst du das kostenpflichtige Abo. Für Lightroom auf dem iPad zahlst du knapp 5 Euro pro Monat. Damit schaltest du alle Funktionen frei und erhältst 100 GB Speicherplatz in der Creative Cloud. Für rund 12 Euro pro Monat kannst du sowohl die mobile als auch die Desktop-Version von Lightroom in Kombination nutzen. Die Premium-Version erlaubt sogar das Importieren von RAW-Dateien, die du mithilfe eines SD-Kartenadapters mit Lightroom dann importieren und bearbeiten kannst. Apples ProRAW-

Woher kommen die Dateien?

Das iPad hat mit iPadOS mittlerweile ein eigenes Betriebssystem. Die Pro- und Air-Modelle setzen auf einen USB-C-Anschluss statt Apples eigenen Lightning-Stecker. Trotzdem ist die Frage berechtigt: Wie kommen meine Daten auf das iPad und wieder runter? Der oftmals einfachste Weg ist mit Cloud-Diensten wie Apples iCloud, Adobes Creative Cloud oder Google Drive und Dropbox. Das kann bei großen Dateien aber lange dauern und benötigt eine Internetanbindung. Bei Fotoshootings im Wald kann das zum Beispiel ein Problem sein. Bei den USB-C-Modellen kannst du entsprechende USB-Sticks nutzen. Mit dem richtigen Adapter kannst du SD-Speicherkarten direkt in das iPad stecken. Das ist der schnellste und einfachste Weg, um die Fotos von deiner Spiegelreflexkamera auf das iPad zu bringen.

Das richtige Zubehör

- **Apple Pencil:** Egal ob du ein iPad mit der ersten oder zweiten Pencil-Generation nutzt, der digitale Stift hilft vor allem bei eigenen Designs.
  Ab 100 Euro.
- **Magic Keyboard oder Logitech Touch Combo:** Für das iPad Pro und iPad Air empfiehlt sich die Anschaffung eines Magic Keyboards. Wer mit einem normalen iPad arbeitet, greift zu Logitechs Combo-Touch-System. Mit beiden Geräten bekommst du eine physische Tastatur und ein Trackpad.
  Ab 150 Euro.
- **SD Kartenlesegerät Adapter:** Zum Import von Bildern aus der Spiegelreflexkamera. Als USB-C-Version für das iPad Pro und iPad Air. Andere iPad-Modelle nutzen die Lightning-Version.
  Ab 35 Euro.
- **Digital AV Adapter:** Mit diesem Zubehör schließt du dein iPad per HDMI an einen Fernseher oder externen Monitor an. Gibt es sowohl als USB-C-Version als auch in der Lightning-Variante.
  Ab 55 Euro.

Bildformat der iPhone-12-Kameras unterstützt Lightroom mittlerweile als eigenes Profil.

Lightroom ist besonders für Foto-Profis eine sinnvolle App, die auf dem iPad mit den wichtigsten Funktionen vertreten ist. Im Zusammenspiel mit Adobe Photoshop kannst du aber noch mehr mit deinen Bildern machen.

Photoshop auf dem iPad

Nach einem langen Umweg über mehrere abgespeckte Versionen hat Adobe 2019 endlich das echte Photoshop auf das iPad gebracht. Nach einer großen Ankündigung auf Apples Bühne im Oktober 2018 wurde es lange still um das Projekt. Ende 2019 erschien dann endlich Photoshop auf dem iPad. Die Ernüchterung war vorprogrammiert. Das „echte" Photoshop war zwar endlich da, aber im Vergleich zum Mac-Ableger deutlich abgespeckt. Dennoch bietet Photoshop auf dem iPad viel Bekanntes. Die App ermöglicht dir dort die Gestaltung von Grafiken, eigenen Designs, Logos und Bildbearbeitungen.

Du kannst Photoshop-Dateien auf dem iPad öffnen und bearbeiten. Das ist besonders praktisch, wenn du zwischen stationärer Arbeit am Mac und mobiler Arbeit am iPad wechseln möchtest oder deine Ergebnisse von anderen Teammitgliedern weiterverarbeitet werden sollen.

Die Werkzeuge auf dem iPad erinnern an die Funktionen der „großen" Desktop-Ableger. Du kannst deine Bilder retuschieren, komplexe Ebenen anlegen und bearbeiten, eigene Kompositionen anfertigen und mit Masken arbeiten.

Deine Dateien überträgst du mit der Adobe Creative Cloud oder anderen Cloud-Diensten wie Dropbox, Google Drive oder iCloud. Alternativ kannst du die Dateien mittels AirDrop oder auf einem USB-C-Stick weitergeben. Photoshop gibt es in der iPad-Version für 11 Euro pro Monat im Abo. Du kannst aber Pakete mit weiteren Adobe-Apps abschließen. Zum Beispiel die Version, die dir ermöglicht, Photoshop sowohl auf dem iPad als auch den Mac zu nutzen. Diese kostet dann 24 Euro pro Monat.

Adobe hat viel Zeit gebraucht, aber mittlerweile ist Photoshop auf dem iPad vertreten.

Adobe ist mit dem umfangreichen Photoshop erst spät auf dem iPad angekommen und das macht sich immer noch bemerkbar. Die Bedienoberfläche ist auf dem klassischen iPad in der deutschen Version abgeschnitten und Knopfbeschreibungen sind verkürzt. Die App unterstützt zwar externe Tastaturen und ein Trackpad, allerdings ohne eigene Anpassungen. Dadurch fehlt etwa der Rechtsklick als Funktion. Das sind alles keine dramatischen Einschränkungen. Es unterstreicht aber den Eindruck, dass Adobe noch viel Arbeit vor sich hat, um das vollständige Photoshop-Erlebnis endlich auf das iPad zu bringen.

Affinity Photo als Alternative

Während Adobe das iPad verschlafen hat, war die Konkurrenz hellwach. Deshalb ist das Feld der mobilen Bildbearbeitung hart umkämpft. Neben Photoshop gibt es also weitere Anwendungen. Affinity Photo von Serif ist eine Alternative.

Die Anwendung ist sowohl auf dem iPad als auch dem Mac vertreten, sodass du stationär und mobil arbeiten kannst. Im Vergleich zu Adobes Abomodell gefällt der Einzelkauf bei Affinity Photo. Für 22 Euro erhältst du die iPad-Version im App Store. Auf dem Mac zahlst du einmalig 55 Euro für die Desktop-Version.

Auf dem iPad kannst du mit Affinity Photo PSD-Dateien öffnen, bearbeiten und sogar wieder im gleichen Format exportieren. Das macht die App universell und stört keine vorhandenen Photoshop-Workflows. Du kannst mit der Bildbearbeitung viele vom Mac bekannte Funktionen nutzen. Mit Affinity Photo restaurierst du deine Bilder, nutzt Weich- und Scharfzeichner und kannst Farben und Pinsel mischen. Die Bearbeitungsmöglichkeiten sind auf dem Tablet insgesamt sehr detailliert. Die Bedienoberfläche ist aufgeräumt und leicht verständlich. Mit Fotos und Bildern kannst du ebenfalls arbeiten. Zum Beispiel kannst du Fotomontagen anferti-

So geht's: eigene Schriften in Photoshop nutzen

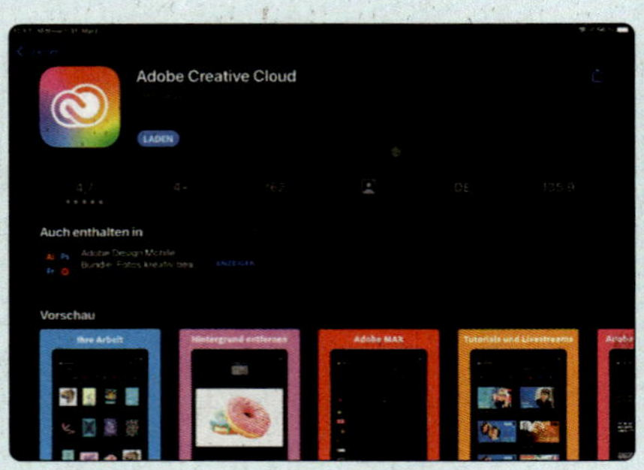

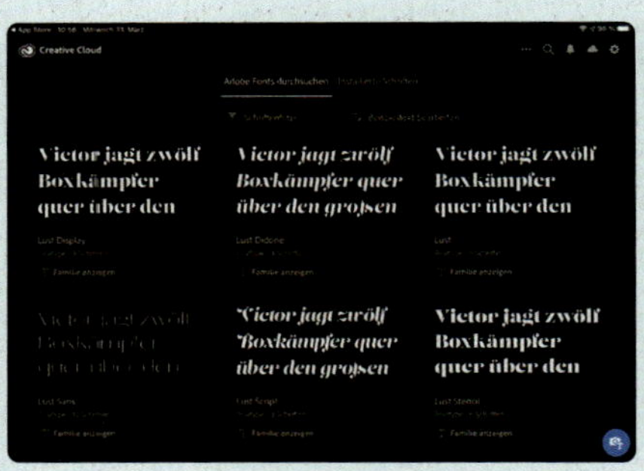

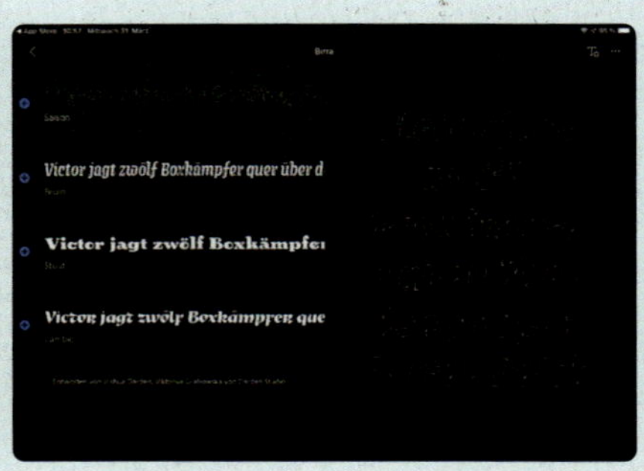

1 Das iPad unterstützt mittlerweile eigene Schriftarten, die du aber zunächst selbst installieren musst. Diese kannst du in Photoshop einsetzen. Dazu lädst du die Creative Cloud App aus dem App Store.

2 Anschließend öffnest du die App und meldest dich mit deinem Adobe-Konto an. Am unteren Bildschirmrand findest du die Option „Schriften“. Hier gibt es eine Auflistung verschiedener Schriftsätze.

3 In der Detailansicht kannst du mit dem blauen Plus-Symbol die verschiedenen Varianten der Schriftart hinzufügen. Anschließend steht der Schriftsatz in Photoshop, aber auch allen anderen Apps zur Verfügung.

So geht's: Pencil-Einstellungen in Affinity Photo

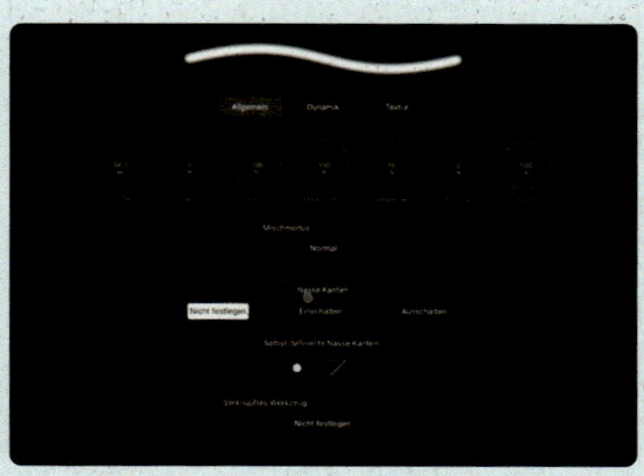

1 In der Hauptansicht öffnest du am linken Bildschirmrand deine Werkzeuge wie zum Beispiel den Malpinsel. Anschließend erscheint am unteren Bildschirmrand eine Leiste mit Einstellungen zu deinem Werkzeug.

2 Die wichtigsten Funktionen wie zum Beispiel die Drucksteuerung kannst du hier direkt einstellen. Der Knopf „Mehr“ öffnet weitere Einstellungsoptionen. Verschiedene Werkzeuge können eigene Werte bekommen.

3 Für schnelle Änderungen des Pinsels kannst du das Studio am rechten Bildschirmrand öffnen. Hier wählst du die Pinseldicke und den Pinselstil aus einer Liste aus. Anschließend kannst du mit dem Pencil malen und zeichnen.

gen, vorhandene Assets speichern und zwischen den Geräten austauschen sowie Stockfotodienste wie Unsplash, Pexels und Pixabay direkt in der App einsetzen. Mittels Suchfeld findest du sofort gewünschte Stockfotomotive und fügst sie als eigene Ebenen hinzu.

Doch leider funktioniert diese Funktion auf einem Standard-iPad nicht und bricht beim Download der Bilder stets ab. Nichtsdestotrotz ist Affinity Photo nicht nur wegen des Preises und Einzelkaufs eine echte Alternative zu Photoshop, sondern auch durch die vielen robusten Werkzeuge.

Bildbearbeitung mit dem Apple Pencil

Der Apple Pencil macht aus dem iPad als Laptopkonkurrenten eine echte MacBook-Alternative. Egal, ob du dabei ein Tablet mit der ersten oder zweiten Generation des digitalen Stifts bedienst. Mit dem Pencil machst du aus dem iPad ein echtes Grafiktablett.

Apples Fotos-App unterstützt zwar den Pencil, erlaubt aber lediglich Markierungen auf deinen Bildern. Echte Bildbearbeitung kannst du mit dem Stift also nicht vornehmen. Das geht hingegen mit Photoshop. Hier kannst du mit dem Stift vor allem malen und zeichnen. Die einzelnen Pinsel besitzen eine Vielzahl feiner Einstellungsmöglichkeiten für Aussehen, Farben, Größe, Härte und mehr. Du kannst sogar die Pinselstärke in Abhängigkeit des Stiftdrucks einstellen. Besonders praktisch sind die „Touch Shortcuts“, mit denen du mittels Displayberührung aus dem Stift einen Radierer machst. Für Lightroom ist der Apple Pencil eher eine Ergänzung als ein unverzichtbares Werkzeug. Du kannst natürlich die verschiedenen Schieberegler mit dem Stift nutzen statt mit dem Finger. Darüber hinaus gibt es in der Premium-Version selektive Korrekturen, mit denen du einzelne Teilbereiche der Fotos veränderst. Dann „malst“ du deine Änderungen mit dem Pencil auf deine Fotos.

Affinity Photo unterstützt den Apple Pencil ebenfalls und mit einer enormen Detailvielfalt. Du kannst nicht nur die einzelnen Zeichenstile, sondern vor allem die Druckkraft des Stiftes einstellen. Mit eigenen Stabilisatoren zeichnest du aus der freien Hand saubere Pinselstriche auf das iPad.

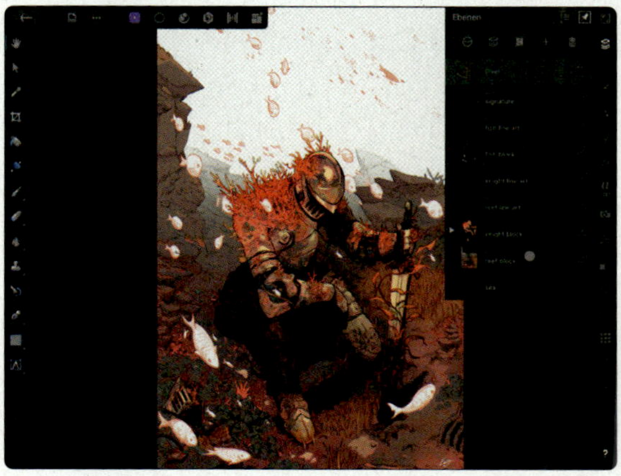

Oben: Lightroom bearbeitet sowohl deine Schnappschüsse als auch deine professionellen Fotos.

Unten: Wer nicht auf die Creative Cloud angewiesen ist, findet mit Affinity Photo eine sehr gute Alternative.

Fazit

Echte Bildbearbeitung ist auf dem iPad möglich. Apples eigene Bestrebungen halten sich dabei jedoch in Grenzen. Für schnelle Änderungen an den eigenen Schnappschüssen reicht die Fotos-App aus, für echte Bildbearbeitung brauchst du eigenständige Anwendungen. Mit Apps wie Photoshop und Lightroom bringst du deine Workflows aus der Creative Cloud auf das Tablet. Lightroom kannst du für den Einstieg kostenfrei nutzen. Photoshop ist endlich auf dem iPad angekommen. Allerdings muss Adobe noch beim Funktionsumfang aufholen. Wer nach neuen Werkzeugen sucht, greift zu Affinity Photo. Besonders die umfangreichen Pencil-Funktionen machen die App zum echten Photoshop-Konkurrenten. Anders als bei Adobe benötigst du kein laufendes Abonnement, sondern kaufst die App einmalig.

Schnappschüsse aufräumen

Auf dem iPad gibt es neben den großen Bildbearbeitungsapps viele kleine Anwendungen, die sich auf einige wenige, aber praktische Funktionen konzentrieren. Damit decken sie dann sehr spezielle Einsatzzwecke ab und können dir den Alltag erleichtern. Zum Beispiel die App „Bestphotos“, mit der du deine Fotos schnell und effektiv aufräumst. Die App zeigt dir zum Beispiel mehrere Schnappschüsse des gleichen Motivs an, damit du die beste Version schnell herausfindest. Die kostenlose Basisversion kann dir beim Aufräumen helfen, doch manche praktische Funktionen schaltest du erst mit einem In-App-Kauf ab rund 5 Euro frei.

Spaß mit Selfies

Eine weitere Spezial-App ist „Faceapp“, mit der du deine Selfies schnell verbessern kannst. Du kannst dein Gesicht nachträglich mit Bärten versehen, ein Lächeln hinzufügen und sogar mehrere verschiedene Gesichter zu einer neuen Person verwandeln. Die technischen Möglichkeiten der App sind beeindruckend. Die Preisgestaltung allerdings nicht. Viele Funktionen gibt es nur im kostenpflichtigen Abo von 5 Euro monatlich oder 30 Euro jährlich. Die kostenlose Testphase fällt mit nur drei Tagen zu knapp aus.

Aufzeichnen, schneiden, veröffentlichen

Das iPad übernimmt mehr und mehr Aufgaben eines Laptops. Doch gilt das auch für das Aufzeichnen, Schneiden und Veröffentlichen von Podcasts? Kann das Tablet als mobiles Podcast-Studio überzeugen? Wir haben es ausprobiert.

TEXT: **CHRISTIAN STEINER**

Mit dem richtigen Zubehör machst du dein iPad zum mobilen Podcast-Studio.

Apples Verhältnis zur Podcastingwelt ist widersprüchlich. Der Begriff „Podcast" ist eine Anspielung an Apples iPod und meint eine Audiodatei, die du vor allem mobil auf iPods und mittlerweile iPhones anhören kannst. Im Jahr 2005 integrierte Apple ein eigenes Podcast-Verzeichnis in iTunes und verhalf dem Medium zu enormer Popularität. In den Jahren danach schienen Steve Jobs und Tim Cook das Interesse aber stetig zu verlieren. Die unter Podcaster:innen populäre Einstiegssoftware GarageBand verlor die eigenständigen Podcast-Funktionen. Das Podcast-Verzeichnis in iTunes bekam in all den Jahren keine Möglichkeiten, um Podcasts finanziell zu unterstützen. Erst seit dem Frühjahr 2021 bietet Apple auch kostenpflichtige Abonnements für Podcasts an. Für viele Podcast-Produzent:innen zu spät und mit unattraktiven Konditionen. Apples Podcast-App auf dem iPhone kam nie über Basis-Funktionen hinaus. Stattdessen zog die Konkurrenz von Spotify, anderen Podcast-Plattformen wie zum Beispiel Stitcher oder Hörbuchanbietern wie Audible an Apple in Sachen Podcasting vorbei.

Deshalb verwundert es nicht, dass sich das Produzieren von Podcasts auf dem iPad alles andere als einfach gestaltet. Es funktioniert zwar, bleibt aber eine Herausforderung.

Wie zeichne ich Podcasts auf?

Abhängig von der Art des Podcasts eignet sich das iPad grundsätzlich gut oder kaum für die Aufnahme. Solopodcasts, die du ohne Gäst:innen oder viel Schnittarbeit aufzeichnen möchtest, funktionieren auf dem Tablet. Dazu benötigst du lediglich ein externes Mikrofon, dass du mit Lightning-Adapter oder per USB-C an dein iPad anschließt. Mit Apps wie GarageBand oder Ferrite zeichnest du deine Audiospur auf und bearbeitest sie anschließend. Eine klassische Interview-Situation vor Ort kannst du somit ebenfalls problemlos umsetzen. Dazu hältst du das Mikrofon abwechselnd dir und den Interviewpartner:innen hin.

Komplizierter wird es hingegen, wenn alle Beteiligten ein eigenes Mikrofon für die lokale Aufzeichnung benötigen. Das iPad hat lediglich einen Lightning- beziehungsweise einen USB-C-Anschluss für externe Geräte. Die Lösung ist also ein USB-Hub oder ein Audio-Interface, das mehrere Mikrofone anschließen und an das iPad übergeben kann. Mit Apps wie GarageBand kannst du dann mehrere Audioeingänge gleichzeitig aufzeichnen.

Das iPad kommt bei Online-Gesprächen allerdings an seine Grenzen. Viele Podcastformate arbeiten mit Apps wie Skype, Zoom oder Studiolink, um mittels Internetverbindung an unterschiedlichen Orten zu plaudern, zu diskutieren oder Interviews durchzuführen. Doch genau diese Podcasts haben es auf dem iPad unnötig schwer.

Das größte Problem ist, dass Apple das iPadOS im Vergleich zum Mac bei externen Audioquellen immer noch sehr stark einschränkt. Anders als am Mac kannst du auf dem iPad dein Mikrofon nicht gleichzeitig mit zwei Apps nutzen. Du kannst also dein externes Mikrofon nicht gleichzeitig mit Skype und für die lokale Aufzeichnung deiner Audiospur einsetzen. Komplizierte Umwege

mit einem Audiorecorder und einem externen Audiointerface sind zwar möglich, aber nicht besonders praktisch. Das iPad ist bei solchen Podcast-Formaten grundsätzlich keine Empfehlung, sodass du in diesem Fall wieder auf den Mac ausweichen solltest.

Wie schneide ich meinen Podcast auf dem iPad?

Der Audioschnitt funktioniert mit dem Tablet besser als das Aufzeichnen. Du kannst dein iPad also als mobile Schnittstation einsetzen. Denn besonders im Zusammenspiel mit dem Apple Pencil ergeben sich im Vergleich zum Mac ganz neue Arbeitsmöglichkeiten.

Die erste Anlaufstelle für den Audioschnitt ist Apples kostenlose GarageBand-App. Eigentlich konzentriert sich die Anwendung auf das Musikmachen, aber deine eingesprochenen Aufnahmen kannst du ebenfalls bearbeiten.

Die App ist allerdings nicht besonders intuitiv. Zunächst musst du deine Produktion erstellen. Dazu konzentrierst du dich auf Sprachaufnahmen, die deine Stimme ohne weitere Effekte bearbeiten. Anschließend importierst du deine Aufnahmen. Das geht am einfachsten mit Cloud-Diensten wie Dropbox, Google Drive oder iCloud. Alternativ kannst du mit dem passenden Zubehör die SD-Karten aus deinem Audiorecorder direkt am iPad verwenden.

Mit GarageBand schneidest du deine Aufnahmen anschließend zusammen. Leider ist die Benutzung unnötig kompliziert. Schnitte setzt du beispielsweise mit komplizierten Kontextmenüs und Wischgesten. Dabei hilft dir der Apple Pencil nicht weiter. Dieser kann lediglich die Finger-Gesten und Kommandos umsetzen. Ein simpler Schnitt mittels Durchstreichen der Audiospur ist beispielsweise nicht möglich.

Das Ausrichten deiner Spuren ist ebenfalls unnötig kompliziert. Das gilt besonders für Mehrspuraufnahmen, bei denen du dich und deine Gesprächspartner:innen synchron halten musst. Eine einfache Funktion, die automatisch beide Spuren verschiebt, gibt es bei GarageBand nicht. Der Export deiner fertig geschnittenen Audiodatei funktioniert ebenfalls sehr umständlich. Du kannst bei den Einstellungen nur simple Qualitätsstufen auswählen, anstatt Details wie Mono-Ausgaben oder unkomprimierte Dateien einzustellen.

Für den Einstieg und bei simplen Solopodcasts kann GarageBand eine Hilfe sein. Für aufwendigere Produktionen benötigst du aber eine Alternative wie Ferrite.

Mit Ferrite kannst du nicht nur deinen Podcast aufzeichnen, sondern auch schneiden und bearbeiten. In Kombination mit einem Apple Pencil und den richtigen Einstellungen geht das sogar

Das richtige Zubehör zum Podcasten

- Lightning Mikrofone: Hersteller wie IK Multimedia bieten eigene Mikrofone zum Podcasten an, die oftmals Lightning-Anschlüsse besitzen. Damit kannst du sie an das normale iPad anschließen.
- iRig Duo Adapter: ebenfalls von IK Multimedia. Mit diesem Adapter kannst du zwei handelsübliche XLR-Mikrofone an dein iPad anschließen. Der Adapter unterstützt den Lightning-Anschluss.
- USB-C auf USB Adapter: Damit kannst du dein USB-Mikrofon oder dein Audiointerface an dein iPad Pro oder iPad Air anschließen. Zumindest theoretisch. Im Zweifelsfall musst du testen, ob deine Geräte wirklich funktionieren.
- Lightning / USB-C auf SD Kartenlesegerät: Mit diesem Adapter kannst du deine SD-Speicherkarte aus deinem Audiorecorder mit dem iPad nutzen, falls du das iPad als Schnittstation benutzen möchtest.

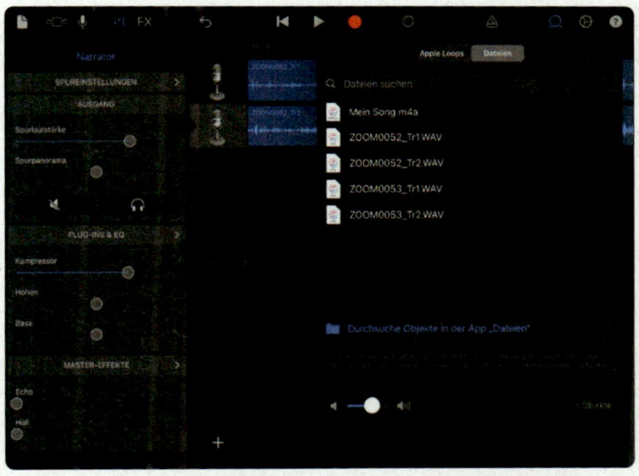

Die Nutzungsoberfläche von GarageBand ist für Apple ungewöhnlich kompliziert und umständlich.

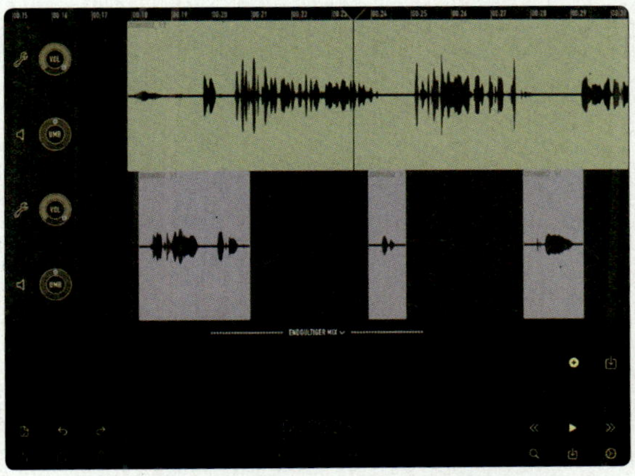

Mit Ferrite kannst du deinen Podcast schnell und effektiv schneiden.

schnell und komfortabel. Ferrite hat dazu clevere Funktionen, die dir die Arbeit mit gesprochenen Aufnahmen erleichtern können.

Zunächst importierst du deine Aufzeichnungen in die App. Anschließend kannst du dich um den Schnitt kümmern. In den Einstellungen definierst du den Apple Pencil als eigenes Eingabegerät, sodass der Stift nicht nur deine Fingergesten spiegelt. Damit ziehst du einen Strich über deine Aufnahme, um sie an dieser Stelle zu schneiden. Ein Strich von rechts nach links löscht automatisch die markierte Stelle.

Ferrite beherrscht außerdem Funktionen wie „Ripple Editing“, sodass sich deine Aufnahme automatisch in entstandene Lücken verschiebt und diese schließt. Das ist besonders praktisch bei Sprachaufnahmen, bei denen keine Pausen entstehen sollen.

Das Markieren von der Restaufnahme ist ebenfalls eine wichtige Funktion. Diese setzt Ferrite mit mehrfachen Tippgesten des Stiftes um. Darüber hinaus kannst du dir in den Einstellungen wichtige Funktionen als eigene Knöpfe in die Schnellleiste legen. Gesten wie das Tippen mit zwei Fingern können deine Aufnahme abspielen und stoppen. All diese Funktionen und Einstellungen helfen

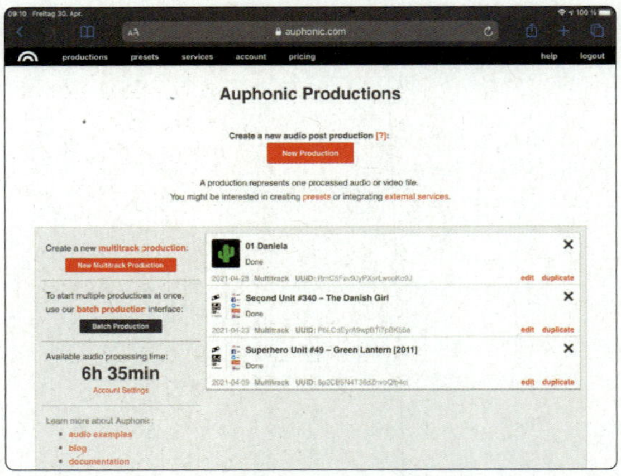

Mit Ferrite kannst du deinen Podcast schnell und effektiv schneiden.

Der Podcasthoster Podigee kümmert sich um die Veröffentlichung deiner Shows.

dir dabei, besonders schnell und effektiv deinen Audioschnitt zu erstellen.

Ferrite ist zunächst kostenlos. Dabei unterstützt die App aber maximal drei Audiospuren, eine Stunde pro Aufnahme und zehn Minuten pro Projekt. Für komplexere Podcasts und weitere Einstellungen zahlst du einmalig rund 33 Euro als In-App-Kauf.

Wie veröffentliche ich meinen Podcast?

Ein geschnittener Podcast ist noch kein fertiger Podcast. Zum Abschluss musst du dein Ergebnis noch ins Netz stellen. Das kannst du auf ganz unterschiedliche Arten und Weisen erledigen, abhängig von deinem Arbeitsablauf und deiner verwendeten Technik.

Ganz egal wie und wo du deinen Podcast speicherst, vor der Auslieferung ist der Einsatz von Auphonic eine Empfehlung. Der Audiodienstleister bearbeitet dein Ergebnis in einem automatischen Prozess und verbessert die Audioqualität deines Podcasts.

Du kannst beispielsweise die unterschiedlichen Lautstärken der verschiedenen Aufnahmen angleichen, unerwünschte Hintergrundgeräusche herausfiltern oder Jingles an den Anfang oder am Ende einfügen.

So geht’s: Audioschnitt mit Ferrite und dem Apple Pencil

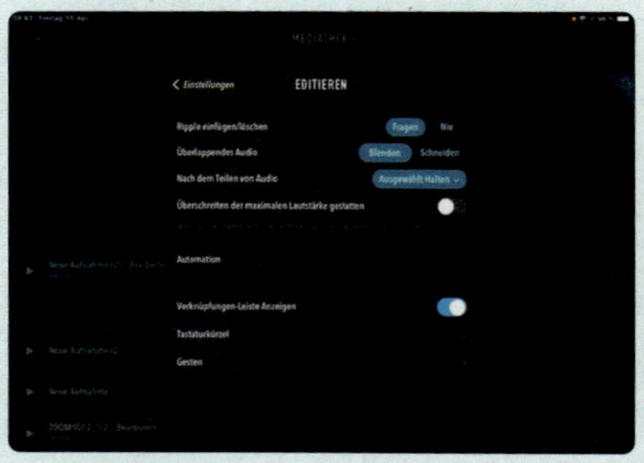

1 Bevor du dich an die Arbeit machen kannst, musst du zunächst einige Einstellungen anpassen. Die Optionen findest du im Startbildschirm von Ferrite als Schraubenschlüssel. Navigiere zu „Editieren“ und „Gesten“.

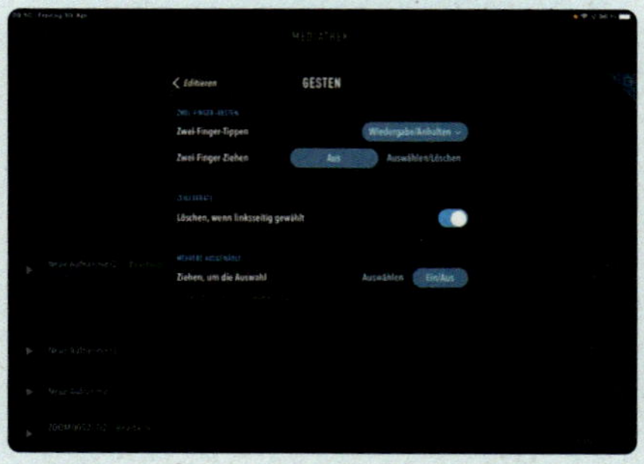

2 Die Optionen zu den Finger-Gesten und dem Zeigegerät sind wichtig. Aktiviere das Zwei-Finger-Tippen für die Wiedergabe sowie das „Löschen, wenn linksseitig gewählt“. Das spart später Zeit beim Schnitt.

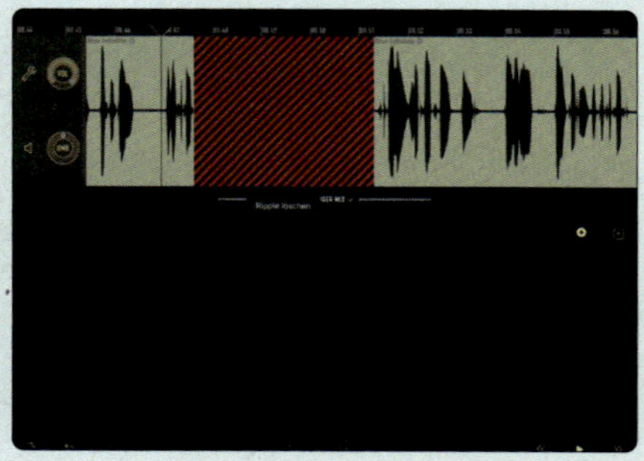

3 Jetzt kannst du mit einem Zwei-Finger-Tipp die Aufnahme abspielen und stoppen. Mit dem Apple Pencil markierst du nun Audiobereiche, die du herausschneiden möchtest. Mit der Option „Ripple löschen“ vermeidest du Pausen.

Darüber hinaus kümmert sich Auphonic um eine automatische Auslieferung des fertigen Podcasts. Der Dienst lädt die Audiodateien zum Beispiel auf deinen Server hoch, erstellt automatisch ein Video mit einem Standbild für deinen Youtube-Kanal oder liefert deine Audiodatei zu Soundcloud aus. Besonders praktisch: Du kannst Zusatzdienste wie das automatische Erstellen von Skripten deines Podcasts oder Backups in Cloud-Diensten wie Amazon S3 oder Dropbox hinzufügen. Damit kümmert sich Auphonic nicht nur um Qualitätsverbesserungen deines Podcasts, sondern nimmt dir auch Arbeitsschritte bei der Veröffentlichung ab.

In der kostenlosen Version kannst du Audiomaterial mit einer Laufzeit von insgesamt zwei Stunden pro Monat bearbeiten. Die kostenpflichtigen Pakete kannst du entweder einmalig für ein festes Kontingent oder monatlich als Abo buchen. Die Preise beginnen bei rund 11 Euro. Eine iPad-App gibt es leider nicht, stattdessen kannst du Browser wie Safari oder Chrome für die Webanwendung auf dem iPad nutzen.

Zur abschließenden Veröffentlichung deines Podcasts benötigst du ein System wie Wordpress oder Podigee, mit dem du einen Podcast-Beitrag schreibst und anschließend deine Audiodatei hinzufügst. Wordpress eignet sich am besten, wenn du alles an deinem Podcast selbst organisieren möchtest und dabei die volle Kontrolle behalten willst. Dazu musst du auf deinem eigenen Server zunächst Wordpress installieren und einrichten. Anschließend kannst du mit einem Browser wie Safari oder Chrome mithilfe der Webansicht deinen Blog mit deinen Podcasts befüllen.

Das Veröffentlichen mittels Wordpress ist sehr komplex und kann besonders zum Start eines neuen Podcasts abschrecken.

Das Podlove-Plugin

Wenn du deinen Podcast selbst verwalten und veröffentlichen möchtest, dann ist die Webhosting-Plattform Wordpress immer noch die beste Wahl. Mit Wordpress kannst du eine Vielzahl von Plugins nutzen und es somit an deine Bedürfnisse anpassen. Für Podcasts ist das „Podlove"-Plugin die wichtigste Erweiterung. Eine Gruppe von Podcaster:innen kümmert sich ehrenamtlich um die Entwicklung und Pflege des Projekts. Mit Podlove erhältst du bessere Verwaltungs- und Veröffentlichungswerkzeuge als bei Wordpress üblich, die besonders für Podcasts angepasst sind. Analysewerkzeuge sind ebenfalls dabei. Wordpress und Podlove sind kostenlos.

Deshalb gibt es mit Podigee eine simple Alternative, die sich auf die Voraussetzungen für die Veröffentlichung von Podcasts spezialisiert. Der Dienst ist mit Browsern wie Safari oder Chrome auf dem iPad verfügbar. Eine eigenständige App gibt es aber ebenfalls. Mit Podigee lädst du deine Podcasts hoch, kannst automatische Audioverbesserungen wie bei Auphonic vornehmen und anschließend deinen Podcast veröffentlichen. Das alles geht mit einer Plattform und einem Anbieter. Der Basistarif von Podigee startet bei 12 Euro pro Monat.

Fazit

Podcasts mit dem iPad zu produzieren ist möglich, aber oft zu kompliziert. Nimmst du Solopodcasts auf, dann geht das auch mit einem externen Mikrofon am iPad. Aufnahmen mit mehreren Teilnehmer:innen sind kaum bis schwer möglich. Der Audioschnitt mit Ferrite und dem Apple Pencil macht unterwegs Spaß. Dienste wie Auphonic helfen dir anschließend, deinen Podcast überall im Netz zu verteilen. Wer unterwegs also lediglich schneiden und produzieren möchte, kann dies mit dem iPad erledigen. Für die Aufnahme solltest du aber immer noch zu einem Mac greifen.

So geht's: Podcast-Produktion mit Auphonic

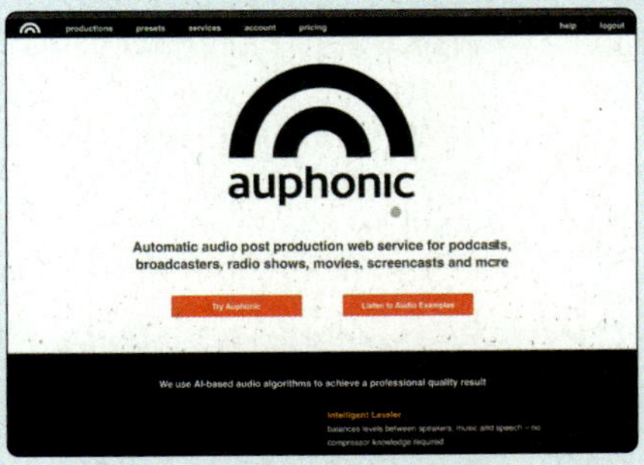

1 Zunächst musst du dir auf auphonic.com ein Nutzungskonto anlegen, mit dem du dich einloggst. Wenn du mehr als zwei Stunden Audio pro Monat bearbeiten möchtest, musst du kostenpflichtige Credits kaufen.

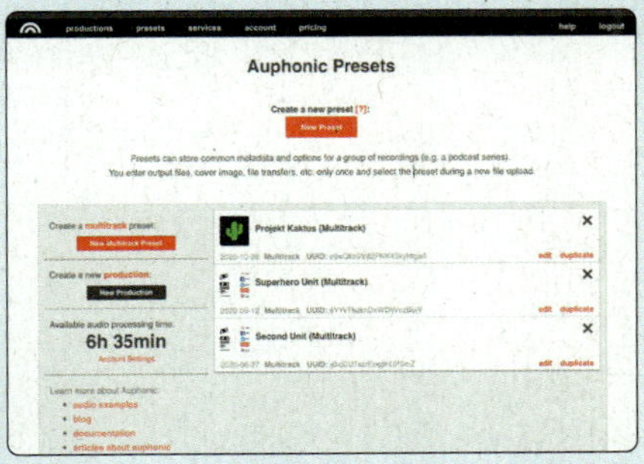

2 Mit einem Preset kannst du Einstellungen für deinen Podcast speichern. Zum Beispiel, wohin Auphonic die Audioproduktion nach Fertigstellung kopieren soll. Das spart dir Zeit bei der Podcastproduktion.

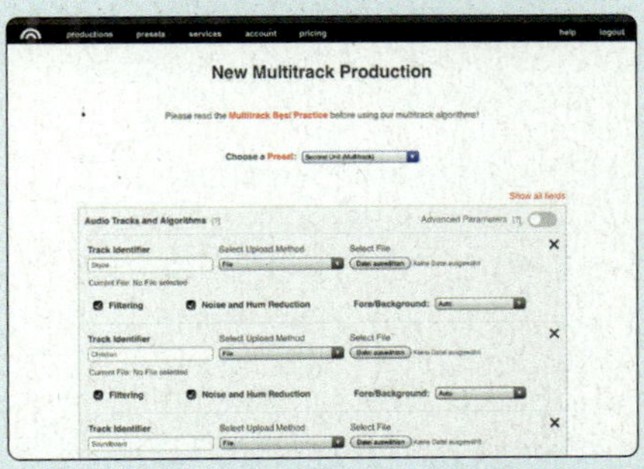

3 Aus einem „Preset" erstellst du anschließend deine Podcast-Produktion. Hier legst du die Einstellungen für deine konkrete Folge fest, zum Beispiel Kapitelmarken, aber auch den Episodentitel.

Das iPad als Spielekonsole

Apple macht das iPad mit Diensten wie Apple Arcade zur Spielekonsole. Doch auch Microsoft, Sony, Valve und Google wollen mitspielen. Wir zeigen dir, wie du Konsolen- und Computer-Games auf das iPad streamst.

TEXT: **CHRISTIAN STEINER**

Das iPad könnte eine großartige Spielekonsole sein. Apples Tablets sind leicht und mobil, das Display auch in der einfachsten Ausführung gestochen scharf und mit der Pro-Reihe macht das iPad sogar Gaming-PCs Konkurrenz. Besonders im direkten Vergleich zur Switch, der Hybrid-Konsole von Nintendo für den heimischen und mobilen Einsatz, ist das iPad eine valide Alternative. Mittlerweile unterstützt der Tabletcomputer sogar die Verwendung von Playstation- und Xbox-Controllern ohne weitere Zusatzsoftware. Die Hardware ist also bereit für intensives Zocken.

Doch an den Spielen mangelt es bisher. Apple versucht dies mit einem eigenen spezifizierten Abodienst zu ändern. Konsolenhersteller wie Sony und Microsoft setzen hingegen auf das Streamen von Games. Auch PC- respektive Chromebook-Plattformen wie Valves Steam und Google Stadia versuchen ihr Glück auf dem iPad - mit unterschiedlichen Erfolgen.

Apples Spieleplattform(en)

Die erste Anlaufstelle für Spiele auf dem iPad ist naturgemäß der App Store. Hier hast du die Auswahl zwischen zwei grundsätzlich verschiedenen Bezugssystemen. Du kannst einzelne Spiele kaufen oder kostenfrei laden und spielen. Diese Spiele gehören dann dir. Oder du abonnierst Apple Arcade und hast sofort Zugriff auf mehr als hundert verschiedene Titel. Diese Spiele kommen ohne weitere In-App-Käufe aus. Allerdings kannst du diese Titel auch nur so lange spielen, wie du Apple Arcade für rund fünf Euro pro Monat abonnierst. Kündigst du dein Abo, dann funktionieren die Spiele nicht mehr.

Seit dem Update auf iPadOS 13 im Herbst 2019 kannst du auch endlich deinen Playstation-4- und Xbox-Controller mit dem iPad verbinden - und damit auch für Apple Arcade nutzen. Die Auswahl der Titel ist vielfältig. Neben Ablegern größerer Konsolentitel wie Sonic Racing gibt es auch aufwendige Abenteuerspiele wie „Beyond a Steel Sky" oder humorvolle Knobelspiele wie „What The Golf?" für Apple Arcade.

Das iPad ist darüber hinaus nie als Alternative zu Konsolenplattformen wie der Playstation 4 oder Xbox One aufgetreten. Obwohl Apple das Tablet stetig verbessert und mit dem iPad Pro und iPad Air mittlerweile auch reichlich Rechenpower anbietet, haben die Hersteller großer Konsolen-Games das iPad kaum für diese Titel beachtet. Hits wie „Red Dead Redemption 2", „Assassin's Creed Odyssey" oder GTA 5 gibt es bis heute nicht für Apples Tabletcomputer.

Aufwendige Abenteuerspiele wie „Beyond a Steel Sky" gibt es auch bei Apple Arcade.

Apple Arcade ist Apples eigener Spieledienst, den du kostenpflichtig abonnieren musst.

Zumindest nicht direkt. Denn als Alternative zu den klassischen Konsolenplattformen existiert mittlerweile die Möglichkeit, viele dieser Spiele auf das iPad zu streamen. Das funktioniert ähnlich wie bei Filmen oder Musik: Anstatt die Titel herunterzuladen und auf dem iPad direkt zu berechnen, übernimmt ein Server in der Cloud diese Funktion. Du schickst deine Controller-Eingaben dann an diesen Server und erhältst die Ergebnisse auf dein iPad-Display. Damit ist das Tablet ausschließlich mit der Wiedergabe des Bildes und der Weitergabe deiner Eingaben beschäftigt.

Die Idee für solche Streaminglösungen ist nicht neu oder auf das iPad beschränkt. Bereits im Sommer 2010 versuchte sich der Dienst Onlive an genau diesem Konzept. Es zirkulierte sogar eine Demo, die den Gamestreamingdienst auf dem iPhone präsentierte. Eigene Apps gab es für Mac, Windows-PC, Android-Tablets und -Smartphones sowie aus-

Gamepad

Seit iOS 13 kannst du dein iPad direkt mit einem Playstation- oder Xbox-Controller verbinden.

gewählte TV-Geräte. Der Dienst konnte sich aber nie auf dem umkämpften Konsolenmarkt halten und musste bereits zwei Jahre später schließen. Im Sommer 2015 kaufte Sony dann die letzten Patente von Onlive, um diese in eigene Streaminglösungen einzubauen.

PS Remote Play und Playstation Now

Bereits bei der Enthüllung der Playstation 4 im Frühjahr 2013 stellte Sony eine Lösung für das lokale Streamen von Spielen vor. Damals stand „Remote Play" noch für die drahtlose Verbindung zwischen der PS4-Konsole und Sonys mobiler Playstation Vita. Das funktionierte zwar technisch ganz gut, doch die mobile Playstation ließ einige Knöpfe der großen Konsole vermissen, und somit waren manche Spiele nahezu unspielbar. Die Playstation Vita ist mittlerweile Geschichte, Remote Play stattdessen auf dem Windows-PC, dem Mac, auf Android-Geräten sowie auf iPhone und iPad möglich. Dank der Unterstützung von PS4-Controllern seit iPadOS 13 musst du dabei nicht etwa auf virtuelle Touch-Knöpfe setzen, sondern kannst auf dem Tablet wie gewohnt zocken.

PS Remote Play bringt deine Playstation-4-Titel mithilfe deines lokalen Heimnetzwerks auf das iPad. Das heißt, dass sich das iPad und die Playstation im selben WLAN befinden müssen. Dein Heimnetzwerk muss zudem schnell genug sein, um die Daten zwischen den Geräten auszutauschen. Dabei dient das iPad lediglich als Display, während die Playstation-Hardware wie gewohnt die Spiele berechnet.

Remote Play wird von nahezu allen PS4-Titeln unterstützt. Spiele, die auf besondere Geräte wie die Playstation-VR-Brille setzen oder Zubehör wie die Playstation Move-Controller benötigen, kannst du leider nicht streamen.

Grundsätzlich funktionierte das lokale Streamen von PS4-Spielen im Test, wenn auch in der Regel mit einem Qualitätsverlust. So kann zum Beispiel nur die PS4 Pro auch eine volle HD-Auflösung auf das iPad streamen. Je nach Last in deinem heimischen Netzwerk kann zudem die Qualität des Streams leiden. Das iPad unterstützt zwar den PS4-Controller, allerdings nicht den großen Touchpad-Knopf. Das kann beim Spielen wiederum zu Einschränkungen führen, da dieser Knopf oft wichtige Missionsziele oder die Karte anzeigt. Gelegentliche Ruckler und Aussetzer können ebenfalls auftreten. Das fällt bei langsamen Puzzlespielen kaum ins Gewicht, kann aber bei Kampfspielen und Ego-Shootern zu Frust führen.

Insgesamt ist die Remote-Lösung für die Playstation 4 aber eine solide Alternative für den großen Fernseher und bringt die PS4-Spiele auch auf dein iPad. Theoretisch kannst du diese sogar unterwegs spielen, wenn du dein iPad mit einem mobilen Hotspot verbindest und so im Internet auf deine PS4 zugreifst. Dabei kann es aber zu weiteren Qualitätsverlusten und Verbindungsproblemen kommen.

Für das Streamen von Playstation-Spielen aus der Cloud hat

Remote Play mit Sidecar

Wer keine Lust auf Steam hat und Spiele auf Plattformen wie GOG, dem Epic Game Store oder Humble Bundle bezieht, kann trotzdem mit einem Trick im lokalen Netzwerk die eigenen Spiele auf das iPad streamen. Seit iPadOS 13 und macOS Catalina kannst du das iPad als einen externen Monitor für den Mac benutzen.

Das geht auch mit einer kabellosen Verbindung. Beide Geräte müssen sich dazu im selben Netzwerk befinden und Handoff aktivieren. Anschließend kannst du dein iPad mithilfe der AirPlay-Funktion in der Menüzeile des Mac ansteuern. Deine Spiele kannst du dann einfach als Fenster auf das iPad schieben und so weiter zocken. Die beste Qualität erreichst du aber mit einer Kabelverbindung zwischen Mac und iPad.

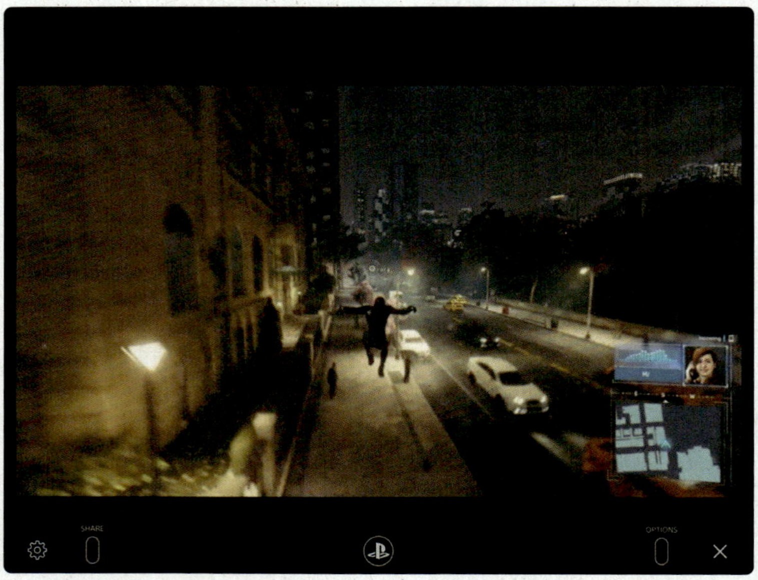

Mit „PS Remote Play“ streamst du Playstation-Spiele in deinem WLAN auf dein iPad.

Sony deshalb eine andere Lösung in petto. Mit Playstation Now streamst du nicht nur ausgewählte PS4-Titel, sondern auch einige PS3- und sogar PS2-Games. Playstation Now ist ein kostenpflichtiger Abodienst, der monatlich rund 10 Euro kostet. Leider kannst du dieses Angebot aber nur auf der PS4 oder einem Windows-PC nutzen. In den Anfangstagen gab es den Dienst auch auf Geräten wie der PS3, der Playstation Vita sowie einigen Fernsehern von Sony und Samsung. Sony hat die Anzahl der unterstützten Geräte mittlerweile aber wieder reduziert. Ein eigenes Angebot für das iPad scheint daher auch in Zukunft unwahrscheinlich.

Microsoft Game Pass und Project Xcloud

Auch Microsoft will in Zukunft auf das Streamen von Spielen setzen. Der Wechsel auf die nächste Konsolengeneration vollzieht sich aktuell mit der Xbox Series X. Dabei verfolgt Microsoft eine andere Strategie als Sony mit der Playstation 5: Aus der Xbox soll in Zukunft eine Plattform mit vielen unterstützten Geräten erwachsen. Die Idee dahinter: Egal ob du dabei auf einer alten oder neuen Xbox spielst oder gar auf einem Windows-PC, die Spiele sollen im Vordergrund stehen. Im Zweifelsfall übernehmen die Microsoft-Server die Berechnungslast und schicken dir einen Stream des Spiels. Dieses Konzept trägt den Arbeitstitel „Project Xcloud“. Der Dienst ging im Frühjahr 2020 in eine erste öffentliche Testphase.

Ein weiterer wichtiger Baustein in diesem neuen Konsolen-Konzept übernimmt der „Game Pass“. Der kostenpflichtige Abodienst will zum „Netflix für Videospiele“ mutieren. Für rund 10 Euro pro Monat kannst du alle Titel im Game-Pass-Katalog spielen. Für 15 Euro erhältst du ab Herbst auch die oben beschriebene Project Xcloud dazu. Das Angebot wechselt ständig. Microsoft verspricht aber alle exklusiven Eigenproduktionen wie zum Beispiel Halo oder Forza im Game-Pass-Katalog zu behalten.

Game Pass und Project Xcloud wären eine ideale Lösung für iPad-Fans. Denn mit dem Spieleabonnement erhältst du Zugriff auf einen großen Katalog an hochkarätigen Konsolenspielen, die du mittels der Project-Xcloud-Technologie dann auf dein iPad streamen könntest. Dank der Unterstützung von Xbox-Controllern seit iPadOS 13 würde auch die Steuerung funktionieren.

Das Problem: Bisher gibt es keine der erwähnten Dienste auf dem iPad. Die Game-Pass-App erlaubt lediglich die Verwaltung deines Kontos auf dem iPad. Mit der Anwendung kannst du Spiele nur vormerken, die du dann auf deine Xbox lädst. Auf dem Apple-Tablet selbst kannst du leider gar nichts aus dem Katalog spielen.

Ebenso mau sieht es bei Project Xcloud aus. Auf Android-Smartphones gibt es bereits eine Beta-App, mit der du Xbox-Spiele aus der Cloud streamst. Für das iPhone und iPad hat Microsoft zwar einen geschlossenen Betatest gestartet, der aber bisher nur ein einziges Spiel unterstützt. Das Streamen von Xbox-One-Games im lokalen Netzwerk kann

Checkliste: PS4 Remote Play – das braucht es:

- Playstation 4 (Pro-Modell für Full-HD-Streams)
- Spiele (digitaler Download oder als Disc)
- einen Playstation-4-Controller
- ein aktuelles iPad, auf dem mindestens iPadOS 13 läuft
- die kostenfreie PS4-Remote-App aus dem App Store
- ein stabiles Heimnetzwerk mit mindestens 5 MBit pro Sekunde Breitbandanschluss (Sony empfiehlt 12 MBit/s und eine Kabelverbindung für die Playstation)

Microsoft bietet mit „Game Pass“ einen eigenen Abodienst für Spiele an; diesen kannst du auf dem iPad aber nur verwalten und nicht direkt nutzen.

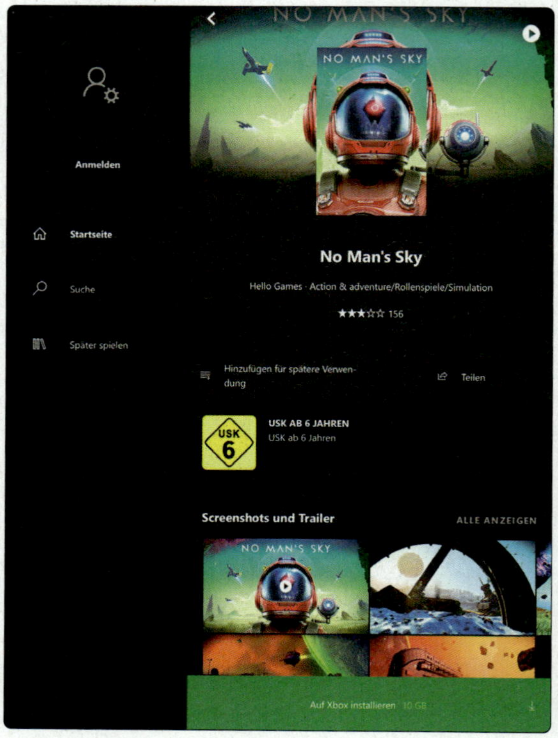

diese Test-App leider auch nicht bewältigen.

Microsoft versucht mit dem Wechsel auf die neue Konsolengeneration ein umfassendes Angebot auf allen Plattformen aufzubauen. Die Strategie ist vielversprechend – allerdings nur, wenn sie auch auf einer Vielzahl von Systemen funktioniert. Leider scheint Apple aber andere Pläne zu haben und erschwert dem ehemaligen Lieblingsgegner diesen Weg.

Steam Remote Play

Nicht nur Konsolen können im lokalen Netzwerk ihre Spiele auf das iPad streamen – dein Mac kann das auch. Mit Steam und der passenden iPad-App „Steam Link" verbindest du dein Tablet mit deiner lokalen Steam-Spielesammlung. Nach der erstmaligen Verbindung der Geräte und der Einrichtung eines Controllers am iPad kannst du Steam im Big-Picture-Modus auf dem iPad nutzen. Damit kannst du deine Spiele direkt starten und musst nicht zwischendurch auf den Mac zugreifen.

Im Prinzip funktioniert Steam Remote Play wie auf der Playstation 4. Der Mac kümmert sich um die Spieleberechnungen und spiegelt das Ergebnis auf deinem iPad. Hier interagierst du mithilfe deines Controllers, die Signale gehen zurück an den Mac. Das iPad fungiert also lediglich als Bildschirm für deine Mac-Games. Mit „Remote Play Anywhere" kannst du auch mithilfe des Internets auf deinen Mac zugreifen und musst nicht einmal mehr im gleichen lokalen Netzwerk wie dein Rechner sein.

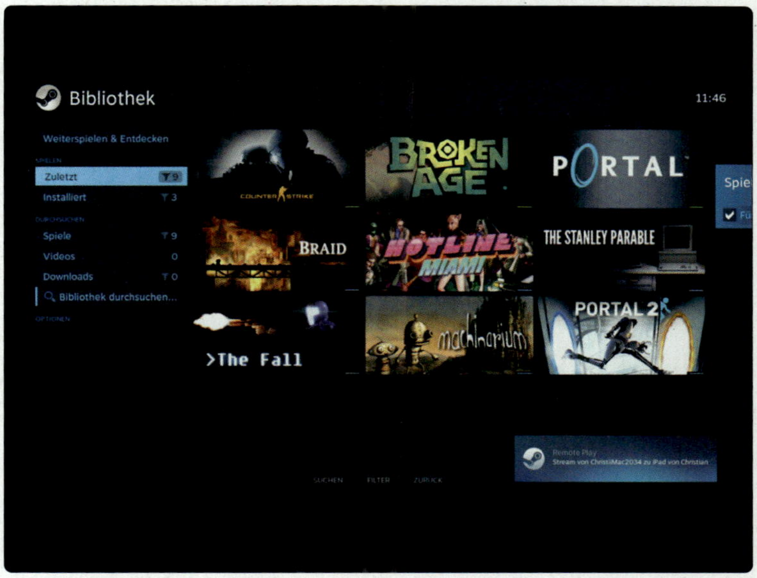

„Steam Link" bringt deine Steam-Bibliothek auf das iPad.

Steam Remote Play bietet aber noch eine weitere nützliche Funktion: Du kannst mit mehreren Steam-Kontakten im lokalen Multiplayer im Internet spielen. Dabei benötigen deine Kontakte keine eigenen Kopien des Spiels und müssen auch nichts installieren: Eine Person übernimmt mit dem eigenen Mac oder Windows-PC das Hosting des Spiels und lädt dann alle anderen zu diesem ein. Das Gute: Diese Einladungen können du und deine Kontakte auch auf dem iPad annehmen und so am Multiplayer-Spaß teilhaben.

In der Mac-Version von Steam ist das Angebot begrenzt. Nicht alle Titel sind mit Apples Betriebssystem spielbar. Viele große Toptitel setzen ausschließlich auf Windows. Mit Apples Bootcamp-Funktion kannst du das Betriebssystem von Microsoft aber auch auf deinem Mac instal-

So geht's: PS4-Controller am iPad nutzen

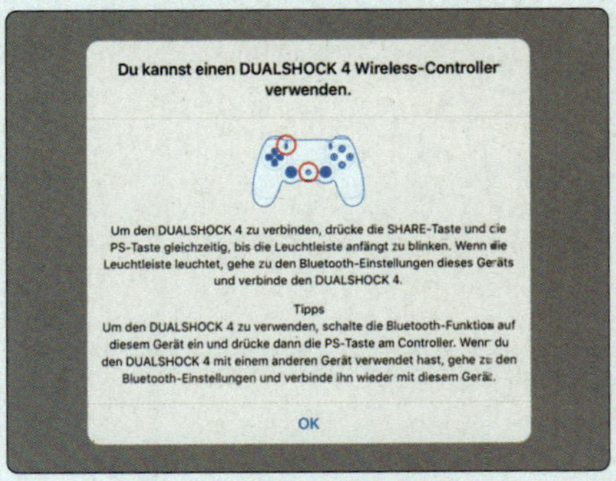

1 Um deinen PS4-Controller mit dem iPad zu verbinden, hältst du die „Share"-Taste und die „PS"-Taste auf dem Gamepad gleichzeitig gedrückt. Anschließend blitzt das Licht am Playstation-Controller auf.

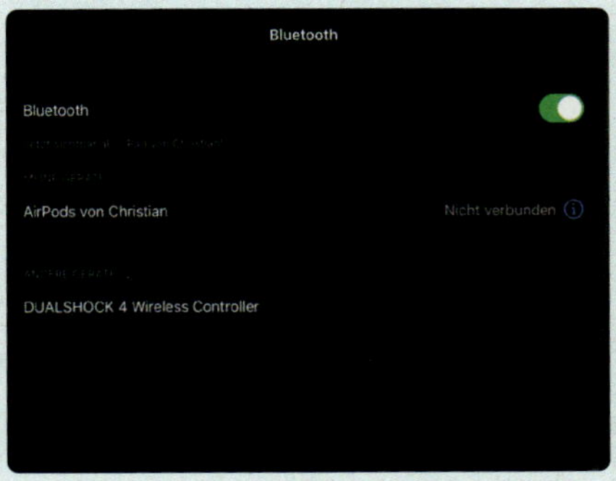

2 Nun öffnest du die Einstellungen-App des iPad und navigierst zu den Bluetooth-Einstellungen. Hier findest du nun einen Eintrag für den Playstation-Controller (als „Dualshock 4 Wireless Controller").

3 Nachdem sich das iPad und der Controller verbunden haben, kannst du das Gamepad mit Anwendungen wie der Remote-Play-App oder mit Spielen von Apple Arcade nutzen.

lieren. In diesem Modus kannst du Steam ebenfalls mit der iPad-App verbinden und somit auch Windows-Games auf das iPad streamen, um sie dort zu spielen.

Steam Link zeigt, dass das Streamen von PC- und Mac-Spielen im lokalen Netzwerk grundsätzlich funktioniert. Der größte Nachteil dabei ist aber, dass du dich selbst um die Hardware kümmern musst. Du benötigst also einen Mac mit viel Rechenleistung, was wiederum eine kostspielige Angelegenheit sein kann. Viel praktischer wäre es, wenn du die Games direkt aus einem Serverzentrum über das Netz streamen könntest. Das hat sich wohl auch ein alter Bekannter gedacht ...

Stadia: Cloud-Gaming à la Google

Nicht nur die klassischen Konsolenhersteller wie Sony und Microsoft setzen auf Cloudstreaming, auch Google versucht auf diesem Weg den Einstieg in den Gaming-Markt. Statt teurer Konsolen, die als klobige Box unter dem Fernseher Staub fangen, will der Suchmaschinenriese die Spiele direkt im Netz auf eine Vielzahl von Geräten streamen.

Auf der „Game Developers Conference 2019" präsentierte der Internet-Gigant seine Vision namens Stadia: Games in 4K-Auflösung mit 60 Bildern pro Sekunde, HDR und Surround-Sound sollten zum Start des Dienstes bereits verfügbar sein. Für die Zukunft verspricht Stadia sogar 8K-Auflösung mit 120 Bildern pro Sekunde. Das alles ohne lästige Spiele-Discs, lange Downloadzeiten oder ständige Updates der Spiele. Stattdessen streamt Stadia die Spiele aus dem eigenen Rechenzentrum. Dabei bestimmt die Geschwindigkeit deiner Internetleitung die Qualität deines Spielestreams.

Der eigentliche Clou: Mit welchem Gerät du spielst, ist für Stadia weitestgehend egal. Das kann dein Browser auf dem Mac, dem Windows- oder Linux-PC oder ein Chromebook sein, ein Android-Smartphone oder ein Google-Chromecast-Dongle am Fernseher. Der spezielle Stadia-Controller verbindet sich direkt mit einem der Datenserver, sodass deine Eingabesignale ohne Verzögerungen bei den Servern ankommen.

Die Pro-Version des Dienstes kostet rund 10 Euro im monatlichen Abo. Einige Spiele sind in der Bezahlversion kostenfrei enthalten, die meisten musst du aber zusätzlich kaufen. Deren Preise sind im Vergleich zu den Konsolenversionen jedoch alles andere als günstig. Besonders ältere Titel, die andere Plattformen wiederholt

Apple als Spielverderber

Apple stellt sich quer – mal wieder. Denn eigentlich könnten Konsolenhersteller wie Sony und Microsoft ihre Top-Spiele problemlos auf das iPad bringen – nicht als Download im App Store, sondern als Stream mit Diensten wie Playstation Now oder Project Xcloud. Valve könnte so mit Steam Cloud-Gaming im Internet anbieten, Google Stadia würde ebenfalls auf dem iPad funktionieren.

Die App-Store-Regeln verbieten das aber. Apple will offenbar verhindern, dass Apps eine eigene Spielesammlung anbieten. Apps für Bücher, Musik und Filme dürfen das, bei Spielen gibt es aber eine Ausnahme. Das Streamen von Games ist komplett untersagt. Apple will damit vermutlich die Konkurrenz für den eigenen Spieledienst Apple Arcade einschränken.

Apples App-Store-Regeln sind mittlerweile ein Fall für die Kartellbehörden. Vielleicht ändern sich diese Einschränkungen zukünftig.

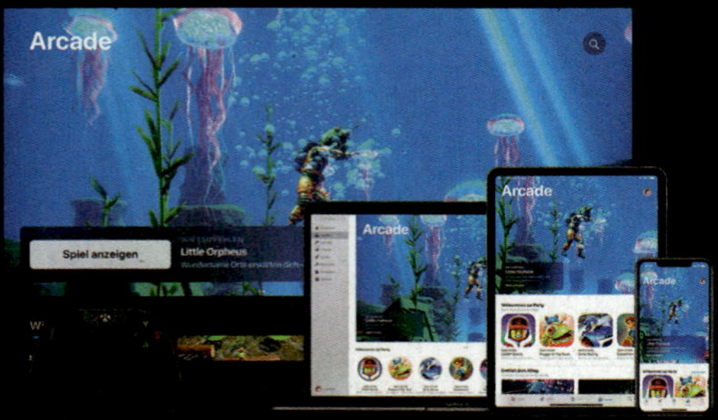

So geht's: Steam Link auf dem iPad einrichten

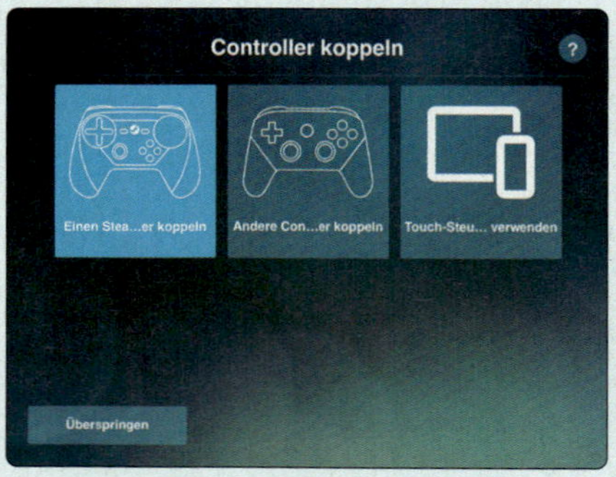

1 Verbinde zunächst einen Controller mit dem iPad. Seit iPadOS 13 geht das auch mit einem Playstation- oder Xbox-Controller. Du kannst aber auch andere „Made For iPad"-Controller verwenden.

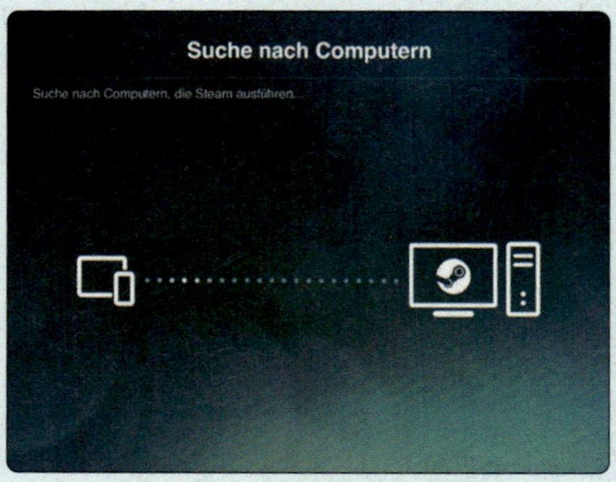

2 Nun öffnest du die Steam-Link-App auf dem iPad und die Steam-Anwendung auf deinem Mac. Beide Geräte müssen im selben WLAN sein. Nach der Verbindung gibst du die angezeigte PIN ein.

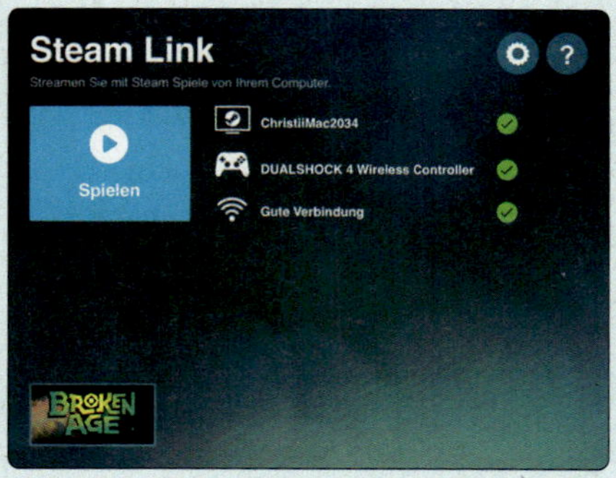

3 Nun sind beide Geräte miteinander verbunden. In der Steam-Link-App öffnest du mit dem „Spielen"-Knopf die Steam-Mediathek. Hier findest du alle deine Steam-Games und startest direkt ins Spielgeschehen.

im Preis reduzieren, bleiben bei Stadia auch lange Zeit nach ihrem Erscheinen zum Vollpreis im Store.

Seit April 2020 gibt es den Dienst auch in einer kostenfreien Basisversion, die lediglich Full-HD-Auflösung und Stereo-Sound anbietet. Bei dieser Variante musst du dann alle Spiele kostenpflichtig erwerben.

Leider gibt es für Apple-Fans nur bedingten Zugriff auf Stadia. Mithilfe des Chrome-Browsers kannst du auf dem Mac spielen. Auf dem iPhone ist die Stadia-App aber sehr eingeschränkt; hier kannst du lediglich auf dein Stadia-Konto zugreifen, kostenlose Spiele freischalten und dich mit der Stadia-Community austauschen. Eine eigene iPad-Version der Anwendung gibt es nicht.

Insgesamt ist die Nutzung von Stadia auf dem iPad sehr mau. Einen direkten Weg, um deine Stadia-Games auf dem iPad zu genießen, gibt es nämlich nicht. Die iPad-Variante von Chrome unterstützt Stadia bisher gar nicht. Stattdessen musst du auf Umwege wie die Sidecar-Funktion setzen, um so deinen Mac auf das iPad zu streamen. Das funktioniert zwar, erfüllt aber nicht den eigentlichen Zweck von Stadia auf dem iPad.

Mit der Kabelverbindung sitzt du zudem in unmittelbarer Umgebung zu deinem Mac, sodass du eigentlich gleich auf dem Computer spielen könntest. Die drahtlose Verbindung erlaubt nämlich laut Apple auch nur eine Entfernung von bis zu zehn Metern zwischen Mac und iPad, was im Alltag zu Problemen führen kann.

Im Test ruckelte Stadia per Sidecar im WLAN selbst in unmittelbarer Nähe zum Mac. Nur eine Kabelverbindung brachte einen spielbaren Stream auf das Tablet. Eine echte Unterstützung mit einer eigenständigen iPad-App für Stadia ist daher wünschenswert.

Es gibt zwar eine iPhone-Anwendung für „Stadia“, diese kann aber auf dem iPad keine Spiele streamen.

Ausblick: Spielen auf dem iPad

Keine Frage: Das iPad könnte danke seiner Hardware-Power eine großartige Spieleplattform sein. Mit Spielen im App Store und auf Apple Arcade sowie der Unterstützung von PS4- und Xbox-Controllern ist ein solider Grundstein gelegt. Mit der Nutzung von Konsolen-Games als Streams wäre das iPad eine echte Alternative zur Nintendo Switch und eine Ergänzung zur PS4 und Xbox One.

Einzig Apple steht dem im Weg. Denn der App Store lässt all das nicht zu (siehe Kasten). Clouddienste wie Google Stadia, Microsoft Xcloud und Playstation Now würden auf dem iPad technisch funktionieren. Aber Apple unterbindet solche Dienste mit entsprechenden App-Store-Regeln.

Somit bleibt dem iPad lediglich das Streamen im lokalen Netzwerk. Playstation Remote Play und Steam Link zeigen, dass das Gamestreaming grundsätzlich auch auf dem iPad funktioniert. Jetzt muss Apple nur noch über den Zaun seines eigenen „goldenen Käfigs“ springen, an den App-Store-Regeln nachbessern – und das iPad könnte zur echten Spielekonsole mit reichlich Muskelschmalz heranwachsen.

So geht's: Stadia auf dem iPad

1 Verbinde deinen Controller mit dem Mac. Dazu versetzt du den Controller in den Verbindungsmodus. Anschließend öffnest du die Bluetooth-Einstellungen auf dem Mac. Hier koppelst du die Geräte.

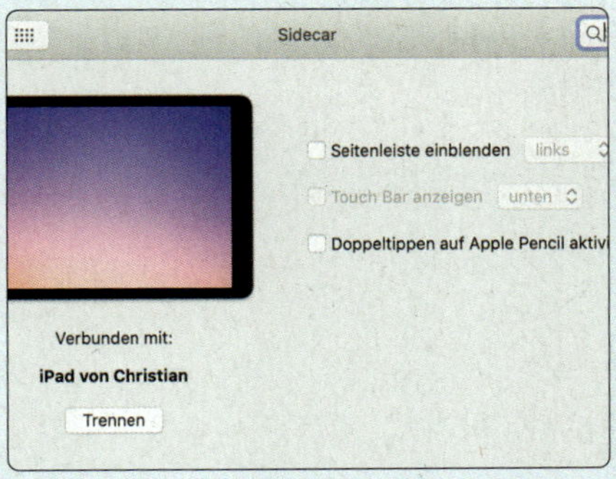

2 Nun verbindest du das iPad und den Mac mittels Sidecar. Beide Geräte müssen im gleichen WLAN sein. Mithilfe der AirPlay-Funktion in der Menüzeile deines Mac stellst du die Verbindung her.

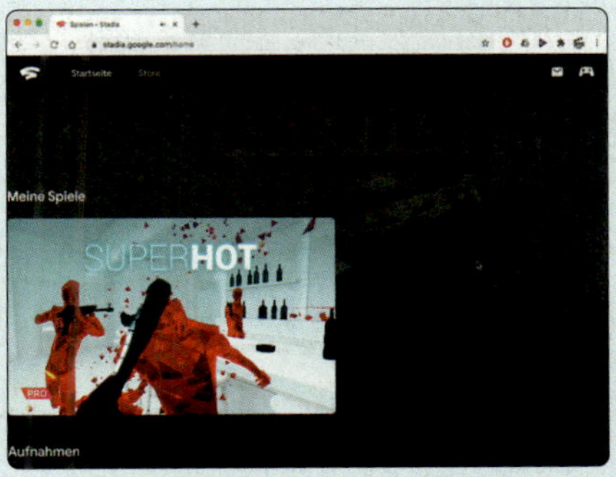

3 Nun nutzt du das iPad als externen Monitor. Mit dem Chrome-Webbrowser des Mac kannst du dich bei Stadia einloggen und auf deine Spiele zugreifen. Schiebe nun das Fenster auf das iPad – los geht's!

Probleme bei der Smartwatch beheben

Die Apple Watch funktioniert optimal mit iOS auf dem gekoppelten iPhone zusammen. Es kommt aber durchaus vor, dass watchOS auf der Apple Watch Probleme mit der Kommunikation hat.

TEXT: **THOMAS JOOS**

Das äußert sich in Verbindungsproblemen zwischen Apple Watch und iPhone, aber auch in Verbindungsproblemen mit dem Mobilfunknetz direkt auf der Watch. Wenn die Apple Watch deine Kontakte, Termine und andere Daten nicht mehr richtig anzeigt oder die Daten nicht aktuell sind, liegt es an fehlerhaften Synchronisierungsdaten. Auch bei Problemen mit dem Telefonieren und Siri auf der Watch kann es sich um das gleiche Problem handeln. Diese und weitere Probleme kannst du mit den Tipps aus diesem Beitrag lösen.

iOS und watchOS nicht nur bei Problemen aktualisieren

Generell solltest du darauf achten, dass iOS auf dem iPhone möglichst aktuell ist und du auch das watchOS auf der Apple Watch aktuell hältst. Auf dem iPhone siehst du in der Apple Watch-App über „Allgemein > Softwareupdate“, ob eine Aktualisierung für deine Watch verfügbar ist. Dieses solltest du installieren, vor allem dann, wenn es auf der Watch Probleme gibt. Auf der Apple Watch kannst du in der Einstellungs-App bei „Softwareupdate“ ebenfalls überprüfen, ob die aktuelle Version von watchOS installiert ist und eine Verbindung zum iPhone möglich ist.

Teilweise funktioniert die Aktualisierung nicht. In diesem Fall solltest du zunächst darauf achten, dass die Apple Watch genügend Akkuleistung hat und nicht auf der Ladestation steht. Auch das Löschen der aktuellen Aktualisierungsdatei in der Apple Watch-App auf dem iPhone kann helfen. Danach lädt das iPhone das Update erneut und überträgt es auf die Apple Watch. Das Löschen der Installationsdatei erfolgt bei „Softwareupdate“. Achte darauf, dass auf deiner Watch genügend Speicherplatz frei ist. Wir zeigen in diesem Beitrag, wo du diese Informationen findest.

Apple Watch mit dem Mobilfunknetz verbinden und Probleme beheben

Wenn du eine Apple Watch direkt mit dem Internet und dem Telefonnetz verbinden willst, benötigst du einen entsprechenden Vertrag beim Provider, der eine MultiSIM-Möglichkeit bietet. Das heißt, dass du mit der Apple Watch den gleichen Vertrag und die gleiche Telefonnummer nutzen kannst wie beim iPhone.

Watch-App
Mit der App „Watch“ steuerst du wichtige Einstellungen und die Verbindungen der Apple Watch direkt auf dem iPhone.

Die Apple Watch zeigt eine Meldung an, wenn die Verbindung zum iPhone nicht mehr funktioniert.

Dazu muss dein Vertrag das zunächst erlauben. In diesem Fall kann das iPhone daheim liegen bleiben, deine Apple Watch kann auch ohne iPhone zum Telefonieren, Surfen im Internet und Chatten genutzt werden. Wenn dein Vertrag MultiSIM unterstützt, erhältst du für deine Apple Watch eine eSIM. Diese identifiziert die Watch beim Provider, sodass sie unabhängig vom iPhone eine Verbindung aufbauen kann. Das Konfigurieren der eSIM funktioniert allerdings nicht immer problemlos, sodass es etwas Konfigurationsarbeit erfordert. Wir zeigen in diesem Beitrag auch diese Möglichkeit, auf dem Workshop der nächsten Seite.

Manchmal baut die Apple Watch keine Verbindung zum Mobilfunknetz auf, wenn du die eSIM eingerichtet hast. In diesem Fall kann es helfen, die WLAN-Verbindung auf der Apple Watch zu beenden und die Vorgänge aus dem Workshop erneut durchzuführen. Sobald die Watch eine Verbindung zum Mobilfunknetz hat, kannst du WLAN über die Taste auf der Watch wieder einschalten.

Die erfolgreiche Mobilfunkverbindung siehst an dem grünen Funkmast-Icon oben links im Control Panel der Watch. Außerdem siehst du an den grünen Punkten oben links, wie die Qualität der Verbindung ist.

Abgestürzte App beenden oder Watch neu starten

Es kann immer mal wieder passieren, dass eine App auf der Watch abstürzt und nicht mehr reagiert. Hier musst du nicht gleich die ganze Watch neu starten, sondern du kannst die App beenden. Zunächst kannst du versuchen, einfach die App neu aufzurufen. Dazu drückst du die Krone, um wieder zum Hauptbildschirm zu wechseln. Tippe erneut auf die App. Startet diese erneut nicht, ist sie abgestürzt und du kannst das Beenden erzwingen.

Dazu hältst du die Seitentaste gedrückt, bis die Optionen zum Neustart der Apple Watch erscheinen. Danach drückst du die Kronentaste, auch Digital Crown genannt, bis die App schließt. Das ist die Taste rechts oben auf der Watch.

Funktioniert das nicht, kannst du über den beschriebenen Weg die komplette Watch neu starten. Allerdings kann es auch passieren, dass diese Vorgehensweise zum Neustart nicht funktioniert. In diesem Fall hältst du die Seitentaste und die Krone solange gleichzeitig gedrückt, bis die Uhr neu startet. Das hilft auch dabei, wenn die Apple Watch sehr langsam auf Eingaben oder in Apps reagiert. In diesem Fall kannst du zuerst versuchen, die Watch über den beschriebenen Weg auszuschalten und durch Drücken der Seitentaste wieder einzuschalten. Hilft auch das nicht, kann ein Neustart des iPhone teilweise das Problem beheben.

Die häufigsten Probleme der Apple Watch sind fehlerhafte Verbindungen zum iPhone oder dem Mobilfunknetz. Diese lassen sich aber meistens mit Bordmitteln schnell beheben.

Workshop: Apple Watch direkt mit dem Mobilfunknetz verbinden und Probleme lösen

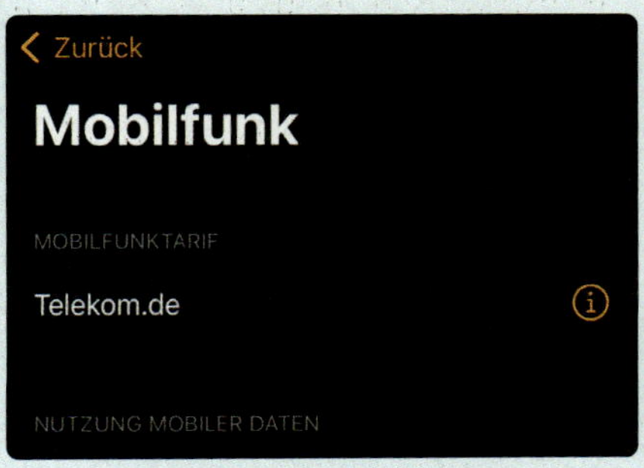

1 Öffne auf dem iPhone in der Watch-App die Mobilfunkkonfiguration. Dazu muss die Apple Watch bereits mit dem iPhone verbunden sein. Tippe auf „Mobilfunk“.

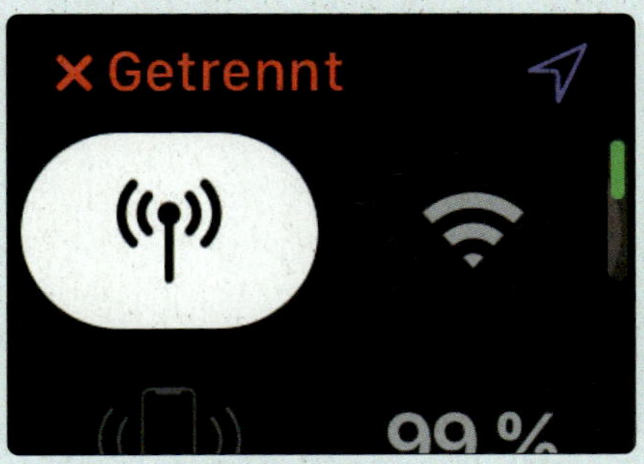

2 Melde dich beim Provider an und lasse die vorhandene eSIM auf das iPhone übertragen. Sobald die eSIM übertragen ist, zeigt die App das an, die Mobilfunktaste wird weiß.

3 Die Apple Watch verbindet sich anschließend mit dem Mobilfunknetz und zeigt die Signalstärke an. Die Farbe der Mobilfunktaste wechselt zu grün.

4 Bei „Keine Verbindung“ lösche die eSIM und beginne den Vorgang erneut. Dazu tippst Du in der Watch-App auf das i-Icon und wählst „...eSIM entfernen“.

5 Erstelle eine neue Konfiguration und füge die vorhandene oder eine neue eSIM hinzu, die du im Kundenportal des Providers erhältst.

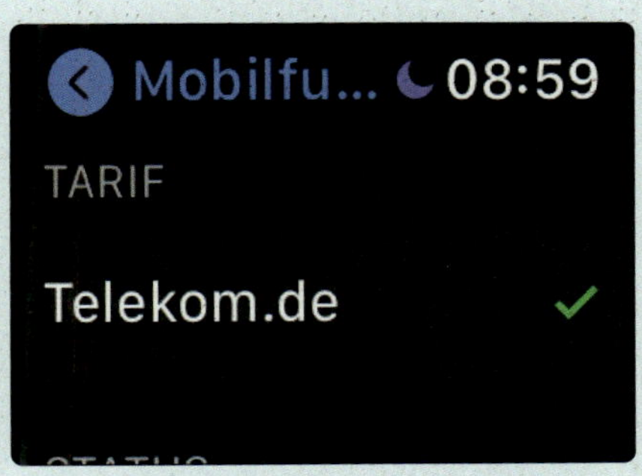

6 Beende auf der Apple Watch das WLAN und teste, ob sich die Uhr mit dem Mobilfunknetz verbindet. Die Apple Watch braucht ein starkes Signal.

Verbindung zwischen iPhone und Apple Watch reparieren

Wenn auf der Watch keine Telefonate mehr möglich sind oder Daten auf dem iPhone nicht mehr auf der Watch verfügbar sind, kann es an Verbindungsproblemen zwischen den Geräten liegen. Das ist auch daran zu sehen, wenn im Control Panel nicht das grüne Icon der erfolgreichen Verbindung zu sehen ist, sondern ein rotes X. Durch das Hochwischen zeigt die Watch die erfolglose Verbindung an.

Wenn die Verbindung nicht mehr funktioniert, überprüfe auf dem iPhone zunächst, ob versehentlich der Flugmodus ein- oder Bluetooth ausgeschaltet ist. Passt hier alles, dann aktiviere den Flugmodus und schalte ihn wieder aus. Die Apple Watch sollte spätestens nach einem Neustart eine erfolgreiche Verbindung aufbauen können.

Erneute Verbindung der Apple Watch erzwingen

Wenn ein hartnäckiges Problem die erfolgreiche Kommunikation zwischen Watch und iPhone verhindert, kann als letzte Methode das Löschen der Verbindung und die erneute Koppelung sinnvoll sein. Dazu trennst du in der Watch-App auf dem iPhone die Watch. Damit lässt sich teilweise auch das Problem beheben, dass sich Macs mit der Apple Watch nicht mehr entsperren lassen.

Bei dem Vorgang erstellt das iPhone ein Back-up. Bei der Einrichtung einer neuen Verbindung kannst du dieses Back-up verwenden. Danach sind die meisten Probleme behoben, da die Watch alle Daten und Konfigurationen neu überträgt.

Auf der Apple Watch und dem iPhone kannst du überprüfen, ob genügend Speicher frei ist. Hier siehst du auch den Platzverbrauch der einzelnen Apps.

Speicher geht aus

Abhängig vom genauen Typ der Apple Watch hat diese eine gewisse Menge eigenen Datenspeicher. Geht die Kapazität aus, lassen sich Updates nicht mehr installieren und die Watch funktioniert nicht mehr richtig. In diesem Fall solltest du auf der Apple Watch zunächst die Einstellungen aufrufen. Diese erreichst du durch das Aufrufen des App-Bildschirms über die Krone und die Auswahl der App mit dem Zahnradicon. Tippe auf den Menüpunkt „Allgemein\Benutzung". Anschließend siehst du den verfügbaren und freien Speicher und darunter den Speicherverbrauch der einzelnen Apps. Um Speicherplatz freizu-

Workshop: Synchronisierungsdaten zurücksetzen – Telefon- und Kontakt-Probleme

1 Den Vorgang startest du auf der Watch-App auf dem iPhone. Über „Allgemein" findest du diese und weitere Einstellungen zum Beheben von Fehlern auf deiner Watch.

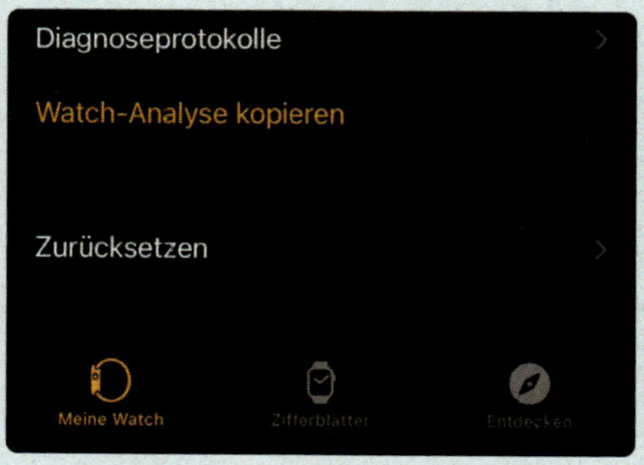

2 Tippe unten links auf „Meine Watch" und wähle „Zurücksetzen". Es passiert noch nichts, sondern es erscheinen weitere Optionen, die du bestätigen musst.

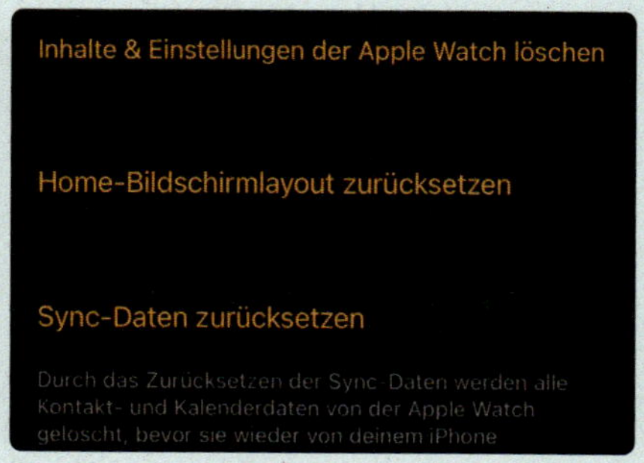

3 Danach wählst du „Sync-Daten zurücksetzen". Der Vorgang löscht auf der Apple Watch die Kontakte und Termine. Danach überträgt das iPhone die Daten erneut.

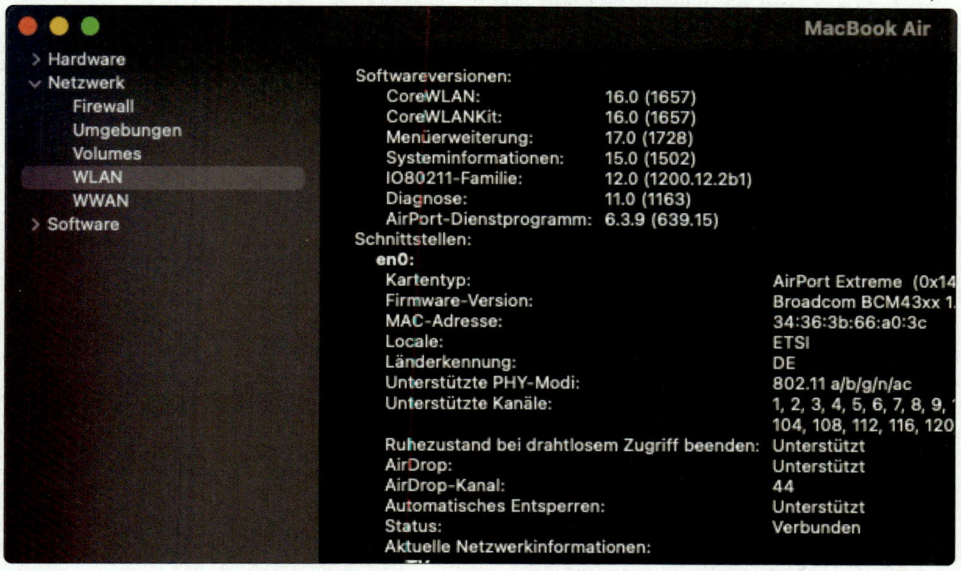

schaufeln, kannst du in der jeweiligen App die Daten löschen oder die komplette App, wenn du diese nicht mehr benötigst.

Auch auf dem iPhone siehst du den Speicher der Uhr. Dazu öffnest du die Apple Watch-App und tippst auf „Allgemein\Benutzung“. Auch hier siehst du den freien und belegten Speicher sowie den Speicherverbrauch der einzelnen Apps. Vor allem das Löschen von Musik und Podcasts kann einigen Speicherplatz freimachen. Das gilt auch für das Löschen nicht mehr benötigter Apps, vor allem von Drittanbietern.

Mac automatisch mit der Apple Watch entsperren

Mit der Apple Watch kannst du auch deinen Mac entsperren. Funktioniert das nicht, solltest du zunächst überprüfen, ob dein Mac diese Funktion unterstützt. Dazu klickst du auf dem Mac auf das Apple-Icon oben links und wählst „Über diesen Mac“ aus. Danach klickst Du auf „Systembericht“. Im Bericht tippst du auf „Netzwerk\WLAN“. Bei „Automatisches Entsperren“ muss „Unterstützt“ stehen, sonst kannst du diesen Mac nicht mit einer Apple Watch entsperren.

Das automatische Entsperren eines Mac kann Probleme bereiten, die sich aber mit Bordmitteln lösen lassen.

Funktioniert das Entsperren nicht, obwohl der Mac das unterstützt, überprüfe, ob die Apple Watch mit dem iPhone kommunizieren kann und ob auf dem Mac Bluetooth aktiviert ist. Die Apple Watch muss sich sehr nahe am Mac befinden, damit das Entsperren funktioniert. Überprüfe außerdem, ob in den Systemeinstellungen bei „Sicherheit & Datenschutz“ auf der Registerkarte die Option zum Entsperren mit deiner Apple Watch auf dem Mac aktiviert ist.

Funktioniert das Entsperren immer noch nicht, öffne die App „Schlüsselbundverwaltung“ auf dem Mac. Klicke danach in der Menüleiste auf „Darstellung\Unsichtbare Objekte einblenden“. Suche nach „Auto Unlock“. Es sollten jetzt einige Einträge erscheinen, die du löschen kannst. Suche danach nach „AutoUnlock“ (ohne Leerzeichen). Insgesamt sind hier vier Einträge zu sehen (tlk, tlknonsync, classA, classC). Auch diese Einträge kannst du löschen. Navigiere danach im Finder zu „~/Library/Sharing/AutoUnlock“. Lösche die beiden Dateien „ltk.plist“ und „pairing-records.plist“. Danach kannst du in den Systemeinstellungen die Funktion wieder aktivieren. Es kann sein, dass du den Vorgang mehrfach durchführen musst, da beim ersten Mal ein Fehler erscheint.

Workshop: Zurücksetzen der Netzwerkverbindungen auf der Apple Watch

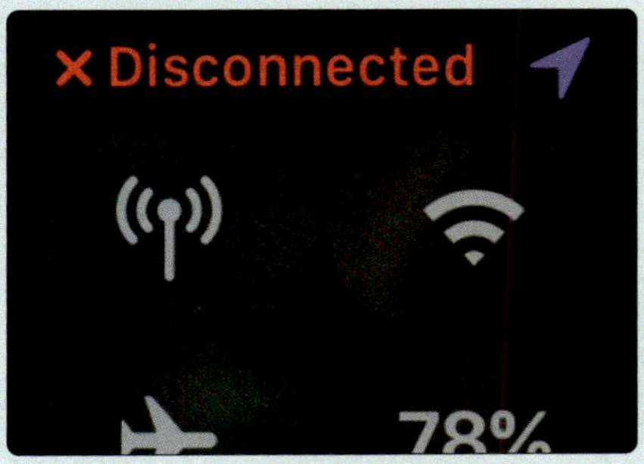

1 Bei Verbindungsproblemen trotz aktivem Bluetooth auf beiden Geräten kann das Zurücksetzen der Netzwerkeinstellungen auf dem iPhone helfen.

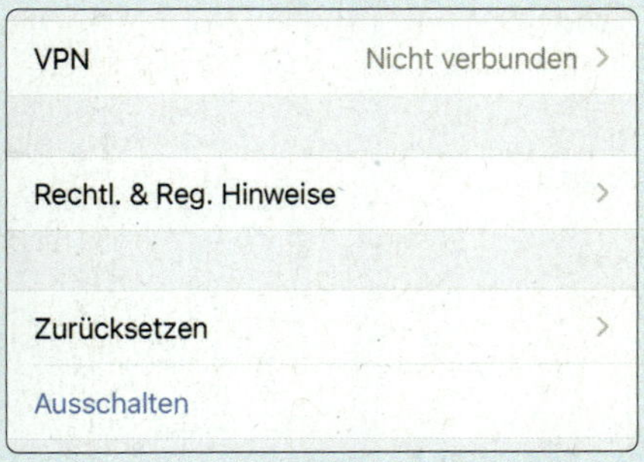

2 Rufe auf dem iPhone die Einstellungen auf und wechsle zu „Allgemein > Zurücksetzen“. Bei diesem Vorgang löscht das iPhone alle Verbindungsinformationen.

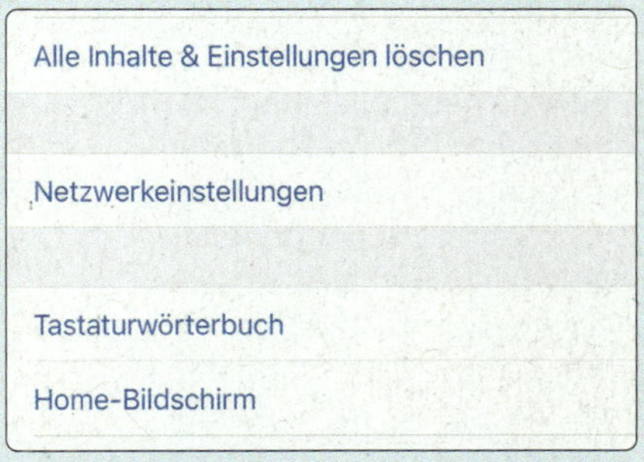

3 Danach tippst Du auf „Netzwerkeinstellungen“. Das iPhone löscht die Konfigurationen. Bei einer erneuten Einrichtung sollten die Verbindungen wieder funktionieren.

Kurzbefehle auf iPhone und iPad

Mit den Kurzbefehlen von iOS sowie iPadOS vereinfachst, beschleunigst und automatisierst du deine Arbeit und deine Aufgaben auf dem iPhone und dem iPad.

TEXT: **UWE ALBRECHT**

Sicherlich hast du wie die meisten Menschen zu festgelegten Zeiten des Tages bestimmte Rituale und erledigst immer wieder dieselben Aufgaben – auch mit deinem Smartphone oder Tablet. Sei es, dass du am Morgen nach dem Aufstehen sofort die aktuellen Nachrichten studierst oder an Feierabend nach Hause fährst und dir danach erst einmal gründlich die Hände wäschst. Bei all dem können dich die Kurzbefehle von iOS und iPadOS tatkräftig unterstützen. Bereits die mitgelieferten Befehle leisten hierbei gute Dienste. Weitere Kurzbefehle kannst du bei Drittanbietern und Entwickler:innen kostenlos herunterladen. Dies ist vor allem dann sinnvoll, wenn es sich um standardisierte Funktionen und Routinen handelt. Eventuell benötigst du aber auch Kurzbefehle, die ganz auf dich, deine Arbeits- und Vorgehensweise sowie deine persönliche Situation zugeschnitten sind. Dann musst du selbst tätig werden und diese entsprechend ändern oder gar neu erstellen. Das hört sich komplizierter an, als es ist: Eine Programmiersprache musst du dazu nicht beherrschen. Nicht einmal rudimentäre Programmierkenntnisse sind erforderlich. Es genügen die Kurzbefehle-App und unsere Anleitungen zum Einstieg.

Die Kurzbefehle-App ist übrigens keine „Erfindung" von Apple, sondern basiert auf einer ehemals

Wo finde ich neue Kurzbefehle?

Zahlreiche weitere Kurzbefehle findest du im Register „Galerie" der Kurzbefehle-App sowie online auf verschiedenen Webseite. Diese kannst du kostenlos herunterladen und in das Register „Meine Kurzbefehle" übernehmen. Selbstverständlich ist es möglich, die Kurzbefehle zu bearbeiten und anzupassen. Siehe dazu den Workshop.
macstories.net/shortcuts/
siri-shortcuts.de

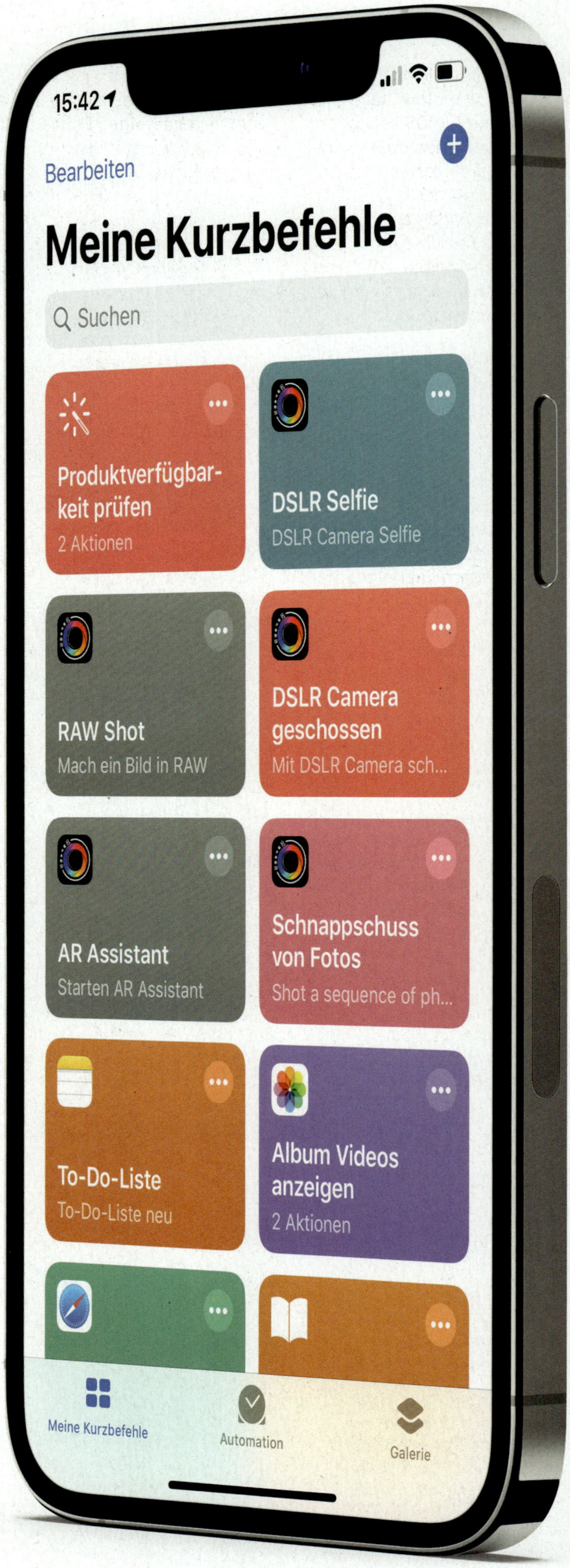

im App Store erhältlichen App mit dem Namen „Workflow“, die 2017 aufgekauft und für iOS 12 angepasst und weiterentwickelt wurde. Mittlerweile ist sie fester Bestandteil von iOS und iPadOS. Im Folgenden geben wir dir einen Überblick über die App, ihre wichtigsten Funktionen und zeigen, wie du die Kurzbefehle nutzen, anpassen und selbst erstellen kannst.

Das leistet die Kurzbefehle-App

Mit der Kurzbefehle-App verwaltest und bearbeitest du deine Kurzbefehle auf dem iPhone und iPad. Du kannst bereits vorhandene Befehle zum Ausführen antippen, weitere aus einer „Galerie“ herunterladen und gegebenenfalls ändern oder eigene erstellen. Deine Kurzbefehle findest du über einen Fingertipp auf dem gleichnamigen Eintrag in der App. Diese werden über iCloud mit deinen weiteren - kompatiblen - iPadOS- oder iOS-Geräten synchronisiert und können mit anderen Anwendern geteilt werden. Damit diese dort ihren Dienst wie vorgesehen verrichten, ist es notwendig, dass die von den Kurzbefehlen genutzten Apps auf den entsprechenden Geräten installiert sind.

Was ist ein Kurzbefehl?

Wie bereits erwähnt, kannst du mithilfe eines Kurzbefehls Aufgaben erledigen lassen, die normalerweise mehrere Arbeitsschritte und damit auch mehr Zeit benötigen würden. Ein Kurzbefehl besteht aus einer oder in den meisten Fällen mehreren „Aktionen“, die nacheinander abgearbeitet werden. Die „Aktionen“ nutzen dabei Funktionen der auf deinem iPad oder iPhone befindlichen Apps. So kann ein Kurzbefehl beispielsweise anzeigen, ob ein bestimmtes Produkt im Apple Store verfügbar ist und wann. Er kann dich außerdem bei deiner Morgenroutine unterstützen, wie dem Aufwachen, Zähneputzen, Händewaschen oder auf dem Weg zur Arbeit. Kurzbefehle lassen sich per Fingertipp in der Kurzbefehle-App aufrufen, auf dem Home-Bildschirm oder als Widget in der Ansicht „Heute“ ablegen. Zu guter Letzt startest du Kurzbefehle auch per Sprachbefehl über Siri, sofern dies von dir so festgelegt wurde.

Kurzbefehle mit Siri ausführen

Deine Kurzbefehle, die sich in deiner Sammlung befinden, kannst du auch über Siri ausführen. Hierbei sprichst du - gut verständlich - den jeweiligen Kurzbefehl. Sobald der Kurzbefehl ausgeführt wurde, gibt Siri dir Bescheid.

Workshop: Kurzbefehle im Einsatz

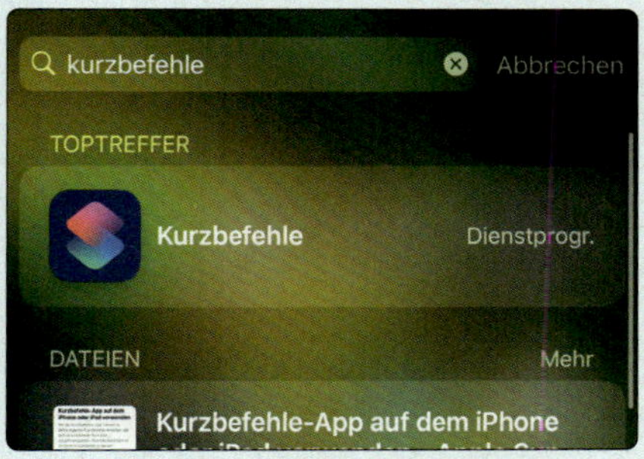

1 Starte die Kurzbefehle-App. Falls nötig, wischst du dazu auf dem Display nach unten und gibst „Kurzbefehle“ ins Suchfeld ein. Tippe dann auf das Symbol der App.

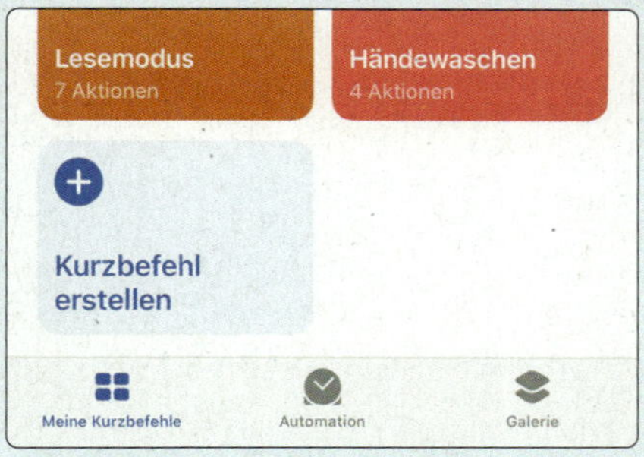

2 Wähle links unten das Register „Meine Kurzbefehle“ aus und tippe auf einen der Kurzbefehle, um diesen zu starten. Der Kurzbefehl wird ausgeführt und das Ergebnis in der entsprechenden App angezeigt.

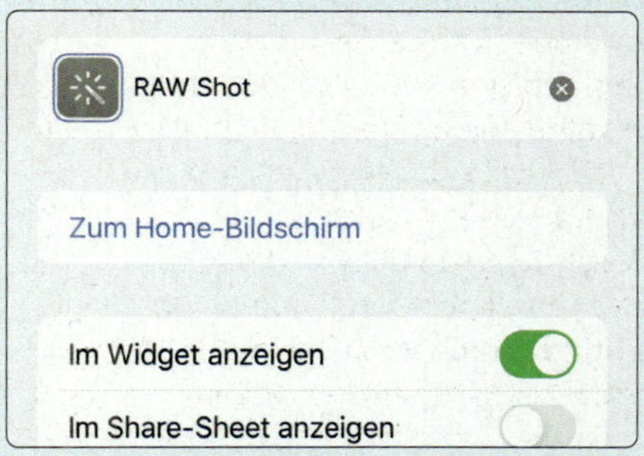

3 Um den Kurzbefehl in die Ansicht „Heute“ aufzunehmen, tippst du etwas länger auf die drei kleinen Punkte rechts oben. Im Kontextmenü tippst du auf Details und dann auf „Im Widget anzeigen“.

4 Starte den Kurzbefehl in der Ansicht „Heute“, indem du nach unten blätterst und in der entsprechenden Kategorie auf den Kurzbefehl tippst.

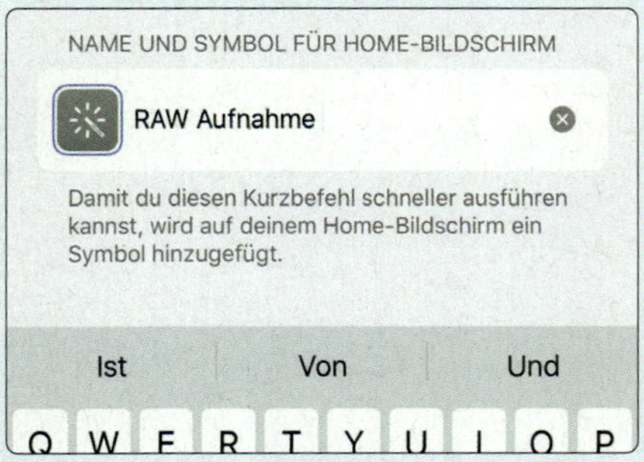

5 Möchtest du einen Kurzbefehl auf dem Home-Bildschirm ablegen, tippst du länger auf die drei kleinen Punkte rechts oben. Im Kontextmenü tippst du auf Details und auf „Zum Home-Bildschirm“. Gib dem Kurzbefehl einen Titel.

6 Du kannst deine Kurzbefehle auch wieder löschen. Tippe rechts oben auf „Bearbeiten“, bis die Kurzbefehle zu wackeln beginnen. Wähle die Kurzbefehle zum Löschen aus und tippe auf das Papierkorbsymbol.

Workshop: Kurzbefehl bearbeiten

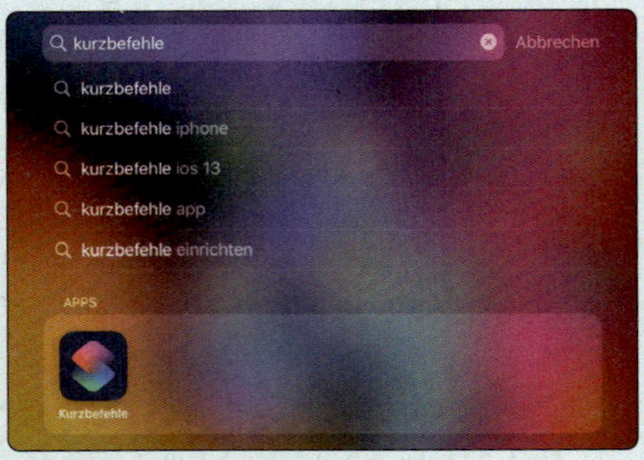

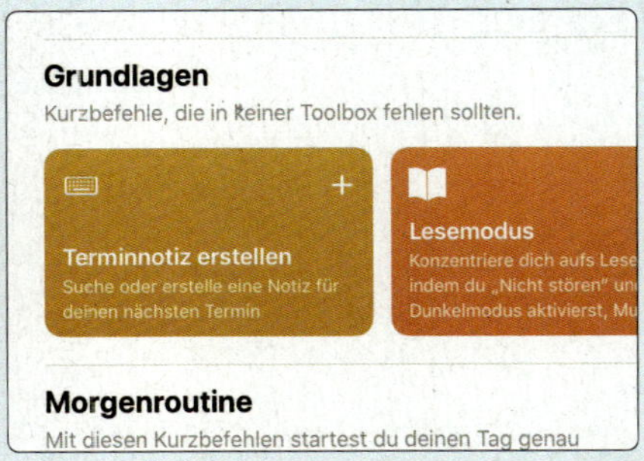

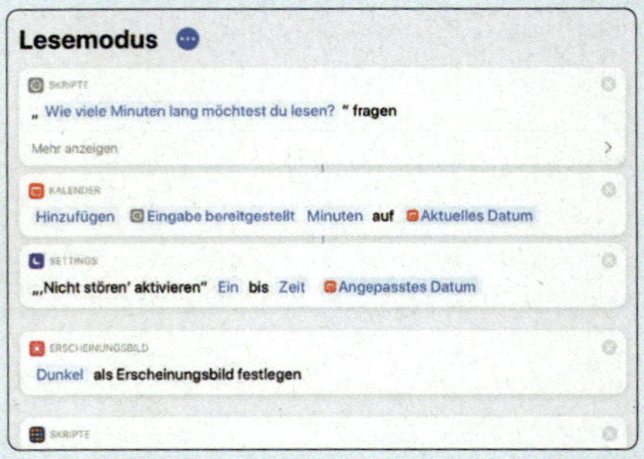

1 Starte die Kurzbefehle-App. Falls nötig, wischst du auf dem Display nach unten und gibst „Kurzbefehle" in das Suchfeld ein. Tipp nun auf das Symbol der App.

2 Tippe unten links auf das Register „Galerie" und wähle einen neuen Kurzbefehl – zum Beispiel „Lesemodus" aus der Kategorie „Grundlagen". Füge diesen über den Plus-Schalter hinzu.

3 Wähle den Kurzbefehl aus und tippe rechts oben auf die drei kleinen Punkte. Schau dir an, welche Aktionen der Kurzbefehl enthält.

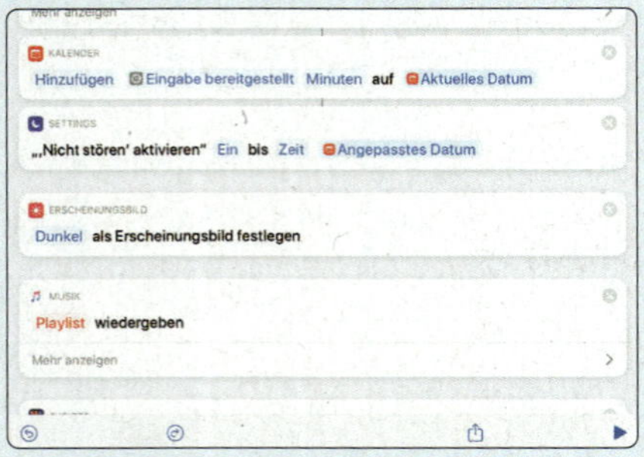

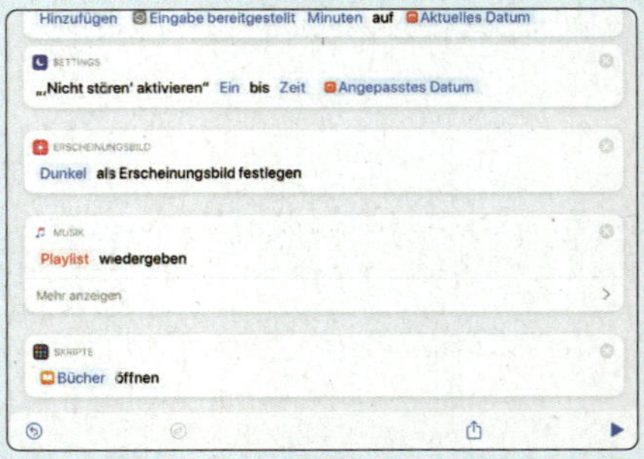

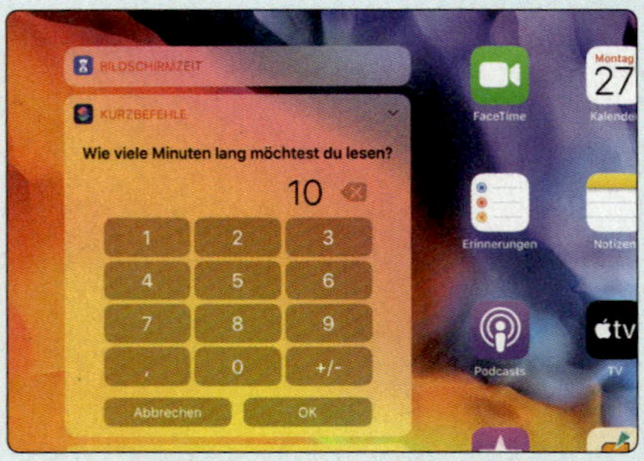

4 Unter Umständen möchtest du in unserem Beispiel den Lesemodus ohne Musik aktivieren. Entferne dazu die Aktionen zur „Musik", indem du rechts oben auf das Kreuz tippen.

5 Wähle die letzte Aktion „Skripte" aus. Dort tippst du auf „Auswählen" und bestimme eine App zum Lesen – wie die Bücher-App. Tippe auf den Befehl „Fertig" rechts oben.

6 Wenn du den angepassten Kurzbefehl startest, wählst du, wie lange du ungestört lesen möchtest. Nun wird die Bücher-App gestartet, in der du das E-Book auswählst.

Workshop: Neuen automatischen Kurzbefehl erstellen

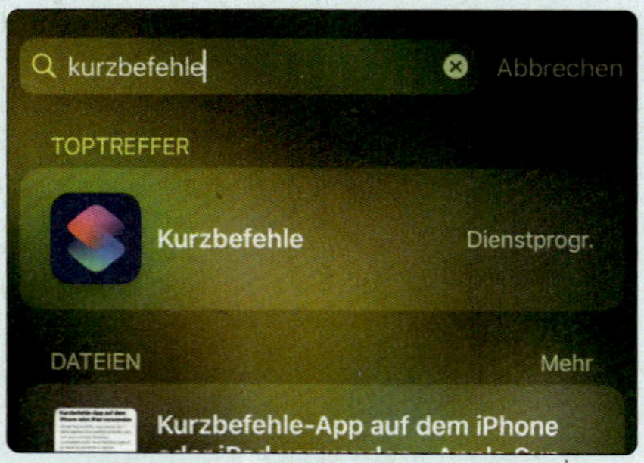

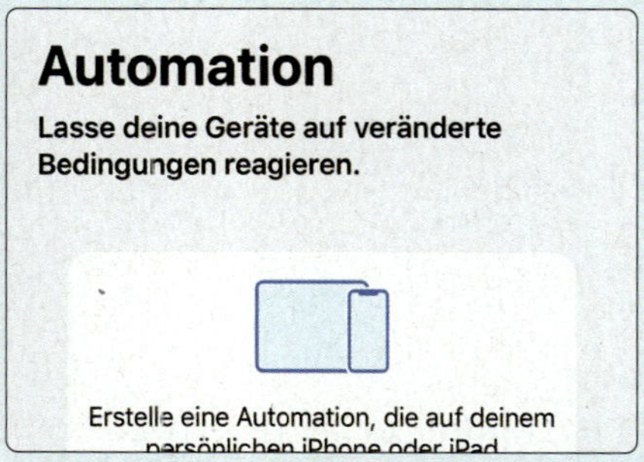

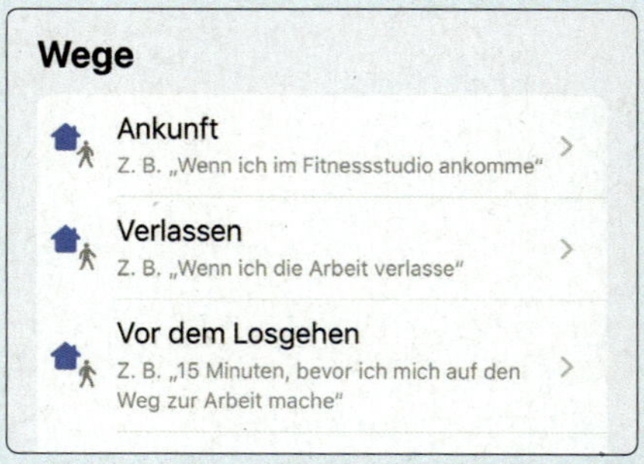

1 Starte die Kurzbefehle-App. Falls nötig, wischst du auf dem Display nach unten, gibst „Kurzbefehle" in das Suchfeld ein und tippst auf das Symbol der App.

2 Wähle Sie das Register „Automation". Dort kannst du dann deinen ersten automatischen Kurzbefehl erstellen.

3 Tippe auf „Persönliche Automation" erstellen. Wähle unter „Wege" den Eintrag „Verlassen" aus. Gib deine Adresse oder „Aktueller Ort" an. Tippe auf „Jederzeit".

Workshop: Neuen automatischen Kurzbefehl erstellen (Fortsetzung)

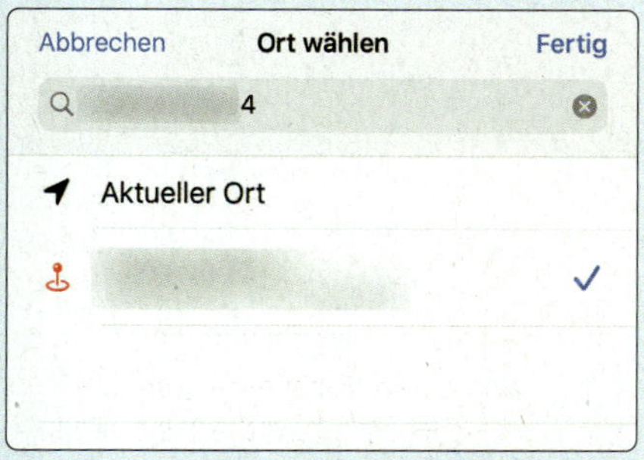

4 Füge eine weitere Aktion hinzu. Tippe „Hinweis zeigen“ in das Suchfeld ein. Gib „Bitte wegen Corona 1,5 Meter Abstand halten“ ein.

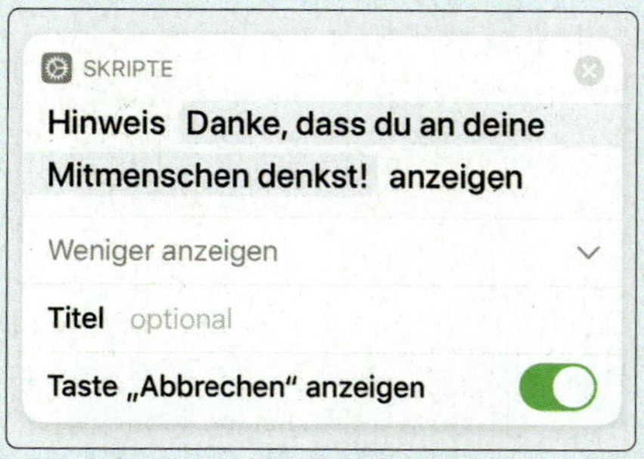

5 Füge eine weitere Aktion „Hinweis zeigen“ hinzu. Gib den Text „Danke, dass du an deine Mitmenschen denkst“ ein. Aktiviere den Eintrag „Taste ‚Abbrechen‘ anzeigen“.

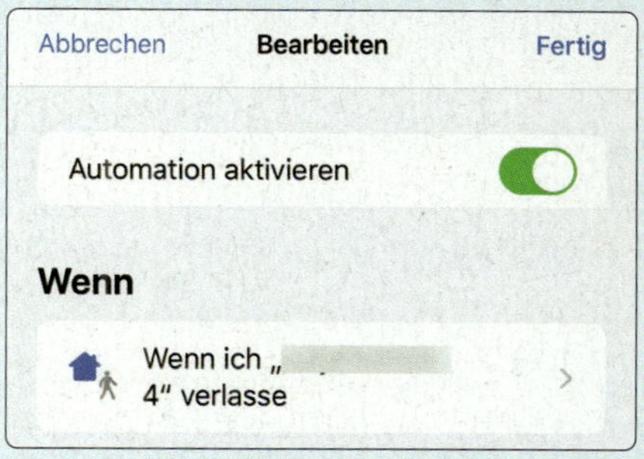

6 Wähle den automatischen Kurzbefehl und tippe auf „Automation aktivieren“. Anschließend wirst du beim Verlassen darauf hingewiesen, dass du Abstand halten sollst.

Workshop: Neuen Kurzbefehl erstellen

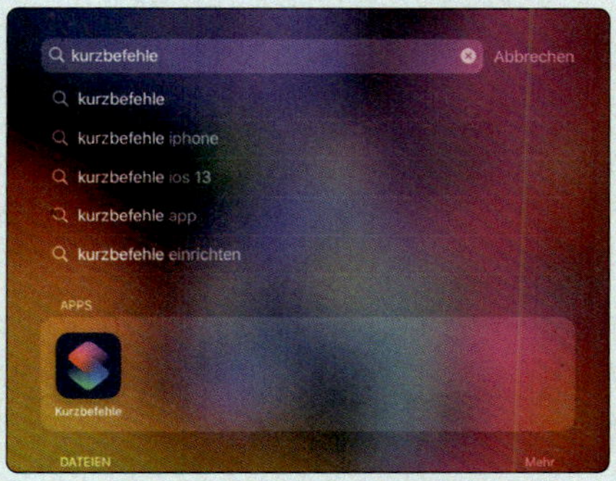

1 Starte die Kurzbefehle-App. Falls nötig, wische auf dem Display nach unten, gib „Kurzbefehle“ in das Suchfeld ein und tippe auf das Symbol der App.

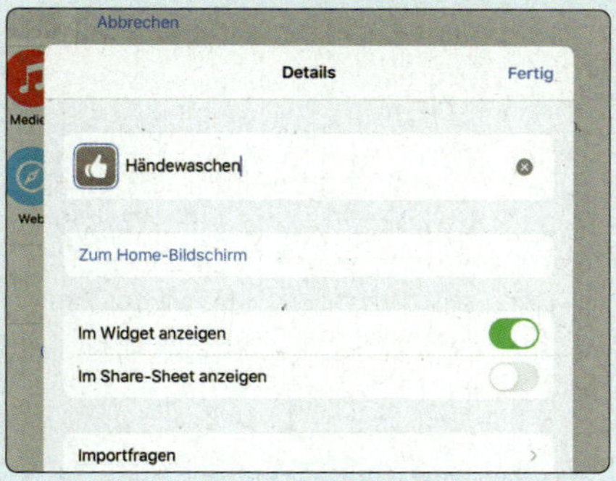

2 Wähle das Register „Meine Kurzbefehle“ und tippe auf den Plus-Schalter oder „Kurzbefehl erstellen“. Tippe auf die drei kleinen Punkte. Gib den „Kurzbefehlnamen“ ein.

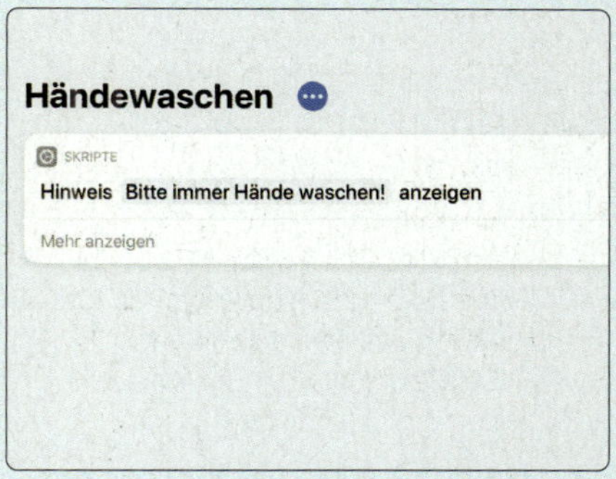

3 Wähle links im Suchfeld „Hinweis zeigen“ als Aktion. Schreibe „Bitte immer Hände waschen“. Suche den Befehl „Warten“ und gib als Zeit „30 Sekunden“ an.

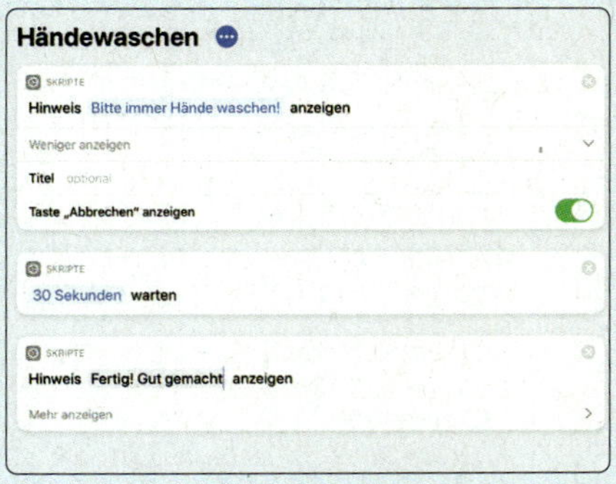

4 Füge eine weitere Aktion hinzu. Tippe erneut „Hinweis zeigen“ in das Suchfeld ein. Geben Sie als Text an dieser Stelle „Fertig! Gut gemacht!“ ein.

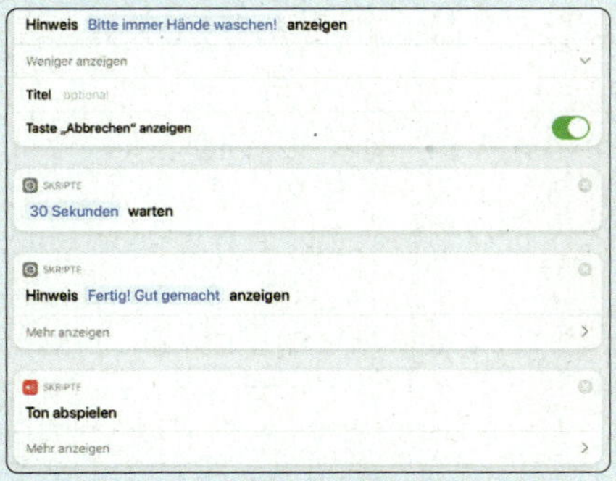

5 Als weitere Aktion suchst du links im Suchfeld nach „Ton abspielen“ und füge diese hinzu. Nun ertönt nach Ende des Händewaschens immer ein Ton.

6 Tippst du abschließend auf „Fertig“ wird der Kurzbefehl gesichert und im Register „Meine Kurzbefehle“ abgelegt. Dort kannst du ihn starten.

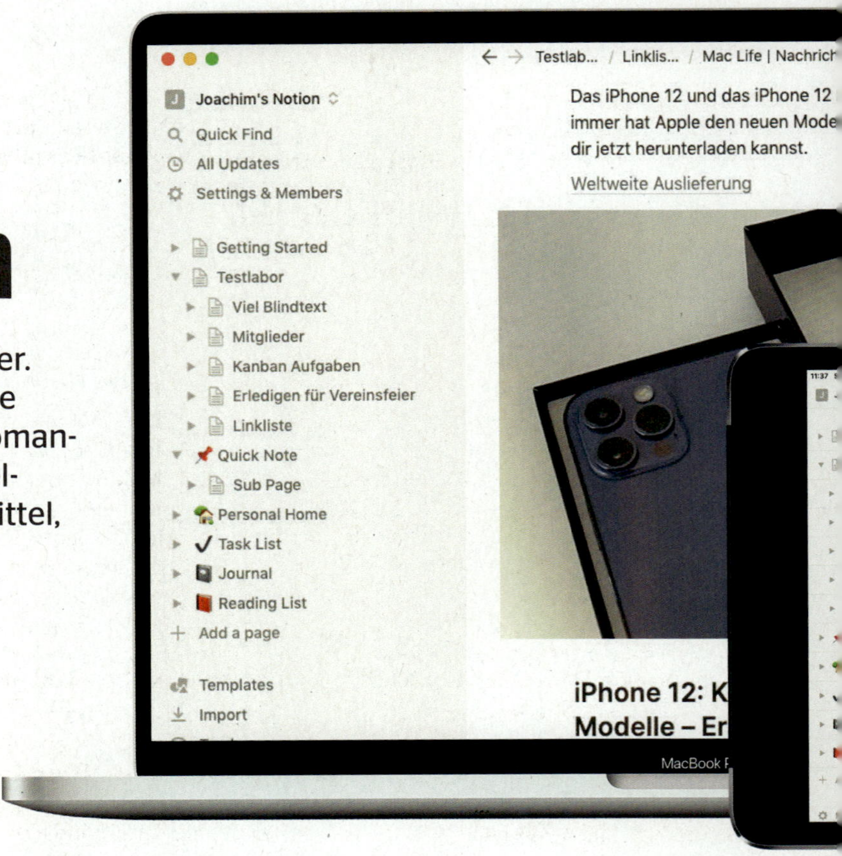

Mehr als nur Notizen

Notizen-Apps sind universelle Alltagshelfer. Auf Macs, iPhones und iPads kümmern sie sich um alles Textliche – von Memo bis Romananfang. Der Geheimtipp Notion ist ein vielseitiger Ersatz für Apples Notizen-Bordmittel, denn er kann viel mehr.

TEXT: **JOACHIM KLÄSCHEN**

Mit Notizen, Notizzettel, TextEdit, und Pages stellt dir Apple am Mac gleich vier Apps zur Verfügung, die sich um deine Texte kümmern sollen. Während das minimalistische Programm Notizzettel als Alternative für das Post-It am Monitor konzipiert ist, bietet Pages sogar Layout-Funktionen, um Broschüren und Magazine zu gestalten. Dazwischen liegen Notizen und TextEdit funktional etwa gleich auf. Allerdings erfährt Letzteres kaum Aufmerksamkeit von Apple, während Notizen – weil es neben macOS zugleich für iOS und iPadOS verfügbar ist – immer wieder neue Funktionen erhält.

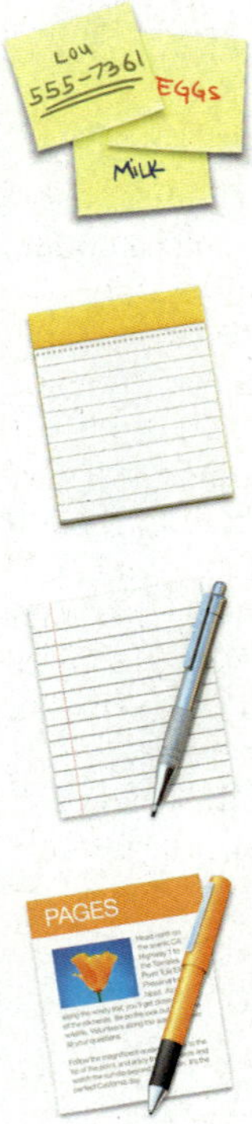

Apple bietet macOS-Nutzer:innen vier Text-Apps, die unterschiedliche Stärken haben.

Vielfältiges Bordmittel mit Mängeln

Entsprechend ist Notizen mittlerweile zu einem vielfältig nutzbaren Werkzeug erwachsen. Apples Anwendung gleicht Inhalte per iCloud zwischen den Systemen ab, und dank der iCloud-Weboberfläche stehen deine Beiträge auch auf Windows- und Linux-Systemen zur Verfügung. Notizen erlaubt Zeichnungen, (Check-) Listen und Bilder in Texte einzufügen. Es hilft dir außerdem durch eine Suchfunktion und Ordnerstrukturen selbst bei einer umfangreichen Text-Bibliothek die Übersicht zu behalten. Allerdings hat die App auch viele Defizite. Optisch mutet Notizen vor allem auf dem Mac mit einer dreispaltigen Ansicht überladen an. Auch Schrift und Farbschema sind auf allen Apple-Systemen kaum einladend. Vor allem im Hinblick auf ablenkungsfreies Arbeiten wäre weniger hier mehr. Zwar darfst du Notizen gemeinsam mit anderen Apple-Nutzer:innen bearbeiten, allerdings bietet die App keine echten Funktionen zur Zusammenarbeit, wie beispielsweise die Möglichkeit, Kommentare einzufügen. Schließlich kann Notizen nicht mit dem populären und mächtigen Auszeichnungsformat Markdown umgehen. Apps von Drittanbietern vereinen die Stärken von Notizen und machen viele der Defizite von Apples Bordmittel wett. Aus der Masse der Alternativen tut sich besonders das noch wenig bekannte Notion hervor.

Schreiben auf allen Systemen

Das englischsprachige Notion ist sowohl für macOS wie auch für iOS und iPadOS verfügbar. Darüber hinaus bieten die Entwickler:innen Versionen für Windows- und Android-Systeme an. Zudem kannst du Notion plattformübergreifend im Browser verwenden. Wie Notizen kann die App deine Inhalte nahtlos zwischen den unterschiedlichen Systemen abgleichen. Dafür setzt Notion aber nicht auf iCloud, sondern einen eigenen Dienst. Entsprechend musst du zunächst ein Nutzungskonto anlegen. Notion bietet drei Möglichkeiten: Neben der Verwendung eines Google-Kontos erlaubt es dir die App auch dich mit deiner Apple-ID anzumelden. Als dritte Option bietet Notion den klassischen Weg eines Benutzungskontos aus E-Mail-Adresse und selbst gewähltem Passwort. Während der Einrichtung weist die App darauf hin, dass sie Analyse-Daten erhebt. Wenn du dagegen bist, kannst du mit einer E-Mail an team@make-notion.com widersprechen.

Schneller Start mit Vorlagen

Beim ersten Start bietet Notion dir an, Vorlagen zu installieren. Neben einem Beispiel für schnelle Notizen sind das unter anderem Vorlagen für Reiseplanung, Aufgabenverwaltung und ein Tagebuch. Du solltest dir diese Vorlagen auf jeden Fall ansehen, denn sie zeigen anschaulich, welche Möglichkeiten Notion bietet und erleichtern dir so den Einstieg in die App. Grundsätzlich tritt Notion sehr zurückhaltend auf. Auf dem

Fügst du in Notion Webseiten hinzu, lädt die App automatisch den Seiteninhalt ohne Werbung.

Mac und dem iPad findest du in einer Seitenleiste am linken Rand des Programmfensters die Bibliothek mit den Vorlagen und deinen eigenen Dokumenten. Auf dem iPhone blendest du die Seitenleiste über das Hamburger-Menü in der linken oberen Ecke ein. Eine Volltext-Suchfunktion mit Filtern hilft dir bei der Suche nach bestimmten Dokumenten, wenn deine Text-Bibliothek umfangreicher wird. So kannst du beispielsweise einen Begriff nur in Dokumenten suchen, die in einem bestimmten Zeitraum oder von einem bestimmten Autor bearbeitet wurden. Der Arbeitsbereich für die Texteingabe fokussiert sich auf deine Eingaben und blendet alles aus, was dich beim Schreiben ablenken könnte.

Mehr als nur Text

Im Textfeld kannst du einfach losschreiben. Dabei versteht sich Notion auf etablierte Tastenkombinationen, um Text zu formatieren. Beispielsweise fettet die App markierten Text durch Drücken von [cmd] und [B]. Das klappt mit einer Bluetooth-Tastatur auch auf iPhone und iPad. Alternativ kannst du Markdown-Auszeichnungen verwenden und beispielsweise Text fetten, indem du zwei Asterisk-Symbole vor und hinter die gewünschte Passage einfügst. Auf dem Mac blendet Notion über markiertem Text ein dezentes Menü mit Formatierungen zur Bearbeitung ein. Dazu gehören auch die Möglichkeiten markierten Text unter anderem als Link, E-Mail-Adresse, Formel, Zitat oder Listeneintrag darstellen. Auf iOS und iPadOS erscheint dafür ein Menüband über der virtuellen Tastatur. Während für die Darstellung lediglich drei Schriftarten zur Verfügung stehen, bietet Notion dir die Möglichkeit, Text und Hintergrund in neun Tönen einzufärben.

Von Seiten und Ordnern

Die vielfältigen Möglichkeiten zur Formatierung deuten bereits darauf hin, dass Notion mehr als ein simpler Texteditor sein will. Zwar kannst du mit der App am Mac nicht – wie mit TextEdit oder Pages – Text-Dokumente öffnen. Auch speichert Notion deine Arbeit nicht in einzelnen Dateien auf dem Mac oder iOS-Geräten, sondern als Einträge in einer Datenbank, wie auch Apples Notizen-App. Dennoch hast du die Möglichkeit, deine Arbeit jederzeit zu exportieren. Als Formate bietet Notion Markdown & CSV, PDF und HTML an. Auch die Struktur der einzelnen Dokumente in Notion ist komplexer als bei einem Texteditor. Du legst potenziell endlos lange Seiten an, auf denen du Informationen sammelst. Alle Dokumente zu einem Oberthema gruppierst du dann in einem Projektordner. So hast du Einkaufsliste, Sehenswürdigkeiten und Buchungsdaten für die nächste Reise übersichtlich versammelt.

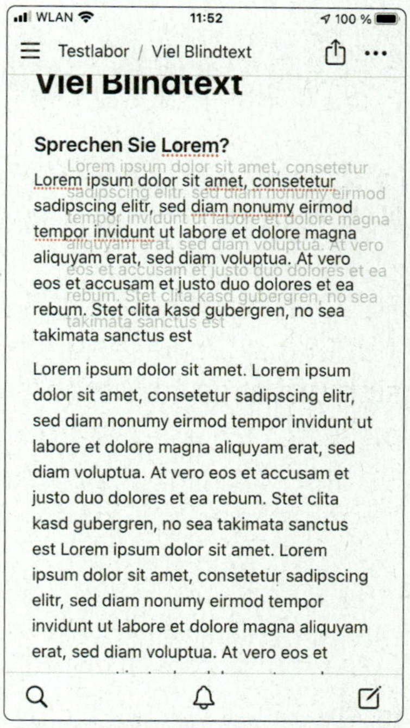

Notion sieht Text, Bilder und Tabellen als Blöcke, die du verschieben kannst.

Von Blöcken und Bildern

Mit der schlichten Anmutung täuscht Notion über seine Komplexität hinweg, die einer eigenwilligen Logik folgt. Die App strukturiert Inhalte in Blöcken. Das können etwa Textabsätze, Überschriften, Listen, Zitate sein. Diese Blöcke kannst du innerhalb deiner Arbeit mit dem Mauszeiger oder dem Finger verschieben, ohne sie, wie sonst üblich, ausschneiden und einfügen zu müssen. Zudem kannst du Verweise auf Blöcke anlegen und so Querverweise erstellen. Das schließt auch Inhalts- und Übersichtsverzeichnisse mit der Möglichkeit ein, direkt zum gewünschten Inhalt zu springen. Doch Blöcke sind nicht auf Text beschränkt. Am Mac kannst du durch einfaches Hineinziehen mit dem Mauszeiger deinen Dokumenten auch Bilder hinzufügen (auf dem iPhone und iPad liegt die Funktion zum Hinzu-

Der Web Clipper

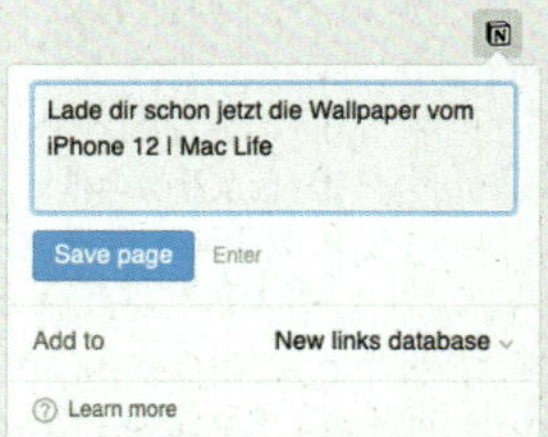

Mit dem Web Clipper bietet Notion eine praktische Browser-Erweiterung für Chrome und Firefox. Nach der Installation und dem Eintragen der Daten deines Notion-Kontos kannst du interessante Internetseiten mit einem Klick zur Notion-Datenbank hinzufügen. Der Web Clipper speichert alle wichtigen Daten der Seite und lässt dabei Werbung und andere Störfaktoren außen vor. So legst du beispielsweise eine Leseliste von Artikeln an oder sammelst Recherche-Material an einem zentralen Ort.

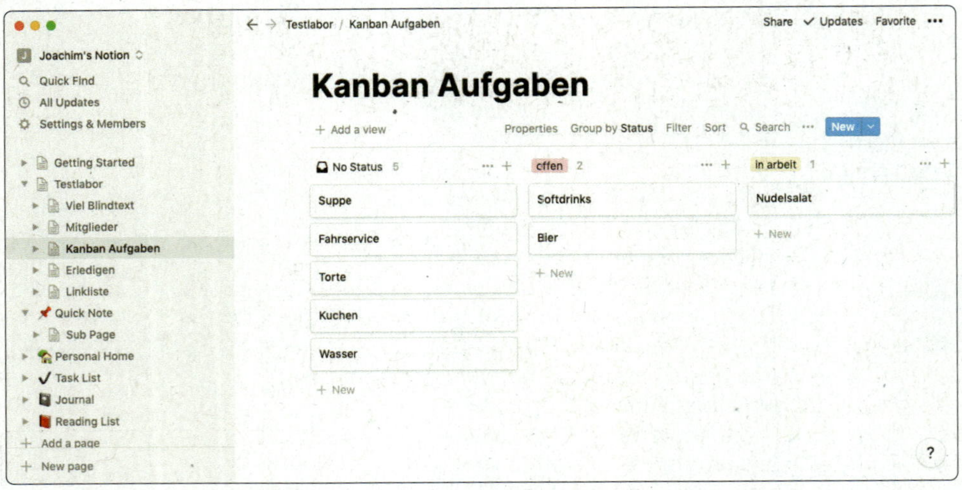

fügen von Bildern im Menüband) und diese – wie Textblöcke – im Gefüge bewegen und platzieren.

Von Datenbanken und Kanban

Eine weitere Ebene der Komplexität mit vielen praktischen Anwendungsfällen stellen Tabellen dar, die Notion erzeugen kann. Die Zahl der Zeilen und Spalten kannst du beliebig ergänzen und auch die Beschriftung anpassen. Tabellen eignen sich vor allem zur strukturierten Darstellung von Informationen. Tatsächlich basieren die Notion-Tabellen (wie beim Webdienst Airtable) auf Datenbanken, was dir weitere praktische Möglichkeiten eröffnet. Denn

Die Integration von Kanban macht es dir leicht, mit Notion Aufgaben zu verteilen.

neben Text und Zahlen kannst du beispielsweise auch Auswahlelemente verwenden. Das ist praktisch, wenn du eine Mitglieder-Tabelle für deinen Verein erstellst und den einzelnen Personen Rollen oder einen Status zuordnen möchtest. So hast du einen schnellen Überblick darüber, wer bereits die Beiträge gezahlt oder seine Teilnahme am nächsten Training zugesagt hat. Auch auf das im Projektmanagement verbreitete Kanban versteht sich Notion. Dabei legst du Karten an und verschiebst diese ihrem Status entsprechend zwischen den Spalten. So hast du schnell den Überblick, ob eine Aufgabe nur als Idee existiert, sich in der Entwurfsphase befindet oder bereits erledigt ist. Eine Kalenderdarstellung bietet dir Notion ebenfalls. Damit kannst du Einträge zwischen Tagen verschieben – praktisch für Urlaubs- oder Mahlzeitenplanung.

Schreiben im Team

Eine der besonderen Stärken von Notion ist die Möglichkeit, gemeinschaftlich mit anderen an Texten zu arbeiten. Diese Funktion kennst du vielleicht von Web-Anwendungen wie Google Docs. Über die Teilen-Funktion generiert Notion eine URL, die du deinen Mitstreiter:innen zukommen lässt. Entsprechend der Einstellungen, die du in Notion für das jeweilige Dokument vorgenommen hast, können andere den Text bearbeiten und kommentieren. Dafür müssen deine Mitstreiter:innen allerdings ebenfalls ein Notion-Konto eingerichtet haben. Ausgesprochen praktisch bei der Teamarbeit ist, dass du Passagen in deinem Text kommentieren und diese deinen Partner:innen direkt zuweisen kannst. So sehen sie, welche Abschnitte sie besonders unter die Lupe nehmen oder zu welchen Aspekten sie Inhalte beisteuern sollen. Wenn es darum geht, gemeinschaftlich an Präsentationen oder Referaten zu arbeiten, spielt Notion mit dieser Team-Funktion seine Stärken aus.

Workshop: So erstellst du deine erste Projektseite in Notion

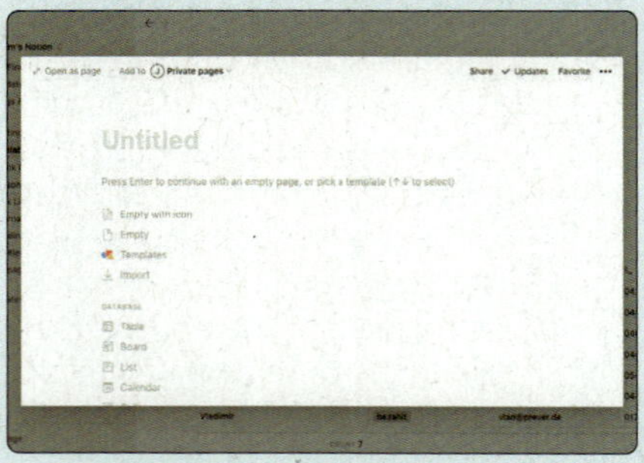

1 Über das Plus-Symbol erstellst du eine neue Seite. Wähle „Empty with Icon", um eine leere Startseite für dein neues Projekt einzurichten, an dem du mit anderen Notion-Nutzer:innen arbeitest.

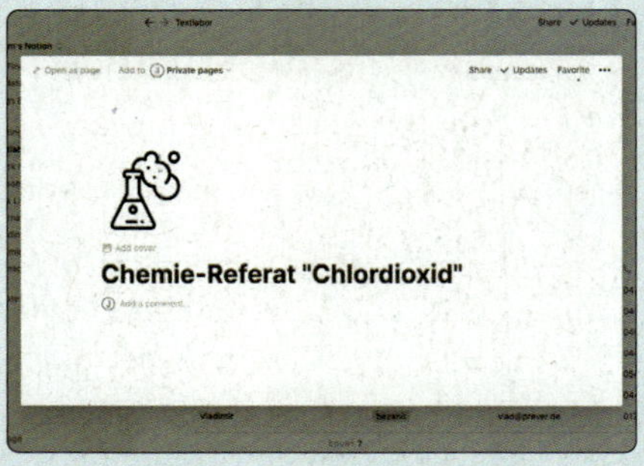

2 Klicke auf das Icon, damit Notion eine Auswahl öffnet. Du kannst auch ein eigenes Bild verwenden. In der Gratis-Version von Notion darf die Dateigröße der Grafik dabei 5 MB nicht übersteigen.

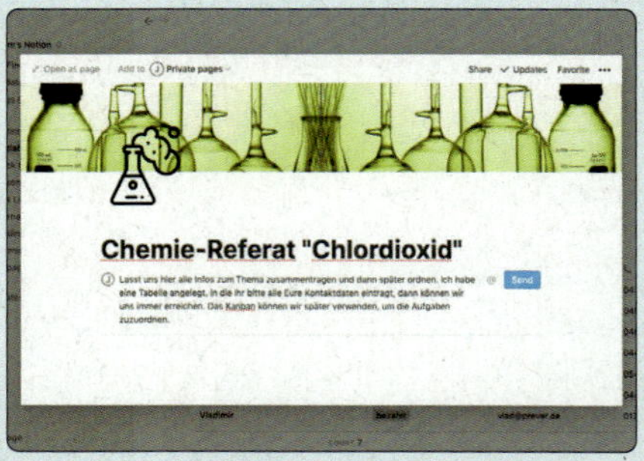

3 In der Zeile zwischen Icon und Überschrift liegen Schaltflächen, um Kommentare und Cover einzufügen. Durch eine prägnante Beschreibung wissen Mitstreiter:innen sofort, worum es geht.

Preisfragen

Wenn du Notion für private Zwecke verwendest, kannst du fast den kompletten Funktionsumfang kostenfrei nutzen. So kannst du als Einzelnutzer:in beliebig viele Blöcke erstellen. Allerdings ist die Größe von Uploads wie Bildern auf 5 MB begrenzt. Du kannst außerdem bis zu fünf Nutzer:innen zur Mitarbeit an Dokumenten einladen. Mit 5 US-Dollar im Monat bitten dich die Entwickler:innen zur Kasse, wenn du auf ältere Versionen deiner Arbeiten zugreifen (Versionierung) und unbeschränkte Daten-Uploads beanspruchen möchtest. Auf dieser Stufe kannst du auch mehr Gäst:innen einladen. Die Möglichkeit, in einem Netzwerk gemeinsam an Dokumenten zu arbeiten und mit anderen einen Arbeitsbereich zu teilen, darfst du kostenlos testen. Im Anschluss an die Probezeit müssen alle Nutzer:innen jedoch 10 US-Dollar im Monat zahlen. Diese Option richtet sich allerdings vorrangig an Unternehmen. Wenn du dich für eine jährliche Nutzung entscheidest, gewähren das Entwicklungsteam Rabatte.

Fazit

Notion ist eine starke und flexible Lösung, die ablenkungsfreies Schreiben ermöglicht und viele Anwendungsfälle bietet. Das geht so weit, dass sich die App als Ersatz für Dienste wie Evernote, Trello oder Airtable anbietet. Aber auch wenn du eine Alternative für Apples Bordmittel suchst, bist du mit Notion gut bedient. Leider ist die App bislang nicht in deutscher Sprache verfügbar. Allerdings erschließt sich die Bedienung nach etwas Einarbeitung weitgehend von selbst. Eine der größten Stärken ist die plattformübergreifende Synchronisation deiner Dokumente, wenngleich du dafür den Entwickler:innen deine Daten anvertrauen musst.

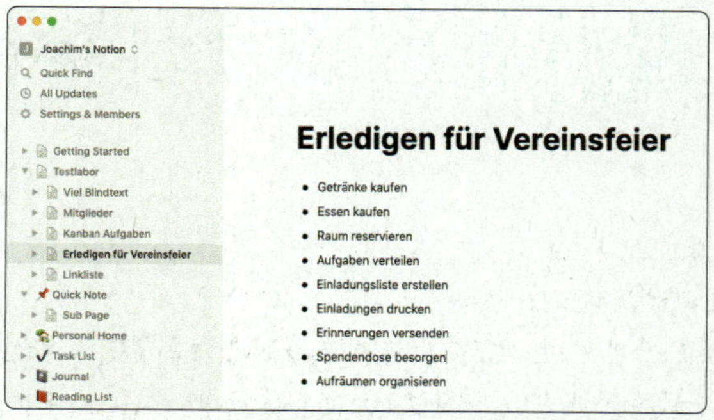

Wie Notizen kann auch Notion einfache Listen, aber auch Checklisten anlegen.

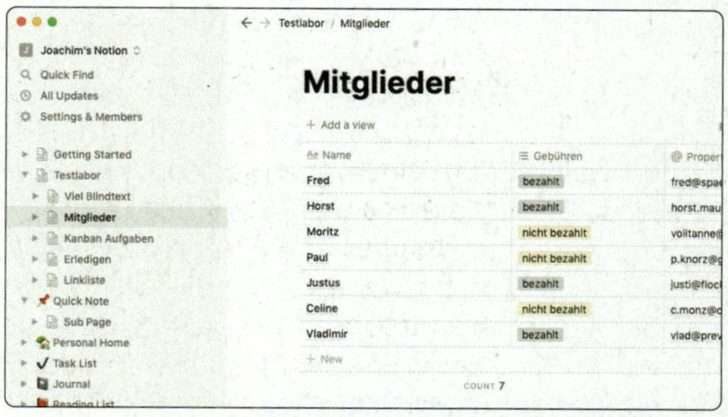

Die Tabellen, die du in Notion verwenden kannst, sind tatsächlich Datenbanken.

Drei ansprechende Alternativen

Wenn du auf der Suche nach einer Notizen-App für ablenkungsfreies Schreiben bist, du dabei aber die Kontrolle über deine Daten behalten möchtest, stellen wir dir drei Alternativen für macOS, iOS und iPadOS vor.

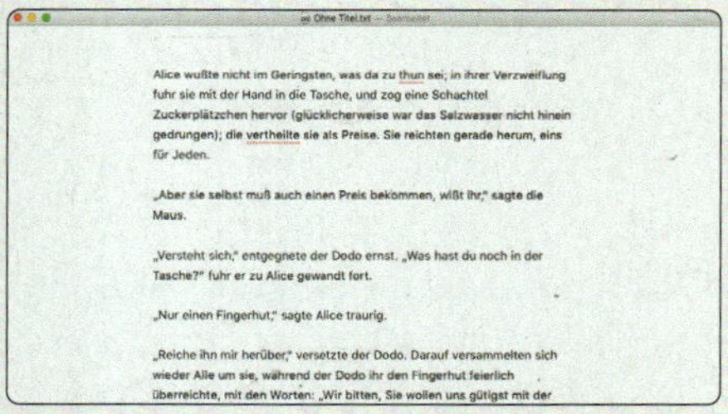

Byword

Die Textverarbeitung punktet vor allem mit geschmackvollem Design, das ablenkungsfreies Arbeiten beflügelt. Byword versteht sich auf Markdown, beherrscht iCloud-Sync und kann durch eine Erweiterung Inhalte auf Plattformen wie Medium, WordPress, Tumblr, Blogger und Evernote veröffentlichen. Texte speichert Byword als Dateien auf dem Mac oder in iCloud-Ordnern und kann entsprechend auch Text-Dateien aus anderen Anwendungen öffnen.

Preis: 7/12 Euro (iOS/macOS)
Web: bywordapp.com

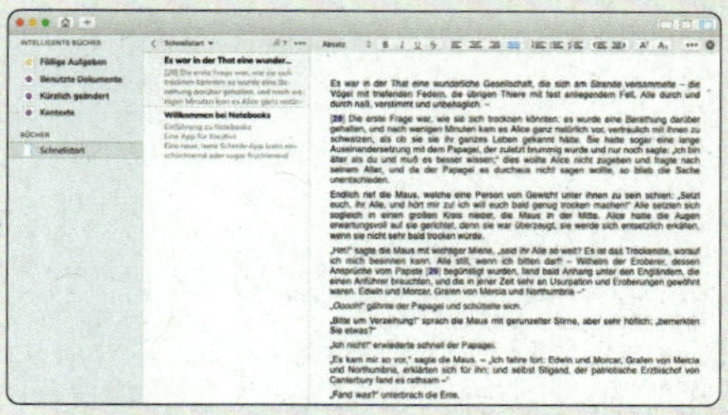

Notebooks

Die Anwendung eignet sich vor allem für umfangreiche Projekte und Recherche. Sie versteht sich auf Rich- oder unformatierten Text sowie das Markdown-Format. Darüber hinaus kann sie mit Sprachnotizen, Fotos und Skizzen umgehen. Eine Watch-App ermöglicht das Einsprechen von Texten am Handgelenk. Wie Notion fasst Notebooks Teile der Arbeit in Ordnern zusammen, die es über Dropbox oder eigene Server zwischen Geräten abgleicht.

Preis: 8/40 Euro (iOS/macOS)
Web: notebooksapp.com

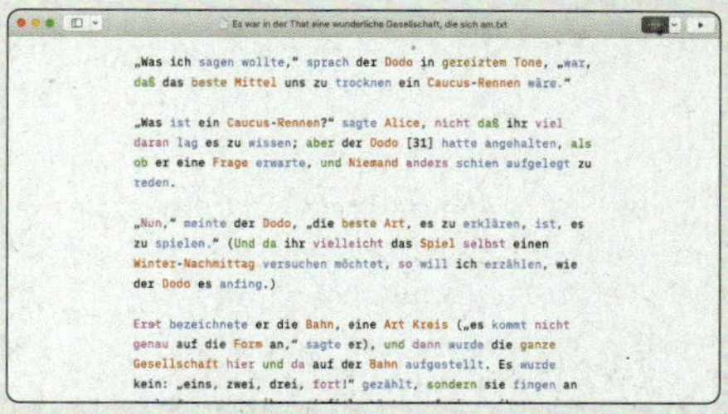

IA Writer

Bei IA Writer steht der Text im Mittelpunkt. Das geht so weit, dass es im Fokus-Modus nur auf einen Satz oder Absatz fokussiert. Bekannt als Syntax-Highlighting aus der Web-Programmierung kann IA Writer Wortarten farbig hervorheben und so überflüssige Adjektive und andere Merkmale schlechten Stils aufzeigen. Dank Markdown-Unterstützung kannst du Texte auszeichnen. Wie Notion unterstützt IA Writer die Blockbauweise.

Preis: je 33 Euro
Web: ia.net/de/writer

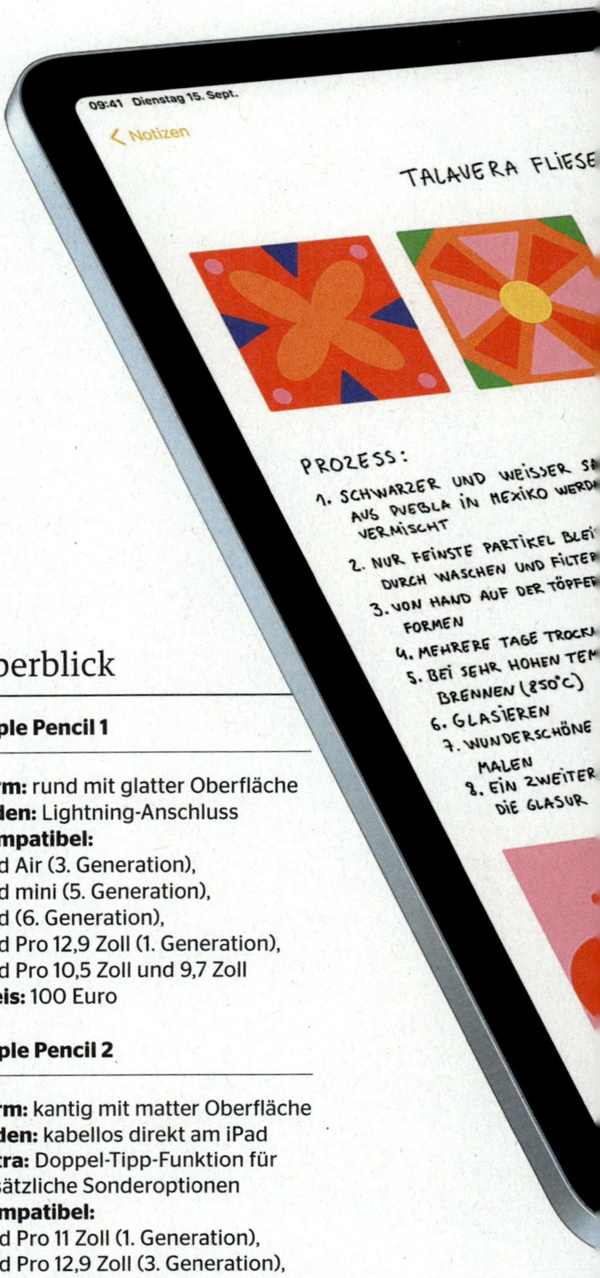

Ausgezeichnet aufgezeichnet

Zeichnen, skizzieren, Notizen machen oder E-Mails schreiben – das alles bequem unterwegs, digital und kabellos: Der Apple Pencil macht es möglich.

TEXT: **LAURA PLAUTZ**

Wenn du digital Skizzen machen oder ein Notizheft führen möchtest und dabei auf deinen Laptop oder Mac verzichten und flexibel sein willst, bist du bei deiner Recherche sicherlich schon mal auf das iPad und den Apple Pencil gestoßen. In diesem Ratgeber beleuchten wir das starke Duo genauer, zeigen praktische Apps, Tipps, nützliches Zubehör und Alternativen zum Apple Pencil.

Doch zurück zum Anfang: Was ist der Apple Pencil eigentlich? 2015 wurde der Apple Pencil erstmals vorgestellt und war damals einer der ersten präzisen Eingabestifte, der das digitale Zeichnen und Designen auf die nächste Stufe setzte. Nur drei Jahre später, im Oktober 2018, kam dann der Nachfolger, der Apple Pencil der 2. Generation, zusammen mit dem neuen überarbeiteten iPad Pro mit Face ID auf den Markt. Und heute, wieder drei Jahre später, ist der Apple Pencil 3 schon in Planung; noch gibt es dazu nichts Konkretes oder Offizielles von Apple. Das Unternehmen scheint sich aber nicht an das übliche Muster zu halten, bisher kündigte Apple nämlich noch keinen neuen Pencil an.

Was ist das Besondere an dem Apple Pencil? Mit dem Eingabestift verwandelst du dein iPad in ein Grafiktablet oder digitales Notizheft – du kannst zeichnen, schreiben, Bilder bearbeiten und vieles mehr. Die drucksensitive Stiftspitze mit integriertem Lagesensor erkennt, wie fest du beim Schreiben oder Zeichnen aufdrückst und wie stark du den Stift neigst. Bei all der Technologie lässt er sich genauso einfach und natürlich benutzen wie ein normaler Stift – nur eben digital.

Technologie bis in die (Stift-)Spitzen

Und wie funktioniert das Ganze? Ähnlich wie bei kabelgebundenen Grafiktablets für den Mac wird die Oberfläche rund 200 Mal pro Sekunde gescannt – je häufiger, desto besser das Ergebnis. Denn dadurch werden genaue Informationen wie der Druck des Eingabestiftes und die Position auf der Oberfläche des Tablets an den Mac übermittelt und entsprechend auf dem Bildschirm dargestellt. Bei deinem iPad schreibst oder zeichnest du direkt auf der Bildschirmoberfläche. Im normalen Gebrauch liegt die Anzahl an Scans des Bildschirms pro Sekunde bei circa 120; erkennt dein iPad jedoch, dass du einen Apple Pencil benutzt, verdoppelt sich die Anzahl der Scans automatisch – das verbessert nicht nur die Genauigkeit der gezogenen Linien, sondern verringert auch die Verzögerung, die sogenannte Latenz.

Nun gibt es den Apple Pencil der ersten Generation, der zweiten Generation und der dritte ist in Planung. Welcher ist da der richtige für dich? Und was gibt es zu beachten? Vor dem Kauf eines Apple Pencil ist es wichtig, dass du über die Unterschiede Bescheid weißt, die es zwischen den einzelnen Generationen gibt, denn dadurch ergeben sich jeweils unterschiedliche Verwendungsmöglichkeiten. Was heißt das aber konkret?

Anders als beim Apple Pencil 1, den du zum Koppeln über den Lightning-Stecker direkt mit deinem iPad verbinden musst, funktioniert das mit dem Apple Pencil 2 induktiv über den magnetischen Ladeanschluss an der Seite deines iPad. Gerade Letzteres ist wohl auch dafür verantwortlich, dass der Apple Pencil 2 nur mit iPad Pros kompatibel ist, die ab 2018 produziert wurden sowie dem aktuellen iPad Air und iPad mini. Der Vorgänger dagegen ausschließlich mit dem iPad ab der 6. Generation, den iPads Pro in 9,7 Zoll, 10,5 Zoll und 12,9 Zoll (1. und 2. Generation) sowie dem iPad Air 3 und dem iPad mini 5.

Ein Feature des Apple Pencil 2 ist der Doppel-Tipp: Tippst du den Stift zweimal im unteren Bereich an, kannst du Sonderfunktionen

Überblick

Apple Pencil 1

Form: rund mit glatter Oberfläche
Laden: Lightning-Anschluss
Kompatibel:
iPad Air (3. Generation),
iPad mini (5. Generation),
iPad (6. Generation),
iPad Pro 12,9 Zoll (1. Generation),
iPad Pro 10,5 Zoll und 9,7 Zoll
Preis: 100 Euro

Apple Pencil 2

Form: kantig mit matter Oberfläche
Laden: kabellos direkt am iPad
Extra: Doppel-Tipp-Funktion für zusätzliche Sonderoptionen
Kompatibel:
iPad Pro 11 Zoll (1. Generation),
iPad Pro 12,9 Zoll (3. Generation),
iPad Air (4. Generation), iPad mini 6
Preis: 135 Euro

Der Apple Pencil macht das iPad für viele zum besseren MacBook.

aufrufen. Im Einstellungsbereich „Apple Pencil" deines iPad kannst du unter anderem zwischen dem aktuellen Werkzeug und Radiergummi oder dem zuletzt genutzten Werkzeug wechseln.

Handschrifterkennung

Mit iPadOS 14.5 kannst du dich über eine Funktionsverbesserung freuen: Das Update gibt erstmals die in Deutschland mit „Kritzeln" bezeichnete Handschrifterkennung auch für deutsche Eingaben frei. Das heißt, dass das neue Update dir ermöglicht, mit deinem Apple Pencil via „Kritzeln" (oder auch „Scribble" im Englischen) Texte handschriftlich zu verfassen und diese Texte in digitale Texte übersetzen zu lassen. Das funktioniert wie folgt: handschriftliche Texte markieren, „Als Text kopieren" wählen und fertig. „Kritzeln" lässt sich auf dem gesamten iPadOS-System nutzen; wie beispielsweise bei der Eingabe von Suchbegriffen oder direkt bei bestimmten Webseiten in Safari.

Apple Pencil 3 mit Gestensteuerung?

Um den neuen Eingabestift von Apple kursieren bereits einige Gerüchte darüber, was er alles leisten könne und welche Innovationen er mit sich bringt, die noch mehr Funktionen für effektiveres Arbeiten auf deinem iPad oder iPad Pro ermöglichen. Laut Patentantrag von Apple könnte das nächste große Feature für die Eingabestifte die Gestensteuerung per Finger sein – und das per Touch-Oberfläche. Es wird angeblich eine zusätzliche Ebene mit Sensoren beschrieben, die berührungsempfindlich ist und sich an der vorderen Hälfte des Stiftes befindet. Sie soll dabei fast den halben Stift umfassen. Mit dieser Touch-Oberfläche könnten eine ganze Reihe komplexer Tipp-, Scroll- oder Wischgesten programmiert werden und damit die Arbeit am iPad noch effizienter gestalten. Wann es diesen Stift mit all seinen möglichen Features gibt, ist derzeit noch unklar.

Praktisches Zubehör

Die Stifte liegen mit rund 20 Gramm Gewicht beide gut in der Hand; der Apple Pencil 1 ist durch die runde Form und der glatten Oberfläche etwas rutschiger als der matte Nachfolger mit der kantigen Form. Doch auch dafür gibt es passendes Zubehör; wie zum Beispiel diverse Überzieher, die einen ergonomischen Griff ermöglichen oder gleich komplette Silikonhüllen für den ganzen Stift mit integriertem Kappen-Halter. Diese Silikonhüllen gibt es je nach Vorlieben der Ästhetik in allen möglichen Formen, Farben und Stilen; von schlicht und elegant bis hin zu verspielt mit Katzenöhrchen.

Neben den normalen Ersatz-Stiftspitzen gibt es auch einige Extras, die dir ein fast papierähnliches Schreib- oder Zeichenerlebnis ermöglichen.

Ladezustand

Wie es um die Akkuleistung deines Apple Pencil steht, kannst du jederzeit in der Mitteilungszentrale des iPad kontrollieren. Wische dazu einfach von oben nach unten (oder von rechts nach links, je nach Haltung) über den Bildschirm. Der Apple Pencil wird automatisch angezeigt, sobald er sich in der unmittelbaren Nähe deines iPad befindet.

Hüllen und Überzieher

Für einen besseren Halt (gerade beim glatten Design vom Apple Pencil 1) und angenehmeren Griff gibt es diverse Überzieher und Hüllen für den Apple Pencil. Einige erinnern an die ergonomisch geformten und dickeren Stifte für Schreibanfänger:innen; erlauben aber ein entspannteres Arbeiten, da du weniger Druck aufwenden musst, um den Stift zu halten. Andere wiederum umhüllen den Stift komplett und sind entweder elegant, schlicht oder wie hier zum Beispiel eine Silikonhülle mit Katzenohren für die Kappe.

Besondere Stiftspitzen

Für ein papierähnliches Gefühl beim Schreiben oder Zeichnen sorgen diese Stiftspitzen. Sie ermöglichen das Papier-Gefühl, ohne dabei die Genauigkeit zu beeinträchtigen; im Gegenteil, mit den Spitzen rutscht du weniger ab und die Pencil-Spitzen nutzen langsamer ab. Außerdem wird das Arbeiten leiser, da sie das Geräusch beim Ansetzen des Pencil abdämpfen. Von Pen Tips (pen.tips) gibt es sie im Set mit fünf Spitzen; wähle dein Set aus neun Farben oder stelle dein eigenes buntes Set zusammen.

Papierähnliche Displayfolien

Alternativ kannst du denselben Effekt mit speziellen Displayfolien für dein iPad erzielen. Denn sie schützen nicht nur die Oberfläche des iPad, sondern simulieren, ähnlich wie die Stiftspitzen, eine papierähnliche Friktion und damit Genauigkeit. Die Folien von Paperlike (www.paperlike.com) zum Beispiel wurden quasi mit dem Apple Pencil im Hinterkopf entwickelt und sind die ideale Ergänzung, wenn du Autor:in beziehungsweise Künstler:in bist. Es gibt sie für die verschiedenen iPad-Größen und sie verbessern sogar die Bildqualität.

Alternativen zum Apple Pencil

Natürlich wird der Apple Pencil für die papierlose Arbeit am iPad bevorzugt, er ist schließlich optimal auf die Nutzung und Funktionen des iPad abgestimmt und könnte in der Handhabe kaum besser sein. Der hohe Preis schreckt jedoch einige Nutzer:innen ab und es wird nach einer günstigeren Alternative gesucht.

Doch welche Eingabestifte von anderen Herstellern halten mit dem Apple Pencil mit?

Als Erstes musst du dir überlegen, was dir wichtig ist an so einer Apple-Pencil-Alternative. Die günstigsten Modelle auf dem Markt sind oft passive kapazitive Stifte mit leitender Spitze; sie funktionieren ohne Stromzufuhr, schreiben auf nahezu jedem berührungsempfindlichen Touchscreen, allerdings sind sie meist zu ungenau – längeres Arbeiten kann so schnell frustrierend werden. Wenn dir so ein einfacher Touchpen genügt, ist der B&D Stylus mit 10 Euro möglicherweise genau dein Werkzeug; er kommt mit einigen Ersatzspitzen und du kannst aus mehreren Farben wählen.

Mittelpreisig dagegen sind aktive kapazitive Stifte ohne leitende Spitze, die du vor der Nutzung aufladen musst. Wenn du ab und an zeichnen oder Notizen machen möchtest, reichen diese Stifte aus. Professionelles Arbeiten ist damit jedoch eher frustrierend, da diesen Stiften die wichtige Eigenschaft der Druckempfindlichkeit fehlt und du damit nicht das ganze Funktionsspektrum deines iPad nutzen kannst. Ein Vertreter aus dieser Kategorie ist der Adonit Note Stylus; mit 54 Euro ist er deutlich teurer als ein Touchpen und nicht für jeden Touchscreen geeignet, dafür ist er in seiner Präzision umso genauer. Eine weitere Alternative wäre der Ursico Stylus Pen 2. Generation; dieser ist speziell für das iPad gemacht und ähnelt in der Optik auch dem Apple Pencil, allerdings für nur 34 Euro.

Ist der professionelle Gebrauch aber genau das, wonach du bei deiner Apple-Pencil-Alternative suchst, sind aktive Stifte mit Bluetooth die Kategorie für dich. Sie sind zwar teurer als die anderen Alternativen, verfügen aber über einen ähnlichen Funktionsumfang wie der Apple Pencil. Mit 94 Euro ist der Wacom Intuos Creative Stylus zwar nicht günstiger als das Apple-Original, dafür aber mindestens genauso gut für Künstler:innen geeignet. Er verfügt über 2.048 Druckempfindlichkeitsstufen und eine Handballenerkennung, sodass du beim Schreiben und Zeichnen nicht aus Versehen mit deiner Hand, die über die Oberfläche wischt, Linien ziehst.

Generell gilt, je dicker die Stiftspitze, desto unpräziser funktioniert der Stift. Das macht ihn eher ungeeignet zum Zeichnen. Außerdem solltest du auf die Druckstufen achten, die angegeben werden; je mehr Stufen der Pen erkennt, desto natürlicher ist für dich das Zeichen- und auch Schreibgefühl. So erkennt der Pen nämlich in welchem Winkel und mit welchem Druck du ihn auf deinem iPad bewegst.

Fazit

Letztendlich kommt es auf deinen Anspruch an. Solltest du lediglich hier und da ein paar Notizen machen wollen, reicht ein Touchpen aus; die gibt es für unter 15 Euro. Möchtest du dich aber professioneller und künstlerisch ausleben, lohnt es sich doch in den Apple Pencil zu investieren, der dir ermöglicht, vom gesamten Funktionsumfang der Kombination aus iPad und Apple Pencil zu profitieren.

Apple Pencil und PDF

Du hast jetzt einiges zum Apple Pencil erfahren. Der Eingabestift von Apple ist aber nicht nur zum Bedienen deines iPad gut oder um präzise zu zeichnen und zu schreiben – er eignet sich auch hervorragend, um PDF-Dateien direkt zu kommentieren und Anmerkungen hinzuzufügen. Und das alles direkt aus der Apple-Mail-App heraus.

Angenommen du erhältst eine E-Mail mit einem PDF und sollst es entweder Korrekturlesen oder dich anderweitig dazu äußern. Anstelle das Dokument abzuspeichern, im Adobe Reader zu öffnen, Anmerkungen hinzuzufügen und zurückzuschicken, kannst du das direkt aus der E-Mail-App vornehmen. Wir zeigen dir, wie einfach das geht.

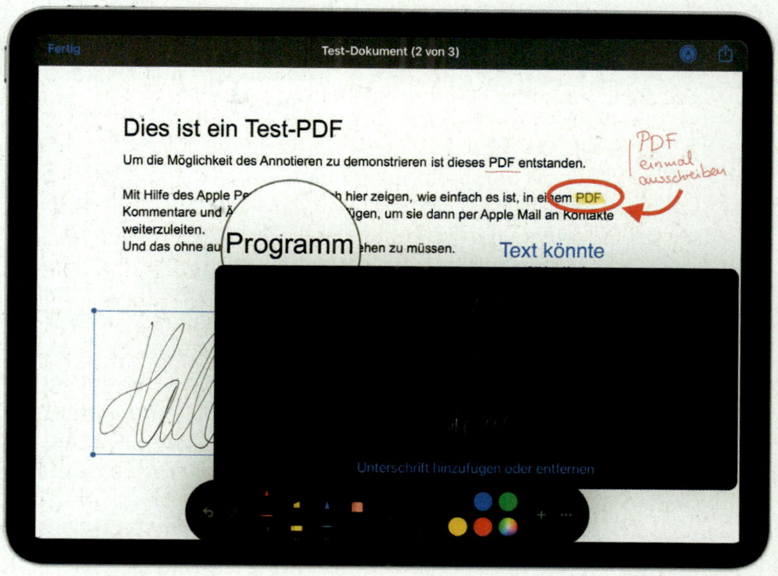

So geht's: PDF-Dokumente mit Anmerkungen versehen

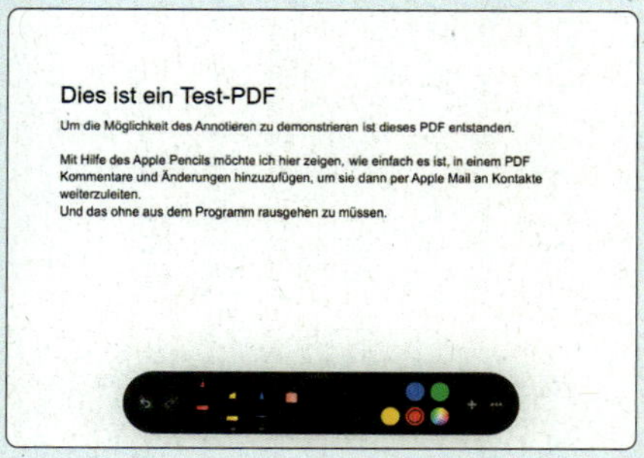

1 Rufe die E-Mail in der App auf, öffne das PDF und klicke oben rechts auf die Werkzeugleiste. Dein Dokument erscheint jetzt in einem neuen Fenster und die Werkzeugleiste wird unten am Rand eingeblendet.

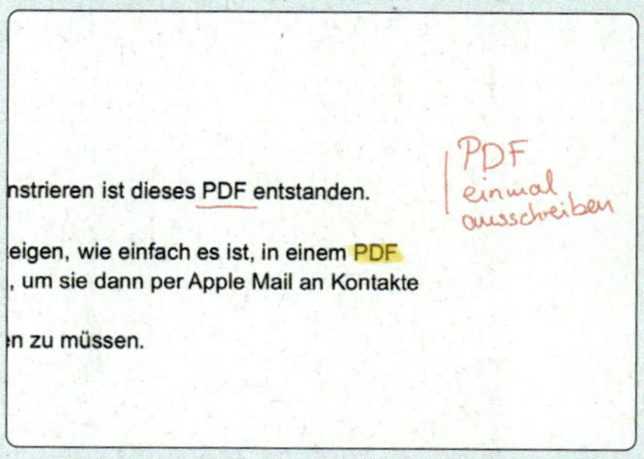

2 Dir stehen jetzt eine Reihe an Werkzeugen zur Verfügung, um das Dokument mit Anmerkungen zu versehen. Zum einen wäre da der Klassiker, das Schreiben. Die Farbe und Dicke der Schrift kannst du unten rechts auswählen.

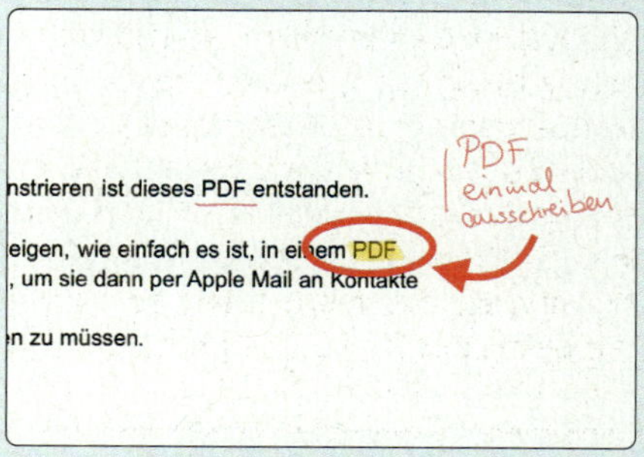

3 Wenn du Striche oder Formen hinzufügen möchtest, nutze die Geometriefunktion. Tippe in der Werkzeugleiste auf die drei Punkte und wähle eine der vorgefertigten Formen aus und passe sie im Dokument an.

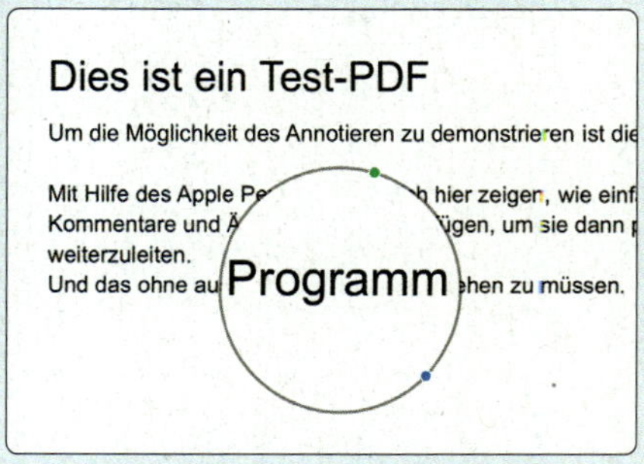

4 Möchtest du einen Bereich besonders hervorheben, setze die Lupe an die entsprechende Stelle; dabei kannst du die Größe und den Vergrößerungsfaktor selbst anpassen. Hierfür musst du jedoch deine Finger benutzen.

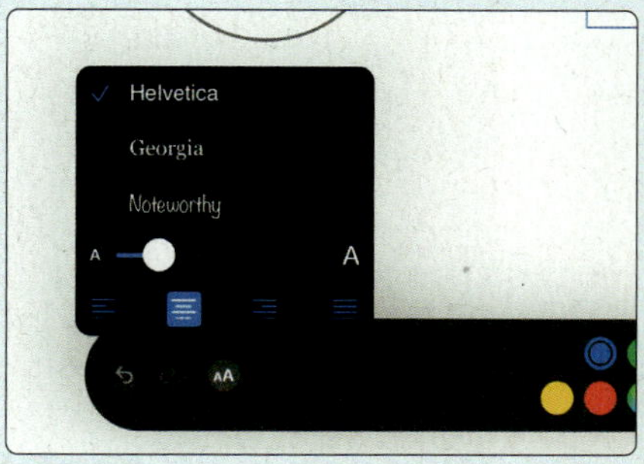

5 Füge beliebige Texte in das Dokument ein und platziere sie an der dafür vorgesehenen Stelle; Textfarbe, Schriftart und -größe sowie Ausrichtung kannst du im Menü unten links individuell an deine Wünsche anpassen.

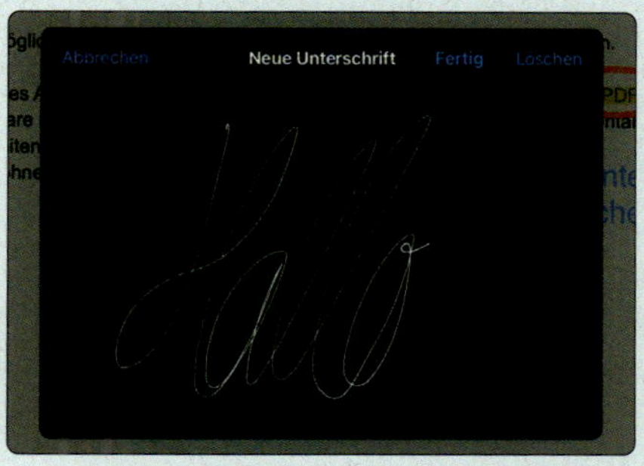

6 Apple hat für Unterschriften extra ein eigenes Werkzeug konfiguriert. Die App speichert deine Unterschrift, sobald du einmal unterschrieben hast, sodass du sie jederzeit in jedem Dokument platzieren kannst.

Skizzen, Notizen und mehr

Du weißt jetzt über den Apple Pencil Bescheid, kennst die Unterschiede in den Generationen und möchtest nun loslegen. Aber welche Apps mit Pencil-Unterstützung gibt es eigentlich für dein iPad? Wir stellen dir hier einige unserer Lieblinge vor.

Für Künstler:innen

Du setzt deinen Fokus eher auf die Kunst mit Schwerpunkt Zeichnen und Designen? Dann haben wir, je nach Budget, gleich zwei Apps für dich: Procreate und Medibang Paint. Beide bieten dir eine vorgefertigte und große Palette an Pinsel-Variationen wie Acryl, Bleistift, Tinte, Aquarell oder Pinselspitzen mit Natur- oder Geometrie-Formen wie Grashalme, Wasser oder Fliesen und Metall. Ist nichts Passendes dabei, kannst du deine ganz eigenen Pinselspitzen erstellen. Beide Apps arbeiten mit Ebenen, sodass du beispielsweise Konturen auf eine Ebene setzen kannst und die ausgemalten Flächen auf eine andere.

Für Grafiker:innen

Adobe Photoshop gilt zwar nach wie vor als das führende Bildbearbeitungsprogramm, aber seit dem Abo-System suchen viele Nutzer:innen nach Alternativen. Wir stellen vor: Affinity Photo und Photopea. Beide Apps könnt ihr über den App-Store kaufen und

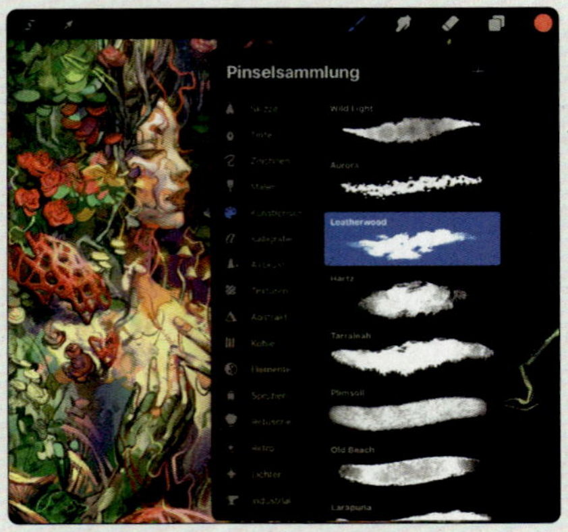

Procreate

Bei Procreate handelt es sich um den führenden Klassiker unter den Zeichen-Apps für das iPad. Es wird sowohl von Profis als auch von aufstrebenden Künstlern geschätzt. Mit einer einmaligen Zahlung steht dir eine mächtige Zeichen-App zur Verfügung. Ein fortschrittliches Ebenensystem, Hunderte Pinsel, innovative Einstellungsmöglichkeiten und Zeichenhilfen sowie eine schnelle Grafik-Engine statten dich bestens aus, um Zeichnungen, Illustrationen und Animationen zu erschaffen. Die Oberfläche ist schlicht gehalten, Leinwände können auf eine Größe von bis zu 16K mal 4K für hochaufgelöste Ergebnisse angelegt werden. Mit dem kontinuierlichen automatischen Sichern geht keines deiner Kunstwerke verloren. Mit der Zeitraffer-Wiedergabe kannst du deine Arbeit als Video in den sozialen Netzwerken teilen.

Preis: 11 Euro
Web: procreate.art

Medibang Paint

Medibang Paint ist eine kostenfreie Cloud-basierte Zeichen-App, die dir die Möglichkeiten von teuren Malprogrammen bietet, ohne dabei zu komplex zu sein. Neben dem Zeichnen ist sie dafür bekannt, dass du unkompliziert Comic- und Manga-Seiten oder ganze Projekte gestalten kannst. Mit einfachen Einstellungsmöglichkeiten kannst du Rahmen und Comic-Felder erstellen, um die Seite in das gewünschte Comic-Raster zu unterteilen. Dann ist da noch die Medibang-Cloud: Dort gibt es kostenfreie Pinselspitzen, Tutorial-Videos und Galerien sowie die Medibang-Community, in der du dich vernetzen und austauschen kannst. Neben den Standard-Pinselspitzen gibt es auch Medibang-eigene Pinsel wie den „Edge Pen". Mit ihm ziehst du automatisch Linien, die beim Zeichnen direkt mit einer Kontur versehen werden.

Preis: kostenfrei*
Web: medibangpaint.com

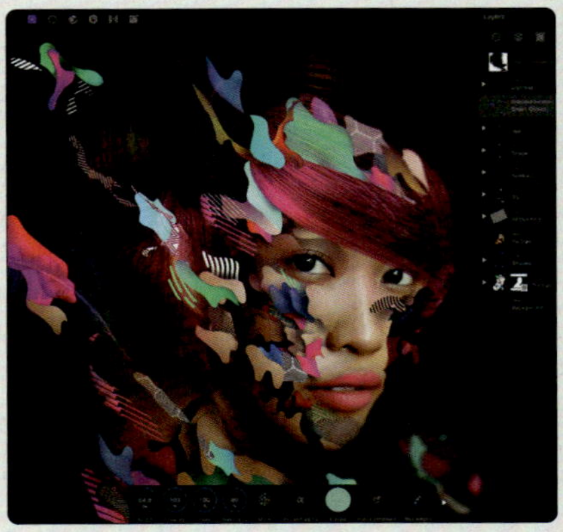

Affinity Photo

Die umfangreiche App für Bildbearbeitung gibt es jetzt auch in überarbeiteter Version für iOS und iPadOS, sodass du unterwegs am iPad oder iPhone Fotos professionell aufbereiten und dank Apple Pencil haargenau nachbearbeiten kannst. Die App kann fast alles, was du mit der Mac-Anwendung auch kannst und steht Adobe Photoshop in puncto Features und Werkzeugen in nichts nach. Die benutzungsfreundliche Oberfläche sowie gute Ladegeschwindigkeit überzeugen genauso wie die problemlose Dateikompatibilität – so kannst du beispielsweise Photoshop-Dateien importieren, Affinity-Photo-Dateien als PSD exportieren und sogar RAW-Bilder entwickeln lassen. Arbeite in jedem beliebigen Farbraum, experimentiere mit einer unbegrenzten Anzahl an Ebenen und kreiere komplexe Fotomontagen.

Preis: 22 Euro
Web: affinity.serif.com

beide sind mit einer Einmalzahlung ein vollwertiges Fotobearbeitungsprogramm auf deinem iPad oder iPhone. Neben den gängigen Filter- und Retusche-Optionen wie Weich- und Scharfzeichner, Nachbelichten und Bildfehler reparieren, gibt es aber noch viel mehr.

Für Schreiber:innen

Bist du eher der Bullet-Journal-Typ oder schreibst einfach gern Notizen und hältst Gedanken schriftlich fest? Auch dafür gibt es passende Apps, wie zum Beispiel Apples Notize-App oder Goodnotes. Mit beiden kannst du zeichnen oder handschriftliche Notizen erstellen, aus einer Vielzahl von Werkzeugen und Farben wählen und sogar mit einem Lineal gerade Linien ziehen oder Mithilfe von integrierten Apple-Pencil-Funktionen wackelig gewordene Linien begradigen und Formen schier machen.

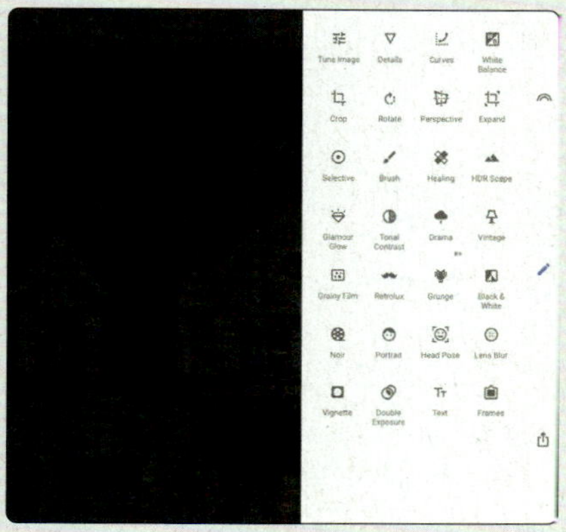

Snapseed

Eine weniger umfangreiche, aber dafür kostenlose App ist Snapseed. Du hast ein Foto mit deinem iPhone gemacht und es ist nicht so geworden, wie du es dir vorgestellt hast? Lade es aus der Fotos-App über dein iPad direkt in Snapseed. Die Oberfläche der App ist relativ einfach und alle Anpassungen lassen sich leicht mit dem Finger hin und her schieben. Dir stehen dafür eine Handvoll Werkzeuge und Einstellungen zur Nachbearbeitung sowie voreingestellte Filter zur Verfügung. Mit dem Apple Pencil kannst du mit dem Retusche-Werkzeug zielgenau kleinere Unebenheiten oder Störfaktoren auf Gesichtern oder Hintergründen wegzaubern. Dafür zoomst du am besten in das Foto hinein und tippst mit der Stiftspitze direkt auf die Dinge, die du entfernen möchtest; die App füllt diese Stelle dann mit den umliegenden Pixeln aus.

Preis: kostenfrei
Web: apple.co/3rvZLhO

Goodnotes

Notizen sind schnell über die Tastatur eingetippt. Möchtest du aber beispielsweise deine Notizen aufwerten, Bullet Journals oder Tagebuch führen, dann ist Goodnotes in Kombination mit dem Apple Pencil perfekt geeignet. Attraktiv ist vor allem, dass du ganze digitale Bücher anlegen und sowohl das Cover als auch die Buchseiten bestimmen kannst: blanko, kariert, gestrichelt oder durchgezogen liniert – du hast die Wahl. Lege dir deine eigene Ordnerstruktur mit beliebig vielen Unterordnern an und sichere deine Dokumente. Du kannst außerdem ganze PDF-Dateien oder Fotos importieren und sie kommentieren. Sollten deine Linien und Formen mal nicht ganz rund geworden sein, kannst du sie mit dem Apple Pencil und längerem Halten ohne Absetzen automatisch in die geometrisch perfekte Form bringen.

Preis: 9 Euro
Web: www.goodnotes.com

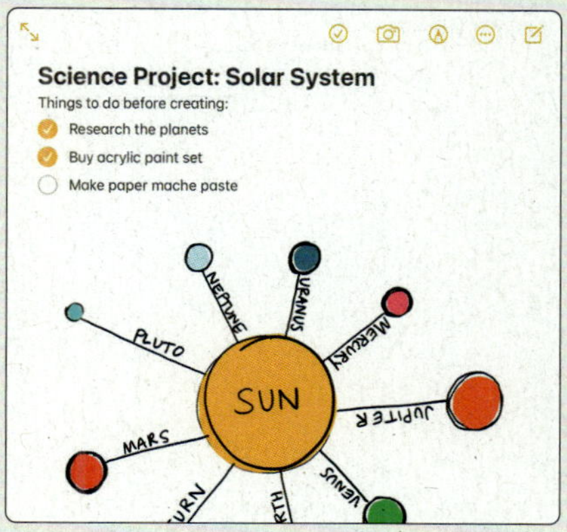

Apple Notizen

Manchmal müssen es keine extra Applikationen sein. Oft genügen auch die, mit denen du sowieso schon unkompliziert auf deinem iPad oder iPhone arbeiten kannst, da sie bereits mit dem Gerät zusammen geliefert werden – so zum Beispiel Apple Notizen. Die App ist kostenfrei, das Layout ist übersichtlich und aufgeräumt. „Notizen“, das eine der meistgenutzten Standard-Apps ist, bietet dir außerdem viele Möglichkeiten, um Notizen und kleine Scribbles festzuhalten. Die Werkzeugleiste befindet sich dabei am unteren Rand und zeigt dir eine Vorauswahl an Tools und Farben. Handschriftlichen Text (oder Zeichnungen) kannst du individuell auswählen und bewegen oder farblich umgestalten. Solltest du deine Notizen mal als getippten Text benötigen, kannst du ihn auswählen und mittels der „Als Text kopieren“-Option konvertieren lassen.

Preis: kostenfrei
Web: apple.co/3ceaPK7

Amazon Echo statt HomePod

Apple verspricht mit dem HomePod mini einen vielseitigen Smartspeaker: Musikwiedergabe, Siri-Assistenz und Smarthome-Zentrale. Aber was ist mit den beliebten Echo-Geräten von Amazon? Können die ebenfalls, was Apple verspricht?

TEXT: **CHRISTIAN STEINER**

Amazon hat sich im Laufe der Jahre an einigen Hardware-Kategorien versucht – mit unterschiedlichem Erfolg. Geräte wie die Fire Tablets, der Kindle-E-Book-Reader oder das Fire TV liefern solide Hardware zu guten Preisen. Im Smartphone-Segment legte das Fire Phone nach nur einem knappen Verkaufsjahr eine Bruchlandung hin. Wirklich wegbereitend für einen ganzen Markt und die Konkurrenz sind aber die Echo-Smartspeaker. Die Kombination aus Lautsprecher und Sprachassistenz hat große Wellen geschlagen. Mittlerweile ist die Konkurrenz, wie beispielsweise Google mit dem Nest Audio oder Apple mit dem HomePod, nachgezogen.

Apple hat sich bisher aber schwer auf diesem Markt getan. Mit dem HomePod gelang der Start nur spät und zu teuer. Mittlerweile versucht Apple, mit der Mini-Version vor allem beim Preis konkurrenzfähig zu sein. Das Versprechen ist simpel: Der HomePod mini soll Musik abspielen, eine digitale Assistenz sein und als Schaltzentrale für das Smarthome funktionieren. Das alles verspricht Apple unter Einhaltung von Datenschutz und Privatsphäre. Mit bisher mäßigem kommerziellem Erfolg. Die erste HomePod-Generation ist mittlerweile eingestellt. Der neue HomePod mini ist preislich immer noch deutlich über den Geräten von Amazon positioniert. Das gilt besonders bei Rabatt-Aktionen wie dem Prime Day oder Cyber Monday, bei dem Amazon die eigenen Geräte mit großen Rabatten verkauft.

Deshalb stellt sich die Frage, ob nicht ein Amazon Echo Dot die gleichen Aufgaben eines HomePods übernimmt. Kann der Echo Dot nicht auch Musik wiedergeben, als Assistenz aushelfen und das Smarthome steuern? Wie funktioniert das alles im Zusammenspiel mit dem iPhone? Und wie sieht es mit dem Datenschutz und der Wahrung von Privatsphäre bei Amazons Smartspeaker aus?

Musikwiedergabe mit dem Echo Dot

Die wohl wichtigste Funktion für jeden Smartspeaker ist die Wiedergabe von Musik mittels Streamingdiensten wie Apple Music. Der HomePod mini ist besonders eng mit Apples eigenem Musikdienst verknüpft, kann darüber hinaus Einkäufe aus dem iTunes Store wiedergeben. Andere Musikdienste wie Amazon Music, Youtube Music oder Spotify finden nur mithilfe von Umwegen auf den HomePod. Das sieht beim Amazon Echo Dot anders aus. Hier sind die Amazon-eigenen Dienste wie Amazon Music und Audible besonders prominent platziert. Darüber hinaus kannst du Apple Music und Apple Podcasts mit dem Echo Dot nutzen. Wie das geht, zeigen wir dir im Workshop. Streaming-Alternativen wie Spotify und Deezer haben einen eigenen Alexa-Skill und funktionieren damit ebenfalls auf dem Smartspeaker. Der Echo Dot ist in Sachen Verfügbarkeit von Musikquellen also die deutlich bessere Alternative zu Apples HomePod mini. Dank der direkten Unterstützung von Apples Diensten fällt die tägliche Nutzung für iPhone-Fans besonders leicht.

Anders sieht es hingegen bei der Nutzung von alternativen Audio-Apps aus. Podcast-Anwendungen wie zum Beispiel Overcast oder Pocketcasts gibt es beispielsweise gar nicht oder nicht in deutscher Sprache für den Smartspeaker. Deshalb musst du den Echo Dot und dein iPhone mittels Bluetooth verbinden. Wie das geht, zeigen wir dir im Workshop. Das Einrichten kann aber umständlich und mühsam sein. Außerdem kannst du dann keine Sprachsteuerung mittels Alexa ausführen. Stattdessen musst du deine Musik oder Podcasts weiterhin auf dem iPhone-Display fernsteuern.

Alexa als digitale Assistenz

Die wohl wichtigste Komponente eines Smartspeakers ist die digitale Assistenz, die nicht nur für die Sprachsteuerung Voraussetzung ist. Auf dem HomePod mini übernimmt diese Aufgabe Siri. Der Echo Dot setzt auf Amazons Alexa. Zwischen beiden Systemen herrscht eine unsichtbare Barriere, sodass der Einsatz vom Echo Dot im Apple-Universum nicht ohne Einschränkungen oder nur mit umständlichen Verknüpfungen funktioniert.

Du kannst beispielsweise keine Anrufe mithilfe von Alexa und deinem iPhone tätigen. Der Echo-Dot-Smartspeaker kann zwar Skype-Anrufe, Direktverbindungen zu anderen Echo-Geräten oder zur Alexa-App auf anderen Smartphones vornehmen.

Amazon Echo Dot als Soundbar im Heimkino

Du kannst deinen HomePod in Kombination mit einem Apple TV als Lautsprecher für deinen Fernseher einsetzen. Mit zwei verbundenen Geräten geht das sogar als Stereo-System. Amazons Echo-Geräte können das ebenfalls, allerdings mit einigen Einschränkungen. Am besten funktioniert der Einsatz als Soundbar, wenn du einen Fire TV oder Fire TV Stick nutzt. Diese kannst du in den Einstellungen mit deinem Echo verbinden. Ohne Amazons eigene Streaming-Box wird es komplizierter. Manche TV-Modelle unterstützen Bluetooth, sodass du damit eine Verbindung der Geräte herstellen kannst. Alternativ geht das mit dem Apple TV und einem Echo. Auf diesem Wege kann es aber zu Latenzen kommen, sodass der Filmgenuss unter versetztem Ton und Bild leidet.

So geht's: Apple Music und Apple Podcasts mit Echo Dot nutzen

1 Erfreulicherweise unterstützen Amazons Echo-Geräte Apple Music und Apple Podcasts ohne große Umwege. Damit du die Dienste mit dem Lautsprecher verknüpfen kannst, öffne zunächst die Alexa-App auf deinem iPhone.

2 Hier findest du unter „Wiedergabe“ in der Mitte des Hauptreiters die Möglichkeit, neue Dienste zu verbinden. Tippe auf Apple Music oder Apple Podcasts, um zunächst die jeweiligen Alexa-Skills zu aktivieren.

3 Anschließend musst du in den Skill-Einstellungen deine Konten verknüpfen. Die Alexa-App öffnet ein Fenster, bei dem du dich mit Face ID oder Touch ID anmeldest. Anschließend kannst du deine Konten verknüpfen.

Falls du deinen Mobilfunkvertrag bei Vodafone nutzt, kannst du auf diesem Wege möglicherweise darüber Telefonate mittels Alexa führen. Eine simple, direkte Telefonverbindung zwischen Smartspeaker und iPhone gibt es aber nur mit einem HomePod. Der Versand von SMS-Nachrichten funktioniert mittels iPhone auf dem Echo Dot leider gar nicht. Drittanbieter wie Whatsapp, Telegram oder Signal bieten ebenfalls keine eigene Verknüpfung an.

Anders sieht es hingegen bei der Erstellung neuer Termine in deinem Kalender aus. In den Einstellungen der Alexa-App kannst du deinen iCloud-Kalender hinterlegen. Nach der einmaligen Verknüpfung kannst du Alexa neue Termine diktieren, die dann anschließend auf deinem iPhone in der Kalender-App erscheinen.

Der größte Vorteil von Amazons Echo-Geräten ist aber die Vielzahl eigener Erweiterungen, die Skills heißen. Diese kannst du in der Amazon-Anwendung auf dem iPhone suchen, finden und auf dem Echo Dot installieren. Es gibt schätzungsweise mehr als 10.000 Alexa-Skills allein in deutscher Sprache. Diese Erweiterungen können simple Spiele wie ein Fußball-Quiz, aber auch Nachrichtenzusammenfassungen der Tagesschau oder Hörspiele für Kinder sein. Apple bietet leider keinerlei vergleichbare Erweiterungen für Siri und den HomePod an.

Der Echo Dot im Smarthome

Amazons Echo-Geräte und Apples HomeKit-System existieren bisher in zwei getrennten Welten. Ein Austausch zwischen diesen Welten ist daher nur über Umwege möglich. Die Nutzung von deinem Echo-Smartspeaker in deinem heimischen Apple-System ist kaum oder nur mit Tricks möglich. Der Grund: Amazon bietet eine eigene Smarthome-Plattform sowie eigene Smarthome-Geräte an, die in direkter Konkurrenz zu Apple stehen.

Zunächst brauchst du für die Nutzung von Apples HomeKit-System ein Gerät, das als Zentrale für dieses System fungiert. Das kann ein Apple TV sein, ein HomePod mini oder ein iPad, das dein Zuhause nie verlässt. Ein Amazon Echo-Gerät kann diese Aufgabe nicht übernehmen. Wenn du dein HomeKit-Smarthome mittels Alexa steuern möchtest, dann brauchst du ein Vermittlungssystem, das beide Welten verbindet. Das kann ein Raspberry Pi mit Homebridge sein. Für dieses System brauchst du außerdem ein eigenes Alexa-Plug-in sowie den passenden Alexa-Homebridge-Skill. Das alles ist eine größere Bastelaktion, die viele im Alltag abschrecken wird. Das wissen die Hersteller von Smarthome-Systemen. Apple, Google und Amazon haben sich deshalb zusammengeschlossen, um in Zukunft einen gemeinsamen Standard für alle Systeme zu entwerfen und einzusetzen. Bis Matter (siehe Kasten) aber soweit ist, musst du auf diese Bastellösung setzen.

Der Smarthome-Standard

Die großen Smarthome-Plattformen Amazon, Apple und Google haben sich mit anderen Anbietern wie Ikea zusammengeschlossen, um zukünftig einen gemeinsamen Standard für das intelligente Zuhause zu entwickeln. Zunächst als CHIP (Kurzform von „Project Connected Home over IP") gestartet, heißt das Projekt mittlerweile Matter und soll zum Ende des Jahres 2021 an den Start gehen. Damit sollen unterschiedliche Smarthome-Plattformen wie Apples HomeKit und Amazons Alexa künftig miteinander kommunizieren können. Dann kannst du (hoffentlich) problemlos verschiedene Geräte und Systeme kombinieren, anstatt stets eigene Hubs und Bridges einsetzen zu müssen. Ob und wie diese Ambitionen aufgehen werden, muss sich allerdings noch zeigen.

So geht's: Echo Dot mit AirPlay nutzen

1 Zunächst musst du dein iPhone mit dem Echo-Lautsprecher koppeln. Dazu öffnest du „Bluetooth" in der Einstellungen-App. Mit dem Sprachbefehl „Alexa, koppeln" bringst du deinen Echo in den Pairing-Modus.

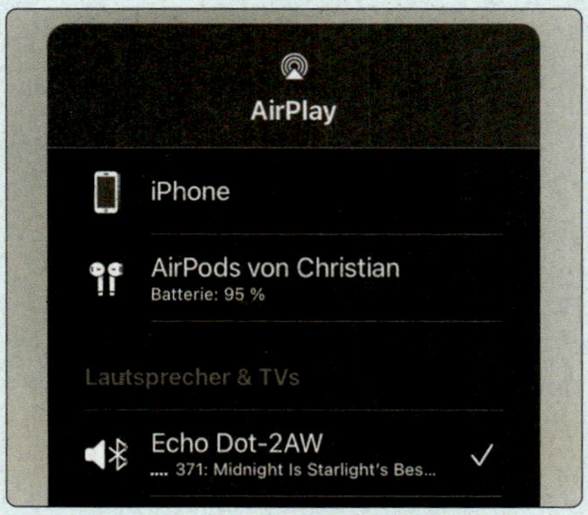

2 Nach dem Koppeln der Geräte kannst du nun deinen Echo-Lautsprecher als Audioausgabegerät auswählen. Das geht sowohl in den Bluetooth-Einstellungen als auch in den AirPlay-Optionen deiner Audio-Apps.

3 Mit AirPlay bringst du die Audioausgabe deines iPhone oder iPad auf dein Echo-Gerät. Alexa-Sprachbefehle kannst du nun aber nicht aktivieren. Stattdessen musst du die Wiedergabe am iPhone oder iPad steuern.

Mit der Alexa-App kannst du Spotify als Standardmusikdienst auf deinem Echo Dot einrichten.

Ein Vorteil vom Echo Dot gegenüber Apples HomePod sind die Erweiterungsmöglichkeiten mittels Skills.

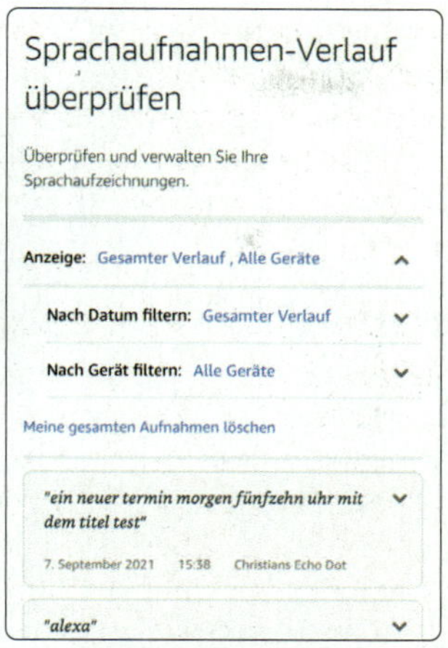

Deine Sprachbefehle an den Echo Dot kannst du mit der Alexa-App auf dem iPhone einsehen und löschen.

Darüber hinaus kannst du dein Echo-Gerät aber mit Automatisierungsdiensten wie „If This Then That" (kurz: IFTTT) oder Zapier verknüpfen. Dadurch kannst du Webdienste wie Twitter, Todoist oder Google Docs mit deinem Smartspeaker nutzen. Amazon hat im Vergleich zu Apples HomePod bei solchen Erweiterungen eindeutig die Nase vorn. Vergleichbare Verknüpfungen gibt es für den HomePod bisher nicht. Mit der Kurzbefehle-App kannst du auf dem iPhone zwar ebenfalls Automationen einrichten. Diese nimmt dein HomePod mittels Siri-Eingabe entgegen. Oftmals führt aber das iPhone die Automatisierung aus und nicht dein HomePod. Das kann zu Problemen führen, wenn dein Kurzbefehl etwa eine andere App öffnen muss. Eine direkte Integration von Automatisierungsdiensten wie IFTTT und Zapier wäre für den HomePod wünschenswert.

Privat und sicher?

Apple vermarktet den HomePod mini als „privat und sicher". Damit greift der Konzern nicht nur eine große Angst auf, sondern zielt direkt gegen Amazon und Google. Dabei sind sich alle Smartspeaker technisch zunächst sehr ähnlich. Die intelligenten Lautsprecher hören ständig zu. Dabei warten sie auf das Aktivierungswort wie „Hey Siri" oder „Alexa". Dies geschieht zunächst lokal auf den Geräten und benötigt keine Internetverbindung. Erst nach dieser Aktivierung funken die Geräte ins Netz. Apple verspricht beim Zusammenspiel zwischen HomePod und iPhone aber oftmals lokale Datenverarbeitungen. Das betrifft unter anderem das Vorlesen von Textnachrichten oder Notizen. Viele Anfragen benötigen allerdings auch bei Apple eine Kommunikation mit einem Server über das Internet, vor allem um externe Informationen wie etwa Wetterdaten zu erhalten. Apple verspricht in diesem Fall, dass diese Anfragen nicht mit deiner persönlichen Apple-ID verknüpft werden, sondern anonym bleiben.

Bei Amazon sieht es anders aus. Nach dem Aktivierungswort baut auch dein Echo Dot eine Verbindung zu externen Servern auf. Diese geschieht aber nicht anonym. Du kannst sogar deine Sprachbefehle mittels deines Amazon-Kontos einsehen, abspielen oder löschen. Um die Qualität der intelligenten Lautsprecher zu verbessern, kann Amazon-Personal diese Sprachbefehle einsehen, anhören und verarbeiten. Apple hat ein vergleichbares System nach heftiger Kritik im Jahr 2019 eingestellt.

Dennoch hast du bei einem Echo-Gerät einige Einstellungsmöglichkeiten, mit denen du den Datenzugriff eindämmen kannst. Du kannst unter anderem das Erstellen eines Stimmenprofils deaktivieren, die Aufzeichnungen deiner Sprachbefehle von Amazons Servern löschen oder das Mikrofon am Gerät mittels Knopfdruck aus- und einschalten. Es ist zwar lobenswert, dass Amazon diese Funktionen bereitstellt. Doch leider minimierst du damit oftmals den Funktionsumfang des Gerätes.

Fazit

Wer bereits ein Amazon Echo-Gerät im Einsatz hat, braucht in vielen Fällen keinen HomePod. Besonders die Musikwiedergabe ist dank der Integration von Apple Music und Apple Podcasts für Apple-Fans erfreulich einfach. Bei der digitalen Assistenz zeigt sich aber, dass Alexa zwar viele Dinge besser als Siri beherrscht, doch gerade Kernfunktionen wie Telefonanrufe oder Textnachrichten nicht außerhalb des Apple-Ökosystems funktionieren. Ähnlich sieht es mit der Integration in HomeKit aus. Solange der neue Matter-Standard die verschiedenen Systeme nicht kombiniert, ist der Echo Dot keine echte Smarthome-Zentrale für iPhone-Fans. Dafür bietet Alexa mit einer großen Vielzahl von Skills und Verknüpfungen mit Automatisierungsdiensten wie IFTTT und Zapier gelungene Erweiterungsoptionen. In Sachen Datenschutz und Privatsphäre verspricht Apple höhere Standards.

Dennoch deckt ein Echo-Smartspeaker genug Einsatzzwecke ab, um im Alltag eine echte Alternative zu Apples HomePod mini zu sein.

Die drei besten Alexa-Skills

Du kannst Alexa und damit dein Echo-Gerät mit Drittanbieter-Skills erweitern. Die Auswahl ist mit mehr als 10.000 Skills in deutscher Sprache groß. Die Tagesschau bietet einen eigenen Alexa-Skill zum kostenfreien Download an. Damit bekommst du die 100-Sekunden-Fassung der Nachrichtensendung als Audio-Version. Für Fußballfans gibt es eine eigene Sportschau-Variante, die den Spieltag in ebenfalls 100 Sekunden zusammenfasst.

Für kleine und große Fans von „Die drei ???" gibt es einen interaktiven Hörspielkrimi als Alexa-Skill. Diese Skills findest du in der Alexa-App für dein iPhone. Hier kannst du sie direkt für deinen Echo Dot aktivieren.

Objektiv betrachtet

Die iPhone Pro-Modelle beinhalten für Hobby-Fotograf:innen sowohl einen hochwertigen Weitwinkel als auch eine Telelinse. Wieso also noch zusätzliche Aufstecklinsen kaufen? Wir haben den Vergleich gemacht.

TEXT: **TOBIAS FRIEDRICH**

Einer unserer ersten Gedanken nach Einführung der iPhone Pro-Reihe mit Ultraweitwinkel und Telekamera war: Damit sind Aufstecklinsen wohl obsolet. Doch ganz so einfach ist es dann doch nicht. Um jenseits aller Zahlen, Werte und technischen Parameter Fakten zu schaffen, haben wir den Test gemacht. Wir haben vor allem zusätzliche Weitwinkel- und Tele-Linsen mit jenen verglichen, die in einem iPhone 12 Pro verbaut sind. Hierzu haben wir die Modelle von zwei Herstellern der derzeit wohl hochwertigsten Aufstecklinsen ausprobiert: Moment und Shiftcam.

Beginnen wollen wir jedoch mit einem Vergleich mit einer Tele-Aufstecklinse von Black Eye (90 Euro). Für diese benötigst du nämlich im Gegensatz zu den Produkten von Shiftcam und Moment keine kompatible Hülle, stattdessen klemmst du den Linsen-Clip auf jedes iPhone, ob dies in einer Hülle steckt oder nicht. Nachteil: Es benötigt etwas Fummelei, bis du die Linse zentriert hast. Die Gefahr, dass sich der Clip verschiebt, ist relativ groß und – wie

Von Moment und Shiftcam gibt es Objektivlinsen zum Aufstecken in diversen Ausführungen.

Vor- und Nachteile

Moment

- + äußerst hochwertig
- + reichlich vielseitiges Zubehör
- + Linsen sind schnell angebracht
- − teurer als die Konkurrenz

Shiftcam Pro

- + magnetische Abdeckkappen
- + größeres Angebot an Linsen
- + nützliche Kit-Kombinationen
- − Linsen deutlich schwerer
- − weniger Accessoires

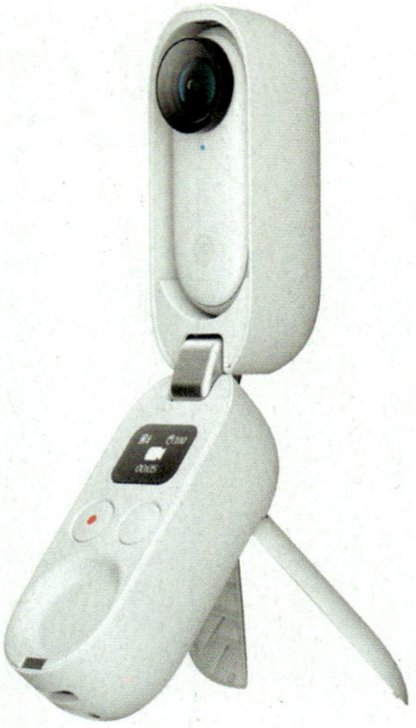

Ergänzug für Action-Aufnahmen: Insta Go 2

Einer der Gründe, warum Aufstecklinsen so sinnvoll sind, ist ihre Kompaktheit. Durchschnittliche Hobby-Fotograf:innen benötigen unterwegs weder eine große DSLR-Kamera, noch große Linsen, um qualitativ anspruchsvolle Bilder und Videos zu erhalten. Willst du jedoch Action-Cam-Aufnahmen machen, stößt das iPhone schon aufgrund der Form an Grenzen. Die kleinste solche Kamera, für die du keine zusätzliche Tasche benötigst, ist die Insta360 Go 2 (320 Euro). Kaum einen halben Finger groß und magnetisch kommt die Kamera in einem Case, das gleichzeitig Ladestation und Tripod ist; aber auch zwei weitere Adapter und das wasserfeste Gehäuse machen die Insta Go 2 zu einer wertvollen, variablen Begleitung. Neben den Linsen komplettierst du damit deine kleinstmögliche Foto- und Videoausrüstung.

Preis: 320 Euro
Web: www.insta360.com

du bei unserem Beispiel siehst – es bleiben dennoch oft Vignetten sichtbar. Wir empfehlen daher fest arretierbare Linsen, die nur unwesentlich kostspieliger sind.

Bereits hier wird deutlich, was wir in unserem Test durchweg erkennen konnten: Jenseits des manchmal größeren Ausschnitts liefern die Aufstecklinsen einen Mehrwert durch farbliche Qualität, Schärfe und Detailreichtum. Vergleichen wir speziell die Unterseite des Flugzeugflügels auf der Aufnahme mit der Moment-Linse, ist dies ersichtlich.

Interview mit Alec Ploof von Moment und Benson Chiu von Shiftcam

»Die Auswahl der richtigen Linse für den richtigen Moment kann bisweilen schwierig sein.« **BENSON CHIU**

Wie haben eure Firmen auf die neueste Version des iPhone reagiert, als klar war, dass diese bessere Kameras, unter anderem mit einem sehr guten Weitwinkel, beinhalten würde?
Alec: Moment ist in den letzten Jahren ohnehin dem reinen Linsen-Geschäft entwachsen. Wir verkaufen mittlerweile Produkte von über achtzig Marken. Die Linsen sind also nicht mehr unser Fokus. Einige verkaufen sich dennoch immer noch hervorragend. Und gerade spezielle Linsen wie die Anamorphic-, die Fisheye- oder die Makro-Linse geben iPhone-Besitzer:innen viele neue Möglichkeiten.
Benson: Für viele Menschen ist das iPhone mittlerweile das vornehmliche Instrument für Fotografie und für das Drehen von Videos. Dementsprechend streben immer noch zahlreiche Nutzer:innen danach, dieses Werkzeug zu komplettieren und mit erweiternden Accessoires zu bestücken.

Wie würdet ihr den bestmöglichen Einsatz eurer Linsen definieren?
Alec: Das ist für alle unterschiedlich. Aber speziell während der Pandemie haben sich noch mehr Firmen und Individuen auf Online-Content kapriziert. Das bedeutete, dass noch mehr Menschen, von Yogalehrer:innen bis zu BMX-Fahrer:innen, unsere Linsen genutzt haben. Die Kombination von schneller Verfügbarkeit und hoher Qualität ist für die meisten ausschlaggebend.
Benson: Das ist von Linse zu Linse unterschiedlich. Aber das stärkste Argument ist, dass du die Linsen – wie das iPhone – immer mit dir führen kannst.

Was würdet ihr Anfänger:innen raten: Wie können sie die besten Resultate erzielen?
Alec: Nutze die Moment Pro Camera App! Die eingebaute Kamera verrichtet viele der Arbeitsprozesse hinter den Kulissen. Unsere App gibt dir die volle Kontrolle über jede Aufnahme. Selbst bei der Auswahl des richtigen Motivs und Ausschnitts hilft sie dir. Ein ganz simpler Tipp: Regelmäßig die Linse reinigen!
Benson: Die Auswahl der richtigen Linse für den richtigen Moment kann bisweilen schwierig sein. Daher haben wir auf unserer Webseite einen Bereich, in dem die Nutzer:innen schnell recherchieren können, in welcher Situation welche Linse das beste Resultat bringt. Darüber hinaus ermutigen wir alle, die eingebaute Kamera zunächst möglichst umfassend zu erkunden und kennenzulernen, um dann zu wissen, wie sie ihre Fähigkeiten mit unseren Linsen erweitert.

Welche neuen Produkte können wir von euch in Zukunft erwarten?
Alec: Wir haben zahlreiche Pläne. Wir helfen Kreativen auf unserem sogenannten Marketplace, ihr Geschäft zum Laufen zu bringen. Zum Beispiel holen wir immer neue Fotograf:innen und Filmschaffende auf unsere Plattform, wo sie Online-Kurse anbieten und ihre Erfahrungen teilen können. Dieses Angebot wird demnächst noch erweitert. Zusätzlich entwickeln wir aber auch eine Menge neuer eigener Produkte, natürlich auch solche, die komplementär zu iOS funktionieren. Schon bald wird es hierzu Neuigkeiten geben.
Benson: Als Nächstes bringen wir den Pro Grip auf den Markt. Dieser ist an den DSLR-Batterie-Griff angelehnt, sodass er der Handhabung einer traditionellen Kamera möglichst nahekommt, während du gleichzeitig das iPhone wie bisher nutzen kannst und es noch mehr zur schnellsten Kamera der Welt wird.

iPhone 12 Pro

Black Eye Pro Portrait Tele G4

Moment 58 mm

iPhone 12 Pro

Moment 18 mm

Shiftcam 18 mm

Makro und weitere

Die Argumentation für Aufstecklinsen endet nicht bei Tele- und Weitwinkel. Schon im Makro-Bereich muss das iPhone die Waffen strecken. Die Qualität des Zooms der integrierten Kamera reicht nicht annähernd an die Schärfe der Makro-Linsen von Moment und Shiftcam heran. Letztere kann hier knapp die Spitzenposition für sich beanspruchen. Das Unternehmen führt sogar eine sogenannte Long-Range-Macro-Linse im Angebot, mit der du nicht mehr auf einen Millimeter an dein Objekt herankriechen musst. Speziell bei lebenden Objekten wie Spinnen oder Insekten kann dies von Vorteil sein.

Spätestens bei Fisheye- und Anamorphic-Linsen ist Apple dann komplett aus dem Spiel. Gerade die anamorphotischen Linsen, die etwas Einarbeitung verlangen, liefern bei Videoaufnahmen außergewöhnlich atmosphärische und cineastische Bilder und Effekte, die das iPhone allein nicht bieten kann.

iPhone 12 Pro

Moment 10x Macro

Shiftcam 60 mm

Tele

Der Vergleich der Teleobjektive fällt relativ ausgeglichen aus. Hier liegt die Shiftcam 60mm-Linse vorne, was den Bildausschnitt und die Helligkeit betrifft. Leider gibt es aber auch hier wieder Unschärfen. Die originäre Apple-Linse muss sich keineswegs verstecken, doch in puncto Farbe und Klarheit und somit beim generellen Eindruck, hat in diesem Segment Moment die Nase vorn.

Shiftcam 12 mm

Weitwinkel

Bei unserem Weitwinkel-Duell kann sich Apple ziemlich gut behaupten. Der Bildausschnitt ist etwas größer als jener der 18mm Weitwinkel-Linse von Moment und etwa gleich groß im Vergleich zu Shiftcams 12mm-Linse. Während Moment dafür ausgeglichene und natürliche Farben liefert, schwächelt das Shiftcam-Bild an den Rändern, wo es deutlich unscharf wird. Generell federn die Linsen beider Hersteller das manchmal unnatürlich wirkende Nachschärfen ab, das Apple den eigenen Kameras hat angedeihen lassen. Aber es ist Geschmackssache: Uns ist die etwas weichere Anmutung lieber, die mit den Aufstecklinsen entsteht.

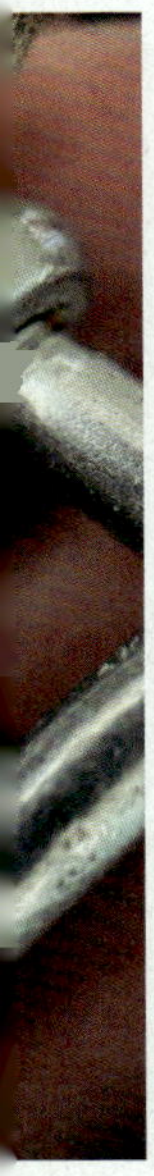

Shiftcam 10x Macro

Shiftcam Long Range Macro

Bitte beachten!

Wer Lust auf die diversen Aufstecklinsen bekommen hat, sollte dennoch ein paar Dinge beachten.

1 Sowohl für die Nutzung von Moment-Linsen als auch für jene von Shiftcam sind Hüllen der Hersteller vonnöten, um bestmögliche Ergebnisse zu erzielen. Seit Kurzem gibt es jedoch Ausnahmen: Moment hat mit dem Lens Mount (30 Euro) ebenso einen universellen Adapter im Angebot wie Shiftcam. Letzteren kannst du nicht einzeln erwerben, er wird dafür aber jedem Kauf einer Linse kostenfrei beigefügt. Solltest du eine besonders dicke Hülle verwenden, frag besser vorher beim Hersteller nach, ob die universellen Adapter für diese geeignet sind, da sie leider nicht ausnahmslos auf alle Cases passen.

2 Ein nahe liegender Gedanke und Wunsch erfüllt sich mit den Aufstecklinsen leider nicht: Wer hofft, dass eine am iPhone angebrachte Weitwinkel-Linse zusätzlich zu der verbauten eine Art Super-Weitwinkel ergibt, wird enttäuscht sein. Da im iPhone Tele- und Weitwinkel zusätzliche Linsen darstellen, die Aufstecklinsen jedoch nur auf der Hauptkamera angebracht werden, erhältst du bei etwaigen Versuchen lediglich Bilder, auf denen die Hälfte verdeckt ist.

3 Du solltest die Reinigung deiner Linsen (und natürlich auch die originären des iPhone) ernst nehmen. Die Hersteller bieten günstige Reinigungskits an, Tücher und sogenannte Linsenstifte, mit denen du jede Linse bis in den letzten Winkel putzen kannst. Wir meinen: gut angelegte zehn Euro. Denn selbst, wenn du achtsam bist, schleichen sich bei regem Gebrauch Schlieren und Kratzer auf die Linse, wie wir selbst feststellen mussten.

4 Ebenso können wir nur empfehlen, dass du dir eine kleine Tasche für die Linsen zulegst. Natürlich hat jede Firma eigene Modelle im Angebot, aber auch andere Hersteller verfügen über nützliche Lösungen. Wir raten dennoch zu den Produkten von Moment und Shiftcam, ganz einfach, weil diese passgenau produziert werden. Einzige starke Alternative oder Ergänzung: Peak Design, der Spezialist für Fotozubehör, hat in jeder Größe stets die robusteste Tasche auf dem Markt mit ausreichend großen und kleinen Fächern für Linsen, Kabel, SIM-Karten und weiteres Zubehör.

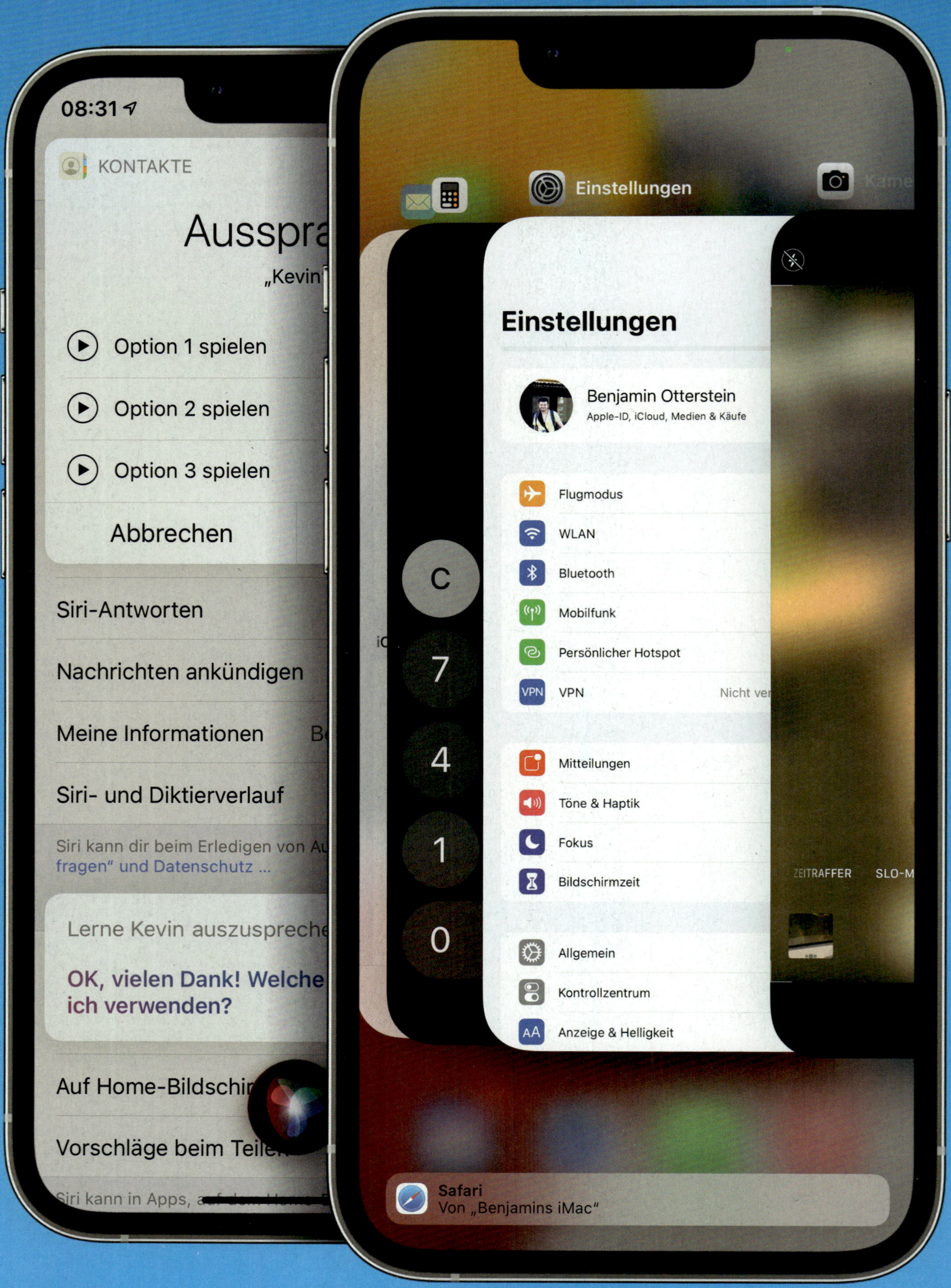
08:31
KONTAKTE
Ausspra
„Kevin
Option 1 spielen
Option 2 spielen
Option 3 spielen
Abbrechen
Siri-Antworten
Nachrichten ankündigen
Meine Informationen
Siri- und Diktierverlauf
Siri kann dir beim Erledigen von Au
fragen“ und Datenschutz ...
Lerne Kevin auszusprech
OK, vielen Dank! Welche
ich verwenden?
Auf Home-Bildschi
Vorschläge beim Teile
Einstellungen
Einstellungen
Benjamin Otterstein
Apple-ID, iCloud, Medien & Käufe
Flugmodus
WLAN
Bluetooth
Mobilfunk
Persönlicher Hotspot
VPN
Mitteilungen
Töne & Haptik
Fokus
Bildschirmzeit
Allgemein
Kontrollzentrum
Anzeige & Helligkeit
C
7
4
1
0
ZEITRAFFER
Safari
Von „Benjamins iMac“

Die besten Tricks

11 Dinge, die du über den HomePod wissen solltest

Der HomePod mini ist da. Wie schon das große Gegenstück beeindruckt er durch tollen Sound und coole Funktionen, die sich auf den ersten Blick nicht unbedingt erschließen. Wir helfen dir beim Start.

TEXT: **BENJAMIN OTTERSTEIN**

1 Wecken mit Musik

Seit OS 14.1 kannst du dich vom HomePod auch mit Musik wecken lassen und musst nicht mehr die typischen Apple-Melodien hören. Apple hatte endlich ein Einsehen und erlaubt zumindest den Zugriff auf Musik und Radios aus der integrierten Musik-App. Dazu öffnest du die Home-App und hältst den Finger auf den HomePod kurz gedrückt. Wische nun nach oben. Zwischen der Medienwiedergabe und der Bezeichnung findest du den Wecker. Tippe auf „Neu“ und gib eine Weckzeit ein. Wähle noch aus, ob der Wecker auch an anderen Tagen klingeln soll. Tippe danach auf „Medien wiedergeben“ und dann auf „Medien wählen“. Suche nun einen Song, eine Wiedergabeliste, ein Album oder einen Radiosender aus, der dich wecken soll. Tippe anschließend auf „Fertig“.

2 Intercom verwenden

Mit der Softwareversion 14.2 führte Apple die Möglichkeit ein, den HomePod und HomePod mini als Gegensprechanlage zu verwenden. Darüber hinaus können auch andere Geräte wie Apple Watch, iPhone, iPad und sogar AirPods die Sprachnachrichten erhalten und senden. Sag dazu einfach: „Hey Siri, frag alle, was gibt es zum Abendessen?“ Oder „Hey Siri, Intercom, Essen ist fertig.“

Öffne dazu die Home-App und tippe oben links auf das Haus-Symbol. Wähle „Einstellungen des Zuhauses“ aus und dort „Intercom“. Hier kannst du Geräte und Personen hinzufügen sowie entscheiden, wann du Mitteilungen erhalten möchtest.

3 Musik übergeben

Du kommst heim und hast die AirPods noch im Ohr. Dein Lieblingslied läuft und eigentlich möchtest du es zu Ende hören, aber willst auch deine AirPods loswerden. Dann kannst du einfach und bequem die Musik vom iPhone an einen HomePod übergeben. Dazu bringst du es in die direkte Nähe des Smart Speakers und schon übernimmt er nahtlos die Wiedergabe. Übrigens funktioniert dies auch umgekehrt, um deine Musik nach draußen mitzunehmen.

4 Hinweise deaktivieren

Wenn du „Hey Siri“ sagst, teilt dir der HomePod mit einem Gong mit, dass er dir zuhört. Zusätzlich ist das Display beleuchtet. Beide Hinweise kannst du jedoch auch deaktivieren. Öffne dazu die Home-App und halte den Finger kurz auf deinem HomePod gedrückt. Scrolle nach unten. Unter „Siri“ siehst du nun die Optionen „Bei Siri aufleuchten“ und „Bei Siri Ton abspielen“. Ziehe die Regler neben beiden nach rechts, um sie zu deaktivieren.

5 Anrufe verwalten

Du kannst Anrufe auf dem HomePod entgegennehmen oder starten. Indem du den Finger auf das grüne Licht gedrückt hältst, beendest du den aktuellen Anruf. Möchtest du den derzeitigen Anruf hingegen halten, reicht es, das grüne Licht anzutippen. Den aktuellen Anruf versetzt du so in die Halteposition, während du den eingehenden Anruf annimmst. Um zwischen den beiden Gesprächen hin und her zu wechseln, tippe oben auf den HomePod. Um einen neuen Anruf zu starten, sage einfach: „Hey Siri, rufe *[Name]* an.“ Alternativ kannst du auch eine Nummer ansagen. Dein iPhone muss in der Nähe sein.

6 HomePod als TV-Lautsprecher

Du hast die Möglichkeit, den HomePod als Ausgabegerät für dein Apple TV 4K festzulegen. Öffne dazu die Einstellungs-App auf dem Apple TV und wähle dann den Eintrag „Video und Audio“ aus. Danach klickst du die Option „Audioausgabe“ an. Wähle den HomePod aus der Auflistung der möglichen Audiogeräte aus und drücke anschließend die Menütaste auf der Siri Remote, um die Einstellung zu übernehmen. Übrigens kann der HomePod seit OS 14.2 auch Sound in Dolby Atmos wiedergeben. Der kleine HomePod mini liefert hingegen nur Stereosound, wenn er als Paar gekoppelt ist.

7 HomePod offline nutzen

Wie jeder Smartspeaker benötigt auch der HomePod eine Verbindung ins Internet, um sein volles Potenzial auszuschöpfen. Du kannst ihn aber auch als reinen AirPlay-Lautsprecher ohne Internet nutzen. Öffne dafür zunächst die Home-App auf dem iPhone und tippe oben links auf das Haus-Symbol. Wähle „Einstellungen des Zuhauses“ und tippe dann unter „Lautsprecher & TVs“ auf „Zugriff erlauben“. Wähle den Eintrag „Jeder“ aus. Um den Zugriff dennoch einzuschränken, solltest du ein Passwort vergeben. (Beachte, dass die Option für alle HomePods sowie alle AirPlay-2-Lautsprecher und sogar Smart TVs in deinem Haushalt gilt.)

Nun kannst du den HomePod vom Strom trennen und an einem beliebigen Ort ohne Internet (zum Beispiel im Garten) aufstellen und als Lautsprecher nutzen.

8 Stereopaar bilden

Egal, ob du einen HomePod oder HomePod mini verwendest, du kannst Stereopaare bilden. Dabei klappt es jedoch nicht, dass du die beiden mischst.

Solltest du einen Smart Speaker schon eingerichtet haben und bereitest gerade den zweiten vor, dann wird dir die Option direkt angeboten. Alternativ kannst du auch nachträglich ein Paar bilden. Öffne dazu in der Home-App die Einstellungen. Tippe auf die Option „Stereopaar erstellen“ und wähle den zweiten HomePod aus. Nun kannst du noch den linken und rechten Kanal festlegen.

Stimme ändern

Vielen Nutzer:innen ist Siri eher als weibliche Sprachassistentin bekannt. Auch Apple nutzt stets die weibliche Stimme in Videos und Werbespots. Allerdings kannst du alternativ eine männliche Variante wählen. Öffne dazu die Home-App und halte den Finger kurz auf deinen HomePod gedrückt. Scrolle nach unten. Unter „Siri“ siehst du nun die Option „Siri-Stimme“. Tippe darauf und wähle das gewünschte Geschlecht aus. Dies kannst du jederzeit wieder ändern.

9 Nutzer:innen festlegen

Apple hat in die Home-App eine Option integriert, die dir die Freigabe von AirPlay-Lautsprechern und -TVs für andere Nutzer:innen ermöglicht. Dies betrifft auch den HomePod. Damit Fremde nicht auf das Gerät zugreifen können, solltest du die Einstellungen überprüfen.

Öffne dazu die Home-App und wähle im Reiter „Zuhause“ oben links das Haus-Symbol. Tippe auf „Einstellungen des Zuhauses“. Hier kannst du unter anderem die Steuerzentrale sehen, aber auch die Freigaben konfigurieren. Tippe auf „Zugriff erlauben“, um eine der vier Optionen zu aktivieren: „Jeder“, „Alle im selben Netzwerk“, „Nur Personen in diesem Zuhause“, „Passwort erforderlich“.

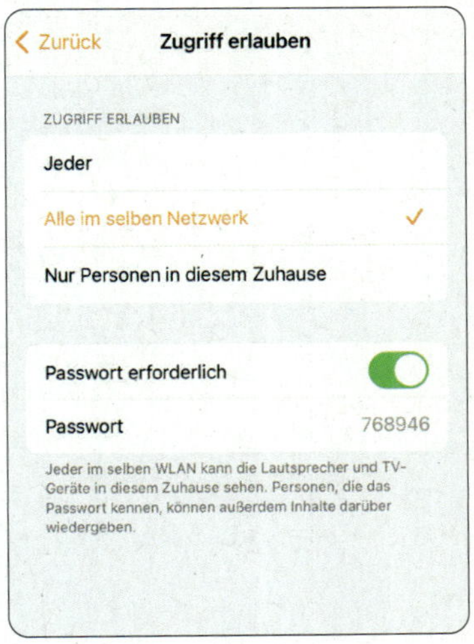

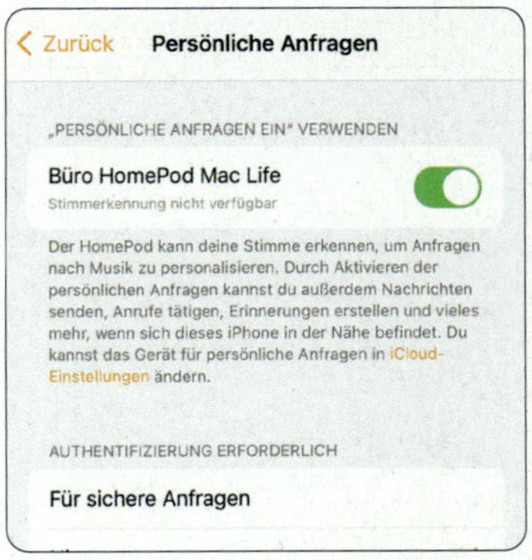

10 Persönliche Anfragen

Der HomePod kann persönliche Anfragen wie Nachrichten, Termine oder Anrufe verarbeiten. Dies lässt sich jedoch verhindern. Öffne die Home-App und halte kurz den Finger auf das HomePod-Symbol. Wische nun nach oben, um die „Einstellungen“ zu sehen. Tippe „Persönliche Anfragen“ an. Hier kannst du persönliche Anfragen für einzelne Geräte deaktivieren.

Um hingegen sicherzustellen, dass nur du persönliche Anfragen stellen kannst, findest du in „Persönliche Anfragen“ neben der Deaktivierungsmöglichkeit zwei weitere Optionen: „Für sichere Anfragen“ und „Nie“. Letztere ist nützlich, aber erlaubt allen in deinem Zuhause die Nutzung. Wählst du „Für sichere Anfragen“ aus, musst du dich zunächst auf dem iPhone oder iPad authentifizieren, um eine persönliche Anfrage zu stellen.

iOS im Alltag

Der Alltag kann mitunter sehr stressig sein. Allerdings gibt es gute Nachrichten: Dein iPhone steht dir immer mit Rat und Tat zur Seite, um Aufgaben schnell zu erledigen. Dabei können dir einige kleine Kniffe besonders nützlich sein, die wir dir gerne vorstellen möchten.

TEXT: **BENJAMIN OTTERSTEIN**

Fotos mit den Lautstärketasten aufnehmen

Wenn du ein Foto oder Video aufnehmen möchtest, musst du nicht auf den Auslöser auf dem Display tippen. Dies verwackelt nur unnötig die Aufnahme und gilt besonders, wenn du dein iPhone in nur einer Hand hältst und mit der zweiten den Auslöser antippen willst. Du solltest daher auch die Lauter- und Leiser-Taste verwenden.

Während beide Tasten ein einfaches Bild erlauben, sind die Funktionen unterschiedlich, wenn du sie einzeln gedrückt hältst. Die Lauter-Taste startet dann eine Serienaufnahme, während die Leiser-Taste ein Video aufnimmt - jedoch nur für die Zeit, in der du die jeweilige Taste gedrückt hältst.

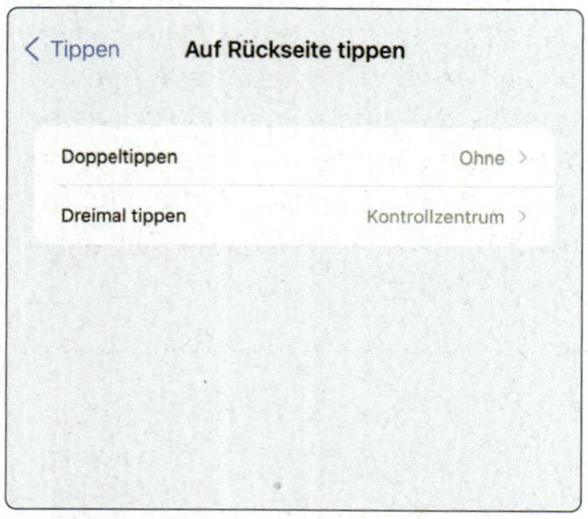

Rückseitiges Tippen

Mit iOS 14 fügte Apple eine nützliche Bedienungshilfe hinzu, die sich tief in den Einstellungen versteckt, dir aber einen großen Nutzen bringen kann, wenn du dich darauf einlässt. Durch mehrfaches Antippen der Rückseite kannst du nämlich verschiedene Aktionen ausführen, um dir bestimmte Gesten oder Tastenkombinationen zu ersparen. Öffne „Einstellungen > Bedienungshilfen > Tippen > Auf Rückseite tippen" und wähle dort „Doppeltippen" oder „Dreimal tippen" aus. Nun kannst du dich zwischen verschiedenen Systemaktionen, Bedienhilfen, Scroll-Gesten und Kurzbefehlen entscheiden. Lege beispielsweise das Kontrollzentrum auf „Dreimal tippen", sodass du es schnell mit einer Hand aufrufen kannst. Wir empfehlen dir allerdings, „Doppeltippen" nicht zu verwenden, da dies bei normaler Nutzung oft unbeabsichtigte Aktionen ausführen kann.

Fotos nach Objekten durchsuchen

In der Fotos-App setzt Apple schon lange auf maschinelles Lernen und führt auch in iOS 15 Neuerungen ein. Bereits jetzt erkennt iOS Personen, Tiere, Objekte und sogar Landschaften. Tippe in der App auf den Reiter „Suchen". Neben vorhandenen Vorschlägen kannst du oben auch einen eigenen Suchbegriff eingeben, beispielsweise „Hund". Schon werden dir alle Aufnahmen mit Hunden angezeigt.

Taschenlampe anpassen

Die Taschenlampe ist eine praktische Sache und seit einigen Jahren Bestandteil von iOS. Schon auf dem Sperrbildschirm kannst du sie ein- und ausschalten. Hast du gewusst, dass du die Helligkeit auch anpassen kannst? Dies klappt nicht auf dem Sperrbildschirm, sondern dazu musst du das Kontrollzentrum aufrufen und deinen Finger kurz auf das Taschenlampen-Symbol gedrückt halten. In vier Stufen kannst du die Helligkeit nun anpassen.

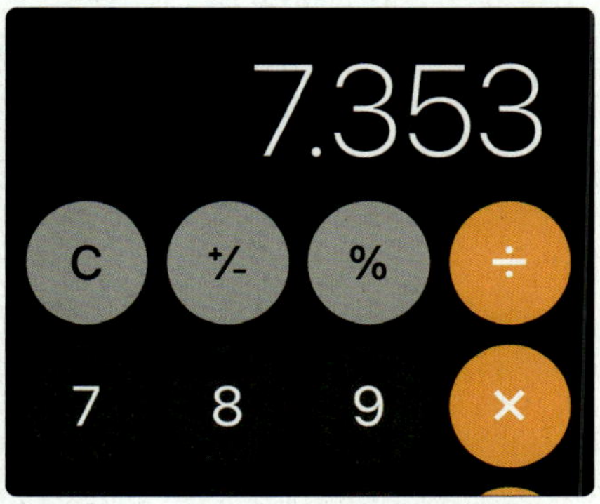

Taschenrechner: Zahlen löschen

Seit jeher verfügt das iPhone über einen Taschenrechner. Mit ihm kannst du einfache, aber auch komplexe Aufgaben lösen. Im Querformat verwandelt er sich in einen wissenschaftlichen Taschenrechner. Doch was ist, wenn du dich vertippst? Du musst nicht unbedingt von Neuem beginnen, sondern wischst lediglich auf der Eingabezeile nach links oder rechts und schon wird die letzte Zahl gelöscht.

Videoqualität schnell ändern

Anders als andere Anbieter macht es dir Apple nicht ganz einfach, Einstellungen für die Kamera zu verändern. Denkste! Bereits mit iOS 13 führte Apple heimlich ein Feature ein, damit du schnell und einfach sowohl die Videoqualität als auch die Bildrate anpassen kannst. Öffne dazu die Kamera-App und wähle „Video" aus. Neben der Frontkamera siehst du nun die Parameter, etwa 4K - 60. Tippe darauf, um sie zu verändern.

Den Umweg über „Einstellungen > Kamera > Video aufnehmen" kannst du dir sparen – zumindest für die Auflösung und Bildrate. Übrigens klappt dies auch im Slo-Mo-Modus. Jedoch kannst du nur zwischen 120 und 240 Bildern pro Sekunde entscheiden.

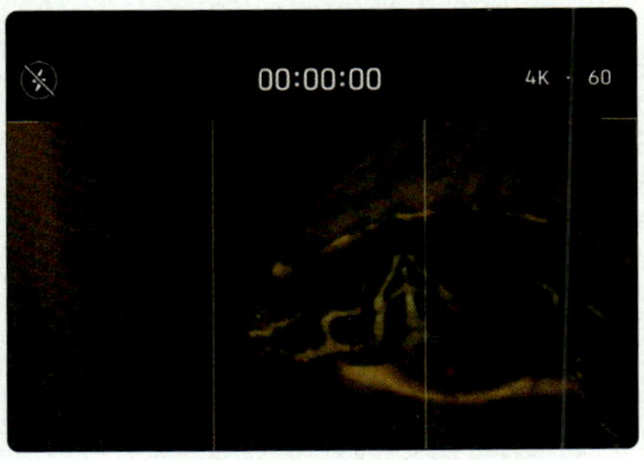

WLAN-Unterstützung

Du kennst das sicher: Irgendwo in deiner Wohnung oder deinem Haus ist der WLAN-Empfang einfach nur sehr schlecht und du hast stets Probleme, eine stabile Internetverbindung aufzubauen. Das Streamen von Musik oder gar Videos bricht immer wieder ab, da die Verbindung verloren geht. Apple hat in den Einstellungen eine Funktion namens „WLAN-Unterstützung" integriert, die – einfach gesagt – deinem WLAN auf die Sprünge hilft, indem dein iPhone auf die mobilen Daten zurückgreift. Öffne die Einstellungen-App und wähle „Mobilfunk" aus. Scrolle ans untere Ende. Ziehe den Regler neben „WLAN-Unterstützung" nach rechts, um das Feature zu aktivieren. Beachte jedoch den erhöhten Datenverbrauch!

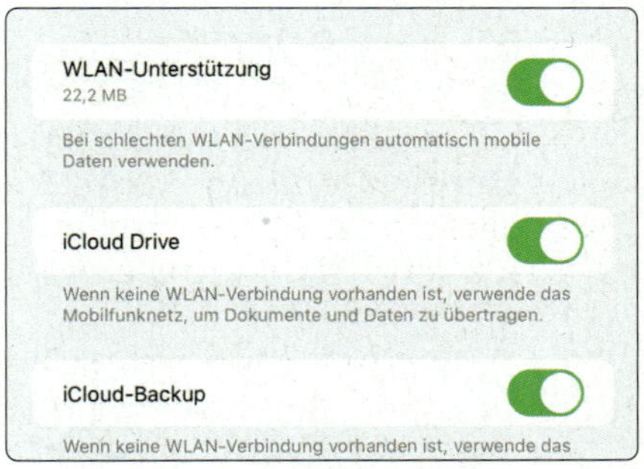

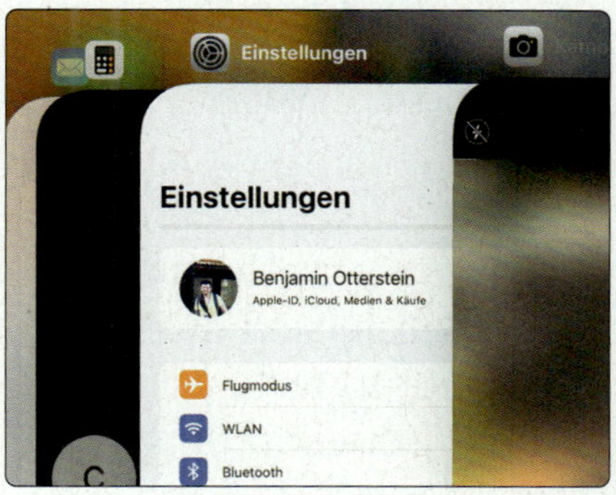

Zwei Apps beenden

Eigentlich musst du es nicht tun: Apps beenden. iOS verfügt über ein cleveres Speichermanagement, sodass du dir um den Arbeitsspeicher keine Sorgen machen solltest. Durch das Beenden wird deine Batterie stärker belastet, da Apps vollständig neu geladen werden müssen. Wischst du von der Home-Leiste nach oben und hältst den Finger kurz weiter auf das Display gedrückt, öffnet sich der App-Umschalter. Dort kannst du schnell zwischen deinen geöffneten Apps navigieren oder sie mit einem Wisch nach oben schließen. Nimmst du jedoch zwei Finger zur Hilfe und wischst mit ihnen nach oben, kannst du zwei Apps gleichzeitig beenden.

Ungelesene E-Mails

Die lieben E-Mails begleiten uns auf der Arbeit und auch im privaten Bereich. Bevor du nun ständig die Mail-App öffnest und zwischen gelesenen Mails die ungelesenen suchst, kannst du es dir deutlich einfacher machen. Halte auf dem Home-Bildschirm den Finger auf die Mail-App gedrückt und wähle „Ungelesen" aus. Die Mail-App zeigt dir dann sofort nur alle ungelesenen E-Mails an. Alternativ dazu gibt es einen weiteren Weg. In der Mail-App findest du ein Trichter-Symbol. Dahinter versteckt sich eine Filterfunktion. Tippe darauf, um den Filter zu aktivieren. Daneben erscheint dann „Gefiltert nach:". Ein Fingertipp darauf zeigt dir verschiedene Filteroptionen auf. Wähle „Ungelesen" aus. Als dritten Weg kannst du in der Postfachübersicht auf „Bearbeiten" tippen und dann einen Haken vor „Ungelesen" setzen. Tippe auf „Fertig".

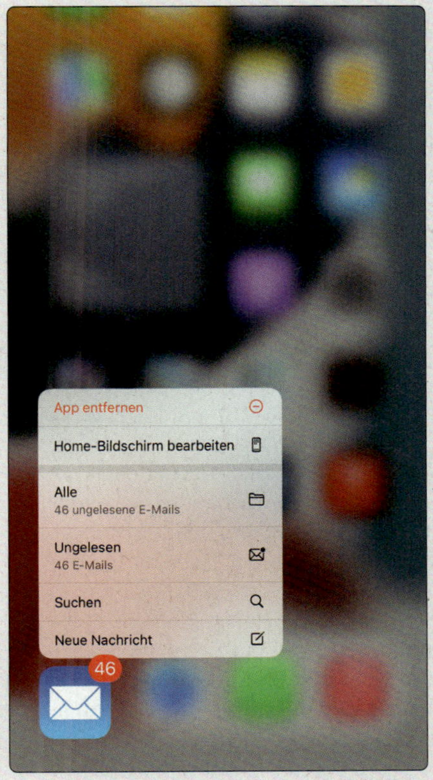

iOS-Tipps

iOS durchlief in den vergangenen Jahren diverse Designveränderungen und erhielt nebenbei zahlreiche neue Funktionen. Dabei den Überblick zu behalten fällt manchmal gar nicht so leicht – gerade die kleinen Details sind schnell übersehen. Wir haben daher einige Kniffe für dich zusammengestellt.

TEXT: **BENJAMIN OTTERSTEIN**

Apps für Anrufe

Du kannst direkt aus deinen Kontakten Personen mittels bestimmter Apps kontaktieren. Öffne die Telefon-App. Tippe den Reiter „Kontakte“ an. Wähle einen Kontakt aus, für den du gern andere Standardoptionen festlegen möchtest. Unterhalb des Namens siehst du nun vier Symbole mit den Bezeichnungen „Nachricht“, „Anrufen“, „FaceTime“ (oder „Video“) und „E-Mail“.

Wenn du normalerweise auf eines der Symbole tippst, kannst du meist aus verschiedenen Möglichkeiten wählen. Damit du aber stets direkt bei der richtigen App landest, lassen sich neue Standards festlegen. Halte dazu deinen Finger auf eines der Symbole gedrückt und wähle dann aus der Liste die gewünschte Option aus. Ab jetzt wird bei einem Tipp auf das Symbol die festgelegte App geöffnet. Du kannst weitere Kontakte auf diese Art bearbeiten und individuell konfigurieren.

Updates nur laden

Hattest du dich für die Funktion „Automatische Softwareupdates“ entschieden, hat dein iPhone die Aktualisierung im Hintergrund heruntergeladen, um sie in der Nacht während des Ladevorgangs zu installieren.

Nun gibt es eine weitere Option: Du kannst jetzt „iOS-Updates laden“ und/oder „iOS-Updates installieren“ und bist flexibel bei deiner Entscheidung. Öffne „Einstellungen > Allgemein > Softwareupdate > Automatische Updates anpassen“ und konfiguriere nach Belieben.

Passwort ausfüllen

Mit dem iPhone X führte Apple eine Sicherheitsprüfung für das automatische Ausfüllen von Passwörtern ein, die per Gesichtserkennung funktioniert. Bei jedem Ausfüllen wird per Face ID abgefragt, ob du berechtigt bist. Die Funktion hat Apple mittlerweile auch auf das iPad ausgeweitet – unabhängig von Face ID und Touch ID. Um sie zu aktivieren, öffnest du die Einstellungen-App und tippst auf „Face ID & Code“. Gib dein Gerätepasswort ein. Ziehe den Regler neben „Passwort automatisch ausfüllen“ nach rechts.

Autosperre konfigurieren

Öffne die Einstellungen-App und scrolle nach unten, bis du den Punkt „Anzeige & Helligkeit“ siehst. Tippe diesen nun an. iOS zeigt dir verschiedene Einstellungen für Night Shift, die Helligkeit, Textgröße und einiges mehr an. Tippe auf den Menüpunkt „Automatische Sperre“.

Du erhältst die Möglichkeit, dich für eine Zeitoption zu entscheiden: „30 Sekunden“, „1 Minute“, „2 Minuten“, „3 Minuten“, „4 Minuten“, „5 Minuten“ oder „Nie“. Wähle die eine Option aus und tippe oben links auf „Zurück“, um zurückzukehren. Du kannst die Einstellungen jetzt wieder verlassen und dein iPhone beziehungsweise iPad wird zukünftig erst nach der gewünschten Zeit gesperrt.

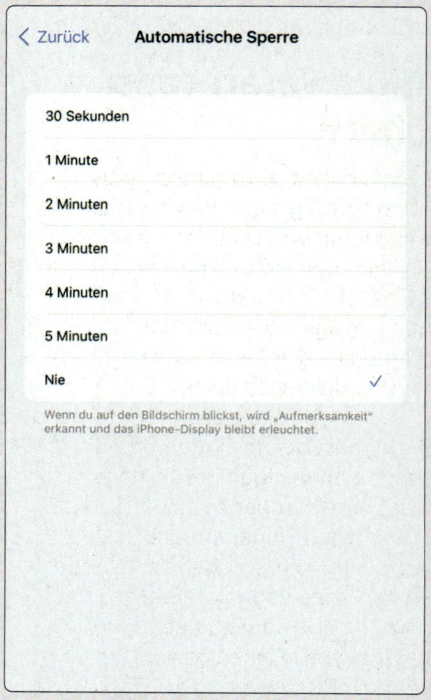

Seiten erneut öffnen

Du hast aus Versehen eine Website in Safari geschlossen? Kein Problem. Öffne sie erneut. Tippe dazu in Apples Safari-Browser auf das Tab-Symbol am rechten Rand. Safari reiht jetzt alle Tabs hintereinander auf. Um einen geschlossenen Reiter erneut zu öffnen, hältst du einen Finger nur kurz auf das Plus-Symbol, bis ein neues Menü erscheint. Hier siehst du die zuletzt geschlossenen Tabs. Wähle die gewünschte Seite aus, indem du darauf tippst – und schon wird der Tab wiederhergestellt.

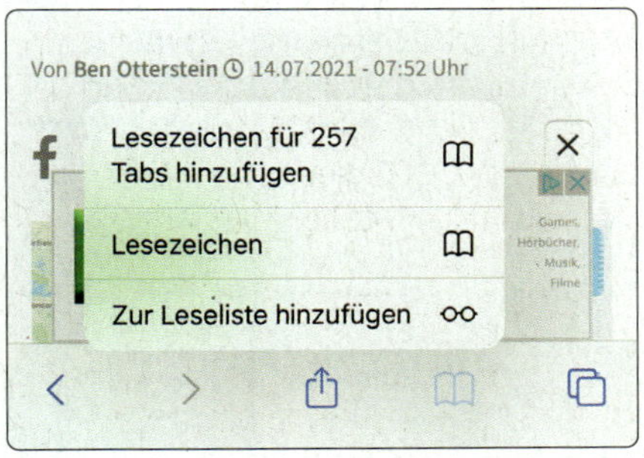

Offene Safari-Tabs sichern

Die Möglichkeit, automatisch Tabs nach einem Tag, einer Woche oder einem Monat von Safari schließen zu lassen, ist praktisch. Erfahrungsgemäß befinden sich oft und vor allem unwissentlich einige Perlen darunter. Bevor du allerdings sämtliche Tabs durchstöberst und die Seiten einzeln auf deiner Leseliste oder als Lesezeichen sicherst, hast du die Option, sämtliche Tabs mit nur wenigen Berührungen in einem neuen Ordner zu sichern. Halte dazu kurz den Finger auf das „Lesezeichen"-Symbol links neben der Adresszeile und tippe dann auf „Lesezeichen für X Tabs hinzufügen". Lege nun den Ablageort sowie einen passenden Ordnernamen fest, bevor du auf „Sichern" tippst.

Apple-Apps wiederherstellen

Seit wenigen Jahren kannst du Apples Apps löschen. Um eine System-App wiederherzustellen, wischst du mit dem Finger auf dem Home-Bildschirm nach unten. Es erscheint ein Suchfeld. Tippe es an und gib nun den Namen der gewünschten App ein. Diese sind meist logisch bezeichnet – beispielsweise „Kalender", „Mail" oder „Karten".

Nun solltest du die App in den Ergebnissen sehen. Wenn du darauf tippst, wirst du darauf hingewiesen, dass die App nicht auf dem iPhone installiert ist und du sie im App Store erneut herunterladen kannst. Ein Fingertipp auf „Im App Store anzeigen" und schon befindest du dich darin. Tippst du auf das Wolken-Symbol rechts, wird die App wiederhergestellt. Dies klappt übrigens nicht nur für System-Apps, sondern auch bei Anwendungen von Drittanbietern.

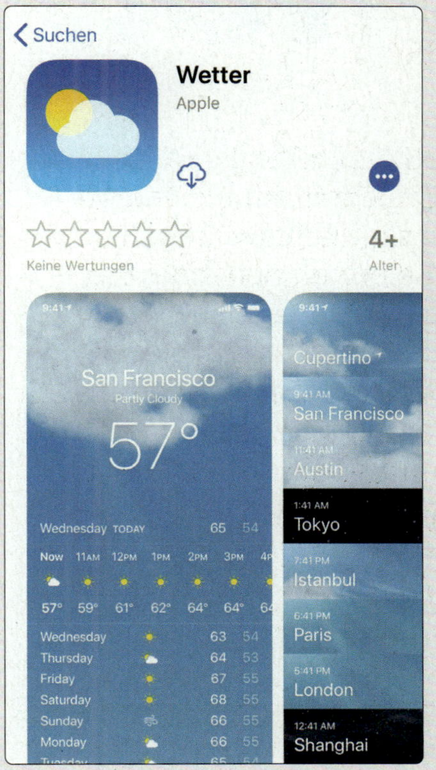

E-Mail erneut senden

Tippe oben links auf „Postfächer" und danach oben rechts auf „Bearbeiten", um die Postfach-Liste oben zu erweitern. Setze einen Haken vor „Gesendet (alle)" und tippe auf „Fertig". Wähle das neue Postfach aus. Öffne in „Gesendet" die E-Mail, die du erneut senden möchtest. Alternativ kannst du die E-Mail auch suchen, indem du kurz nach unten wischst und somit das Suchfeld einblendest.

Sobald du die E-Mail geöffnet hast, tippst du am unteren Rand auf den Antwort-Pfeil (zweites Symbol von rechts) und wählst „Erneut senden" aus. Du hast vorab die Möglichkeit, die E-Mail zu verändern oder sie im ursprünglichen Zustand abzuschicken. Tippe auf „Senden".

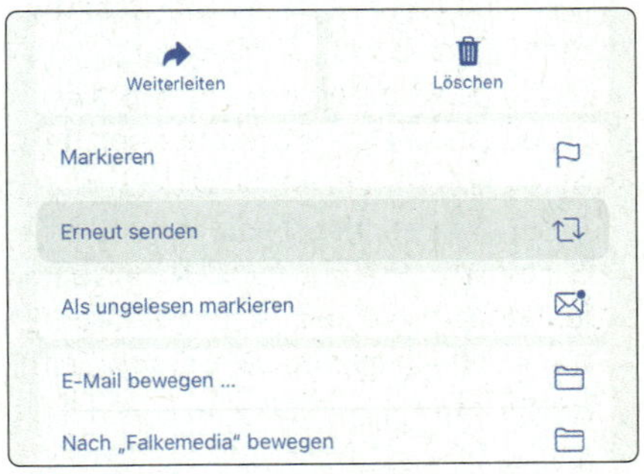

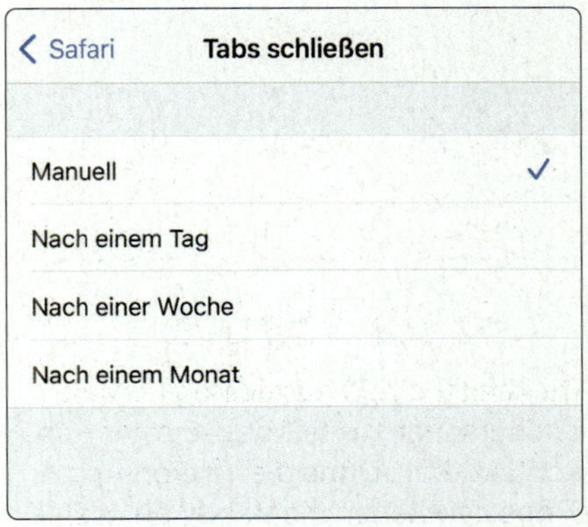

Safari-Tabs automatisch schließen

Du hast schnell etwas auf Google gesucht, wurdest aus einer E-Mail auf eine Website weitergeleitet oder hast wie jeden Tag deine Lieblingswebsites in Safari besucht? Viele Nutzer:innen vergessen dabei, dass sich ein neuer Reiter öffnet. Innerhalb kurzer Zeit sind mehrere Dutzend Webseiten geöffnet, die du gar nicht mehr benötigst. Bislang musstest du sie manuell schließen. Öffne dazu „Einstellungen > Safari" und tippe auf „Tabs schließen". Lege fest, ob du die Seiten „Manuell", „Nach einem Tag", „Nach einer Woche" oder „Nach einem Monat" schließen möchtest.

iPhone

Apple führte mit iOS 15 vor eine Vielzahl neuer Funktionen ein. Es gibt allerdings auch ohne das Update eine große Anzahl an Features, die sich so gut im System verstecken, dass nur die wenigsten Nutzer:innen sie kennen. Einige davon haben wir für dich ausgewählt und möchten sie dir vorstellen.

TEXT: **BENJAMIN OTTERSTEIN**

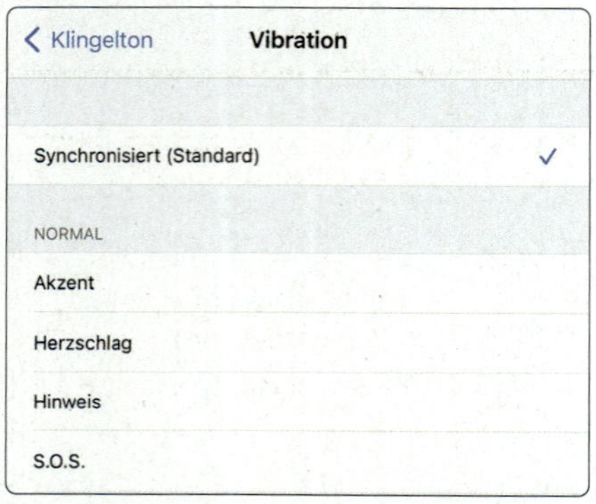

Individuelle Vibrationen

Klingeltöne für einzelne Personen sind schön und gut, aber wenn das iPhone den ganzen Tag stumm geschaltet ist, bringt es dir recht wenig. Aus diesem Grund gibt dir Apple eine geniale Funktion an die Hand, um dich lautlos auf bestimmte Kontakte aufmerksam zu machen: individuelle Vibrationsmuster.

Apple erlaubt dir ziemlich versteckt das Erstellen eigener Muster. Dies kann ein Morsecode sein oder die Melodie eines Songs widerspiegeln. Du hast die volle kreative Freiheit, um ganz eigene Vibrationen zu erstellen. Öffne zunächst die Kontakte-App und wähle einen beliebigen Kontakt aus. Tippe dann auf „Bearbeiten > Klingelton“ und anschließend auf die Option „Vibration“. Dort hast du die Möglichkeit, die Vibration anzupassen, und zwar auch individuell über einen Editor, mit dem du ein Vibrationsmuster aufzeichnen kannst.

Schüttel dich zurück

Du hast dich vertippt oder etwas aus Versehen gelöscht? Manche Aktionen und Eingaben lassen sich mit einer Handbewegung widerrufen. Schüttle dein iPhone und schon erscheint ein Pop-up, das dich darauf hinweist. Dies funktioniert bei Texten oder dem Einfügen von Bildern. Die Funktion kannst du auch in „Einstellungen > Bedienungshilfen > Tippen“ deaktivieren, indem du den Regler neben „Zum Widerrufen schütteln“ nach links ziehst.

Lightning-Port reinigen

Wenn du ein iPhone lange verwendest, kann es durchaus passieren, dass es plötzlich nicht mehr lädt oder das Ladekabel nur schwer in den Anschluss geht. Ist dein iPhone oft Staub und Dreck ausgesetzt, solltest du regelmäßig den Lightning-Port überprüfen und ihn beispielsweise mit einem Holzzahnstocher reinigen, um ihn von Schmutz zu befreien. Dies gewährleistet langfristig seine Funktion und lässt dich das Ladekabel einfacher anstöpseln.

Siri beibringen, Namen korrekt auszusprechen

Siri wird immer besser und natürlicher. Dennoch ist Apples Sprachassistent längst noch nicht perfekt. Oft hängt es dabei an den kleinen Dingen, die Siri nicht richtig kann, beispielsweise an der Aussprache von Namen. Wenn du bei Siris Sprachausgabe merkst, dass ein Name falsch ausgesprochen wird, kannst du Siri die richtige Aussprache beibringen.

Aktiviere dazu Siri und sagen dann: „Lerne den Namen von (Namen einsetzen) auszusprechen“. Gerade bei ungewöhnlichen Vor- und Nachnamen hat Siri in der Regel größere Probleme. Der Sprachassistent bittet dich dann, nacheinander den Vor- und Nachnamen selbst auszusprechen. Deine Sprechweise wird schließlich analysiert, sodass dir Siri dann mehrere Vorschläge zur Auswahl gibt, die du jeweils abspielen kannst.

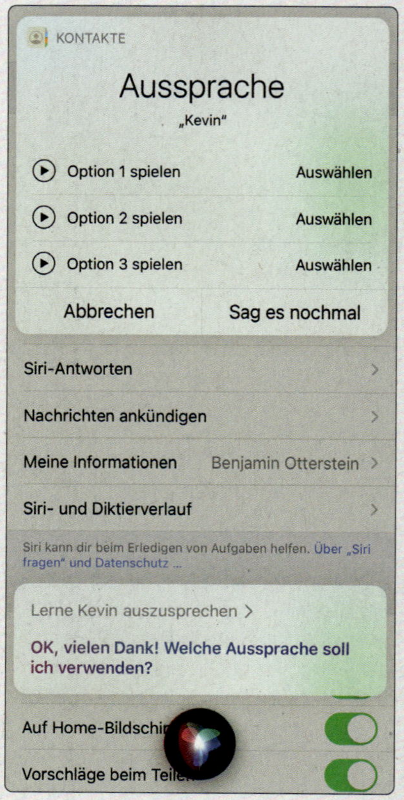

Speicherplatz voll ausnutzen

Das iPhone lässt sich mittlerweile mit sehr großzügigen Speicheroptionen konfigurieren, sodass Speicherplatz immer mehr ein untergeordnetes Problem wird. Dennoch solltest du ihn regelmäßig unter „Einstellungen > Allgemein > iPhone-Speicher" überprüfen. Sobald der Platz nämlich eng wird, wird auch dein System langsamer. Lösche daher immer wieder unbenutzte Apps und Daten oder aktiviere die entsprechende Funktion unter „Einstellungen > App Store".

Verstecke Fotos

Du hast Fotos oder Videos in der Fotos-App, die niemand beim Durchblättern sehen soll? Das ist kein Problem. Etwas versteckt gibt dir Apple die Möglichkeit, Fotos einfach aus dem Album auszublenden, sodass sie nicht mehr in der normalen Übersicht auftauchen und in den Ordner „Ausgeblendet" verschoben werden. Rufe dazu die Aufnahme auf, die du ausblenden möchtest und tippe auf das Teilen-Symbol. Scrolle etwas nach unten und wähle dort „Ausblenden" aus. Um die Aufnahmen vollständig auszublenden, öffnest du anschließend „Einstellungen > Fotos" und ziehe den Regler neben „Ausgeblendetes Album" nach links. Sowohl das Foto als auch das Album sind in der Fotos-App nicht mehr sichtbar. Kehrst du die Einstellung wieder um, kannst du den Ordner wieder sehen.

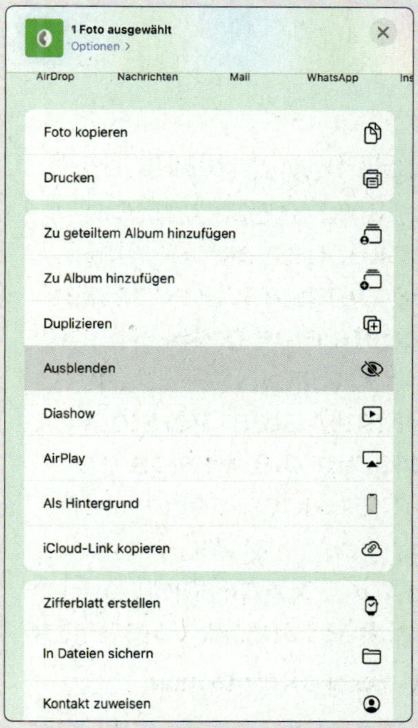

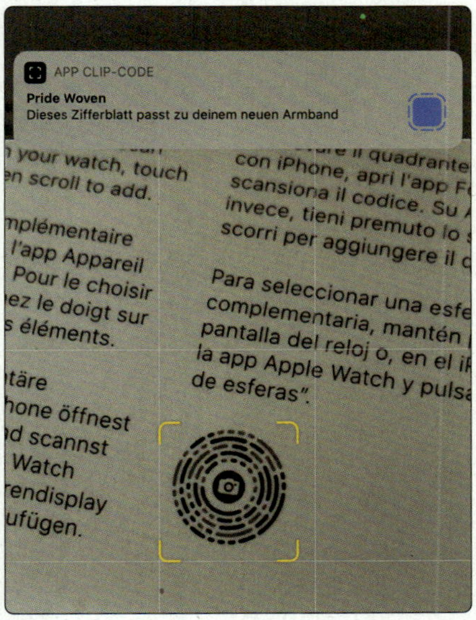

QR-Codes scannen

Apple ist mit neuen Funktionen selten früh dran, setzt sie aber oft besser als die Konkurrenz um. Lange mussten Nutzer:innen daher auf Drittanbieter-Apps setzen, um einen QR-Code zu scannen. Mittlerweile kann das iPhone mit der normalen Kamera-App auch QR-Codes scannen. Hast du die Kamera-App geöffnet und hältst die Kamera über einen QR-Code, erscheint ein Banner, das dir die Funktion des Codes verrät. Tippe darauf, um sie auszuführen.

Wasserwaage verwenden

Du möchtest schnell kontrollieren, ob etwas gerade ist? Dann kannst du die integrierte Wasserwaage von iOS verwenden. Früher war die Wasserwaage im Kompass zu finden. Mittlerweile hat sie Apple in die Maßband-App integriert, während der Kompass nur noch die namensgebende Funktion ausführt. In der neueren App kannst du die Wasserwaage im Hoch- sowie Querformat verwenden. Daneben ist auch die Nutzung auf glatten Oberflächen möglich. Aufgrund des Kamerabuckels empfiehlt sich jedoch eine dicke Hülle oder Leather Wallet als Unterlage, um das iPhone gerade auflegen zu können.

Alternatives Aussehen

Face ID ist schnell, einfach und für viele Nutzer:innen nicht mehr aus dem Alltag wegzudenken. Solltest du deinen Stil öfter wechseln, kann es dennoch langsamer werden und gegebenenfalls nicht korrekt funktionieren, da es nach größeren Veränderungen dein Gesicht nicht mehr zuverlässig erfassen kann. Du kannst dies verhindern, in dem du unter „Einstellung > Face ID & Code" ein alternatives Erscheinungsbild konfigurierst, beispielsweise mit/ohne Bart, Brille oder Hut. Zusätzlich dazu steht dir seit iOS 14.5 etwas tiefer eine weitere Option bereit, wenn du eine Apple Watch besitzt. Die Smartwatch kann dein iPhone ebenfalls entsperren, während dein iPhone einen Teilscan von deinem Gesicht durchführt.

iPhone

Tagtäglich gibt es Dinge, die wir falsch machen. Dies betrifft nicht selten die Einstellung und Verwendung des iPhone. Wir möchten dir deswegen wertvolle Tipps an die Hand geben, um aus diesen Fehlern zu lernen und gleich auf mehreren Ebenen mehr von deinem Gerät zu haben.

TEXT: **BENJAMIN OTTERSTEIN**

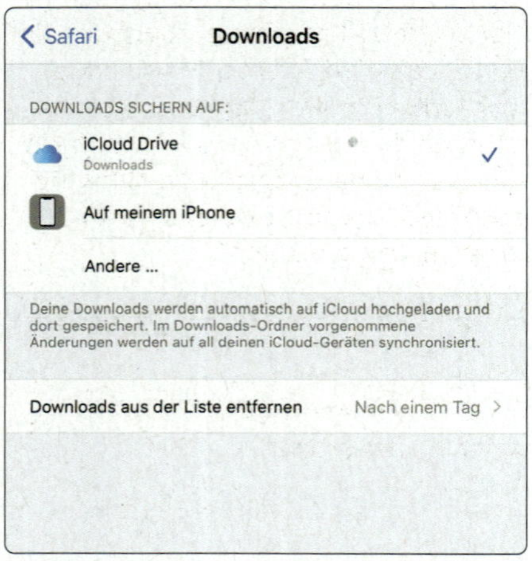

Einstellungen in Safari

Auch knapp zehn Jahre nach der Einführung ist Apple immer noch geizig beim iCloud-Speicher. Möchtest du nicht dafür bezahlen, dann solltest du nicht unbedacht damit umgehen und ihn nicht übermäßig strapazieren. Besonders Safari kann durch die neue Downloadmöglichkeit ein Speicherfresser werden. Du solltest daher in „Einstellungen > Safari > Downloads" die Option „Auf meinem iPhone" aktivieren.

Währenddessen möchten dich auch einige Websites abhören, deinen Standort bestimmen oder gar auf die Kamera zugreifen. Mehrere Einstellungen können dich schützen. Öffne „Einstellungen > Safari" und wähle dort „Kamera", „Mikrofon", „Standort" aus. Lege fest, dass du jedes Mal gefragt wirst.

Auf dem Sperrbildschirm

Für Apple ist der Schutz deiner Daten wichtig. Für dich sollte dies aber auch gelten. Öffne daher „Einstellungen > Face ID & Code". Unter der Überschrift „Im Sperrzustand erlauben" solltest du daher genau auswählen, welche Funktionen du erlaubst und welche nicht. In jedem Fall empfehlen wir die Deaktivierung von „USB-Zubehör". Auch „Mit Nachricht antworten" sowie „Verpasste Anrufe zurückrufen" kann einen möglichen Missbrauch ermöglichen.

Natürlich verstehen wir, wenn du die automatische Displaysperre deaktivierst. Dies kann beim Lesen helfen oder dich in anderer Weise unterstützen, wenn du Informationen vom Display ablesen möchtest. Dennoch ist es ein Sicherheitsrisiko, das du nicht eingehen solltest. Aktiviere daher unter „Einstellungen > Anzeige & Helligkeit > Automatische Sperre" selbige. Gib dir notfalls länger Zeit, bevor sie einsetzt.

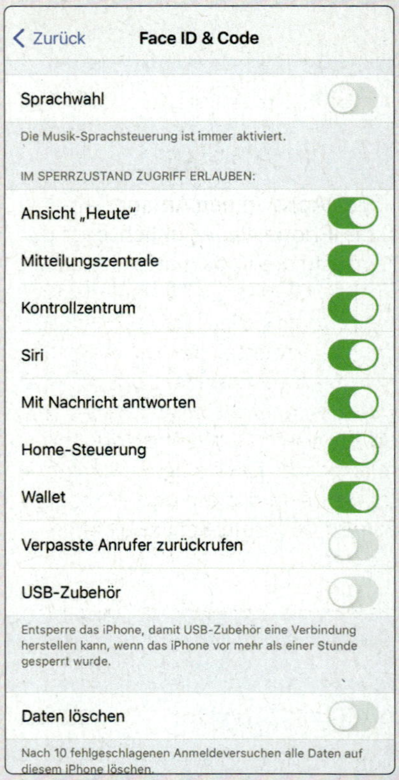

Automatische Updates

Für optimale Sicherheit, neue Funktionen und ein optimiertes Erlebnis sind Softwareupdates notwendig. Dies kann jede:r leicht mal vergessen. Apple erlaubt dir daher, dass das iPhone die Updates automatisch in der Nacht ausführt. Öffne dazu „Einstellungen > Allgemein > Softwareupdate > Automatische Updates" und aktiviere sowohl „iOS-Updates laden" als auch „iOS-Updates installieren".

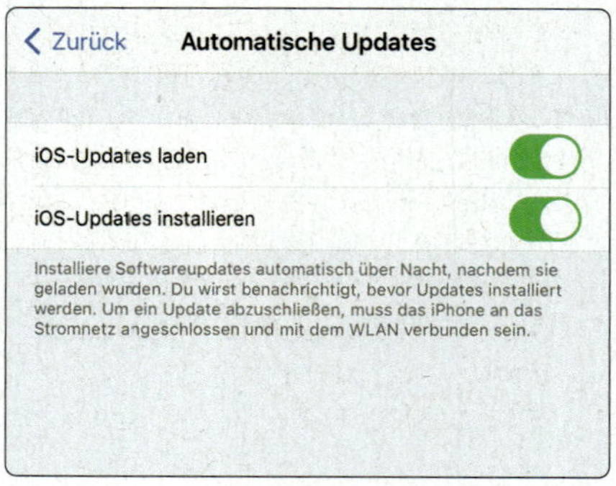

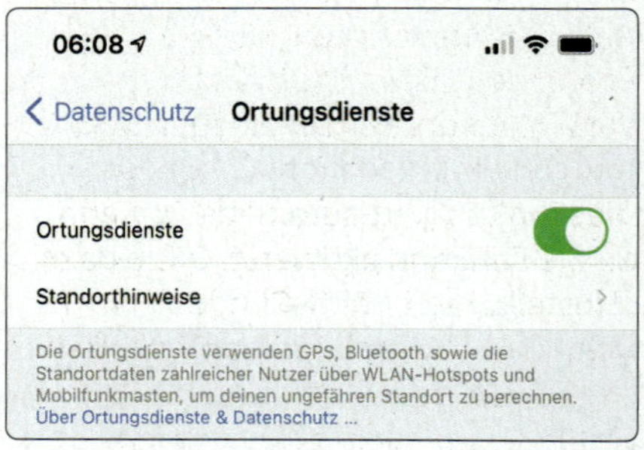

Standort nicht für alle freigeben

Die Standortfreigabe ist natürlich praktisch und für manche Apps unbedingt notwendig. Dennoch solltest du dir im Klaren sein, dass nicht jede App Zugriff auf deine Position benötigt. Neben dem Datenschutz ist die Standortfreigabe auch schlecht für die Akkulaufzeit – vor allem im Hintergrund. Wir empfehlen dir daher genau auszuwählen, welche App darauf zugreifen darf. Dies kannst du unter „Einstellungen > Datenschutz > Ortungsdienste" festlegen.

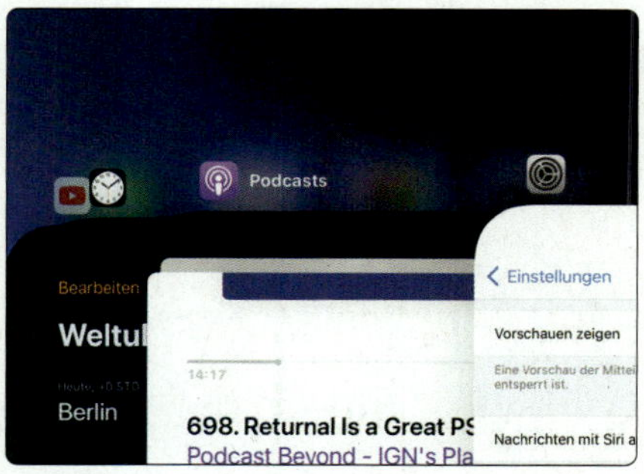

Apps schließen

Apropos Apps: In den Anfangsjahren des iPhone war es üblich, dass du regelmäßig die Apps manuell schließt, um das System schnell zu halten. Mittlerweile stimmt dies nicht mehr. Es ist sogar das Gegenteil der Fall. Apple hat die Software so optimiert, dass du die Apps stets geöffnet lassen solltest, um Akku zu sparen. Schließt du die App nämlich, muss iOS sie beim nächsten Start vollständig laden und braucht dazu mehr Energie. Schließe daher keine Apps.

Nachrichten mit Siri ankündigen

Siri kann im Alltag eine große Hilfe sein. Der Sprachassistent steht dir stets mit Rat und Tat zur Seite. Besonders praktisch sind die neuen Ansagen. Siri kann dir nämlich automatisch Nachrichten vorlesen, wenn du AirPods trägst. Beim Laufen brauchst du dann nicht unterbrechen oder Siri bitten, die neue Nachricht vorzulesen. Dies funktioniert automatisch, wenn du die Funktion aktivierst. Öffne dazu „Einstellungen > Mitteilungen > Nachrichten mit Siri ankündigen" und zieh den Regler neben „Nachrichten mit Siri ankündigen" nach rechts. Neben der Nachrichten-App werden auch Drittanbieter unterstützt, die du im selben Menü zulassen kannst. Zusätzlich gibt dir Apple die Möglichkeit, dass du ohne eine Bestätigung antworten kannst.

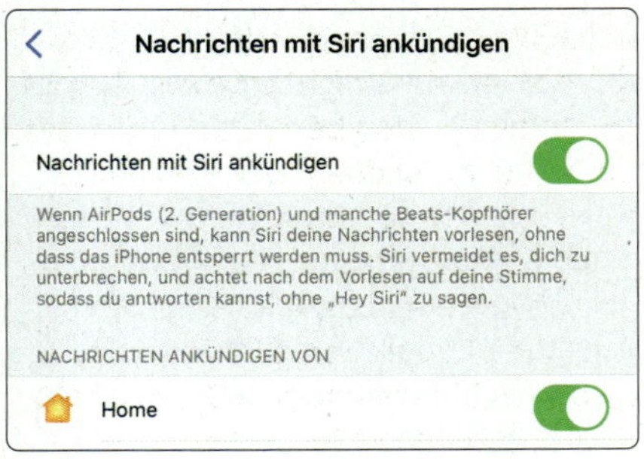

Mitteilungen deaktivieren

Nahezu alle Apps haben Mitteilungen für dich. Natürlich kann es praktisch sein, wenn du diese erlaubst, damit du auf dem neuesten Stand bleibst. Mit zunehmender Anzahl von Apps kann dies nicht nur nervig werden, sondern kostet auch wertvolle Akkulaufzeit. Unter „Einstellungen > Mitteilungen" kannst du daher die Mitteilungseinstellungen für alle Apps anpassen und gegebenenfalls deaktivieren.

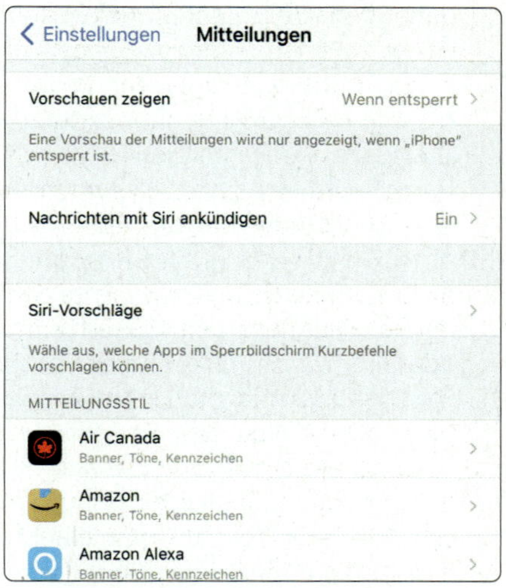

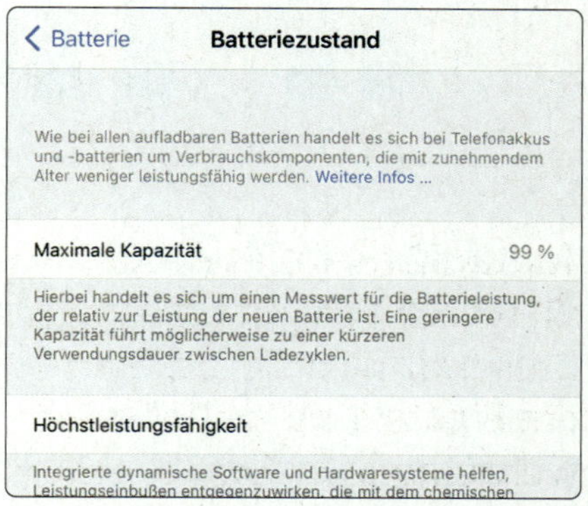

Batterie laden

Jeden Tag aufs Neue machst du wohl einen groben Fehler, der die Lebensdauer deines iPhones verringert. Laut Apple (und anderen Herstellern) hält deine Batterie am längsten, wenn du stets zwischen 20 und 80 Prozent bleibst. Lasse dein iPhone daher nicht leer werden.

Apple weiß auch, dass es nicht einfach ist, das Gerät bei Ladung über Nacht auf 80 Prozent zu laden. Um die Batteriegesundheit möglichst lange aufrechtzuerhalten, führte das Unternehmen daher eine neue Funktion ein, die das iPhone optimal lädt. Aktiviere das Feature unter „Einstellungen > Batterie > Batteriezustand".

Automatischer Dunkelmodus

Entweder nutzen Menschen es intensiv oder gar nicht: das dunkle Erscheinungsbild. Besonders bei iPhone-Modellen mit OLED-Display kann es jedoch sehr nützlich sein und dir Energie sparen. Wir empfehlen dir daher, die Einstellung ausgiebig zu nutzen. Zur Vereinfachung kannst du sie unter „Einstellungen > Anzeige & Helligkeit" auf „Automatisch" stellen, sodass sie stets bei Sonnenuntergang aktiv wird.
Neben dem Dunkelmodus hat das Display einen weiteren Trick auf Lager, um deinen Akku zu schonen. Stelle die Helligkeit auf automatisch. Dies spart Energie und schont vor allem in dunklen Umgebungen deine Augen. Aktiviere die Funktion unter „Einstellungen > Bedienungshilfen > Anzeige & Textgröße" und schon brauchst du dich um nichts mehr zu kümmern.

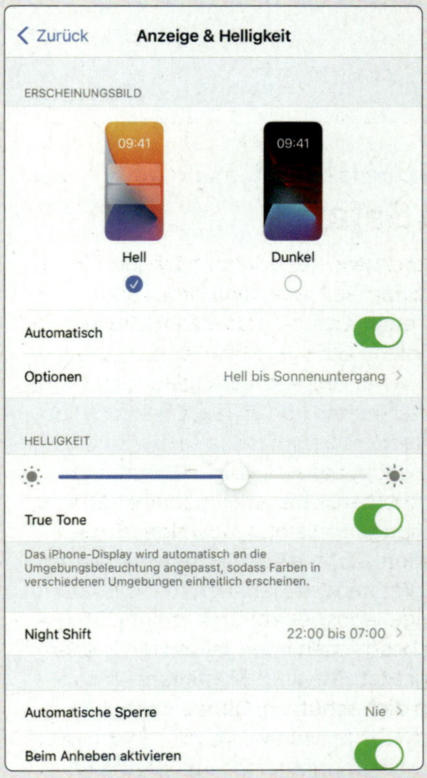

iPhone

Apple hat schon wieder an iOS 14 geschraubt und damit einige interessante Features für dein iPhone 12 nachgereicht. Wir haben eine Mischung aus nützlichen Einstiegstricks und neuen Funktionen für dich zusammengestellt.

TEXT: **BENJAMIN OTTERSTEIN**

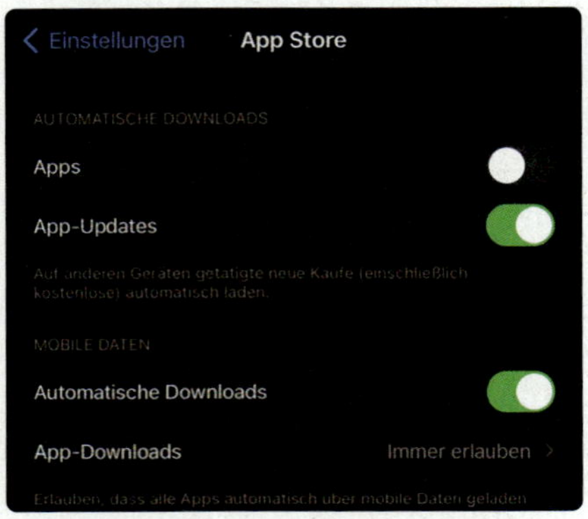

Automatische Downloads deaktivieren

Wenn du mehrere Apple-Geräte besitzt, gibt es eine praktische Funktion, um alle Apps auf allen Geräten synchron zu halten. Apple erlaubt nämlich, dass du jedes im App Store erworbene Programm automatisch auf dein iPhone und iPad herunterladen darfst, nachdem du es gekauft hast. Für ein erneutes Herunterladen gilt dies allerdings nicht.

Vielleicht möchtest du jedoch nicht jede iPhone-App auch auf deinem iPad nutzen, weil sie beispielsweise auf dem größeren Bildschirm nicht gut funktioniert. Aus diesem Grund kannst du die Funktion deaktivieren. Öffne dazu „Einstellungen > App Store" und ziehe den Regler neben „Apps" nach links. Darunter kannst du noch bestimmen, ob du Downloads im mobilen Datennetz erlaubst oder ab bestimmten Größen gefragt werden möchtest. Dazu stehen dir in „App-Downloads" die Optionen „Immer erlauben", „Fragen, wenn über 200 MB" und „Immer fragen" offen.

Anrufe wegdrücken ohne ablehnen

Du kennst das: Anrufe kommen genau dann, wenn du gerade nicht reden kannst. Um Anrufende nicht abzulehnen, gibt dir Apple gleich mehrere Möglichkeiten an die Hand, um das Klingeln zu unterbinden.

So kannst eingehende Anrufe komfortabel „wegschieben". Dazu müssen jedoch die Banner aktiviert sein. Öffne „Einstellungen > Telefon > Eingehende Anrufe" und wähle dort die Ansicht „Banner" aus. Wirst du nun angerufen, schiebst du das Banner einfach nach oben weg; die Benachrichtigung tritt daraufhin in den Hintergrund. Dies funktioniert auch mit FaceTime sowie Drittanbieter-Apps wie Whatsapp oder Skype.

Alternativ kannst du die eingehenden Anrufe auch anders stummschalten: Drück einfach eine der beiden Lautstärken-Tasten oder die Seitentaste.

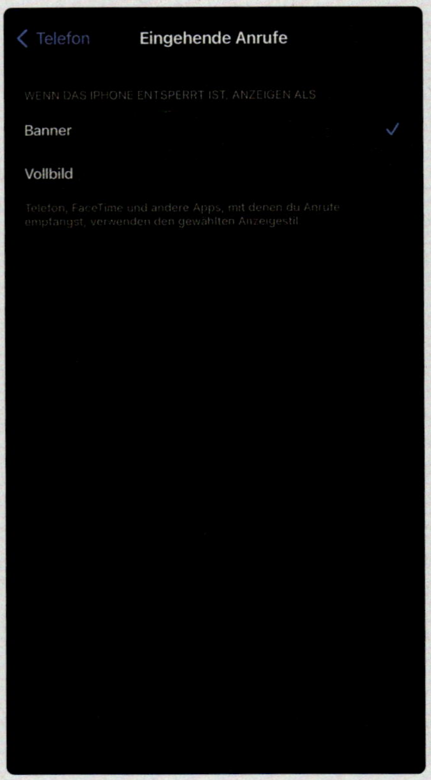

Rückseitiges Tippen

Bei den Bedienungshilfen hat Apple eine neue Funktion eingeführt, die die Rückseite des iPhone in eine Steuerfläche verwandelt. Öffne dazu „Einstellungen > Bedienungshilfen > Tippen" und wähle den neuen Eintrag „Auf Rückseite tippen" aus. Tippe auf „Doppeltippen", um aus zahlreichen Aktionen auszuwählen. Tippst du nun zweimal mit dem Finger auf die Rückseite, führt dein iPhone die gewünschte Aktion aus. Dies eignet sich etwa, um die Erreichbarkeit des Kontrollzentrums zu erleichtern.

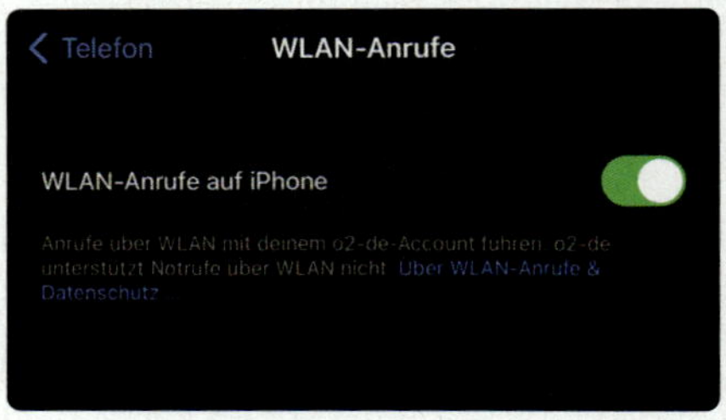

WLAN-Anrufe aktivieren

Der Mobilempfang ist in den eigenen vier Wänden selten optimal und kann sogar je nach Raum variieren. Seit einiger Zeit existiert daher die Möglichkeit, Anrufe via WLAN zu tätigen. Dies ist jedoch abhängig vom Anbieter und dem jeweiligen Tarif. Sollte die Funktion bereitstehen, kannst du sie unter „Einstellungen > Telefon > WLAN-Anrufe" aktivieren.

Übrigens bist du dann auch im Ausland mit deiner Nummer kostenfrei erreichbar, wenn du dich in einem WLAN befindest.

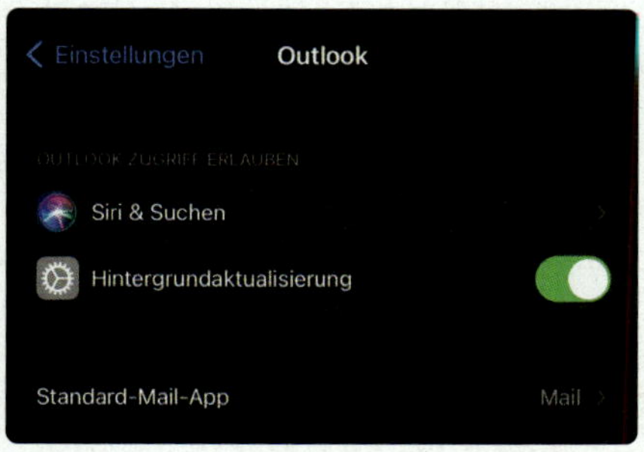

Alternative E-Mail-App

Mit iOS 14 gibt Apple Drittanbietern einige neue Optionen an die Hand. So erlaubt man erstmals, neue Standard-Apps für E-Mails und den Webbrowser zu nutzen. Nach dem aktuellen Update kannst du nun Outlook statt Mail verwenden; dadurch landest du beim Anklicken von Kontaktlinks nicht mehr in Apples Standard-App. Öffne dazu „Einstellungen > Outlook > Standard-Mail-App" und wähle „Outlook" aus. Weitere E-Mail-Programme sollen folgen.

Screenshots aufnehmen

Möchtest du ein Bildschirmfoto von einer App aufnehmen, drücke einfach die Seiten- gleichzeitig mit der Lauter-Taste. In der linken unteren Bildschirmecke erscheint nun eine Vorschau des Screenshots. Tippe darauf, um ihn zu bearbeiten oder direkt zu versenden.

Alternativ lässt sich eine eigenständige virtuelle Taste für Screenshots nutzen. Öffne die „Einstellungen > Bedienungshilfen > Tippen > AssistiveTouch". Aktiviere „AssistiveTouch" und lege als Aktion für „Einfachtippen" das „Bildschirmfoto" fest. Setze die Deckkraft des Buttons herunter, um diesen transparent darstellen zu lassen.

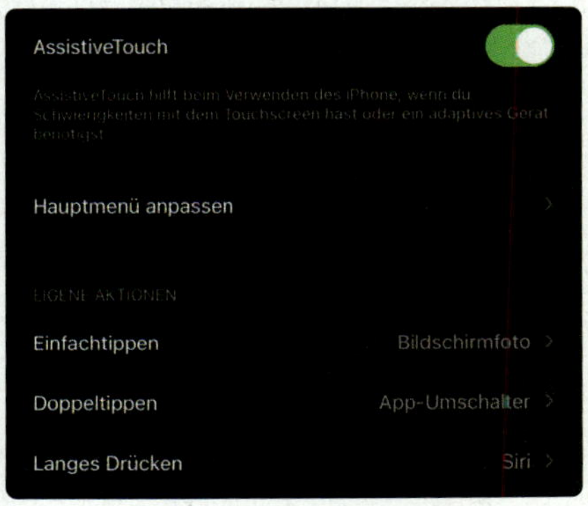

Sprachmitteilungen mit Siri senden

Seit einigen Jahren kann dir Apples Sprachassistent Siri dabei helfen, Nachrichten via iMessage, Whatsapp und anderen Messengern zu verschicken. Nun klappt dies auch mit Sprachnachrichten; dies funktioniert ähnlich einfach. Sag: „Hey Siri, sende eine Sprachnachricht an [Namen einsetzen]!" Siri bestätigt, dass die Aufnahme startet. Sobald du fertig bist, schweigst du kurz. Du kannst dir die Nachricht vor dem Absenden nochmals anhören.

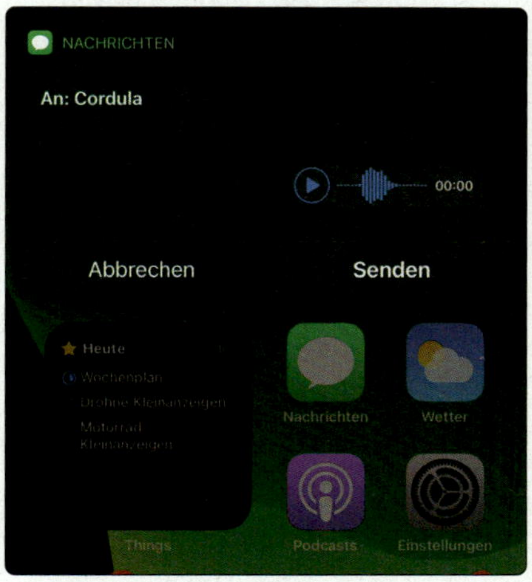

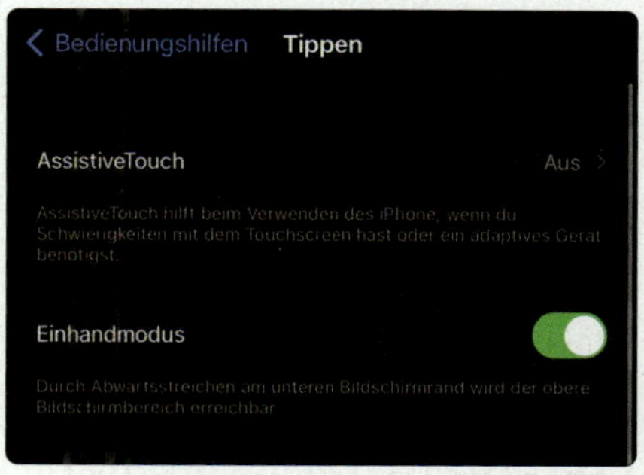

Einhandmodus

Wie bei allen anderen iPhone-Modellen mit 4,7-Zoll-Display (oder größer) lässt sich auch beim iPhone X, iPhone 11 und iPhone 12 Pro Max der Einhandmodus aktivieren. Öffne dazu die Einstellungen-App und tippe auf „Bedienungshilfen". Wähle nun „Tippen" aus und ziehe den Regler neben „Einhandmodus" nach rechts, damit dieser zur Verfügung steht. Du kannst jetzt die Einstellungen wieder verlassen.

Öffne nun eine beliebige App. Dort wischst du auf der neuen Home Bar am unteren Displayrand nach unten, um den Einhandmodus am iPhone zu nutzen. Möchtest du den Modus wieder beenden, wischst du auf der Leiste einfach nach oben: Schon „rutschen" die Inhalte an ihren Platz.

Welcher Song ist das?

Mit iOS 14.2 verbesserte Apple nicht nur die Wiedergabesteuerung für Musik, auch die Songerkennung ist ab sofort nur noch zwei Fingertipps entfernt. Apple integrierte Shazam nämlich noch tiefer in der Betriebssystem – und Siri brauchst du auch nicht mehr um Rat zu fragen. Lege die Musikerkennung stattdessen im Kontrollzentrum ab.

Öffne dazu die Einstellungen-App auf deinem iPhone und tippe auf den Eintrag „Kontrollzentrum". Dort zeigt man dir neben zwei Schaltereinstellungen und deinen bereits verwendeten Steuerelementen weitere Optionen für das Kontrollzentrum an. Dazu gehört seit Neuestem auch die „Musikerkennung". Tippe auf das Plus-Symbol davor, und schon steht dir das neue Feature per Schnellzugriff zur Verfügung.

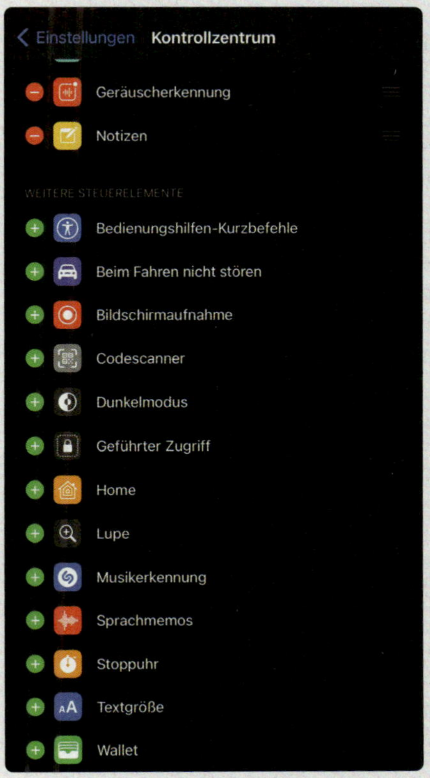

Whatsapp

Trotz Datenschutzrisiken erfreut sich Whatsapp weiterhin großer Beliebtheit bei allen Smartphone-Nutzer:innen. Der Messenger hat jedoch viele interessante Funktionen, die sich teils gut verstecken, die du aber kennen solltest.

TEXT: **BENJAMIN OTTERSTEIN**

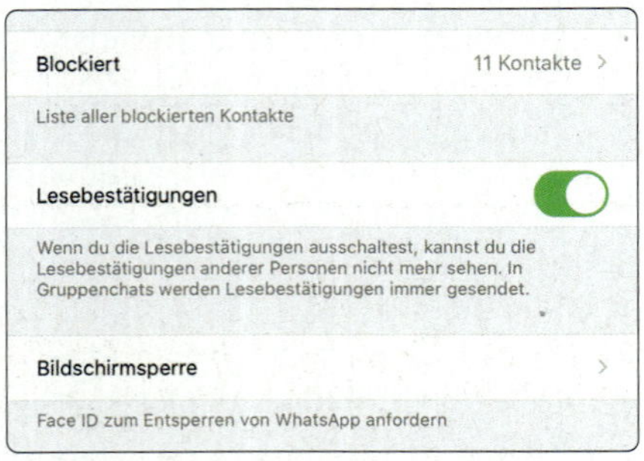

Lesebestätigung deaktivieren

Whatsapp zeigt mit zwei blauen Haken an, dass eine Nachricht gelesen wurde. Dies kann zwar ganz nett sein, gilt aber auch umgekehrt. Nutzer:innen, die das umgehen möchten, haben drei Möglichkeiten:

Die einfachste Variante, um keine Lesebestätigung zu erhalten und zu senden, ist die Deaktivierung der Funktion. Gehe dazu in Whatsapp in den Reiter „Einstellungen > Account > Datenschutz“ und schiebe den Regler neben „Lesebestätigung“ nach links.

Für die zweite Möglichkeit hältst du in der Chatübersicht deinen Finger auf einen Chat gedrückt, sodass ein Pop-up auftaucht.

Am umständlichsten ist die dritte Option: Öffne das Kontrollzentrum, bevor du Whatsapp öffnest und schalte den Flugmodus ein. Starte dann WhatsApp und lies deine Nachricht. Wenn du fertig bist, schließe den Messenger und schalte den Flugmodus aus, um dein iPhone wieder normal nutzen zu können. Dies klappt aber leider nicht immer wie gewünscht.

Whatsapp-Chats verschicken

Während die Migration zwischen iOS und Android noch nicht möglich ist, kannst du deine Chats dennoch sichern. Öffne dazu einen Chat und tippe auf den Namen. Scrolle nach unten und wähle „Chat exportieren“ aus. Entscheide nun, ob du auch alle oder keine Medien mitsenden möchtest. Der Export wird erstellt. Du kannst ihn nun per Mail senden, mit AirDrop auf den Mac übertragen oder ihn in der Dateien-App sichern.

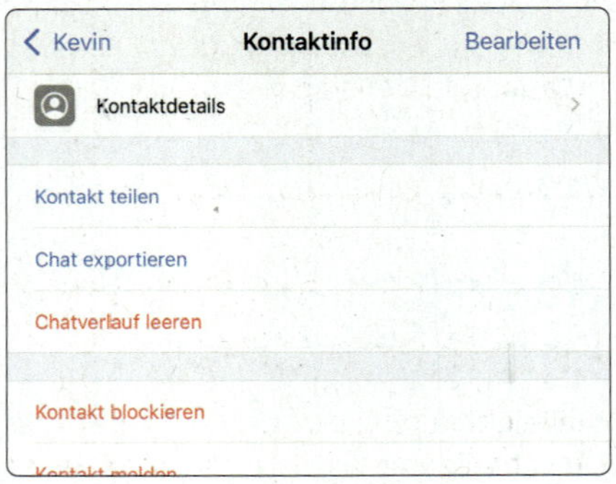

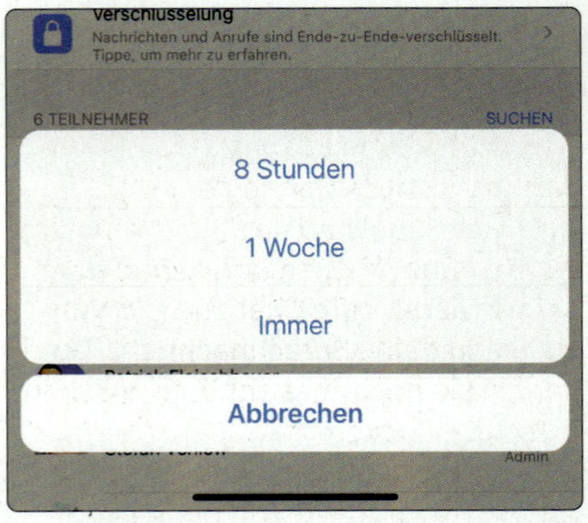

Ruhe vor der Gruppe

Gruppenchats können zugegebener Maßen ab und an anstrengend, wenn nicht sogar nervend sein. Dieses Problem lässt sich aber kurzzeitig außer Kraft setzen. Tippe dazu in der Gruppe auf den Gruppennamen und wähle „Stumm“ aus. Whatsapp gibt dir dann drei Optionen zu Auswahl. Du kannst den Chat für „8 Stunden“, „1 Woche“ oder für „immer“ stumm schalten. Individuellere Einstellungen wären hier allerdings wünschenswert.

Texte formatieren

Um Text fett zu formatieren, musst du vor und nach dem gewünschten Textteil das Sonderzeichen * verwenden. Beispiel: „Morgen geht es *um 8 Uhr* am Busbahnhof los“ Hierbei wird „um 8 Uhr“ fett formatiert.

Neben der fetten Formatierung steht dir auch kursiv dargestellter Text zur Verfügung. Gib dazu vor und nach dem gewünschten Textteil das Sonderzeichen _ ein. Beispiel: „Du _kannst_ mich gegen 14 Uhr abholen“ Dabei wird „kannst“ kursiv dargestellt.

Du kannst auch Teile deiner Nachricht durchstreichen. Dies funktioniert ähnlich einfach wie die fette und kursive Formatierung. Gib hierzu vor und nach dem entsprechenden Textteil das Sonderzeichen ~ ein. Beispiel: „~Wieso machst du das nicht selbst?~ Klar, ich helfe dir doch gerne“ „Wieso machst du das nicht selbst?“ wird in diesem Beispiel durchgestrichen.

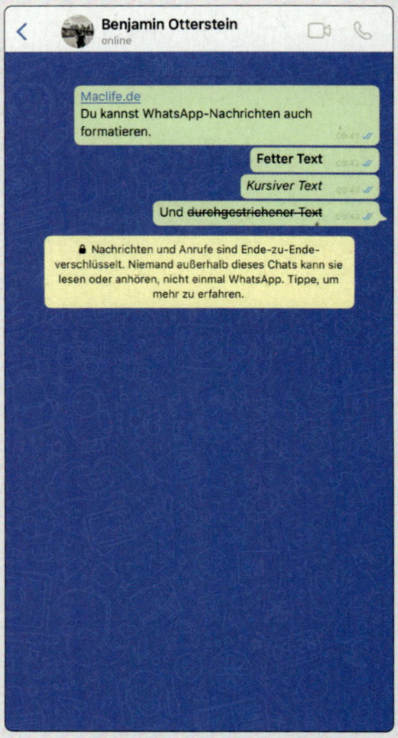

Sprachnachrichten vor dem Abschicken anhören

Auch mit Whatsapp kannst eine Sprachnachricht vor dem Senden anhören. Halte dazu den Finger auf das Mikrofon gedrückt und zieh ihn dann nach oben auf das aufploppende Schloss-Symbol. Sprich deine Nachricht ein. Sobald du fertig bist, tippst du auf den Chat-Namen und kehrst dann sofort wieder zum Chat zurück. Nun siehst du deine Sprachnachricht. Du kannst sie nochmals anhören, löschen oder verschicken.

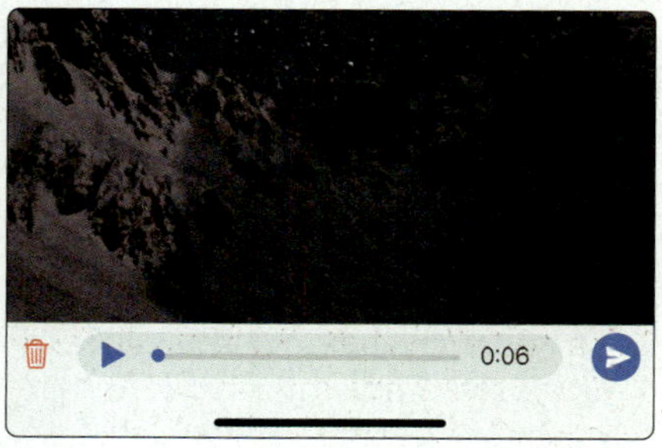

Speicherplatz schaffen

Whatsapp hat standardmäßig die Angewohnheit, empfangene Bilder, Videos und Co. automatisch auf dein iPhone herunterzuladen und in der iOS-Fotos-App zu speichern. Das kann ein Problem sein. Denn zum einen wird unterwegs die mobile Datennutzung erhöht und zum anderen kann durch Gruppenchats der Foto-Ordner schnell zugemüllt werden, ohne dass du dies möchtest. Allerdings muss das nicht sein. Um Dateien nicht mehr in den Aufnahmen vorzufinden, öffne den Reiter „Einstellungen > Chats" und schiebe den Regler neben „In Aufnahmen speichern" nach links. Daneben kannst du in einem Chat auch oben auf den Namen tippen und dort unter „In Aufnahmen speichern" eine individuelle Regelung für den einzelnen Chat treffen.

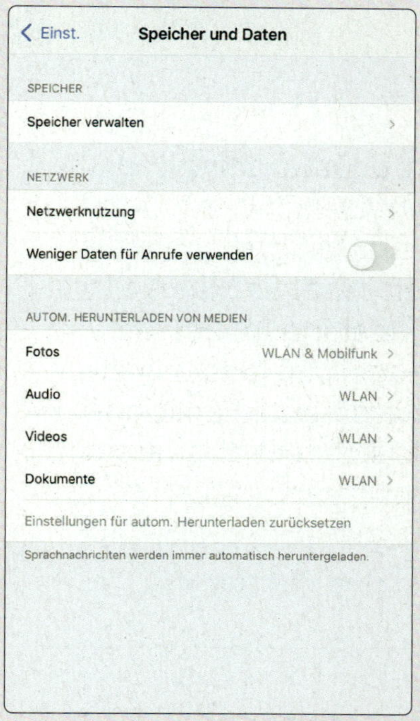

Kettenbriefe erkennen

Schon in der Schule gab es für einige Leser:innen sicher nichts Nervigeres als Kettenbriefe. Wer nicht mitmachte, zog den Zorn der Mitschüler:innen auf sich. Dies hat sich mit E-Mails und später dann auf den sozialen Plattformen digitalisiert und stört nicht weniger. Bei Whatsapp gibt es sie auch, um Fake News, Belanglosigkeiten oder Ähnliches zu verbreiten. Mit dem Messenger kannst du sie jedoch leicht erkennen. Über der Nachricht siehst du einen kleinen Pfeil mit der Beschriftung „Weitergeleitet". Ist dies der Fall, handelt es sich um eine direkte Weiterleitung. Siehst du einen Doppelpfeil, dann hat die Nachricht schon mehrere Empfänger:innen hinter sich.

Nachricht an mehrere Empfänger:innen

Vielleicht kennst du das von früher: Du schreibst eine Nachricht an mehrere Personen und jede kann dir einzeln antworten, ohne dass es die anderen sehen. Whatsapp bietet dir neben Gruppen eine spezielle Funktion dafür an, um beispielsweise über eine neue Nummer zu informieren. Tippe dazu in der Chat-Übersicht auf „Broadcast" und lege eine Liste an. Wähle nun alle Kontakte aus, die die Nachricht erhalten sollen. Schreib deine Nachricht und schicke sie an alle gleichzeitig ab. Niemand erfährt dabei, wer sie noch bekommen hat. Das weißt nur du allein.

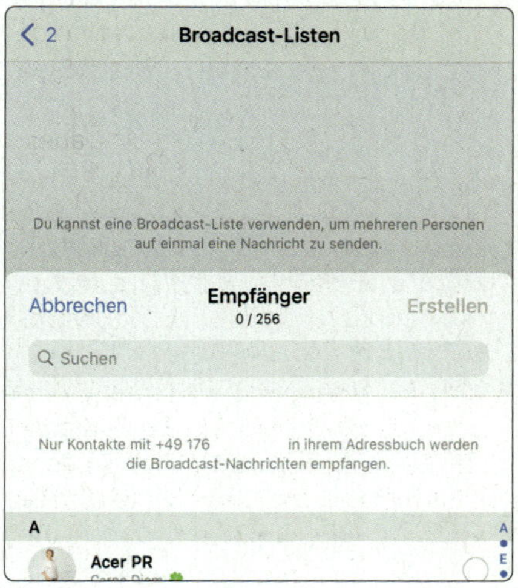

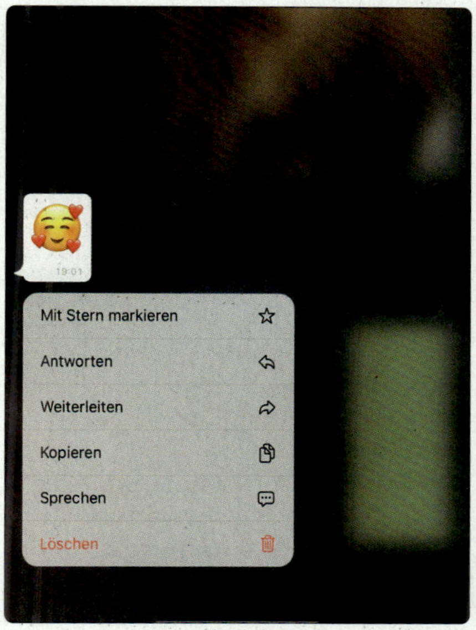

Einzelne Nachrichten sichern

Es gibt sie: Nachrichten, die du einfach gerne liest. Immer und immer wieder. Das Entwicklungsteam hat daher eine besondere Funktion integriert, die dir diese Nachrichten auf den Schnellzugriff legt. Halte dazu deinen Finger auf eine Nachricht gedrückt und wähle dann „Mit Stern markieren" aus. Tippst du nun auf den Namen am oberen Rand und auf „Mit Stern markiert", kannst du all deine Lieblinge schnell wiederfinden.

Audio-Tricks

Mit dem HomePod und den AirPods bietet Apple dir neue Möglichkeiten, um Musik zu hören. Passend dazu spendierte Apple iOS einige Funktionen, die nur die wenigsten Nutzer:innen kennen, aber das Hörvergnügen deutlich steigern können.

TEXT: **BENJAMIN OTTERSTEIN**

Musikübergabe deaktivieren

Dir könnte schon aufgefallen sein, dass dein iPhone mit zunehmender Nähe zum HomePod mini stärker vibriert und der Smart Speaker stärker aufleuchtet. Dies soll die Musikübertragung verbessern und haptisch wie auch optisch sichtbar machen.
Leider kannst du keine einzelnen Features der Musikübergabe abschalten, sodass stets Pop-ups und Vibrationen zu sehen und spüren sind. Um dies zu verhindern, musst du das Übergabe-Feature gänzlich deaktivieren. Dazu öffnest du die Einstellungen-App und rufst „Allgemein > AirPlay & Handoff" auf. Dort ziehst du den Regler neben „Auf HomePod übertragen" nach links und schon ist die Funktion nicht mehr aktiv. Möchtest du nun Musik vom iPhone auf deinen HomePod übertragen, musst du auf AirPlay zurückgreifen.

Kopfhörer-Anpassungen

In iOS 14 integrierte Apple überraschend und sehr versteckt die Möglichkeit, die Audioausgabe über Kopfhörer zu konfigurieren. Jedoch funktioniert dies nicht für alle Kopfhörer gleichermaßen. Aktuell werden Apples AirPods sowie Beats-Kopfhörer bevorzugt behandelt.

Um die Kopfhörer-Anpassungen vorzunehmen, öffnest du zunächst die Einstellungen-App und rufst den Eintrag „Bedienungshilfen" auf. Wähle anschließend „Audio/Visuell > Kopfhörer-Anpassungen" aus. Aktiviere gleich oben das Feature, um die verschiedenen Optionen freizuschalten. Du kannst mit verbundenen Kopfhörern auch eine „Eigene Audiokonfiguration" festlegen. Alternativ dazu bietet Apple dir verschiedene Abstimmungen sowie eine Verstärkung von leisen Tönen an. Dazu lässt sich außerdem auswählen, ob dies sowohl bei Telefonaten als auch Medien angewandt werden soll.

AirPods: 3D-Audio

Sowohl die AirPods Max als auch die AirPods Pro verfügen über eine geniale Funktion, die dir räumliches Hören bei Filmen und Serien mit passenden Audiospuren vormacht. Apple nennt dies 3D-Audio. Du kannst das Feature aktivieren, indem du deine AirPods Pro aktiv mit deinem iPhone verbindest und dann „Einstellungen > Bluetooth" öffnest. Tippe auf das Info-Symbol hinter den AirPods. Ziehe den Regler neben „3D-Audio" nach rechts. Probiere es aus.

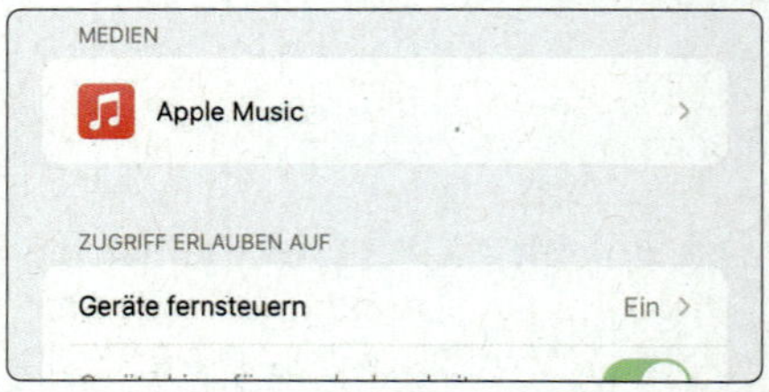

HomePod: Musikdienst wechseln

Apple Music war seit der Markteinführung des HomePod lange der Standarddienst, um auf dem Smart Speaker Musik zu hören. Apple hat dies mittlerweile gelockert und erlaubt auch anderen Anbietern den Platz als standardmäßiger Musikstreamingdienst einzunehmen. Dazu öffnest du die Home-App und tippst oben links auf das Haus-Symbol. Wähle nun „Einstellungen des Zuhauses" aus und tippe anschließend auf dein Profilbild. Unter Medien kannst du den Standarddienst festlegen.

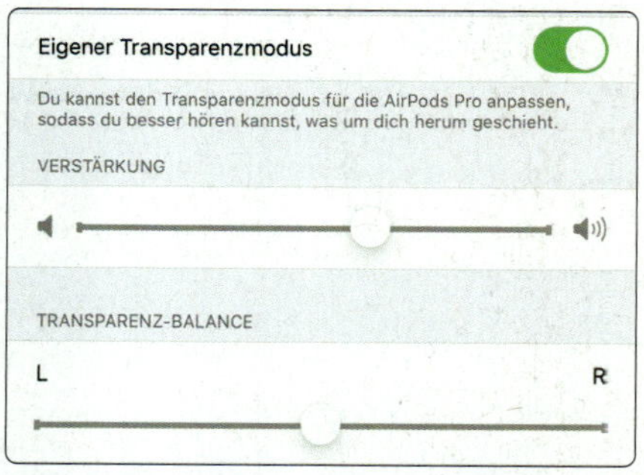

Transparenz-Modus anpassen

Wenn du deine AirPods Pro oder AirPods Max mit deinem iPhone aktiv verbunden hast, erscheint in „Einstellungen > Bedienungshilfen > Audio/Visuell > Kopfhörer-Anpassungen" am unteren Ende die Option „Transparenzmodus". Tippe darauf und aktiviere „Eigener Transparenzmodus". Du wirst sofort eine Veränderung feststellen. Passe nun nach Belieben die Verstärkung, die Balance zwischen beiden Ohrhörern sowie den Ton an. Gegenüber der Standardeinstellung kannst du viel herausholen.

AirPods: Optimiertes Laden

Die AirPods sind nicht gerade günstig und lassen sich auch nicht reparieren. Daher solltest du unbedingt auf die Batterie achten, die durch übermäßiges und falsches Aufladen kaputtgehen könnte. Seit iOS 14 stellt Apple dazu ein neues Feature bereit, das schon seit einiger Zeit am iPhone verfügbar ist: optimiertes Laden. Dadurch lernen die Geräte, wann du sie auflädst und wann du sie wieder verwendest. Die AirPods werden dann nur bis 80 Prozent geladen. Der Vorgang setzt sich erst kurz vor dem Gebrauch fort. Um die Funktion zu aktivieren, verbinde deine AirPods und rufe dann „Einstellungen > Bluetooth" auf. Tippe auf das Info-Symbol hinter dem Gerät und aktiviere dann „Optimiertes Laden der Batterie".

Musik unterwegs hören

Unterwegs kannst du in unterschiedlicher Qualität Musik hören. Öffne dazu die Einstellungen-App. Scrolle anschließend nach unten, bis du den Menüeintrag „Musik" siehst, und wähle ihn aus. Tippe danach auf den Eintrag „Mobile Daten". Ziehe den Schieberegler neben „Mobile Daten" nach rechts, um das Streaming auch für unterwegs zu aktivieren. Anschließend aktivierst du auf gleiche Weise die Optionen „Streaming" und „Streaming in hoher Qualität". Du kannst nun zur Musik-App wechseln und dort auch unterwegs deine Lieblingsmusik in höchster Qualität streamen – ohne diese herunterladen zu müssen.

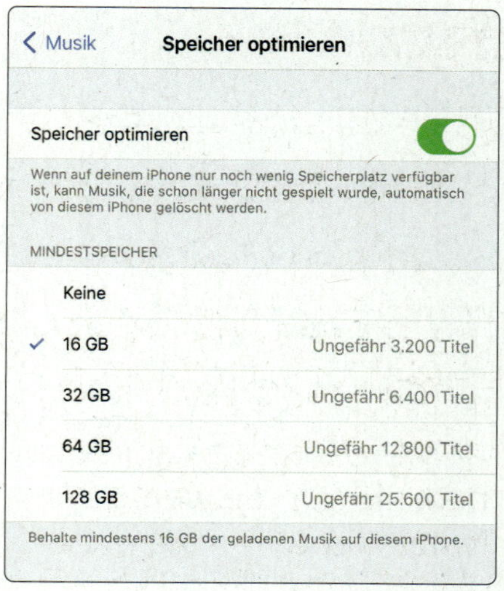

Musikspeicher optimieren

Neben Videos können auch Audioinhalte viel Speicherplatz in Anspruch nehmen. Wenn dein iPhone nur einen kleinen Speicher hat, kann dieser schnell voll sein. Aus diesem Grund bietet dir Apple eine clevere Funktion, um den Platzverbrauch zu optimieren. Sollte dein Gerätespeicher knapp werden, löscht das System überflüssige Musik, die du lange nicht gehört hast. Öffne dazu „Einstellungen > Musik > Speicher optimieren" und aktiviere das Feature.

Vereinfachter Equalizer

Apple ist im Bezug auf Audioinhalte sehr restriktiv. Aus diesem Grund integrierte Apple bislang keinen vollständig anpassbaren Equalizer, um den Hörgenuss an die eigenen Vorstellungen anzugleichen. Jedoch gibt es die Möglichkeit, Vorlagen für verschiedene Inhalte auszuwählen. Dazu öffnest du die Einstellungen-App und rufst den Eintrag „Musik" auf. Tippe nun auf „EQ". Hier kannst du aus etwa 24 Vorlagen auswählen. Diese reichen von „Aus" für den allgemeinen Standard über „Mehr Bässe" bis hin zu „Sprache" für Podcasts und Hörbücher. Jeder Eintrag erzeugt dabei ein bestimmtes Klangbild, um den Inhalten für den jeweiligen Musik-Typ gerecht zu werden. Probiere etwas herum, um die richtige Auswahl für dich zu finden und lass dabei Musik laufen.

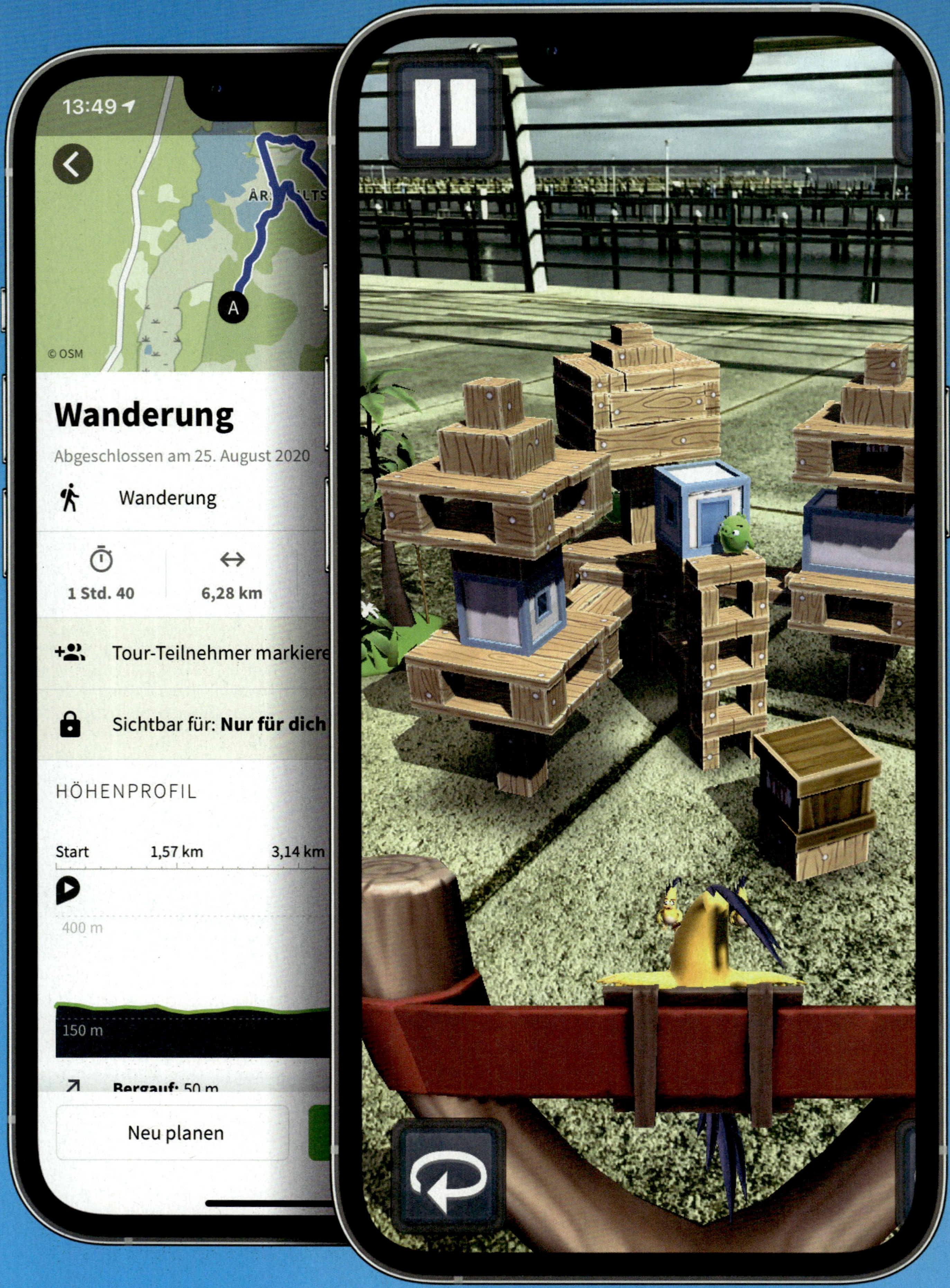

13:49
© OSM
Wanderung
Abgeschlossen am 25. August 2020
Wanderung
1 Std. 40
6,28 km
Tour-Teilnehmer markiere
Sichtbar für: Nur für dich
HÖHENPROFIL
Start
1,57 km
3,14 km
400 m
150 m
Bergauf: 50 m
Neu planen

Apps und Spiele

Foto: iStock/Getty Images Plus/petrunjela

Apps für die Schwangerschaft

Die Schwangerschaft ist eine aufregende – und anstrengende – Zeit. Neben der Gesundheit des Kindes stehen auch Anschaffungen, Anträge und Erledigungen auf dem Programm der werdenden Eltern. Mit diesen Apps behältst du den Überblick.

TEXT: **CHRISTIAN STEINER**

Apples Unterstützung für (werdende) Eltern fällt eher schmal aus. Auf dem iPhone und der Apple Watch gibt es immerhin die Möglichkeit, den Menstruationszyklus aufzuzeichnen und vorherzusagen. Als Teil der Health-App lassen sich damit nicht nur die Periode begleiten und protokollieren, sondern auch die fruchtbaren Tage bestimmen.

In Kombination mit der Apple Watch funktioniert dies besonders elegant. Hier kannst du mit einer eigenen Zyklusprotokoll-App Informationen zur Blutung, weiteren Symptomen und der sexuellen Aktivität mit wenigen Taps eintragen. Pushnachrichten informieren über die fruchtbaren Tage und den baldigen Beginn der Periode.

Besonders wichtig: Apple verspricht dabei – wie bei allen anderen Gesundheitsfunktionen – ein hohes Maß an Datenschutz und damit Privatsphäre.

Auf die speziellen Bedürfnisse von Schwangeren geht Apple bisher jedoch kaum ein. Die Health-App kann jedoch ein sinnvoller Begleiter während der Schwangerschaft sein. Denn hier kannst du gesundheitliche Informationen, zum Beispiel deine Fitness, Ernährung und Schlafqualität, protokollieren. Bessere Alternativen findest du aber im App Store.

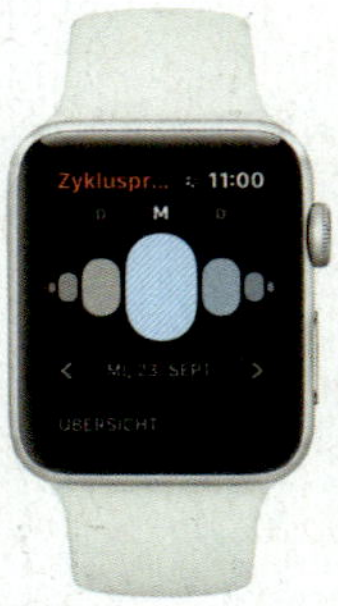

Mit dem Zyklusprotokoll der Health-App kannst du fruchtbare Phasen prognostizieren.

Apps für die Schwangerschaft

Die Schwangerschaft ist eine intensive Zeit – für alle Beteiligten. Themen wie Ernährung, Bewegung und Gesundheit erhalten eine neue Wertigkeit im Alltag. Die richtigen Apps begleiten diesen sinnvoll.

Keleya kümmert sich vor allem um die Gesundheit. Mit der iPhone-App kannst du an passenden Yoga-Work-outs während der Schwangerschaft teilnehmen. Du erhältst Rezepte und Tipps zur Ernährung, die auf die Schwangerschaftswoche abgestimmt sind. Außerdem kannst du mit der App einen Geburtsvorbereitungskurs buchen. Dieser kostet einmalig rund 50 Euro und besteht aus Videos, Podcasts und Texten.

Keleya selbst ist kostenlos, viele Rezepte und Work-outs erhältst du aber erst im kostenpflichtigen Premium-Abo für knapp 10 Euro pro Monat; Pakete für drei oder sechs Monate sind günstiger. Manche Krankenkassen übernehmen die Kosten für die App beziehungsweise den Kurs.

Die Entwicklung deines Babys will hingegen die App **Schwangerschaft+** von Philips Avent begleiten. Hier erstellst du zunächst ein kostenloses Konto und trägst die wichtigsten Daten und den zu erwartenden Termin der Geburt ein. Anschließend begleitet die App die werdenden Eltern während der Schwangerschaft und informiert wöchentlich über die Entwicklung des Babys. Wichtige Entwicklungsschritte erfährst du in eigenen Blogartikeln. Tipps zur Ernährung und zur Bewegung gibt es auch.

Die App bietet einige praktische Planungshilfen für werdende Eltern. Zum Beispiel kannst du Termine und Aufgaben erstellen, Einkaufslisten für Babyartikel anlegen und die Geburtstasche vorbereiten. Sogar ein Wehenzähler für die Geburt ist dabei.

Ein weiteres wichtiges Thema während der Schwangerschaft ist die Frage, ob Medikamente für das Baby verträglich sind. Dazu hat die Charité Berlin mit **Embryotox** eine eigene Informationsseite gestartet, deren Äquivalent auch als kostenfreie App existiert. Hier kannst du einzelne Medikamente nachschlagen und herausfinden, ob die schwangere Person diese während der Schwangerschaft oder der Stillzeit einnehmen kann.

Planungshilfen

Doch nicht nur die Gesundheit ist ein zentrales Thema während der Schwangerschaft. Werdende Eltern müssen sich mit einer Vielzahl von Fragen, Entscheidungen und sogar Behörden auseinandersetzen. Auch hier kannst du mit den richtigen Apps und Diensten Zeit und Energie einsparen.

Die Schwangerschaft ist ein guter Zeitpunkt, um eine gemeinsame Lösung für Termine und Kalender zu finden. Mit Apples Synchronisationsdienst iCloud kannst du ganze Kalender oder auch nur einzelne Einträge mit der gesamten Familie teilen. Dies ist besonders praktisch, wenn es um gemeinsame Besuche bei Gynäkolog:innen oder bei Ämtern geht.

Apples vorinstallierte **Kalender-App** und der Datenaustausch mithilfe der iCloud sind solide Lösungen für Familien. Alternativen wie **Fantastical** oder der **Google Kalender** könnten ebenfalls einen Blick wert sein.

Neben Terminen geht es während der Schwangerschaft auch viel um Aufgaben, Aufgabenverteilung und das Erledigen wichtiger Dinge. Apples vorinstallierte Erinnerungen-App hat im Laufe der Jahre zwar viele neue Funktionen und Überarbeitungen erhalten, ist aber immer noch umständlich und altbacken gehalten. Als bessere Alternativen empfehlen wir Apps wie Due und Todoist.

Mit **Due** verwaltest du simple Erinnerungen. Die App überzeugt

Wehen zählen mit dem iPhone

Die Geburt ist ein intensiver, überwältigender und überfordernder Moment. Doch wann geht sie eigentlich los? Wann ist der Moment, um endlich ins Krankenhaus zu fahren oder die Hebamme anzurufen? Damit du in der Aufregung keinen falschen Alarm gibst, liefert der App Store die passende Apps zum Wehenzählen (na klar!). Damit misst du die Pausen zwischen den einzelnen Wehen.

Die App „Wehen Zähler Kontraktionen“ bietet nicht nur eine Stoppuhr zum Messen der Wehen, sondern auch visuelle Hilfen zur Atmung. Im „Journal“ findest du eine Liste der gemessenen Wehen und der entsprechenden Intervalle.

Die bereits erwähnte App Schwangerschaft+ von Philips Avent bietet ebenfalls einen Kontraktionstimer an. Dieser kostet dort aber rund 2 Euro im kostenpflichtigen In-App-Kauf.

Keleya liefert neben Rezepten für die Schwangerschaft auch eine Vielzahl von Work-outs für Schwangere.

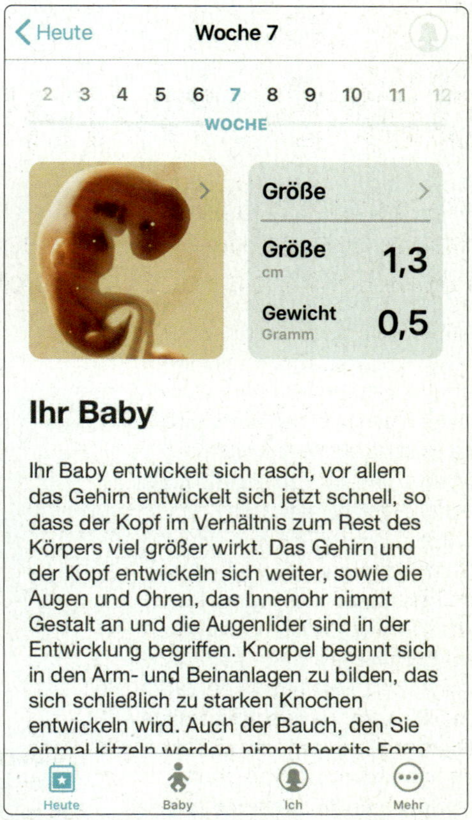

Die Entwicklung deines Babys verfolgst du mit Schwangerschaft+ Woche für Woche oder auch Tag für Tag.

Digitale Elternhilfen

Die Erinnerungs-App Due legt simpel und schnell neue Erinnerungen an.

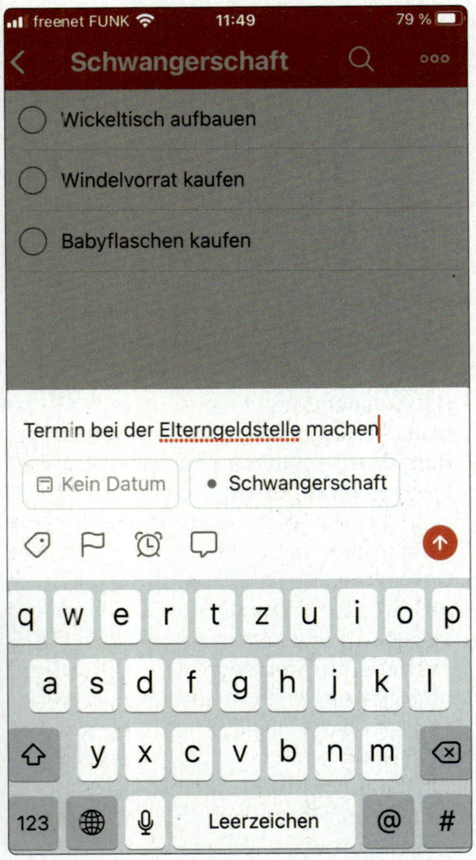

Mit Todoist verwaltest du eine Vielzahl von Projekten und Aufgaben.

mit einem klaren Design und dem schnellen Hinzufügen neuer Einträge. Der Einmalkauf kostet rund 8 Euro, zukünftige App-Updates gibt es als Abo für knapp 5 Euro pro Jahr.

Wer mehr benötigt, greift zu **Todoist**. Hier kannst du Aufgabenlisten für verschiedene Projekte erstellen und mit der Familie teilen. Funktionen wie Erinnerungen, Kommentare und Datei-Uploads schaltest du mit einem kostenpflichtigen Abo frei. Für 4 Euro pro Monat oder 36 Euro im Jahr erhältst du diese und weitere Möglichkeiten.

Für die Babyplanung eignet sich Todoist besonders durch die umfangreichen Projekt- und Aufgabenlisten, sogar im kostenlosen Basistarif. Neben Einkaufslisten für Babymöbel kannst du hier Anträge für Behörden wie zum Beispiel das Kindergeld planen und vorbereiten.

Manche Krankenkassen (etwa die AOK) bieten für die Antragsstellung und den Papierkram eigene Apps an. Anstatt also Untersuchungen oder Schwangerschaftskurse auf dem umständlichen Papierweg zu beantragen, kannst du direkt mit der App die entsprechenden Anträge ausfüllen, Anhänge einscannen und abschicken. Ob deine Krankenkasse eine eigene App anbietet, findest du am besten in Apples App Store oder auf der Website des Unternehmens heraus.

Ein weiteres wichtiges Planungswerkzeug ist **Trello**. Anders als bei vielen Aufgabenverwaltungen geht es bei Trello nicht nur um eine simple To-do-Liste. Stattdessen legst du einzelne Bretter an, zu denen du Listen mit Kärtchen hinzufügst – fast so wie bei einer analogen Pinnwand. Wie genau du diese Listen und Karten ausfüllst, bleibt dir überlassen. Zum Beispiel bietet sich an, eigene Listen für die Namensfindung des Babys zu erstellen. In die einzelnen Kärtchen kannst du Texte, Checklisten oder auch Medien wie Fotos hinzufügen.

Trello ist kostenlos und als dedizierte App für das iPhone, iPad und den Mac erhältlich. Dank der Vielfältigkeit des Dienstes kannst du auch komplexe Themen wie eine Schwangerschaft individuell planen und gliedern. Übrigens hat auch Todoist mit einem aktuellen Update eine Trello nicht unähnliche Boardansicht nachgeliefert.

Planen mit Spaß

Trotz trockenen Papierkrams und aller Anträge sollte eine Schwangerschaft aber in erster Linie großen Spaß bereiten. Auch dafür sorgt der App Store: Mit Anwendungen wie **„Baby Vornamen Finden“** kannst du schnelle und einfache Inspirationen für die Namenssuche erhalten. Die App schlägt dir Namen vor, die du mit Wischgesten als gut oder unpassend markierst. Das erinnert an Dating-Apps wie Tinder. So kannst du die schwierige Namensfindung spielerisch lösen.

Die Anschaffung neuer Möbel, Kleidung und von Babyzubehör steht während der Schwangerschaft ebenfalls auf dem Programm. Mit dem kostenfreien Webdienst **„Wishlephant“** gestaltest du Einkaufs- und Wunschlisten für dich und dein Umfeld. Besonders praktisch: Der Dienst ist unabhängig von einzelnen Onlineshops, sodass du deine Listen mit verschiedenen Quellen füllen kannst.

Die Suche nach einem Vornamen für das Baby übernimmt die App „Baby Vornamen Finden“ mit spielerischen Mitteln.

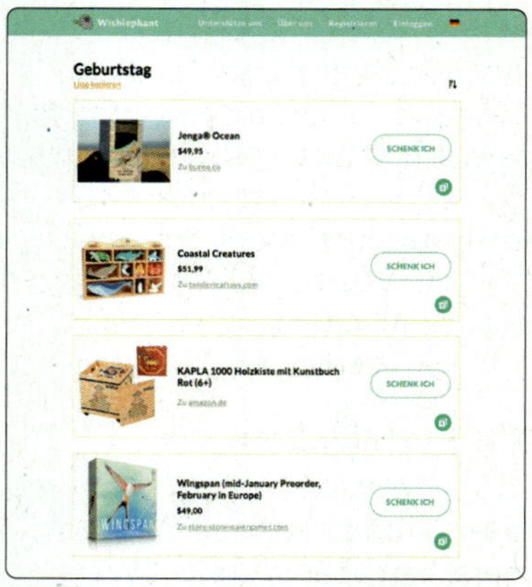

Wunschliste leicht gemacht mit Wishlephant.

Ein umständliches Nutzungskonto musst du dabei nicht erstellen: Auf „wishlephant.com“ legst du einfach eine neue Liste an, die du anschließend mit deinen Links zu den gewünschten Artikeln füllst. Wishlephant erkennt die Artikelbeschreibung und -bilder und fügt diese automatisch hinzu. Bei manchen Shops geht das sogar mit den Preisen. Du kannst aber auch nicht-materielle Wünsche wie „Hilfe beim Aufbauen des Wickeltischs“ auf die Liste setzen. Mit einem privaten Link kannst du jederzeit weitere Änderungen an der Wunschliste vornehmen. An deine Freunde und Familie verteilst du anschließend den öffentlichen Link.

Drei Fragen an Anika Lindtner und Bodo Tasche von Wishlephant

»Wishlephant reduziert den Mental Load!« **ANIKA LINDTNER**

Das Berliner Entwicklungsteam Anika Lindtner und Bodo Tasche erklärt im Mac-Life-Interview die Entstehungsgeschichte von Wishlephant. Neben der Online-Wunschliste betreibt Anika einen Co-Working-Space für Eltern, Bodo programmiert freiberuflich – und zusammen kümmern sich die Beiden um ihre gemeinsame Tochter.

Wie lautet die Entstehungsgeschichte von Wishlephant?
Als wir nach der Geburt unserer Tochter nach Geschenken gefragt wurden, waren wir ziemlich müde und ratlos. Wir hatten bestimmte Vorstellungen und viele Menschen, die wir irgendwie zusammenbringen mussten. Wie kann das gehen, ohne zu verzweifeln und dreimal die gleiche Rassel geschenkt zu bekommen? Ganz klar: Da musste etwas her, das hilft. Die Idee für Wishlephant war geboren.

Wie kann Wishlephant während der Schwangerschaft hilfreich sein?
Schon alles für den Geburtskoffer besorgt? Oder für die Erstausstattung? Und wer besorgt was? Das sind nur einige der vielen Fragen, bei denen Wishlephant helfen kann. Einfach Listen anlegen, alles benötigte auf die Liste packen – und schon lässt sich der „Mental Load“ gemeinsam reduzieren.

Welche Funktionen plant ihr für die Zukunft?

Foto: privat

Es ist noch einiges geplant: einfacher Export und Import von Listen – auch von anderen Stores. Eine Druckansicht und vieles mehr. Leider geht die Weiterentwicklung aktuell etwas schleppend, da 2020 ein recht anstrengendes Jahr war, nicht wahr? Aber wir arbeiten dran, versprochen!

So geht’s: Schwangerschaft+ einrichten

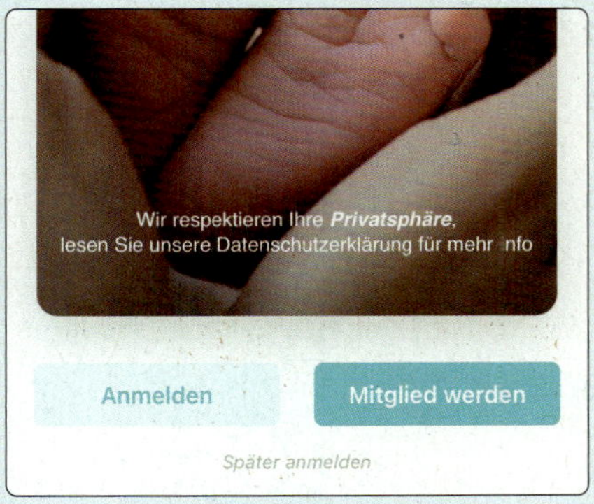

1 Im ersten Schritt erstellst du ein kostenfreies Nutzungskonto. Du kannst dich mit einer E-Mail-Adresse und einem Passwort registrieren. Apples eigenes Log-in-System bietet die App ebenfalls an.

2 Danach trägst du persönliche Angaben und erste Infos zu deinem Baby ein. Die App fragt dich hier auch nach einer Werbeerlaubnis, die du nicht erteilen musst. Deaktiviere dazu den Schalter.

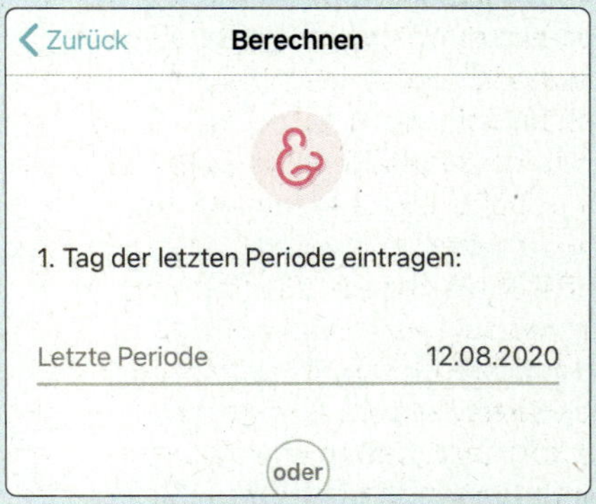

3 Anschließend gibst du den Geburtstermin an. Falls du noch keinen erhalten hast, kann die App diesen ausrechnen. Dies geht mit dem Termin deiner letzten Periode oder mit dem Datum der Empfängnis.

Alltag mit Baby

Dein Baby ist da und das Leben steht kopf. Überforderung, Stress und Schlafmangel sind nun an der Tagesordnung. Mit den richtigen Apps für iPhone und iPad kannst du die neuen Herausforderungen meistern und die besten Momente festhalten.

TEXT: **CHRISTIAN STEINER**

Der neue Alltag mit Baby besteht vor allem aus Rätselraten. Was genau kann das schreiende Kind gerade von mir wollen? Warum fällt ihm das Einschlafen so schwer? Wie oft hat mein Baby eigentlich Hunger?

Für solche Fragen gibt es eine Menge Apps im App Store – und einige sind sogar hilfreich. Zum Elternbuch-Klassiker „Oje, ich wachse!" von Hetty van de Rijt und Frans X. Plooij gibt es zum Beispiel eine eigene iPhone-App. Hier trägst du zu Beginn ein paar Informationen zu deinem Kind ein. Das Programm liefert dann ein grobes Zeitfenster für die wichtigsten Entwicklungsschritte zurück.

Jedes Baby ist zwar individuell, doch alle durchlaufen ähnliche Sprünge in der geistigen und motorischen Entwicklung. Die App informiert mit einem eigenen Kalender, wann dein Kind so einen Sprung durchläuft und was sich dadurch verändert. Zuerst geht es beispielsweise um das Erkennen von Mustern und Stimmen, später kommen komplexe Bewegungsmuster hinzu. Das Wissen um diese Sprünge kann für die Eltern manchmal schon reichen, um sich weniger Sorgen um den Nachwuchs zu machen. „Oje, ich wachse!" kostet rund 5 Euro.

Einschlafhilfen für Kinder

Babys müssen das Einschlafen erst noch üben. Was übermüdeten Eltern leicht fällt, ist für die ganz Kleinen eine große Herausforderung. Im App Store gibt es zwar auch einige Einschlafhilfen für Kinder, aber der beste Tipp findet sich bei Streamingdiensten wie Spotify oder Apple Music.

Viele Babys mögen etwa die Geräuschkulisse von Staubsaugern und Haartrocknern. Damit du nicht jedes Mal diese großen Gerätschaften einschalten musst, gibt es entsprechende Audiotitel bei den Plattformen zum Abspielen. Damit kannst du deinem Baby das Einschlafen erleichtern.

Entwicklung und Schlaf

Die App Baby+ von Philips Avent ist eine umfangreiche Anwendung zum Tracken der Babyentwicklung. Hier kannst du selbst Kleinigkeiten wie das Wechseln der Windeln, Schläfchen und Fütterungen eintragen. Darüber hinaus kannst du die App aber auch für größere Meilensteine nutzen. Dafür findest du etwa ein Babytagebuch, eine Fotosektion sowie einen Zahn-Tracker. Besonders praktisch sind die täglichen Blog-

Digitale Elternhilfen

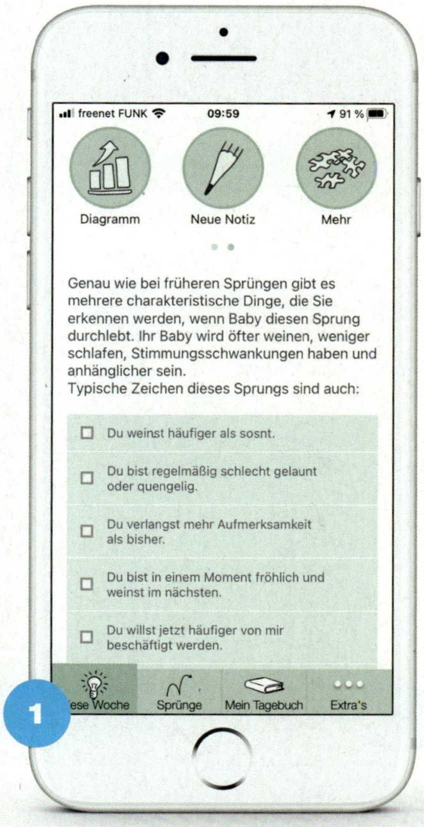

1. Die App zum Elternbuch-Klassiker „Oje, ich wachse!" erklärt dir, wie sich das Leben deines Babys verändert.

2. Die App Baby+ von Philips Avent ist ein umfangreicher Tracker für die Entwicklung deines Babys.

3. Die Babyfon-App Luna macht aus einem alten iPhone oder iPad ein veritables Babyfon inklusive Videoübertragung.

posts auf der Startseite, die dir allgemeine Infos zum Elterndasein oder ganz spezielle Tipps für den Alltag mit Baby liefern.

Der Babyschlaf ist ein wichtiges Thema. Wenn das Kleine erst mal schläft, dann soll es das auch so gut und ungestört wie möglich tun – und damit nicht zuletzt die Nerven der Eltern schonen. Deshalb ist für viele die Anschaffung eines Babyfons Pflicht.

Vielleicht kannst du dir den Kauf eines solchen Geräts aber sparen, wenn du noch ein abgelegtes iPhone oder iPad in der Schublade hast. Denn mit der App Luna verwandelst du das alte Gerät in eine Babyfon-Basisstation. Diese stellst du in das Kinderzimmer und richtest sie auf das Baby aus. Dein eigenes iPhone oder iPad machst du mit der App anschließend zur Elternstation.

Besonders praktisch: Die App liefert nicht einfach nur eine Videoübertragung, sondern schont die Akkus der Geräte. In der Standardansicht erhältst du Informationen, ob dein Baby gerade schläft oder wach ist; die App erkennt dies anhand der Geräuschkulisse. Bei Bedarf schaltest du kurz eine Videoübertragung hinzu, um dir selbst ein Bild zu machen, ohne das Sofa oder das eigene Bett zu verlassen.

Die kostenfreie Version funktioniert im heimischen WLAN. Für den Einmalkauf von rund 12 Euro kannst du Luna auch im Hintergrund und unterwegs benutzen. Das macht das Programm zu einer echten und preisgünstigen Alternative zum klassischen Babyfon.

Elternalltag mit Apps organisieren

Neben dem Baby selbst ist vor allem der neue Alltag eine echte Herausforderung. Damit der Haushalt nicht ausschließlich auf den Schultern einer Person liegt, gibt es zahlreiche Apps, die eine gemeinschaftliche Organisation ermöglichen – zum Beispiel bei der gemeinsamen Essensplanung: Denn wer neben kurzen Nächten, Windelwechsel und ständigen Fütterpausen als Eltern vernünftig essen möchten, freut sich über Anregungen.

Das geht zum Beispiel mit der App Paprika. Hier kannst du Rezepte sammeln, wöchentliche Essenspläne erstellen, die Vorratskammer digitalisieren und sogar einen Einkaufszettel erstellen. Besonders die Rezeptverwaltung ist gelungen: Mit dem integrierten Webbrowser oder der Teilen-Funktion von Safari speicherst du Rezepte von Internetseiten in der App. Die Anwendung erkennt sogar die Zutatenliste und formatiert diese für dich entsprechend. Anschließend kannst du mithilfe der gespeicherten Rezepte deinen Essensplan erstellen. Du kannst aber auch eigene Einträge anlegen.

Paprika kostet rund 5 Euro und erspart du dir eine Menge Grübelei, wenn es mal wieder heißt „Was wollen wir wann eigentlich kochen und essen?"

Für den anschließen Einkauf empfehlen wir die iPhone-App „Buy Me A Pie!". Das Programm ist simpel gestaltet und steht damit einem schnell gefüllten Einkaufszettel nicht im Weg. Mithilfe der Eingabe fügst du neue Artikel hinzu. Vorhandene Anschaffungen merkt sich die App und schlägt diese dann bei späteren Einga-

Digitale Elternhilfen

1. **Rezepte und Essenspläne sammelst du mit Paprika auf dem iPhone.**

2. **Der Kalenderdienst Fantastical bietet auch in der kostenfreien Version schnelle Kalendereinträge mit natürlicher Sprache.**

3. **Mit der Tagebuch-App Day One kannst du die Entwicklung deines Babys in Wort und Bild festhalten.**

ben erneut vor. Auch die Mengenangabe geht mit einem eigenen Knopf schnell von der Hand.

Deine Listen kannst du mit anderen Familienmitgliedern teilen und somit gemeinsam den Einkauf planen. Im Supermarkt tapst du dann nur noch die Artikel von der Liste. Das geht auch mit der eigenen Apple-Watch-App direkt am Handgelenk.

„Buy Me A Pie“ ist kostenfrei nutzbar. Mit einem Premium-Abo schaltest du weitere Listen und mehr Funktionen frei. Außerdem deaktivierst du die Werbung.

Nicht nur der Haushalt will gut organisiert sein, auch der neue Familienalltag braucht mit Kind mehr Planung als ohne. Deshalb ist ein eigener Familienkalender in digitaler Form besonders wichtig.

Erste Anlaufstelle ist natürlich die vorinstallierte Kalender-App von Apple. Mit dem Update auf iOS 14 und iPad OS 14 haben die Entwickler:innen der Anwendung aber so manche „Verschlimmbesserung“ verpasst: Die Eingabe von neuen Terminen ist auf dem iPhone und iPad teilweise noch umständlicher geworden.

Eine gute Alternative stellt Fantastical dar. Mittlerweile setzt der Dienst auf ein kostenpflichtiges Abomodell. Dafür gab es bereits heftige Kritik, doch die kostenlose Basisversion funktioniert ausreichend, um sie im Alltag zu nutzen.

Mit Fantastical kannst du deine Termine in natürlicher Sprache eingeben. Anstatt also für jede Information ein eigenes Eingabefeld aufzurufen, tippst du deinen nächsten Termin mit einem Satz ein. Aus der Eingabe „Morgen um 17:00 ist die U3-Untersuchung bei der Kinderärztin in der Hauptstraße 35“ zieht sich die App eigenständig die einzelnen Daten und trägt diese in die entsprechenden Felder ein. Das spart Zeit und Nerven, wenn du mal eben schnell einen neuen Termin eintragen möchtest.

Ein echtes Plus: Fantastical setzt auf die Kalender-Schnittstellen von Google, Apple und anderen Anbietern, sodass du deine Kalender auch mit Menschen teilen kannst, die selbst keine Fantastical-Anwendung einsetzen. Dies ist besonders praktisch im Familienkontext, wenn nicht alle Mitglieder die gleiche Plattform verwenden.

In der kostenpflichtigen Version unterstützt Fantastical weitere Wochen- und Monatsansichten, umfangreichere Wettervorhersagen oder die Anbindung an externe Dienste. Das Abo kostet in der Einzellizenz rund 5 Euro pro Monat. Für die Familienlizenz bezahlst du etwa 9 Euro monatlich. Wer weiter sparen möchte, kann die Abos auch jährlich abschließen.

Erinnerungen festhalten

Das neue Leben mit Baby ist nicht nur geprägt von Stress und Organisationsfragen, sondern auch von den vielen kleinen Momenten, die viel zu schnell vorbeirauschen. Dein Baby wird sich im ersten Lebensjahr so schnell verändern wie später nie wieder. Das erste Lachen, die ersten Zähne und die ersten Worte sind dabei nur einige der vielen Highlights.

Damit du dich später auch an dieser Zeit erinnerst, ist das iPhone der ideale Begleiter. Mit Apps wie der Tagebuchanwendung Day One kannst du jeden Tag in Wort und Bild festhalten. Das digitale Tagebuch bietet dir in der kostenfreien Version Einträge für Bilder und Texte an. Diese kannst du anschließend mit einer Zeitleiste, einem Kalender oder der Medienansicht anschauen. Da die Einträge häufig sensible private Daten beinhalten, kannst du die App mit Touch ID oder Face ID schützen.

Die kostenpflichtige Premiumvariante bietet weitere Funktionen. Damit kannst du etwa Videos oder Tonaufnahmen hinzufügen und deine Tagebücher drahtlos auf allen deinen Geräten synchronisieren. Das Abo kostet rund 5 Euro pro Monat oder 38 Euro pro Jahr.

Falls du keine Tagebücher schreiben, sondern besonders in Coronazeiten die Familie mit Bildern deines Babys versorgen möchtest, dann ist Apples Fotos-Anwendung die erste und wohl beste Anlaufstelle. Besonders die Live-Bilder-Funktion, die aus einem statischen Bild ein kurzes Bewegtbild macht, ist bei Babyfotos Gold wert. Damit erwischst du viel besser den richtigen Moment für das Foto. In Kombination mit der iCloud kannst du deine Schnappschüsse und Videos teilen und somit die Bilder an andere Konten senden. Deren Inhaber:innen können die Fotos kommentieren und mit einem „Gefällt mir" markieren.

Interview mit Sophie und Georgio von Happy Parents Software

»Apps sollten genau eine Sache machen – und die richtig gut!« GEORGI KOBILAROV

Georgi und Sophie von Happy Parents Software beantworten im Interview Fragen zu ihrer Babymonitor-Anwendung Luna. Das Team sitzt in Berlin und arbeitet außerdem an der populären Paketverfolgungs-App Parceltrack.

Wie seid ihr auf die Idee zur Luna-App gekommen?
Durch Freund:innen haben wir mitbekommen, dass Babyfones oft scheitern und eine App die bessere Wahl wäre. Doch die Programme, die damals am Markt waren, waren nicht im Hintergrund zu nutzen, der Akkuverbrauch war enorm und die Bedienung umständlich. Daher haben wir Luna entwickelt. Hier konnten wir alles einbringen, was uns gefehlt hat. Inzwischen sind wir auch Eltern und nutzen die App selbst jeden Tag.

Eltern sind bei der Datenerhebung ihrer Kinder oft besonders wachsam. Wie gut achtet ihr bei Luna auf Sicherheit und Datenschutz?
In Luna erheben wir so wenig Daten wie möglich. Es gibt zum Beispiel keine Nutzungskonten. Wenn die App mit Servern kommuniziert, setzen wir auf eigene Server in Deutschland statt auf Drittanbieter. Die Kommunikation ist verschlüsselt und signiert. Wir haben zum Glück seit langer Zeit Erfahrung im App-Geschäft und betreuen viele Millionen Nutzer:innen in allen unseren Apps zusammen.

Welche Funktionen plant ihr für die Zukunft von Luna?
Wir sind noch von der alten Schule: Apps sollten genau eine Sache machen – und die richtig gut. Das wichtigste Feature der App ist, dass wir als Eltern die ruhige Gewissheit spüren, dass unser Kind gut schläft.

Natürlich ist uns das Feedback unserer Nutzer:innen wichtig und wir überlegen, wo Erweiterungen hilfreich sind. Derzeit stehen ein Widget und die Apple-Watch-Integration auf unserer Liste.

Web: babyphone.app

So geht's: Geteiltes iCloud-Fotoalbum einrichten

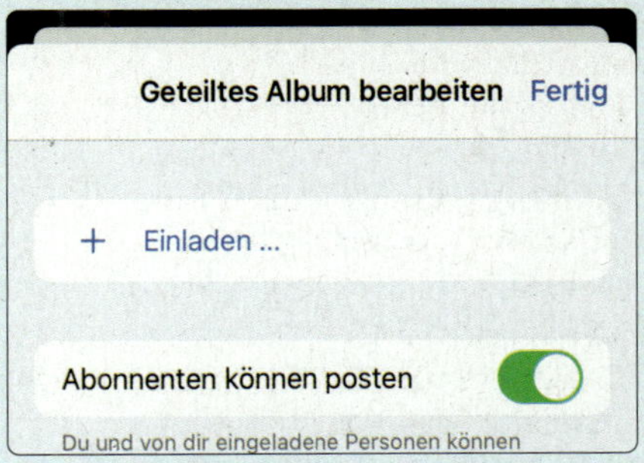

1 Stelle zunächst sicher, dass deine Einstellungen stimmen. Dazu rufst du deine Apple-ID-Übersicht in den Einstellungen auf. Hier findest du unter „iCloud" und „Fotos" unten den Schalter für „Geteilte Alben".

2 Wechsel dann in die Fotos-App. In der Alben-Ansicht tippst du oben links auf das Plus-Symbol. Anschließend wählst du „Neues geteiltes Album". Dieses Album kannst du nun mit einem Titel versehen.

3 Im finalen Schritt kannst du bereits andere Apple-IDs zu diesem Album einladen. Das geht aber auch nach der Erstellung. Dazu gehst du in das Album in tippst auf die Einstellungen rechts oben.

Foto: iStock/Getty Images Plus/Ridofranz

Leben mit Kind

Familienalltag ist oft Stress. Eltern müssen sich koordinieren und die Kinder wollen umsorgt oder unterhalten werden. Mit diesen Apps und Diensten schaffst du das alles und hast auch noch Zeit zum Durchatmen.

TEXT: **CHRISTIAN STEINER**

Der Alltag als Familie ist eine Herausforderung. Ständig müssen die Kinder irgendwo hingebracht oder irgendwo abgeholt werden. Dabei geht es für die Eltern ganz oft um Kommunikation und Organisation. Aber auch die Kinder haben im Alltag viel zu tun. Die Schule verlangt nach Hausaufgaben. In der Freizeit soll am besten keine Langeweile aufkommen. Und auch dort wollen Eltern irgendwie einen Ein- und Überblick bekommen. Das weiß Apple und spendiert den eigenen Geräten einige nützliche Funktionen speziell für Familien.

Familienalltag koordinieren

Organisationsstress entsteht im Alltag oft um die Frage, wer wann wieder zu Hause oder gerade noch unterwegs ist. Die Fragen „Wo bist du gerade?" und „Wann bist du wieder zu Hause?" stellen sich Familien ständig. Das geht mit Apples „Wo ist?"-Dienst auch einfacher als mit Chatnachrichten. Mit der App kannst du deinen aktuellen Standort automatisch mit ausgewählten Personen teilen. Das geht mit der „Wo ist?"-App für eine Stunde lang, bis zum Ende des aktuellen Tages oder auch unbegrenzt. So können deine Familienmitglieder direkt sehen, wo du bist und wann du an verabredeten Standorten ankommen wirst.

Die „Wo ist?"-App ist darüber hinaus auch in der Lage, Apple-Geräte von dir und anderen Familienmitgliedern zu finden. Dazu müsst ihr die Familienfreigabe aktivieren. Anschließend kannst du nachschauen, ob das iPad der Kinder zu Hause liegt oder bei Bekannten vergessen wurde. Die verlegten Geräte müssen dabei noch nicht einmal mit dem Internet verbunden sein.

Für jede Familie mit Apple-Geräten ist Apples Familienfreigabe eine klare Empfehlung. Damit sparst du vor allem Geld. Mehrere Apple-IDs können im gemeinsamen Familienverbund digitale Käufe teilen. Das geht mit Apps, aber auch mit Diensten wie Apple TV+ und Apple Arcade. Ein Kauf beziehungsweise ein Abo schaltet die Inhalte dann für alle Familienmitglieder frei. Außerdem erhaltet ihr in manchen Apps auch weitere Funktionen. Zum Beispiel gibt es dann ein geteiltes Familienalbum in der Fotoanwendung. Eltern können mit der Familienfreigabe auch die Geräte der

Buchtipp

Eine Frage, die die aktuelle Elterngeneration umtreibt ist die, wie viel Medienkonsum angebracht ist. Autorin, Podcasterin, und Bloggerin Patricia Cammarata klärt in ihrem Buch „Dreißig Minuten, dann ist aber Schluss!" auf humorvolle Weise auf.

Links: Die App „Wo ist?" findet nicht nur deine Geräte, sondern kann auch deinen aktuellen Standort mit der Familie teilen.

Rechts: Die Familienfreigabe bringt Apple-IDs zusammen, sodass du und deine Familie Inhalte und Apps gemeinsamen nutzen können.

Kinder besser überwachen. Zum Beispiel kannst du Einkäufe im App Store auf den iPads der Kinder deaktivieren und somit versehentliche Zahlungen verhindern. Die Familienfreigabe findest du in den Einstellungen bei deiner Apple-ID. Mit dem Zusammenschluss als digitale Familie könnt ihr auch eure Standorte teilen. Darüber hinaus ist die Familienfreigabe nötig, um mit der Bildschirmzeit-Funktion weitere Elternkontrollen zu aktivieren.

Hausaufgabenhilfen

Digitale Geräte gehören mittlerweile zum Hausaufgabenalltag. Mit spielerischen Mitteln können die Kleinen lesen, schreiben und rechnen üben, während die größeren Kinder iPad und MacBooks für die Recherche von Referaten oder zum Verfassen von Aufsätzen benötigen. In beiden Fällen kann die Bildschirmzeit eine nützliche Funktion für Eltern sein, die bei der Durchführung der Schulaufgaben einen Überblick behalten möchten. Mit dieser Funktion erhältst du nicht nur detaillierte Statistiken zu den Nutzungszeiten deiner Kinder. Hier kannst du auch gezielte Einschränkungen für die Nutzungsweisen der Geräte festlegen. Zum Beispiel kannst du eine generelle Auszeit bestimmen, sodass in diesem Zeitraum die Geräte deiner Kinder nur noch für Notfälle nützlich sind. Damit kannst du beispielsweise das iPad nachts fast komplett deaktivieren.

Du kannst diese Auszeiten aber auch als App-Limits festlegen. Damit regulierst du die Nutzungszeit für App-Genres oder sogar für einzelne Anwendungen. So kannst du deinen Kindern beispielsweise jeden Tag eine Stunde für Youtube einräumen. Nach dem Überschreiten der erlaubten Nutzungszeit funktionieren die Apps dann nur noch mit deinem vorher gewählten Zahlencode. Im Umkehrschluss kannst du aber auch Apps auswählen, die trotz Auszeit und App-Limits immer funktionieren sollen. Zum Beispiel die Nachrichten-App oder die Telefonfunktion, falls es einen Notfall gibt. Die Bildschirmzeit findest du in den Einstellungen von iPhone, iPad und Mac.

Mit den richtigen Apps kannst du deinen Kindern aber auch beim Lernen helfen. Für die Kleinen gibt es mit Fiete Mathe eine schöne Möglichkeit, um das Rechnen zu üben. Bei dem Puzzlespiel

So geht's: Familienfreigabe nutzen

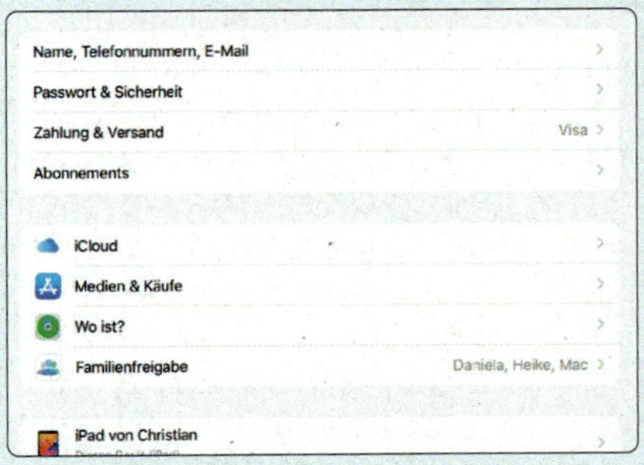

1 Mit der Familienfreigabe kombinierst du mehrere Apple-IDs zu einer Gruppe, sodass ihr gemeinsam auf App-Käufe und Abonnements zugreifen könnt. Die Einstellung findest du bei deiner Apple-ID.

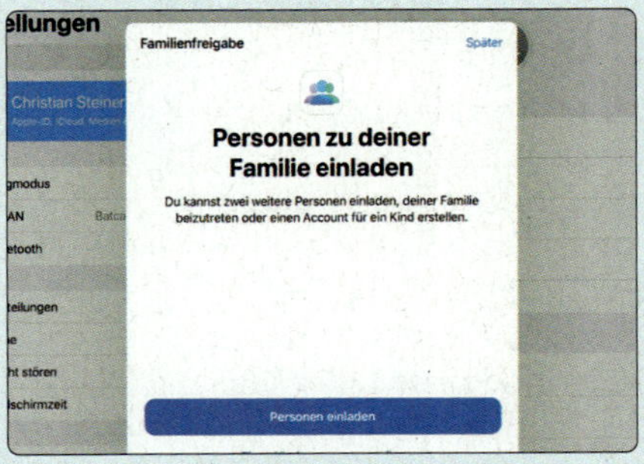

2 Du kannst bestehende Apple-IDs zu deiner Familie einladen. Das geht mithilfe von Mails oder der Nachrichtenapp. Deine Familienmitglieder können sich aber auch persönlich auf deinem Gerät anmelden.

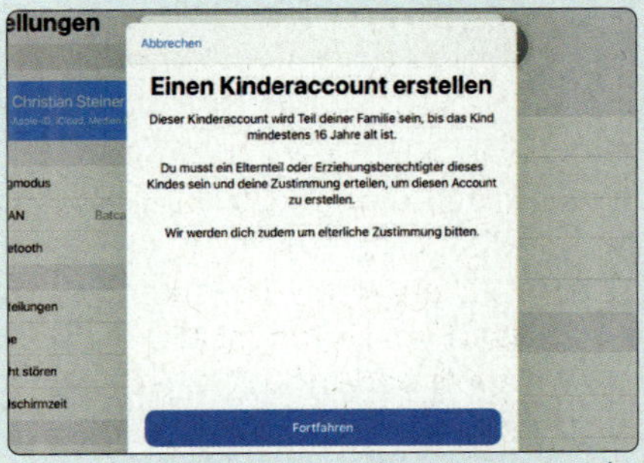

3 Für deine Kinder kannst du eine neue Apple-ID anlegen. Dieser Kinder-Account ist für Kinder unter 16 Jahren nur im Familienverbund verfügbar. Solch ein Account ist zum Beispiel für die Bildschirmzeit nötig.

Digitale Elternhilfen

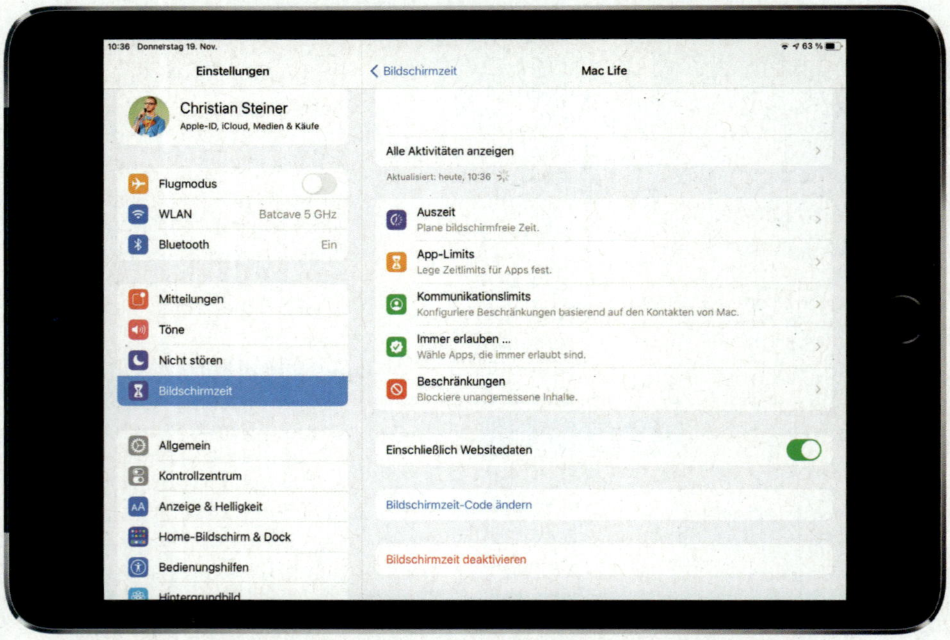

muss dein Kind Zahlen addieren und subtrahieren, um die gewünschte Zahl zu erhalten. In kurzweiligen Levels geht es durch das schön gestaltete Spiel.

Ebenfalls für die jüngeren Jahrgänge gibt es die Zebra Schreibtabelle vom Klett-Verlag. Auch hier geht es mit spielerischen Aufgaben ums Lernen, in diesem Fall aber um das Schreiben. Dein Kind bekommt zum Beispiel die Aufgabe, die zum Wort passenden Buchstaben auszuwählen. Dazu erklärt die App mittels Sprachausgabe, was zu tun ist.

Spielerische Lern-Apps wie Fiete Mathe unterhalten deine Kinder nicht nur, sondern bringen ihnen auch noch etwas bei.

Mit Anton lernt dein Kind das schulische Lernen. Die Schule deines Kindes kann mit der App kooperieren, sodass ihr euch mit einem Schulkonto einloggen könnt. Das ist aber nicht zwingend notwendig. Die App unterstützt Lerninhalte von der ersten bis zur 13. Klasse und verschiedene Schulfächer wie zum Beispiel Sachunterricht, Musik, aber auch Deutsch und Mathe. Zu den Fächern gibt es Lerneinheiten, Übungen und Tests. Mit Anton kannst du die Interessen deines Kindes fördern und Nachhilfe spielerisch anbieten.

Digitale Freizeit

Organisieren und Lernen sind zwar notwendiger Familienalltag, am schönsten ist aber immer noch die gemeinsame Freizeit. Auch diese kannst du mit Apps digital gestalten. Zum Beispiel mit den richtigen Spielen. Das beste Games-Angebot für den kleinen Geldbeutel stellt Apple Arcade dar. Bei dem Abo-Dienst kannst du deine Kinder mit gutem Gewissen an die Geräte lassen. Statt In-App-Käufe und süchtig machende Spielprinzipien gibt es hier unkonventionelle Puzzlespiele wie „What the Golf?“ oder aufwendige Rollenspiele wie Beyond A Steel Sky. Das Abo kostet rund fünf Euro im Monat. Mit der Familienfreigabe kannst du es ohne weitere Kosten mit deinen Kindern teilen. Die Spiele funktionieren auf dem iPad, dem iPhone, dem Mac und mit einem separaten Controller auch am Apple TV.

Für gemeinsame Film- und Serienabende bietet Apple mit Apple TV+ ebenfalls einen eigenen Dienst an. Anders als bei Netflix, Amazon Prime oder Disney+ geht es hier vor allem um neue Formate und Inhalte. Das Angebot von Apple TV+ steigt stetig. Bereits seit dem Start des Dienstes im Herbst 2019 setzt Apple auf familienfreundliche Unterhaltung. Die Helpsters stammen aus dem Universum der Sesamstraße, Jim Hensons Fraggles machen bei Apple TV+ weiter und auch Snoopy hat den Sprung in das digitale Zeitalter geschafft. Für die Erwachsenen gibt es ebenfalls jede Menge Serien- und Filmstoff, zum Beispiel die Familien-Drama-Serie „Verschwiegen“ mit Chris Evans oder die Science-Fiction-Serie „For All Mankind“, die das Rennen zur Mondlandung neu erzählt. Auch bei Apple TV+ kannst du die Familienfreigabe nutzen. Neben Apples eigenen Geräten unterstützen mittlerweile Spielekonsolen wie Playstation und Xbox den Dienst, aber auch TV-Geräte und Streamingboxen der Konkurrenz.

Um die Aktivitäten deiner Kinder auf ihren Geräten besser zu überblicken, kannst du Einschränkungen mit der Bildschirmzeit vornehmen.

Die Apple Watch für Kinder

Mit dem Update auf watchOS 7 im Herbst 2020 hat Apple den digitalen Uhren eine Familienkonfiguration verpasst, die besonders für Kinder interessant ist. Bisher benötigte jede Uhr ein eigenes iPhone. Mit der neuen Familienkonfiguration kannst du mit deinem iPhone nun auch die Uhren der Kinder verwalten, ohne dass diese zusätzlich ein eigenes Smartphone brauchen. Das kann besonders praktisch für Notfälle und alltägliche Termine sein. Dein Kind kann mit der Nachrichten- und Telefon-App auf der Uhr direkt mit dir kommunizieren. Mithilfe der „Wo ist?“-App kannst du im Notfall nachschauen, wo sich dein Kind gerade aufhält. Diese Familienkonfiguration funktioniert aber nur mit Apple Watches, die eine mobile Datenverbindung nutzen können.

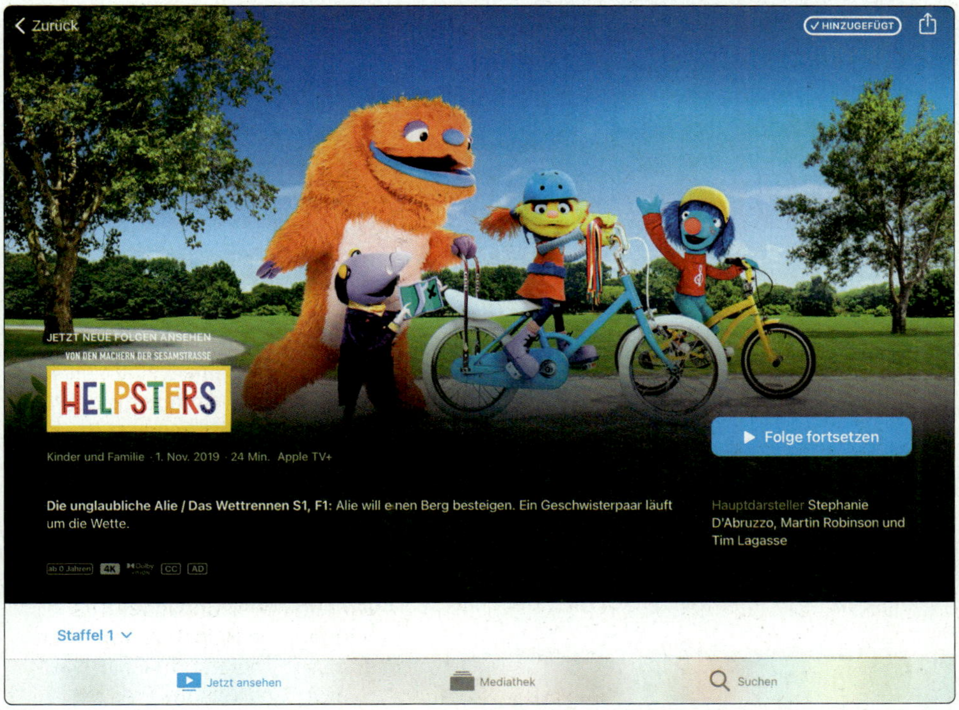

Neben Amazon Prime, Disney+ und Netflix gibt es auch bei Apple TV+ ein ausgewähltes Angebot für die ganze Familie.

Mit einem iPad und dem Apple Pencil kannst du deine Kinder auch kreativ an Technik heranführen. Der digitale Zeichenstift unterstützt mittlerweile alle aktuellen iPad-Modelle. Apples vorinstallierte Notizen-App bietet eine Vielzahl an Mal- und Zeichenmöglichkeiten. Daneben gibt es aber eigenständige Ausmal-Apps für Kinder oder Erwachsene. Für Fans des Marvel-Universums gibt es mit „Marvel: Color Your Own" so eine App rund um die bunten Comic-Figuren. Wer eine thematische Alternative sucht, greift zu Pigment vom gleichen Entwickler. Bei beiden Apps sind die kostenpflichtigen Abos mit rund 5 Euro pro Woche recht teuer. Die kostenlose Variante liefert aber auch einige Ausmalbilder und ist für das gelegentliche Malen ausreichend.

Auf dem iPad gibt es Ausmal-Apps für groß und klein, die besonders mit dem Apple Pencil Spaß machen.

Podcast-Empfehlungen für Eltern

Für Eltern gibt es selten Zeit zum Durchatmen. Die Momente, in denen das Kind schläft, lassen sich aber gut zum Podcasthören nutzen. Wir empfehlen deshalb diese Elternpodcasts:

SZ-Magazin

In der ersten Staffel berichtet Hebamme Maja Böhler in acht Episoden von ihrem Alltag als Hebamme für das SZ-Magazin.

Mit Kindern Leben

Autorin Patricia Cammarata und Blogger Caspar Clemens Mierau tauschen ihre Erfahrungen als Eltern aus.

Das gewünschteste Wunschkind

Die Autorinnen der beliebten Ratgeber-Reihe Danielle Graf und Katja Seide geben nützliche Tipps, wie du stressfrei durch die Kindererziehung kommst.

Elterngespräch

Im Podcast des Eltern-Magazins bespricht Julia Schmidt Jortzig Themen rund ums Kind - oft mit spannenden Gästen.

Familienrat

Podcaster Matze Hielscher (Hotel Matze) bespricht Fragen aus der Community mit Diplom-Pädagogin Katia Saalfrank.

BBMWMÜKR

Nicht immer bierernst geht es bei Benni und Laura zu. Sie treffen sich regelmäßig auf ein Bier (oder Wein) und berichten aus der Berliner Eltern-Bubble.

Projekt Kaktus

Empfehlung in eigener Sache. Mac-Life-Redakteur Christian Steiner und Partnerin Daniela Ishorst berichten von ihren Erfahrungen als neue Eltern.

Die besten AR-Spiele

Augmented-Reality-Spiele holen eine virtuelle Spielwelt in die Wirklichkeit. So sorgen sie für ein Entertainment-Erlebnis, das die Umgebung einbezieht. Wir stellen dir die besten Augmented-Reality-Spiele für dein iPhone vor.

TEXT: **JOACHIM KLÄSCHEN**

Auf halber Strecke zwischen der uns alle umgebenden „wirklichen" Realität und der „Virtual Reality", bei der du mit einem Headset vollends in eine künstliche Welt eintauchst, liegt die „Augmented Reality".

Diese „erweiterte" Realität fügt der realen virtuelle Elemente hinzu. Dabei erfasst die Smartphone-Kamera die Umgebung und macht diese zum Hintergrund, vor dem es die virtuellen Informationen zeigt. Dies können Apps sein, die das Kamerabild mit Sehenswürdigkeiten durch interessante Informationen anreichern – oder eben Spiele, die das Bild im Sucher der iPhone-Kamera zum Hintergrund für das Geschehen machen.

Im einfachsten Fall werden bei solchen Augmented-Reality-Spielen Wohnzimmertisch und Küchenfußboden zu Kulissen für Seeschlachten oder Panzerduelle. Dabei sorgen die Neigungssensoren des iPhone dafür, dass sich der Blick auf die Spielwelt entsprechend dem Winkel, im dem du das Smartphone hältst, verändert. So kannst du Ozean und Schlachtfeld von allen Seiten aus betrachten, während du dich spielend durch den Raum bewegst. Da die Spielwelt auf 3-D-Modellen basiert, scheinen sich diese tatsächlich in diesem Raum zu befinden.

Im besten Fall beziehen Augmented-Reality-Spiele die Satellitennavigation des iPhone mit ein und verlagern das Spiel so vollends in die reale Welt. Dann steuert deine Bewegung die der Spielfigur mit. So können Spaziergänge zu spannenden Abenteuern werden, wenn im Wald plötzlich Zombies aus dem Unterholz hervorbrechen.

Tipps für ein gutes AR-Spielerlebnis

- **Suche dir eine Umgebung mit ausreichend Platz.**
- **Wähle eine nicht-spiegelnde Oberfläche.**
- **Sorge für eine gute Ausleuchtung.**
- **Achte darauf, dass der iPhone-Akku vollständig geladen ist.**
- **Wenn es vor die Tür geht: Powerbank einstecken!**

So packend die Echtwelt-Abenteuer sind, haben sie doch einen Haken: Die gleichzeitige und dauerhafte Verwendung von Kamera und GPS-Modul benötigt viel Energie, sodass sich der iPhone-Akku beim Spielen schnell leert.

Zum Durchbruch verhalf dem Genre der Augmented-Reality-Spiele der Klassiker „Pokémon Go", bei dem du Monster fängst, trainierst und die niedlichen Schützlinge gegen die anderer Spieler:innen antreten lassen kannst. Seit dem Erscheinen ist der Titel ungebrochen populär. Wann immer in der Welt von Pokémon Go seltene Kreaturen auftauchen, finden sich Trauben von Menschen mit Smartphone und Powerbanks im Stadtbild, die versuchen, sie einzufangen.

The Ancients AR

Drei Königreiche liegen im kriegerischen Clinch miteinander. Ihre Konflikte tragen sie auf hoher See aus. Im AR-Modus ergießt sich der Ozean auf Tischen oder über Fußböden. Vor jeder Mission stellst du als Kriegsherr:in im Rahmen deiner finanziellen Möglichkeiten eine Flotte zusammen, wobei sich die Schiffe unter anderem hinsichtlich ihrer Geschwindigkeit, Panzerung und Bewaffnung unterscheiden.

In den Schlachten auf See dirigierst du die Fregatten im taktischen Verbund und versuchst dabei, die gegnerischen Verbände zu vernichten und möglichst viele Schätze zu erbeuten. Besondere Höhepunkte der Schlachten sind die Auftritte der namensgebenden „Ancients" – gigantische Monster, die in brenzligen Situationen vom Meeresboden auferstehen und mit ihren riesigen Waffen auf die gegnerische Flotte einprügeln. Besonders aus der Nähe sind die Scharmützel eine Augenweide.

Das kriegerische Hochsee-Spektakel findet in Echtzeit statt; wenn dir das zu hektisch ist, darfst du die Zeit anhalten und die taktischen Entscheidungen in aller Ruhe fällen.

Preis: 3,50 Euro
Web: immersion.pl

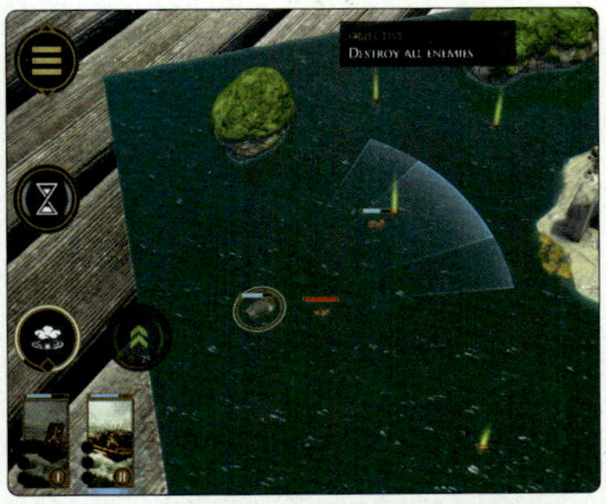

Angry Birds AR

Drei Königreiche liegen im kriegerischen Clinch miteinander. Ihre Konflikte tragen sie auf hoher See aus. Im AR-Modus ergießt sich der Ozean auf Tischen oder über Fußböden. Vor jeder Mission stellst du als Kriegsherr:in im Rahmen deiner finanziellen Möglichkeiten eine Flotte zusammen, wobei sich die Schiffe unter anderem hinsichtlich ihrer Geschwindigkeit, Panzerung und Bewaffnung unterscheiden.

In den Schlachten auf See dirigierst du die Fregatten im taktischen Verbund und versuchst dabei, die gegnerischen Verbände zu vernichten und möglichst viele Schätze zu erbeuten. Besondere Höhepunkte der Schlachten sind die Auftritte der namensgebenden „Ancients" – gigantische Monster, die in brenzligen Situationen vom Meeresboden auferstehen und mit ihren riesigen Waffen auf die gegnerische Flotte einprügeln. Besonders aus der Nähe sind die Scharmützel eine Augenweide.

Das kriegerische Hochsee-Spektakel findet in Echtzeit statt; wenn dir das zu hektisch ist, darfst du die Zeit anhalten und die taktischen Entscheidungen in aller Ruhe fällen.

Preis: kostenfrei*
Web: angrybirds.com

Amon

Zunächst scheint Amon die Einrichtung zu ruinieren, indem es Risse auf den Boden zeichnet. Diese wachsen sogar nach einer Berührung zu einem ausgewachsenen Krater, aus dem Fragmente von Skulpturen und Statuen aufsteigen, die im Raum zu schweben scheinen. Deine Aufgabe ist es, die richtige Position und Perspektive zu finden, aus der die Einzelteile ein stimmiges Ganzes zu ergeben scheinen.

Sind die Skulpturen anfangs lediglich in zwei Teile zerbrochen, nimmt die Fragmentierung im Spielverlauf bald zu, sodass die Puzzles immer kleinteiliger und anspruchsvoller geraten. Zudem kommen zu den Fragmenten bald weitere irreführende Teile hinzu. Hast du diese identifiziert, musst du sie in einen Krater ziehen, der sie in das Nichts reißt. Anschließend kannst du dich ungehindert dem Zusammenfügen der Fragmente widmen, was in jedem Fall viel Freiraum erfordert. Dafür hilft bei der Verwendung von Kopfhörern binauraler Ton beim Lösen der Rätsel.

Dass Amon vor Beginn jeder Runde den Boden neu erfassen muss, trübt die Spielfreude allerdings geringfügig.

Preis: 2,30 Euro
Web: lykkestudios.com

Conduct AR

Mit Volldampf rast ein Zug in Conduct AR über eine Wildwest-Insellandschaft, die aus dem Wohnzimmertisch oder jeder anderen planen Fläche zu erwachsen scheint. Aus erhöhter Sicht schaust du auf das Geschehen hinab und assistierst dem Schienenfahrzeug. So gilt es etwa durch Antippen des Bildschirms Weichen umzustellen, damit der Express keine Endlosschleifen dreht, oder den Zug zu bremsen, wenn Kollisionen mit den die Gleise kreuzenden Inselbewohnern drohen. Ziel ist es, in den zusehends verschlungeneren Spielstufen eine bestimmte Anzahl von Reisenden innerhalb einer beschränkten Zeit aufzusammeln und schadlos an ihren Zielbahnhof zu bringen.

Tückisch ist, dass im Spielverlauf immer mehr Züge auf dem Schienennetz verkehren und für Hektik sorgen, du aber lediglich das eigene Stahlross steuern kannst und so vorausschauend schalten musst. Unabdingbar ist es, sich die Insel von allen Seiten genau anzusehen, um alle Tücken des Streckennetzes zu erkennen. Vorbildlich kannst du die Größe der Spielwelt mit einer Geste verändern.

Preis: 5,50 Euro
Web: conductthis.com

Euclidean Skies

Mitten im Raum schweben verwinkelte Gebäude, durch die eine rothaarige Amazone sich ihren Weg bahnen muss. Spielfeld für Spielfeld folgt die Kriegerin den Fingerzeigen. Allerdings steuerst du nicht nur die Heldin, sondern verformst auch die aus Würfeln bestehenden Gebäude. Wie die Elemente eines Zauberwürfels drehst du die Bestandteile mitsamt der Amazone um drei Achsen. So entstehen neue Pfade, die ihr den Weg zum Ausgang aus den Spielstufen bahnen.

Neben der rothaarigen Schwertträgerin tummeln sich in den Himmelsgebäuden auch dunkle Gestalten, die es auf sie abgesehen haben. Wann immer die Amazone sich bewegt, agieren im Anschluss die gegnerischen Figuren entlang absehbarer Bahnen. Da ist es hilfreich, sich selbst im Raum zu bewegen und die geometrischen Wunderwerke von allen Seiten zu betrachten. Es gilt, die Situation aus allen Winkeln in Ruhe zu analysieren. Gegnerische Gestalten finden den Tod entweder durch einen geschickten Schwertstreich der Heldin oder werden elegant bei einer Drehung der Gebäudeteile zermalmt.

Preis: 5,50 Euro
Web: euclideanskies.com

The Machines

Auf einem weitläufigen Schlachtfeld marschieren deine beiden mächtigen Kampfroboter ein, um die gegnerische Basis dem Erdboden gleichzumachen. Die Steuerung erfordert etwas Eingewöhnung: Die ausgewählte Spielfigur dirigierst du mit einem Fadenkreuz, dessen Position du durch Drehen und Neigen des iPhone bestimmst. Während die mechanischen Krieger ihre Standardwaffen automatisch einsetzen, sobald Gegner in Schussweite sind, musst du Spezialwaffen selbst auslösen.

Mit blinder Ballerei kommst du allerdings nicht weit; stattdessen ist in „The Machines“ taktisches Vorgehen gefragt. So gilt es, den Weg zu planen, das Terrain für sich zu nutzen und feindliche Geschütztürme möglichst schnell auszuschalten. Es lohnt sich durchaus, sich wortwörtlich in das Geschehen hineinzuknien, denn die Grafik des Titels ist beeindruckend.

Im Mehrspieler:innen-Modus kannst du dich online mit anderen messen. Leider ist es nicht leicht, Gegner:innen für solche Duelle zu finden. Alternativ kannst du lokale Duellen eröffnen und andere dazu einladen.

Preis: 2,30 Euro
Web: themachinesgame.com

Micro Breaker

Am Ende einer von Banden begrenzten Bahn warten in der Tiefe des Raumes allerlei Klötzchen darauf, zerstört zu werden. In bester Break-out-Manier passiert das in Micro Breaker, indem du einen Ball mit einem Schläger in die Bahn drischst und dabei stets bedenkst, dass Einfalls- und Ausfallswinkel einander entsprechen. Den von seiner zerstörerischen Mission zurückkehrenden Ball gilt es dann erneut zu schlagen, bis alle Steine abgeräumt sind.

Ein chaotisches Element kommt durch zufällige Extras in Spiel, die sich aus zerstörten Steinen lösen. So kann es passieren, dass plötzlich nur noch eine Notbeleuchtung brennt, der Schläger mit Laserstrahlen feuert, sich nur noch widerwillig bewegt oder zusätzliche Bälle ins Spiel kommen.

Besonders die realistische Ballphysik und die an den Klassiker „Tron" erinnernde Neon-Optik begeistern. So arbeitest du dich Spielstufe um Spielstufe voran und sammelst Credits, mit denen du neue Bälle mit besonderen Eigenschaften freischaltest. Beim Platzieren der Spielfläche im Raum bietet Micro Breaker vorbildliche Optionen, um diese zu drehen oder zu skalieren.

Preis: kostenfrei*
Web: rasterage.com

Scriptum AR

Mit viel Getöse erscheint im eigenen Wohnzimmer ein steinerner Torbogen, durch den du in die Welt von Scriptum eintrittst. Auf der anderen Seite findest du dich in einem fremden Raum wieder. Der Blick zurück offenbart, dass sich das Portal geschlossen hat. Gefangen in der Fremde und unter dem gnadenlosen Ticken der Uhr gilt es, rechtzeitig einen Ausweg zu finden. Ein scharfes Auge und ein Blick für Details sind die besten Helfer auf dem Weg zurück in die Realität.

Im Escape-Room musst du durch Drehen und Wenden des iPhone jeden Winkel inspizieren und Objekte und Hinweise zu suchen. Im einfachsten Fall sind das versteckte Schlüssel, die verschlossene Schränke öffnen. Aber meistens verbergen sich in diesen nur weitere mysteriöse Hinweise.

Die beiden im Download eingeschlossenen Escape-Rooms sind lediglich Appetithappen für die umfangreicheren Abenteuer, die sich durch In-App-Käufe eröffnen. Diese spielen im Inneren eines Raumschiffs und in einer Anstalt, in der ein irrer Arzt Experimente an seinen Opfern vornimmt.

Preis: kostenfrei*
Web: adver2play.com

Smash Tanks

Anstatt sich mit schwerem Geschütz auf Distanz zu bekriegen, geht es bei Smash Tanks auf Tuchfühlung. Die erstaunlich agilen Panzer selbst sind die Projektile, mit denen sich Spielende beschießen. Die Steuerung der Gefährte läuft ähnlich ab wie in Angry Birds: Durch Ziehen mit einem Finger spannst du eine unsichtbare Zwille, nach dem Loslassen schießt der Panzer in die entgegengesetzte Richtung und plättet alles in seiner Bahn. So geht es in den überschaubaren Arenen darum, rundenweise den gegnerischen Einheiten durch Rammen Energie abzuringen. Für Abwechslung während der Scharmützel sorgen Kampfjets, die Container mit zufälligen Extrawaffen abwerfen. Wer sich vor dem eigenen Zug durch den Raum bewegt und dabei ein umfassendes Lagebild verschafft, kann die zerstörbaren Gebäude besser zur Deckung nutzen. Vorbildlich lässt sich in Smash Tanks die Spielfläche vor dem Platzieren im Raum in ihrer Größe und Position anpassen.

Wer keine Lust hat, gegen den Computer anzutreten, kann sich im lokalen WLAN mit menschlichen Herausforder:innen duellieren.

Preis: 2,30 Euro
Web: dumplingdesign.com

Welche Wander-Apps bringen dich weiter?

Wie wir reisen, verändert sich in der Pandemie. Und damit auch die Apps, die wir in unserer freien Zeit benutzen. Wir vergleichen fünf Wander- und Touren-Apps für dich.

TEXT: **JULIA KEMP**

Hiddensee, das Elbsandsteingebirge, der Harz, die Rhön. Selten haben wir so viele Menschen von Urlaubszielen sprechen hören, die wir sonst als Destination eher der älteren Generation zugeschrieben hätten. Wir nutzen unsere freie Zeit anders und entdecken dadurch neue Möglichkeiten: Bei Paulcamper, Roadsurfer und Co. sind die Wohnmobile auf Monate hin ausgebucht. Nie waren die Preise für ein Großfamilienauto, das keinesfalls durch die nächste Hauptuntersuchung kommen würde, so hoch wie im Moment. Und bei Globetrotter sind die Hängematten ausverkauft.

Wir reisen anders in der Pandemie; wir verbringen lieber Zeit in unserem kleinen, klar umrissenen, eigenen Bereich als in einer großen Menschenansammlung. Wir liegen lieber zwischen zwei Fichten in unserer leichtgewichtigen, schnell trocknenden Hängematte als dicht an dicht am Strand. Kurz: Wir mögen die Isolation in der Natur, den Auslauf in Wäldern und Feldern nach dem Lockdown. Wir möchten uns bewegen, neue Orte entdecken, an der frischen Luft ein wenig Vitamin D einspeichern – und das alles ohne direkten Kontakt zu möglicherweise ansteckenden Menschen und ohne weit zu reisen.

So ist es keine Überraschung, dass iPhone-Apps zum Thema Wandern und Routenplanung immer beliebter werden. In unserem Test betrachten wir die Programme Wikiloc, Viewranger, Maps 3D, Alltrails und Komoot.

Du kannst beispielsweise auf einer Reise ins schwedische Niemandsland zwischen Seen, Wäldern und Hügeln ein paar von ihnen ausprobieren und die Vor- und Nachteile des Wanderns mit einer App ausloten. Erfahrungsgemäß triffst du dabei mitunter nicht einen einzigen schwedischen Menschen – außer vielleicht der netten Dame an der Supermarktkasse, die Reiseproviant in Form von Marabou-Schokoladen verkauft.

Gemeinsamkeiten

Was all diese Apps gemeinsam haben, sind die Funktionen zum Planen, zum Aufzeichnen und dem abschließenden Speichern der Route. Nach der Wanderung hast du Einblick in das Höhenprofil der Tour, in die Entfernung, die du zurückgelegt hast, die durchschnittliche Geschwindigkeit und die vergangene Zeit. Diese Funktionen stehen bei allen Apps auch in der kostenfreien Version zur Verfügung. Die Apps unterscheiden sich allerdings in ihren Extras, die oft auch erst in der Premium-/Pro-Version zugänglich sind, und vor allem in den Community-Funktionen, die sie bieten.

Ehrlicherweise kann das Öffnen einer App vor einer Wanderung erst einmal eine Überwindung sein. Wir fahren in den Urlaub mit dem Ziel, uns treiben zu lassen, zu entspannen und zu schauen, wohin der Weg uns führt. Das gezielte Planen einer Wanderung erscheint bisweilen als einschränkend und überflüssig. Du könntest doch einfach zu irgendeinem See fahren, dort einen kleinen ausgetrampelten Fußweg finden und diesem folgen, bis du irgendwann einen anderen nähmest und schließlich wieder, vollgetankt mit Natureindrücken und der angenehmen Erschöpfung eines Wandertages, am Auto ankämest.

Hightech und Natur müssen sich nicht ausschließen. Zumindest, solange du es schaffst, das iPhone auch mal in der Hosentasche zu belassen und die Umgebung zu genießen.

An einem einsamen schwedischen See der Wahl lernst du jedoch gleich mehrere Vorteile der Wander-Apps zu schätzen. Erstens gibt es weniger Fußpfade als gedacht und sie führen meistens nur wenige Meter weit. Dann musst du umkehren, wenn du dich nicht durch ein Dornengestrüpp kämpfen willst. Ein entspanntes Loswandern ist gar nicht so einfach wie zunächst gedacht. Und dann befindest du dich auf einmal an einer Stelle mitten im Wald und weißt nicht, wo genau das Auto noch mal steht. Wenn du dann auch noch keinen guten Internetempfang hast, der mithilfe von Google Maps zum Auto führt, wünschst du dir eine Wander-App mit Offlinekarten-Funktion herbei.

Foto: Getty Images/E+/da-kuk

Vorteile

Mit Wander-Apps kannst du dich bereits im Vorfeld zu Hause hinsetzen und dir eine Route Schritt für Schritt planen und dies dank des vollen Zugriffs auf entsprechendes Kartenmaterial. So kannst du auch kleine Wege entdecken, die dir mit einfachen Navigations-Apps verborgen bleiben. Außerdem hast du bei den Apps Komoot, Alltrails, Wikiloc und Viewranger Zugriff auf die Erfahrungswerte anderer App-Nutzer:innen, die dir den Schwierigkeitsgrad und den Zeitaufwand der geplanten Tour verraten. In der kostenfreien Version von Wikiloc kannst du dir sogar Offline-Kartenmaterial herunterladen und so ohne Probleme das Auto wiederfinden.

Die Apps Komoot, Alltrails, Wikiloc und Viewranger schlagen bereits auf der Startseite verschiedene Tracks in der näheren Umgebung vor, die du nach einem Sternesystem (Viewranger und Alltrails), nach Schwierigkeitsgrad und nach Disziplin filtern kannst. Bei Wikiloc kannst du nicht nur nach Betätigungen wie Mountainbiking, Wandern und Wassersportarten filtern, sondern auch nach Wegen, die für sehbehinderte Personen geeignet sind.

Bei längeren Wanderungen in weniger begangenem Terrain können „Buddy-Funktionen“ den Wandernden Sicherheit bieten. Bei Viewranger findest du die Funktion „Buddy Beacon“, mit der du für fünf Euro im Jahr den eigenen Standort alle zwei Minuten an eine ausgewählte Person senden kannst. Alltrails bietet mit „Lifeline“ eine ähnliche Funktion an, bei der sogenannte Sicherheitskontakte den Plan und Fortschritt der Wandernden einsehen können. Diese Funktion steht in der Pro-Version für 30 Euro im Jahr zur Verfügung.

Für die Wandernden, die die eigene Tour lieber selbst in der Hand haben und keine Inspiration aus einer Community benötigen, sondern den eigenen Plänen folgen wollen, stellen Maps 3D, Viewranger und Alltrails sehr gutes Kartenmaterial zur Verfügung. So hast du bei Maps 3D die Wahl zwischen drei verschiedenen topografischen Karten, einer Wanderkarte und vielem mehr. Das Planen der eigenen Route mit Höhenprofil und Distanzberechnung läuft sehr intuitiv.

Ein weiterer großer Vorteil der Wander-Apps erschließt sich im Anschluss an die Reise, wenn du die gewanderten Tracks Revue passieren lässt. Wenn du die Apps nun öffnest, öffnest du eine Chronik deiner Wandererlebnisse; inklusive Fotos, die den Trails zugeordnet sind, sowie der Zeit in Bewegung und Angaben dazu, wo du länger Pause gemacht hast. Du siehst die Karten und die Bilder an und erinnerst dich genau, an welcher Stelle du länger standest, weil du händeweise Blaubeeren gepflückt hattest.

Einschränkungen

Was bei einer Tour im Schwarzwald weniger Probleme macht, kann zum Beispiel in Schweden eine Herausforderung sein. In weniger erschlossenen Gebieten sind die vorgeschlagenen Routen rar gesät und du musst den Suchradius stark erweitern, um einen auf die eigenen Bedürfnisse abgestimmten Track zu finden, zu dem du dann auch eine längere Anreise in Kauf nehmen musst.

Wander-Apps liefern Routen, mit denen du sogar den Heimatort neu kennenlernst.

Nachdem du eine passende Tour gefunden hast, kann es passieren, dass du mit dem iPhone in der Hand um einen See läufst und versuchst, auf dem Weg zu bleiben. Das erweist sich einerseits bisweilen als praktisch, da du jederzeit bereit sein kannst, sehr eindrucksvolle Naturaufnahmen mit der iPhone-Kamera zu machen. Andererseits hast du durch das Smartphone in der Hand jedoch womöglich das Gefühl, weniger in der Natur anzukommen, als wären die Eindrücke weniger unmittelbar. Die Spontaneität und das Abenteuer einer Wanderung gehen verloren. Und du gerätst ein wenig in Stress, wenn du dem vorgeschlagenen Trail unbedingt genau folgen willst. Anstatt an einer Wegkreuzung der eigenen Intuition zu folgen, starrst du ein paar Minuten lang auf ein helles Display, bis du dir sicher bist, auf dem richtigen Weg zu sein.

Dieses Problem lässt sich jedoch durch eine Apple Watch relativ einfach lösen. Mit dem Jahresabo der Apps darfst du dir den ausgewählten Trail auf die Smartwatch übertragen, um dann mit freien Händen und offline die Natur zu genießen und das Smartphone nur zur Hand zu nehmen, um dieselbe in Fotos festzuhalten.

Fazit

Alle fünf vorgestellten Apps eignen sich sehr gut für Wandernde, die Touren im Voraus planen wollen, die Inspirationen für neue Touren bekommen möchten oder die Trails suchen, die ihren Bedürfnissen entsprechen.

Letzteres funktioniert jedoch nur, wenn du dich in Gebieten befindest, die schon gut erschlossen sind. Befindest du dich in weniger bewanderten Bereichen, kannst du selbst neue Routen eintragen, um dich ein wenig wie ein:e Pionier:in zu fühlen und die gewanderten Wege im Überblick zu behalten. Doch bei der Bewegung selbst helfen sie nicht allzu sehr. Das musst du dann doch noch selbst machen.

Maps 3D

Maps 3D kannst du wahlweise mit einer 3D-Kartenansicht mit Höhenprofilen oder einer 2D-Variante nutzen. Es gibt sieben verschiedene Kartentypen inklusive drei topografischer Karten, einer Wanderkarte und einer Nahverkehrskarte. Alleinstellungsmerkmale von Maps 3D sind der Kompass und Informationen über Längen- und Breitengradpositionen. Ein intuitives Routenplanen in den Modi Wandern, Fahrrad, Mountainbike, Rennrad und Auto ist möglich. Und mit der Offline-Erweiterung für 5 Euro kannst du deine Routen auch jederzeit ohne Datenverbindung planen. Allerdings gibt es keine Community und Tourenvorschläge. Um offline Zugang zu heruntergeladenen Karten zu haben, musst du das „Maps Plus Package" für satte 15 Euro erwerben.

Das Tracking bei Maps 3D bietet Einblicke in die Steigung der Tour in Prozent und in Metern pro Minute, in die zurückgelegte Gesamtstrecke, die durchschnittliche sowie maximale Geschwindigkeit, in den Höhengewinn und Höhenverlust sowie die Zeit in Bewegung und die Gesamtzeit. Außerdem steht ein Höhenprofildiagramm zur Verfügung.

Preis: kostenfrei (Premium 15 Euro/Jahr)
Web: de.wikiloc.com

- ⊕ viele Kartentypen für erfahrene Routenplaner:innen
- ⊖ keine Community, keine hilfreichen Tourenvorschläge

NOTE

2,5

Fazit: Maps 3D ist die perfekte App für Wandernde, die lieber selbst planen und dafür gutes Kartenmaterial benötigen.

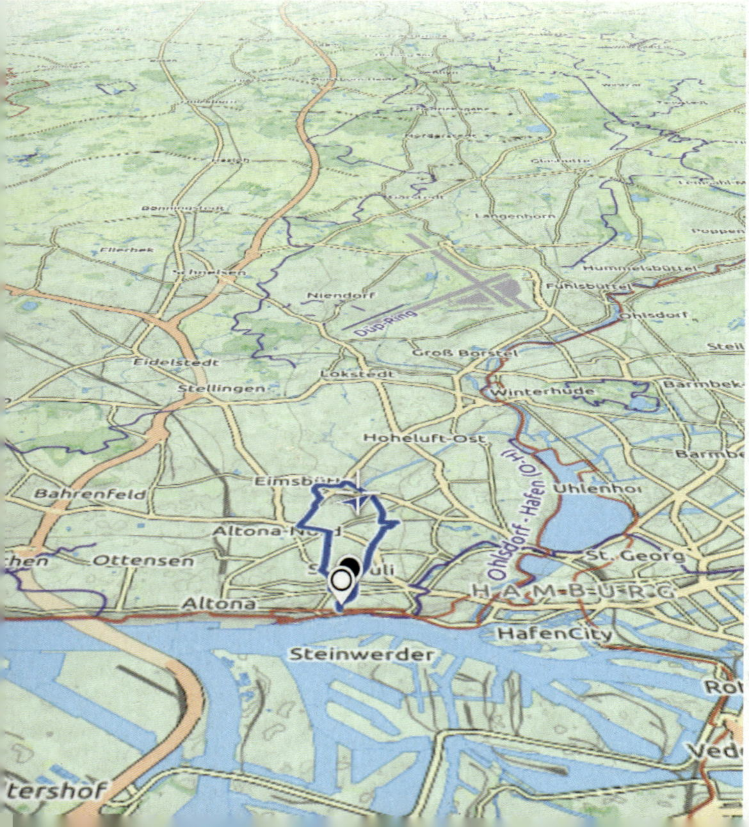

Wikiloc

Zu den Vorteilen von Wikiloc zählen die wachsende Community, die vorgeschlagenen Tracks auf der Startseite in verschiedensten Disziplinen (Wandern, Mountainbike, Fahrrad, Laufen, SUP, Tracks für Sehbehinderte, ...) und dass du bei den Inspirationen auf der Startseite nach Entfernung, Schwierigkeitsgrad und Anstieg filtern kannst. Eine Einschränkung ist jedoch, dass du, um gespeicherten Trails zu folgen oder diese ans GPS beziehungsweise an die Apple Watch zu senden, die Premium-Variante für 10 Euro im Jahr erwerben musst. Eine Testversion ist 14 Tage nutzbar.

Das Tracking bei Wikiloc bietet Einsicht in das Höhenprofil der Tour, in die zurückgelegte Entfernung des Tracks, die mittlere Geschwindigkeit, die Zeit in Bewegung und die Gesamtzeit der Wanderung. Außerdem kannst du Offlinekarten auch in der kostenfreien Version herunterladen.

Preis: kostenfrei (Premium 10 Euro/Jahr)
Web: movingworld.de

- ⊕ Offline-Karten in der kostenfreien Version
- ⊖ Tracks für die Apple Watch nur in der Premium-Version

NOTE

2,0

Fazit: Wikiloc bietet viele Grundfunktionen, die du von einer Wander-App erwartest – und das schon in der kostenfreien Version.

Alltrails

Die Vorteile von Alltrails sind die Community, vorgeschlagenen Tracks auf der Startseite in verschiedensten Disziplinen (Wandern, Mountainbike, Gehen, Rucksacktour, ...) und dass du bei den Inspirationen auf der Startseite nach Entfernung, Schwierigkeitsgrad, Anstieg, Verkehr entlang des Weges und Sternebewertung durch die Community filtern kannst. Außerdem werden von den Beiträgen eines Pro-Kontos je 1 Prozent für die Umwelt gespendet. Zusätzliche Sicherheit für Nutzer:innen bietet „Lifeline"; mit dem Pro-Konto kannst du Sicherheitskontakte über deine geplante Route und deinen Fortschritt informieren. Allerdings lassen sich Karten nur mit einem Pro-Konto herunterladen.

Das Tracking bei Alltrails bietet ein Diagramm zum Höhenprofil der Tour, Einsicht in die zurückgelegte Entfernung, die durchschnittliche Geschwindigkeit sowie in die Zeit in Bewegung und Gesamtzeit. Als einzige getestete App zeigt sie die verbrannten Kalorien an.

Preis: kostenfrei (Premium 5 Euro/Jahr)
Web: alltrails.com

- ⊕ zusätzliches Sicherheitsfeature
- ⊖ viel Werbung in der kostenfreien Version

NOTE

2,0

Fazit: Mit der „Lifeline"-Option und der benutzungsfreundlichen Oberfläche und Filterung bietet Alltrails einen umfassenden und lohnenden Service.

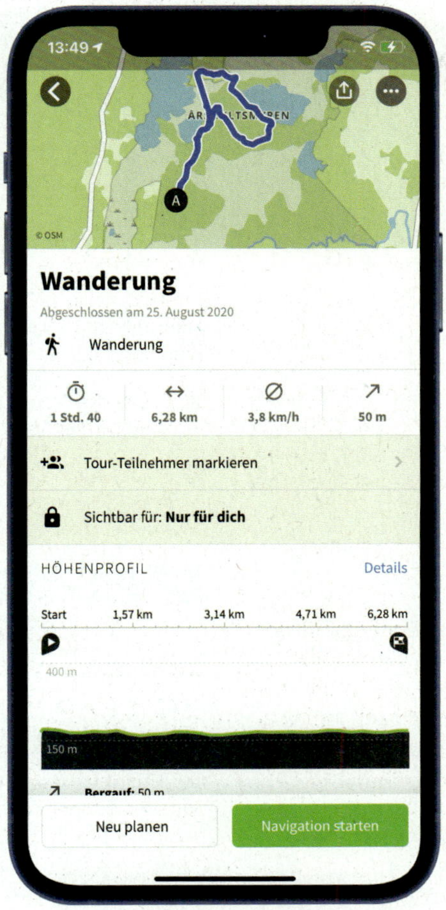

Komoot

Komoot glänzt als der momentane Platzhirsch unter den Wander-Apps mit einer großen Community und dem Zugriff auf Posts und Tracks von Nutzer:innen aus der jeweiligen Region. Die Startseite schlägt Tracks in verschiedensten Disziplinen (Wandern, Mountainbike, Fahrrad, Laufen, Rennrad) vor, dabei kannst du Dauer und Schwierigkeitsgrad filtern. Selbst in der kostenfreien Version kannst andere Teilnehmer:innen in gemachten Touren markieren und die Touren für die Community veröffentlichen.

Mit „Komoot Premium“ für 30 Euro im Jahr bekommst du Sonderangebote von Patagonia, Mammut und anderen Outdoorausstattern. Zudem hast du an jeder Stelle der Tour Zugriff auf Daten zu den aktuellen Wetterbedingungen. Allerdings musst du dich auch für die kostenfreie Version anmelden und ein Profil erstellen und hast nur mit Komoot Premium Zugriff auf Offlinekarten.

Das Tracking von Komoot bietet ein Diagramm zum Höhenprofil, auf dem du mit dem Finger entlang wandern kannst und auf der Karte gespiegelt siehst, wo du dich gerade befindest. Hinzu kommen Daten zur zurückgelegten Entfernung, zur durchschnittlichen Geschwindigkeit, zur Gesamtzeit der Tour sowie zum Höhengewinn und Höhenverlust.

Preis: kostenfrei (Premium 30 Euro/Jahr)
Web: komoot.de

- ⊕ Speicherung und Veröffentlichung geplanter Touren
- ⊖ Zugriff auf Offline-Karten nur in der Premiumversion

NOTE

1,8

Fazit: Mit Komoot bekommst du – Premium-Option vorausgesetzt – alles, was dein Wanderherz von einer App begehrt.

Viewranger

Die Community und die Vorschläge zu interessanten Nutzer:innen und Wander-Challenges sind das große Plus von Viewranger. Auf der Startseite findest du vorgeschlagene Tracks in verschiedensten Disziplinen (Wandern, Mountainbike, Laufen, Kajakfahren, Schlittenfahren, ...). Bei den Inspirationen kannst du Entfernung, Schwierigkeitsgrad und Qualität der Routenführer filtern. Ein weiterer Vorteil: In der kostenfreien Version stehen bereits vier verschiedene Karten, inklusive Cycle Map, zur Verfügung.

Zusätzliche Sicherheit bietet „Buddy Beacon“ für 5 Euro im Jahr. Dabei wird alle zwei Minuten der eigene Standort an eine ausgewählte Person geschickt. Allerdings gibt es in der kostenfreien Version viel Werbung und du musst ein Profil anlegen, um einem Track Fotos hinzuzufügen oder Routen herunterzuladen.

Das Tracking bei Viewranger bietet Diagramme zu Höhenprofil, Distanz und Geschwindigkeit der Tour, Einblicke in die zurückgelegte Entfernung, die durchschnittliche und die maximale Geschwindigkeit, Angaben zur Zeit in Bewegung und Gesamtzeit der Tour, zum Höhengewinn und -verlust. Außerdem kannst du nach Anmeldung den Track veröffentlichen und so mit anderen teilen.

Preis: kostenfrei (Premium 30 Euro/Jahr)
Web: viewranger.com

- ⊕ Speicherung favorisierter Touren auch in der kostenfreien Version, auch Fotos vom Track können hochgeladen werden
- ⊖ Herunterladen und Ausdruck von Karten setzt ein Pro-Konto voraus

NOTE

1,5

Fazit: Mit „Buddy Beacon“ und dem niedrigen Premium-Preis ist Viewranger unter den Wander-Apps eine Option für Neulinge.

iPhone- & iPad-Apps

Unsere Empfehlungen aus dem App Store

Sofa

Den Medienkonsum organisieren: Medien aller Art konkurrieren um unsere freie Zeit und Aufmerksamkeit. Zwischen all den (Hör)büchern, Tisch- und Videospielen, Apps, TV-Serien sowie Filmen, Musik und Podcasts fällt es mitunter schwer, den Überblick zu bewahren. Die iPhone-App Sofa will helfen, sich in diesem Wust aus potenzieller Zerstreuung besser zu organisieren.

Sofa gibt sich erstaunlich schlicht - und das ist gut so, denn das Katalogisieren der zu konsumierenden Medien an sich soll nicht unnötig viel Zeit einnehmen. Im Kern führt die App mehrere und auf Wunsch gruppierbare Listen, denen sich auf einfache Art und Weise neue Einträge hinzufügen lassen. Jemand empfiehlt einen Film? Einfach auf das Plus-Symbol drücken, Kategorie wählen und den Titel hinzufügen; Sofa ergänzt den Eintrag dann automatisch um einen Satz an grundlegenden Informationen, etwa zur Laufzeit und einer knappen Inhaltsangabe. Diese bezieht die App aus den Datenbanken von TMDB, iTunes, IGDB und „Board Game Atlas".

So lassen sich Ideen und Tipps schnell und dennoch mit einem grundlegenden Satz an Infos in einer „The Pile" genannten Liste ablegen, um sie später gezielt wegzusortieren. Ein Blick auf die „Activity"-Liste führt über gehörte Podcasts und mehr Buch.

Das Bezahlmodell ist fair und gefällt: Wer die Entwicklung unterstützen möchte, kauft schlicht eines der vielen Themes für die Gratisanwendung, die der App eine andere Optik geben - auf Wunsch kommt Sofa so auch im Achtzigerjahre-Look daher.

Fazit: Auf das wesentliche reduzierte Medienverwaltung, die der (digitalen) Freizeitgestaltung mit wenig Aufwand mehr Struktur gibt.

Preis: kostenlos* **Web:** www.sofahq.com

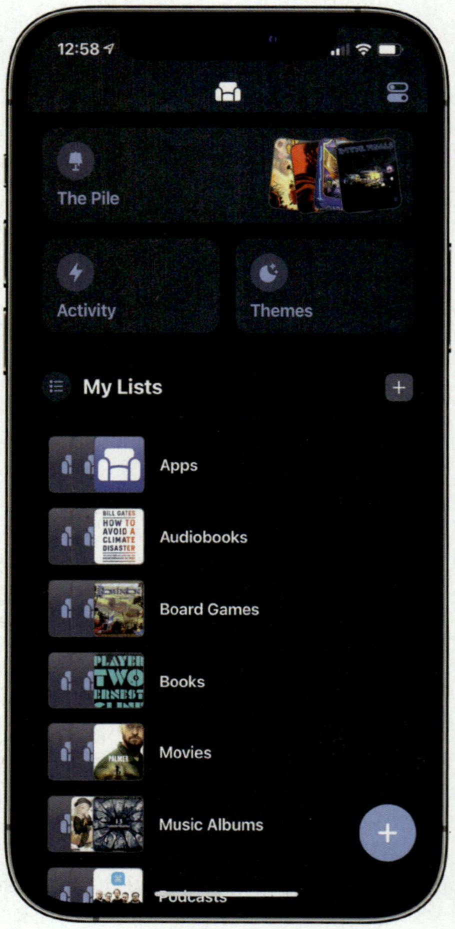

Energielabel

Strom kostet Geld, dessen Erzeugung ist schlecht für die Umwelt. Energiesparen lohnt sich so nicht nur für das eigene Konto, sondern für den gesamten Planeten. Die im März eingeführten neuen Energielabel sollen bei Neuanschaffungen Orientierung geben. Die offizielle App vermittelt Hintergrundwissen.

Discord

Wo früher Newsgroups, IRC und Foren für den Austausch im Netz zum Einsatz kamen, sind heute Dienste wie etwa Discord ganz vorn mit dabei. Ursprünglich als Kommunikationsplattform für Computerspieler:innen erschaffen, ist auch die Mac Life dort inzwischen mit ihrer Community vertreten (maclife.de/discord).

Bricks Camera

Mit den richtigen Apps verwandelt sich das iPhone in eine verspielte Kamera. Zu den Klassikern zählt „Bricks Kamera": Aufnahmen als Standbild (oder auch Video) werden in grobe Blöcke gleich Lego-Steinchen gerastert. Das Ergebnis erinnert an Steckperlenbilder, deren Auflösung sich verändern lässt.

Punkt

Das Führen eines Tagebuchs zahlt auf das eigene Wohlbefinden ein. Einen Stift musst du dazu schon lange nicht mehr in die Hand nehmen; Apps vereinfachen das Festhalten des Tagesrückblicks. Punkt reduziert sich auf das Wesentliche. Sympathisch: Neben einem Abo ist auch der Einmalkauf möglich.

Angespielt bei Apple Arcade

Fantasian

Rollenspiel: Apple Arcade hat bereits den einen oder anderen (zeit-)exklusiven Titel im Angebot, etwa das Adventure „Beyond a Steel Sky" und ein neues Shantae-Jump-'n'-Run. Neidisch mussten Spielende aber bisher kaum auf Apples handverlesene Auswahl sein.

Das ändert sich mit Fantasian. Hinter dem neuen RPG steckt niemand Geringerer als Hironobu Sakaguchi, der Schöpfer der legendären „Final Fantasy"-Titel. Und mit ihm sein Haus-und-Hof-Komponist Nobuo Uematsu. Letzterer wird immer wieder „als der Beethoven der Spielemusik" bezeichnet.

Für eine heroische Story und epische Musik im Stil vorangegangener Spiele des Duos ist somit gesorgt. Doch Entwicklungsstudio Mistwalker probiert mit Fantasian auch Neues: Der Grafikstil setzt auf den Look detailverliebter Dioramen. Auch beim Spielablauf verlässt das Studio ausgetretene Pfade: Die für JRPGs üblichen Zufallskämpfe lassen sich hier auf einen anderen Zeitpunkt verschieben, um in einer anderen Dimension ausgefochten zu werden. Fantasian ist ein Zweiteiler; die zweite Episode soll später in diesem Jahr erscheinen.

Sp!ng

Geschicklichkeit: Sp!ng ist „Ein-Finger-Akrobatik". Es gilt, mit der eigenen Figur in immer verwinkelteren Levels möglichst viele Juwelen einzusammeln. Dazu musst du lediglich im passenden Augenblick auf den Bildschirm tippen, um dich mit Ankerpunkten an die richtigen Stellen zu schwingen.

*In-App-Käufe möglich

»In unserem Podcast „Schleifenquadrat" verraten wir immer wieder Tipps zu neuen Serien. Mit der Sofa-App vergesse ich die Highlights der Kolleg:innen nicht mehr.«

Stefan Molz

Museum Alive

Dinos im Wohnzimmer: Die preisgekrönten Dokumentationen von Naturforscher David Attenborough sind legendär. Mit „Museum Alive" kommt der Brite auf das iPhone und lässt mit AR-Technologie prähistorische Exponate in den eigenen vier Wänden lebendig werden. So holst du dir unter anderem Dinosaurier in dein Wohnzimmer: In das Livebild blendest du per Fingerzeig interaktive Ausstellungsstücke ein.

Preis: 3,50 Euro
Web: www.alchemyimmersive.com

Hyperspektiv

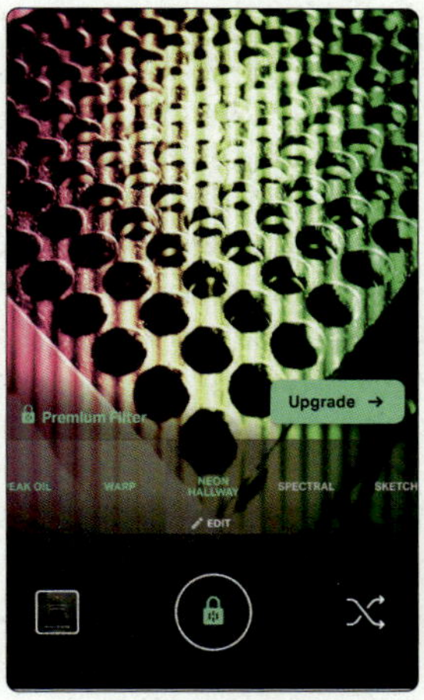

Psychedelische Filtersammlung: Mit dem Einsatz von Filtern lassen sich Fotos drastisch verändern. Hyperspektiv liebt das Dramatische und zaubert sowohl Standbilder als auch Videos auf das Display, die wie ein Trip auf einer experimentellem Droge wirken. Nicht jeder Filter ist ein Treffer, doch das eine oder andere Motiv verwandelt sich so in wahre Kunst. Der Export in höhere Auflösungen und weitere Funktionen kosten Geld.

Preis: kostenlos*
Web: www.hyperspektiv.com

PS Remote Play

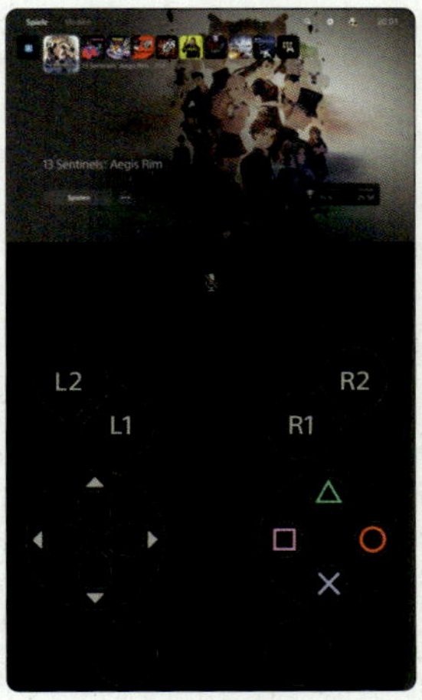

Playstation auf dem iPhone spielen: Der TV ist besetzt, aber du hast trotzdem Lust auf eine Runde an der Playstation? Kein Problem mit der „PS Remote Play"-App. Mit ihr lassen sich Spiele von der eigenen Konsole aus direkt auf ein iPhone oder iPad streamen. Das Gamepad wird auf dem Touchbildschirm nachgebildet, aber auch ein Playstation-Controller lässt sich mit den portablen Apple-Geräten koppeln.

Preis: kostenlos
Web: www.playstation.com

iPhone- & iPad-Apps

Unsere Empfehlungen aus dem App Store

Moofer

Für Vanmoof-Enthusiast:innen: Kaum mehr etwas geht ohne Software, sogar Fahrräder kommen inzwischen mit einer App. So auch die beliebten Pedelecs der niederländischen Firma Vanmoof. Deren E-Bikes funktionieren in weiten Teilen auch ohne App hervorragend – zum iPhone musst du eigentlich nur dann greifen, wenn Einstellungen zu ändern sind. Davon gibt es in der offiziellen App ohnehin nur eine Handvoll.

Moofer liefert Funktionen, die von den Nerds unter den Vanmoof-Begeisterten in der offiziellen Anwendung vermisst wurden. Die App von Programmierer Quinten Adema bietet allen voran die Möglichkeit, manuell zu schalten und führt außerdem eine fünfte Unterstützungsstufe (aka „Dauerboost") ein. Außerdem finden sich Unterstützungsmodi, die das Fahren KI-gestützt mit Blick auf die Geschwindigkeit oder Reichweite optimieren.

Darüber hinaus schaltet Moofer diverse Kleinigkeiten frei, etwa weitere Sounds für die Klingel. Auch der sogenannte US- beziehungsweise Offroad-Modus lässt sich über die App auf deutschen Rädern aktivieren – dann aber wird aus dem Pedelec fast ein S-Pedelec mitsamt den daraus resultierenden rechtlichen Konsequenzen bis hin zur Stilllegung deines Fahrrads durch die Polizei – hier also lieber Hände weg!

Weitere Funktionen sind angekündigt. So soll etwa eine Anbindung an die Health-App via HealthKit und GPS-Tracking nachgeliefert werden. Haken: Die App spielt nur mit Bikes der zweiten sowie der aktuellen dritten Generation zusammen.

Fazit: Wer ein S2 aufwärts besitzt, kommt an Moofer nicht vorbei – von dieser App kann sogar Vanmoof als Hersteller etwas lernen!

Preis: 7 Euro **Web:** mooferapp.github.io

Wiso Gehalt

Wie viel Geld am Ende des Monats von deinem Gehalt tatsächlich auf deinem Konto landet, hängt von einer Vielzahl an Faktoren ab. „Wiso Gehalt" rechnet dir aus, wie viel dir unter dem Strich nach Abzug von Steuern, Sozialabgaben und Co bleiben sollte (und ist dabei erstaunlich genau).

Crouton: Kochbegleiter

Früher landeten Rezepte in einer Lose-Blatt-Sammlung. Mit Crouton finden sie ihren Platz in der iCloud. Speichere eigene Rezepte mit Texterkennung und kopiere Rezepte kinderleicht aus dem Web. Die App generiert Einkaufszettel und unterstützt beim Erstellen einer Wochenplanung.

Mission to Mars AR

Dein Ticket für einen Ausflug auf den Mars: Mit der Landung von Perseverance und seinem Begleiter Ingenuity auf dem roten Planeten ist dieser wieder in aller Munde. „Mission to Mars AR" bringt unseren Nachbarplaneten, den Rover und vieles mehr über die erweiterte Realität in dein Zuhause.

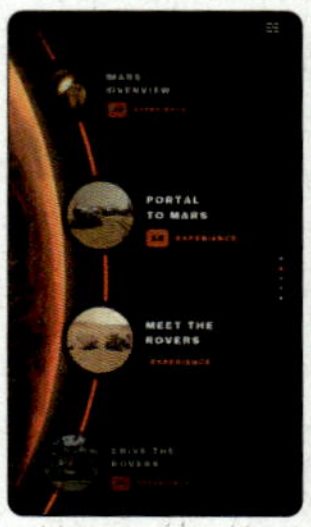

Flyscreen

Verwalte deine Bildschirmfotos: Mal schnell jemandem etwas erklären oder den Bildschirminhalt als Notiz „knipsen": Schnell sammeln sich Unmengen an Bildschirmfotos an. Flyscreen organisiert diese automatisch wie von Geisterhand und macht sogar eventuelle Textinhalte durchsuchbar.

Angespielt bei Apple Arcade

Taiko no Tatsujin

Musikspiel: Was Spielebegeisterten hier im Westen ihr Guitar Hero oder Rockband, ist in Japan „Taiko no Tatsujin“. Statt auf Plastikgitarren zu schrammeln, nimmst du in den dortigen Arcades ein Paar Schlägel in die Hand, um auf einer Taiko zu trommeln. Das Spielprinzip ist im Kern identisch zu den vorgenannten Titeln: Du musst im richtigen Augenblick die richtige Taste drücken beziehungsweise mit dem Schlägel entweder auf die Trommel („Don“) oder deren Rand („Ka“) treffen – in der Apple-Arcade-Ausgabe des Spiels mit dem Namenszusatz „Pop Tap Beat“ funktioniert das überraschend gut auf dem Touchscreen eines iPhone und iPad, alternativ kannst du aber auch zu einem Gamepad greifen.

Die Musikauswahl ist sehr japanisch. Hier finden sich diverse Songs aus Animes, J-Pop und schräge Vocaloid-Sprachsynthesizer-Lieder. Für westliche Ohren klingt das sehr ungewohnt, verbreitet aber stets gute Laune. Nur die Anzahl an verfügbaren Titeln ist mit 31 Songs knapp bemessen – schnell wünschst du dir mehr Auswahl. Vielleicht legt der Entwickler ja via Update nach.

Simon's Cat: Story Time

Puzzle: Ein Traum für Fans der „Simon's Cat“-Katzencomics: In Story Time trifft eine neue Geschichte rund um die etwas sture Hauskatze auf ein kurzweiliges Match-3-Puzzle im Stil eines Candy Crush, ganz ohne In-App-Käufe.

*In-App-Käufe möglich

»Das Brot vom Vortag, der Salat etwas welk – dennoch ist „Too Good To Go“ genial: Läden machen Überschuss zu Umsatz, ich spare bares Geld und nichts verkommt.«

Stefan Molz

Too Good To Go

Werde Lebensmittelretter:in: Das Brot von gestern, der übrig gebliebene Mittagstisch, überschüssige Zutaten der Saftbar von nebenan und vieles mehr zum kleinen Preis: Mit der App „Too Good To Go“ rettest du Lebensmittel vor der Tonne. Was aktuell wo und zu welchem Preis angeboten wird, siehst du auf einen Blick. Reserviert und bezahlt wird via App (auch per Apple Pay), die zudem als Abholschein dient.

Preis: kostenfrei
Web: www.toogoodtogo.de

Adobe Fill & Sign

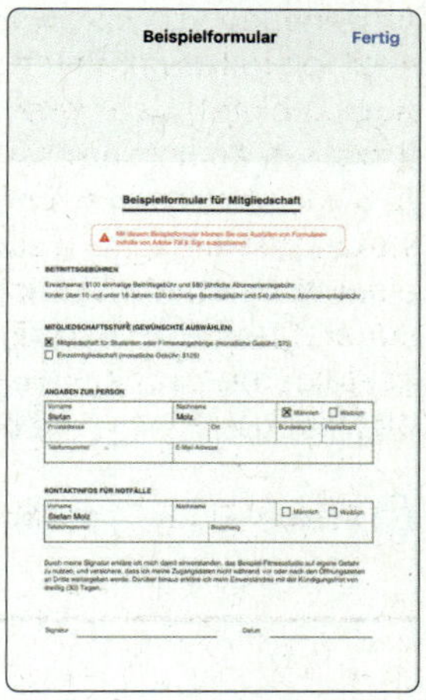

Fülle unterwegs Formulare aus: Mit der Digitalisierung ist es in Deutschland nicht sonderlich weit her, aber immerhin lässt sich inzwischen so jedes Formular auch als PDF aufstöbern. Über die „Fill & Sign“-App lassen sich diese komfortabel direkt an iPhone und iPad ausfüllen: Textfelder kannst du dabei ebenso bearbeiten, wie sich auch Haken und Kreuze sowie Hervorhebungen platzieren lassen.

Preis: kostenfrei
Web: acrobat.adobe.com

Fritz! App Fon

Verwandle dein iPhone in ein Festnetztelefon: Diese App verbindet dein iPhone via WLAN mit deiner Fritzbox (ab FritzOS 7). Ist die Verbindung einmal eingerichtet, kannst du dein Apple-Smartphone wie ein weiteres Mobilteil für deinen Festnetzanschluss nutzen. Die App läuft im Hintergrund und signalisiert jederzeit eingehende Anrufe. Das ist nicht nur praktisch, im Homeoffice lassen sich so auch Kosten senken.

Preis: kostenfrei
Web: www.avm.de

iPhone- & iPad-Apps

Unsere Empfehlungen aus dem App Store

Mac Life News

Die Mac Life als App: Die Mac Life steht nicht nur im Zeitschriftenregal, sondern auch im App Store. Unsere „Mac Life News"-App ist dort ab sofort generalüberholt in Version 2.0 zu haben – ganz Verwegene finden die App sogar im Play Store.

„Mac Life News" bietet dir einen weitestgehend werbefreien Blick auf unser Online-Angebot aus News, Tipps, Tests und Ratgebern. Außerdem kannst du ab sofort auf sämtliche Artikel unseres Bezahlangebots „Mac Life+" zugreifen – ein entsprechendes Abonnement vorausgesetzt. Unser Premium-Paket ebnet dir nicht nur den Weg zu exklusiven Artikeln, sondern beinhaltet unter anderem den Zugang zu unserem Heftarchiv inklusive der jeweils aktuellen Ausgaben all unserer Apple-Magazine und Fachbücher. Zudem garantiert dir das Plus-Abo Werbefreiheit auf unserer Website sowie weitere Beigaben. „Mac Life+" kostet 4,99 Euro bei monatlicher Zahlweise respektive 2,99 Euro im Jahresbezug.

Genug der Werbung in eigener Sache. Auch jenseits der Einbindung der Artikel hinter unserer Online-Bezahlschranke hat unsere News-App neue Funktionen erhalten (mit denen wir zugegeben etwas spät dran sind). So kannst du dich endlich via App mit anderen Lesern:innen aber auch den Köpfen hinter den Artikeln austauschen. Außerdem haben wir an der Lesbarkeit der Artikel auf dem iPhone gearbeitet und einen verbesserten Dunkelmodus integriert. Darüber hinaus arbeiten wir bereits an Optimierungen der Darstellung auf dem iPad.

Fazit: Wir in der Redaktion sind gewissermaßen befangen, aber für uns ist die App der Mac Life natürlich ein Muss – auch auf unseren privaten iPhones!

Preis: kostenfrei* **Web:** www.maclife.de

Dark Noise

Weißes Rauschen, eine schnurrende Katze, auf ein Zelt prasselnder Regen – wenn du zu den Menschen zählst, die sich mit Hintergrundgeräuschen besser fokussieren oder aber entspannen können, findest du in Dark Noise deine „Jukebox". Die Wiedergabe lässt sich durch einen Timer steuern.

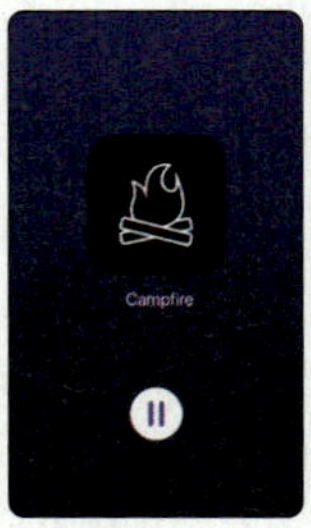

Darf ich das?

Auch wenn der Sommer Lockerungen mit sich bringt, bleibt die Frage „Darf ich das?". Die mit der Unterstützung der Björn-Steiger-Stiftung entwickelte App verrät dir detailliert, welche Regeln an von dir in einer Liste hinterlegten Orten bei der aktuellen ermittelten Inzidenz gültig sind.

Affiliator

Wer im Netz Geld verdient, weiß, dass sich das sprichwörtliche Eichhörnchen mühsam ernährt. Beispielsweise durch Provisionen auf bei Amazon verlinkte Produkte. Affiliator vereinfacht das Erstellen von Affiliatelinks, in der Pro-Version kann es sogar mehrere Tracking-IDs verwalten.

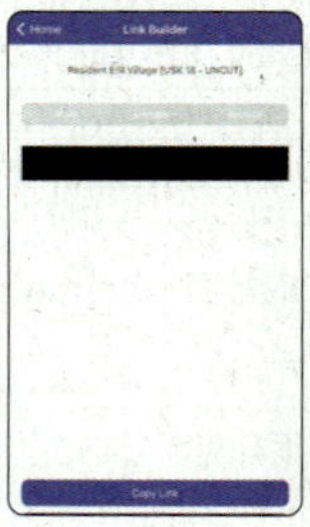

Life AR

Eine der wenigen sinnvollen Anwendungen in der erweiterten Realität ist Life AR der Teamviewer-Entwickler:innen: Die App erlaubt Videotelefonate, in denen du Notizen und Hinweise in das Livebild hinein malen kannst und die an Objekten verankert bleiben – praktisch für die Fehlerbehebung aus der Ferne.

Angespielt bei Apple Arcade

Clap Hanz Golf

Sport: Aus irgendeinem verrückten Grund lieben Japaner:innen das Golfen – zumindest als kunterbuntes Videospiel. Wo auf der Switch ein weiterer Mario-Golf-Serienteil ansteht, dürfen alle mit einem Apple-Arcade-Abo ab sofort in „Clap Hanz Golf" die Schläger schwingen. Das Entwicklungsstudio zeichnet sich für die auf der Playstation so beliebte „Everybody's Golf"-Serie verantwortlich, die den sonst eher stocksteifen Sport mit einer Prise Humor auch für Einsteiger:innen leicht zugänglich aufbereitet und dem Namen somit gerecht wird.

„Clap Hanz Golf" fühlt sich über weite Strecken wie ein weiterer Serienteil des Playstation-Hits an. In der Kampagne will eine Vielzahl an Turnieren mit noch viel mehr Löchern bespielt werden, die durch immer weiteres Spielen freigeschaltet werden. Angetreten wird dabei stets im Team, in dem jede Figur individuelle Stärken und Eigenschaften hat, die sich sogar nach und nach verbessern. Die Steuerung über den Touchscreen funktioniert punktgenau – „Clap Hanz Golf" trifft genau die richtige Balance aus Unterhaltung und Anspruch.

Songpop Party

Musik: Wie gut ist es um dein Musikwissen bestellt? Die Apple-Arcade-Version von Songpop lässt dich zum Abtesten gegen eine KI, Fremde oder Freund:innen antreten – wer die Einspieler am schnellsten erkennt, erhält die meisten Punkte. Und das ohne In-App-Käufe und Werbung.

*In-App-Käufe möglich

»Ein Bild sagt mehr als 1000 Worte: Im Videotelefonat in die erweiterte Realität hinein kritzeln zu können, ist eine geniale Idee für eine App!«

Stefan Molz

DeepL Übersetzer

Das App-gewordene Fremdsprachenwunder: Von einem Computer erstellte Übersetzungen klingen oft unnatürlich. Nicht so bei DeepL, das dir nicht nur den Sinn aus 24 Sprachen sinnvoll unter anderem ins Deutsche überträgt, sondern dessen Texte oft auch überraschend angenehm zu lesen sind. Die App kommt etwas spröde daher, manche Personen unken, dass selbst die Website schicker sei.

Preis: kostenfrei
Web: www.deepl.com

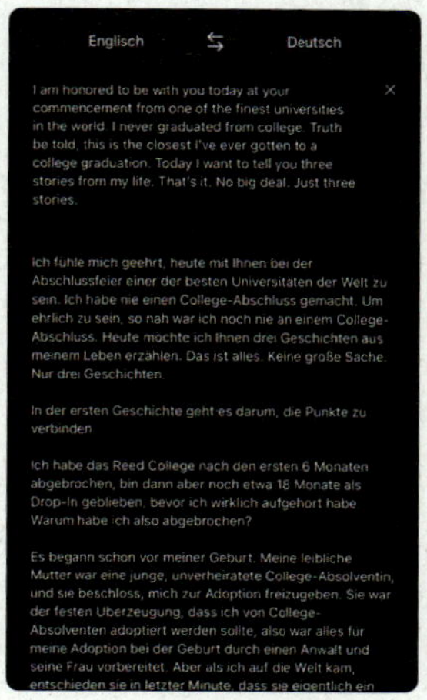

Soro

Sonos via Siri steuern: Von Haus aus lassen sich die Sonos-Multiroom-Lautsprecher nur rudimentär über ihre AirPlay-2-Anbindung via Siri steuern. Die App Soro erweitert die Anzahl der möglichen Aktionen über die reine Wiedergabesteuerung hinaus durch die hierfür als Hintertür dienende Kurzbefehle-App – so lassen sich fortan etwa auch Equalizer-Einstellungen auf Zuruf ändern, mehr als 20 Aktionen stellt die App bereit.

Preis: 7 Euro
Web: soroapp.github.io

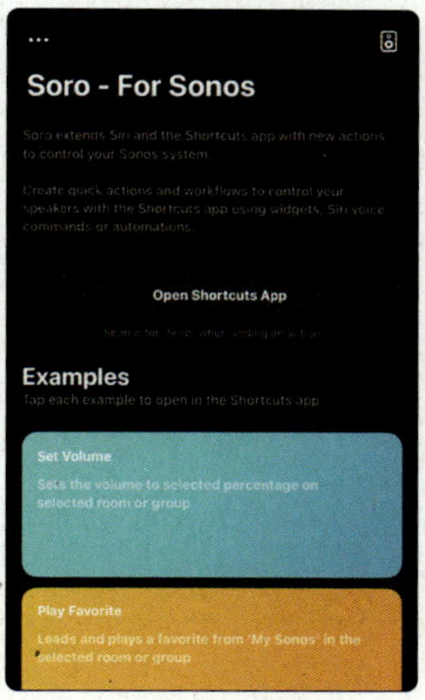

Libby von Overdrive

Die Bibliothek in der Cloud: Wer sich ob des Ärgers zu spät zurückgebrachter Bücher nicht mehr in die örtliche Bibliothek traut, weiß vermutlich noch nichts von der digitalen Leihe – etwa über Libby. Die App erlaubt die Ausleihe und Wiedergabe von E-Books und Hörbüchern, die du in deiner Bibliothek vor Ort komplett digital abwickelst. Säumnisgebühren sparst du dir so, einen Bibliotheksausweis brauchst du aber trotzdem.

Preis: kostenfrei
Web: www.overdrive.com

iPhone- & iPad-Apps

Unsere Empfehlungen aus dem App Store

Hammerhead

Ein Stück Musik-Software-Geschichte: Ende der 1990er-Jahre war die Zeit der ersten in der Breite verfügbaren Software-Synthesizer und Drumcomputer. Mit Hammerhead erschien 1997 kurz nach dem so populären Rebirth eine kleine Anwendung für Windows-Rechner, die diesen in eine TR-909 verwandelte und damit in jenen zum Kult avancierten Drumcomputer aus dem Hause Roland mit seinen in moderner Tanzmusik so populären Sounds, die auch heute noch in vielen Produktionen zu hören sind.

Die seinerzeit für mehrere Tausend Deutsche Mark auf dem Gebrauchtmarkt gehandelte Kult-Hardware war fernab finanzieller Möglichkeiten vieler Interessierter – mit gespartem Taschengeld war dem Traum einer echten TR-909 nicht beizukommen. Hammerhead bildete das Vorbild in Software ab, die selbst auf schwachbrüstigen PCs lief. Das Kernstück ist der Sequenzer mit seiner Lauflichtprogrammierung, die sich so auch fast ein Vierteljahrhundert später in der iOS-Neuauflage der App wiederfindet. Dabei bleibt sich Hammerhead über weite Strecken treu – wer das Original kennt, darf ein wenig in Nostalgie schwelgen und sich darüber hinaus über neue Funktionen freuen, wie etwa einem einfachen Synthesizer zum Erzeugen perkussiver Klänge.

Wer mag, kann eigene Samples importieren, die App integriert sich zudem als Audio-Unit-Plug-in in Hosts wie unter anderem GarageBand. Dort, wo Anwendungen es unterstützen, kann Hammerhead auch MIDI-Signale ausgeben und Audio-Einzelausgänge zur Verfügung stellen.

Fazit: Spaßiger und um neue Funktionen ergänzter Retro-Trip, der sich auch heute noch sinnvoll in Musikproduktionen einbinden lässt.

Preis: 9 Euro **Web:** www.ruismaker.com

Covpass

In Covpass lässt sich dein digitaler Impfnachweis vorhalten. Einfach die QR-Codes der Impfungen einlesen und nicht länger den Impfpass mitnehmen müssen, um den vollständigen Corona-Impfschutz nachzuweisen – auf Wunsch landen auf nur einem iPhone die Nachweise der ganzen Familie.

Covpass Check

Ist der digitale Impfnachweis überhaupt gültig? Diese Frage müssen sich unter anderem Gastronom:innen und Veranstalter:innen stellen. Statt einer aufwendigen Sichtprüfung der einzelnen Einträge überprüft „Covpass Check“ die Gültigkeit des Impfstatus über das schlichte Einscannen des QR-Codes.

Museum Shuffle

Das Rijksmusuem in Amsterdam verfügt über eine üppige Sammlung – neben Gemälden finden sich hier auch Möbel und Schmuck. Die App lädt dich zur Museumstour ein, bei der es sich mehr oder weniger zufällig durch die vielen Fotos und Beschreibungen wischen und immer wieder neues entdecken lässt.

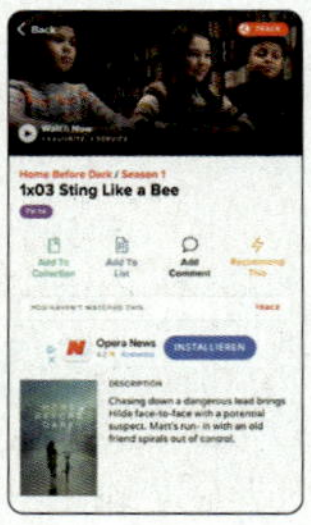

Trakt

Habe ich diese Serie schon gesehen? Und wenn ja: bis zu welcher Staffel, welcher Folge? Trakt ist dein Film- und Serientagebuch, das es dir zudem erlaubt, neue Inhalte zu entdecken, eigene Sammlungen anzulegen und die Frage beantwortet, wo du welchen Inhalt sehen kannst. Die App ist auf Englisch.

Angespielt bei Apple Arcade

Frenzic: Overtime

Puzzle: Das Entwickler:innen-team „The Iconfactory“ um Mac-Urgestein Craig Hockenberry legt seinen iOS-Puzzler Frenzic neu auf. Das Spielprinzip hinter „Frenzic: Overtime“ ist schnell erklärt: An Trivial-Pursuit-Spielfiguren erinnernde Törtchenformen müssen per Fingerzeig mit jeweils sechs Spielsteinchen gefüllt werden, bevor diese sich Punkte gewinnend wieder leeren und erneut gefüllt werden dürfen. In den mehr als 45 Levels wird der Druck auf den und die Spieler:in beständig höher: Wo zuerst das bloße Füllen der Förmchen ausreichte, gilt es plötzlich farbrein zu sortieren. Außerdem drängeln sich nach und nach diverse Sondersteine ins Spielgeschehen, die beispielsweise in ihrer Position vor dem Ablegen nicht mehr verändert werden können oder farblos das Sortieren in einer bestimmten Farbe stören und nur mit 0 Punkten gutgeschrieben werden. In an „Vier gewinnt“ erinnernden Levels hingegen gilt es gegen eine KI durch möglichst schnelles Einfärben zu gewinnen. Viele Levels verfügen über mehrere Ziele, zu deren Erreichen sich gegen im Spiel verdiente Währung diverse Boosts einkaufen lassen.

Fruit Ninja Classic+

Geschicklichkeit: Du kennst „Fruit Ninja“ nicht? Dann hast du eines der ersten großen iPhone-Spiele verpasst. Mit der Arcade-exklusiven Ausgabe kannst du den Klassiker nachholen und per Fingerstreich Früchte schnetzeln.

*In-App-Käufe möglich

»Die Konfiguration von Homebridge über Textfetzen macht keinen Spaß, Homemanager erleichtert dank grafischer Oberfläche den Umgang mit HomeKit-Spielereien.«

Stefan Molz

Homemanager

Homebridge auf dem iPhone verwalten: In Sachen „smartes Zuhause“ kochen viele Hersteller ein eigenes Süppchen, nicht jedes Gerät ist zu Apples HomeKit kompatibel. Inoffiziell lassen sich viele Geräte über Homebridge in die Apple-Welt einbinden – die benötigte Server-Software gibt sich mit einem Raspberry Pi zufrieden, die Homemanager-App verpasst dem Ganzen ein iPhone-taugliches Interface.

Preis: kostenfrei* (14-Tage-Demo)
Web: www.homemanager-app.de

Brickit

Neues Leben für alte Legos: Klassische Lego-Plastiksteinchen lebten von der eigenen Fantasie, die fernab konkreter Bauanleitungen neues entstehen ließ. Heute, da Sets mit Lizenzinhalten üblich sind, bleibt die Kreativität manchmal auf der Strecke. Zeige Brickit, welche Sets du besitzt und die App schlägt dir vor, was du aus deinen Steinen so alles bauen kannst – eine AR-Sicht hilft dir bei der Suche nach den richtigen Teilen.

Preis: kostenfrei
Web: www.brickit.app

Touch Retouch

Einfache Bildretusche per Fingerzeig: Auf kaum einem Foto ist nicht auch etwas zu sehen, das stört. „Touch Retouch“ entfernt solch Ärger ganz ohne Kenntnisse in der digitalen Bildbearbeitung – Müll, sich durch das Foto ziehende Oberleitungen oder Spieglungen auf dem Wasser kannst du nach Auswahl per Touch-Werkzeug schnell verschwinden lassen, ohne dabei größere Spuren einer Nachbearbeitung zu hinterlassen.

Preis: 2,30 Euro
Web: www.adva-soft.com

Zurück ins Büro

Nach mehr als einem Jahr mit Corona kehren die Tech-Angestellten in der Bay-Area in ihre Büros zurück. Die Pandemie ermöglicht einen neuen Blick auf Erwerbsarbeit – nicht nur im Silicon Valley.

Von Matthias Parthesius

Mindestens drei Tage pro Woche sollen sich die Apple-Angestellten wieder im Büro blicken lassen. Dies verlangt Tim Cook in einem internen Memo. Dabei konnten die Kolleg:innen in Cupertino im Sommer angesichts der Delta-Variante von Corona einen Karenz-Monat aushandeln. Im Oktober werden Kantine und Kraftraum im gläsernen Apple-Park-Komplex wiederbelebt.

Vollkommen verwaist war das runde Hauptquartier zu keinem Zeitpunkt. Einige Auserwählte konnten nur dort an neuen Prototypen und Projekten arbeiten, zweifelsohne ein Privileg. Mit überdurchschnittlicher Bezahlung allein lassen sich herausragende Talente nicht halten in der Hightech-Branche. Dafür ist das Leben im Großraum von San Francisco zu teuer. Durch Corona verschiebt sich die Work-Life-Balance vom Office ins Homeoffice und von der Stadt aufs Land.

Remote-Work aus dem Homeoffice ist ein zusätzlicher Benefit, der Vertrauen in die Mitarbeiter:innen ausdrückt. Neben Büro-Obst, Zahnzusatzversicherung und Aktien-Optionen dreht sich nämlich nicht alles ums Geld, sondern auch um die Gefühlswelt. Wie die örtliche Tageszeitung San Francisco Chronicle unter Berufung auf eine Umfrage der Society for Human Resource Management zeigt, leidet durch Corona jede:r Dritte unter Stress. Fast jede:r Zweite beklagt Gewichtszunahme durch Bewegungsmangel, wenn der Schreibtisch im Schlafzimmer steht, was angesichts der Mieten an der Bucht von San Francisco eher die Regel als die Ausnahme ist. Allerdings bedrückt 40 Prozent die fehlende soziale Interaktion mit Kolleg:innen – trotz Zoom-Meetings.

Bei Apple verstärken sich Bemühungen um eine Dezentralisierung aus dem Silicon Valley heraus. Besondere Bedeutung kommt dem zweiten Campus in Austin, Texas, zu. Auch die Standorte der Apple-Rechenzentren gehören dazu. Aus Mesa, Arizona, kontrolliert Apple seine Daten-Zentren, die Inhalte streamen und Kund:innendaten bei iCloud speichern. Zudem kommen noch weitere kleinere Büros an verschiedenen Standorten und die verteilten Callcenter, die Kund:innen unterstützen und Bestellungen annehmen, hinzu.

Dank Corona können bei Apple sogar die Retail-Angestellten tageweise aus dem Homeoffice heraus ihre Kund:innen betreuen.

Nach der Pandemie wird es bei Apple, Facebook und Google mehr Mitarbeiter:innen geben, die zeitweise aus der Ferne arbeiten können. Oder von verschiedenen Standorten und ganz von zu Hause aus. Woran aber wir alle werden arbeiten müssen, ist die Frage, was für uns persönlich am besten ist.

Matthias Parthesius schreibt am Stehpult in Hamburg und joggt zum Ausgleich an Elbe und Alster.

m.parthesius@maclife.de
www.maclife.de

Impressum

falkemedia GmbH & Co. KG

Sitz von Verlag und Redaktion
An der Halle 400 #1, 24143 Kiel,
Tel. +49 (0)431 200 766 00
E-Mail: redaktion@maclife.de
HRA 8785 Amtsgericht Kiel
PhG: falkemedia lifestyle GmbH (HRB 12311 AG Kiel)
Geschäftsführer: Kassian Alexander Goukassian

Herausgeber
Kassian Alexander Goukassian (V.i.S.d.P.)

Chefredakteur
Sebastian Schack (s.schack@falkemedia.de)

Redaktion
Sophie Bömer (sb), Nadine Juliana Dressler (njd), Julia Kemp (jk), Stefan Molz (sm), Sven T. Möller (stm), Holger Sparr (hs), Matthias Zehden (maz)

Redaktionelle Mitarbeiter
Uwe Albrecht, Tobias Friedrich, Gerd M. Hofmann, Frank Krug, Udo Lewalter, Benjamin Otterstein, Matthias Parthesius, Laura Plautz, Christian Steiner

Titelgestaltung und Layout
Sven T. Möller

Korrektorat und Lektorat
Sophie Bömer, Julia Kemp, Thomas Raukamp

Abonnementbetreuung
Mac-Life-Aboservice, Postfach 810640, 70523 Stuttgart, Tel. +49 (0)711 725 22 92, E-Mail: abo@maclife.de

Anzeigen
Sascha Eilers, Tel. +49 (0)4340 49 93 79
E-Mail: s.eilers@falkemedia.de

Anzeigenpreise
Mediadaten 2021

Produktionsmanagement
impress, Heinz-Nixdorf-Straße 21, 41179 Mönchengladbach

Vertrieb:
VU Verlagsunion KG, Meßberg 1, 20095 Hamburg · Tel. +49 (0)40 3019 1800
Vertriebsleitung: Hans Wies, E-Mail: hans.wies@verlagsunion.de

Bezugsmöglichkeiten: Zeitschriftenhandel (Einzelpreis: 12,99 Euro), Dauerbezug (25,98 Euro), Print-Only-Abo: www.maclife.de/printonly
Digital: Apple App Store, www.maclife.de/pdfshop

Manuskripteinsendung: Manuskripte müssen frei von Rechten Dritter sein. Mit der Einsendung gibt der Verfasser die Zustimmung zum Abdruck des Manuskripts auf Datenträgern der Firma falkemedia. Honorare nach Vereinbarung oder unseren AGB. Für unverlangt eingesandte Manuskripte übernimmt der Verlag keine Haftung.